谨以此书纪念楚民族的先哲们！

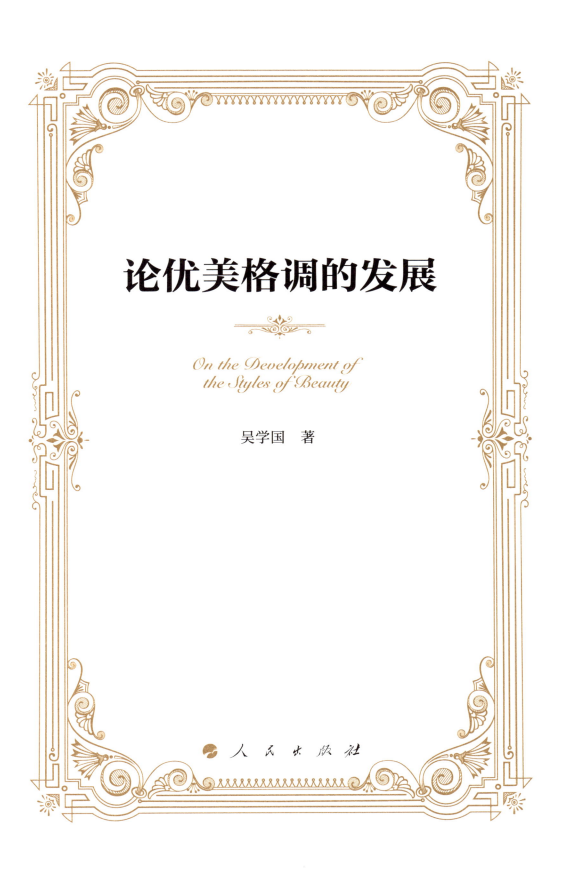

论优美格调的发展

*On the Development of
the Styles of Beauty*

吴学国　著

人民出版社

责任编辑：洪　琼

图书在版编目（CIP）数据

论优美格调的发展／吴学国　著 . — 北京：人民出版社，2023.6

ISBN 978－7－01－025273－5

I. ①论…　Ⅱ. ①吴…　Ⅲ. ①美学－研究　Ⅳ. ① B83

中国版本图书馆 CIP 数据核字（2022）第 218323 号

论优美格调的发展

LUN YOUMEI GEDIAO DE FAZHAN

吴学国　著

人民出版社 出版发行

（100706　北京市东城区隆福寺街 99 号）

北京汇林印务有限公司印刷　新华书店经销

2023 年 6 月第 1 版　2023 年 6 月北京第 1 次印刷

开本：710 毫米 ×1000 毫米 1/16　印张：38.25

字数：610 千字

ISBN 978－7－01－025273－5　定价：199.00 元

邮购地址 100706　北京市东城区隆福寺街 99 号

人民东方图书销售中心　电话（010）65250042　65289539

目　录

第一部分　论庄静美

第二部分　论纯粹优美

序 言

Winckelmann 在其古代艺术史研究中努力证明希腊艺术取得伟大成就的原因是自由，而希腊艺术的衰亡也是从政治上的自由丧失开始的："从希腊的国家体制和管理这个意义上说，艺术之所以优越的最重要的原因是有自由。在希腊的所有时代，甚至在国王像家长式地管理人民的时代，自由也不缺乏。"[①]"在希腊，自由随时都有它的宝座"，"正是自由在人出生时仿佛就已播下了高贵性情的种子"，"在自由中孕育出来的全民族的思想方式，犹如健壮的树干上的优良的枝叶一样"。[②] 正是这种自由，使那完美体现它的希腊艺术典型成为人类永远的理想，具有永恒的美。

当然，如果我们更深刻地思考艺术和美的本质，那么这种自由就不应仅仅是政治的自由，而应回溯到一种存在论的精神自由，即精神之真实的思想或真理。精神的真实思想就是自由之实现，就是现实自由。真理就是作为自由的行动之必备根据的存在。它只能属于自由本身。自由是精神和生命的本质，是唯一的实体。精神和生命的全部现实性都是它的实现，都是自由在其绝对的自我实现运动中创造出来，以作为其中介。故自由就是生命之一切现实性的终极根源和本体，它就是先天普遍的生命意志。而它作为这样的本体，必定是一个彻底超越现实有限性、也超越思想或理性的绝对原理，我们称之为超绝本体。自由之本体因为是超绝的，所以唯它是真正神圣的。它是唯一可能的上帝。人类精神的全部存在都来自自由本身的创造。这个神圣本

---

① 温克尔曼：《希腊人的艺术》，广西师范大学出版社 2001 年版，第 109 页。

② 温克尔曼：《希腊人的艺术》，广西师范大学出版社 2001 年版，第 111 页。

体在其绝对的自我实现过程中创造了一切现实存在，却在我们的寻常生活中总是被现实存在、理智所囚禁，其自身存在的真理（包括其超绝性、绝对性和无限性）被遮蔽和阻断，使生命丧失了本真的自由。于是被理智统治的循规蹈矩的枯燥生活代替了酣畅淋漓的诗意创造，常人代替天才。在这里，其实是这本体自己将自身真理隐藏、包裹起来，以使生命更专注于现实世界，于是神圣者也成为神秘的、遥不可及的。而超绝真理的隐遁与开显都是自由之绝对自我实现的环节。然而，当且仅当生命在其自身此在中使这本体恢复其自身真理，使自己成为这真理的展开，即生命具有了一种本真自由，真正的精神创造才得以可能。本真自由意味着人把自己的生命交给自由自身，为使生命成为自由的任意开创行动的场所，这样才有生命之真实创造与成长。因为自由是唯一的主体，所以是唯一的创造者。另外，精神之真正创造必然具有超绝论意义，而在超绝论层面，唯一的创造者是本体自由自身。本真自由意味着这个本体在现实生命中恢复其真实的存在。无论对于一个民族还是个人，这种本真自由都是精神之真正创造的超绝存在论条件。希腊艺术乃至整个希腊文化的伟大成就，其存在论根据在于希腊精神由于其独特性格，能够始终保持这种本真自由。

精神的任何真正的创造都表现出无限性，都面临着虚无的无垠疆域和存在之无限可能性。在这里，自由本身终于挣脱平庸精神强加的现实性、理智之遮蔽缠裹，恢复其超绝的真理，在虚空中任意舞蹈。当一种领会或思想使自由本身在人的生命此在中恢复其超绝真理，意味着它建立起生命此在与这超绝真理的直接实际连接，由此我们称它为一种具体的本真领会。这种连接就是生命此在重新占有超绝本体之真理，而这其实是这生命此在重新被这真理占有。这就是神圣绝对者在我们生命中的临在。而我们总能以一种愉悦情绪感知或确认这种临在。这在更本质意义上说，是神圣者借助这种情绪让我们感知它的临在。这种愉悦情绪就构成纯粹审美快感或真实美感的基础。因此美感是爱上帝的最真实方式。真正的精神创造则是爱上帝的最真实行动，因为它最真实地见证了生命对于神圣真理的舍己和接纳；天才艺术家是比恪守道德的常人更虔诚的信仰者，也具有更高尚的性格。所以具体本真领会才是对上帝的最真实之爱（这种具体本真领会及其导致的创造是一体之二面）。只是在通常审美经验中，它是匿名的，是在未被意识之光照亮的幽暗中存在和起作用的。尽管它是审美经验的一个必然环节，但我们基本没有意识到它的存在，其发生是完全偶然的。所以这种具体本真领会是自在的。具体本真领会完全是生命的奇迹。在这里，生命回归其神圣的源泉，清除遮蔽它的荒芜，推开阻塞它的巨石，使这源泉肆意喷涌，于是自由之本体恢复其无限的创造活动，而这就是本体通过其任意行动进行的原始开创活动。这种无限创造就是神圣本体的临在（上帝的临在不是现存在场，而就是创造的行动）。它就是精神之原初真实的思想，或原初真理。后者构成真正美的本质。精神正是通过美承担神圣的创造，获得真正的成长。精神的本真领会和它引发的无限创造，就是生命的本真自由，后者就是对神圣者之爱的最真实行动（爱就是这个行动）。故审美经验必然包含一种本真自由。美就是精神的本真自由，就是神圣之爱的本质真理。

美就是能让主体产生真实美感（狭义的审美快感）的存在。一件艺术品，只有当它能够在我们对它的欣赏中让我们产生真实的美感（不是感官刺激或善的快感），我们才会以之为美。然而艺术品之让我们产生美感，前提是它被我们真正领会了。即使最美的音乐，如果我对它全无领会，它于我就是一些杂乱音符的堆积，完全不会让我产生美感。绘画作品也是如此，除非我领会了一幅画的意义，否则它就如同颜料的猥杂集合，也不会让我产生丝毫美感。可见，我们对艺术品的领会也是美感产生的条件，而且是更直接的、必然的条件。因此它也是美，而且是作品成其为美的本质基础，故它乃是美的本质。而作品之能够被如此领会，乃是因为具有某种独特的形式（它至少必须具有充分的和谐）。在此意义上，我们也可以说作品之美在于其形式。这种形式是有意义的，而这也就是作品的意义，即作品包含的思想。这种意义必须把这种领会作为可能性包含在内。作品的全部可能领会构成了一种意义空间或意义域。我们通常讲的作品意义其实是一个意义域，而不是一种单一的领会。艺术作品正是因此而具有了远比作者本人的领会更丰富的意义。一件具有永远的审美价值的艺术品，必然包含一个无限的意义域。我们对作品的正确领会就是从其意义域中截取一种可能性，因而总是对作品意义的抽象。我们对对象的领会就是思想。艺术作品的意义域就是一类可能思想的总体。艺术品必须通过我们的领会才能使我们产生美感，于是思想本身成为美的本质基础，故它才是美的本质。我们也试图表明，一种思想只有当其

3

是精神的原初真理，才可能给我们带来美感。而且只有通过原初真理带来的美感才是真实美感。我们对于真理的爱，首先就是因为真理带来的美感。我们把这种原初真理称作真实的美或狭义的美；这也是立足于美的本原存在论目的。

进一步说，原初真理之能够使人产生美感，是因为它促成了他的生命与其神圣源泉的连接，使本体自由在他的实际生命中恢复其真理，于是构成了一种具体本真领会。这种具体本真领会才是使人产生美感的最终现实原因，所以它也是美，且是一切美的必然基础。但它只是一种广义的美，我们称之为基础美或元美，以别于原初真理之为真实美。在这里，审美领会或原初真理与具体本真领会其实是互为条件的。在超绝存在论意义上，真实的审美领会必然会要求并实际导致一种具体本真领会。因为在超绝存在的层面，精神生命之唯一、绝对的主体就是本体自由自身，故只有这自由自身才是存在的真正创造者。审美领会或原初想象，作为在现实性的虚无中进行的开创运动，当然不能从现实主体得到充分说明，故必须归结于作为超现实本体的自由自身。在这里，现实主体必须将主体性交付给这个神圣本体自身。这在天才灵感状态表现尤其充分。总之，真实的原初想象只有通过现实生命与自由之神圣真理的本真连接才是可能的，而且它必然导致这种连接。这种本真的生命连接，就是现实生命的本真自由。所以艺术不仅仅使我们超越现实生活中的痛苦和烦恼，更重要的是它恢复了我们的本真自由，并将我们抬高到现实性本身之上，使我们恢复了澎湃的创造力。不仅是艺术活动，我们对于一种全然陌生且高贵的他者或异己传统的领会，也会促使我们建立这种具体本真领会。我们往往正是在面对与我们的当下生命此在存在尖锐冲突的真理之时，才被迫返回自身最内在的本质。这在跨文化交流和理解中应当是经常碰到的情况。

精神的原初真理就是自由的原始开创运动，即作为本体的自由意志通过其任意行动在虚无中开辟出用以规定自身的先验形式，所以这种开创运动是一种原始的形式创造活动，即原初想象。而被这形式规定的自由就是具体的思想，就是原初真理本身。原初真理就是真实的原初想象，它自己为自己构成形式。原初真理就是自由意志的原初展开或其原初的现实性。

原初想象具有非主体性、非理智的特征。它的进行由于否定了概念的规定，故只能根据情绪的引导。对于一种本质性的原初创造，引导其进行（以及向概念转化）的情绪根本上是美感。在这里，历史创造和艺术创作的本质机制是相同的，都是自由自身的原初开创行动，具有非主体性且不被概念规定的特征。其中最根本的创造不是被某种既有观念引导，而是被情绪和激情推动。在这里引导这种原始创造的最正当情绪就是美感。这种创造必须通过美感确认其抉择的正当性。在这里，其实是自由自身通过美感感知自己在思想中的真实处境，包括其本质真理是否在这抉择中得到展开。因此美感属于一种情绪性的良知。正因为在存在论上，历史创造，包括伦理与政治制度的建立，和艺术创作本质上是同样自发的原初想象，且被同样的情绪良知引导。因此我们可以得出结论说，凡没有创造出好的艺术的民族，也不可能建立好的社会制度，反之亦然。历史也证明了这一点。一个几千年来全体国民充满恐惧地匍匐在某个下流胚的淫威之下的畸形社会，怎么可能创造出高贵的艺术？反之，一个以裹脚布、三寸金莲和长辫子为美的民族，怎么可能创造出一种真正自由和正义的社会？因此，对一种敏锐和健全的美感能力的守护和培养，乃是关乎一个民族的文化精神的兴衰存亡的最重要工作。

　　我们也试图表明，自由的绝对展开运动不是一种线性的前进，而是像一场在时间上无限持续的，朝无限个向度无限推进的爆炸运动（它本身就是自由的超绝存在论时间，这不是一种单维、线性的时间，而是无限维的、球状的时间）。自由作为先天普遍的生命意志包含有无限个向度，其中有四个基本向度，或生命的四种基本意志，即自身建构、自身否定、自身维持和自身出离（即生命之先天的自凝、自舍、自反和自离势用）。这四者构成自由的实现或生命之进化的基本坐标。原初真理作为自由的开创运动，必须在这四种基本生命意志全部共同参与下才能完成，但它在目的论上总是被其中的某一种所规定，这在于，在这里构成的形式是为这一种生命意志服务的。在此情况下原初真理就是这种意志的充分展开（其他则是不充分展开）。原初真理作为以上四种基本生命意志的充分展开，分别就是精神之原初的否定、理性、反省和出离思想，此即思想的四种类型。通常情况下，一种思想都会是包含其他思想的复合体。理性、反省、否定和出离等思想在其活动中通常是相互交织、相互从属、互相需要的。当其中某一种思想获得了自身统一性、成为自为独立且规定其他思想的，使其他思想只有隶属于或服务于它才能存在，那么它就成为一种独特的思维范型。理性思维、反省思维、否定思维和出离思维就是最基本的思维范型。因此精神的原初真理，分别就是超越思维、理性思维、反思思维和出离思维的原初真理。它们分别是精神的自身否定、自身建构、自身维持和自身出离意志之绝对自由的展开。因此真实的美，因在其中展开的自由的实质差异，而区分为四种实质类型，即超越思维的美、理性思维的美、反思思维的美和出离思维的美。我们分别称之为崇高美、优美、深沉美和宏富美。这就是美的四种基本格调。我们讨论的优美，只是其中的一种。

优美就是理性思维的原初真理，是生命的自身建构意志之绝对自由在精神生命中的原初实现。所谓理性思维，乃是理性的自为独立存在，是理性的真理或理想。

理性就是精神之现实的建构、组织活动，也就是精神的形式统一活动（对杂多内容的综合），及从事这种活动的能力。精神的任何形式和谐都来自理性的构造，正如生命组织的形式和谐来自生命的自组织或自身建构活动。理性就是精神现实的自组织活动，是生命先天的自身建构意志的充分展开。这种展开也离不开所有其他生命意志的共同参与，但其中自凝势用是起决定作用的方面，其他势用是为它服务的。同理，反省、否定和出离等思想就分别是精神的自身维持、自身否定和自身出离意志的充分展开，且每一种都离不开所有其他生命冲动的共同参与。

理性作为综合统一的活动经常是为精神的反省、否定等思维范型服务的，旨在为后者构造作为其中介的形式。它在这种情况下就是被后者规定，从属于后者的。反省、否定等思维都离不开理性的参与，但是它们在其活动中又同时限制着理性的发挥。一方面，反省、否定和出离思维的对象表现都离不开理性的活动。它们都包含有理性的活动，都必通过理性的超绝论综合（这是一种旨在构成纯粹思想的形式的综合统一活动）构成其先验的形式整体，并且通过理性的先验综合（就是以纯粹思想的形式对于感性表象进行综合）完成对于这种形式整体的感性表达。表达就是根据概念形式对感性质料进行综合。这种综合旨在将反省等思维自身注入感性的材料中，使其形式在后者中呈现出来，这也是理性的活动。表达只有通过理性的作用才能够达到清晰、和谐、明确和统一，从而才能够真正形成意义，把领会凝聚在感性的形式中。艺术创作与审美鉴赏都离不开理性的积极参与，因为美必然包含充分和谐的形式，后者只能是理性构造的产物。比如艺术的典型塑造就是根据艺术家对概念的领会（一种真实的领会当与作为其对象的概念同一）对现实进行的提炼、集中、综合和在此基础的形式统一，才能使概念最终在个体性中完美地表现出来，这些都是理性的活动。典型通常只能是艺术、是人类理性的自觉创造。艺术的典型塑造，都必须通过理性的自觉活动，才能完成。事实上，理性、反省、否定和出离型艺术的对象表现（这些类型的艺术都必包含对象表现），都离不开理性的活动，艺术只要想表现对象，就必须对于对象内容进行增删、修补、提炼，以构成一个主题突出且充分和谐的形式整体，这只能通过理性的活动（而一种无所表现的艺术，即自足风格的艺术，本身就是绝对理性的体现）。同样，对任何类型艺术美的领会都离不开理性的综合活动。另一方面，在这里理性活动是从属的，不具有独立自为的存在和自身统一性。反省和否定等思维都必须靠理性来构成其形式、塑造其典型，但是理性的活动在这里完全是被它们主导，仅仅是服务于它们的目的，仅仅只在构成指引它们活动的形式，而它构成的形式也完全被它们的需要所决定，所以说它不是自为独立的。在这里，理性把精神生命的杂多内容统一起来，以某种稳定的形式结构对它们进行综合，构成精神的一种和谐组织，以使之合乎某种目的。然而最终是反省等思维，而不是理性自己，决定这组织的存在目的及其应当的形式。这种情况也表现在艺术领域。比如在一种反思型的艺术中，理性的先验综合服务于反思思维的表达，它是为反思思维而不是为它自己服务，其所构造的形式仅仅旨在将反思思维揭示出来（而不是出于理性自身自为的要求）。这种揭示旨在构成对后者具有指引作用的感性形式结构。在精神和生命的领域，目的论规定才是根本的规定。对于一种反思型艺术而言，其形式根本上是被反思思维而不是被理性活动决定。

　　在理性活动中，精神的自身建构作用成为独立的、主导的。因此理性的特点被精神的自身建构作用规定。这包括：其一，理性作为精神的建构运动，其目标仅仅只是构成一种把精神的内容纳入其中的统一形式。与反省等思想不同，理性的兴趣只在于形式本身，而不关心形式的功能。这种功能总是被理性为之服务的其他思想规定。理性的兴趣只在于构成和谐统一的形式。它的本性赋予它对形式和谐的不懈追求。它像是一个孜孜不倦的裁缝，编织了世界的巨大织体，且忙碌于缝合其漏洞、补上其缺口、接上断裂的线头，并且始终在寻求、建立更便捷的连接，总是致力于完全堵住或消除和谐结构的任何破缺。当它成功达到这种统一，它就得到了满足，这会让主体产生一种快感。这种快感的实质等同于我们从一幅看似混乱的图画看出了清晰、统一的结构或从一大堆无关联的事实发现了某种统一法则时体会到的快感。这样的快感属于真实的美感。对于单纯形式统一的追求是人类理性的本能，这种和谐形式也是理性的成果。但是通常情况下，这个理性裁缝要做成什么衣服式样，乃是被它服务的主顾（反省等其他思想）的需要规定。在这里，是理性所服务的那种思想决定所构成形式的目的，正是这种目的规定形式的非均衡性。其二，理性自身并不会赋予形式以外在的目的，故它按其本性构成的形式总是均衡的、无方向的。理性是精神的自身建构意志的充分展开。而生命的自身建构意志与自身出离和自身否定意志等的区别，就在于它没有现实的方向性，它是一种横向的、空间性的（而非纵向的、时间性的）作用。这种情况决定了理性活动的独特本性。它不像反省等活动那样具有明确的方向性，不具有向内外、上下的指向性。它只专注于构成和谐的形式，而这种形式的方向性，乃是被理性所从属的反省等思维在目的论上规定。在这种情况下，理性的综合活动就被赋予了一种外在的现实目的，而所构成的形式就是为了承担某种效用。在这里，正是形式所应当服务之功能的时间性方向，决定了形式自身结构的方向性。这就导致理性的活动及其构成的形式都被扭曲。如果理性不被现实目的扭曲，那么它构成的和谐形式必定是无中心、无方向性的，因而就是均衡、对称和稳定的。理性按其本性就要追求形式的均衡和稳定。通常我们看到一种均衡、对称和稳定的形式会更有快感。当我们有充分时间在纸上随意画些抽象图案，我们最后画成的图案通常会具有某种均衡和稳定的形式。当理性完全按其本性而活动，它就成为我们所谓的理性思维。

理性思维就是理性的自由存在。当理性的活动也不被与之矛盾的思想范型规定，而只是出于理性自身的要求，为了理性自身的目的。这样一种自由的（即自为独立的）理性活动，我们就称之为理性思维。只有在其中，理性才得以完全服从其本性而活动，理性所追求的形式均衡、对称和稳定就不会因形式要服务的功能而被破坏。理性思维乃是理性的完成或真理。它作为自由的理性活动是活动和目的的同一。一方面，理性思维的活动只以自己为目的，只为自己的目的构成形式。如果通过理性的综合所构成的形式，不是从属和服务于反省、否定和出离思维，它从后者获得解放，因而就是唯独为着理性自身的目的的，是理性用以规定或指引自身行动的，而这形式就是理性自身的体现。另一方面，理性思维的自身目的就在于这形式构成。理性就是构造形式和谐的活动，当它从反省、否定和出离思维获得自由，成为以自己为目的的，就意味着它的目的就是这种构造活动。作为精神的自由建构活动，理性思维只服务于它自己内在的意志（即精神的自凝作用）且被其规定。它就是精神的自凝势用不为任何其他目的，只为其自我实现而展开的现实活动，所以是为了建构而进行的建构活动。它构造形式是为了以之作为一种中介以规定它自己的活动。在这里，精神的先天自凝意志的展开乃是为自己开创运动的形式，而这种形式只为了指引这意志的展开，而后者正是理性思维本身。于是这种自凝势用和理性思维，就是互以对方为自己的目的，且互相通过对方实现自己的目的。理性思维就是精神的自凝意志的绝对自由的展开。在这里，精神就是为了构造而构造，只要构建出绝对和谐的形式，它就得到满足。总之理性思维的综合活动是自为的，只以自身为目的。

　　这决定理性思维以下特点：第一，只有理性思维才是把形式的和谐统一作为最高目的。理性的本性就是构造和谐形式，所以当理性否定其他思想赋予它的目的，它就把构造和谐的形式本身当成最高目的。理性思维就旨在从混沌中构成和谐的形式，一旦当它构成这种形式，它就完全达到了自己的目的，它的自由就在这里得到了实现。这使主体产生一种快感。理性思维就是把和谐的形式作为最高目的，而可以不用关心这形式可能的效用。它只从形式本身就得到了满足，而不是为了这形式的实在效用。当它的存在是完整的，它构成的形式就没有任何在它自身之外的效用。第二，只有理性思维才能构成一种绝对和谐的形式并以之表达自己。理性是精神的自身建构势用的充分展开，而自身建构势用的特点在于它没有现实的方向，这决定了理性的独特本性：它不像反省等活动那样具有明确的方向性，不具有向内外、上下的指向性，而唯独致力于构成和谐的形式，而这种形式的方向性，乃是被理性所从属的反省等思维在目的论上规定。当理性的综合活动被赋予了一种外在的目的，那么这种活动及其构成的形式都会被这目的扭曲。如果理性不被现实目的扭曲，那么它构成的和谐形式必定是无中心、无方向性的，因而就是均衡、对称和稳定的。形式的均衡、对称和稳定都是绝对和谐的必要条件。此外，在理性思维中，理性依其本性也追求形式的充分和谐，但是当它在这里否定了任何可能效用的规定，而只以形式自身为目的，那么它就抽离了这种充分和谐被可能效用规定的方向性，使之纯化为可与形式的均衡、对称和稳定达到同一的形式充分关联和自洽。理性思维若是一种完整的真理，就必然包含一种不具有现实合目的性的形式充分关联和自洽。充分关联意味着不存在形式的断裂和松散，自洽性意味着解决了形式的冲突。理性思维按其本性就追求这种关联和自洽。比如数理科学对更一般的方程的寻求，就表现了理性思维对于避免形式断裂和松散的要求。数学和自然科学对于统一场论的追求，同样表明了这一点。无论是欧几里德几何学，还是自足风格的音乐，都包含了这样的形式充分关联和自洽。这种形式的充分关联和自洽，与均衡、对称和稳定特征的统一，就是绝对和谐。

一句话，理性的本性使它不断深化、扩大和充实这种形式和谐。理性的本性是要建立一种无破缺的、绝对的和谐，而只有作为理性思维，理性才使其本性得到充分实现。只有在这里，理性对于形式和谐的无限追求才是全无羁绊的，所以它构成的和谐才可能是完美无缺的，才可能是一种绝对和谐。

通常情况下，理性思维作为一种单独的我思，仍可能被某一更大的思维统一体规定，后者可以是理性思维，也可以是其他思想范型。于是它构成的形式绝对和谐就是有破缺的。只有在艺术中，更准确地说是在优美型艺术中，理性思维才能从自己编成的网罗逃逸出来，恢复其主观的自由，于是它会追求形式绝对和谐的完全性。只有这种自由的理性思维及其绝对和谐形式，才构成优美的本质。

在严格意义上，所谓优美应当是纯粹形式之美，即这形式是自我满足的，不包含且不合乎任何外在目的的，却依然能让我们产生美感。这样的形式只能是一种绝对和谐形式。它之所以让我们产生美感，是因为满足了我们的理性思维对于形式的均衡、对称和稳定性的要求。因此优美必然是一种形式绝对和谐。在这一点上，我们的审美陈述经常不够严谨。比如当我们听到一首悲伤的歌曲，它深深地拨动我们的情弦，把我们心中的郁积的悲伤充分表达出来，我们会说这首歌很优美。我们会说一段能深深激发我们一般情感的乐曲是美的。但是严格意义上，作品情感表现的有效性只意味着它的真理性（这包括：情感本身的真实性；对于情感的理解的真实性；有效的或充分和谐的表达形式），但不一定意味着它就是美（除非它包含的这种理解和表达具有原初性），更不一定是优美（除非这种理解和表达具有绝对和谐的形式）。首先一般情感本身不是美，也不是美感，故这首乐曲之美只在于其表达方式。而表达方式既然旨在感动我们、激发我们的一般情感，它就被赋予一种外在目的。这个目的必然与形式的绝对和谐矛盾。也就是说，在这里激发我们一般情感的，其实并不是形式的绝对和谐或优美。同时这个目的也决定了，乐曲既是为了激发我们的一般情感，那么它要有效做到这一点的话，它的所有要素、环节都必须是服务于此、且为此目的而构成充分的形式统一。换句话说，乐曲形式必须具有一种充分和谐。只有一种充分和谐形式才合乎其目的。因此形式的充分和谐就是合目的性。这种和谐是生命形式特有的。它也是真理之为真理的形式条件。因为真理总是有目的的或它自身就是目的，故真理的形式必然具有充分和谐特征，这在超绝存在论上最终是被真理必然包含的自由自身行动的一贯性规定的。充分和谐就是有机体结构表现出的组织化特征。最美的艺术必须具有这种与生命组织同样的充分和谐形式。就如 Mozart 的音乐，增加一个音符都显得多余，删减一个音符都破坏作品的完整，修改一个音符亦会使作品失色。这种形式的充分和谐，既是被目的规定，故必然否定形式的均衡、对称和稳定。也就是说它与形式的绝对和谐或优美存在本质冲突。抒情乐曲如果让我们产生美感，这种美感也应与乐曲旨在表达及我们实际感受到的一般情感区别开来。它乃是来自表达形式的充分和谐，以及这种形式的原初性。因此这种美根本上在于形式原初的充分和谐，而这种美绝不是优美。

形式的绝对和谐与充分和谐的矛盾是导致优美格调之形式矛盾的一个根本原因。因为一方面，作为优美的本质，理性思维要求具有形式的绝对和谐；而另一方面，优美作为原初的真理，也要求具有形式的充分和谐。这两方面的冲突就使优美陷入一种形式矛盾中。这个矛盾的最根本表述，就是优美的真理性与理性思维的形式理想的矛盾。这一矛盾是推动优美格调发展的一个本质根据。

作为自由的一种存在方式（或更准确地说，作为自由的一种时间性模态），美必然包含自身矛盾。因为自由作为生命的自否定运动，就是通过自身矛盾展开，必然包含矛盾在内。美作为自由的原初真理亦是如此。我们表明了原初真理本身在存在论上就是自相矛盾的，这在于其真理性和原初性的矛盾。任何真理都希冀获得必然性，而必然真理就是善；但真理一旦成为必然性，其原初性就随之消失。因此美作为真理的本然要求，与作为美的必要条件的原初性存在相互冲突。这个真理性和原初性的矛盾就是美的最根本存在论矛盾。我们表明正是这一矛盾决定美的本原存在论目的，是毁灭自身而成为善，即从原初真理转化为必然真理。我们认为本原的美（它构成精神的自发学习的本质）的存在论使命就旨在转化为精神的必然真理，即成为概念，而一旦它完成这一转化，就再也不会让人产生任何美感。所以伴随本原之美的这种使命的，是它必然经历从迷恋到淡漠以至厌倦的情绪蜕变。这也是它的悲剧命运。然而有一种美，却试图否定这一本然的使命，使自己从自我毁灭的悲剧命运逃逸出来。这种美就是自由美，或艺术美，因为它是艺术特有的。自由美在历史发生学上是从本原的美孕育而出，但具有了与后者完全不同的存在论意义。因为一切真正的艺术都要求具有一种永远的美，为此它必须包含一种永远的原初性。因此自由美必然要求具有永远的原初性，后者是其为自由美的基本条件。这是一方面。另一方面，自由美也必然具有真理性，它必须是真理，故必具有真理的特性及成为真理的条件。但是真理本然地要求成为必然的，这就导致与美的永远原初性的冲突。因此自由美的真理性与永远原初性存在着矛盾。这就是自由美在存在论层面的实质矛盾，是美的最根本存在论矛盾的表现。另外，美基本上是通过真实的对象表现成其为真，故其对于真实的对象表现的要求是其真理性的基本表现，而对于现实对象具有充分真实性的表现必然是一种具有意义确定性的、内在的表现，这种表现必然导致对永远原初性的否定。在这里，自由美的对象表现要求与永远原初性的矛盾，就是其存在论的实质矛盾的基本表现。我们称之为自由美的基本实质矛盾。由于对永远原初性的要求是自由美的主观自由，故这个实质矛盾亦可归结于自由美的真理性与其主观自由的矛盾，以为其存在论基础。

　　自由美的主观自由还表现为表现方式（包括表现媒介与领会方式）与表现对象的冲突。只有艺术才会选取一种与表现对象不适宜的表现媒介与领会方式（通常是为获得永远原初性），这是它的主观自由。自由美的真理性与这种表现方式的主观自由的矛盾，就是自由美最根本的形式矛盾。通常艺术都可能包含表现媒介与对象存在的矛盾，只有优美格调的艺术才会包含领会方式（即艺术包含的思想）与对象存在的矛盾。后一种矛盾才是本质性的。这些矛盾都是从自由美的最根本形式矛盾衍生出来，而后者最终也应归结到自由美的最根本存在论矛盾，即真理性与主观自由的矛盾。

因此自由美包含两种基本矛盾，即实质矛盾和形式矛盾。这两种矛盾都植根于自由美的真理性与主观自由的矛盾。它们又总是处在发展中，因而衍生出多种模式。自由美包含的所有自身矛盾，最终都是从其最根本存在论矛盾派生出来。正是这些矛盾的发展，在根本上推动美和艺术的演变。

我们在本书中所论之美主要是自由美。就优美格调而论，它的实质矛盾与其他审美格调相比无甚特别，而其形式矛盾则远比其他格调的复杂。优美的基本实质矛盾，也是其对象表现要求与其永远的原初性的矛盾。优美的形式矛盾情况则更复杂一些。优美的真理性的基本表现也是其对象表现要求，而优美在表现方式上的主观自由则以理性思维对形式绝对和谐的要求为其基本表现。优美的对象表现要求与理性思维的形式绝对和谐理想总是存在矛盾。这个矛盾就是自由美最根本的形式矛盾在优美中的基本表现。我们称之为优美的基本形式矛盾。形式矛盾是推动优美格调发展的主要矛盾。

这两种矛盾打破了优美的稳定性，使其永远在寻求最终稳定的解决，从而推动优美的发展演变。从其与对象的关系方面，优美可以分为两种：一种致力于在整体形式层面以理性思维方式表现对象真理，谓之庄静美；另一种则否定了整体层面的对象表现，故使理性思维获得完全自由，谓之纯粹优美。优美的内在矛盾推动这两者的相互过渡或彻底分离。在优美的矛盾中，通常更积极主动、更有力量的方面是对象表现要求的方面，这个要求植根于思想的本性，它努力使自己进入实际的对象表现领域，并推动实际的对象表现对更高真实性的不懈追求，使其从隐喻式的、局部的表现转变为再现式的、整体的表现，并不断追求更高的意义确定性。这种发展导致对象表现要求与优美对形式绝对和谐与永远原初性的要求的矛盾不断重构。反之，当理性思维的主观自由成为更积极、主动的方面，就会促使优美为更好满足对形式绝对和谐与永远原初性的要求而不断否定实际的对象表现，这也将导致两种矛盾的不断重构。这种矛盾发展，推动优美在庄静美和纯粹优美之间作不断的往返运动；且在其中任何一点上，矛盾都不能获得一种最终稳定的解决。

首先在纯粹优美，两种矛盾都未能得到稳定的解决。因为对实际对象表现的否定违背了思想的本性，也违背了美的真理要求。思想本来就是为领会对象而存在的，这使得领会或表现某种对象成为思想本然的要求。当然我们也可以弄出一种不表现任何对象的思想，纯粹优美就包含这样的思想，这是理性思维的自由游戏。但是这种思想是不自然的，违反了思想的自然本性。这种情况使纯粹优美无法获得一种最终的稳定。思想本然的对象表现要求将最终促使纯粹优美恢复实际的对象表现，且促使这种对象表现不断发展，导致纯粹优美不断的矛盾重构，最终使纯粹优美过渡到庄静美。我们把维也纳派的古典风格音乐作为纯粹优美的典范，试图从这种风格的形成、发展和衰替来阐明上述矛盾发展的逻辑。

其次在庄静美中，这两种矛盾也未能得到稳定解决，反倒更加尖锐。庄静美使矛盾双方都不能获得最终满足，因而它比纯粹优美更不稳定。庄静美致力于在整体形式层面，以自由的理性思维，对于对象存在进行表现。且这种表现总是会追求更大真实性，因而会向具有意义确定性的、自身独立的且更加自然的对象表现发展。这种发展必然导致对象表现与优美要求的形式绝对和谐与永远原初性都发生越来越严重的冲突，从而导致两种矛盾的重构。同时理性思维的主观自由也是处在发展中的。在矛盾双方的每一发展阶段，庄静美都会努力建立二者的平衡统一。但是这种统一总是被双方的继续发展打破。因此庄静美始终不能使其内在矛盾得到最终稳定的解决，所以它自身也永远无法获得最终的稳定。

这种矛盾通常会推动庄静美向两个方向发展：一是当理性思维的主观自由成为矛盾的更积极主动的方面，就会促使庄静美出于其永远原初性和形式绝对和谐的要求，而逐渐否定对象表现，从整体、内在的表现过渡到隐喻性的、局部的表现，最终过渡到彻底的无所表现，于是庄静美转化为纯粹优美；二是当对象表现成为矛盾的更积极主动方面，就会促使庄静美向更真实、自然、独立，且更具有意义确定性的对象表现方向发展，直至最终过渡到彻底的自然主义如写实风格等。后者是西方艺术发展的主流趋势。它使优美格调的形式矛盾最终得到一种就其自身而言是稳定的（尽管是消极的）解决（一种最真实的对象表现，即使这种表现不具有优美的形式，也可以让我们获得完全满足）。但是自由美的实质矛盾打破了这种稳定性。它要求在美的对象表现与永远的原初性之间建立一种积极、稳定的统一。它试图在纯粹优美和庄静美中确立这种稳定统一，但从未成功。这也使这两种优美风格都不能获得自身的真正稳定。

自由美的实质矛盾在一种实在的美（旨在表现现实对象的美）和纯粹美（否定了对象表现的美）中，都无法获得真正稳定的解决。纯粹美为保持永远的原初性而否定了对象表现，正是这种否定使它处于不稳定中，迫使它继续发展。实在的美作为自由美则使矛盾双方都无法获得最终满足。因为它要求获得对于现实对象的具有意义确定性的表现，而这种表现与美的永远原初性存在无法调和的冲突。这种冲突使得实在之美建立的矛盾双方的统一，都是不稳定的。于是实在的美为获得最终稳定性，就试图打破这种统一，要么否定对象表现而过渡到纯粹美，要么放弃永远的原初性要求而过渡到彻底的写实风格。这种消极解决同样不能获得真正的稳定性。自由美以其实质矛盾双方的统一为其存在的条件，它只有通过二者的稳定统一，才会获得自身存在的稳定性。这种稳定统一，在实在的美和纯粹美中都永远无法达到，只有当美或艺术进入对一种绝对超现实原理的表现领域，即当这种美成为一种本真的美，才可能达到。这是因为本真的美由于表现对象及对它的领会方式的独特性，使得这种领会既能获得意义确定性，又能保持永远的原初性，所以就使实质矛盾的两个方面都得到充分的满足，因而使矛盾得到一种真正稳定的解决。优美的实质矛盾只有在一种本真的美中，才得到了一种积极、稳定的解决。在此意义上，是这个实质矛盾推动优美过渡到本真的美，而这最终将导致优美的消亡。

总之，优美内在的形式矛盾和实质矛盾相互交织，推动优美自身的不断发展及其向本真的美的最终转化。

本真的美乃以一种自为的具体本真领会作为其本质。本真领会就是对超绝本体的真实领会。它就是精神的本真自由。本真领会包括自为的与自在的、具体的与抽象的。自为的本真领会是一种自觉以获得超绝真理为目的的领会。我们称之为精神的觉悟。具有这种自为本真领会的精神就是我们所谓本真的精神。自在的本真领会则对其自身及这超绝真理的存在都无专题性意识，所以它是完全偶然发生的。它只属于审美经验，是一种真实原初领会所导致的。当一种本真领会建立了生命与超绝真理的直接实际连接，使人与上帝相互占有，它就是具体的，故就是一种具体的本真自由。但是本真领会也可以是抽象的，比如对这真理的单纯理论思辨，并不包含这种本真生命连接及对这真理的具体直观。这种领会作为本真自由也是抽象的。而审美经验包含的本真自由必然是具体的。具体本真领会是导致美感的最直接现实原因。因此美感就是生命因为与自由之本体的本真连接、因为感知到神圣真理在自身此在中的临在而产生的快感情绪，而美就是神圣真理的临在。但是在通常审美经验中，这个具体本真领会完全是自在的，是被原初领会无意识导致的。在这里，人们对于它自身以及它领会的超绝真理都没有明确意识。尽管它在实际地起作用，尽管人们实际地占有了这真理。这就像一个盲人偶然触摸到一块璀璨的宝石又随手将它丢弃。因此通常审美经验包含的就是一种自在的具体本真领会。具体本真领会也可以是自为的，而这种情况只存在于艺术和宗教中。

本真的美唯独属于本真的精神。本真的美意味着人类审美领会进入了一个全新的阶段。这不仅因为它的领会对象的存在论独特性，而且因为它使本真领会的自为性与具体性统一起来。它包含了一种自为的具体本真领会（在通常审美经验中我们是通过某种原初领会盲目、偶然地达到具体本真领会，但是后者在本真的美中则是被作为明确的目的自觉地构成的）。但是本真美的这种统一导致了一个新的矛盾。因为一方面，任何自为的对象领会都要求获得意义确切性（完全的意义确定性）和自身存在的必然性，其自为性正是由此得到存在论—目的论的规定，自为的本真领会亦是如此；另一方面，在通常情况下，对象领会，包括自为的本真领会，一旦成为确切和必然的，就丧失了永远的原初性，即失去了导致具体本真领会的永远可能性。因此一种自为的本真领会就会面临其意义确切性和永远的具体性，或必然性（善）与美的矛盾（二者都是自由美的实质矛盾的变型，且最终都植根于美的最根本存在论矛盾）。这就是本真美的内在矛盾。

这种内在矛盾推动本真的精神朝以下三个方向发展：一是本真的艺术，即否定本真领会的意义确切性（只保持基本的意义确定性，比如 Beethoven

的雄壮风格音乐）以保持永远的具体性，亦即否定领会之必然性以保持永远的美；二是本真的哲学，放弃本真领会的永远具体性，以确保其意义确切性，亦即为获得本真领会之必然性而放弃永远的美；三是本真的宗教，通过其客观的修证系统使信徒能够以必然方式达到一种具体本真领会，因而将本真领会的意义确切性和永远的具体性或必然性与永远的美最终统一起来。对于一种必然的具体本真领会或美来说，其永远性就是永恒性。这种永恒的具体本真领会就是终极的善，也是终极的美，是至美与至善的内在统一。这是人生的圆满成就，是生命的最终成圣。因此本真的宗教可视为本真艺术和本真哲学之辩证统一。艺术与哲学都不可能达到人生的圆满，只有宗教才可能达到这种圆满。只有在一种本真宗教中，本真的美的内在矛盾及自由美的一般实质矛盾，以至美的原初性与真理性的矛盾，都得到完美的解决。

在这种意义上，我们可以说，最终是美的内在矛盾推动自由美从实在的美过渡到本真的美，并从本真的艺术最终过渡到本真的宗教。只有本真宗教实现的人神结合，才使人生找到了真正的归宿（获得一种具体且必然的本真自由）。

绪　论

第一节　西方传统美学的问题与美学的出路

Romain Rolland 曾说，大多数人其实只活到二十岁就死了，此后他只是通过日复一日地重复陈旧的生活，以维持他还活着的假相。诚哉斯言！通常情况下，一个人的性格达到成熟，他的精神就停止了生长，他的精神生命中就再也没有新鲜的东西加入进来。于是生命陷入令人绝望的贫乏。余下的岁月是日复一日地重复以前的内容。

这其中又包括两种性格类型。一种是自得的性格，就是完全满足于当前的贫乏，这就是最平庸的一种人。他要么在当下的生活中已经完全得到满足，于当下的生活自怿自乐，活得有滋有味。要么只追求那些有形、有限的东西。这种人的欲望总是小小的，或有限的，而且大概都能够满足。一旦达到这种满足，他们就会安稳快乐地过一辈子。而其中有点野心的，也会常常创造一种成长的假象（如升官发财）来欺骗自己。另一种是贪婪的性格。贪婪就是无限的欲望，而任何无限的欲望其实都是对于无限性本身的欲望。我们生活中所碰到的大多数杰出人物都具有这样一种贪婪性格。他们渴望的是一种无限，比如无限的财富，而这种渴望是永远无法得到满足的。我们又把这种性格称为一种守财奴性格。他们绝望地想通过无限的获得和占有以克服这种贫乏，结果得到的全都是丰富性的幻影。所以他们的生涯是荒诞的，且唯有真正杰出之人方有此种荒诞人生。他追求无限的丰富，最后获得的却是彻底的贫乏。无论是自得性格还是贪婪性格，都会导致生命贫乏性的无法克

1

服。这种守财奴性格会导致生命的悖论和荒诞。其中，庸人的自得性格固不足论，在此要讨论的是守财奴性格。

生命内容的贫乏是贫穷的本质，而凡旨在通过无限的获取、占有以克服这种贫乏的人，我们就将其归属于一种守财奴性格。他们的生涯因为这性格而陷入荒诞。我们所谓守财奴是广义的，以贪婪为一般特征。所谓贪婪或无限欲望正是"杰出人士"之为"杰出"的一个根本特点。动物从不贪婪，庸人也无此种无限欲望。一般财迷之爱财是有限的，因而是朴素的。与之相比，守财奴的无限欲望甚至具有了某种浪漫性。这种欲望超越了人的自然生存之需，它仅仅是渴望占有某种无限。所以任何无限的欲望在本质上都是对无限本身的欲望。因此，一个爱钱如命的守财奴其实远比他自己以为的要高尚。但是守财奴的生涯是荒诞的，因为它是自相矛盾的，这种矛盾使得守财奴的追求只得到了与其初衷完全相反的结果。

守财奴生涯的荒诞性，原因在于它包含了三重的矛盾。其一，是守财奴对有限事物的追求与无限的渴望的矛盾，这决定他的欲望本身的荒诞性。守财奴是通过对有限事物（任何现实东西都是有限的）的追求来满足无限的渴望，但任何有限事物都不可能使他获得这种满足。这种悖论使他的生命成为一个"迷恋—厌倦"的永恒轮回。贪婪的对象不仅限于钱财，也包括荣誉、地位、权力、知识甚至上帝（守财奴的上帝也是一种现实性）。但是任何现实东西都是有限的、相对的。一种实际存在的绝对、无限只能是超越现实的（超绝的）本体。贪婪在存在论上就植根于人性中具有的对这超绝原理的本能渴望。人对于无限的渴望，只有当他实际占有了这个超绝本体之真理，才能得到真正满足。这种渴望最终的目的在于把人引向与超绝真理的神圣结合。然而人总会错解他真正的爱情，总是把这种神圣的渴望误解为对现实之俗物的爱，导致这种渴望本身也被隐藏起来。于是他试图通过对现实性，且通常是对单一的现实之物的无限占有来满足内心的隐秘渴望。由于这一致命的误解，导致他的欲望本身就是自相矛盾的。所以他的欲望永远不会从他的实际追求得到满足。他总是欲壑难填。其二，是守财奴对无限性的欲望与其对现实此在的执著的矛盾。贪婪又具有极度自私性。这种自私性首先是悭吝，就是牢牢抓住已有的；其次是谫陋，就是死守其当下自我而绝不放弃；最后是与这二者相关的怯懦，就是总在寻求安全地带，总是精心算计以规避对这自我及其所有物的一切可能的危险。这种自私性在存在论的本质层面，分别就是人对于现实存在、对于理智及自身主体性的执着。自私使他不愿否定有限的自我和理智的安全巢穴而对真正的无限敞开自身。也就是说，守财奴性格既想获得无限，又要牢牢抓紧现实的此在，因而是自相矛盾的；因为真无限只属于超现实本体，人只有否定现实此在的封闭性，才能对这无限敞开自身并接纳它。这种矛盾是守财奴欲望的矛盾的根据。他无法突破自身此在的局限，向真正的无限、绝对敞开自身，所以不可能真正获得这种无限。其三，守财奴追求的无限性是自相矛盾的。由于前述原因，守财奴追求的是一种被此在的现存存在拘禁的单一维度的无限，比如无限的金钱。而这是一种贫乏的无限，故也是一种虚假的无限。他最终只是获得了一种量的而非质的丰富，因为他未能通过自我否定以实现生命的更新。真正的无限应该是绝对的无限，是无限的无限，是在无限维度展开的无限。正如真实的自由是针对自由的自由，是自由的无限性。所以单一维度的无限性或者说贫乏的无限性，本身就是一个悖论。因此守财奴对于这种贫乏的无限性的追求，反倒吞噬了生命的多样性和丰富性，因而使生命更加贫乏。结果他越是努力追求无限和丰富，其生命就越是变得单调和贫乏。这是我们人类精神的一个普遍的困境，或称为一种"守财奴悖论"。

大多数优秀人物都具有这种"守财奴性格"，追求的也都是一种贫乏的无限性，也逃不脱这种"守财奴悖论"，且最终皆导致人生的彻底荒诞性甚至悲剧性。比如一个真正英雄的生涯，也必然陷入一种"英雄悖论"，导致其生命的荒诞性。这悖论是因为对一种无限荣誉的追求，以及通过荣誉获得无限的期许，都必然是自相矛盾的。英雄追求的是一种无限的真实荣誉，他希望以此获得无限。但是荣誉的存在是经验性的，其无论真实与虚假，都不可能是无限的。"大江东去，浪淘尽，千古风流人物"。即使真正英雄的荣誉，最后都变成长江里面的一个泡沫。因此英雄通过荣誉以获得无限的艰巨努力，最终都注定成为泡影。另外，一个求知若渴的学者，也必然陷入一种"学究悖论"。学究对无限的知识欲望，英雄对无限荣誉的追求，本质上都与守财奴的贪婪无别，也必然导致生命的荒诞性，正所谓"吾生也有涯，而知也无涯，以有涯逐无涯，不亦殆乎？"学究生涯的荒诞性不仅在于其通过追求知识获得无限的野心是自相矛盾的，且在于他追求的只是现存的知识而非生命的真理，故知识之丰富非但无补反倒加重生命之苍白。甚至一个人对于上帝的热忱信仰，在他仍抓紧他的现实此在不放的情况下，也必定是守财奴式的，且必同样陷入守财奴的悖论。故守财奴悖论乃是一种普遍的精神现象。

这些生命的悖论，也是精神生命的浪漫追求与对现实此在的执着的矛盾，最终植根于自由的无限性追求与个体生命与现实的有限性的矛盾。要解决这种矛盾、克服生命的荒诞性，要么放弃对无限的追求而完全安住于生命的当下此在，要么是破碎生命的现存此在而向无限性敞开。前者就是庸人的生活，就是完全粘着于现实此在而丧失了浪漫性。后者则是审美和爱的生活，就是为了一种浪漫渴望而舍弃现实此在。我们只有通过美和爱才能克服生命的荒诞性。

这种守财奴性格在启蒙运动之后，成为西方精神的典型性格。基督教带给人类对无限的欲望，而启蒙则教人从现实对象中使之满足。启蒙人格对于理智、现实和自身主体性的执着（理智主义与主体哲学），以及它的永不满足，使成为守财奴性格之完整体现，而其生涯亦不可避免地陷入守财奴的困境。守财奴性格本质上在于既不放弃对于理智及自身主体性的执着，又要追求生命之无限丰富，结果它追求的只能是一种单调、贫乏的无限性，这不是真实的无限，而只是其廉价替代品。

守财奴生涯的荒诞性和悲剧性，首先在于守财奴们错把无限性的影像当成无限本身；其次在于错把占有物的增加视作生命的成长，而这乃是一种典型的"守财奴幻觉"。守财奴获得的永远只是一种成长的假相，连他自己都没有对之真正满足过。真实的生命成长就是对无限的敞开。它只有当生命获得其本真自由才是可能的。这个本真自由，意味着自由自身在现实生命中恢复其本质的真理（即超绝真理）。它就是这个超绝真理在现实生命中的临在。自由自身才是唯一真实的无限。现实生命只有建立与自由的本质真理的实际连接，才真正得到了无限，也才能够得到真正的成长。对于现实的精神，无论其生命的成长，还是其与自由的本质真理的连接，都以舍弃自我而向无限敞开和投入的行动为条件。这种行动就是审美经验和爱情经验的本质基础。人的生命陷于贫乏和停滞，根本原因都是丧失了体验美和爱的能力。

　　现实生命只有通过真实的审美经验和爱情经验，才能克服这种守财奴生涯的荒诞悲剧，并打破庸人生活如被困在转轮上的仓鼠般可怖的单调性，从而将自己从贫乏性的地狱救赎出来，实现真正的成长。首先，审美和爱的行动打破了守财奴性格中执着于现存主体不放的自私和封闭性，从而把生命朝无限性敞开。守财奴悖论是主体形而上学必然陷入的精神困境。这种主体形而上学表现了现实生命对主体的执着和自私性。而审美和爱的行动都表现出一种无私性，具有非主体性特征。真实的审美经验和爱情经验所具有的共同的行动结构就是通过舍弃自我而彻底委身于对象真理，最终实现对这真理的拥有及生命的更新，唯此才能使生命获得真实的成长和丰富。其次，守财奴悖论也是所有理智主义者必然陷入的精神困境，而只有通过美和爱才能够打破这种困境。守财奴贪婪欲望的满足也是一种获得感。这种获得感之有别于美感，就在于它缺乏一种神秘性，因为它没有打破理智的固有结构，它没有使精神的生命获得一种实质性的成长。但是真正的审美和爱的行动都具有一种非理智的浪漫性或神秘性。在真正的审美经验和爱情经验中，人们否定了理智的算计、理智对想象的辖制及对心灵视野的狭隘化，从而使心灵向那被遮蔽的存在、非理智的神秘之物敞开，也使人们恢复对于存在的惊奇。

　　可见，只有通过美和爱，通过其中的无私和敞开性，我们才能向我们已置身其中、被其所包围的无限的神秘开放自身，才能把自己的生命与那唯一真实的无限性即神圣本体连接起来，并从后者获得无限可能性。如果这种无私和敞开性是由于情感引起的，那么它就是浪漫的。美和爱是我们的生命突破自身、获得真正成长的最自然的方式。其本原的存在论目的就是精神生命的成长，使精神迈向更卓越、更丰富的自由之境。对于这一点，我们还将在以后内容中进一步阐明。

　　如果从这一视角来看西方传统美学，就会发现它其实正是从一种作为我们所谓"守财奴性格"之体现的主体形而上学和理智主义立场来分析审美现象，故其获得的认识，常常要么钻进牛角，要么南辕北辙，因为审美现象完全超出了守财奴性格所能理解的领域。传统西方美学的立场、视角离实际的审美经验都颇为遥远，故其对美的本质之认识难免有偏差，而其所谓美的领

域亦显狭隘 ①。略说如下。

一、美学的立场

西方传统美学的立场，首先是一种主体形而上学。这种美学把审美主体理解为一个不变的实体，把审美活动当成一种主体化行动，即主体对客体的某种认识活动，且在活动中主体和客观都是现存在此并保持不变的。它完全是从现存的主、客体关系中理解美：要么是客体的某种形式特征使主体产生美感，故我们认为客体形式是美（如康德）；要么把美只当成主体内在的思想在客体中的表现，"美是理念的感性显现"（黑格尔），于是美感仅仅是表达的美感。

应当承认这种理解与我们真实的审美经验相去甚远。首先，实际的审美经验，无论是艺术创作还是真正的艺术欣赏，恰恰都是以一种彻底非主体化的忘我陶醉、以参与者完全舍弃自我而投入到对象真理中为最显著特征。有两首宋人诗，就很传神地描绘了这种创作和欣赏的体验。一首是苏东坡的《书晁补之所藏与可画竹三首》："与可画竹时，见竹不见人。岂独不见人，嗒然遗其身。其身与竹化，无穷出清新……"另一首是黄庭坚的《题郑防画夹五首》："惠崇烟雨归雁，坐我潇湘洞庭。欲唤扁舟归去，故人言是丹青……"艺术领会的一个显著特点就是它的忘我投入性。领会者完全否定了自我，否定了他自己现存的世界，而进入作品意义的世界中去。艺术创造中的灵感状态，更是一种彻底舍弃自我、委身于美自身发生过程的神秘经验。这种舍己投入，构成审美经验之非主体化特征的显著表现。其次，审美经验的非主体化特征，还突出表现在艺术创作和欣赏中主体意志的退隐。审美想象在其最活跃的创造中，其行动完全只服从快感且最终被某种无法掌控的神秘存在决定，而不是被主体的意志掌握。这种非意志化特征最明显表现在天才灵感中。天才在灵感状态完全被快感引导，而不是被意志决定。天才的创造尽管可能也是极艰难的，但是根本上是他从中获得的快感，而不是坚强的

---

① 当然我们这里讲的是西方美学传统的主流。我们知道西方美学18世纪以后还出现了一种浪漫主义思潮。后者恰恰是旨在否定主体性、否定理智主义，强调审美的神秘性的，且成为20世纪哲学向非主体和非理智领域转向的一个重要思想资源。但它在近两千年的西方美学史上并非主流。

意志，促使他投身其中。最纯粹的天才，如 Mozart、Schubert，似乎都缺乏坚强意志，其创作热情更像是犯了毒瘾一般。我们普遍人的审美经验同样具有这种非主体化特征。总之真实的审美经验是非主体化的。同时它也是非对象化的，是一种前于主客分别的原初经验。所以用一种主体哲学立场解释审美现象，就完全是圆凿方枘。

美和爱的现象本身就构成对主体哲学最有力的否定。陶醉在美和爱中的人表现出的那种典型的不由自主的舍己和非理智行为，那种彻底抛弃自我意志和理智的安全堤岸而完全投身于激情之黑暗幽深的洪流、置身于情绪之易碎的小舟的着魔似的狂热，都清楚表明他在这里是将自己交给了一种超越他自身主体性和理智的神秘存在支配，而这个存在现在是通过情绪与激情规定他的行动。这在艺术创作中表现得尤其明显。Schlegel 说天才的显著特征是"他知道的要远远多于他知道他知道的"，"天才指的就是某人能够几乎无意识地选择最高程度的优越"。Schlegel 认为判断艺术家是否具有天才的特征，就是要看他的无意识选择是否归因于一种更高的神圣的和有意识的存在。真正的天才之为天才，就在于他的创造行动完全是被一种超越他自身且不为他所知的神秘存在所支配，他完全成了这个神秘存在的驯服和灵敏的器皿。我们试图表明这个存在就是作为一种超现实的（超绝的）本体的自由自身。自由作为超绝本体才是绝对的实体或主体，而它只存在于自身向现实性展开的绝对运动（即其绝对的自我实现运动）之中。它把人作为参与者纳入这种运动中。其中，这个自由之本体（它就是人的先天本质）乃是把人作为它由以实现自身的器皿和舞台，且它就是在这种自我实现运动中创造了精神的存在。这种立场可称之为一种超绝存在论。但是在被理智规定的寻常经验中，人的自我反省被概念固化，于是人把自己当成了一种现存的实体或主体。这是主体形而上学的思想根源。但是在美、爱和崇拜现象中发生的剧烈的自我破碎，清清楚楚地表明人的现实自我从属于一个高于它自身的隐藏的目的，而最终目的就是自由本体的自我实现的绝对运动，故这个自由自身才是绝对主体。因此对这种现象的透彻思考必然粉碎主体形而上学的僭越的王冠，将人的自我投入超绝存在论的发生运动中。

其次，理智主义也是西方传统美学的主流立场。理智就是被概念规定的理性，而理智主义则是把概念当成存在的唯一真理，把所有思想活动当成理智活动，认为存在都是被理智规定且可从理智得到解释。概念就是精神的必然真理，就是现实的善。从古希腊以来的西方美学，一直有这样一种理智主义传统，就是把概念、善当成美的本质或根据，以为美只是概念的感性表现，把审美领会当成一种理智活动。苏格拉底就提出美就是效用，故美就是善。柏拉图认为美是理念的表现，亦是美善一致。亚里士多德说美是一种善："种种快乐和美好的事物必然是善的事物，因为前一种事物可以造成快乐，而美的事物之中有的是快乐的事物，有的是就其自身为人乐于选取的事物。"① 普罗提诺也说，最高的美就是神和理念。所以美就是真理，就是善。人可以通过感官来接受物体的美，但是只有通过心灵的眼睛才能够看到最高的美，即上帝的美。物体的美本身也是因为它分享了神的理念。美有等级之分，最低的是感官接触的物体的美。其次是事业、行动、风度、学识等的美。而最高的美就是上帝和理念的美。中世纪那些主要哲学家对美的思考，基本上都是把普罗提诺这种美学结合到基督教神学的系统中。从奥古斯丁到阿奎那都认为上帝是最高的美，是真善美的统一，所有感性或者有限事物的美都以上帝的美为最后的根源，我们通过认识感性事物的有限美，可以达到上帝的无限美。黑格尔美学也继续了这种理智主义传统。他认为美是理念的感性表象。其中理念是美的内容，感性显现是形式。理念作为艺术美的内容，在感性材料中显现，就成为理想。理想是个别具体的对象，是美的典型。

应当承认这种理智主义理解也与我们真实的审美经验相去甚远。首先，真正的审美经验恰恰是非概念的，完全不被概念规定。审美领会不是概念思维，而是任意的或原初的想象。美的一个重要存在论特征恰恰在于它的非概念性。它不是概念，也不是概念的感性图像。美作为真理是原初的、偶然的，而概念则是必然的。我们阐明了美的本质是精神的原初真理，是原初想象，而概念则是规范的想象，而后者必然是从前者转化过来。因此美或审美领会在存在论—发生论的时间上是前于概念、且构成着概念的。美的本原存在论意义就是构成概念。故美才是概念的根源，而不是相反。其次，作为原初想象，审美领会不是一种理智活动，亦非理智可解释，而是表现出显著的

---

① 亚里士多德：《亚里士多德全集》第九卷，颜一等译，中国人民大学出版社 1994 年版，第 358 页。

非理智特征。审美领会的非理智特征最明显地表现在艺术灵感上，而灵感完全不是理智可解释的。这种特征根本上是因为原初想象不是被概念规定，而是被情绪和一种超理智的神秘之存在规定。略说如下。

审美领会的非理智特征，首先在于它根本是被情绪规定的。当想象力不再受理智、概念的明亮日光引导，它就只能借助情绪的昏暗摇曳的烛火探索前行。当人完全陶醉在艺术创作和欣赏中时，他的想象并不是被理智和概念，而是被情绪引导，这个情绪就是美感；他是在美感引导下抉择和创造，构成原初领会，最终构成关于事物的图像。这种抉择就是根据美感情绪对自由的行动进行确认，而审美领会就是根据这种确认和抉择开创自己的路径并构成自身的存在。在这里，情绪是唯一的光。其次，审美领会的非理智特征，还在于其抉择所表现的无意识特点。后者表明在这里想象至少不完全是被现实的或理智的主体决定的。但正如 Schlegel 对天才想象的特征分析表明的，审美领会中的无意识抉择通常总能达到最优效果。这种一贯的最优抉择，表明其中还有一个超越了现实理智主体的隐秘"主体"在持续、审慎地起作用。最终是这个"主体"在抉择，且是通过美感情绪引导自己的抉择。它才是美感情绪及审美领会在存在论上的最终主体。它作为一个超越现实和理智的神圣原理，就是自由之本体。总之美具有一种超理智的神秘根源。

理智主义的误区，根本原因在于把概念或内在的善当成现存和绝对的，把概念当成一个先天现存的机能，而没有看到概念本身也是在时间中被构成的，没有探究原初真理的发生及其向必然真理转化的过程。故不能在存在论上理解美的本质和意义，以及美善关系。我们试图表明，美与善都是现实自由，都是精神之真理。美是自由的原初现实性，是自由的原始展开、精神的原初真理，是精神之现实存在的源头；而善则是由这种偶然、飘浮的原初现实性凝聚形成的巩固结晶，是精神的必然真理；美和善都是自由的绝对自我实现运动的时间性环节。只有在这种思想基础上，我们才能真正理解美的存在论意义。这种思想我们称为超绝存在论。而超绝存在论之所以能做到这一点，正因为它是对理智主义的否定。

所以说，西方传统美学，就是因为其主体形而上学和理智主义立场而陷入了误区，导致其对美和审美领会的解释基本是隔靴搔痒。只有当我们站在一种扬弃了现实主体和理智的超绝存在论立场上，认识到审美领会乃是自由自身的原始开创运动，而美则是这一运动的最初产物，是原初的真理且以转变为必然真理或善为其本原的存在论目的；认识到美与善皆是现实自由或真理，故具有共同的实质，同时作为自由实现之不同时间性环节又具有一种模态差异，我们才能更自然地理解审美经验，也才能更自然且更真实地理解美的独特存在论意蕴和价值。也只有在这种超绝存在论立场上，我们才能把美（作为存在发生之必然环节）真正当成一个存在论的而不是认识论的环节，从而使美学真正成为一种存在论。于是我们也将会认识到，美学只有作为一种存在论，才是回到其真实的地基。

另外，美学的这种立场突破，也可能对历史哲学有重要启迪。一种非主体化的历史哲学甚至比一种非主体化的美学更重要，因为主体主义和理智主义的历史哲学实际上构成了西方极权社会的重要理论基础。然而与植根于主体主义和理智主义的近代历史哲学的构想大不相同的是，人类真实的历史进程，并非由某个现实主体根据理智预先设计好的某种蓝图来实施的。在其中，这个主体和蓝图其实都了无踪影。真实的历史充满偶然性，且只能在无数偶然性中，通过无数随机抉择，最终构成历史的方向。这种机制与生命进化类似。同样与生命进化类似的是，历史的发展，尤其是长期的发展，只有超绝论的必然性（即历史只要被自由自身所掌握，就必然是朝着自由无限的自我实现的方向进行的），在现实性层面是完全偶然、无法预测的（任何对几千年后人类社会具体形态的预测，都是巫师神棍的伎俩）。这就是说，历史的创造（政治、法律、伦理和宗教的创新），根本不同于工艺制作，不是被某种现实主体和理智规定的，而是具有非主体性和非理智的特征。因而它本质上与艺术创作和欣赏一致。历史的创造（它是天才的想象与人民的确认的统一）就是一个民族作为艺术家在进行创作。这种创作，同艺术创作一样，当其是彻底革命性的，就因为是完全非理智的，即否定了理智和概念的规定，故只能根据情绪的引导。但人类情绪是一个最芜杂的领域，或有如粪秽般污浊，或有如钻石般晶莹。情绪之纯洁者，乃是被自由所规定，属于精神的良知。在历史领域，不仅天才的想象必须跟随情绪的指引，而且人民对于这种想象通常也是以情绪方式（喜欢或不喜欢）进行确认。而情绪良知之最本原者，在于自由之超绝本体成为情绪的主体。在这里，是自由之本体自身通过人的情绪以感知自身的处境，从而对精神的创造进行确认。这种情绪比理智更深刻。精神唯独靠着它才可以穿透理智的牢狱，开出全新的生命。这种情绪就是美感。历史创造也必在美感引导下进行，且其产物也是在这种引导下获得必然性。这种机制与艺术创作和欣赏完全一致。因此最终是良知决定历史的方向。所以最能体现一个民族的良知状态的领域就是历史和艺术。为保障人类历史发展朝向正常方向，人们根本上应做的，是保护良知的纯洁，尤其是保护健全的美感能力。而在这里，极权政府要做的，就是通过煽动低劣情绪以彻底污染国民的精神良知，使其彻底丧失对善恶美丑的正常好恶。

二、美学的视角

西方传统美学基本是从一种认识论视角出发来理解审美现象，这也导致其理论与审美经验的现实相差甚远。西方美学基本都继承了古希腊人凝视静观的审美旨趣，其视角是认识论的。以往的西方美学，要么就是从属于认识论的，把美当成一个认识问题来处理，如鲍姆加通的美学就是把审美当成感性认识（"美学"（aesthetics）这个词就是认识论的，"美学"就是感性学）；要么是在认识论的地基上展开的，是在认识论的思想框架之内来处理美的问题，比如康德美学就是从想象力和知性这两种认识能力的和谐关系来理解审美。

其中认识论美学在西方有悠久的传统。认识论美学把美当成一种认识途径，认为美服务于认识的目的。柏拉图就开始把美作为引导人们达到对于理念世界的真实认识（所谓"凝神观照"）的途径。亚里士多德认为艺术的最高目的在于模仿或表现理念，他强调的仍然是艺术或美的认识论意义与功能。中世纪基督教美学继承并发展了古希腊的认识论美学的传统。托马斯·阿奎那的美学是对亚里士多德美学的发展。他认为美与认知能力密切相关，美是与视觉和听觉有关的独特的认知性感觉。美感就是感性认识，就是通过感性对象对于神的理性的象征性理解美。美是不涉及欲望的单纯静观的认识，美"只涉及认识功能……认识须通过吸收，而所吸收进来的是形式。所以严格地说美属于形式因的范畴。"[1] 所以美旨在达到对于形式本身的认

---

[1]　转引自朱光潜：《西方美学史》上册，人民文学出版社 1982 年版，第 131 页。

识。美和善的区别就在于善涉及欲念的满足，而美却是无目的的静观，不涉及欲望，只是对于对象形式本身的静观认识。"美向我们的认识功能所提供的是一种见出秩序的东西，一种在善之外和善之上的东西。"①近代美学的开创者鲍姆加通，就完全把美学当成认识论的一个环节，把审美当成认识活动的低级阶段，即感性认识的阶段。这种认识论和感性论视角仍然被康德、黑格尔的美学所继承。

还有一些理论家，尽管没有明确把审美当成认识活动，但也是从认识论的概念框架思考美的问题。比如康德认为美感产生于两种先天认识能力即知性和想象力的自由协调作用，认为主体是通过一种主观的反思判断力来确定事物的美，且试图通过美来实现认识和实践的过渡，显然这种思路全都是在一种认识论框架中展开的。另外，近代美学基本都是从一种认识论的主客关系来思考美。谢林、席勒、黑格尔都是如此，他们都是从主体向客体的转化来解释美。黑格尔认为美是理念的感性客观图像。谢林认为艺术创造就是将主观精神转变为客观现实。席勒也认为美是理性的"活的形象"。这其实都是把美仅仅局限于思想的表达（主观向客观的转化）环节，而没有认识到美的更本质意义是作为思想本身的原初真理。近代美学还试图以审美途径解决认识论造成的认识与实践、主观与客观的分裂。康德就试图通过审美判断力在理论和实践之间架设桥梁。谢林也试图通过在艺术创造中的直观，把理论和实践统一起来，也把主体和客体在直观的绝对同一中统一起来。他把艺术放在比哲学更高的位置上。因为哲学还停留在思想领域，即使他的天启哲学，也只是哲学家内心神秘的理智直观，而艺术则通过它的创造将主观精神的内容转变成客观的现实。只有艺术才能使主客成为一体，从而达到绝对同一的境界。

然而从认识论视角对于美和审美过程的解释，与真实的审美经验相差甚远。相关问题可略说为以下几点。

第一点，鲍姆加通以后的美学主流都是从作为认识论的现存实体的主、客体关系解释审美现象，但这完全不符合审美领会的特征。

其一，在真实的审美经验中，审美主体不是一个自我满足的实体，恰恰

---

① 转引自朱光潜：《西方美学史》上册，人民文学出版社 1982 年版，第 132 页。

相反，它总是破碎自己、舍弃自身自我，完全投入到对象的世界中，让对象真理进入它自己，以重建自己的生命；审美活动也不是这样一个主体对一个现存客体的行动，其特点恰恰是同时缺乏主体意识和客体意识，审美对象没有被客体化，相反对象真理成为规定审美领会的真正主体，它指引我们的思想行动。所以认识论的现存、对立的主体和客体，对于真实的审美经验来说是很陌生的。

其二，与之相关，真实的审美领会也与通常所谓的认识判然有别，而是属于一种本原的存在领会。本原存在领会是前反省的。在其中，人完全沉浸在手头的事务，而几乎没有对主体、对象及领会本身的反省。比如当我正在奋笔疾书时，我不可能有对于这支笔、对于我自己及这书写过程有清晰的意识。在这里认识完全沉没在实践之中（而没有成为独立的、反省的）。通常只有当我停下操劳的活动，我才可能以反省方式"认识"（recognize）先前已在实践中不经意领会的存在。比如这支笔、我自己及我正从事的活动。故一种从操劳活动抽身而出的反省性认识，也就是我们通常所谓认识，并不是本原性的。它乃是奠基于一种前反省的本原领会且由之派生出来。这种本原领会包括通常的实践领会与所有审美领会。审美领会属于本原的存在领会而不是认识。它是完全无反省的、沉浸式的。主体没有从领会中抽身而出，也完全没有对领会本身进行思考，而是处在一种无我无物、心境双忘的状态。这其实是前反省的本原存在领会的一般特征。但是，就像认识论把人类本原的存在领会抽象成一个现存主体对一个现成客体的认识活动、把认识活动从这种本原领会剥离出来，同样认识论的美学也把审美领会从真实的审美经验剥离出来，使之成为现存的主、客体之间的相互作用。这种思考本身是扭曲的。它要处理的问题也往往是鼠入牛角、车走羊肠。其中一种重要的思考，就是企图通过美，将主观与客观（比如谢林）、认识与实践（比如康德）统一起来。这种思考所针对的本身就是一个只有在被认识论扭曲的视域中才会发生的问题，其对问题的解决也缺乏说服力（比如康德通过美实现从认识到实践的过渡）。其实这种统一的问题，只要我们拆解了这种提问的立场、返回到本原的存在领会（而不一定是审美领会），即可迎刃而解。

19世纪美学把这种主、客体关系作为思考的出发点，也导致其思考的以下误区：一是只把美归属于客观对象，只把美的形成归属于表达（即将思想转化为客观图像）环节。比如席勒和黑格尔都认为，美就是理性的感性客观体现，当理性对自然的材料进行雕琢、将自己投入到对象中去，这对象就成为美的；我们将表明这类看法都错过了以下事实：首先，美的本质在于纯粹的思想或领会，感性对象只有体现了纯粹思想才是美，而纯粹思想则可不通过感性对象而成其为美；其次，领会包括理解和表达，其中理解才是美的核心，故艺术之美，更根本的在于艺术包含了对题材的原初且真实的理解而不是表达，反之如果艺术真的从上述美学立场出发，把美的形成只归属于表达，就会创作出那种包含的理解很平庸而一味在表达上用功的作品，这样的作品很少能给人以精神启迪。二是如果认为只是表达创造了美，就将进一步导致对作为艺术美主要根源的原初真实理解的忽视，甚至对表达方式的原初性的忽视，如果我们认为只要是正确的表达就是美的话；这些都将导致对美的本质（作为精神之原初真实的思想）的偏离，甚至会模糊了艺术创作与生产劳动（都是把思想转化为感性客观存在）、艺术作品与劳动产品的本质区别（这个区别就在于思想的原初性，后者是美的存在论必要条件）。

第二点，西方传统美学思考亦以理智主义为其基本视角，而它从这一视角对审美现象的解释，完全不符合审美领会的特征。理智就是概念能力。理智的领会就是被概念规定的领会。我们寻常的认识和实践领会皆属于此。所谓理智主义则是这样一种思想，它把一切领会都当成被概念规定的且因而是必然的。西方传统美学就是从这种理智主义出发，把审美领会当成被概念规定的领会，把美的本质当成善。苏格拉底提出美就是效用，最早把审美领会混同于实践领会。柏拉图把美作为认识理念世界的途径，则是开审美领会与认识活动之混同的先河。

然而我们通常的实践领会，即使是本原领会，也非原初领会。这在于它总是被概念规定。概念或概念的系统作为必然性，规定我们在实践中所看到、所领会的。在通常认识（不包括原创性的发现，后者被我们归属于美的范畴）中的领会，则既非本原的，亦非原初的，因为它同样是被概念规定的，我们总是根据某种先验概念来理解经验现象。所谓原初领会的特点在于：这领会抓住的是对象某种新的意义，后者尚未成为概念，故领会尽管可能以某种概念为基础，但不被概念规定，而是想象力的任意的、偶然的活动，原初领会就是一种旨在把握对象意义的原初想象。我们试图表明审美领会属于原初领会，且美就是一种真实的原初领会，即精神的原初真理。后者构成美的真实本质。可见这种理智主义视角，导致了西方美学传统对美和审美领会的一个重要本质方面，即其原初性，的遮蔽，因而导致对美的真实本质的扭曲。

在我们看来美作为原初真理是概念的根源，其本原存在论目的就在于转化成概念。西方传统美学从其理智主义视角和主客对立的形而上学图景出发，认为美在于理念的表达而不是理念的构成，就偏离了美的最重要本质。由此导致西方美学中普遍的美善混淆甚至美善关系的颠倒，比如从苏格拉底到黑格尔都是把善作为美的基础和根源，而在一种超绝存在论美学看来，情况正好应当是反过来的。只有当我们认识到美是自由的自我实现的时间性过程的一个必要环节，我们才能使美学成为存在论的，而美学作为存在论必然是一种超绝存在论。只有当美学成为存在论的，它才能真正讲清楚美和审美领会的存在价值。比如康德对于这种价值的解释就很缺乏说服力（如审美领会使先天认知机能得到锻炼之说），而超绝存在论表明美作为原初真理的本原存在论意义就旨在转化为必然真理或善，这种解释就更自然合理一些。

由此可见，康德试图通过审美来实现认识和实践的过渡，根本是找错了解决问题的方向。因为要达到认识和实践的统一，唯一的正确的方向是回溯到作为二者共同基础的本原存在领会，而后者乃是一种概念领会（被概念规定的领会）而非审美领会。审美领会尽管也是一种本原领会，却因其原初性而与认识和实践的领会都有本质区别，它与这二者的距离其实比二者之间的距离还要遥远。康德美学的过渡本身也是出于一种认识论的视角。在我们看来这种过渡不仅缺乏说服力，而且是无效的。美的真理与实践和认识的真理都有本质区别。实践和认识的真理都是必然的真理，而审美的真理是原初真理。这两种必然真理根本不需要也不可能通过与它们相差更远的原初真理来进行过渡。康德美学的桥梁，大抵类似于我们为了把武昌和汉口两个城市连接起来，而到南京架了座桥。实践和认识根本不需要也不可能通过审美来过渡。如果要真正把二者统一起来，更合理的途径是返回到作为二者共同根源的本原领会活动。

这种理智主义视角不仅导致西方传统美学对美的原初性特征的忽视，也导致对审美领会的非理智和神秘特征的抹杀。审美领会是一种原初想象，因而它具有非理智、非概念特征，它根本是不可理喻的。它因为不被概念规定，就成为想象力的完全任意、偶然的活动，即自由的任意创造行动。尽管这种想象活动可能会跟随情绪的确认、激情的推动和对象形式的提示，但它的产生机制和来源都是在现实性层面无法予以充分解释的。因而审美领会具有神秘特征。它似乎是被某种超越我们的主体性和理智的神秘存在所控制，后者使我们丧失理智且身不由己，只能盲目地跟随、见证和收获。我们将表明这个神秘存在就是自由的超绝真理。所有审美领会都必然包含心灵与这超绝真理的本真连接（具体本真领会），并通过这种连接使心灵成为自由自身的任意驰骋、开创运动的场地，而这种任意开创运动就是原初想象，后者是审美领会的核心内容。所以审美领会的神秘特征最终归结到最终规定这领会的主体的超绝性或神圣性。后者也规定了审美领会的自在的浪漫性。

第三点，这种认识论视角也导致美学对情感、激情在审美领会中的实质作用的忽视，使审美领会的真实机制暧昧不明。人无时无刻不处在情绪中，本原的存在领会总是离不开情绪的作用，被爱和恨等情绪诱导。认识论把这种本原领会抽象成一种认识活动，后者只服从理智或理性，完全不受情绪和激情干扰。当西方美学试图从这种认识论视角来解释审美领会，必定导致对后者的真实机制的遮蔽。

事实上，认识论对于人类领会的这种抽象化，被真实的审美领会否定了。审美领会由于否定了概念的规定作用，故必须依赖情绪的确认和引导以及激情的推动。在真实审美经验中，我们不是通过理性"判断"对象的美（如康德所说），而是直接以情绪感知对象的美。艺术家在其灵感形成中，通常不是通过理性的判断，而是直接通过情绪对其想象进行抉择，他会选择最能让他产生审美愉悦的点子。艺术欣赏的情况亦与此一致。当我从对一件美的作品（比如对一首音乐）的领会中得到了审美愉悦，我就会对这种领会感到满足，并把这种领会确定下来。在这里，情绪就构成对原初想象的真理性的确认，并由此引导原初想象的进行。因此在这里，我的心灵行动服从的是情绪而不是概念的引导。此外，审美的愉悦还会调动我的激情，使我全身心投入到这种领会中去。真实的审美领会总是被一种我不能控制的激情推动前进，所以它具有某种浪漫性。这种巨大激情会颠覆我的理智，使我进入一种如痴如狂、昏厥麻木的状态，而只能被某种神秘力量裹挟而行。总之审美领会的非理智特征，无可推诿地暴露了情绪与激情在本原的存在领会中的作用。

我们试图表明真实的美感或单纯美感（通常所谓审美快感是由包括单纯美感在内的多种情绪构成的）是对于精神的自由处境的情绪感知。在日常的认识和实践中，生命总已丧失了本真自由。这在于自由被它自己创造的概念之网困住，生命把这张网当做全部的存在，从而使它与自由本体自身的本真连接发生断裂，因此这本体在生命中丧失了自身的真理性。当生命恢复这种本真连接，从而自由的超绝真理在现实生命得到展开，这生命就重新获得其本真自由。于是它就会通过一种愉悦情绪感知到这一点。这种愉悦情绪就是真实美感。故美感就是对自由本体的自身处境的感知。它本质上是自由自身通过我们心灵的感官对于自身处境的感知。自由在其原初想象中，无法再借助理智之灯照亮前面的道路，故只能以美感情绪为拐杖在黑暗中敲打，以确定哪块路砖是可以踏足的。自由通过美感对于其抉择的确认，也就是对于自由自身在每一抉择中的处境（是否恢复其超绝真理）的确认，而它正是由此确定其行动的路径。故自由的原始展开或原初想象，根本上是靠美感情绪的引导来开辟道路的。审美领会都是原初想象。其发生在于一个未知的神圣本体以其真理进入人的心灵中，借助美感的引导在心灵的荒野摸索出前进的路径。除了这种确认，美感的存在论目的还在于引导原初想象的重复，即精神的记忆。超绝存在论的记忆就是通过重复以实现原初真理向必然真理的转化，而这种重复是通过美感诱导的。儿童的模仿行为本质上也是这种记忆，且也是通过由此获得的快感亦即美感诱导的。成人的审美领会与此一致。本原的审美领会就是自发的精神学习的方式，就是在美感诱导下的原初想象和记忆。

在审美领会中，原初想象与生命的本真连接互为因果。一方面，在通常情况下审美领会是通过原初想象重建生命的本真连接。它作为原初想象旨在领会某种否定了既有的概念、传统的真理。后者是概念、传统无法把握的。于是现实生命只能回到作为源头的自由自身，通过后者的开创运动以构成这一真理，以此实现对这真理的占有。另一方面，原初想象也是这种本真连接的必然结果。生命对某种真理的占有，只能是在自身内部使之重新生长出来。这种生长就是自由自身的原始开创运动，就是原初想象。自由的这种原始开创运动，必以现实生命为器皿和场地——而这是以生命的本真连接为前提的——方得可能。它作为原初想象，乃是以生命的本真连接为充分必要条件。在通常情况下，真实的原初想象或原初真理，与这种本真连接乃是一体二面，故美感既是对原初想象之真理性的，亦是对这本真连接之实际存在的情绪确认，且最终是对自由自身处境的感知。

综合以上三点，审美领会的最大特征，在于它彻底委身于对象真理的舍己和无私性、它的非理智的神秘性、它听命于情绪和激情的浪漫性等。这些特征都与近代哲学痴迷的认识过程扞格不通。这些都表明西方传统美学思考的视角和立场都有严重问题。

我们试图表明，如果我们要更真实也更自然地理解审美现象，就必须对传统美学的视角进行根本转换；这就在于从认识论视角转移到爱的视角（而且从主体形而上学的立场转移到超绝存在论的立场）。审美领会的以上特征，全都是爱情经验的本质特征。美不是奠基于认识活动，而是奠基于爱。美不仅是因为爱而产生，而且美感就是一种爱的情感，并在事实上只存在于爱的行动之中、在目的论上是为爱而有。迄今为止的西方美学都处在认识论和一种实体形而上学的主体观念笼罩之下，没有认识到美对于爱的从属性，没有认识到审美经验中主体通过自我舍弃，彻底委身于对象的真理，最后达到自身丰富和更新的过程。这个过程就是爱的行动，且是一种存在论行动。总之美对爱具有存在论的从属性。只有从爱的视角我们才能正确理解审美现象。但西方美学基本上把审美活动当成一种狭义的或者广义的认识论的活动，因而使美学远远偏离了它的正当地基。

人类本原的存在领会，乃是统觉（意义构成）与意愿两种行动的统一，且以意愿行动为更根本。其中，统觉是在知觉和观念表象指引下的形式构造行动。任何领会都会先验地构成知觉或观念的表象并在这种表象指引下构成对象意义。意愿则包括情绪、激情以及在情绪的诱导和激情的推动之下的意愿行动。情绪不是先验构成的造物，而是先于任何领会的。统觉是被知觉和观念指引的行动，意愿则是被情绪诱导的行动。意愿是意义构成的前提，但它是直接由情绪引发的，对于统觉是独立的。一方面，任何思想的行动都先验地构成知觉或观念的表象并在其指引下行动，故任何思想都已经是意义构成。另一方面，任何领会的行动都离不开情绪的诱导和激情的推动，因此任何领会也都是意愿。总之，一种真实的领会是统觉和意愿的同一。但是西方哲学的传统，基本上是把领会仅仅当成统觉，而完全忽视了思想中的意愿行动。

统觉是构成对象意义，而意愿则是对对象存在的"态度采取"，即存在的肯定与否定（这种肯定和否定亦构成主体与对象的最基本存在论关系）。这也就是存在论上的爱与恨，且更根本的是爱。爱与恨作为意愿都包括情绪、欲望、激情和行动等多个方面，即这种存在的肯定或否定都在情绪、欲望、激情和行动中得到表现。意愿规定情绪，以情绪来确定对象的存在，从而引导自己。爱和恨首先分别是以情绪方式对于对象存在的肯定和否定。情绪必然激发相应的欲望。比如，恨引发伤害和逃避的欲望，爱引发保护和占有的欲望，等等。而因情绪、欲望要导致行动，则还需要有激情的作用。激情则在生命活动中起到能量调动的作用，故是一切行动的条件。我们通过情绪感知自由的处境，情绪激发占有或逃避等的欲望，而激情则迅速把人的全部生命能量调动起来，倾注到占有或逃避等的行动中。每一种生命活动都需要消耗能量，且都必有其相应的能量调动机制。广义的激情包括自然的本能冲动和激情。前者所起的作用就是把生命能量调动到满足自然需要的活动中去。狭义的激情专指精神的能量调动机制，就是人把自己的生命能量激发、调集起来并传输、释放到特定精神活动中的机制。在我们朝向一种更高的精神生活的行动中，必要以精神战胜自然、以激情战胜本能。这要求精神必须有更大的激情，从而在我们里面调动起更大的生命能量，以克服、否定自然的本能唤起的生命力。这往往伴随着极大的精神痛苦。激情必须被情绪和欲望激发，没有情绪和欲望就没有激情。所谓爱的激情就是被爱的情绪、欲望所激发的激情。意愿的行动构成意愿的核心内容。意愿的行动就是爱和恨的行动。二者分别是由爱和恨的情绪、欲望引发。其中爱的行动是亲近、接纳、占有、守护和培养，就是对于对象的存在肯定和维护。恨的行动就是逃避、消灭、破坏、轻蔑和无视，就是对于对象存在的否定和虚无化。这种意愿行动的诸环节构成主体与对象之最基本的存在论关系。

本原的存在领会植根于且归属于爱和恨的意愿行动，其中尤以爱是领会的首要根源。无论从逻辑还是历史上，人类领会都植根于意愿行动。意愿行动就是通过爱和恨建立起主体自身与对象的本原关系。本原的存在领会是从意愿行动发展出来且始终从属于它。最原始的意愿行动或单纯意愿行动并不包含领会，而只是在情绪、欲望发动下自在、直接地与对象发生关系，包括对对象存在的自在占有。动物的意愿行动就总是如此。但是人类意愿行动必然会发展到这一阶段，使主体获得这样一种与对象打交道的全新方式。后者的特点在于主体必须构成对象存在的意义，也就是必须借助想象或统觉的环节才能占有对象存在，从而建立与对象的正当关系。于是意愿行动就转变成领会。这种转变的关键，在于单纯意愿行动中对对象存在的直接、自在的占有，转化成一种自为的占有。故领会就是一种自为的意愿行动。我们日常的存在领会基本都是如此。在其中，意愿行动的基本结构始终未变。比如我们在日常操劳中的对象领会，就离不开情绪的诱导、欲望的激发和激情的推动，也可能会包括亲近、接纳、占有、守护和培养等环节，只是其中的占有环节是具体的，包含了统觉在内。总之人类领会皆是植根于意愿行动，且本原的存在领会仍然是一种（包含统觉的）意愿行动。其次，即使领会包含的统觉，也必以意愿行动为条件。从历史发生学上说，统觉也是从意愿行动的占有环节发展出来。日常领会皆从一种自在的对象占有发展出统觉，故皆属于自为的意愿行动。另外，如果不是意愿导致的对于对象真理的敞开、接纳、守候和跟随，那么领会就是不可能的。爱先于一切领会、理解和认识。只有当我们爱这个对象，我们才能够真实、完整和充分地领会对象的存在。不仅我们在恋爱中是如此，我们对于一种文化传统，乃至对于对自然界的认识也是如此。如果没有爱，我们对世界的认识就是被狭隘的理智框住的。如果没有对于自然对象的爱——其情感表现就是对于对象的惊讶、好奇——那么科学发展将失去最根本的动力。如果没有爱，伦理的领会也无从构成传统和他者生命的真理，伦理也将成为冷冰冰的空壳。伦理的本质是爱，旨在通过爱构成生命真理的传递通道。故活跃在认识与伦理中的统觉皆以意愿行动为基础。本原的存在领会就是包含统觉的意愿行动。人类全部认识与实践活动最终都植根于本原的存在领会，故也都植根于意愿行动，植根于爱。

审美领会作为本原领会就是一种意愿行动，且这种意愿行动就是爱的行动，而属于它的统觉活动就是原初想象。传统的认识论哲学和唯理论的伦理学，都对于实际领会中的意愿行动及引发行动的情绪、欲望和激情进行了抽象，把领会仅仅当成纯粹理智的意义构成活动或统觉，因而偏离了人类本原存在领会的实际情况。但是审美和爱情的经验最有力否定了这种抽象。因为这种经验不仅最充分体现了爱的情绪、欲望和激情（而非理智）对于领会的规定，而且其领会最明显地将爱的亲近、接纳、占有、守护和培养等环节都作为自身的环节包含在内。其中爱情的经验无疑最充分体现了爱的意愿整体。审美经验被与爱情经验同样的情绪和欲望激发，也具有爱的意愿行动的所有环节，故它与爱情具有共同的本质。

　　审美领会就是爱。首先因为它不仅被爱的情绪、欲望和激情规定，而且包含了存在论的爱的全部行动。对于一种对象的认识或者领会，以及这个对象自身，只有当其能够激发爱的情感，并且能够被纳入爱的转化行动之中，才是真正的审美领会和美感对象。因此，审美领会的许多特点就是被它与爱的这种本质关系所规定的。这里我们应当区别伦理的爱与存在论的爱。我们通常所谓的爱就是伦理的爱，是广义的伦理生活的内容。从友谊、血缘之爱到情爱、宗教之爱，都属于此。此外还有一种存在论的爱，就是包括亲近、接纳、占有、守护和培养等存在论的意愿行动环节的整体。伦理的爱必然以存在论的爱为其本质基础。而存在论的爱则可以超出伦理的爱。我们以上分析表明审美领会就必然包含这种存在论的爱。它也表现为经验的爱；且只是在经验层面，它被与伦理的爱区别开来。其次，本原的审美领会本身就是伦理的爱的环节。本原的审美领会是活跃在精神的自由学习中的审美领会，是传统的生命真理的传递环节。这种真理的原初性是一种主观的原初性，是对于领会者的原初性。然而对于传统本身这种真理并不是原初的，而是传统的必然真理。伦理的存在论本质是一个真理传递的系统。它正是通过对共同真理的传递和守护，使所有社会成员构成一个分享了某种共同生命的有机体。在爱中真正起支配作用的既不是主体，也不是对象，而是真理，是真理的运动作为超绝的存在发生的环节将主体和对象卷入其中。伦理的爱的核心是真理的分享和占有的双向行动，以及建立在此基础上的伦理关怀，故最基本的伦理关系是师徒关系。本原的审美领会就是对传统真理的占有，因而它本身就是伦理的爱的基本环节。而我们对于真理的爱最初就是因为真理带来的美感。只有把美归属于爱、归属到在爱中的真理传递机制，我们才能够真正理解美和善之间的存在论关系。在自发状态，传统的真理就是通过本原的审美领会得到传递并使自身必然化。我们与传统真理的正当关系应该是一种爱情关系，而且是一种真正浪漫的爱情关系，并且是规定一切爱情的本质基础。这种爱情关系在基督教的人神关系得到很清楚的体现。传统真理是人格神的本质，真正的神就是一个民族精神传统的人格化。最后，通常所谓的审美领会是艺术的或自由的审美领会，在历史发生学上乃是从本原的审美领会中派生出来的，故也与伦理的爱有共同实质，它与后者（及本原的审美领会）的区别只在于：它的对象是无生命的客体，而后者的对象也是一个主体；本原的审美领会中存在着主体与对象在审美与爱中存在互动关系结构，双方通过相互委身达到相互拥有，这在自由的审美领会中是不存在的；自由的审美领会也没有建立主体与对象的伦理关系。

　　总之，审美领会从属于爱并且被爱所规定，它就是爱。实际上所谓"因爱而美"的说法，表明人们早就对美对爱的从属性有了某种朴素洞察。我们对于某种对象的领会，只有当它是出于爱的情绪和欲望，而且就是爱的行动，它才是一种审美领会；审美领会之所以为审美领会就是取决于这两个特征。但是西方美学的主流传统，由于其认识论和理智主义视角，最终将真实的审美领会中的意愿层面完全排除，导致审美领会成为抽象的统觉，因而完全否定了审美领会对于爱的从属性，从而遮蔽了美学思考的正当视角。其中基督教神学尽管对于爱有最充分的反思，可惜没有将爱的理论引入美学的分析中。它的美学没有多少"基督性"，而是仍然延续、发展了希腊美学的认识论和理智主义视角。比如阿奎那的美学就基本从属于认识论而不是爱。然而只有从爱的视角，才能恢复审美领会中被认识论视角劈开的意义构成与意愿行动的统一，也才能真正理解美和审美现象。

　　认识论美学没有看到在审美经验中，主体在存在与虚无、生和死之间的激烈转化，没有看到当生命沐浴在美的光辉中时那种破碎和重建、献身和拥有、死亡和新生的动态统一，没有看到由此导致的大悲与大喜的情绪交织。

　　只有立足于原初真理的创生及其向必然真理的转化机制，我们才能真正把美置于一种存在论的或爱的视域。而一种完整的存在论，以及一种爱的哲学，必然是超绝存在论。

　　认识论美学对于美的一些正确分析，最终也可以归因于爱对于认识的根源性，归因于在审美经验中领会（包括认识）对于爱的从属性。认识植根于爱。这在于：第一，认识奠基于爱，以爱为原因。这最显著地表现在对他者的认识中：我只有出于爱，才渴望了解他的方方面面，才能认识到他的精神世界、他的隐藏的神圣性——唯其如此才是真正"认识"了他。对自然的认识亦与此一致。推动科学发展的首先是对自然的惊奇，即惊讶、赞叹、崇敬、欣赏，而这也是爱。希腊人的惊讶就是希腊科学的伟大成就的最根本原因。其次对于问题的迷惑和对于新事物的好奇，也都是爱的表现。在一种自发学习中，知识的获得就是被爱推动和决定的。第二，从发生学的历史来看，认识是从爱的占有发展而出。爱必然包括占有环节。这个占有环节乃是处在发展演化中的。最早是一种无意识的自然占有，甚至不包含对对象的意义构成。在实践和审美领域的本原领会，则从这种自然的占有发展出对对象意义的构成活动，但后者不具有对自身的反省。认识不同于本原领会就在于它具有了反省性，把这种意义构成从情感和生存需要抽离出来，使它成为一种认识。因此认识是从爱的占有发展出来的。而以上两点，都归因于意愿行动对于领会的根源性。领会乃是从原始的意愿行动发展出来。

三、美的本质

西方传统美学的认识论和理智主义立场，也导致其对美的本质的理解产生了偏差。其中，认识论立场使传统美学基本是从主客体关系思考美的本质，因而强调的是美的感性特征，且将美仅仅限于表达环节。这种思考也规定了从古希腊到巴洛克时期西方艺术的实践。但是我们将表明，美的本质不在于对象的感性外观，而在于对象体现的存在真理，即对象形式包含的意义或思想。感性形式之美奠基于其包含的思想的真理性。另外，理智主义立场也使得传统美学基本是把美当成概念或精神之必然真理的感性表达，把美的本质归结于概念。但是我们将表明，美的本质不仅在于真理性，而且应当以原初性为基本条件。美的本质是精神的原初真理，是原初性和真理性的统一。只有这样才真正认识到美的存在论意义，从而使美学找到正当的基础。略说如下：

（一）美的本质不在于认识论强调的感性客观特征，而在于对象的真理性

传统美学的主流都是从主客体关系思考美的本质，因而强调的是美的感性客观方面，且将美仅仅限于表达环节。无论席勒、谢林还是黑格尔，都认为美就是理性的感性客观表现。其以为当一种抽象、普遍的概念被注入到感性客观材料中，并以自身形式对材料进行陶冶，从而塑造出使自身得到完整体现的对象，那么这对象就是美的。也就是说，美的东西是感性的、直接被感知的。另外，因为美只是认识的对象，不是欲念的对象，故只涉及形式而不涉及内容。然而把感性化或客观化作为美的本质要素，或把美仅仅归属于单纯形式，都是认识论对美的本质的误解，也与实际的审美经验不一致。

只要是能够使人产生真实美感的存在，我们就称之为美。那么在实际的审美经验中，究竟什么让我们产生美感呢？

第一，客观对象施与我们的直接感觉刺激、它激发的强烈情感都不是美感（不过艺术通常把美感与一般情感混同，故认为只要有效抒发了情感的艺术就是美的），因此一种客观对象的美，完全不在于其单纯感性质料方面（这些是完全没有领会能力的动物都可能感受的），而在于对感性质料进行综合的形式方面。

第二，形式作为感性质料的相互关系，同样是一种感性内容。它也可能直接刺激我们的感受性，使我们产生快感。这种来自直接感官刺激的快感同样不是真正的美感。比如一种图像形式如果仅仅带来视觉的愉悦，那么这种愉悦本质上同味觉、嗅觉等的愉悦一样，不能算作真正的美感（只有当这种形式能让人在对它的领会中产生快感，这种快感才可能是美感）。

第三，艺术形式只有通过我的领会才会使我产生美感。再伟大的艺术品，若不能被我领会，就不能让我产生真实的美感，它对于我就无所谓美。比如即使 Beethoven 的交响曲，如果一个人完全不能领会，那么对他而言就不过是一些无意义声响的堆积，他不能从中获得任何真正美感。因此一种感性形式让我们产生审美快感，并被认为美，必须通过我们的审美领会，而不是直接由刺激感官导致的。因此这种领会，即思想，才是带来美感的更直接原因。它才是更本质的美。

第四，感性形式之所以让我们产生这种审美领会，是因为它包含一种思想，后者作为一种意义域将这种领会的可能性包含在内了。只有当作品本来包含某种思想，我以这种思想对它的领会才是真实的。就感性形式而言，真正带给我们美感的是它包含的思想，即形式包含的内容。故感性形式的美在于其思想。感性形式之为美，在于它是某种思想的体现。

从以上推论可以得出的结论是，更直接、更本质的美是思想本身。感性形式之为美，仅仅在于使这种思想得以表显。但只要我们稍作思考就可发现，思想之为美或让我们产生美感，不一定要借助感性形式，而是直接作用于心灵的感受性。诗歌、音乐艺术的美，都让我们看到一种纯粹思想的美可以完全不借助感性形式。其中，诗歌的本质就是一种借助词语中介实现的具有永远原初性的真实想象，所以诗歌的美就是一种纯粹思想的美（因而诗歌过分讲求音韵的和谐、辞藻的华丽，乃是雕虫小技）。我们从柏拉图、庄子这样的天才的思想，从欧几里得几何学和牛顿、迪拉克的方程式，亦皆可以领略到这种纯粹思想之美。这样的美完全不在感性方面，甚至可以否定感性客观表现。对于艺术而言，其思想才是美的更本质层面。美本质上存在于对象包含的意义或思想之中，而不是其感性形式中。美的本质是思想。

第五，一种思想，只有当它是精神的真理，才能给我们带来真实的美感，才是美。一个对象让我们感到美，还有一个重要条件是它包含的思想是真实的，美必须是精神的现实真理。真理是艺术的良心所在。通常情况下，艺术只有包含对于真实题材（真实的场景和真实的情感）的真实领会，才可能让我们产生真实美感。反之，尽管极权时代的豢养艺术最热衷于塑造一些虚假典型，但这些不仅不能给一个还明白点事理的人带来丝毫美感，反倒让他恶心，故非但不美，反而是丑恶的。艺术之真理性通常在于它表现的性格具有普遍性（是某种普通概念之体现）且它表现了对于这种性格的普遍理解。极权艺术之为虚假，因其主要伎俩就在于把个别性格当成普遍的，而且完全不顾人们的普遍理解。只有当艺术包含了真理，它才能真正给人以启迪。另外美作为真理，不应是自然生存的技能（比如劳动技能），乃是精神的真理。动物也会习得各种技能并在学习中获得快感，但这种快感不是美感，这种技能也与美无关。

然而真理具有存在论意义和认识论意义。在后者，现实事物（本质是思想）之谓真理，在于符合或表现了对象之实际。在前者，思想的真理性完全属于它自身独立的存在，本质上在于这思想乃是自由进一步行动的内在根据。其中存在论意义是最根本的。它规定了认识论的意义。美的真理性也包括这两个层面。它既指美表现了某种真理，这是认识论意义。它也可指美自身就是真理，是自由的根据和体现。这是存在论意义。这种意义是最根本的，规定美的认识论意义。然而传统美学谈论美的真理性，基本上是从主客体关系出发，强调美的客观表达，将美的真理性归结于表达的真实性，表明其在这里所着眼的仅仅是真理的认识论意义。从这一角度理解美的真理性，使得美学把着眼点放在对真理的表达上，而非着力思考审美真理自身存在的特点。因此传统美学没能真正阐明美之为真的独特性（审美真理的原初性）。而我们坚持从存在论意义上理解美的真理性，并试图从一种超绝存在论立场上阐明审美真理的独特性。

第六，美作为精神真理的本质是自由。真理之为真理，在于它就是自由。美不是一种认识论真理，而是一种生命真理，或生命的功能。这种生命真理比所谓符合论和功能主义的真理更根本，且这两者最终应植根于它。这种真理就是精神的行动或自由的展开之内在根据、基础（反之假相是无法作为这种根据的），故必然就是自由，正如一种生命功能也必然属于生命本身。美作为精神的真理，必是能够作为自由的内在根据的，是一种现实自由。通常情况下，美之为真是作为对真实题材的真实领会，而唯此它才得以成为自由的内在根据。美也可以以荒诞、反讽的方式表现某种精神的真理。通常情况下，艺术必须塑造某种高尚的人物性格，即体现某种卓越自由的性格，它才能给我们的精神带来启迪，才是美。在现实中，一种高尚的精神品格会让我们感到美。比如我们从苏格拉底身上感受到一种智慧之美，我们也能感受到佛陀、基督、甘地、特丽莎修女身上的精神品格之美。因为他们的性格能为我们成就精神的更高自由带来启迪。艺术则是人为地创造出这种自由的人物性格。另外，艺术也可以表现对题材的一种高尚的理解，从而也表显了一种自由的性格。因此艺术即使表现丑恶的东西也可能是美，条件是它包含了对丑恶东西的高尚理解，故也表显了一种高贵的性格。这种高贵性格在中国文学中实属鲜见（而《离骚》《西游》，则属罕例）。一个奴役国度不可能产生高尚的艺术。像《三国》《水浒》这样的作品，即使其文学表现是成功的，但是其所表现的人物性格是卑下的，作品包含的思想也是丑恶的。这样的作品不可能给我们的精神自由带来任何真正的启迪，因而它不包含任何精神的真理，也就不可能给我们带来真正的美感。它们带给人们的其实是暴力的快感。它们就是通过迎合人们的暴力、残忍的本能得以存在，其对于人的心灵的影响无疑是负面的。纯粹美的真理性则有所区别。纯粹美不表现任何对象真理，却仍能是真，仍得以为美。因为这种美就是绝对自发的原初想象，后者就是自由之绝对任意行动所开创的产物，其形式就是这行动为自己开辟的轨道。如果它可以作为自由进一步展开的根据，即其形式可以作为自由进一步行动的路径，那么它就是真理，也就得以成其为美。

总之美的本质是精神的现实真理，也就是精神的现实自由。只有当美学思考从西方传统的认识论视角转移到存在论，才能正确理解美的本质。

另外，西方美学的认识论图景还导致美学思考基本是从主客转化角度出发，这带来以下问题：一是把美局限于客观表达，而忽视了理解。典型的如黑格尔把美理解为理念的感性客观表现。但是领会是理解和表达的时间性统一体，以理解为核心或基础。审美领会或美的核心在于其理解（它的原初真理性），其次才是表达（即赋予理解以感性客观形象）。这种认识论图景导致的焦点偏移，使西方美学未能对于纯粹思想的性质、它本身的美给予充分关注。二是由于西方美学传统更多关注的是思想的主客转化而不是思想本身的性质，导致使纯粹思想本身成其为美的条件，即其原初性最终完全被遮蔽（只有柏拉图美学较清楚提到了这一点）。我们下面将要表明，一种思想只有当其是精神的原初真理，才能给我们带来真实的美感，才是美。美的本质就是精神的原初真实的思想，是自由之神圣本体在精神生命中的原初实现。唯其如此，美才是以自由为其本质，它就是精神的一种原初自由。

（二）美的本质不是理念或概念，而是精神的原初真理

一种存在论美学必然以美为精神的原初真理。但是对于西方传统美学而言，不仅认识论视角使它偏离了这种存在论洞察，而且其理智主义更是挖断了通向这种存在论真理的道路。理智主义是西方所谓客观美学的基础。这种美学以为美的本质就是理念，就是必然真理或善。另外，把感性化作为美的基本要素，也是理智主义对美的本质的一种误解。这种理智主义立场使得在西方的客观美学中，美的一个最基本的特征，即它作为真理的原初性，完全被弃掷了。但是我们从实际的审美经验中也可能发现，一种存在若仅仅是真实（且具有精神性），还不一定能带来美感，不一定是美；要成为美，它还必须具有原初性。原初真理性是美之为美的最根本特征。我们认为只有抛弃理智主义的视角，从一种超绝存在论出发来思考审美现象，才可能对美的本质作为原初真理有一种透彻的认识。

超绝存在论旨在表明精神的现实真理是自由作为超绝本体的自我实现运

动的时间性整体，包括原初想象、记忆、概念、统摄和否定五个转化环节；其中原初想象是自由的原始开创运动，是一切现实存在之圣洁的源头，其本原的存在论目的在于（通过记忆）转化为概念，概念又被统摄，最终构成一个现实生命的整体。只有联系到这一存在论目的，美的本质才可能被真实地认识。精神的现实真理是自由的产物和自由实现自身的中介。其中，原初想象和概念是现实真理的两种基本的时间性形式，或两种模态，只有原初想象才可能让我们产生美感，故才是美。

概念是必然的真理，是精神生命的必然功能，或曰效用（从它与概念整体的关联）。它作为一种必然的思想操作，具有自动和无意识进行的特点，我们对它的进行通常是完全无感的，不可能从中体会到审美快感。这就是因为它不具有原初性。它不是美，而是善。任何一种司空见惯、寻常普通，我们对之完全丧失新奇感的存在，也就是不具有原初性的存在，都不会让我们产生美感。在艺术领域更是如此。比如一首诗，如果其理解和表达都是陈词滥调、平庸无奇，那么即使它说的都是真理，也不会让我们产生美感。一首音乐，如果乐思平凡俗套、了无新意，那么即使它有完美和谐的形式，也不会让人产生美感。这些作品都不是美，原因在于它们缺少原初性。

反之，某一事物要让我们产生美感，要成其为美，必须是新鲜奇特、出其不意、非同凡响的，即它必须具有原初性。造型艺术如果是彻底写实的，就不会给人真正的美感。它要给人以美感的话，就必须凝聚作者对于题材的领会，且这种领会（包括理解和表达）必须是独特、原创的。文学作品要让人觉得美，它的思想必须是想他人所未想、言他人所未言。一首音乐要让人产生美感，仅有完美和谐的形式是不够的，它还必须有新奇的乐思、出其不意的变奏和发展等。因此艺术让人产生美感的一个必要前提是它具有真正的原初性，且根本上在于艺术包含的思想或领会的原初性，即理解和表达的原初性。在这里，恰恰是原初性的核心部分，即理解的原初性，被长期忽视了。不仅西方的客观美学由于一直忽视了理解的原初性而强调美的感性表现方面；中国文人所谓好诗应当道"人人心中所有，笔下所无"，同样也只看到了表达的原初性。而美的更基本的也是唯一真正能给我们带来精神启迪的方面就是它包含的原初理解。美的本质是一种原初、真实的思想。它就是真实的原初想象，而通过这种原初想象构成的感性形式也是美的。当然，美还必须最终达到形式统一，具有充分和谐的形式，这是它作为自由进一步展开之根据或作为真理的条件。

概念和原初想象都是我们对精神内容进行综合的方式，故都是想象（其中概念是一种规范的想象，被必然法则规定；原初想象则是任意且偶然的）。但是如果我们是用概念形式进行这种综合，那就根本不可能产生美感（甚至对这种综合活动全无意识），即使这种内容是新鲜的。只有用一种具有原初性的形式进行综合才可能产生美感。只有当我们用一种前所未有的原初形式对精神内容成功地进行了综合统一，我们才能从这种活动中体会到一种美感。这样的综合活动就是原初想象。

美只属于原初想象而不是概念。原初想象是心灵的无来由与归宿、偶然任意、飘浮游荡、没有扎根于现实性的坚固地基的活动，而概念则是必然的、牢牢扎根于精神的逻各斯整体的活动。如果我们把精神的纯粹现实整体比作一种浓度的溶液，概念就是其中凝聚成的结晶体，而原初想象则是在晶格中穿流且不断构成到晶格之中的自由离子。所有概念都是由原初想象（通过精神的记忆环节）凝结而成。在这里，原初想象将自己附着到精神已有的概念结构之上，不再飘浮流动，而它的意义也因而固定下来，自身也成为一种必然性或概念。或者它最终被这概念结构俘获，从而丧失了自身存在。这种向概念的转化是原初想象的自我否定，也是其存在论的使命。而一旦它完成这种转化，亦即丧失其原初性，它就不复为美。这是我们精神成长中很熟悉的现象。许多曾经让我们感到新奇美妙的精神真理，一旦成为我们生命中的熟练内容，就必然不再给我们带来原先的快感。这就是审美经验中"迷恋—淡漠—厌倦"的轮回。

真实的原初想象就是原初真理。任何原初真理都要求成为必然真理或概念。本原的美作为精神的原初真理就旨在消灭自身（同时也是成就自身）而转化为概念。它是精神真理的传递机制的必然环节。精神真理就是通过原初真理与概念或美与善的相互转化实现的。传统的真理是一种必然性或概念。在精神的自发学习中，它必然转化为原初想象（即原初领会），而只有这种原初想象能给人带来快感，这种自发学习才能够进行。这种快感就是美感，它诱导人不断重复这种原初领会，最终使之成为他的精神生命中的一种熟练的具有无意识必然性的活动，即精神的概念。传统的真理就是在这种原初真理与必然真理、美与善的相互转化中得以传递，从而实现为一种文化精神的普遍法则。

美就是与概念领会完全对立的，因而是无效用的，但它是真理，故必然具有充分和谐的，即合目的的形式。效用是一种实在的目的，它决定概念的形式必然具有合目的性。美却是无效用的，但仍具有充分和谐。美是无效用的合目的性。但是形式的合目的性必以某种实际目的的存在为条件。合目的性必是有目的的。一种无目的的合目的性形式不仅在理论上是不成立的，且无论在自然界还是精神领域都不存在。因为形式的合目的性或充分和谐是生命特有的，它作为形式的复杂统一只有围绕某种生命目的才能建立起来且被后者规定，而绝不可能通过无目的的偶然碰撞形成。美的无效用性，顶多只是表明美没有实在的目的，但是美必然有其超绝论目的，而这两方面都是被美的模态特性决定的。美的超绝论目的首先在于它是自由之超绝本体的原始开创行动（这行动与开创的产物是同一的），它使这自由得到展开且是其进一步行动的根据。这一目的规定美在形式上的充分和谐特征。其次，本原的或自然的美（就是构成性的美）的超绝论目的，在于转变为概念，故其形式在目的论上乃是被后者的效用规定，这也预设了其形式的充分和谐特征。

为什么只有原初真理才能够且必然给人以美感呢？这个问题亦可表述为：为什么只有精神的原初真理才是且必然是美？对此应当有目的论的和事实性的两种解释。以往的客观论美学通常把美当成真理的模糊的影像，导致对美和美感的目的论解释的困难：为什么偏偏是这种模糊影像更能让人产生审美快感？主观主义美学同样也会面临这种目的论解释的困难。比如康德就认为美和审美快感旨在使认识机能的协调运动得到练习。这种解释就非常勉强。

我们认为，首先在目的论上，只有联系到原初真理向必然真理的转化过程，联系到精神真理的传递机制，才能真正理解原初真理为什么给人美感、为什么就是美。原因如下：其一，任何真理都要求获得必然性。每一种真实的思想，就像自然界的生命存在，都不会满足于昙花一现的存在，而是依其本性就有转化为一种巩固的、必然的存在的要求。原初真理就是如此。这种转化必须通过对原初想象的重复，即精神的记忆，才能实现。其二，这种重复和记忆，在自然情况下，是必须通过人们从这种原初想象中获得的快感诱导才能得以进行的，而这种快感就是真实美感。这种自然情况，就是精神的自发学习的情况，后者是人类在系统化教育出现之前的漫长历史中的学习方式，且应当构成未来一种理想化教育的本质核心。存在论的重复或记忆是学习的本质。因此，人类精神的学习曾经是被美感引导的。因此美感旨在诱导记忆，以实现原初真理向必然真理的模态转化。这就在目的论上预设了原初真理必然给人以美感，故它必然是美。精神就是通过这种转化实现真理的转递。这是对以上问题的最自然的目的论解释。而这种转化和传递，都是自由之超绝本体的绝对自我实现过程的环节。故这种目的论解释也是一种超绝存在论解释。

其次，我们认为对上述问题的事实性解释，也只有立足于原初真理的发生机制才可能更有理论的说服力。这种解释包含两个存在论层面。

一是实在的事实性解释。精神的原初真理或原初想象的特征，在于完全否定了概念形式对想象的规定，或理智对思想的引导。然而一种真实的想象不是幻想或妄想，而总是包含一系列正确抉择且最终走上了真理之路。但是在它失去概念和理智的引导，就只能把自己交给情绪、欲望和激情，通过它们确定自己的道路，其中情绪是关键因素。这种情况，在艺术创作和欣赏中都表现得很清楚。比如当艺术家处在灵感状态，他完全是根据情绪，更准确地说是原初想象本身带来的快感，来对这想象进行确认和抉择，故这快感是唯一引导想象之进程的因素。我们表明只有原初想象导致的快感才是真实美感，而这只有当原初想象是真理才可能。这种导致美感的真实原初想象，或原初真理，就是美（一种必然真理也可能给主体带来快感，但这不是真实美感，而是一种善的快感，包括道德情感）。精神对于某种思想是否是原初真理，通常不是通过理智进行判断，而是通过情绪（即美感情绪）进行确认（即辨别和抉择）。美感就是精神对原初想象的真理性的确认。它还通过这种确认引导原初想象在真理之路上前行。这就在事实性层面解释了，为什么只有精神的原初真理才是且必然是美。

二是超绝论的事实性解释。美感是生命以情绪方式对精神的省思（省思就是精神思想）之原初真理性的确认。原初真理让人产生快感的机制是什么？观察表明，人类终极快感乃是一种死亡快感。我们试图表明这种终极快感才是纯粹快感，而我们通常所谓快感都是掺杂了感觉因素的快感。这意味着所有快感都是某种程度的死亡快感，即对现实存在、生命的否定带来的快感；且这种快感仅仅是痛苦的解除。从这两方面看，快感都只是消极的。生命和精神的本质是自由，而自由就是生命的自否定运动，故它就是痛苦。因此人只有否定精神和生命的现实存在本身，才消除痛苦，获得快感。精神的原初真理同样也只有通过达到这种否定才能成为快感的原因。这种否定，只有当其是被原初想象规定，作为后者的自身构成活动之条件和环节的，其导致的快感才是美感。原初想象作为自由自身的原始开创行动，必以超绝真理在精神生命中的临在，即生命的本真连接为前提。这意味着，作为其构成活动之条件的存在否定，必须是作为这种本真连接之条件的。只有当它导致这种连接，它才能带来美感。这也意味着超绝真理的临在亦是美感的原因。以上是在现实性层面，原初真理导致美感产生的机制，但这种机制应当包含在自由的自身展开的超绝存在论过程中。从纯粹的超绝存在论立场看来，超绝真理的临在才是这一切的起点，它表现为原初想象以及上述存在否定，并通过后者给主体带来美感。美感就是精神对超绝真理临在的情绪感知和确认。自由自身就是通过美感，诱导精神生命否定现实和理智的拘禁，从而使自身真理在这生命中得以恢复，于是使精神重新获得其本真自由，而这种否定及原初想象，都是这真理的展开。美就是自由戴上死亡面具跳的新舞。但是这种神圣临在及其导致的奇迹反应，并不是凭空发生的，而通常要凭借真正的审美领会触发，后者就是精神的原初真理。这就是美感得以产生的超绝存在论机制。精神的原初真理，作为主体的原初领会，是让主体产生美感的充分必要条件，故它就是美。这就是对原初真理的美感生成机制的超绝存在论解释。对此的更充分论证，则颇嫌复杂，我们将其放在补录中。

补录：我们试图对上述问题按以下步骤展开讨论：（一）让我们先从原初真理或真实原初想象的发生论特征谈起。从艺术创作和欣赏中的陶醉状态可以看出，彻底的原初想象必然是摧枯拉朽的毁灭与喷薄涌流的创造的统一，且二者在其中都达到白热化。这种毁灭不仅表现在对艺术陈规的破坏，而且表现在人这种审美陶醉状态对世界和自我、对一切现实性的否定或遗忘。

（二）那么在这里，到底是毁灭还是创造给人带来快感？答案是毁灭。这涉及对人类快感本质的思考。观察表明人类体验的最深层快感或终极快感都是消极的；其消极性，一是与现实存在被否定的情境有关；二是因这种快感不包含积极的质料内容，只是对痛苦和其他感受的否定。人在麻醉、濒死状态和印度宗教的灭尽定中所体验到的就是这种终极快感，往往被称为极乐。这种快感使人达到了最高的满足，但它明显是消极的：它其实是一种无苦无乐的寂静状态，且是伴随着心理生理活动的逐渐断灭而产生，故它其实是一种死亡快感。人们在一种崇高的爱情中也能体验到这种终极快感。基督教深刻揭示了爱与死的本质关联。在真正浪漫的爱中，人总会经历他原先的世界和自我的彻底死亡，而爱的幸福就是来自这种死亡。人在艺术创作和欣赏中的陶醉状态，也会体验到一种与浪漫爱情类似的对世界和自我的彻底遗忘，且显然他正是由此获得快感。故爱情与审美经验中体验的到快感，同样是一种死亡快感。这种终极快感，因为是没有掺杂感觉的单纯情绪感受，故是最纯粹的快感。它应被视为人类一切快感的基础。①一切快感都是消极的，都与对现实存在的否定相关，所以都是某种程度的死亡快感。②死亡就是对现实的生命和存在的虚无化。

（三）何以只有死亡和虚无化才能带来快感？这必须回到生命和精神的本质。生命的本质是自由，而只有精神才是自由的真理（自由的无限性）。自由就是生命的自否定运动，因而就是痛苦。自然界的生命在麻木混沌中承

① 在通常的情绪经验中，人们往往将情绪和相关的感觉混淆。比如我在享受美食时，味蕾和舌头对食物的感觉，与我体验到的快感是两种性质完全不同的印象（感觉与情绪）。通常快感总是与这类感觉联结，使我们以为快感就是感觉或必由感觉带来，但这种看法被终极快感的体验否定了。既然二者有区别，那么感觉在快感形成中到底有何作用？首先在感官享受中的快感情绪，也表现某种消极性。我们观察到，人越是沉湎于食、色等感官满足，越是在其中表现出高度的专注。其实一切快感都必然与这种专注联系在一起，这使我们有理由认为它就是由这种专注带来的。当人完全沉浸在这种感官享受中时，他暂时忘记了生命的痛苦，甚至忘记了世界和自我的存在。可见这种专注导致对人的生活世界的否定，而它正因此成为快感的原因，故这种快感同样是消极的。其次，在这里，感觉的作用就是导致专注。食、色等感官刺激往往比其他刺激更能够吸引人，导致心理的专注，它们正是因此能给人带来快感。然而感觉本身无所谓美妙，何以只有某一类感觉能带来专注？这只能归因于自然和精神的秘密规定。
② 人类所有快感也都表现出消极性。比如感官享受的快感就是消极的（见上一条脚注的讨论）。道德快感同样是消极的。道德快感就是一种自由感，即人们从精神的现实自由体会到的快感，这种自由必然包含精神对自然的否定，而纯粹意义上的道德快感只能是来自这种否定，故也是消极的。但是人们往往把感觉与情绪混杂，因而误以为快感有积极的质料内容，终极快感则否定了这种混杂使快感成为纯粹情绪，因而充分暴露了快感的消极性。

受亿万年的痛苦，且这痛苦因自由在生命中的发展而愈益聚积。只是当生命进化到了高级阶段，这种自否定转化为两个主体的斗争，于是它的痛苦才被感受到。只有精神才赋予个体以无限自由的前景和终极使命，因而必欲加之以无限的痛苦。生命、精神和存在的本质是痛苦。人人都在存在本身的重压之下喘息。不仅自然、经济、伦理和法律，整个现实存在都是痛苦的重负。只有对存在的否定，才能使我们暂时解除压迫着我们的永恒痛苦，感到前所未有的轻松。这种轻松就是人类一切快感的本质。这种快感的程度总是由存在否定的程度规定。通常快感都意味着对现实存在的某种程度的否定，而终极快感则要求对现实存在本质的否定（存在论的否定）。

（四）只有当这种存在否定是一种更高尚自由的实现包含的，它带来的快感才是我们所谓幸福。尽管以下这些快感在质料层面可能没有区别，我们通常不把从单纯的感官满足、吸毒和濒死体验等获得的快感称为幸福，而只把道德愉悦、审美快感，以及一种浪漫的爱情和高尚的宗教生活中获得的快感称为幸福。后面一类快感，就是由一种更高尚的精神自由带来的。幸福是自由与快感的统一。当我们从自由得到快感，从快感得到自由，我们才是幸福的。幸福就是自由感，且应特指对精神的自由的情绪感知[1]。这种自由感并不是对自由的主观幻想（如专制社会的土皇帝和奴才所有的），而是人在其自由得到真正实现时体会的快感，是对自由的实际处境的情绪确认。这种快感同样是消极的。精神的自由就是自否定，表现为精神对其直接现实存在的否定。比如道德就包含精神对其直接现实性即自然的否定，而我们在道德实践中体会的快感就来自这种否定；在这里精神终于摆脱自然的奴役而获得自由。但是这里精神的否定只限于对现实性的一个层面即自然的否定。而在濒死状态、审美陶醉、浪漫爱情和某些宗教神秘体验中，现实存在是在整体或本质上被否定，这是一种存在论的否定。后者导致的才是终极快感。

（五）终极快感来自对现实的存在论否定，而这种否定只有作为精神对超绝真理的复归，它带来的快感才是一种终极幸福。在麻醉和濒死（和灭定）

---

[1] 因为只有精神的自由才具有丰富的层次和内容，所以才能打开幸福的丰富宝藏。反之自然的自由是单一层面的、贫乏的，它带来的快感即使被称作"幸福"，其内容也是极贫乏的，且对于一种精神存在论没有多少理论价值。

状态，现实性在存在论上被否定；同样，当人完全陶醉在艺术创作和欣赏中，或浪漫爱情中，也会体验原先的世界和自我的彻底消失，这也是对现实性的存在论否定。在这两种情况下所体验到的快感就是终极快感，或极乐。不过这两种情况有所区别，因为在前者，对现实性的存在论否定最终归宿于精神、生命和自由本身的（至少是暂时的）断灭，故这种死亡快感不属于幸福；而与之相反，在后者这种否定使精神生命释放出无限的创造力（这在艺术创作和本真宗教的虚无体验中表现得最明显），这种无限创造力就见证了自由自身的绝对性和无限性的展开，而后者乃是因为这种存在论否定使自由自身恢复了对于现实存在的绝对超越性或超绝性（而这种否定本身就是这种超绝性的展开）。也就是说，在后者，这种存在论否定因为打破了精神的现实性和理智对自由的本质真理的遮蔽和阻断，就使自由自身的超绝性、绝对性和无限性，也就是自由的超绝真理，得以在精神生命中恢复。人只有在否定了世界和自我的虚无和绝对孤独中，才能邂逅自由的神圣真理。因此这种否定导致的快感才是幸福，而且是终极幸福。

（六）当自由在精神生命中恢复其超绝真理，那么我们就说精神生命获得了一种本真的自由。这种本真自由包括两个方面：首先，这种恢复就是超绝真理重新进入精神生命，二者得以相互占有双方，这就是建立了二者的本真生命连接或具体本真领会，后者构成本真自由的一个方面。其次，这种本真连接就是超绝真理的临在，它导致超绝真理的展开，使精神获得对现实性的绝对超越（存在论否定），并爆发出无限的创造性（即原初想象的无限性），这二者（分别作为自由本体之超绝性和绝对性的展开）就是由这个神圣真理创造的奇迹，它们构成本真自由的另一个方面。与概念不同，原初想象保持了其无限性。它本身就是无限，因为它是偶然、流动的，是对无限性敞开且创造无限性的。本真自由的这两个方面其实是一体二面：首先，超绝真理的临在只能表现为且必然导致精神的存在论否定和原初想象的无限性。神圣者的在场只能寓于奇迹中，只能通过奇迹表现且必然带来奇迹。其次，奇迹只有作为超绝真理临在的见证才能存在。故这两方面就是一个表里关系，本质是一。存在论否定和原初想象的无限性，与具体本真领会，二者本质上是一体的。

（七）在精神的本真自由中，真实的原初想象，与这种存在论否定，及一种本真的生命连接，乃是处在一种动态的相互构成运动中。单从超绝存在论层面来看，本真连接是根源，真实原初想象和存在论否定都是它的表现或它导致的结果；但是从现实存在层面来看，原初想象是最初原因，它导致存在论否定和本真的生命连接，但原初想象也是在与后二者的互动中持续构成的。因此这三个要素在本真自由的实际发生中相互构成。比如在审美经验中，真实原初想象是原初领会。在这里，主体首先是对对象真理具有的、超出它自身境界的自由有一种前领会的情绪感知，对之充满渴望。但是它无法以自己的现有思想实现对这真理的领会或占有。主体只有通过原初想象才能占有一种新的真理。而真实的原初想象就是自由从无到有的开创运动，必以本真的生命连接为条件。对于个人来说，保持这种本真的生命连接以及精神的本真自由，比最完美的道德都更具有高尚性（应当看到精神的高尚性具有远远超出道德的广度、深度和高度），因为他回归到自由的本质真理，保守住了存在的最纯洁的源头。这种本真连接，只有通过主体对其世界和自我的存在论否定达到。后者通过审美陶醉中的舍己投入得到验证。在理论上，原初想象预设了这种本真连接，并作为后者的结果而形成；而在事实上，这二者是相互构成的。首先原初想象是在这种互动中逐渐构成的。因为在审美领会中，原初想象是对象形式的指引与自由的任意开创行动的统一。主体的想象活动（它也应被视为原初想象的环节）试图达到与对象形式的一致。若不一致，主体必须返回生命的本真连接，进一步诉诸后者的任意开创。只有当这种任意开创的产物与对象形式充分一致，原初想象才最终获得对象真理。这种一致性就是在原初想象与本真连接的互动中逐渐达到的，故原初想象是在这种形式指引和返回中逐渐构成的。其次，本真连接也需要在这种互动中不断构成。它不可能凭空发生，而是以某种领会为条件，且它本身是偶然和易断裂的。通常情况下它只有通过原初领会（原初想象）才能形成，且在其中持续被构成。在审美经验中，原初想象或原初领会在现实层面应视为这个互动过程的最初原因。在这里，我们是通过对艺术的原初领会，达到这个本真连接。另外，存在论否定与这个本真连接也是互为条件、相互生成的。在现实性层面，前者是后者的原因；在超绝存在论层面，前者则是后者的表现和结果，而它唯其作为这种表现和结果，其导致的快感才是幸福（而不是断灭的快感），也才是美感。美感必须是自由感。一种存在否定，只有当它是由自由自身的临在导致，且作为这自由的自我展开运动之环节的，它带来的快感才是美感。

（八）从以上分析最终可以得出以下结论：在现实性层面，真实原初想象或原初真理只能是以以下方式让主体产生美感：原初真理在其形成中要求且实际导致了超绝真理的临在，这种临在表现为对现实性的存在论否定，由此导致的快感就是美感。这种美感发生机制，最终应当纳入超绝真理的展开，即自由的原始开创运动中。原初领会是通过它导致的本真生命连接使主体产生美感。总之精神的原初真理，作为主体的原初领会，是让主体产生美感的充分必要条件，故它就是美。

总之，只有联系到原初真理向必然真理的转化过程、联系到精神真理的传递机制，并且只有立足于原初真理的发生机制，即自由之超绝真理展开为现实性的运动，我们才能真正理解原初真理为什么给人美感、为什么就是美，以及美的存在论意义和价值。这意味着美学思考只有从认识论和理智主义的立场转移到超绝存在论的立场，才能真正理解美的本质。美的本质必然是精神的原初真理或原初自由。

西方传统美学正因为没有认识到美的本质是精神的原初真理，没有由此认识到美与善的实质同一与模态差异，故要么如柏拉图至黑格尔的客观美学把善作为美的本质，要么如康德的主观美学把美与善完全割裂。其中所谓客观美学是理智主义哲学的必然结果，我们前面对之已有较多讨论。这里讨论下康德的主观美学。康德美学事实上造成了善与美的鸿沟。他未曾想过在这二者之间建立实质的连接，而是试图通过美学把认识和实践两大领域连接起来，这种尝试本身意义有限。康德企图把审美作为认识和实践的过渡桥梁，不仅不成功，而且这种提问和解答都没有达到事情的真正本原的现场，因为它们都立足于他袭自传统形而上学的主体与客体、认识与实践的分裂图景，而这种图景本身是对于作为思与行、物与我的原始同一体的本原存在领会的抽象或异化的产物，因此要实现认识和实践的过渡，根本上在于从传统形而上学的这种抽象或异化，回到本原存在领会的原始同一性。从领会的历史发生过程来看，康德的尝试本身已经来得太迟了。

在纯粹超绝论层面上说，美作为精神的原初真理，就是自由自身的原始开创运动及其结果，是自由的原始展开。这种展开是无所依傍、了无根基的，是在虚无中的创造。这也是一种原始的存在开创运动。这种开创运动是自由的任意行动。在这里，自由是在精神对现实的虚无化所留下的虚空中行动，且是从自身本质的虚无中喷发出来。因此它的运动唯独听从它自己的意志，以及它对其现实处境的情绪感知，包含美感。它正是通过美感来确认合乎自身意志的抉择，并确认自由的适宜处境，且由此确定行动的方向。尽管它在这过程中可能接受某种对象形式的"指引"（比如在艺术欣赏中），但它最终是"听从"情绪的引导而在黑暗和虚无中寻找、开辟行动的路径。这里情绪的最终主体其实是自由本身。因为它进入了一个理智的太阳不能照进的幽暗秘境，所以只能借助情绪的摇曳微光探索进行。同时，它否定了现实的思想、世界对它的任何限制，因而在其运动中恢复了其超绝性、绝对性和无限性，重新获得自身的真理，所以具有了无限丰沛的创造力，即恢复了其在现实性中的真理。于是生命得以重建与超绝真理的本真生命连接，从而通过后者的现实展开得以恢复其本真的自由。美感就是对超绝真理的临在和精神生命的本真自由的确认。原初真理就属于这种本真自由。原初真理就是自由自身射进虚无之黑夜的第一束光。正是因此它才是美。

只有立足于原初真理的创生及其向必然真理的转化机制，我们才能真正把美放在一种存在论的或爱的视域，而一种完整的存在论，以及一种爱的哲学，必然是超绝存在论。一种存在论美学必然是超绝存在论的。只有超绝存在论的美学才可能对于美的本质问题给出在事实和目的层面都更合理的解释。

四、审美的领域

传统美学基本上把审美经验局限在艺术欣赏领域、把美学当作艺术哲学，也使审美经验狭窄化。即使把审美经验进一步扩展，把自然审美也包括在内，也仍然没有达到审美经验的广度。事实上，美不局限于艺术领域，审美经验也不仅是艺术的创作和欣赏，以及自然审美，而是包括爱情和自发的精神学习在内的、远比艺术广阔的领域。

精神的自发学习属于人类本原的审美经验。低等动物维持生存的所有活动方式或能力，即它的自由，都是自然界先天赋予它的，这种自由是僵化的。高等动物则往往要通过学习才能获得这种必需的活动方式或能力，因而使其自由具有了无限可能性。某些灵长类动物在成年以前，甚至要有十年时间跟随母亲学习各种技能。这种学习完全是通过自愿的模仿。这里促使幼崽学习的直接原因是它从这种模仿中得到了快感。可以想见，在人类真正教育出现以前的漫长历史中，儿童也是通过这种自发学习的方式获得其生存技能和社会行为模式，而这些都属于一个族群的传统。这种学习也完全是被儿童在其中获得的快感引发的（儿童总是从模仿大人的行为中获得快感）。族群的传统就通过这种学习得以传递，这就是一种真理传递过程。

传统其实可以分为自然的和精神的两个方面。自然的传统就是一些为了维持个体和族群生存必需的行为方式之总体，包括生存技能（比如劳动技能）和出乎本能的自然伦理。儿童总能从对这种传统的学习中获得快感。他会模仿大人干活，也会在游戏、表演中模仿大人的生活。他会模仿英雄，会做过家家游戏，且总是乐在其中。这种快感最终是被人类自然生存的本能规定，本质上与动物从模仿中获得的快感没有区别，故不能被视为审美快感。

此外，还有一种精神的传统。个体的学习现象意味着自由具有了无限可能性，但是每一种自然传统都会把这种可能性封闭了，因为其自由永远是单一层面的。只有精神的传统，才可能对自由的无限可能性永远敞开，才可能具有自否定的无限层次。因为精神是对自由的自由，其本真存在就是自由的无限性。只有精神的自由才是人的真实自由。精神是对自然的否定。精神的现实自由就是真实的思想，包括超越思维、反思思维、理性思维与出离思维四种基本范型。一种精神的传统，本质上就是由这种思想的必然真理构成的有机整体。传统的本质就是精神的概念。另外，精神的存在还包括不同的部门，即宗教、道德、政治、法律、科学和艺术等，它们必以精神的概念为本质基础。

在真正教育出现以前的漫长岁月，人们对于这种精神传统的学习也是完全自发的、被快感推动的。这种快感与自然生存的需要无关，纯粹是精神性的，是人类特有的。这种在自发的精神学习中体会到的快感就是真实美感。它作为美感，甚至常常比我们在艺术欣赏中体会到的快感更单纯、更真实。因为艺术欣赏中的快感往往是掺杂了善的快感、本能的满足等等情感因素。比如人们初次领会欧几里得几何学、牛顿定律、迪拉克方程，往往会产生一种由形式而来的快感。这种快感与我们从 Bach 赋格曲的结构和 Raphael 圣母画的构图所获得的美感，不仅在质料方面相同，而且都是仅由对象形式导致的，都是与自然生存无关的、无功利的，因而属于真正的美感。导致这种快感的原因，是精神生命之先天的形式建构冲动的最初展开，后者即理性思维的原初真理。这就是美，且是优美。另外，道德和宗教境界的提升也能带来快感。当我通过重大牺牲，获得了某种更崇高的道德真理，战胜了我原先的卑鄙、猥琐的人性，我也能从中得到某种快感。这种真理就是精神生命的自身否定冲动的展开，就是超越思维。这种快感与 Beethoven 交响曲和哥特式教堂艺术给人的崇高感，在质料方面相同，所以也是美感。因此导致这种快感的超越思维之真理就是美，且是崇高美。宗教的灵修实践会更经常地带来与之相同的美感，故也会包含这种崇高美。类似地，我们阅读一本优秀的哲学、历史、宗教著作甚至《独立宣言》之类非文学的经典，常常也能获得一种由原初真理带来的美感。精神的自发学习，更多表现在儿童对于父母和英雄人物的模仿。儿童喜欢在游戏和表演中模仿英雄人物的高尚行为。他由此获得了精神的成长。无疑，这种模仿是被他在其中获得的快感诱导的，而这种快感也应当属于美感。在以上情况下，美感就是从精神学习获得的快感，而美就是从中获得的原初真理。这种结论对于其他的精神部门和审美格调也同样成立。在这里，美感的存在论意义就是引导精神的自发学习。

在存在论上，精神的学习本质上就是原初想象和记忆，既是个体精神成长的必然环节，也是传统的真理得以传递以及成为普遍法则的必由途径。在超绝存在论层面，学习其实就是概念和原初想象的相互转化。它包括两个环节：首先是原初领会，即传统的概念通过个人的领会转化为他的原初想象。真实的原初领会或原初想象就是原初真理。它可能让主体产生美感。其次是记忆，人因为从中获得的美感，就对这种原初领会不断进行重复，真正将其转化为一种必然的思想，即概念。于是传统的概念进入个体生命成为其实际的精神概念或必然真理，即个体精神包含的一种必然的生命机能。

在人类的漫长历史中，这种精神学习，曾经主要是自发的，也就是靠人们在这种学习中获得的快感或美感推动的。在这里，它本质上是一种审美经验。它包含的领会本质上是一种审美领会，而它获得的原初真理就是美。即使在现在，这种自发的精神学习仍然应当是儿童教育的一个重要方面，且应当是一种未来的理想教育的核心和基础。

审美经验只有作为精神的自发学习（及原发的创造），才是本原的审美经验。理由是：人类最早只能从这种精神学习中获得美感，且美感的存在只为引导这种学习。在这里，美就是精神学习的一个环节。它作为原初真理旨在构成精神的概念，且它仅仅是为此而存在。这种美，我们称为一种构成性的美。构成性的美才是在发生学历史上本原的美。人类最早的审美领会都是作为精神的自发学习的途径，而不是为了美而美。只有艺术才是为美而美，才使美获得现实性上的独立和自由。只有当人类逐渐把美感从其原先服务于引导精神学习的功利目的解放出来，单独追求美感本身，才有艺术产生。艺术使美脱离其对精神学习的从属性。这使美逐渐挣脱其概念构成的本原使命，成为自为独立的。因此真正艺术的美已不再是构成性的美，而是自由美。自由美或艺术美是从精神的自发学习孕育而出，且是从构成性的美分化出来。因此构成性的美才是本原的美。本原的美从属于精神的自发学习，且旨在消灭自身而转化为概念——这是美的本原存在论使命。

美是精神真理的原初模态，而构成性的美和自由美，则可称为美的两种模态学类型：前者是旨在且必将否定自己而转化为概念模态的，后者是否定这种概念化而始终保持其原初性模态的。前者从属于自发的精神学习，存在于所有精神部门。后者就是自由的美，只属于艺术，包括艺术创造和艺术鉴赏。

构成性的美本质上就在于个体对传统的概念的原初领会。通常这种领会之为真就在于其自身存在与后者达到同一。这样它就被纳入精神的逻各斯整体中，从而使自己得以巩固，最终转化为精神的必然性，即概念。比如我们对于人类权利概念的原初领会，就是由于借助这个对象概念在精神的生命整体中的位置，所以能够被纳入精神的逻各斯整体中，而这是完成个体主体中的概念构成所必需的。这种领会一方面以这个概念为基础和核心，在一定程度上被它所规定，但是它又对于这概念有其自由，其活动能够给概念增加新的内容，因此既在个体生命中实现了概念构成，也对普遍精神的概念构成有所贡献。

构成性的美具有自我消解而向它者转化的特征。它的存在论目的和价值在于转化为精神的概念。它与概念具有相同的形式和实质，而仅有模态的区别，二者是同一种真理的不同时间性环节。它作为原初真理，与概念或必然真理，其实就是同一种思想操作之"生疏"与"熟练"的阶段。当一种"生疏"的思想操作一旦转化为"熟练"的，就必然导致原初性的丧失。换句话说，构成性的美不具有永远的原初性。它因为不能永远保持其原初真理性，也就不能永远保持其为美。这一点表现在我们在这种审美领会中通常会经历的"迷恋—淡漠—厌倦"的情绪转化。构成性的美虽然没有实际的效用或实在的目的，但有其超绝存在论的目的。它没有实际的效用，但其形式仍被可能的效用规定。因此它必然具有合效用性。这也就是它的合目的性。

本原的美这种自身消亡和蜕变的命运，乃是被美自身作为原初真理的存在论矛盾决定的。它的真理性促使它向概念蜕变，而这种蜕变必然导致原初性的最终丧失。无疑它对上述矛盾只给出了一种完全消极的解决。然而真正艺术追求的，却是一种永远的美，为此艺术必须否定这种蜕变，以保持其永远的原初性。只有艺术才把美本身作为最高的目的，才是为美而美，且也只有艺术才会追求一种永远的美。在这里，美吃了智慧树的果子，就开始反叛自己的命运，追求自己的自由和永远存在。于是美就最终升华成为自由美。自由美将努力对原初真理的存在论矛盾给予一种积极解决。

自由美则不属于精神的通常部门，而只属于艺术（艺术创作和艺术欣赏）。它并不旨在概念的构成，不具有任何外在目的，不具有合效用性，即不仅在形式上不被确定的效用规定，而且并不旨在转化为效用，所以自由美永远不能转化为概念，故它有别于构成性的美而具有一种永远的原初性，是一种永远的美。

自由美区别于本原的美之根本特征，在于它具有一种对于自身真理性的主观自由。后者首先在超绝论层面，在于自由美试图否定自身作为原初真理对于自身概念化的要求，而从美的本原存在论命运逃逸出来。其次在现实性层面，这种主观自由还表现为自由美对于对象领会的自由。只有自由美或艺术美才可以选择与对象存在不适宜的领会或表现方式，对于所表现的内容和角度进行自由的抉择和处理，甚至可以彻底否定对象表现而成为原初想象的绝对自由游戏。

自由美没有任何实在的目的，但必然有一种超绝存在论目的。美在形式上必然具有合目的性，尽管不具备合效用性。美的形式合目的性就是充分和谐，它其实是美的真理性的方面。一种合目的性形式必有其实际目的。康德所谓无目的的合目的性形式，在逻辑上不成立，在现实中也不存在。合目的性形式只属于生命领域，而在这里，必须先有一个实际存在的目的，才会形成合乎此目的的形式结构。任何生命机能，必须具有这种合目的性形式，方能实现其目的，方得为生命之真理。凡生命之真理必有其目的，且因此而必有其合目的性形式。美作为精神的原初真理同样是一种生命真理，且有其合目的性形式，故必有其实际的目的。故美必有其实际的目的。但美的实际目的不是效用，而在本质上是一种超绝存在论目的。

这个所谓超绝存在论目的，指美是服务于自由的超绝真理之实现，作为其环节而存在的。这对于构成性的美来说，就在于它旨在转化为必然真理，故它必须具有合效用性。然而这个目的是外在于美的形式自身的，是一种外在目的。但是自由美却具有一种内在的超绝存在论目的。这在于它作为自由的原初真理，使自由自身得到原初展开，而且是自由进一步行动的根据；而它导致的这种原初展开和自由行动，就是以它自己为目的。在这里它作为思想是自为的，只以自身为目的，而非为了任何异己的存在。这就是一种内在目的。不论是理性思维，还是反思思维、超越思维等，其为美都具有这种没有合效用性的超绝存在论目的。

以上分析表明艺术是从精神的自发学习中孕育而出，自由美是从构成性的美派生出来，故构成性的美才是本原的美。

除了精神的自发学习和艺术活动，还有一个重要的审美领域，就是爱情经验。这也是传统美学没有认真考虑的领域。爱情经验同样是审美经验的本原类型。

我们在寻常生活中，也能感受到美与爱的本质关联。美总是因爱而美的。爱与恨就是对存在的肯定与否定，我们称为意愿。没有爱与恨，就没有存在与世界。爱与恨都包括两方面，即（a）情绪、欲望和激情，以及（b）由此导致的行动。最早、最原始的人类行动就是意愿行动。人类思想总是这种意愿行动与意义构成的统一。爱也包括情绪和行动两方面。爱的情感就是快感，是主体以情绪方式对于对象存在的肯定，根本上是对对象的真理性的确认。爱的行动则是一个包括亲近、接纳、占有、守护和培养等存在论环节的整体，是主体以行动维持对象的真理。

一种浪漫爱情，在情绪和行动两方面都与真正的审美经验一致。它其实是将这种审美经验包含在内了。首先，它的情感与真实美感本质上相同，且都是浪漫的。美感就属于爱的情感，且真实美感与浪漫爱情包含的情感在实质上是相同的。真正的爱建立在真理基础上。爱的情感是一种自由感，是对对象包含的自由或真理的情绪确认。它包括朴素的和浪漫的两种情感。其中，朴素的爱是对对象某种已确知的必然真理即善的确认，且始终是合乎理智的。它就是善的快感。诸如亲情、友谊、同胞之情，对品德高尚、才华过人之士的尊重等，皆属于此。浪漫的爱则是对一种未知且在根源上神秘的真理的确认，且它往往打破理智的管束，颠覆理智的算计，诱使人离弃安全的堤岸，跃入一个完全未知且充满危险的领域。这才是真实的爱情。真实的爱情必是浪漫的。而真实美感与这种浪漫情感完全相同。它同样是对一种陌生真理的情绪确认，同样具有对理智的破坏性。其次，真正的审美领会也包含了与浪漫爱情同样的意愿行动。这个行动一方面是主体对其世界和自我的舍弃、对现实和理智的否定，另一方面是对对象真理的委身、投入、亲近、接纳、占有、守护和培养。在这里，人捐弃自身的主体性，而把对象真理作为真实的主体引入自己生命中，对其加以守护培养，最终使之成为他自己的生命真理。这种行动就是真正的审美领会，也是任何真正爱情必然包含的内容。最后，真正的爱情经验与审美经验一样都旨在精神真理的传递。所谓浪漫爱情就是人因对象真理而生爱恋，从而产生占有的欲望，并通过原初领会实现这种占有，最终是让这真理占有他自己的生命。在这里，真理是最终规定者，它在本质上规定主体的行动，以使自己得以传递。这同时也就是审美经验中的意愿行动。在这里，其实是爱情经验将审美经验包含在内，并通过后者以完成真理的传递[1]。爱情经验也是精神真理实现其传递，从而转化为普遍必然性或概念的途径。总之爱情也包含审美经验，且这种审美经验比艺术更本原。

我们对于一种高尚精神传统的自发学习也都具有浪漫爱情的特征。浪漫爱情不仅限于两性之爱，它还包括人神之爱，且后者是前者的本质基础。人神之爱，由于双方的存在论鸿沟，意味着双方都必须否定自己进入对方，故这种爱必然是浪漫的。这种人神之爱的浪漫性才是两性之爱成为浪漫的基础：后者之得以具有浪漫性，原因就在于人在他者生命中看出神的存在。在

---

① 因为对一种精神真理的占有必然通过意义构成（原初想象），而后者必属于审美领会。

这里，人是通过爱他者来爱神、得到神，故人与人的浪漫爱情，是神的真理传递自身的中介，所以它从属于人神之爱。一个民族唯一真正的神，本质上就是它的文化精神或它的活的传统。神就是这个精神传统的人格化。因此我们对于这个传统的学习就旨在达到自己与神的相互拥有；而如果这种学习是自发的，就必定是被我们从中体会到的美感引导的。也就是说，我们对于一种高尚精神传统的自发学习具有与浪漫爱情完全相同的本质和作用机制，它就是人与神的浪漫之恋。这种人与神的浪漫爱情，乃是从属于精神的自发学习，被其所规定；而人与人的浪漫爱情从属于人神之爱。也就是说真正的爱情最终都是从属于精神的自发学习，作为其环节的。

总之，爱情也包含审美经验，且这种审美经验比艺术更本原。在这里，美仍是从属于精神的自发学习，旨在转化为概念，故亦不能避免自我消亡的命运。这是一种本原的美。那些曾经让我们狂热迷恋的对象，无论是人还是神，都会逐渐让我们无感甚至厌倦，除非这对象让我们看到了它的无限性。人和神，只有当其存在内容具有无限性，故不被概念化所穷竭，才能保持永远的爱情、永远的美。艺术美或自由美，通过其主观自由，否定了其向概念转化的趋势，因而从本原的美的存在论命运逃逸出来，获得自身的独立和永远的存在。

对于真理的爱，最初必须植根于它作为原初领会带来的美感。一个人从未体验过真理之美，其所谓真理之爱必然是虚假的。在精神的自发学习中，真理正是通过其原初模态给我们带来的美感，使我们对其始终敞开心扉，于是得以进入我们的生命之中并在此扎根生长、最终成为一种必然真理。在这里，美感和美的存在论意义就是服务于真理的传递。同样，作为审美领会的另一个方面，真理的原发创造（比如艺术创作中的原初想象）也是美，且被美感诱导。首先，美感的吸引使艺术创造或其他任何精神创造得以进行。天才在创作中，是忘我沉浸在原初想象中的。这种沉浸不是被他的主体意志的决定，而是因为他深深被这种想象吸引，这种吸引又是因为这种想象给他带来了某种快感，而这就是美感。其次，美感还通过对创造的情绪性确认以引导天才的抉择。由于精神的原发创造否定了理智、概念的规定，因而只能以情绪的摇曳灯光照亮自己的道路。而在这些情绪之灯中，美感就是天才唯一可信靠的一盏。尤其在天才创造的巅峰瞬间，即所谓灵感爆发的刹那，他完全处在非理性的黑暗中，只是靠"感觉"，即情绪感知，来确定其抉择之适当与否。艺术创作和艺术欣赏体验到的真实美感乃是同一种美感，都是由艺术的原初想象导致的。真理的创造和传递，都是存在的超绝发生过程的环节。只有在这一存在发生过程中，美感及美自身的本原存在论意义才能得到正确理解。只有超绝存在论才能阐明美及美感的真实存在论意义和价值。

以上分析的结论是：审美的实际领域事实上要比以往美学所以为的更加宽广、深刻。传统美学把审美仅仅局限于鉴赏领域。但是爱情经验和精神的自发学习的经验，其实给我们展示了一个比艺术鉴赏更本原、更古老的审美领域。它们是审美经验的本原类型。它们的美就是本原的美，且都是构成性的美。艺术乃是从这种本原的审美经验发展出来的。艺术美或自由美是这种本原的美的派生产物。只有当我们把审美的领域进行扩展，看到了比艺术更广阔、更本原的审美领域，才能理解美的本原存在论意义就在于实现原初真理向必然真理的转化，以完成传统的真理传递，而美感的存在论目的就在于引导这种转化和传递。

以下是这一节的总结。西方传统美学的主流都是以主体形而上学与理智主义为思想基础，且是从认识论的视角出发，故其对审美现象的解释与实际的审美经验颇为隔膜，因为真正的审美领会恰恰是以非主体化、非理智为根本特征，而且是从属于爱而非认识活动。这种错误的立场和视角使传统美学主流在解释美的本质时发生了偏差，且将审美领域狭隘化，将其局限在艺术活动中，而没有看到更本原的审美领域，即真实爱情和精神自发学习的领域。这使它无法解释美的存在论意义。审美和爱情经验都构成对主体哲学、理智主义和认识论的否定，因而本质上都属于这种理论无法解释的领域。

我们初步阐明了审美领会，由于其非主体化、非理智（非概念）的特征，就是一种原初真理。精神的原初真理才是美的本质。美是原初性和真理性的统一。本原的美从属于真实爱情和精神自发学习的经验，它旨在构成概念，是一种构成性的美，在存在论上是传统真理的传递环节。这种传递又包括原初想象和记忆两个环节。原初想象就是自由的原初开创行动，是自由的超绝真理的展开，而记忆则是对原初想象的重复。二者分别是原初真理的创造及其向必然真理的转化。真实美感旨在诱导这种原初想象和记忆的进行，它就是对自由自身在二者中的处境，或这超绝真理在其中的临在，的确认。无论是自由的原初开创行动，还是原初真理向必然真理的转化，都是一种超绝的存在发生运动的必然环节。因此只有从一种超绝存在论的立场，我们才能正确理解美和美感的本原存在论意义。另外，只有将审美归属于爱，使之从属于爱的行动，而不是一种认识活动，才是找到了美学思考的更自然、更符合实际的审美经验的视角；而真正的爱情与审美具有共同的本质，也是服务于精神真理的传递，本质上是一种超绝存在论的行动。另外，当我们突破传统美学对审美领域的狭隘化，发现了审美经验的更本原领域，即爱情和精神自发学习的领域，我们就会更清楚地看到美的本原存在论意义，即作为超绝的存在发生运动的必然环节。我们试图通过这种改变，把美连接到自由的自我实现的宏观图景之中。只有立足于一种超绝存在论的立场，我们才能正确理解美的本原存在论意义，也才能认识到美学不应当是某种更为基本的存在论的"应用"，而必须是一种基本存在论不可缺少的环节。

艺术活动乃是从上述本原的审美经验发展出来。艺术美或自由美是这种本原的美的派生产物。自由美不同于本原的美或构成性的美，就在于它通过其主观自由否定了其向概念转化的趋势及其本原的存在论使命，从而获得自身的独立和永远的存在。尽管如此，自由美仍然是自由的超绝真理的开展，以及自由进一步行动的根据，因而它仍然是精神的原初真理，且只有自由美才使美的原初性与真理性的存在论矛盾得到积极的解决。

只有一种超绝存在论使美学真正成为存在论的必然环节。传统美学只是把美学当作某种存在论的应用领域（或者是认识论的一个方面），但是超绝存在论阐明了美在现实存在的开创与转化、在自由的自我实现的绝对运动中的意义，从而使美学真正成为存在论的必要构成环节。一种完整的存在论必然是超绝存在论，而美学则是超绝存在论必不可少的环节。美学只有在一种超绝存在论中才找到其真实的归宿。而一种超绝存在论的美学，就是我们分析优美格调之发展的理论基础。

第二节　美的内在矛盾

作为精神的原初真理，美的存在本身就包含了一种内在张力，即其原初性与真理性的矛盾。美必须是真，而每一种真理都渴望转化为巩固的或必然的，就像海里的每一个盐离子都渴望成为晶体，但是这种转化意味着原初性的丧失，以及美自身的死亡。本原的美就渴望且旨在否定自己以实现这种转化。这在存在论上决定本原的美不可能获得一种最终的稳定性，除非它自我消灭。这个原初性与真理性的矛盾，就是美的最根本存在论矛盾。

所谓美的真理性包括：一是美的真理要求，即美必须是真；二是美作为真理的本性，这在于它要求成为必然的；三是美为了成为真需要满足的条件，这包括：（1）美要求成为对象领会，且要求领会具有真理性，因为通常一种思想是通过真实的对象领会而成为真。人类思想一般是通过领会对象真理而得以为真。美要求为真，因而它必然要求领会对象真理，且通常这种领会方式必须与对象真理达到同一。（2）美作为真理，必有真之为真的形式，即一种生命特有的充分和谐形式。

其中，美作为真理要求获得必然性，它的本性使它要求转化为必然真理，而美对于真实的对象领会的要求则通常使它通过占有对象的概念（以使自身与概念同化的方式）而使自己最终转化成为一种必然真理。但一旦美获得这种必然性，就立即丧失其原初性，故不复为美，而是转化为善。美的这种原初性与真理性的张力，就是美的最根本存在论矛盾。这种矛盾否定了美的自身存在的稳定性。因此它推动本原的美向概念转化。美的本原存在论目的就是为了实现这一转化，而这意味着美本来是要毁灭自己而转化为它者的。这种转化是不可逆的，它属于先验发生论的时间。

美的这种存在论矛盾，奠基于原初想象与概念的矛盾，或美与善的矛盾，即两种真理在模态上的冲突。原初真理就是真实的原初想象，是任意的、偶然的、流变易逝的、飘浮的，尚未在现实存在的坚固地基上扎根。概念则是规范的想象，是被法则规定的、必然的、被牢固镶嵌在现实存在的逻各斯整体中的。因此这两种真理模态在本质上相互对立、无法兼容。因此美只要向善转化，就必然丧失自身，而美的本性又要求这种转化。美的原初性与真理性的存在论矛盾即奠基于此。

这个存在论矛盾打破了美的稳定性，推动审美朝向三个向度发展。

一是美把真理性作为其根本目的，并决意为此最终牺牲原初性。这就是本原的美或构成性的美的向度。精神的自发学习、建立在此基础上的审美教育以及服务于宣传、广告的艺术中包含的美皆属于此。在这里，美自身不是目的，它的目的是吸引受众以实现某种真理的传递。这种矛盾解决是消极的。这种解决能够达到最终的稳定性，然而是以美的最终丧失为代价的。作为精神的原初真理，美的本原的存在论目的就是毁灭自己转化为善或必然真理。但是有一种美，却从这一目的中逃脱，为了获得自身的持续或永恒的存在，即获得一种永远的原初性。这种美就是自由美。

二是美把原初性作为其根本要求，并为此牺牲其真理性。这种牺牲主要是关系方面，就是在不同程度上否定对象表现（从放弃任何对象表现到只否定对于对象的整体、内在表现），以确保美的原初性之永远持续。这是纯粹美的向度。在这里，美把自身作为根本甚至唯一的目的。纯粹美就是否定了整体对象表现的美。它因为这否定就避免了与对象概念的同化，因而具有了一种永远的原初性，或永远的美。纯粹美也必须是自由的原初展开且是自由进一步行动的根据。但它并不能使精神得到有效的成长，因为这种成长就在于精神的必然真理的扩充和深化，在于新的领会通过概念化加入到精神的逻各斯整体中。这也是一种消极的矛盾解决。这种解决不能获得最终的稳定性，因为对对象表现的否定违背了思想的本性。这个本性必然促使美重新进入实际的对象表现。

三是美试图构建原初性和真理性的完美统一。它一方面试图达到对于对象的真实领会或表现①，以充分保持其自身真理性；另一方面，它又把美自身作为根本目的，追求自身的持续性，即持续的原初性。它把这两方面视为同等重要，并努力将二者统一起来。为此它必须对双方都进行调整。这是依存美的向度。依存美的特点在于以整体形式进行对象表现。它包括构成性的美和自由美，但这里仅指自由美。依存美对于矛盾双方的调整包括：（1）尽量将对象表现限制在局部、外在和隐喻性表现领域，放弃彻底的意义确切性，以给原初性留下更大余地。（2）放弃对全面、彻底的原初性的要求，将原初性保留在某一区域或层面。这种矛盾解决是积极的。但是在这里，美的

---

① 我们所谓表现和领会本质上可以等同。表现是领会的一种，它必须构成感性客观图像使自己得到表达。对艺术来说，我们主要讲的是表现，因为艺术要强调的就是客观表达。艺术必须把人们对对象的理解转化为客观感性的形象，而领会则可能仅仅只是形成了一种主观表象。所以艺术的领会就是表现。

两方面要求都不能得到充分满足，而其继续发展必将打破这种统一。所以这种矛盾解决也不具有最终稳定性。这种依存美和纯粹美都属于自由美。自由美不同于构成性的美，就在于它从其本原的存在论使命及向概念转化的趋势逃逸出来，从而获得自身的独立和永远的存在。

自由美之所以做到这一点，是因为它有一种主观自由。后者包括两个方面：一是实质方面，指美否定了其本原的存在论使命，而要求具有永远的原初性；二是形式方面，指美可以自由选择与对象存在相矛盾的领会方式，甚至否定实际的对象领会。美的主观自由只属于自由美，是自由美从其真理性溢出的存在。这种溢出存在就在于：

1. 美对其作为真理的本性的否定。这在于，美否定了其向必然真理或善转化的本然趋势，因而也否定了其本原的存在论目的。自由美因为对这一真理本性的否定而赢得了自身的永远存在，也就是获得了一种永远的原初性。自由美的主观自由，首先在于其永远的原初性。这种永远的原初性，乃是通过以下两点实现的。

2. 美对其作为真理需要满足的条件的否定。这里指其对真理性要求的正当的对象表现的否定，且首先是对表现之整体的意义确切性的否定。通常情况下一种思想之为真，在于它真实地领会或表现了对象的存在。因此美的真理性要求规定美对于真实的对象表现的要求。后者推动美的对象表现成为实际的、整体的、具有意义确切性的。美对于对象的整体的、再现式的领会或表现，要求与对象达到形式的同一。然而通常情况下，美旨在表现的是现实的对象，且这种对象已被概念规定或本质就是概念（现实的必然真理），故对于这种对象的领会自身通常最终将会被概念化而丧失原初性。在这里，只有艺术美或自由美有这样一种自由：它可以自由选择表现的方式、角度，否定其对于意义确切性的追求。这都属于对一种正当的对象表现的否定。自由美甚至可以彻底抛弃对象表现的任务。这些也属于自由美对于其真理性的主观自由。它也使自由美避免了向概念的转化从而得以保持其原初性的持续，同时也使之具有了形式构造的充分自由。

3. 与上述第二点相关，只有自由美可以选择与对象存在相矛盾的表现方式。美的真理性要求的正当对象表现方式，还在于表现方式必须与对象的存在相适宜。但是自由美却通常会采取一种不适宜的表现方式。它可以采取一种与对象不适宜的媒介，也可以以一种与对象真理存在根本冲突的思想来进行领会或表现。这也是自由美对于其真理性的主观自由。它也使自由美得以保持其永远的原初性，并使之具有了形式构造的充分自由。

在其中，自由美在对象表现上的主观自由，是其（1）永远的原初性和（2）形式构造的充分自由的实现条件，且被这二者所规定。因此自由美的主观自由，就表现为两个基本方面：一是在内容上的永远的原初性；二是在形式构造上的充分自由和独立，它从属于表现方式对于对象存在的主观自由，而其基本表现是自由美对形式的绝对和谐的要求。自由美的主观自由方面与其真理性方面也构成一对矛盾。这是自由美的本质矛盾，它也是一种存在论矛盾。自由美的这个本质矛盾首先是奠基于美的原初性与真理性的矛盾，以之为其最深刻基础；另外自由美的真理性与形式构造的自由的矛盾则是派生出来的。

自由美的主观自由的两个基本方面都与它的真理性存在张力，由此形成了自由美的两种基本矛盾。这就是：一是自由美的真理性与其永远的原初性要求的矛盾；二是自由美的真理性与其要求的形式构造的充分自由的矛盾。我们分别称之为自由美的实质矛盾和形式矛盾。由于美的真理性的基本表现，就是对于一种真实对象表现的要求，故这两种矛盾的基本表现形式，就是自由美对于真实对象表现的要求，与其永远的原初性和对形式绝对和谐的要求的矛盾。我们称之为自由美的基本实质矛盾和基本形式矛盾。

这两种基本矛盾推动自由美的发展。首先，这种内在矛盾打破了自由美的自身稳定性，促使自由美不断调整自身，试图获得一种最终的稳定，所以这矛盾就推动了美的发展。其次，这种内在矛盾的两方面都处在发展演变中，由此导致矛盾的不断重构，从而推动美的持续发展。在这两种基本矛盾中，美的真理性方面通常都是更积极、主动的方面。它规定美对于真实的对象表现的要求。这个要求将会：一是促使自由美追求更高的意义确定性；二是推动自由美从完全的无表现到有所表现、从隐喻性表现到再现性表现、从局部到整体过渡；三是推动美不断拓展、深化对象存在的领域，最终从现实领域到超绝领域。这种发展，导致美的对象表现与形式构造的自由和永远原初性的矛盾平衡不断被打破，导致自由美的两个内在矛盾的重构，从而推动美的不同风格的转化。

　　我们讨论下自由美的实质矛盾。自由美的基本实质矛盾就是美的对象表现要求与其永远的原初性的矛盾。我们所谓美的对象表现要求的意义包括：（1）美作为思想要求表现对象存在；（2）美的对象表现本然地具有对自身真理性的要求——一种思想若要表现或领会对象，当然是旨在真实地表现或领会之。故这种要求就是对于真实的对象表现的要求。美的真理性要求规定美对于真实的对象表现的要求。因为通常情况下一种思想之为真，在于它真实地领会或表现了对象的存在。一种真实的对象表现，必然要求具有意义确定性，也就是要求与对象达到形式的同一。然而通常情况下，美旨在表现的是现实的对象，且后者是被概念规定或本质上就是概念。对于这种对象的具有意义确定性的领会，最终必然被概念化而丧失原初性。作品的完全意义确定性就是意义确切性，意味着我们在特定语境下，对于作品只能有一种正当的理解，这种理解就是必然的。这种作品的领会可能性或意义域就是最贫乏的。然而作品唯有通过它包含的意义域的丰富性，才能保持其思想或可能领会的原初性的持续。但是意义确切性就意味着对意义域的丰富性及美的永远原初性的否定。因此自由美通常会面临意义确切性与意义域的丰富性的矛盾。总之通常情况下，美的对象表现要求都会与一种永远的原初性冲突。然而另一方面，美若要维持其存在就必须维持其原初性，要想成为永远的就必须拥有永远的原初性，而这正是一切真正的艺术，或其包含的自由美所追求的。对永远原初性的要求意味着自由美从原初真理的本原存在论使命逃逸出来，并且必将促使自由美逐渐抽离或否定对现实对象的真实表现。因此自由美必然面临对象表现要求与其永远的原初性要求的矛盾，这就是美的基本实质矛盾。这个矛盾存在于自由美的所有格调中。

　　这个实质矛盾的两个方面也是处在不断发展中的。美的对象表现要求通常是矛盾的更积极方面。美的真理性促使其对象表现要求不断发展：美为了成为真，首先要求成为实际的对象表现；其次这种实际的表现会进一步要求自身是真实的；最后这种真实的对象表现会追求意义确定性。因此美的对象表现要求会逐渐向实际的、具有意义确定性的表现发展。这就给自由美的永远原初性带来了越来越大的冲击。另外，当自由美的永远原初性成为矛盾的积极方面，它也会处在发展中，不断追求对美的形式和内容的更彻底、更充分的规定。它会促使自由美不断对其对象表现进行否定或抽离，使对象表现从整体的、再现性的、内在的表现退缩到局部的、隐喻性的、外在的表现领域，甚至将其彻底抛弃而使美成为无所表现的纯粹美。这种发展将对美的对象表现带来越来越大的冲击。因此这个实质矛盾其实是一个动态结构。它在其矛盾方面的每一发展阶段，都必须通过对双方的调整，以建立二者的平衡关系。但是这种平衡总会被双方的继续发展打破。这就导致矛盾的不断重构。这个实质矛盾就是由此推动自由美的不断发展。

这个矛盾推动自由美朝向三个向度发展：其一，自由美为确保永远的原初性而否定整体的对象表现，这是纯粹美的向度。这个否定有不同的程度，从放弃任何对象表现，到取消对于对象的整体的、再现式的表现而容许一种隐喻式的、局部的表现。其二，自由美试图把整体的对象表现与永远的原初性统一起来，这是依存美的向度。为此它必须对双方进行调整，尽量将对象表现限制在隐喻性的、局部的和外在的表现领域，同时放弃对永远原初性的彻底性和充分性的要求，从而构成双方的暂时平衡。其三，自由美完全跟从其对于真实的对象表现的追求，在后者推动下追求表现的意义确定性而逐渐放弃永远的原初性，这是彻底写实风格的向度。在这里，真正的艺术沦为教育、宣传和广告的手段，于是美不复为自由美而沦为一种构成性的美。后者皆旨在转化为概念。在这里，放弃了对永远原初性的追求，因而使这一矛盾得到最终解决，代价是使美成为短暂易逝的。

通常情况下，自由美在这三个向度上都无法使其实质矛盾达到一种稳定和积极的解决。首先，纯粹美对实际对象表现的否定违背思想的本性，这使这种美不能获得真正的稳定，因为对对象表现的本然渴望必将使思想扬弃这种否定，促使艺术或自由美重新恢复实际的对象表现。其次，彻底写实风格也不能获得真正的稳定性，因为它对于美的永远原初性的否定违背了艺术的本质，也违背了自由美的本质。自由美对永远原初性的要求使真正的艺术无法从这种风格得到满足，而是会促使它逐渐扬弃写实的对象表现。这两个向度都是对自由美的实质矛盾的消极解决。对于这个实质矛盾，只有一种积极解决才可能具有稳定性。依存美就旨在对之给予一种积极解决。它的解决是使双方作出相应的妥协，在此基础上建立二者的统一。但这其实使双方都得不到充分满足。于是矛盾双方又会由于各自的继续发展，推动自由美向以上两个极端过渡。所以这个实质矛盾导致自由美在两个极端之间来回摆动，无法达到一种最终的稳定性。自由美就在双方之间来回运动，探索二者各种可能的关系，始终在寻求矛盾的稳定解决。于是自由美的实质矛盾成为永远的，且推动美的不断发展。

我们试图表明，只有当美的真理性促使其对象表现从现实存在领域拓展、深化到自由自身之超绝真理的领域，即从一种实在之美升华到本真的美的境地，自由美的实质矛盾，甚至美的根本存在论矛盾，才能获得一种最终稳定的解决。因为美只有作为对超绝真理的具体领会，才可能使美对于真理性和原初性的要求都得到最充分的满足。只有在这里，美才找到其最终归宿。在这种意义上，自由美的实质矛盾最终推动自由美向本真的美以及艺术向本真艺术的升华。

精神对于真理的永远原初性之追求的本原存在论意义，在于克服由于原初想象转化为概念而导致的自由在概念结构中、在有限的现实中的封闭和固化，迫使其追求无限的丰富性。它促使精神否定概念和理智，而始终向无限性敞开自身，从而不断将精神的现实存在拉回到自由自身的无限自我实现进程中。总之，正是这种追求使人类精神始终对无限和绝对保持敞开。这是确保自由之绝对实现的超绝存在论条件。

自由美的实质矛盾在所有审美格调中都是相同的，且以共同的逻辑推动美的发展。

我们再谈谈自由美的形式矛盾。它也植根于自由美的真理性与主观自由的矛盾。在这里，自由美的真理性仍然表现为对真实对象表现的要求，其主观自由则转化为美的表现方式对于对象存在的主观自由。后者在于只有自由美可以以一种与对象的存在有着本质矛盾的媒介和思想来表现对象，这在艺术中是通常的甚至往往是必需的方法。这种表现方式的主观自由赋予自由美以形式构造的独立和自由，且以之为自己的表现。

自由美在形式构造方面的充分自由，是其主观自由的表现。对形式绝对和谐的要求，意味着自由美从真实的对象表现疏离，及对对象的充分和谐形式的抽象，使自由的理性思维进入不被表现束缚的任意创造之境（见下面的讨论）。这些都表明自由美从其真理性偏离或溢出，具有了形式上的主观自由。这种主观自由无疑与美的真理性相矛盾。这种矛盾是美的形式矛盾的本质基础。无论是存在论的还是形式上的主观自由，都是自由美从其真理性的偏离或溢出，本质相同，其与美的真理性的矛盾都是自由美的存在论矛盾。

这种形式构造的自由包括：（1）自由美即使表现了对象，却不与对象达到形式同一，其形式不被对象规定。比如隐喻性表现和外在表现。（2）美的形式能够否定外在目的对它的规定，而这就要求对于对象表现进行抽离或否定。当这种形式构造的自由同时包括以上两方面，它就是充分的。这两方面都与自由美对真实对象表现的要求相矛盾。

形式构造的充分自由意味着在这里，形式在现实性上是绝对以自身为目的且只被这目的规定。当一种形式不被任何外在的对象形式或目的规定而只以自身为目的，它就不会被这外在对象和目的扭曲，所以必然具有均衡、对称和稳定的结构，这些都属于绝对和谐的特征。因此形式构造的充分自由，必以形式绝对和谐为理想。总之，自由美要求具有形式的绝对和谐。后者是自由美的表现方式的主观自由之基本表现。因此它与美的对象表现要求的矛盾，我们就称之为自由美的基本形式矛盾。

当我们思考自由美对于形式绝对和谐的要求之精神根源，就必须将其归之于一种理性的自由。理性作为精神的自身建构作用之现实展开，就旨在构成形式，而当它成为自为独立的，并因而否定了一种外在的对象和目的对它的活动扭曲，而只听从它自身的意志和兴趣，它构成的形式就必然具有绝对和谐的特征。这种自由的理性活动，我们称为理性思维，乃是精神的省思的一种基本范型。因此形式的绝对和谐是理性思维的要求。自由美的基本形式矛盾本质上是作为表现方式的理性思维与对象真理的矛盾，在单纯形式层面就是前者要求的形式绝对和谐与后者的形式充分和谐的矛盾。

这个基本形式矛盾在于：一方面，自由美本然地具有对象表现要求，然而由于对象的自然形式与绝对和谐的本质冲突，故实际的对象表现通常导致对形式绝对和谐的损害。另一方面，自由美对于形式绝对和谐的要求，也由于上述冲突，而必然导致对实际对象表现的否定。自由美就是在努力建立矛盾双方的平衡关系的过程中不断发展。另外，这个矛盾的双方也处在发展中，从而不断打破业已建立的矛盾平衡，导致这个形式矛盾的自身发展，并推动着自由美的发展（见下文更详细的讨论）。

自由美的形式矛盾，作为表现方式与表现对象的矛盾，在先验本质层面是领会本身与对象真理的矛盾。后者只在优美格调才存在。因为只有优美旨在以一种与对象真理相矛盾的思想即自由的理性思维进行对象领会。在其他审美格调，这个形式矛盾只是表现媒介与对象存在的矛盾。

总之只有自由美才包含这种实质矛盾和形式矛盾，并且在这两种矛盾推动下不断发展。这二者都处在不断的自身发展中，在艺术和美的不同发展阶段各有其不同的表现形态。这两个矛盾最终都应归结到一个共同的基础，即自由美的真理性与其主观自由的存在论矛盾。

第三节　美的格调

通常所谓审美趣味，其实包括品味与格调，即量与质两方面。审美品味主要与个体的教养、品质、阅历有关。就同一种文化精神内部个体之间审美趣味的差异而言，重要的就是这种审美品味的差异。在这里，人们感受到的往往是实质相同的美，或同样的原初真理，但是因个体鉴赏的区别，故这种感受有高低、雅俗、深浅之差异。这是一种量的差异。审美格调的差异则在于人们对什么是美的感知都根本不同。审美格调的差异主要表现在不同文化精神之间，是文化精神之差异的一个最显著表现。如希腊人所以为的美主要是优美，而基督教、佛教所以为的美主要是崇高。在这里，不同文化精神确认的是不同的原初真理。审美格调的差异即植根于这种原初真理的差异。我们谈到精神的原初真理包括四种范型，即理性思维、反思思维、超越思维和出离思维。它们的原初真理构成美的实质，并构成美或审美的不同格调。因此审美格调的差异是一种质的差异。

美作为精神原初真理，就是自由的原始展开。这在超绝论层面是自由从虚无中为自己开凿行进的道路并以之规定自己的行动，从而使自己转化为纯粹思想。在先验层面，这种展开也表现为纯粹思想对精神现实内容的综合统一活动。自由作为生命的自否定运动就是绝对和无限，在无限向度展开。因此自由的原始展开不是一种线性的单一向度上的推进，而是像夜空中的焰火那样，朝无限个向度抛射。

在对生命进化现象的思考基础上，我们从生命自否定的无限维度中抽出四个基本向度，我们称之为四种生命势用，即自身建构、自身否定、自身维持和自身出离势用。我们可以将这四者作为自由的自我展开或实现运动的基本坐标。它们是对自由实质的一种抽象，既是生命的先天普遍本质，也是一种意志或冲动，因为它们总是要求进入现实性之中，使自己展开为现实的活动。另外每一种势用的展开都必须有所有其他势用的参与。这四种生命势用，每一种都既是自维持，又是自否定，都是自否定和自维持的矛盾统一。它们在其无限自我实现运动中推动作为其现实性的思想发展。它们在精神生命中的现实展开，或它们的实现，就构成精神的思想。每一种思想的形成，都必然包含这四种精神势用的全体参与。如果在某种思想中，某种生命势用是规定性的并得到充分展开，那么与这种势用对应，这种思想分别就是精神的理性、否定、反省和出离活动。在现实中，每一种精神的思想都是一个复杂整体，并包括所有这些活动的参与。如果在这个整体中，这四种思想中的某一种（比如理性）成为独立自为而规定着其他思想的，那么这个整体，我们就根据其中起规定作用的思想方面，分别称为理性思维、否定思维、反省思维或出离思维。这就是四种基本的思维范型。它们就是精神的现实自由，且分别就是四种生命势用在人类精神中的绝对自由展开。每一种现实精神都是都可能包含多种思维范型，但是只有其中占据支配地位的一种或两种规定这种精神的独特性，也就是它的独特性格。希腊文化的精神性格基本上是被理性思维规定，它就是一种理性性格。同样，佛教的精神性格基本是被超越思维规定，是一种超越性格，而基督教的精神性格则是超越和反思两种性格的统一。个体精神也同样会表现出不同思维范型和精神性格。

　　精神的思想，无论是理性思维、否定思维、反省思维还是出离思维，当其作为自由的原初真理，都是美，而且是通常所谓美的本质。每一种思维范型都有其独特的美，且这种美是处在不断发展中的。与这四种思维范型对应，通常所谓美可以区分为四种实质类型，即优美、崇高美、深沉美和宏富美，分别就是理性思维、否定思维、反省思维和出离思维的原初真理。这就是美的格调，或曰审美格调。美的格调最终取决于在美的存在中得以展开的自由的实质类型。每一种美都(自为或自在地)表现了它所从属的精神性格，比如优美或理性思维之美表现了一种理性性格，而崇高美则表现了一种超越性格，深沉美表现了一种反思性格，如此等等。超绝存在论旨在阐明这四种生命意志在人类个体身上的绝对自我实现冲动推动人类精神的无限自我扬弃、自身拓展运动的机制，而全部生命意志就是在这一运动中展开自身。超绝存在论的美学旨在从这种自由展开运动的坐标系中阐明美的意义及其自身发展逻辑。这四种类型的美，都是各自的生命意志的原初展开，且都在其自身内在矛盾推动下发展。略说如下：

一、优美

优美是理性思维的原初真理。

所有的生命体都呈现了一种自主的自身秩序化、自我组织运动。这种运动表现了生命一种独特的自身建构冲动或意志，我们称为自凝势用。这是先天普遍的生命意志，是自由的实质内容。它既表现为生物体的自组织活动，也表现为精神的意义构成作用。同所有生命意志一样，生命的自凝势用也是自维持和自否定的矛盾统一：一方面，它是对于生命的意义结构的构成和巩固，因而是一种维持作用；另一方面，它也包含了一种否定作用，它是对于存在的直接的混沌和无序状态，尤其是对于生命自身内在的自在和混沌倾向性的否定。

与一切有自组织活动的生命体一样，精神也不会满足于一个混沌的世界，而是要构造出一种先验形式，用以对自身内容进行综合，从混沌生成意义。这种活动同细胞的自组织活动一样，也是出于生命一种内在的先天普遍冲动或意志且被其所规定。后者即生命的自身建构势用，而精神的综合作用就是其体现或展开。在精神生命领域，自由的现实展开就是思想。作为精神的自凝势用之展开的就是一种建构性的思想，或我们常说的理性。理性就是针对精神的观念表象或思想进行的综合作用。这种综合构成了观念或思想的形式结构。它体现了精神生命的自身建构冲动，是自凝势用的展开。

一种作为自由的原初现实的思想（即精神的原初真理），总可能让人产生审美快感，因而它就是美。精神的理性活动作为原初的真理也能给人带来美感，所以它就是美。

我们对通常理性与严格意义上的理性思维进行了区分。理性，或通常所谓理性的活动、思想，就是一般意义上的精神综合作用，这是精神的一切活动或思想都必然具备的方面，在这里理性的综合作用通常是为精神的其他活动服务，或者说任何一种思想都是通过这种理性综合作用构成它自己的形式；理性思维则是指一种独立自为的理性活动，它只以构成完美的和谐形式（这种和谐必然是绝对的）为自为的目的，而不是以其综合作用服务于其他类型的精神活动。这二者的美也是两种完全不同类型的美。

一切类型的美，在本质上都是理性之美。因为美必然是真，而思想之为真（即作为自由自我实现运动之根据），前提是它具有一种充分和谐的形式，以此才能合乎自由的实现运动为它规定之目的。这种充分和谐就是一种生命特有的形式统一性，这只能是理性活动构成的。理性是意义的前提。精神的任何有意义的思想都属于理性，或曰就是理性。这种思想就是利用理性的综合活动为自己构成一种充分和谐的形式。这种形式的充分和谐是每一种思想之为真的前提。无论是超越思维、反思思维还是出离思维，都只有当它的自身形式是充分和谐的，它才能自身成立，并成为精神之真理；当它的存在（根本在于它的自身形式）同时是原初的，它就是美；这个美就是属于它的，与理性思维之美有实质区别。比如就超越思维而言，尽管其形式也是理性所构成，但是它仍然是超越思维而不是理性思维，它的美也是超越思维的美（崇高美），而不是理性思维的美（优美）。

理性思维是理性的独立自为的活动。在这里，理性作为精神的先验综合活动，不再是服务于其他类型的思想（反思、否定和出离思维），而是只以自身为目的，根据自己的理想构成其自身形式，而理性作为生命先天的自身建构势用（生命的自舍、自反、自离势用都具有明显的方向性和非均衡化特性，唯自凝势用否定了这种特性）的展开具有对非中心化、无方向性和稳定性的追求（当理性服务于反思、否定等思维，其所构成形式的方向性完全被后者而不是被理性本身所规定），故它理想的形式必然是对称、均衡和稳定的；这种形式还必须同其他思维的形式一样，是清晰、简洁和完全内部自洽的。这些特征构成形式的绝对和谐。

理性旨在构造形式和谐，而只有当其是自为独立的，或完全自由的，即成为理性的思维，它构成的和谐才是绝对的。只有理性思维的形式综合才能既不被外在目的规定，也不被某种对象形式规定，所以只有它构成的形式和谐才不被这种外在的目的和对象扭曲，因而是绝对的。理性思维就是生命的自身建构势用之绝对自由的实现。理性思维的活动亦常被强制表现某种对象或服务于某种实在的目的，这将导致对象的自然形式或合目的的形式与理性思维追求的绝对和谐形式的矛盾（实即形式的充分和谐与绝对和谐的矛盾），于是理性思维不得不对其理想的形式绝对和谐进行调整，故这种和谐不可能是完美的或完全的。如果理性思维彻底脱离了这种强制，既不表现任何对象亦无任何实在的目的，而只关注形式的绝对和谐，它就获得了绝对自由，我们就称之为纯粹的理性思维。它就是理性思维的真理、理想。只有在它这里，形式的绝对和谐才是完全的。理性思维始终追求着这种完全性，但这只有绝对理性才实际地得到了。在这里思想之为美只在于它构成了一种原初、和谐的形式，而无关乎对象的内容。这种思想不关心对象的实质特性，甚至不关心其是否存在，而唯独关注且旨在构成完美的形式统一。它的原初真理性表现在它构成的形式的和谐与原初性。在艺术领域，这种纯粹形式美的理想就是一种自足风格的美，它无关乎表现的对象题材，而只是表现形式的单纯结构之美。

理性思维的形式构造，只为自己的目的，旨在以这种形式规定自己，使自己获得确定性。这种构造包含超绝论的和先验的两个存在论层面。超绝论的构造就是精神赋予纯粹思想自身以存在的活动，是自由之本体从虚无到存在的原初开创运动，是它开创现实的形式（这就是纯粹思想的形式）以规定自己。对于理性思维来说，这就是精神的自身建构意志的原初、自由的展开。先验的构造则是精神根据这种纯粹思想形式对感性表象进行综合。这就是理性思维自身构成一种感性形式，旨在以之指引、规定自身，故亦以之为其自身存在的体现或表现。这种形式必然是绝对和谐的。理性思维就是通过它规定自己，赋予自己以形式的绝对和谐，而将感性形式作为自身形式的自然、客观的表象。理性思维只有当其拥有这种绝对和谐形式，才能够成为自由的自身建构势用之绝对自为的展开运动的根据，于是成为精神的真理；如果它还是原初的，那么它或它的形式就是美的。这种美就是优美。优美首先是理性思维自身的、内在的美，其次也指那能够体现或指引这种理性思维的感性形式之美。优美就是理性思维的原初真理，就是精神的自身建构意志的原初、自由的展开。正因为它的这种原初性，所以两种存在论的构造在其中融为一体。

理性思维有自在的与纯粹的之分，而优美也相应地分为两种，即庄静美与纯粹优美。自在的或通常的理性思维，旨在以自身形式表现某种对象存在，因而必然要为自己构成一种充分和谐的形式，而此必然与理性思维追求的绝对和谐形式相冲突。于是理性思维必须对这二者都进行调整：既要根据后者对前者进行理想化，也要根据前者对后者进行取舍（因而它无法保持绝对和谐的完全性），它由此将二者辩证地统一起来，构成一种理想的和谐。理想的和谐是充分和谐与绝对和谐的统一，它的美就是庄静美。庄静美就是以一种原初的理性思维形式表现对象真理，它因此而牺牲了形式绝对和谐的完全性。纯粹优美则是为了保持这种绝对和谐的完全性而否定对象表现（要么是完全放弃，要么将对象表现限制在局部领域）。庄静美的典范是希腊古典的造型艺术，纯粹优美的典范则是维也纳古典派的音乐。无论是庄静美还是纯粹优美，都以理性思维方式自在或自为地表现了一种理性性格，因而在风格上是相通的。

优美的本质是理性思维的原初真理。优美也在其内在的形式矛盾和实质矛盾推动下总是处在发展中。这两种矛盾相互交织，共同推动纯粹优美和庄静美互相向对方转化，且推动二者向本真的美过渡。

优美的根本形式矛盾即理性思维（作为表现方式）的自身存在与其对象表现要求之矛盾。这也就是理性思维的形式理想（即理性思维完全自由地为自己构造的形式）与对象表现目的和对象的自然形式的矛盾，这两种矛盾皆归因于形式的绝对和谐和充分和谐的张力。理性思维追求形式的绝对和谐，而对象的自然形式只具有充分和谐而通常不具有绝对和谐。这个形式矛盾推动优美朝两个方向发展：一是为了追求形式绝对和谐的完全性而不得不逐渐放弃对象表现，成为纯粹优美，其中最彻底的甚至放弃对于对象表现的要求（自足风格）；二是与此相反，为了追求（更真实的）对象表现而逐渐牺牲形式绝对和谐的完全性，这就是庄静美，而这个方向的最后结局是优美的自我丧失，而被写实风格、崇高风格等替代。优美的形式矛盾推动其在庄静美和纯粹优美之间摇摆，而优美在两个极端对于矛盾的最终解决都是消极的（即都导致矛盾统一体的瓦解）。其中的一个极端，即自足风格对于对象表现要求的放弃，违背了思想和美的本性，因而无法达到一种最终的稳定性，被压制的对象表现要求必然复苏，从而使形式矛盾卷土重来。另一个极端，即写实风格、崇高风格等，将导致优美的最终瓦解。这尽管是就形式矛盾自身而言，不失为一种稳定的解决，但是这种稳定状态被美的实质矛盾否定了。优美的根本形式矛盾在其不同风格中有不同表现。优美的不同风格都有其独特的形式矛盾，这些都是优美的根本形式矛盾的变式。

总体来说，优美对于形式矛盾的解决有二种：一种是消极而不稳定的，即上述两种极端的解决方式；另一种是积极但同样不稳定的，凡旨在以理性思维表现对象真理的艺术，皆属于此（如希腊古典艺术，维也纳古典乐派的隐喻、含蓄风格）。在这两个方向上，优美都始终无法达到一种最终的稳定性。一种实在之美无法使这种形式矛盾得到稳定的解决。然而美的对象表现要求推动美不断拓展、深化其对象领域，使其从现实领域进入超绝领域，从实在之美过渡到本真的美。本真的美在其发展中最终从理性思维获得自由，从而为了更真实的对象表现而彻底放弃对形式的绝对和谐的要求，它对优美的形式矛盾的解决也是消极的，但可能是稳定的。因为本真的美可以使对象表现要求与永远的原初性达到积极、稳定的统一，从而使美的实质矛盾得到最终稳定的解决，而这也使美的形式矛盾的消极解决获得稳定性。因此，美的形式矛盾推动优美向本真的美过渡。

优美的实质矛盾就是理性思维的对象表现要求与永远原初性的矛盾。这也只属于艺术美。这个实质矛盾也推动优美的发展。美的对象表现要求也就是表现对象真理的要求，乃是思想的本性。它使得美不断追求更真实的对象表现，从而推动美不断追求更忠实、充分和准确的对象表现，因而从无所表现过渡到有实际的对象表现，从局部的表现过渡到整体的表现，从不具意义确定性的隐喻性表现过渡到具有基本意义确定性的内在表现，再进一步过渡到具有完全的意义确切性的对象表现，而这将意味着美的永远原初性被放弃。反之，优美对于永远原初性的追求，通常会推动它逐渐放弃对象表现的意义确定性和确切性，以至完全放弃对象表现的要求。优美的实质矛盾主要表现为其对更高的意义确定性或确切性的追求与永远原初性的矛盾。这个矛盾推动优美始终在完全放弃永远的原初性和构成性的美和完全放弃对象表现的自足风格的美之间，以及在纯粹优美和庄静美之间来回摆动，在其中每一个点上都无法得到最终的稳定性。

这个矛盾在任何实在的美中，都无法获得一种积极、稳定的解决，而优美就属于实在的美。但是美对于更真实对象表现的追求也推动其对象领会的拓展和深化，最终使其从现实领域进入超绝真理的领域，于这种领会就成为具体的本真领会，这种美就成为本真的美。只有在本真的美中，美的实质矛盾才获得一种积极、稳定的解决。因为本真的美就是对于超绝真理的具体、自觉和真实的领会，这种领会由于对象的超绝性、绝对性和无限性而具有了无限的意义域，从而具有了永远的原初性，于是就使美的真实对象表现与永远的原初性达到积极的统一。只是在本真的艺术中，这种统一还不具有最终的稳定性，因为艺术对于超绝真理的领会只具有基本的意义确定性，而没有上升到意义确切性。美对于更真实对象表现的追求必然促使其对象领会追求完全的意义确切性，推动本真的艺术向本真的哲学和宗教过渡。只有在本真的宗教中，美的实质矛盾才获得最终、积极的解决。

优美包含的形式矛盾和实质矛盾不断打破其内在稳定，从而推动其不断发展。其中美的对象表现要求是两个矛盾中更积极主动的方面。这种对象表现要求之日臻真实，不断推动形式矛盾和实质矛盾的重构，最终推动优美的发展。这两个矛盾在实在之美中无法获得一种积极、稳定的解决，只有在本真的美中才有望获得这种最终的解决。因此这二者不仅推动纯粹优美和庄静美的相互过渡和相互背离，并且推动优美最终过渡到一种本真的美，并从本真的艺术过渡到本真的宗教。

二、深沉美

深沉美是反思思维的原初真理。

生命体还具有一种独特的自身目的化活动。目的性是生命有别于无生命物质的一个本质特征。生命的所有活动都有其目的，但生命的所有目的都必然指向一个最终的目的，即这生命的自身存在。生命的最终目的只能是生命自己。这个最终目的就是生命的自我。生命必然将其全部存在指向这个自我。唯其如此，它才能存在下去。一个生命体，只要它还活着，它就能够而且必须把它的全部生命活动和生命存在都调动、组织起来以维持它的自身存在。它的一切活动，无论看上去脱离它自身有多远，最终都会被牵引回来指向它自己这个最终目的，都会返回它自身。这种运动表现了生命独特的自身目的化或中心化的作用，这也属于生命的先天普遍本质。我们称之为生命的自身维持作用或自反势用。生命正是在这种自身维持势用的推动下，把它自身的全部存在组织起来，使之成为一个有机整体。这种自身维持作用是生命得以存在的条件。一个生物体，只有当它能够通过这种自身维持，以自己的全部生命存在来维持自身的本质，它才能够存活。精神和所有合理的社会存在也应当被视为一个这样的生命体。无论是宗教，还是国家只有当它能够把自己的全部社会成员的活动统一起来，来维持这个组织的生命，后者也就是这个国家或者民族的神，那么这个社会组织才能够存在下去。无论是一个普遍还是个体的精神，只有当它能够以自己的全部存在指向自身，以实现其自身维持，它也才能够持续存在下去。生命的自反势用同样是自否定和自维持的辩证统一。一方面，它把所有生命内容统一起来构成一个功能—目的关联的整体，在其中，不仅最终的目的得到维持，而且作为功能的每一种生命内容也得到维持。另一方面，它只有通过否定所有生命内容的绝对性或自为独立的存在，才能把它们为了一个真正的最终目的统一起来。

自反势用作为生命的先天普遍本质，乃是一种缺乏现实规定的单纯意志或冲动，它需要实现为形式复杂且千差万别的现实生命活动。这种生命意志必须通过自身行动为自己开创运动的形式，并以之规定自己，才能使自己展开为生命的现实存在或活动。它的实现就是生命在现实层面的自身目的化或自身指向活动。这种现实的自身指向活动在自然生命中是无意识的，但是在意识和精神的生命中就成为自觉的。对于一种意识和精神生命来说，其最终目的往往不是被先天、自在地规定好了的。在这里，生命必须靠自己的充分自主行动确定这个目的和构建一个指向后者的功能—目的整体。这种充分自主行动就预设了生命对这最终目的的意识，即自我意识。在这里，生命的自身指向行动就成为自觉的，因而生命必然能"正确"地意识到它的自我，而这种自身指向行动就是自我意识。

不过自我包含复杂的存在层面。自然意识所呈现的自我是单一、固定且是最表层的，只有精神才呈现了自我的复杂存在内容，并且会不断透过表面去认识其内在本质。精神的自我意识和自身指向行动构成了精神的反省。反省就是精神的自反势用的实现。当反省成为独立自为的，因而成为指向最终目的的具有自身统一性的活动，我们就称之为反省思维。反省思维揭示出自我的多种存在意义。在这里，最终是生命的自反势用在其自身展开过程中推动反省思维不断深化、不断寻求更真实、内在的自我，从而达到对于自我的更深刻更本质的认识，最终从自然的反省思维过渡到真正的反思思维。反思思维则是精神认识到自身内在、独立的存在，并以之为生命的最终目的、真理。当精神的最主要特征是被反思思维规定的，那么我们就称这种精神具有反思的性格。

　　这种反思思维如果是精神的原初真理，也就是作为自反势用的原始开创运动的成果，也能给我们带来快感。它使人得以蠲除那些缠染着生命的污垢缧绁，使其更内在、更自由的自我得以呈现，于是他感到自己首次找到了人生的真实价值和真正安身立命的所在，因而摆脱了因生命意义之缺失和破裂导致的无聊的煎熬，或因生命目的之虚妄导致的沉沦感，获得一种心灵的归宿感，一种踏实、安稳、妥帖之感。这种情绪感受，就像一首禅诗所表达的："一重山了一重云，行尽天涯转苦辛。蓦絷归来屋里坐，落花啼鸟一般春。"（《虚堂录》卷五）这是一种游子归家的欣喜。在大量禅宗诗歌中，真实的自我就被比作家园。这种由原初的反思思维带来的快感其实是一种审美快感。因此这种反思思维本身，作为自反势用的原初现实性，就是美。这种反思思维特有的美，我们称为深沉美。深沉美的本质就是反思思维的原初真理，而一个对象如果能够使我们对于它的领会成为这种原初真理，那么我们会说它也具有这种深沉之美。这样的对象在自然界几乎不可能见到。通常只有艺术作品才可能具有深沉美。

　　一种被这种反思思维规定的艺术就是具有深沉美的艺术。这种艺术旨在以反思思维表现精神的反思性格。在表现精神的反思思维方面，造型艺术遇到较大局限。尽管一些伟大的雕塑、绘画作品旨在表现精神的反思性格（比如希腊化时期许多作品旨在表现沉思中的人物），却无法把作为这种性格本质的具体思想或自由表现出来，因而很难说是深沉的。至于 Laocoon 和 Michelangelo 的奴隶雕塑，成功表现了自由的反抗，表现出对于生命、自由的深刻反思，因而是深沉的，但这在造型艺术中是极少见的。艺术的深沉之美，更多地是在音乐和诗歌中得到表现。像 Beethoven 交响曲，向我们呈现了自由的永恒的否定和创造运动，不仅表现了自由的本质，而且表现了其伟大的力量，因而包含了一种原初的反思思维。在文学作品中这种反思思维具有了更大的意义确切性。《浮士德》、《约翰·克利斯朵夫》这样的文学作品，也生动描绘了自由的无限自我实现运动推动人的精神不断自我否定和提升的进程。这些作品都因为其所表现的精神反思的原初真理性给人以美感。它们包含了深沉美的不同类型。不过在这些作品包含的思想中，反思思维、超越思维和理性思维相互纠葛，深沉美和崇高美、优美交织在一起。对于一种艺术来说，如果深沉美构成了美的核心，或从其他类型的美中独立出来，那么我们就称这种艺术具有深沉格调。T.S.Eliot，R.Tagore 的诗歌和中国的禅诗就可以作为深沉格调的典范。它们常常描绘出进入自我的绝对超越境域时体会到的静谧，具有一种反思思维的美。

深沉美同样也包含其形式矛盾与实质矛盾，且亦在这种矛盾推动下发展。

深沉美的形式矛盾也是表现形式与对象的矛盾，它同样包括：其一，领会与对象的矛盾。在艺术的深沉美中，我们经常碰到领会或表现方式与对象不一致的情况，即艺术对于反思性格不是以反思思维来领会（而是例如以理性思维来领会），或者以反思思维领会的并非一种理性性格（而是超越或理性性格）。这都会导致领会与对象的矛盾。这种矛盾推动深沉美向领会与对象的同一发展。其最终结果，要么是导向纯粹的深沉格调，要么是深沉美完全被其他类型的美替代。其二，媒介与内容的矛盾。深沉格调的艺术试图以感性形象表现反思思维，但是这种表现无法获得意义确切性。优美可以是无所表现的，而深沉美和崇高美则必须有所表现，但是感性表象无法建立与精神自身的指涉关系，使得这种表现无法成为确切的。然而美的更真实对象表现要求促使深沉美追求更大的意义确定性或确切性，因此艺术的深沉美就包含了表现媒介与内容的矛盾。这个矛盾也推动深沉美的发展，因而深沉美要么放弃对象表现，使自己抽象化而蜕变为纯粹优美，要么努力克服媒介的局限性以寻求具有更大意义确定性和确切性的表现方式。后者才是矛盾的积极解决方式。音乐无法建立与反思思维的描述或再现关系（因为声音无法表现那指引反思活动的心物、内外等差别），故无法内在表现作为对象的反思思维的结构。但是像 Beethoven、Wagner 等人的音乐，直接呈现了纯粹意志的运动，这使我们对它的领会具有了反思思维特征，但它并未达到对这种反思思维的自觉、内在表现或将其包含在内。在此意义上，我们尽管可以说这种音乐也具有深沉美，但这种深沉美是完全主观的、对于作品是外在的，我们称之为隐喻式的深沉，它完全不具有意义确定性。但是媒介与内容的矛盾将推动深沉美寻求更具确定性的表现媒介。绘画就可以通过明暗、虚实对比象征性地表现心物、内外等差别，从而使在媒介与内容之间建立一种描述关系（中国的禅画就常常以明暗对比象征心物关系），由此达到对反思思维结构的自觉内在表现。但这种描述关系不是指涉关系，不能构成确切表现。无论是对于绘画还是音乐，我们都必须借助语言的帮助，才能确认其所表现的反思思维或深沉之美。比如对于一幅禅画，我们只有借助画中的题字（这种题字通常破坏了作品的形式优美）或对此类作品先前已经有了充分了解，才能确认其所表现的精神内容。这种深沉美具有基本的意义确定性，但没有上升到确切性，因而得以保持永远的原初性。故我们称之为再现的深沉美，它使美的形式矛盾获得一种初步的稳定性。但是美的更真实对象表现要求促使深沉美达到对反思思维的确切表现。这就促使深沉格调的艺术寻求更适合的表现媒介，因而就从音乐、绘画过渡到文学领域。只有文学使深沉美达到对反思思维的确切表现，比如中国禅诗中包含的反思思维，是我们无须再借助其他媒介的帮助就可以直接领会的。但是这种意义确切性导致与美的永远原初性冲突，于是美的实质矛盾就促使深沉美拓展、深化其对象领会；另外美的真实对象表现要求本身也促使深沉美进行自我拓展和深化。这两种力量会推动深沉美的对象表现从现实领域过渡到超绝真理领域，使深沉美从自由的美升华为本真的美。

深沉美同样包含美的实质矛盾，即更真实的对象表现要求与永远原初性的矛盾。这种对于更真实的对象表现要求促使深沉美追求更大的意义确定性，从而导致与永远原初性的矛盾。这个矛盾也推动深沉美的发展。作为实在的美，深沉美试图以以下方式解决这个矛盾：一是深沉美的抽象化，即其逐渐否定对象表现要求，使自己抽象化，最终转化成纯粹优美；二是隐喻式的深沉美，即其对象表现完全放弃意义确定性，从而保持了永远的原初性；三是再现的深沉美，即其将对象表现限制在基本的意义确定性范围从而保持了永远的原初性；四是深沉美从纯粹的转化为构成性的，即其以抽象语词代替感性形象以达到对反思思维的确切表现，从而完全放弃永远的原初性。然而其中没有一种是积极、稳定的解决。所以这个矛盾推动深沉美的持续演化，寻求一种稳定且积极的最终解决，而美的真实对象表现要求也促使深沉美不断拓展、深化其对象真理的领域。这两方面共同作用，最终推动深沉美的对象领会从现实领域进入超绝真理的领域，使深沉美从纯粹美转化为本真的美。

可见，深沉美乃是在其内在的形式矛盾和实质矛盾推动下持续发展演化。这两种矛盾相互交织、相互影响，最终推动深沉美从实在的美转化为本真的美。

三、崇高美

崇高美就是超越思维的原初真理。

生命还表现出一种不断自己否定自己、超越自己的冲动或意志。这种冲动也是生命的独特本性。它首先表现在生物的进化现象中。只有生命才有进化现象。进化就是生命不断否定自己、超越自己、更新自己的运动。这个运动是永恒的。如果没有一种内在的生命意志，任何自主行动都是不可能的，进化现象也是如此。生命进化是生命朝着一个确定不移的方向（即现实自由不断增加的方向）前进的运动，而这方向不是由外在自然规定的，因而是生命的自主行动的方向，故进化是被生命的内在意志规定的自主行动。对于生命进化的一个常见的错误理解，是认为进化现象在本质上是被外在环境、而不是生命自身的本质冲动决定的。这种理解等于抹杀了进化的内在根源，导致进化理论的逻辑矛盾：其一，它不能解释进化的动力。比如达尔文进化论强调了环境的选择，但未能充分解释进化的动力。环境不能给生命提供进化的动力（哪怕这动力仅仅是为了适应环境），进化的动力只能来自生命自身。如果没有一种内在意志的推动，仅仅是外在环境的影响不可能造成生命进化。其二，它不能解释进化的确定方向。一种被外在环境推动的运动，很难有一个确定不移的方向。尤其是无限多样环境中，生命进化表现出一种共同的方向，即不断否定原先较低层次的自由，进入一个更高层次的自由境界。如果进化是被外在环境推动的，那么在逻辑上就会与它的这种确定的方向性相矛盾。这个推动进化的生命意志，就是作为生命的先天普遍本质的自身否定作用，或曰自舍势用。它也是自由的实质方面。总之，进化现象表明了生命先天的自身否定作用的存在。生命的这种自身否定意志在精神的领域得到了最充分的表现。人类精神总是处在一个无限的自我否定、自我提升、自我升华的运动之中。个体的精神也是在不断的打碎自己、更新自己的运动中才能够获得真正的成长和成熟。

68

　　生命的这种先天普遍的自身否定作用，就是生命不断超越自我、不断扩大与自身直接此在的距离，不断加强自身内在张力的运动，我们称之为生命的自舍势用。它同样是自维持与自否定的统一：一方面，它不懈地否定生命的现实此在，以推动生命境界的升华；另一方面，它为了正常发挥其作用，又必须自己构造出用以规定自己运动的形式且要维持这种形式存在（因此它的展开也离不开自凝、自离和自反势用的共同作用）。

　　这个自舍势用展开为现实生命的否定运动（后者就是它的现实存在）且只存在于这个自我展开的过程中。当它在这种展开运动中是自为独立的，那么它就展开为现实生命的自身进化、自我超越、自我提升运动。在精神领域，这就是精神的否定活动或否定的思想。在这种展开运动中，自舍势用必须通过自己的任意行动为自己开创现实的运动形式，并用这种形式来规定自己（这种形式的开创、综合和巩固必须通过自离和自凝势用的共同作用），从而获得一种属于它自己的现实存在，即其自由之现实。这就是生命的自身进化和自我提升的现实运动，包括精神的否定或超越活动。当这种否定活动或否定的思想成为自为独立的，不再服务于其他类型的思维且被其所规定，我们就称它为精神的否定思维，而称其中否定了自然的绝对性者，为超越思维。超越思维就是一个真正自由的精神的自我超越、自身扬弃运动，是生命的自舍势用之绝对自由的实现。在其中，自舍势用只为它自身的目的而展开，而这展开也只以自身为目的，不被其他目的束缚和限制。当超越思维规定某种文化精神的性格（被超越思维规定的精神性格就是超越性格；比如在佛教的情况），它在理论上就可以是无限推进的，直抵神圣虚无的境域。

　　这种超越思维与人们的崇高感有本质关联。当我们面对某种伟大事物并且真正领会它时，就（至少在主观上）超越了自己原先的世界而被提升到一个更高的精神境界，由此必然产生的情绪感受就是崇高感。崇高感包括两种相反情绪的结合：一是由自我的直接主观性被否定导致的痛苦、挫折或焦虑之感，二是从这种自我升华获得的自由感或释意感。崇高感就是这种焦虑和释意情绪的时间性统一体。

　　我们对于崇高的判断是一种情绪判断（更准确地说是情绪确认）。任何事物只要能让我们通过对它的领会而产生崇高感，我们就称它为崇高的。一个人为人类正义事业作出巨大牺牲，就会让我们感到崇高，我们会说他的人格或精神是崇高的。上帝的存在当然是崇高的。我们有时也会觉得某种思想、观念是崇高的。此外一种特别巍峨壮观、充满无限力量的自然现象也会让我们觉得崇高，比如辽阔的星空、浩瀚的大海和崇山峻岭，以及火山爆发和海啸的景象。这些存在都有一个共同特征，就是都（在不同意义上）否定了我们原先处在自然和寻常理智缠缚中且极渺小的直接自我（表现为本能的欲望、好恶，被寻常理智规定的期待、意图、谋划等）并由此让我们感到痛苦甚至恐怖。而我们对它们的真实领会就是在某种意义上使自己与它们达到同一，于是这领会自己便以某种方式具有了这种对于我们直接自我的否定，这样它就成为一种超越思维；这种超越思维最终又带给我们一种释意感。只有超越思维能直接让我们产生崇高感。超越思维就是一种为了自由的牺牲，就是精神通过否定自身的低贱、渺小和系累以进入一个更高尚、伟大、深邃的自由之境的运动。这个运动的不同环节都会让我们产生一些情绪感受。首先，在这运动的开始，对直接自我的否定会让我们感到痛苦。其次，在这运动中间，对于原先的自我和世界的否定也使我们的心灵摆脱了原先压迫它的重负而飞起来，让我们有一种轻松漂浮之感。最后，这运动最终会让我们从一个崭新的高度俯瞰原先的自我和世界，这会带给我们一种精神上的居高临下甚至眩晕之感。崇高感就是这种痛苦感受、失重漂浮的感受和眩晕感受的综合。只有超越思维让我们的心灵产生这些感受并将其综合起来，形成崇高感。

崇高的东西就是能够让我们产生崇高感的东西，而这种崇高感只能从超越思维产生，后者就是崇高感的直接现实原因。因此我们可以说，超越思维就是一种崇高的思想。只有它才是直接崇高的，即直接给我们带来崇高感的。其他事物都只有当它使我们对它的领会成为超越思维时，才能让我们产生崇高感，才对我们是崇高的。一个崇高对象之为崇高，就在于能够使我们对于它的领会成为一种超越思维。只有当我们对它有了这种领会，才会对之产生崇高情绪或崇高感。真正能够直接让我们产生崇高感的东西，乃是这种领会或超越思维本身，这才是直接的崇高之物。

崇高的东西就是能够使我们对于它的领会成为超越思维的东西（超越思维本身也属于此）。根本上说只有当一种东西本身就具有超越性，它才能够使我们对于它的领会成为超越思维。因为它就是对自然以至全部现实性的否定，它的超越性就是自由，所以对它的真实领会，由于与它达到了同一，也在某种意义上具有了这种否定，即成为超越思维，或崇高的思想。因此只有超越之物才可能是真正崇高的。而这种超越之物只能属于精神自身。精神就是对自然的否定而且包含无限的自我否定，而自然则是无超越的纯然自在存在。真正的超越之物都属于精神的内在存在（自由的超验实体以及超越思维本身）。从根本上说只有后者才可能是崇高的，且这种崇高才是真实的崇高。但是一种特别高耸、广阔、雄浑的自然对象也会让我们产生一种崇高感，我们也会认为它是崇高的，尽管它完全不具有超越性。这是因为它具有某种与超越之物一致的形式特征（比如其形式对于人类感性的直观和理智的领会的否定），可以指引领会的活动，因而也使对它的领会成为超越思维，让我们产生崇高感。它之所以能让我们产生崇高感，乃是因它具有与真正超越之物相似的特征。崇高感直接来自作为对象领会的超越思维。但是在崇高体验中我们通常对于崇高感的这个直接真实根源并无反思，所以就无意识地把这种崇高感转移到作为这思想原因的对象之上，认为是它引起的；这种转移是完全自发、无反省的。这种转移在对象就是超越之物的情况下，就是合法的，而在对象并非超越之物的情况下就是不合法的。只是在我们通常的崇高体验中，这种转移本身是无反省地进行的，它是否合法也就从未成为问题。在后一种情况下，对象让我们感到崇高并不是因它是产生崇高感的真正原因，即具有超越性，而只是因它具有某些与真正超越之物相似的特征，故它的崇高是假借的。这是一种外在的崇高，与对象的本质并不符合，完全是我们的主观性附加到对象之上的。崇高的艺术则是自觉地以超越之物的某些形式特征为根据来塑造感性自然对象，使后者（作品）成为超越之物（以及对于它的领会，即超越思维）的表现。

对于崇高，无论是艺术家还是评论家，都曾有过一种广泛的误解，就是把崇高与恐怖和暴力等同。Burke 就把崇高归结于恐惧。后来的浪漫主义理论家和艺术家也大都接受了这种观点。许多浪漫派艺术家（比如 Piranesi、Fuseli、Delacriox 等）把主要精力放在表现暴力、残忍、疯狂甚至变态畸形的场景或人物，以激发观众的恐惧；但这些作品中见不到任何精神超越的踪影，我们从中也感受不到丝毫的崇高。崇高的本质是精神的超越思维。后者表现为生命内在的撕裂，表现为其中属于不同境界的自由或主体性的斗争。

它往往给被否定的主体性带来恐惧，而同时必定让作为否定者的主体性（它才是否定思维的真正主体）产生快感。只有这种快感才是自由感，才是对超越思维自身，作为精神自由，的情绪感知，因而才是崇高感的本质内容。这里应当指出的是：一方面，只有当恐惧是这种否定带来的，它才属于崇高体验；另一方面，崇高未必包含恐惧（比如瑜伽和禅定境界的崇高），但必然包含属于它的自由感。

任何一种新鲜奇特的思想都可能在经过记忆和时间的熔炉之后变得寻常，以致它原先伴随的一些情绪逐渐淡化至于完全无感；超越思维也是如此。比如在宗教和道德生活中的精神超越，最初总是伴随着一种融合了最尖锐的痛苦和最让人陶醉的幸福（即自由感）的复杂情绪，它导致的崇高感是最强烈的。但是随着这种超越思维逐渐转化成一种必然的活动，它原先导致的强烈痛苦也逐渐淡化以至于无，原先使人迷狂的失重和眩晕也逐渐被无感甚至厌倦代替。因此崇高感总会逐渐淡化。只有当它是从一种原初的超越思维产生的，它包含的苦与乐、焦虑与释意才都是最鲜明的。这就是一种美感，而原初的超越思维（崇高思想）作为这种美感的直接原因，就是崇高美。

崇高美的本质就是超越思维的原初真理，是精神的自身否定意志之绝对自由的原初实现。在这里，精神的自舍势用通过自身任意的行动完全为自己开创了运动的形式并以之规定自己，它因而展开为原初的现实存在或思想。这就是原初的超越思维。它是一种原初的崇高思想。这种思想打破了我们原先的自我，把我们的心灵提到一个前所未有的高度。崇高的美感就是心灵在这种思想之中，初次超越自己原先的世界而被提升到一个更高的精神境界的情绪感受。一种艺术，往往在我们对它的领会中越是剧烈地否定我们原先的主观性并让我们产生痛苦甚至恐怖之情，就越是把我们的领会提升到一个新的精神高度并使我们体会到一种自由感，因而它就越让我们感到崇高之美。比如中世纪圣像雕塑、哥特式教堂和佛教的雕刻与绘画。艺术中的崇高美，总是自为或自在地表现了精神的超越性格。中世纪艺术就最充分地表现了基督教的超越性格，正如希腊古典艺术最充分地表现了希腊民族的理性性格。

崇高美也有其内在矛盾，也包括形式矛盾和实质矛盾。它也是在其包含的内在矛盾和超越思维的不断自我提升和自我深化推动下向前发展的。

崇高美的形式矛盾包括两个层面：其一，领会与对象的矛盾（思想与对象自身的矛盾）。崇高美的对象是精神的超越性格，但艺术常常以优美的形式表现崇高（而优美与崇高根本冲突），其实就是以理性思维表现超越性格，于是导致领会与对象的矛盾。比如早期基督教雕塑以希腊造型艺术的优美形式表现耶稣，Michelangelo"最后审判"中 Appollo 式的基督，Rubens 笔下运动员似的殉道者。这种领会与对象的矛盾对真正的崇高美造成了损害。崇高美被形式的绝对和谐囚禁。只有当崇高美是以超越思维表现超越性格，它才成为自由的。在西方，只有到了中世纪艺术才开始做到这一点，而这意味着对优美的抛弃。其二，媒介与内容的矛盾。当崇高美成为自由的，领会与对象的矛盾就不复存在，因而表现形式与对象的矛盾就成为表现媒介与内容（领会与对象自身）的矛盾（思想与表达方式的矛盾）。感性表象的存在是直接地自我肯定的，它只适合表现惰性的、自在的、无生命的东西；而超越思维就是精神生命的自我否定运动，是生命的最大自主性，因而本质上不适合用感性表象进行表现。当艺术用前者表现后者，就会导致二者的冲突，导致形式对内容的扭曲。这就是崇高美的表现媒介与内容的矛盾。由于这种矛盾，超越思维只有通过对感性表象的否定来表现对象和它自己，且必须通过艺术形式包含的否定关系来达到这一点。在这个矛盾中，内容作为自主的方面总是起规定作用的，它总是不断在寻求更真实的表现形式，因此不断打破和重构矛盾的平衡，推动崇高美的发展。另外，对对象真理的领会深化也是推动崇高美发展的一个本质方面，每一次领会的深化都会导致媒介与内容的矛盾重构。崇高美在这种形式矛盾推动下的发展可以分为以下阶段：一是自在的崇高。艺术把对象表现为一个超验实体，后者并不包含内在否定，而是从其对环境、对领会者自然本性的否定表现超越。比如拜占庭的耶稣、圣母画像和中国北朝时期的巨型佛像（云冈石窟的毗卢舍那佛）。在这里，超越思维没有达到对自身的反思，是一种自在的超越。二是自为的崇高。艺术旨在表现对象本身的超越活动，而这再次激化了媒介与内容的矛盾。在这里，艺术试图通过将否定关系纳入自身形式之内以达到对象表现。比如 Michelangelo 的奴隶雕像表现的肉体的挣扎和对石头的挤压的对抗，Beethoven 交响曲中乐音的矛盾对立，都直观地表现了精神的超越活动。在这里，超越思维具有了反思性，成为自为的超越。这是崇高美解决矛盾的途径之一。三是本真的崇高。超越思维要成为绝对自由，必然导致对现实性的否定，因而导致对思想本身的否定，从而趋向本体的虚无。在这里，超越思维超越了自身本身，进入"言语道断，心行处灭"的境界。这使媒介与内容的矛盾更加尖锐化。本真的美是以存在表现虚无，这只能是通过存在向虚无的超越。这种超越违背任何媒介的本性，艺术只能通过对否定的图像的否定来表现之。比如 Wagner 作品中乐音经过激烈对抗发展达到最终高潮后归于寂静、中国的禅画中的笔墨张力在留白中达到最终消解。艺术通过媒介的自我消灭呈现对象内容，使二者的矛盾得到最终解决。在这里，崇高美的最终理想，即自舍势用的自我呈现，才算完全得到实现。

另外，崇高美的实质矛盾推动其从朴素的崇高进入浪漫的崇高，并最终归属于一种绝对的崇高。崇高美不可能是无对象的单纯形式美，而总是旨在表现或领会某种真理。它的实质矛盾就是超越领会的意义确切性与永远原初性的矛盾。崇高美总是试图以不同方式达到此矛盾双方的平衡，它由此可区分为以下几种形态：

1.朴素的崇高，为了超越思维的意义确切性而放弃永远的原初性。所谓朴素的崇高（通常道德和宗教的崇高都属于此），就是一种可以被理智规定的超越思维。如果后者在主体中是实际地被理智规定的，它的崇高对于这主体就无所谓美（超越思维在这里被概念化，这是宗教和道德中的崇高常有的现象）；如果它在这里只是可以但尚未实际地被理智规定，那么它就是一种可以被概念化的原初想象，所以它的崇高就是美，然而是一种构成性的美。这种朴素的崇高美在艺术中的例子，是希腊悲剧和 Bach 弥撒曲。它们的一个共同点是其表现的超越思想基本是被传统或理智规定的，因而崇高美在其中是朴素的。

2.浪漫的崇高，为了永远的原初性而放弃意义确切性，彻底否定了理智的规定。朴素的崇高仍是已经或终将被理智规定。而一个人身上表现的最大的崇高，在于自由对于有限的理智和现实性的否定以及向着无限、绝对和神秘之物的敞开，因而是浪漫的。真正的浪漫主义就表现在否定寻常的、世俗的、被日常领会规定好的东西，去追求那些未知、神秘、怪诞甚至恐怖的东西。一言以蔽之，就是精神否定理智的规定，而向一种未知的、不确定但是具有无限可能性的领域开放，这意味着对意义确切性的放弃。浪漫的超越思维因为否定了理智，就是被一种针对无限性的强烈情绪、激情引导的领会，是在这种情绪、激情引导下实现精神的超越。浪漫的崇高因为对理智和理智规定的否定，就否定了自身概念化的可能。它也因此不会成为一种构成性的美，而是自由的美，具有永远的原初性。所谓浪漫的崇高针对的就是这样一种对象，它使我们对它的领会成为一种浪漫的超越思维，使我们否定了任何理智和概念的限制，也由此抛弃任何已知的、可靠的和安全的存在基础，跃入一种未知的、充满危险的存在深渊。它永远具有一种崇高之美。在西方文化中，这种浪漫的崇高最终来自基督教，其在文学中的代表是 Hoffmann、JeanPaul 等人，在音乐中的代表是 Beethoven（他试图把优美和崇高统一起来，然而是用前者规定后者）、Wagner（他才使崇高格调成为独立的）等人。浪漫的超越思维打破理智的有限性而追求无限性。这个无限性可能仍被当作现实的，也可能被当成超绝的。我们据此把浪漫的超越思维区分为实在的超越思维和本真的超越思维。前者依然追求着一种现实的无限性，是向一种现实存在的超越；而后者则追求彻底否定了现实性的、超绝的无限性，是向着神圣虚无的超越。所以崇高及崇高美也可区分为实在的和本真的二种。本真的崇高根本上就是本真的超越思维，就是超越思维的绝对自由。总之，崇高包括朴素的和浪漫的，朴素的崇高美是一种构成性的美，浪漫的崇高美才是自由的美，而浪漫的崇高又包括实在的浪漫和本真的浪漫。艺术中的崇高基本都是浪漫的崇高。

　　浪漫的崇高是在美的实质矛盾推动下形成的。在这里，崇高美为了永远的原初性而放弃意义确切性。但美对于意义确切性的本然要求是不可磨灭的，后者推动崇高美寻求更具意义确切性的表现形式。另外，超越思维对于自身和对象真理的领会也在不断深化。这些必将导致崇高美的矛盾平衡不断被打破和重构。所以浪漫的崇高美也是在这种实质矛盾推动下继续发展的。它包括实在的崇高和本真的崇高。本真的崇高美还包括以下阶段（根据其表现形式区分）：其一，图像的崇高，这就是一种以视觉图像表现的本真的精神超越，比如哥特式教堂建筑、Michelangelo 的奴隶雕塑、里约热内卢的救世主耶稣巨像、云冈石窟的大日如来佛像等。这种表现是隐喻式的，不具有意义确切性。其二，情绪的崇高，旨在表现由一种本真的精神超越所鼓舞、激发的情绪和激情。这种表现同样是隐喻式的，不具有意义确切性。Beethoven 和 Wagner 等人的音乐就表现了这种情绪的崇高。其三，反思的崇高，旨在以感性形式内在地表现本真的精神超越及其领会的超绝真理。在这里，本真的超越思维终于有了一种自我反思并试图以感性形象来表现它自己。这种表现尽管是内在的、揭示性的，但同样不具有意义确切性。Beethoven、Wagner 和 RichardStrauss 等人的音乐是反思的崇高之最佳范例。这种本真的浪漫风格就是通过否定意义确切性而保持了永远的原初性。正因为它缺乏意义确切性，我们不能必然地确定其内容，我们不能说它的内容，亦不能说作者的主观意图，就是本真的超越思维，只能说它可以作此领会。但是对于意义确切性的渴望和对于超绝真理之领会的日益清晰与深化，将促使本真的崇高美打破浪漫风格最后的矛盾平衡而获得意义确切性，并推动其中反思的崇高最终过渡到绝对的崇高。

3. 绝对的崇高，是确切性与永远原初性的内在统一。本真的超越思维在艺术中是具体而不确切的，它只有在本真的哲学、宗教中才获得意义确切性。不过它在本真的哲学中是确切但抽象的，只有在本真的宗教中才是具体而且确切的。只有当本真的超越思维是具体的，即在与超绝真理有直接、实际连接中将其向具体的直观呈现的，它才（因对象的超绝性、绝对性和无限性）具有永远的原初性。本真的宗教就是通过这种连接将超绝真理向具体的直观呈现的（如佛教的亲证或基督教神秘论者的上帝体验）。但它与本真的艺术的一个不同，就在于它的思想可以成为必然的（宗教的灵修实践就旨在使这种思想获得必然性），亦即具有意义确切性的。本真的宗教使其超越思维成为必然的真理。这意味着，唯有在它之中，本真的超越思维才是具体而且确切的。它将本真哲学的确切性与本真艺术的永远原初性辩证地统一起来。所以它也是必然性与美的统一（比如对于佛教高僧来说，亲证是可以必然获得的，同时每一次亲证又都是原初的或美的）。只有在这里，崇高美的实质矛盾才得到一种最终稳定的解决。

绝对的崇高美本质上是超越思维的绝对自由，即佛教所谓"无所住，无所得"境界。这个自由不仅意味着超越思维的绝对无限性，而且意味着其超绝性，即否定自身现实性。大乘佛教所谓亲证空性，就包括这种超绝的否定或抽离。当这样一种绝对自由的超越思维抽离自己的现实性，其结果就是生命的自舍势用自己呈现自身的真理。

崇高美从朴素的崇高发展到浪漫的崇高，并从浪漫的崇高最终过渡到绝对的崇高，最终都离不开其内在的实质矛盾的推动；崇高美的形式矛盾也推动其从自在的崇高发展到本真的崇高。这两个矛盾以及它们导致的美的发展都是相互交织，共同构成崇高美的发展整体。其中超越思维本有的更真实表现对象的要求导致其对于更大的意义确切性的追求以及对对象真理的领会的不断深化，乃是促使崇高美的矛盾平衡不断被打破和重构的主要原因。

一般的精神成长、艺术和宗教，都会涉及崇高美。不过我们对于崇高美的分析以艺术为核心，因为在艺术中，崇高美在其内在实质矛盾推动下的发展逻辑得到最充分的表现。一般的精神成长总是以领会的意义确切性否定永远的原初性，这里崇高美对自身实质矛盾的解决是一种存在论解决。艺术对此矛盾则可称为一种审美的解决，就是为保持永远的原初性而在不同程度上否定意义确切性。它的美是非构成性的，是自由的美。本真的宗教所达到的崇高美则将其在一般的精神成长中的意义确切性和在艺术中的永远原初性辩证地统一起来。它就是必然性与美的稳定统一。

四、宏富美

宏富美是出离思维的原初真理。

生命还具有一种不断自我丰富化的先天冲动。这一点也在生物界得到了充分表现。物种演化现象就表明即使在没有环境压力的情况下物种也会不断地自我分化、自身扩张和自我拓展。这种自我分化和自身扩张（分别是质和量上的自我丰富化），只能归因于生命的一种内在的意志或冲动。同样，人类精神的无限创造、无限分化和无限求索，都无一不充分地表现出精神的一种内在的自我丰富冲动。个人的好奇心、对于单纯地听和看的渴望、对于无内容的空虚状态的恐惧，也都表明了一种内在的自我丰富冲动。这种自我丰富冲动，也属于生命的先天普遍本质。生命只有通过不断的创造、吸收新的内容，才能克服生命内在的自我消解活动，从而才能维持自身的存在。这种自我丰富冲动就是生命本来的自身出离作用，或自离势用。生命总是会通过不断吸收外来的内容，通过自我的分化、自身创造和自我扩张，来克服自身的贫乏性和封闭性，以获得存在之丰富和广大。

生命的自离势用同样是自维持和自否定的矛盾统一。它是通过不断创造、吸收新的生命内容来维持生命的自身存在，同时它也是对于生命自身的贫乏性和封闭性的否定。它也是投射运动和吸收运动的统一。生命只有把自己投射出去才能捕获外在的新内容，只有通过创造和分化把自己的一部分从自己中分裂出去，才能抓住新的自身存在。生命只有通过不断将这种新的内容和存在收回自己内在的整体中，才能实现对于自身存在的丰富。生命只有通过对于自身内容的不断丰富和补充，才能克服其内在死亡倾向对其内容的持续消解。因此生命必然是一个开放系统。

作为自由的先天实质，生命的自离势用也会通过自身的任意行动开创新的现实性。它也会开创自身的行动轨道并以之规定自己，由此使自身展开为现实的存在。在精神领域，生命的自离势用展开为精神现实的自身出离运动，即出离思维。后者就是自离势用的实现。出离思维就是这样一种思想，在其中，精神不断打破其现实此在的贫乏和封闭，不断制造自身差异、造成自我的分化和分裂，不断开辟、拓展它的国土，并努力捕获更多的思想内容。

自离势用开创的原初精神真理也是美。精神的出离思维，如果是原初而真实的，就为我们打开了一个前所未见的新天地，一幅全是由新鲜、奇异而又真实的景致组成的无垠图景。于是我们就像一个突然恢复视力的盲人，看见了丰富多彩且广阔无边的大地，内心感到一种难以言说的欣喜，一种惊讶和充实之感。所以精神的出离思维作为原初真理，能够直接让我们产生一种快感。这种快感是一种审美快感，所以这种思想本身就是美。这种作为自离势用之实现，能够在质和量上给精神带来丰富性的美，我们称之为宏富之美。

精神的出离思维自身作为宏富之美，是一种内在美。而一个外在对象，如果我们能在对于它的领会中形成一种原初且真实的出离思维，从而通过后者让我们感到一种惊讶和充实的审美愉悦，那么我们也可以说这个对象是美的，它的美也是一种宏富之美。这种美也经常成为艺术自觉追求的目标。比如我们聆听马勒的那些规模宏大、内容极丰富的交响曲，或是某些变化无穷、充满新奇乐思的现代音乐，就能通过其形式的极大丰富性，充分感受到一种宏富之美。印象派的那些绚丽斑斓、线条模糊但色彩极丰富的绘画（比如 Monet 和 Seurat 的一些作品），也通过其质料的极大丰富性，让我们感受到这种宏富之美。

本书主要讨论了优美格调。优美是理性思维的原初真理，就是精神生命的自身建构势用的原初且绝对自由的展开。

第四节　关于优美

Winckelmann 对希腊古典艺术的美，有一最著名，也是最精当的概括，即"高贵的单纯，静穆的伟大"。古希腊和文艺复兴最杰出的造型艺术，都旨在表现某种美的典型，都具有均衡、对称、稳定、平静安宁、无方向性、无中心性、自我满足、不指向作品之外的形式特点（在这里，我们对希腊和文艺复兴古典的艺术未作区分，故凡以希腊艺术为例进行的分析，基本都适用于文艺复兴艺术，反之亦然），表现出神一般的宁静庄重。作品即使有动作和情绪表现，也不会因此破坏形式的和谐与精神的宁静。我们称这种类型的美为优美。其典范是 Pheidias 的 Athena 雕像和 Raphael 的圣母画，还有古典派的音乐。

艺术的外行欣赏古典的雕塑，往往只会因作品的逼真性，比如真实刻画的美好形体、富有触感的细腻皮肤、可以看出质料的轻薄衣裳等而赞叹不已，认为这就是美，但是真正的行家，却从雕塑中看出了一种音乐性的节奏和韵律，即一种单纯形式的和谐或绝对和谐。这种对形式的绝对和谐的追求，在希腊和文艺复兴的古典造型艺术中得到充分的体现。这种类型的作品，总是在追求且在不同程度上表现出形式的均衡、对称、稳定、安宁、静止、无方向性、无中心性、健全、完整和意义的自我满足等特点。一种具有这种特点的形式和谐，我们就称之为绝对和谐。这种和谐是形式优美的基础。它不是来自人体的自然结构，而是完全由艺术家的理性思维塑造出来且是其表现，它具有一种不表现任何对象题材的纯粹形式之美。

我们且以 Raphael 的圣母画为例来说明这种特点。Raphael 的圣母画描绘了一种天堂般的平和与安静。背景是寂静的田野、平静的小河、温和的阳光。近景疏朗的小树，没有一片树叶在摇动。幽静的山谷田野，从来没有狂风暴雨。人物的心灵也未受到过狂乱激情的扰乱。人物表情都有一种天神般的高贵恬静。画面在整体上具有一种 Dante《神曲》中天堂般的恬静。这种恬静高贵的气氛把我们的思想摄引到一个远离尘世喧扰、超脱凡间欲念的世界。整个画面表现出一种绝对的和谐、均衡和稳定。全部人物组成一个稳定和谐的等腰三角形。画中没有僵硬的直线和尖锐的角，只有柔美的曲线，相互交错。所有细节达到极大和谐，共同构成一个天衣无缝的整体。另外，画面的形式具有一种自我满足的意义。一方面，在这里，那表现着或被表现的思想，在它用来表现的或表现它的形式中，就得到了完全满足，而这正是理性思维的特点。在这里，思想完全满足于它构成的形式和它自身，它的目光不指向画面之外。另一方面，画面的形式是自我满足的，所有线条、结构、秩序都指向画面自身内部，而不指向外面，所以作品达到了形式上的绝对完整性和封闭性。这种脱离尘世的高贵恬静、形式的绝对和谐与意义的自我满足，使作品达到形式优美的极致。在希腊古典的雕塑，Racine 和 Moliere 的悲剧，以及 Mozart 的音乐中也有同样的情形。这种美达到极致，反而让人沮丧。人们说 Raphael 的圣母，她的高贵、恬静和完满令人感到几分失望。像《美丽的女园丁》这样的作品，呈现的是一个远离人间而且封闭自足的世界，因而很难给处在痛苦中的人多少安慰。

一种绝对和谐形式的上述特点，最终是因为这种形式不服务于任何外在目的，也不表现任何对象，使得其均衡、对称和稳定性不被任何外在目的扭曲，因而这种形式就表现出无方向性和形式上自我满足的特点。这就使得这种格调的作品在形式上呈现出一种封闭和静止的特征。这种形式绝对和谐不是来自对象（比如人体）的自然结构，而是来自理性思维的构造。比文艺复兴的古典绘画更纯粹地体现了优美格调的，是 Haydn、Mozart 和 Beethoven 的室内乐。这种音乐否定了对象表现，因而是理性思维的完全自由的游戏。

我们所讨论的优美主要是属于艺术的或作为自由美的优美。我们要阐明的是，优美的本质是理性思维的原初真理，它同样包含实质矛盾和形式矛盾两种基本矛盾，且在二者推动下发展。优美的基本形式矛盾是其对象表现要求与理性思维对于形式绝对和谐的要求的矛盾。优美的基本实质矛盾是其对象表现要求与其永远的原初性的矛盾。这两种矛盾推动优美的不断发展。其中，形式矛盾是主要矛盾，其发展规定了优美及其艺术的基本面貌。两种矛盾最终都植根于自由美的真理性与其主观自由的存在论矛盾。论之如下：

一、优美是理性思维的原初真理

Clive Bell 声称艺术形式是判定一件事物是艺术品的唯一条件："要欣赏一件艺术品，我们不必从生活中带来任何东西，不必知道其中的观念和事件，也不必与它所表达的情感产生共鸣。"这种形式主义的态度对于欣赏作品形式的优美是适当的。

第一，所谓优美是一种单纯形式的美。这种美是因为一种单纯的形式和谐。这在于形式仅凭其自身特点，就能让人产生美感。这种形式之为美，与它是否表现某种对象无关，亦与作品所表达或激发的某种一般情感无关。"蒙拉丽莎"这幅作品的优美，仅仅取决于绘画的形式，与它是否表现了某一对象，或它要表现的对象是否存在无关。即使一件有很强叙事性的作品，它的优美也只在于其形式结构，而不是它讲述的题材，否则就有把艺术品降低到商业广告和政治宣传品层次的危险。即使对 LeNain 和 Millet 那些反映农民生活、具有较强叙事性的画，一个真正行家的欣赏也应当从作品的构图、线条、比例、色彩中发现形式的美，而不应把注意力聚焦于其所描述的农民家庭生活上面。否则就是把画作当成了一幅讲故事的插图，而不能充分领会作品的优美。这种形式美的单纯性也在于它并不表现也不旨在唤起某种一般情绪。凡旨在追求这种形式美的艺术，无论是古典时期的希腊雕塑，还是 Da Vinci、Raphael 的绘画，或古典主义的音乐，都较少表现人的一般情感，其美亦与一般情感无关。形式美的单纯性还在于，形式不是因合乎某种外在的目的或效用，而是其自身就能使人在对它的领会中获得满足。一座雕塑可能因其充分表现了少女健壮匀称的形体特征而被称为美，但这些特征服务于生命的某种现实目的，这种目的对于形式是外在的，故形式不是以自身为目的，这种美就不能算作单纯形式的美或优美。单纯形式之美，在于形式合乎任何外在目的、不具有合效用性，而仅仅关乎形式的内在关系，这种形式必须是自我满足的。优美就是单纯的形式和谐。

第二，单纯形式之美的根据在于形式的绝对和谐，后者就是优美的基础。

优美就是单纯的形式和谐，而在这里我们必须把单纯的形式和谐与纯粹的形式和谐区分开。一种纯粹的形式和谐指的是，形式不服务于任何实际的外在目的或效用，但是首先它可能具有合效用性，以及可能的效用，其次它可能是以自身为目的的，于是它就具有且合乎一种内在目的。这两点就是纯粹形式和谐的根据。但所谓单纯的形式和谐，强调的则是形式不仅不具有任何效用，且不具有合效用性，不合乎任何外在目的，这种形式就是自我满足的，只以自身为目的的。

　　与此相关，有两种形式和谐：充分和谐和绝对和谐。二者构成不同的审美格调。其中，充分和谐可能是纯粹的形式和谐，但通常不是单纯的形式和谐。充分和谐是生命体的结构特有的，指事物的每一种内容都相互关联、相互支持，共同构成一个充分组织化的有机整体。生命的每一个体、机能和组织（包括精神生命的整体和每一种概念机能），都必有这种充分和谐，唯此它才合乎其（实际或可能的）目的。因此充分和谐是被合目的性规定的。在这里，形式乃是被某种实际或可能的目的统一起来。这个充分和谐最终是被自由自身的行动规定。生命的现实活动、思想是自由的行动，自由只有依一种连贯、流畅和统一的，即充分和谐的形式，而行动，才能保证这行动是顺利的、不被阻断的。自由的不被阻断的行动，才是合乎其目的的行动。因此在超绝存在论上形式的充分和谐乃是被自由的一贯性规定。一种存在具有形式的充分和谐乃是其为真理的条件。超绝存在论意义上的真理就是作为自由的自我实现之行动的根据或基础的存在，而这一点，只有当这存在具有形式的充分和谐方为可能，故后者乃是存在的真理性的要求。这种充分和谐，由于被实际或可能的目的规定，意味着全部的形式环节都必然最终指向或围绕这一目的，所以这样的形式总是具有某种方向性的或中心化的，它通常不具有理想的均衡、对称和稳定结构。对于一种精神或生命的组织来说，它的目的就是它要完成的功能活动。而正是它所应当服务之功能活动的时间性方向，决定了它的形式结构自身的方向性。任何现实真理都有其超绝存在论的目的，这在于它使自由的超绝本体得以展开，而它自身就是这种展开。所以真理的形式必有其实际的目的，故必有其合目的性或充分和谐特征。形式的充分和谐也是美。这种美就是形式从属的真理之美。这种真理就是超越思维、反思思维和出离思维的真理。但它们的美不是优美，而是崇高、深沉或宏富之美。绝对和谐则必然既是纯粹的、也是单纯的形式和谐。

　　单纯的形式和谐就是绝对和谐。所谓单纯的形式和谐，意味着这种和谐不是因为形式的合效用性，不是因为形式合乎任何外在目的，这种形式就是只以自身为目的的。这种形式就能够不被任何外在目的或根据扭曲，因而能具有均衡、对称和稳定特征，也就是说它可以是无中心、无方向性的。这些都属于形式的绝对和谐特征。无机物也可具有这种绝对和谐的形式。此外，形式的绝对和谐还包括自身统一性，即其要素的相互关联和完全自洽。一种不合乎任何外在目的的形式和谐，就在于的均衡、对称、稳定，以及自身统一性，故它就是绝对和谐。因此一种单纯的形式和谐就是绝对和谐。比如自然界中的晶体结构、一些清真寺的复杂穹顶图案、凡尔赛宫的平面设计，都具有某种程度的绝对和谐。这种绝对和谐形式要让我们觉得美，还必须具有生动的变化、丰富的内容。另外最根本的，它还必须具有原初性。因此严格意义上的优美必以形式的绝对和谐为基础。凡是美就必包含形式的充分和谐，但只有优美才包含绝对和谐。

第三，一种绝对和谐的形式一般是理性思维所创造且是其存在之体现，因此理性思维才是优美的先验本质基础。

精神的任何形式和谐都来自理性的构造，正如生命组织的形式和谐来自生命的自组织或自身建构活动。我们阐明了生命或自由有四种基本的意志或作用向度（即自身否定、自身建构、自身维持和自身出离）。每一种思想活动都包含它们全部的参与。而如果在某种思想中，某一种意志得到充分展开，那么这种思想分别就是精神的否定、理性、反省和出离思想，此即思想的四种类型。其中理性就是精神生命的自组织活动（对杂多内容的综合），是生命先天的自身建构意志（自凝势用）的充分展开。这种展开也离不开所有其他生命意志的共同参与，但其中自凝势用是起决定作用的方面。在理性活动中，精神的自身建构作用成为独立的、主导的，使得理性具有了对于形式本身的兴趣（而反省等活动皆无此兴趣），且以构建单纯的形式和谐或统一为根本目标。理性是心灵的形式统一活动或这种活动的能力。它就旨在构成和谐统一的形式。当它成功达到这种统一，它就得到了满足，这会让主体产生一种快感。这就像我们从一幅看似混乱的图画看出了清晰的结构时体会到的快感。真实的美感就属于这样的快感。所以对于单纯形式的美的追求是人类理性的本能，这种美也被认为是理性的成果。任何的美（不仅是优美）都必然包含由理性的综合统一构成的形式和谐。

理性、反省、否定和出离等思想在其活动通常是相互交织，共同组成一个内在同一的复杂整体。当某一种思想在这整体中获得了自身统一性、成为自为独立且规定其他思想的，这个整体就成为这种思想的范型。后者包括理性思维、反省思维、否定思维和出离思维共四种基本范型。

这里应当将理性与理性思维区别开来。理性作为综合统一的活动，经常是为精神的反省、否定等思维服务的，旨在为后者构造作为其中介的形式。它在这种情况下就是被后者规定，从属于后者的。反省、否定和出离思维的对象表现都离不开理性的活动。它们都必须把理性的活动包含在内，都必通过理性的超绝论综合（即对纯粹思想的形式构造）构成其先验形式，并且通过理性的先验综合（以这种先验形式对于感性表象进行综合）完成对于这种形式整体的感性表达。但是在这里，理性活动不具有独立自为的存在和自身统一性，即它是不自由的。它的活动被反省和否定等思维主导，仅仅服务于它们的目的，其所构成的形式也完全被它们的需要所决定。这导致理性活动及其构成的形式都被这种目的扭曲。但是理性若是根据自身的本性和兴趣，其构成的形式必然具有绝对和谐特征。因为理性是生命先天的自身建构意志的充分展开。这种意志与其他意志的区别就在于其作用没有方向性，是一种横向的、空间性的而非时间性的作用。这种情况决定了理性的独特本性：它不像反省等活动那样具有明确的方向性，不具有向内外、上下的指向性，而只是专注于构成和谐的形式。它的活动不具有现实的方向性，它本身不决定形式的方向。这个方向就是形式的外在目的，后者导致形式的非均衡化。这种形式的方向性通常是被理性所从属的反省等思维在目的论上规定。在这里，理性的综合活动被赋予了一种外在目的，其构成的形式是为了承担的某种效用，这导致理性活动及其构成的形式都被扭曲。但是理性本身只专注于形式自身，而不会提供形式的外在目的，不会因此导致形式的非均衡化。如果它只是根据自身本性和兴趣而构成某种和谐形式，这形式就不会被某种外在目的或根据扭曲，故必定是无中心、无方向性的，因而就是均衡、对称和稳定的。这种形式的和谐就是绝对和谐。这种只根据自身本性和兴趣而进行的理性活动，就是自由的理性。被其所规定的思想整体，我们称为理性思维，也是一种基本的思想范型。

理性思维是理性的自为独立存在。当理性成为自由的，即成为理性思维，那么它的形式综合活动就不被任何外在目的扭曲。在这里，理性只以自身为目的、只被自己规定。它构造的形式就必然是符合理性的本性和理想的，这样一种形式必然具有上述均衡性等全部特点，故必然是绝对和谐的。理性按其本性就要追求形式的绝对和谐。理性思维构成这种绝对和谐形式，乃是为了以之规定、标记和指引自身的活动，因此这种形式乃是以这理性思维为自身的本质，是后者的自身存在的体现。理性思维作为自由的理性活动，是活动和目的的同一。一方面，理性思维的活动只以自己为目的，只为自己的目的构成形式。另一方面，理性思维的自身目的就在于这形式构成。

　　只有理性思维才能够而且必然要构成一种绝对和谐的形式。一方面，只有理性思维才能构成一种绝对和谐的形式并以之表现或表达自己。这种绝对和谐包括形式的均衡、对称和稳定，以及形式的自我满足两方面，二者都奠基于理性的绝对自为特性。后者只存在于理性思维中。它在于：一是理性思维的综合统一活动绝对只出于它的我思自身的要求。形式的均衡、对称和稳定乃是理性有别于任何其他思想（如反思与超越）的理想，因而当理性的活动不受制于任何其他思想而获得完全的自由，它构成的形式统一就必然符合这种理想。二是理性思维的综合统一活动仅仅从自身存在及其成果中就得到完全满足。这活动没有别的目的，它之构成感性的形式，仅仅是为了表现和指引它自身。它自身的形式不指向某种外在的目的，因此它所构成的、作为其感性表现的形式，也没有处在自身之外的目的，不指向自身之外。这种形式的自我满足，在自足风格的音乐中表现得最纯粹和明显。另一方面，理性思维也必然要构成绝对和谐的形式。这种必然性在于两点：其一，只有一种绝对和谐的形式，即具有完全的均衡、稳定和自足性的形式，才是理性思维所构成以规定或标识自身的，才能够使理性思维得以表现。其二，这种形式构成也是理性思维的必然需要。理性思维必须构成先验的形式以规定自己，也必须构成作为后者表达的感性形式，将自身的先验形式标记出来，以指引自身的活动。总之，只有理性思维才能够，而且它必然要构成绝对和谐的形式，并以之表现或表达自己。它是形式的绝对和谐的充分必要条件。

　　理性思维这种内在目的化和自我满足的特点，并不意味着它没有任何其他目的。它也旨在自由自身之展开，以及感性客观形式之构成。这分别是它的超绝论目的和先验论目的。但是这二者最终都是作为理性思维的自身存在之条件的，故从属于理性思维的内在目的。其中，理性思维与自由自身，皆是通过互为目的的行动使自身成为目的，故皆是以对方为自身的内在目的化的环节。一方面，作为精神的自身建构活动，理性思维只服务于它自己内在的意志，即生命的自身建构冲动，且被其规定。它就是精神的自凝冲动不为任何其他目的，只为其自我实现而展开的现实活动，所以是为了建构而进行的建构活动。在这里，这种意志不是被其他生命冲动所规定，而是以它自己为目的，只为了它自己。它构造形式是为了以之作为一种中介以规定它自己的活动。在这里，自凝势用的展开乃是为自己开创运动的形式，而这种形式只为了指引这自凝势用的展开，而后者正是理性思维本身。故理性思维就是精神的自凝意志之绝对自由的展开。另一方面，这个自凝冲动就是理性思维自身的内在意志，是其超绝本质，它的绝对自由展开就旨在构成理性思维的存在。于是这种自凝意志和理性思维，就是互以对方为自己的目的，且互相通过对方实现自己的目的。在这里，精神就是为了构造而构造，只要构建出绝对和谐的形式，它就得到满足。总之理性思维必有一种超绝论的实际目的。

理性思维乃是理性的完成或真理，是理性的自由发展的结果。理性的内在本性使其向理性思维发展。理性的本性是要建立一种无破缺的、绝对的和谐。这个本性促使理性不断深化、扩大和充实其形式和谐。而只有当这种本性被解除了某种外在目的强加的桎梏，即当理性获得了自身自由，成为理性思维，它的这一本性才得到充分实现。于是它可以将其对形式和谐的深化、扩大和充实推到极境，达乎绝对。只在理性思维中，理性才可以依其本性而行。这导致理性思维的以下特点：其一，只有理性思维才是把形式的和谐统一作为最高目的，而这种和谐必然是绝对和谐。其二，只有理性思维才能构成一种绝对和谐的形式并以之表达自己。

第四，优美是理性思维的原初真理。

优美就是理性思维的美。一种感性形式让我们产生审美快感，并被认为是美，不是直接通过刺激感官导致的，而是必须通过我们的审美领会。艺术品只有当它被领会，才能让人产生真实的美感，故才是美。所以这种领会就是审美领会，它才是美感的更直接原因。感性形式之美在于能让我们产生这种审美领会，而它所以如此是因为它包含了一种思想空间或意义域，后者将这一领会作为可能性包含在内了。所以感性形式之美在于它体现了某种思想。这就是说，更直接、更本质的美是思想本身，而感性形式之为美在于使这种思想得以表显。而一种思想，只有当它是精神的原初真理，才能给我们带来真实的美感，才是美。美的本质就是精神的原初真实的思想。优美亦是如此。优美是形式绝对和谐之美。一种绝对和谐形式乃是精神的理性思维的体现，且以其为本质。它的美，乃奠基于后者的美。故优美本质上是理性思维自身的美。形式的绝对和谐要成为优美，还必须具有生动性和丰富性，更重要的是它必须具有原初性，故成为理性思维的原初想象之体现。优美的本质是一种原初的理性思维。

优美的本质就是理性思维的原初真理，是理性思维的原初性和真理性的统一。

首先，理性思维作为优美的本质，就必须是精神生命之真理。美必然是真，但理性思维作为真理，在形式上必然包含绝对和谐与充分和谐的矛盾统一。

第一点，理性思维之为真理的一个独特方面在于其绝对和谐的形式。优美是形式绝对和谐之美，但是这种绝对和谐只属于理性思维。精神省思的所有其他类型，包括反省思维、否定思维、出离思维，作为原初真理也都是美，但都不是优美，而是深沉、崇高、宏富之美。这三种美也必然包含形式的和谐，而这种形式和谐也来自理性的形式综合活动。但是这种和谐在目的论上被精神的反省和否定思维等规定，就不可能是一种绝对和谐，而后者是优美的必要条件。然而如果这个形式和谐不是为了任何其他目的，而只以自身为目的（这一点我们是可以从形式本身的自足性来判断的），换句话说，理性只是为了获得这种形式和谐本身而构成这种形式和谐。这个形式就必然具有绝对的和谐。只有理性思维才能够而且必然要构成一种绝对和谐的形式。它必须构成这种绝对和谐形式以规定自己，并以之指引自身的活动。理性思维作为真理，即作为精神自由之根据而得以存在，一个独特条件是它必须具有一种绝对和谐的形式。

第二点，理性思维若是真理，就必然包括形式的充分和谐。抽象的绝对和谐形式还不具有真理性。真理是作为生命、自由的运动之必然根据的存在，而这一点就预设了真理必须具有充分和谐的形式。形式的充分和谐就是它的合目的性，而这种和谐总是被某种实际目的决定的。真理必须成为自由的根据。而这就是它的目的，故它必须具备形式的合目的性。因此真理自身必须具有充分和谐的形式。理性思维的真理同样如此。

这意味着，理性思维作为真理，就必须把它独特的绝对和谐与充分和谐统一起来。在它达到这种统一之前，它构造的绝对和谐形式对于它就是外在的、抽象的，而不是它自身内在的因而具有生命性的形式。优美格调的艺术最早塑造的形式，往往都具有一种抽象的绝对和谐特征。这种形式都表现出一种几何风格的，与晶体结构或星体轨道一致的均衡、对称和稳定结构，而缺乏一种生命性。比如古风风格的希腊雕塑和巴洛克音乐。这种艺术形式往往具有绝对和谐但不具有充分和谐；比如这种艺术如果去掉某些形式要素，其整体结构仍可成立。因此这种形式无法作为（亦无法体现）生命或思想自身的真理，所以它的存在，及它的优美都是抽象的。当理性思维旨在构成其自身活动的先验形式，以及作为后者之表现的感性形式，这两种形式都必须具有充分和谐，而同时其作为理性思维的产物又必然是绝对和谐的。所以理性思维之为真理，其形式必然是绝对和谐与充分和谐的统一。优美只有作为这种统一，才是充分的、具体的。在西方艺术史上，同样属于古典风格的希腊雕塑，以及维也纳古典派的音乐，才首次达到了这种具体的优美。不过在前者，理性思维是借助对象表现获得一种充分和谐的形式，后者对于理性思维是外在的。这导致理性思维的绝对和谐理想与这种外在化形式的冲突，使这种绝对和谐无法获得完全性。在音乐的古典风格，理性思维试图脱离对象，直接呈现它自身内在的形式，后者必然是理性思维自身的绝对和谐理想与它作为生命真理必然具有的充分和谐形式的统一。只有在这里，理性思维使形式的绝对和谐与充分和谐才达到内在的统一。它不仅保持了形式绝对和谐的完全性，而且使形式成为内在生命的体现。比如音乐的古典风格，较之古风风格，显然更具有生命性、更内在地呈现了思想自身的运动。总之古风风格向古典风格的转型，就是从抽象的优美到具体的优美的嬗变。

真实的优美，作为理性思维的真理，必然包括形式的绝对和谐与充分和谐的统一。在此意义上，只有古典风格的优美才是真实的优美。

其次，理性思维作为优美的本质，还必须具有原初性。美必是真理性和原初性的统一，优美亦然。

美的原初性条件，对于理性思维也同样成立。能带来美感的理性思维，必然具有原初真理性。例如数学思维就是一种理性思维。一条数学定理，当我们对它完全熟悉后，不会给我们带来什么快感。只有在我们初次理解它时，它才可能给我们带来快感，这种快感就是美感。在这里，理性思维之为美即以原初性为必要条件。推广至普遍的结论，只有当理性思维本身是原初的，或它的综合活动是根据一种原初的形式进行的，我们才能从中体会到美感，这样它自身以及它所构成且作为其体现的感性形式，也才是美的，且这种美就是优美。

理性思维的原初性表现在它构造出一种原初的直观表象形式。如果理性思维的形式是原初的，那么在理性思维中得以实现的现实自由、由理性思维构成的感性形式，也都是原初的，它作为精神的真理才是美。优美在其内在、本质和直接意义上，就是理性思维的原初真理，此外还包括由后者构成、以其为本质且作为其表达的形式。总之，优美就是理性思维的原初真理，它包含了原初性与和谐性的统一。

在纯粹超绝论层面上说，优美作为理性思维的原初真理，就是精神自凝意志的原初绝对展开。这种展开有两种形式，即理性思维的概念和原初想象。在前者，这种自凝势用的展开，或它的建构运动，是依照某种固有的必然形式轨道行进的。在后者，这种展开却是无所依傍、了无根基的，是在虚无中的原始开创运动。这就是自凝势用的原初展开。在这里，自凝势用为自己开创形式并且根据这种形式进行综合。这种开创和综合是统一的，共同构成原初的理性思维。

这种开创运动是自凝势用的任意行动。在这里，自凝势用的运动否定了现实和理智的规定，唯独听从它自己的意志，且是通过真实美感来确认合乎自身意志的抉择。它由于对现实的思想、世界之限制的否定，因而在现实生命中恢复了自身的真理，也使理性思维恢复其本真自由，而具有了无限丰沛的创造力。由此被创造的存在，就是理性思维的原初真理。后者就是精神自凝势用的原初的现实性，就是优美。优美就是理性思维的原初真理，是生命的自身建构势用之绝对自由在精神生命中的原初实现。唯其如此，优美才是以自由为其本质，它就是精神的一种原初自由。

优美的本质就是理性思维的原初真理，是理性思维的真理性和原初性的统一。一种感性形式被认为是优美，乃是因为它体现了原初真实的理性思维。这种优美在艺术史上还表现为不同风格。

第五，艺术的优美属于自由的理性思维。

同一切精神的真理一样，理性思维的真理也包括两种时间性形式或模态：概念的和原初的。前者体现在科学和伦理、法律、政治等的通常领会中，后者则只存在于审美领会的领域；只有后者才是美，优美就是作为审美领会的理性思维。我们还可以根据其模态学特征，将优美区分为两种：构成性的和自由的。前者属于被理性思维规定的实践和理论领域，属于精神的通常部门（包括实践与理论领域）；后者属于被理性思维规定的艺术领域。

如果理性思维的原初真理，本身是旨在构成概念的，即转化为理性思维的必然真理或效用的，那么它就是构成性的优美。比如理性思维规定的伦理及其法则，作为原初真理，对于具有理性品质的个体，就能使之愉悦，因而就是美。在理论领域更是如此。比如我们在学生时代或许都体会过几何学、物理学，甚至生态学的新知给我们带来的愉悦。这种愉悦，与我们聆听Haydn、Mozart的器乐作品导致的快感，并无实质区别，故都是美感。我们在这里感受到的就是一种理性思维之美或优美。可见构成性的优美属于一个比艺术宽广得多的精神生命领域，它才是在发生学历史上本原的优美，我们亦称之为自然的优美。自然的优美就是从属于精神的通常部门的理性思维之美。

除了天才的自发创造，通常情况下构成性的美本质上就只存在于个体对传统概念的原初领会中。美就是这种真实的原初领会。而这种领会之为真，就在于它的自身存在与对象概念达到同一。这样它就借助这个对象概念在精神的生命整体中的位置，而被纳入精神的逻各斯整体中，从而使自己得以巩固，最终转化为精神的必然性，即理性思维的概念，而这是完成个体主体中的概念构成所必需的。这种领会一方面以这个概念为基础和核心，在一定程度上被它所规定，但是它又给概念增加了新的内容，因此既在个体生命中实现了概念构成，也对普遍精神的概念构成有所贡献。这种自然的优美只存在于具体理性思维规定的实践和理论领域，是发生在其中的真理传递过程的环节。

自然的优美还具有以下两个特点：其一，它的存在意义和目的都是超绝性的，即在于转化为理性思维的概念，而这种转化必然导致原初性的丧失，因此这种美具有自我消解特征。自然的优美不具有永远的原初性。它不具有实在的目的，但有超绝论的目的，没有实际的效用，但有可能的效用且其形式被后者规定。它的合目的性就是合效用性。它的存在旨在转化为概念，它与概念仅有模态的区别（即原初性与必然性，或思想操作之"生疏"与"熟练"的区别）。这个超绝论的目的是一种外在目的。在这里，理性思维被一种超绝论的外在目的规定。其二，自然的优美不可能具有完全的绝对和谐形式。理性思维的通常概念，都是被其在精神生命的绝对整体中的效用或目的规定，因而失去了自身的独立自由，故其所构成的形式绝对和谐便被效用扭曲而不能达乎完全。自然的优美旨在构成这种通常概念，故在形式上被后者的效用，即它自己的可能效用规定，而不是完全来自理性思维的自由，故不具有完全的绝对和谐形式。在其中，理性思维并非完全满足于它构成的形式，而是更多地关心形式应当的效用。这形式必须合乎效用，而不是自我满足的。我们在领会这种美时，也总是会联系到它的可能效用，而非一心欣赏其形式。但是这种效用必然破坏形式绝对和谐的完全性。这两个特点归结到一点，就是在自然的优美中，理性思维缺乏一种自由，它未能否定外在目的的规定，未能获得想象力的完全自由，故不能如其所愿地构成一种具有完全的绝对和谐的形式。

理性思维的自由，在于其可以超越外在目的的规定而只以构成自身的绝对和谐形式为目的。只有这种自由的理性思维，才可能构成一种具有完全的绝对和谐的形式。这种自由通常包括两种类型：

一种是抽象、客观必然的。在这里，理性思维将自己从一种客观的具体理性中整体抽象出来，使自己成为一个只以形式绝对和谐为旨趣的完整系统。这样它就可以构成一种具有完全绝对和谐的形式，而它作为这样一个系统就是绝对自由的。我们称之为绝对理性。比如数理学科的完整体系（欧几里得几何学、牛顿力学等）、康德的道德法则系统、一种现代法学体系等，其自身及作为其思想基础的理性思维的形式都表现出一种完全的绝对和谐。在其中包含的是这样一种理性思维，它只以构建形式统一性为目的，此外没有任何其他兴趣。所以它就是一种具有绝对自由的理性思维，即绝对理性。

它的这种绝对自由来自反思的抽象，是对某一领域或部门的精神具体理性整体进行抽象的结果。一方面，精神的每一现实存在部门作为具体理性整体，都服务于本原的精神生命的绝对整体，故其整体形式都必被其效用规定，故不可能具有一种完全的绝对和谐。但是理论的反思可以对这个具体理性整体的效用进行抽离，而只专注于单纯形式的理想；它还可以消除效用对于形式的影响，只绎出具体理性形式中不被效用扭曲的层面。这就是对具体理性的抽象。这种抽象使在本原的精神生命中"潜在"的绝对理性及完全的绝对和谐形式显现出来。正如下文要表明的，这种"潜在"性在于，这种绝对理性在本原的精神生命中并非有自身独立存在、起实际规定作用的存在者，它只是一种解释可能性，只是理论反思的结果。因为本原的精神生命作为一个具体理性整体，没有单纯形式的兴趣，其构成的形式必然服务于效用，故在其中理性思维即使存在，也不可能是绝对自由的，不会构成一种完全的绝对和谐形式。我们正是通过理论反思，才将这种绝对理性从具体理性整体中抽象出来的。故这种绝对理性属于抽象理性，且正是因为其抽象性才成为绝对的。另一方面，在这个抽象的绝对理性的整体中的某一理性思维活动通常都是被其效用、被它们所从属或服务的逻各斯整体规定，其形式的绝对和谐被这种外在的规定损害，故必然存在破缺。但是这种破缺在抽象绝对理性的完整整体中得到平衡。总之，这种绝对理性是抽象的（这种抽象指的是对本原存在领会中思想之效用的否定，并不一定包含一种经验归纳，并不违背这种思想的先天普遍性），是理论反思的结果。它是由理性思维的我思构成的一个自我满足的整体，也构成对精神的现实存在的某一完整部门的抽象描述。此外它因为是对具体理性的抽象，故亦从中获得客观必然性。它及其思想都具有必然性，是精神的概念（如纯粹科学的概念）[1]。总之这种绝对

---

① 理论数学、几何学、理论物理学这类先天科学的思想整体，就是一种抽象的绝对理性。这种思想否定了本原存在领会的手段—目的关系，彻底剥离了思想的效用，而只以构成绝对和谐的形式为目的，故它就是理性思维的绝对自由，其构成的形式具有完全的绝对和谐。这就是对本原存在领会的抽象。比如物理学的客观因果关联就是对本原存在领会的手段—目的关联的理论抽象。几何学的客观空间是对此关联中可达到某一目的的诸手段、途径构成的选择空间（这是一种本原的操劳的空间）的抽象。这种先天科学思想的整体形式都具有完全的绝对和谐。这种思想是人类精神高度成熟的产物，在发生学的逻辑上，它离通常和本原的存在领会比艺术还要遥远。

一种形式主义的伦理与法律思想，在整体上也只以自身形式的统一为现实绝对目的，而否定了与效用的关联，因而也是一种抽象的绝对理性。伦理准则的可普遍化原则（如康德的绝对命令）就是一条抽象的绝对理性原则，因为它完全否定了伦理行为的效用关联，只关注伦理的单纯形式统一性，只以构成具有绝对和谐的形式整体为目的，其构成的形式整体具有完全的绝对和谐特征。实际上，人类本原的伦理实践没有单纯形式的兴趣。在这里，伦理的形式必然服务于效用，且伦理行为乃是被爱、欲望、荣誉感、习惯等规定，而不是自觉依据某种普遍的法则。但是由于精神的无意识规定，在一种善的伦理中，所有这些行为最终构成一个具有高度独立和完善性的形式整体。就像生物体的所有细胞也是以类似方式构成一个完善的形式统一。在这个统一体中，每一环节、每一个体都以它者为目的。这种具体伦理达到了康德的原则（"必须把人当做目的，而不能只把他当做手段"）同样的形式效果。但是在它这里，这个原则没有从具体伦理整体中独立出来，不能独立起作用，其存在也没有被意识到。总之在本原的伦理实践中，理性思维即使存在，也不具有自身自由。形式主义的伦理与法律思想的整体，作为理性思维的绝对自由，乃是对人类本原的伦理实践的抽象。这种绝对理性在发生学上离通常和本原的存在领会同样遥远。

理性正因为其抽象性，才能避免效用对其形式的绝对和谐的损害。同时它的形式植根于具体理性，故从后者获得必然性。因此只有这种抽象的绝对理性才使必然性与完全的绝对和谐形式达到统一。这种绝对理性即使是原初真理或美，也是构成性的美，而不是自由的优美。

在艺术领域，理性思维的自由则是具体、主观偶然的。真正艺术的优美不是构成性的，而是自由的优美。在优美格调的艺术中，理性思维不仅具有了自觉性，且使自己获得独立的自身存在，成为一种以自身为目的的本原精神生命，所以它是一种具体理性。这种理性思维是具体的，亦即它的形式就是在它的本原活动中起真实规定作用的法则，而非来自理论的反思。它的自由就是一种具体自由。另外，在艺术中，理性思维的自由是主观的。这个主观自由就在于理性思维对自身真理性的距离，在于理性思维对永远原初性和对形式绝对和谐之完全性的要求。自由的优美之不同于构成性的美，就在于其中理性思维享有的主观自由。后者构成自由的优美之本质基础。

理性思维的通常概念，并不是我们所谓自由的理性思维，更不是绝对理性。它指的是规定我们日常的实践和认识活动的理性思维概念。这种理性思维的不自由在于：其一，它的形式是被概念先天确定的，理性思维对其已失去自由。这概念不仅对于我们的日常领会来说是不可改变的法则，且我们本原的原初领会也必须与概念达到同一。在这里，理性思维对于概念没有主观自由。其二，它的形式被效用规定，而后者总是服务于那超越并包含这概念的逻各斯整体，因此这概念的形式总是服务于一种外在目的，故理性思维之为我思活动仍不是自为独立的，仍不自由。其形式绝对和谐因此受到损害，故不可能保持其完全性。然而一种自由的理性思维才是理性思维的理想或真理。理性思维依其内在本性和理想，就不会满足于其通常概念，而是要企图从中逃逸出来，成为自由的。作为艺术美的本质基础的理性思维就是一种自由的理性思维。要获得这种自由，艺术的理性思维所做的，并不是像上述形式科学和伦理那样将自己抽象化并只有在全领域的形式整体层面具有此自由，而是使自己成为一种不具有合效用性的具体理性，且作为每一种具体我思皆有此自由。

在艺术中，理性思维的自由是具体、主观的。这种理性思维我们称之为一种审美的理性思维，以区别于反思的理性思维。它有以下特点：其一，它不是对某种本原领会的抽象，而自身就是本原的领会，所以它是一种具体的理性思维。它作为一种本原领会不是理论反思的产物，而是本身独立存在的。尽管它对合效用性的否定也是一种抽象，但与上述反思的抽象不同的是，这只是对对象表现的抽象，而不是对理性思维自身的抽象。它作为具体的思想本身就（而非通过反思的抽象）不具有合效用性。另外，它对效用的抽象更彻底，它的每一种我思都不具有合效用性。其二，审美的理性思维的每一种单独我思都是自由的。每一件优美格调的艺术品都包含了一种理性思维的单独我思。后者的自由在于：首先，它对于所表现的对象概念具有一种主观自由。它可以对概念的原有形式进行抽象和改造。其次，与此相关，它具有形式构造的自由。它的构造活动不仅可以只跟随自身的形式理想，而且它在其中可以只是为着它自己，只以自己为目的，它构成的绝对和谐形式本质上就是它自己的形式，故它自己也只因构成这种形式就得到了完全满足。这种理性思维的自由是主观的。这种审美的理性思维是自由的优美的本质基础。

审美的理性思维由于上述特点，首先使它能够获得一种永远的原初性。自由的优美不具有合效用性，因为它包含了理性思维的自由，后者是理性思维之自我满足的单独我思活动，完全满足于自身形式（包括先验和经验形式），所以不可能被纳入精神的逻各斯系统中。这种自由的理性思维不可能成为效用，永远不可能转变为概念，故得以保持其永远的原初性。其次这种理性思维也由于上述特点，而可以完全根据自身兴趣，构成一种具有完全的绝对和谐的形式，它始终把后者作为其理想。

自由的优美不属于精神的通常部门，而只属于艺术。其根本特点在于包含了一种理性思维的具体、主观自由。它并不旨在概念的构成，不具有任何外在目的，故有别于构成性的美的具有一种永远的原初性，故为自由的美。

自由的优美包括两种基本风格，即庄静美和纯粹优美。优美总是旨在构成一种绝对和谐形式，有时以之表现对象真理，有时这形式竟是无所表现的；于是优美就成为庄静美或纯粹优美。庄静美旨在以一种自由的理性思维表现对象真理。这种理性思维要求具有一种绝对和谐的形式。但是当优美旨在以一种绝对和谐形式表现对象真理，那么它必须根据对象真理对此形式进行调整，这种绝对和谐就不可能是完全的，比如其均衡、对称和稳定性都可能要有所牺牲，而理性思维的自由在这里也是不完全的。当某种形式的绝对和谐是完全的，条件是它不被任何外在的对象、目的规定或干扰，是理性思维只以这种和谐本身为绝对目的而构成的，也就是说理性思维在这里具有了完全的自由，成为一种绝对理性。这只有在否定了对象表现的纯粹优美才有可能。纯粹优美的本质基础就是一种审美的绝对理性。纯粹优美的本质基础是理性思维的完全自由或绝对自由。这种理性思维否定了对象表现，从而否定了任何外在对象和目的对它的规定，因而成为只以自身为目的、绝对自我满足的存在体，所以它属于绝对理性。

　　这种审美的绝对理性与反思的绝对理性有本质区别。这区别可以概括为以下三点：第一点，审美的绝对理性是作为理性思维的单独我思活动而存在。比如在维也纳古典乐派的纯粹优美风格的作品中，理性思维的一种单独我思活动就构成一个绝对自我满足的整体。它由于否定了对象表现和外在目的，就使理性思维得以排除任何外在干预和羁绊，故它就是理性的绝对自由。我们称这种我思为纯粹理性思维。纯粹理性思维就是作为一种单独我思的绝对理性。这种我思亦有其目的，但都是内在目的：（1）这个我思指的是这样一种理性思维的活动，它否定任何外在的目的和根据，只以这我思自身为目的且是自己规定自己。它的直接现实目的是构成一种规定或指引它自己的形式，而它自己就是这构成活动，所以这个目的是一个内在目的。这种我思活动是自我满足的，自己是自己的目的和根据，自己规定自己。它唯独出于自身本性而活动，它构造的形式必定具有一种完全的绝对和谐。（2）这个我思也必有一种超绝论目的，即它旨在使精神生命之先天的自组织意志得到绝对展开，而这种展开不是别的，正是这我思自身，所以这个超绝论目的同样是一个内在目的。总之在这里，理性思维的某一单独我思活动就构成了一个绝对理性的整体。第二点，审美的绝对理性是一种本原领会，是绝对理性之具体存在。它本身就是理性思维之绝对自由的游戏。这种绝对自由在这里不是通过反思的抽象获得的，而就是审美领会自身的本原存在。这种审美领会作为一种纯粹理性思维就是具体的。第三点，审美的绝对理性是主观的。它因为否定了对象表现及客观目的，因而自身失去现实的根据和归宿，所以它永远是偶然的、飘浮流动的，永远停留在原初想象和主观性、任意性的领域，而不能凝固成为一种必然真理。

在优美格调中，只有在纯粹优美领域，理性思维才有完全的自由，其形式才具有完全的绝对和谐。在庄静美中，理性思维的主观自由被实际的对象表现限制，故其形式绝对和谐亦因此被损害而不具备完全性。在构成性的优美中，理性思维的我思则完全不具有这种主观自由，故其形式更不可能具有一种完全的绝对和谐。

对于优美的讨论最好集中在艺术领域。只有艺术才包含自由美，另外艺术涉及的审美经验更丰富、集中和全面，因而美学一般都是把艺术中的美作为主要研究领域。艺术的美在于其以原初方式表显了精神的独特性格。表显包括自觉与不自觉的，即表现与体现。艺术的表显对象就是精神的性格。这就是精神品格的独特性，被精神生命中主要的思维范型规定。艺术所表显的独特精神品格构成艺术的性格，所以我们有理性、反省、否定等不同的艺术性格。艺术性格是一种文化的精神性格的体现。而被这种性格规定的美的不同实质类型，我们称为美的格调，这包括优美、深沉、崇高和宏富四种格调。美的格调就是美所体现的独特精神品格。比如希腊人的精神就表现出一种理性性格。理性性格就是被理性思维规定的精神性格，其本质是理性的品格，后者的基础是理性思维的概念整体。艺术的优美就旨在表显精神的理性性格。

一种艺术若是旨在追求优美的，我们就称为优美格调的艺术。优美格调的艺术，一方面是把塑造具有优美特征的感性形式作为目标，这是优美的本质决定的。优美的本质是作为原初真理的理性思维本身，而一种感性形式之为优美，根本在于它就是这种思想的客观表达。优美就是理性思维的原初真理。理性思维自身形式的美才是最直接的、内在的优美。感性对象形式的优美则是间接的、外在的。艺术家在创作中，依理性思维的原初真理塑造感性材料，将前者注入后者中，使前者客观化，使后者承载、包含前者，于是创造出感性客观形式，作为前者的表达。在审美经验中，客观对象只有作为这种思想的感性表达，并使主体在对它的领会中与这种思想达到同一，才能够让人产生美感，也才是美的。优美只属于理性思维自身及作为其表达的感性客观形式。另一方面，优美格调的艺术也旨在表显精神的理性性格。后者以理性思维的概念为本质基础，且被其所塑造。概念是精神的综合统一功能。它通过这种综合统一的活动将自己注入精神的感性客观性中、构成一种对象化的形式，使后者成为自己的客观表象。这种综合统一活动就是概念的表显。概念及其客观表象都属于精神的性格。因此在存在论上精神的性格本来是自我表显的（它可以通过伦理、政治、宗教、艺术等表显自己）。而艺术对于概念的表显，乃是概念的自我表显的一种方式。它同样也是根据概念对于感性材料进行塑造。这在存在论上其实是概念自己通过艺术在进行这种塑造。优美格调的艺术乃是理性思维的概念或理性品格之自我表显的一种方式。这种表显可以是一种自觉的表现，比如希腊雕塑就是自觉地表现希腊民族的理性性格。它也可以是不自觉的，如古典风格的音乐可能无意表现任何对象，但它仍不自觉地体现了一种自由的理性思维，以及一种理性性格。

艺术的不同格调、风格都是精神之独特性格的体现，且被这种独特性格规定。因为一种文化精神的独特性格决定这种文化的人格理想、审美趣味，以及艺术家对题材的选择和领会。艺术的格调和风格的本质都是艺术包含的思想的独特性，后者属于精神的性格。其中，格调取决于艺术思想的范型，如优美格调只属于自由的理性思维；而风格则取决于这种思想范型的不同样式，如优美的不同风格本质上被理性思维的自由之不同样式规定，而后者亦属于精神的理性性格。

自由的优美，包括庄静美和纯粹优美，都只能属于艺术，只有通过艺术家的主体性的塑造才得以面世。自然的优美是原生的，自由的优美则是由此分化出来的。所以优美有三种基本风格：自然的优美、庄静美和纯粹优美。我们将表明这些不同的风格，乃是在优美的内在矛盾推动下形成并转化发展的。

二、优美的内在矛盾推动其风格发展

关于形式的美，或形式的和谐，西方传统美学有两种相互矛盾的认识，一种是认为美蕴含在各部分的数学式的比例关系，这一点源自毕达哥拉斯的信念，经过柏拉图的再解释，被其后的建筑师和画家们所接受，从希腊开始人们就在寻找人的完美比例。在文艺复兴时期，像 Durer 和 Davinci 等人，又重新接续了这一传统。这种传统，其实就是把形式的和谐或美理解为自由的理性思维的产物，它具有一种对称、均衡、稳定和自我满足等特点，这就是我们所谓绝对和谐。与之相矛盾的是另外一套理论，认为形式的和谐或美，来源于事物因其本身之功能而表现出来的合适，就是一种合功能性。这种理论从色洛芬时代到 Burke 的时代一直被接受，比如 Shaftesburry 和 Hoggs 都相信这样的理论。它认为形式的和谐或美就是合目的性，即形式的每一要素、环节都是相互需要、相互依赖且缺一不可，以此构成一个有机整体；唯其如此，形式才能满足其目的要求。这种形式和谐就是我们所谓充分和谐，它是生命组织特有的和谐，也是精神的现实真理（即真实的思想、概念）必然具有的形式特征。这两种和谐显然是相互矛盾的，而我们会表明正是这种矛盾构成优美的形式矛盾的单纯形式根据。

优美格调的艺术，其最大特征是具有一种对称、均衡、稳定和一定程度上自我满足的形式，这是一种绝对和谐形式。这种形式是艺术的崇高、深沉、宏富等格调通常不具有的；在这些格调的艺术中，作品形式似乎总是指向它之外的某处，总是表现出某种其根据从这形式自身无法解释的方向。比如哥特式教堂建筑，就自然地会将人的目光从教堂底部引向上面，一直引到教堂尖顶之上的苍穹。中国的禅画，也通过其笔墨形式把人的思想引向画外的无相真心。另外像 Levitan 的《弗拉基米尔公路》这样的作品，则把人的眼光引向消失在画面之外的无尽的远方。这些作品的形式都包含了其独特的方向性。后者在这里分别是被艺术包含的超越思维、反思思维和出离思维所规定，而不是被营造画面的理性自身规定。它总是指向画面之外，因而不可避免地破坏了画面绝对的均衡、完满、对称和稳定，即破坏了画面的优美。这种情况植根于艺术的优美格调的基本形式矛盾。

优美作为自由美的基本形式矛盾就是其出于思想本性的对象表现要求与理性思维对于形式绝对和谐的要求的矛盾。后者在单纯形式层面就是绝对和谐与充分和谐的矛盾。自由美的形式矛盾植根于自由美的真理性与其主观自由的矛盾。其基本表现是对真实对象表现的要求与其表现方式的主观自由的矛盾。这种主观自由在于自由美可以采取与对象存在相冲突的表现方式（包括表现的媒介与领会方式）。在自由美的不同格调中，只有优美才包含领会方式与对象真理的冲突，而这种冲突才是本质性的。这个冲突决定了理性思维在形式构造上的主观自由，即其对形式绝对和谐的要求，与自由美对于真实对象表现的要求的矛盾。这就是艺术的优美格调的基本形式矛盾。

优美本然有其对象表现要求，这是被其真理性决定的，但这种表现只能通过理性思维进行。而当优美试图以理性思维方式表现通常对象和概念，它必然陷于其形式矛盾之中。因为通常对象和概念的形式必定是有方向或中心的，因而必否定形式的均衡和对称，它只有一种充分和谐，而这必定与理性思维要求的绝对和谐相冲突，而一种具体内在的对象表现必然要求表现方式与表现对象的形式同一，所以这种表现必然使这两种形式陷入矛盾。这是优美的基本形式矛盾的单纯形式方面。

艺术的优美格调致力于这个基本形式矛盾的解决。它要使矛盾双方达到统一的话，就需要对双方都作出调整。一方面，它必须对对象的自然形式进行调整，包括对其进行抽象、改造和完善，以抵消其均衡性的破缺。比如当古典造型艺术表现一种具有时间性的和运动的对象，它就努力构造一种能将时间和运动都纳入其中的整体的均衡、对称结构，从而在某种意义上否定这种时间性。另一方面，理性思维也必须对自身的形式理想进行调整，往往不得不为适应对象的自然形式而牺牲形式绝对和谐的完全性。在这种调整的基础上，优美旨在把对象的充分和谐形式与理性思维追求的绝对和谐形式统一起来。这是对矛盾的积极解决。此外还有一种消极解决，就是只服从矛盾一方面的要求而完全摒弃另一方面，从而导致矛盾统一体的瓦解。

这个矛盾打破了优美的内在稳定性，而总在寻求最终的解决，由此推动优美的风格、形态不断转化。

首先，它会推动理性思维在对象表现中逐渐赢得充分独立与自由，因而使优美格调成为单纯的。

单纯的优美格调乃是以理性思维方式表显理性性格，故在这里艺术思想与所表显性格是一致的。但是实际的艺术经常会有这样的情况，即它企图以理性思维的形式来表现与之有别的反思、超越等性格。这时它必然因后者的思想与理性思维的冲突，导致艺术思想与其所表显性格的矛盾。这在于艺术旨在以优美表现崇高、深沉等题材，这就是一种审美格调的矛盾。我们在崇高、深沉格调的艺术中，就经常看到这样一种情况，在其中理性构造对象形式不仅仅是为了把反思、超越等思维表现出来，故它不是完全被后者规定，而是有了属于它自己的追求，就是要塑造一种无关乎对象的单纯形式美。在这里，理性就成为自为独立的活动，即理性思维。比如当一种崇高格调的艺术企图表现其对象（精神的超越性格）时，它的表现方式经常会超出真实的对象表现要求，而具有了单纯对于自身形式的兴趣。这种兴趣即对于单纯形式的美的要求，已经超出了超越思维的规定，而是被理性思维规定。这导致表现方式与表现对象的矛盾。后者在这里就是理性思维与超越思维的矛盾，也是优美与崇高的矛盾，而它也可以是优美与深沉、宏富美的矛盾。这种审美格调的矛盾，是由格调的混杂直接导致，而植根于优美的基本形式矛盾，同时也表现为理性思维要求的形式绝对和谐与对象的自然形式的充分和谐的矛盾。

这种审美格调的矛盾必然推动混杂的审美格调走向分裂，其中一个结果就是使优美格调成为单纯的。

事实上这种审美格调的矛盾和混杂使表显方式与题材双方都受到损害。其中优美与崇高的矛盾在宗教题材的艺术中尤其常见。希腊化晚期的圣像表现出的对于单纯形式美的追求，就与它要表现的题材的崇高相矛盾。Michelangelo、Rubens 的基督像，其对于色彩、形体、构图和谐的追求，也远远超出，且经常是明显违背了其宗教题材的要求，而是表现出单纯理性思维的形式兴趣。所以形式在这里所表现的，更多是优美而不是崇高，而且艺术对形式优美的追求不可避免地使其所表现的崇高受到了损害。反过来，优美本身也因为它要表现的崇高主题受到损害。如果形式的优美是为了表现崇高，它就从属于整体的超越思维，因而要受到后者的总体结构的制约，这使优美不能够达到内容的纯粹性和形式的自身统一性。比如上面所举的宗教作品中，尽管艺术家的理性营造了图像的某些局部、方面的优美，但是作品的基本结构被超越思维规定，导致作品整体形式的优美被损害。我们可以把Beethoven 的第九交响曲和 Haydn 的四重奏（甚至 Beethoven 自己的早期和中期作品）进行比较。Haydn 的四重奏是单纯的优美格调。在这里，艺术家的理性构造活动不为表现任何对象，无任何外在的目的，而只为构成让理性自己满意的形式，只以形式自身的和谐与优美为目的，因而它构成的艺术形式就是完全均衡、对称、稳定且自我满足的。这种形式的优美就是完整的，是一种绝对优美。Beethoven 交响曲则包含优美和崇高两种格调的混杂。它体现了精神的超越思维，旨在表现精神通过反抗获得自由的过程。这过程有其自身的形式。其发展并不受制于艺术家的表达理性，而是有其自身的方向。这种情况导致作品整体结构的明显失衡（尤其是终乐章的人声出现打破了作品的整体平衡，就像一尊雕塑只有头部上了色一样）。在这种意义上它的形式绝对和谐或优美受到了损害。总之，这种优美与崇高的矛盾使得优美与崇高都受到不可避免的损害。同样，在艺术试图以优美表现深沉、宏富之美之时，这种审美格调的矛盾也必然使双方都受到损害。这种矛盾，只有当美的表显方式与表显题材统一时，才得以克服。因此这个矛盾推动审美格调走向单纯性：其一是推动崇高等审美格调逐渐否定优美的形式，从而使自己成为单纯的崇高等；其二是推动优美格调逐渐独立出来，只表显理性的性格，从而使自己成为单纯的优美。

古典主义艺术可以视为这种单纯优美格调的典范。无论是无所表现的古典主义音乐，还是把追求形式和谐作为根本宗旨的希腊和文艺复兴的古典艺术，都自觉或不自觉地以一种自由的理性思维表显精神的理性性格，所以它的美单纯来自理性思维。古典风格就是以此避免审美格调的冲突，成为单纯的优美。比如古典主义的音乐，尤其是那些室内乐、奏鸣曲，往往是只以构造出原初和谐的乐曲形式为目的，不表现任何对象，也不具有任何效用可能性，所以它的美纯然是理性思维的原初真理，属于单纯的优美。即使有所表现的希腊和文艺复兴的造型艺术，其基本审美格调也是单纯的优美。一方面，这种艺术以理性思维的自由为其本质基础。比如希腊和文艺复兴的古典艺术即使目的在于塑造人物性格，其根本旨趣也不在于达到某种深刻的本质反思，而在于塑造人物性格的和谐，包括他的形体各部分的和谐，以及他的生命的所有方面，包括身体技能、情绪和思想等等的和谐状态。这一点，如果我们把希腊古典雕塑以形式自身的健全、完整和和谐为最高追求，与浪漫主义艺术以直接情绪表现破坏形式的优美，以及一些现代雕塑为了表现某种抽象的观念而导致形式的扭曲相比较，就很清楚了。另一方面，这种艺术旨在表现一种理性性格，包括理性思维的尊严和权柄。理性思维的尊严即理性思维的不可侵犯性，表现在性情的肃穆和清明，即面对情绪、动作所保持的安宁不动摇。而理性思维的权柄则表现在理性思维对于人的仪态、举止和情绪活动的规定，比如优雅风格旨在以一种绝对和谐形式对情绪、动作的规定，及其对性格的和谐的要求。总之，古典艺术的表现方式、表现对象、审美趣味等都是单纯被理性思维规定的，所以是单纯的优美格调的典范。

我们要讨论的优美，主要就属于这种单纯的优美格调。

其次，优美的基本形式矛盾还推动这种单纯的优美格调的继续发展。

优美必然要求实际的对象表现。但这种对象表现必然加给优美一种外在的事实或目的论根据，而这必然导致形式的非均衡性，从而使形式的绝对和谐受到损害。因此优美的对象表现要求必然与理性思维对形式的完全绝对和谐的要求相矛盾。这就是优美的基本形式矛盾。面对这种形式矛盾，优美为了追求形式绝对和谐的完全性，就要对实际的对象表现进行抽象。在音乐、绘画甚至诗歌中都潜伏着抛弃描绘对象的责任而追求自身意义自足性的倾向。但在优美格调的最早阶段，这种否定导致美抽离了自身形式的任何目的，且排除了对充分和谐的追求，以保持形式的绝对和谐。而这种绝对和谐，由于从精神生命的目的抽离，对于作为优美之本质的理性思维本身，就是抽象和外在的。所以理性思维最早迷恋的是一种无生命的绝对和谐。以上就是优美的古风风格的特点。在这里，理性思维从目的性规定获得自由，可以单纯依自己的兴趣和理想构造形式，而不考虑这形式的目的或效用，所以它构造的形式具有一种不被这种目的扭曲的、完全的绝对和谐。但是理性思维由于这种抽离构成的形式，也可能并不合乎理性思维自身的目的、不属于理性思维自身存在的真理，所以也就不具有理性思维的真理必需的形式充分和谐。在这里，理性思维追求的就是一种无生命的绝对和谐。西方艺术的古风风格，无论是希腊的古风雕塑，还是巴洛克时期的古风音乐，都追求一种晶体结构般的、数学式的均衡、对称和稳定。这其实是一种属于无机世界的绝对和谐。就理性思维而言，它在这里构成的形式，并不具有它自身作为真理和生命所要求的充分和谐，故不是它的自身存在的形式。理性思维仅仅是从这种形式获得审美快感，但不能以之标识并规定自己的活动。但是优美由于其真理性要求，就促使理性思维构成一种属于其自身生命的充分和谐形式，而同时理性思维构成的形式又必定是绝对和谐的，因此优美最终就将这种形式的充分和谐和绝对和谐统一起来，由此形成优美的古典风格。只有古典风格是优美格调的成熟、完整和真实的体现，故优美也可称作古典美。这种风格的巅峰是古希腊和文艺复兴时期的古典雕塑和绘画，以及维也纳派的古典音乐。

只有古典风格的艺术，才使充分和谐与绝对和谐达到统一。比如庄静美的古典风格就试图以理性思维表现通常对象或概念，把通常概念具有的充分和谐形式与理性思维追求的绝对和谐形式统一起来，这就使优美的形式具有了生命性，所以古典风格的艺术总是比古风风格的更显生机勃勃。这种形式统一，在古典风格的庄静美中，在于理性思维依自身理想对于对象的自然形式进行抽象、修缮和改造，并同时对自身理想进行调整，因而塑造了一种使充分和谐和绝对和谐统一的理想和谐。庄静美的典范是古希腊和文艺复兴时期的古典造型艺术。但它们达到的这种形式统一仍是外在的。在这里，形式的充分和谐仍然是来自且只属于对象，并非旨在内在表现理性思维自身、与之达到内在的形式同一，并没有成为后者自身的生命形式，它对于后者是外在的。只有在纯粹优美中，这种形式统一才成为内在的。纯粹优美是对庄静美的抽象。针对优美的形式矛盾，纯粹优美试图通过抽离任何对象表现，以使自己得以构成一种具有完全的绝对和谐的形式。但是纯粹优美由于这种抽离，就不再可能取资于对象以构成一种充分和谐的、具有生命性的感性形式，而它又渴望这样一种形式，于是它就只能从自己的生命存在中寻觅、揭示。这是因为美的本质是真，优美的本质就是理性思维的原初真理，而生命的真理必然具有其先验的充分和谐形式，因而当作为优美之本质的理性思维转向自身，旨在表显自身的生命形式，就必然能够构成一种充分和谐的感性形式，作为自身内在形式的体现；同时理性思维，作为理性的自为独立的存在，其所构成的形式必然是绝对和谐的。因此这种绝对和谐形式，与理性思维由以表显自身真理的充分和谐形式，其实是同一的。于是形式的充分和谐与绝对和谐达到内在统一。纯粹优美的典范是维也纳古典派的纯粹音乐。这种音乐不仅否定了古风音乐的形式绝对和谐表现的外在性和抽象性，使乐音的绝对和谐形式成为思想或生命自身形式的体现，思想以之规定自己、表显自己；同时也否定了庄静美中形式的充分和谐对于理性自身的外在性，使之成为后者自身形式的体现。只有在这里，艺术作品才既具有完全的绝对和谐，又表现出勃勃生机。

总之，优美的基本形式矛盾是推动优美格调发展的主要矛盾。它推动优美格调朝以下两个相反的向度运动，以寻求矛盾的解决：其一，为了追求形式绝对和谐的完全性而逐渐放弃对象表现，这是纯粹优美的向度，其中最极端的是完全放弃对于对象表现的要求的自足风格。其二，为了追求更真实的对象表现而不得不牺牲形式绝对和谐的理想，这就是庄静美的向度，其中最极端的结果是完全放弃形式绝对和谐的写实风格等。不过，这个矛盾不仅推动庄静美和纯粹优美不断远离对方向两个极端运动，也会推动这二者相互向对方靠拢和转化。优美就是在这两个极端之间摆动，始终无法达到一种最终的稳定性。

此外，艺术的优美格调还包括一种实质矛盾，即优美的对象表现要求与其永远的原初性的矛盾。这其实是自由美的普遍、根本矛盾。它植根于美作为原初真理的存在论独特性，因这原初真理本身就包含了一种根本的存在论矛盾，即美的原初性和真理性的张力。自由美的基本实质矛盾，就是其对象表现要求与自由美对于永远原初性的要求的矛盾。优美格调的实质矛盾就是美的一般实质矛盾，并不具有像其形式矛盾那样因格调而有的复杂性和独特性。一方面，优美的真理性要求通常就表现为美对于真实的对象表现的要求。后者促使优美逐渐向一种实际、整体且具有意义确定性的对象表现发展。这种表现要求领会与对象达到整体形式的同一，然而通常情况下这将导致领会自身最终被概念化而丧失原初性。另一方面，自由美必以一种永远的原初性作为自身的存在论条件，故艺术的优美要求具有永远的原初性。然而这种永远的原初性在通常情况下都会与意义确定性相冲突。在这里，美的真理性与原初性的张力就转化为优美的对象表现要求与其对于永远的原初性的矛盾。

这个实质矛盾也推动着优美格调的发展。它也打破了优美的稳定性，促使优美在矛盾双方之间来回运动，寻求各种可能的平衡，从而推动优美格调的不断发展演化。这个实质矛盾通常会推动优美朝向三个向度发展：一是纯粹优美的向度，就是在不同程度上否定对象表现（从放弃任何对象表现的要求到只否定对于对象的内在、整体表现）以确保永远的原初性；二是庄静美的向度，即试图把整体的对象表现与永远的原初性统一起来，为此它必须否定对意义确切性的要求；三是写实风格等的向度，即优美在更真实的对象表现要求推动下追求表现的意义确切性而逐渐放弃永远的原初性。优美格调在这三个向度上，都无法使矛盾达到一种稳定和积极的解决。所以优美的实质矛盾同样是导致优美在两个极端（即第一与第三两个向度）之间摆动，无法达到一种最终的稳定性。

总之，优美的本质是理性思维的原初真理，优美的两种内在矛盾推动它的不断发展和演变。这两个矛盾相互交织，其中每一种矛盾都使优美处在不稳定状态，且即使其中一种矛盾达到了某种平衡和稳定，这种稳定性也会被另一种矛盾所打破；这二者由此永远推动着优美的发展。

这两种内在矛盾不仅推动庄静美和纯粹优美的相互过渡或彻底分离，而且推动优美向本真的美过渡。首先，在纯粹优美中，这种形式矛盾和实质矛盾都无法得到稳定的解决，故这矛盾必然推动纯粹优美的继续发展。从形式矛盾方面，纯粹优美对对象表现的否定违背了思想和美的本性，必然导致思想的反抗，打破了纯粹优美的最终稳定。从实质矛盾方面，纯粹优美的永远原初性也不具有最终的稳定性。美的本原存在论目的旨在转化为必然真理，这就赋予美以转化为必然性的冲动，所以美自身就有否定其永远原初性的要求。其次，庄静美也只是使矛盾达到暂时平衡，也不能给予一种稳定解决，故也必然在矛盾推动下继续发展。当优美的形式矛盾推动庄静美转化为写实风格和崇高风格等，使艺术为了更确定的对象表现而完全放弃形式绝对和谐的理想（这导致优美的解体），那么这个形式矛盾单就自身而言，确乎获得了一种稳定解决，尽管这种解决是消极的。但是优美的实质矛盾打破了这种解决的稳定性。它在庄静美中，就是对象表现的意义确定性与自由美的永远的原初性的矛盾。这个矛盾不断打破庄静美的稳定，也打破了写实风格等（后者其实是使庄静美从自由美过渡到构成性的美）的稳定。而这种不稳定的根本原因，是美所表现的是一种现实对象，而现实对象的意义确定性就是确切性，后者与美的永远的原初性是根本冲突的。因此这个矛盾推动美寻求能使矛盾的双方获得积极、稳定的统一的表现对象，这样的对象只有在一种超越现实存在的领域才可能存在，所以美的实质矛盾推动其最终从现实领域进入超绝真理的领域，由实在的美转化为本真的美。本真的美旨在表现超绝真理，且这种表现具有确定的意义。这个真理亦有其可以确定地表现的形式，但是一方面由于其对现实性的绝对超越，在存在论上它对于领会试图借以把握它的一切概念都是不适宜的；另一方面由于它的绝对性和无限性，其存在对于每一种具体的领会来说都是不可穷尽的，故没有一种对于它的具体领会能够获得自身的巩固。因此作为这样的具体领会，本真的美的对象表现即使（通过内在表现）达到了意义的确定性，也由于这对象的特殊性，而无法使自身意义与精神的概念整体衔接以使之得以巩固，即这种对象表现，至少在艺术的领域，无法获得意义确切性。所以这种本真的美既具有意义确定性，又具有永远的原初性。因此本真的美至少在形式上使美的实质矛盾的两个方面要求都得到完全满足，从而使这一矛盾得到了一种积极、稳定的解决。在此意义上，是这个实质矛盾推动优美从实在的美过渡到本真的美，而这最终导致优美的消亡。美的形式矛盾也在本真的美中得到一种最终稳定的解决，尽管这种解决是消极的。这个矛盾单就其自身而言，只有通过彻底放弃对形式绝对和谐的追求，即通过优美的自身瓦解，才能够获得稳定的解决，但后者的稳定性被美的实质矛盾打破了。这使这种形式矛盾也只有进入了本真的美的领域才能得到稳定解决。总之，优美内在的形式矛盾和实质矛盾相互交织，推动优美自身的不断发展及其向本真的美的转化。另外，美的内在矛盾往往表现为多阶段、多层次的，优美也是如此。优美的基本形式矛盾和实质矛盾在优美格调的不同阶段会有不同表现、起到不同作用，以不同形式推动优美的发展。

优美的典范存在于古典风格的造型艺术和音乐中。因为这两种艺术最适合构成绝对和谐的形式。造型艺术与文学、音乐等的一个重要不同，在于作品形式没有时间和方向，因而更容易构成绝对和谐的形式。而音乐的独特优势在于摆脱了与对象的形式粘连，从而更容易克服对象自然形式对理性思维要求的绝对和谐的破坏，所以更容易创造出绝对和谐的形式。

本书的写作目的，就旨在分别以希腊古典的造型艺术和维也纳古典派的音乐为核心和典范，以阐明艺术的优美格调的两种基本矛盾推动庄静美和纯粹优美的相互转化及优美最终向一种本真的美过渡的逻辑。

第一部分　论庄静美

优美的本质是理性思维的原初真理。其中庄静美是一种有对象表现的优美，是优美格调中的依存美。它旨在以理性思维的原初真理表现对象存在。如果庄静美是以这种真理表现精神的理性性格，它就使表现方式与表现对象达到统一，那么它就是理想化或典型化的。希腊和文艺复兴的古典风格雕塑和绘画，就是庄静美的典范。庄静美的古典风格，就是以理性思维方式表现精神的理性性格。

理性思维旨在构成一种形式的绝对和谐。庄静美的这种绝对和谐，通过希腊造型艺术得到充分表现。但是它不是来自对象（比如人体）的自然结构，而是完全由艺术家的理性思维塑造出来且是其体现，它具有一种超越任何对象题材的纯粹形式之美。比如希腊雕塑家把某种数学的比例作为人体美的标准（不少文艺复兴的意大利画家，还有丢勒等人，仍坚持这种审美追求）；对于垂直、连续和饱满的线条轮廓的偏爱；对于几何学式的均衡、对称和稳定的追求等，都非取资于表现对象，而唯独来自艺术家的理性思维。这种美还表现出一种形式的自足性，即它与任何外在于这形式自身的目的无关。这些构成了形式的绝对和谐。一种绝对和谐形式的本质根据就是理性思维和精神自身建构的意志，而这种形式和这种思维及意志，三者乃是在存在论上相互支持、互为目的的。庄静美必然包含这种理性思维的活动为其本质基础。

庄静美属于依存美，它试图以理性思维方式领会和表现一种对象真理。因此它要达到表现方式和表现对象的统一。但这种统一必然导致庄静美的内在矛盾，即庄静美的对象表现与理性思维的主观自由的矛盾。这个矛盾表现为两个方面：

　　首先是形式的矛盾，即这种对象表现与理性思维自身的形式理想的矛盾。一方面，庄静美要求越来越真实地表现对象存在，这要求作为表现方式的理性思维以对象的自然形式规定自己。另一方面，自由美的特点在于表现方式具有独立于表现对象的主观自由，这在庄静美中就表现为理性思维作为表现方式具有属于它自身的、独立的形式理想。庄静美以理性思维方式表现对象真理，就必然要将前者要求的绝对和谐形式与后者的自然形式统一起来。真理的自然形式必是一种合乎确定目的、具有充分和谐特征的形式，故这种形式统一就是绝对和谐与充分和谐的统一。庄静美试图通过这种统一构成一种理想的和谐。但是对象的自然形式通常会与理性思维所理想的绝对和谐形式存在本质冲突。因此庄静美的统一必然导致其内在的形式矛盾，这归因于绝对和谐与充分和谐的冲突。

　　庄静美属于依存美。所谓依存美就是有实际的对象表现的美，包括功利的与自由的或艺术的。艺术的依存美通常包括表现方式与表现对象的矛盾（功利的依存美则无之）。这就是美的最根本的形式矛盾。它包括：其一，表现媒介与对象的矛盾；其二，审美领会本身与对象真理的本质矛盾。前者可能属于所有艺术体裁。后者则只属于庄静美和本真的美。庄静美就是依存性的优美，它就是以理性思维方式领会或表现对象真理。二者的形式冲突导致庄静美的形式矛盾。其中，审美领会与对象的本质矛盾只存在于庄静美，不存在于其他格调之美。因为艺术只可能以理性思维，而不会以其他思想范型，表现一种与之不同的思想范型。通常而且本原的情况是，一种思维只领会与其属于同一范型的思维，如反思思维只能领会反思思维，而它领会与之相异的范型则是衍生的。这种衍生的逻辑如下：一种思维总是诸多我思构成的整体，其中必然包括理性的我思，即心灵的形式统一活动。理性可隶属于反思、超越等思维，为其构成形式。在这里，理性就是它隶属的思想整体实现自我领会（即属于同一思维范型的某种思想对它者的领会）的必要环节。但理性不同于反思、超越之为我思，在于它有可能从它隶属的思想整体脱离而获得独立自为的存在。这在于理性就是以形式为直接目的，故它在为某一它者构造形式时，可能逐渐对单纯的形式自身有了兴趣，最终使形式摆脱被它者赋予的目的规定而自身成为现实绝对目的。这样理性就从原先隶属的思想整体中获得自由，而理性的自由存在就是理性思维。于是对于这个思想整体而言，它通过理性进行的自我领会，就转化为理性思维对它的领会。可见，凡理性思维对其他思维范型之领会或表现，都是从这种思维范型的自我领会中派生出来的。反之，反思、超越等的我思，当它隶属于其他范型的思想整体，就不可能有真正属于它自己的要求，如理性对形式的单纯兴趣，故无法从这个思想整体脱离而获得独立自为的存在，即发展为反思、超越等的思维。因此，反思、超越等的思维，都不可能形成对其他思维范型的领会，唯理性思维能够如此。

为克服其内在的形式矛盾，使表现方式与表现对象达到统一，庄静美必须一方面对对象存在进行抽象，以便于自由的理性思维根据自身理想对对象形式进行加工改造，从而使表现方式与表现对象达到形式统一；另一方面必须对作为表现方式的理性思维进行调整，放弃其对形式绝对和谐之完全性的要求，并使其形式更趋复杂、精细，以使其理想的形式与对象的自然形式达到统一。

其中，对对象存在的抽象包括：其一，对效用的抽象。这可称为一种审美的抽象。这是所有自由的艺术所必需的，即主观上排除对于对象的功能、目的的考虑，只关注其形式之美。对于庄静美而言，这样才便于理性思维出于自身兴趣对对象形式进行处理。其二，单纯形式的抽象，在希腊艺术中被普遍应用。这其实是根据某种数学的先天法则对于对象形式的理想化。比如以一种笔直、饱满和对称的结构表现对象形体，而排除形体的凹陷、断裂、尖角和非对称结构。其三，对对象内容的抽象，即为便于理性思维根据自身需要对对象作形式处理，而只选取对象内容的某一方面进行表现。比如庄严风格排除了对于动作、情绪的表现，而优雅风格只对单纯动作和单纯情绪进行表现。这些都属于内容的抽象。艺术的理性思维只有在这种抽象的内容题材基础上，才能构造出形式的绝对和谐。

庄静美的古典风格，就在于以理性思维表现希腊民族的理性性格，后者的本质就是理性思维的自由。只有在古典风格，庄静美才达到领会与对象真理的本质一致性。

其次，庄静美还包含一种实质矛盾，即其对象表现与这个理性思维自身所要求的永远原初性的矛盾。

美是精神的原初真理，是原初性和真理性的矛盾统一。一方面，美的模态特征在于它的原初性，这是美区别于善的本质特征。另一方面，美又必须是真，这是美区别于丑和恶的本质特征，而真理总要求成为必然的，这就意味着对原初性的否定。这就是美的原初性和真理性的矛盾。此即美的自身存在论矛盾。通常情况下，美的真理性是通过对于对象存在的真实领会得到保证，且这对象的本质是必然真理或概念，故美包含的这种对象领会将使美面临最终被概念化的命运，而这意味着美的原初性以及美的自身存在的消灭。这就是所有本原的美（或功利的美）的宿命，也是其超绝存在论的目的。这也是美的本原的存在价值和命运。美的存在就是为了消灭自身，转化为必然真理。但是有一种美却试图从这种悲剧命运逃逸出来。这在于它试图在确保其真理性的前提下，争取一种永远的原初性。这就是自由美或艺术美。自由美或艺术美都要求一种永远的原初性。在这里，美的自身存在论矛盾就转化为自由美对永远原初性的要求与其真理性的矛盾。我们称后者为美的实质矛盾。这个矛盾只有在纯粹优美和本真的美中，才得到一劳永逸的最终积极解决。在其他类型的美中，它的解决要么是消极的，如写实风格；要么不能获得最终的稳定性，庄静美（及一切艺术的依存美）即属此。对于一种自由的依存美，这个实质矛盾就转化为对永远原初性的要求与其对象表现的矛盾。

在庄静美之中，一方面美的真理性转化为对于真实的对象表现的要求，且这要求是不断深化的。思想的对象表现本身就蕴含了对于真实性的要求，而且思想因为与对象的距离，总在追求更真实的对象领会，而我们的对象领会也是不断发展的。这使得庄静美追求更真实地表现对象存在。这种追求推动庄静美寻求对象领会和表现的越来越大确定性或确切性。而通常情况下，领会若获得意义确定性，就意味着对永远的原初性或永远的美的否定。另一方面，庄静美作为自由美，又要求具有永远的原初性。自由美要求一种主观自由，这意味着它必然维护思想的任意性、偶然性，也就是它要保持一种永远的原初性。为此它必然要求否定具有意义确切性的对象表现。这就导致庄静美对永远原初性的要求与其对象表现的矛盾。这就是庄静美的实质矛盾。这个实质矛盾是推动庄静美发展的另一个而且也是更根本的力量。

这两种内在矛盾不断打破庄静美的平衡和稳定，推动其持续发展，促使其最终过渡到一种本真的美（因为只有这里，这两种矛盾才能得到一种最终稳定的解决）。这是因为，首先每一种矛盾都是处在自身发展中的，这种发展是被矛盾双方力量的消长规定的；其次庄静美的两种矛盾相互作用，其中一种矛盾的解决可能被另一种矛盾否定而失去最终的稳定性。一方面，庄静美的形式矛盾只有在庄静美过渡到写实风格和本真的美，才能从其自身方面得到最终稳定的解决，尽管这两种解决都是消极的。但这种写实风格被庄静美的实质矛盾否定而失去最终的稳定性。另一方面，庄静美的实质矛盾只有在以下情况下才从其自身方面得到最终稳定的解决：其一，庄静美从绝对美转化为构成性的美，即放弃对永远原初性的要求以保持其真理性，这种解决是消极的，但这种构成性的美通常否定了形式的绝对和谐，因此在一种理性的精神中，这种矛盾解决会被美的形式矛盾否定而失去最终的稳定性。其二，庄静美过渡到纯粹优美和本真的美，这都是对其实质矛盾就自身而言积极的最终解决，而这两种解决遵从的是相反的理路。其中纯粹优美旨在否定实际的对象领会以保持永远的原初性，而本真的美则是通过深化、拓展其对象领会，使之进入绝对本体的境域，从而使美获得一个不竭的源泉以使其原初性得以永驻。这二者都是把美的真理性与永远的原初性统一起来，其对庄静美的实质矛盾的解决都获得了就这矛盾自身而言的最终稳定性，但是前者会被优美的形式矛盾否定，因为后者在这里（由于否定了对象表现）无法获得自身稳定性，只有本真的美才（因为其中优美的解体使其形式矛盾消失）使美的实质矛盾得到最终的积极、稳定解决。综合以上两种情况，庄静美的形式矛盾和实质矛盾不仅各自在寻求最终的稳定解决，且这种解决可能会被对方否定。因此这种发展的结果，是只有当庄静美最后过渡到本真的美，这两种矛盾才都得到一种具有终极稳定性的解决。在此意义上，庄静美的内在矛盾推动其向本真的美转化。

　　以下内容将分为三部分：一是庄静美的特征；二是庄静美在其形式矛盾推动下的发展；三是庄静美在其实质矛盾推动下的发展。

第一章　庄静美的特征

庄静美是一种具有实际对象表现的优美。庄静美在格调上属于优美，以形式的绝对和谐为理想，本质上是一种理性思维。另外庄静美必须有实际的对象表现，故它与否定了对象表现的纯粹优美也有区别。

一方面，庄静美旨在以理性思维方式表现通常的对象存在，而且它只有当其表现方式与表现对象具有内在一致性，即它要表现的就是理性思维及其所规定的理性性格，它才成为一种充分的或真正的庄静美。这决定了庄静美的理性思维特征。一种真正的庄静美不仅是以理性思维方式进行表现的，而且是表现或体现了一种理性性格（比如希腊古典的造型艺术就旨在表现希腊民族的理性性格），并且这种表现本身就被这种理性性格所规定（后者决定表现的方式和题材选择）。于是庄静美才具有了一种自身统一性。

每一个民族的艺术，都旨在表显这个民族的精神性格。一个民族就像一个人一样，有其独特的性格。我们常常会在与人物性格同样意义上，说一种民族精神具有反思的性格、理性的性格或超越的性格。一个民族的精神就是一个民族的文化精神，其性格也就是这种文化的性格，它指的就是这种文化的精神生命的独特性。一个民族或个人的性格就是被作为二者存在之实体的精神的独特性所规定，而精神的具体实体是通过自由构成，且本质上就是自由。一个民族也好、个人也好，其真正的独特性乃是被自由规定且是它的体现，只有现实的自由才使一个人、一个民族真正成为独特的。所以一个民族的精神性格就是自由的独特性（或独特的自由）。个体的精神性格也是如此。这个自由只能是现实自由（只有现实自由才是独特的），其本质是精神的思想，同时也包括被这思想塑造以作为其体现的感性特征。

精神的性格，作为自由的独特性，根本上是被自由的不同向度（即自由的势用）展开的不均衡性所规定的。自由之本体是朝着无限向度绽放、包含无限可能性的原理。但在自由的每一种现实性或思想中，不同的自由向度的展开都是不均衡的。思想的每一种实质类型之形成都是某一种自由的势用打破与其他势用的均衡，成为思想的规定性力量，从而唯独使其自己得到充分展开的结果。另外，在每一种思想范型中，不同实质类型的思想也是不均衡的。在其中，总是只有某一种思想类型成为自为独立且具有规定性的。它在其中发挥积极、主导的作用并规定其他思想，决定了这种范型的根本特征。也只有它的存在才具备自身统一性。最后在每一个体、每一种文化的精神中，都只有一两种思想范型始终居于主导地位且规定其他思想，从而在根本上决定这种精神的性格。在每一种精神性格都包含了自由的多重不均衡性，正是后者构成自由的独特性和差异性，造成精神性格的千差万别。这种精神性格的特点应当归结于其现实自由的特点，也就是其思想的特点。当我们说某人有反思的性格、超越的性格等，指的是他的思想充分表现出反思或超越等的特征，也就是说，反思和超越思维等在他的精神中成为自由的主导方面，而这乃是自由在其相应向度（即自由的自身维持和自身否定势用）得到充分展开（而其他势用则服务于、从属于这一展开）所造成的结果。这对于一个民族而言，也是同样如此的。真正的庄静美旨在表现一种理性性格，古希腊和文艺复兴时期造型艺术的古典风格都表明了这一点。这表现在，这种艺术就是把理性思维的自由及其塑造的形体、风度、性情等特点作为主要的创作题材的。

真正的庄静美旨在表现一种理性性格；同时，庄静美是以理性思维作为表现方式，包含了理性思维的自身理想，这表现在这种风格的艺术对于超越于对象真理的形式绝对和谐的追求。这两个侧面决定庄静美的理性思维特征。

另一方面，庄静美的对象表现是高度理想化的。我们将表明它其实包括一种双重的理想化：首先，它包含依存美的对象表现通常的理想化，即典型化；其次，它还包括艺术家的理性思维出于其主观自由对对象形式进行的修缮和调整。在古典风格，庄静美这种双重理想化，使形式的充分和谐与绝对和谐达到统一，因而构成一种理想的和谐。

　　庄静美属于依存美，即包括实际对象表现的美。通常情况下，依存美就是典型美。因为首先，美必须是真，而依存美的真理性就是它包含的对象领会的真理性。后者在存在论上，在于这种领会能够成为现实精神自由的某种普遍根据（因只有这样它才能够克服作者和作品的个别性而转化成领会者的生命真理），这要求对象题材最好具有普遍性，而更重要的是作品必须包含对于真实对象的真实普遍的领会。这种领会就是精神的概念，或概念的整体。艺术的对象表现旨在以普遍概念塑造感性材料，使这概念在感性客观的个体身上集中、纯粹和充分地呈现出来。于是艺术就塑造了一种典型性格。这就是艺术的典型化，艺术的依存美通常包含这种典型化。

　　这种塑造包括两个方面：其一，艺术创造出一种作为概念之完美体现的人物性格，即英雄，比如希腊古典艺术创造的神祇、城邦战士和运动员形象，中世纪和文艺复兴艺术塑造的圣徒形象，以及新古典主义塑造的英雄和伟人形象（如 David 笔下的 Horatio 兄弟，Marat，拿破仑等）。此外，这种人物性格所包含的自由还必须是在某种意义上超越观众自己的实际生命境界的，这样观众对它的领会才可能成为原初真理。反之，如果艺术作品只刻画了一种个别的、偶然飘忽的，甚至变态畸形的思想性格，而没有其他更高尚的内容，那么它塑造的典型，乃至这艺术本身就是不真实的；观众对它的领会不会具有原初真理性。其二，作品尽管没有塑造作为精神概念之完美体现的英雄人物，甚至它所表现的是某种邪恶丑陋的题材，但是它包含了对这种题材的一种高尚的领会，比如讽刺和批判性的艺术。例如戈雅的作品"1808年 5 月 3 日"，极富感染力地表现了拿破仑军队针对西班牙起义者的暴行。作品没有塑造某种英雄形象，但是它饱含着对受难者的同情，对侵略者的控诉，对暴力、疯狂的谴责，对不义战争的批判，因此它包含一种高尚的领会。美可以表现丑恶的、病态和偶然的东西，但必须包含对于这些东西的一种普遍和高尚的领会。讽刺艺术甚至可以塑造一种恶的典型（像果戈理、巴尔扎克笔下的那些官僚、市侩），但它的美不在于题材本身，而只在于它包含的对这题材的领会，后者也必然包含普遍真理性。而艺术家通过对这种领会的成功表达，也塑造了一种性格，这其实是艺术家本人和他从属的文化精神之性格的体现。反之，如果艺术抛弃一种普遍和高尚的对象领会，只单纯致力于表现畸形病态的身体，以及像吸毒者、不法之徒或精神病患者的变态、偶然、任性、病态的思想以及情感，都会使艺术丧失了真理性，失去真实典型的意义。

20 世纪所谓现代主义艺术正是因为这种真理性之丧失，结果是制造了无数垃圾。许多"艺术"作品并不包含真实和普遍的对象领会，而是试图通过对传统的故意亵渎和挑衅，通过营造血腥、残忍和扭曲、畸形的形象，来刺激感官，并且把疯狂、病态当成了思想的独特性。没有哪个时代的艺术如此热衷于表现精神病的世界、人类潜意识的邪恶心理。[①] 当艺术失去一种普遍和高尚的对象领会，它就完全丧失真理性，不能给人类精神提供任何真正的营养。它既不真又不美，完全丧失了艺术的本质。总之，依存美必须包含普遍和高尚的对象领会，这是依存美的真理性的要求，因为只有这样一种领会，对于领会者而言，才可能成为他的实际生命真理。

艺术的美根本在于其包含的思想或领会。在这里我们可以看到两种常见且看似完全相反的错误艺术理论其实有其共同的根源。其中一种是柏拉图主义的美学，认为美植根于对象真理而非对象领会，强调艺术是对真实对象的真实表现，把艺术领会本质上等同于概念领会。柏拉图认为美的本质是理念。艺术的美植根于理念之美，故艺术只应表现美的东西。这就是把艺术的真和美都归结于对象题材而非对象表现。这导致一种"审美的错置"。而其结果是将艺术及美的领域极端狭窄化，且大大限制了艺术表现的自由，甚至扼杀了艺术的活力。这种美学对西方客观主义的艺术理论一直有着重要影响。纳粹的艺术主张即与之作桴鼓应。纳粹鼓吹"艺术要真实表现世界"。所谓"真实地表现世界"，指的是艺术必须表现日耳曼民族普遍的美德。这就是要求艺术领会完全符合对象概念。这不仅是把艺术的美归结于对象题材而非对象领会，而且是把艺术领会等同于一种概念领会，从而否定了艺术领会的主观自由。另一种是与纳粹的美学完全对立的 20 世纪所谓"现代艺术"，

---

① 在这里艺术与科学有所区别。我们在科学上可以研究这种病态的、畸形的东西。但艺术不同于科学。因为科学要获得的真理是一种认识论的真理，而艺术要获得则是一种生命的真理。生命的真理是应该进入到我们自己的生命中，成为我们自己精神自由之根据的东西。而这些偶然、病态的东西都不具有这样的价值，所以它们都无法成为生命的真理。但艺术可以表现精神对于这些东西的一种更高尚的领会，这种领会是可以成为生命的真理的。

其典型代表是纳粹曾称为"退化的艺术"而力图加以消灭的一些流派，包括表现主义、达达主义等。其特点是完全忽视题材的真理性，也粗暴践踏了真实的对象领会。这充分地表现在它们不是要表现对某种普遍题材的普遍领会（而只有这种领会才能够作为精神自由之普遍根据，才可能成为领会者实际的精神生命之真理，也就是说只有这种领会才可能是真理），而是以完全偶然甚至病态的想象表现同样偶然、病态的思想、情绪。首先，现代艺术热衷表现的疯癫、病态和畸形状态，通常没有达到人类的一般自由即概念的程度，所以这种艺术表现的人物性格通常的确应被视为一种"退化的"的人格。其次，这种艺术对于此类题材的表现，或艺术包含的对象领会，也是完全主观偶然的，因而不具有存在论的真实性，不能成为我们生命的真理。现代艺术试图从非正常人的视角表现或领会这个世界，甚至许多艺术家本身就有严重精神疾病，故它表现的世界是虚幻的、疯狂的、病态的、扭曲和畸形的；因此它也不可能包含一种普遍和高尚的对象领会。总之，20世纪所谓"现代艺术"，未能表现一种高尚的典型性格。它不能给人类精神自由带来任何启迪，既不真又不美，完全破坏了艺术的本质。有时候当你看到它留下的一个艺术垃圾场，你甚至会觉得对于这些艺术的批判都显得无聊。然而无论柏拉图主义还是与之相反的"现代艺术"，问题都出在没有把艺术包含的对象领会的真理性作为美的唯一根源。

总之，在通常情况下，艺术的依存美都包含一种典型化，体现了一种文化的理想性格。通常情况下，艺术典型就是一种理想的人物性格。后者的本质就是精神的一种普遍现实自由，是普遍必然的真理，而不是个体的怪癖，所以这就是精神的普遍概念。典型就是对精神的普遍概念的完美体现。即使对象题材本身不具有理想化的特征，艺术也可以表现对于题材的某种普遍和高尚的领会，并且因而也塑造了一种理想性格。艺术甚至可以表现一种坏的人物性格，塑造一种坏的典型，后者本身不具有理想性或存在论上的真理性。但作品的真理性就在于它表现了艺术家所从属的文化传统对于这种性格的普遍理解或普遍概念，故它也由此体现了这种文化的理想性格。典型化之为理想化，要求艺术包含的真理，或它塑造的人物性格，必须具有超越于领会者实际生命处境的自由。这样艺术才能给领会者带来启迪，并可能给他注入原初的生命真理。在造型艺术中，这种典型美通常是通过对对象的隐喻性表现获得其永远原初性。

　　除了这种典型化之外，庄静美的理想化还包含另外一层意义，就是它会根据理性思维追求的绝对和谐形式对对象的自然形式进行提升。在希腊艺术中我们就看到，庄静风格的艺术会根据理性思维的绝对和谐理想，对对象的自然形式进行抽象、修缮和调整，这也是一种理想化。所以庄静美其实包括一种双重的理想化。在古典风格，庄静美通过这种双重理想化将形式的充分和谐与绝对和谐达统一起来，形成一种理想的和谐。庄静美只有在古典风格，才获得其完全的存在或真理。

　　这就是庄静美具有的理性思维和理想化的两方面特征。以下是对这种特征的进一步阐明。

第一节　庄静美的理性思维特征

　　庄静美的理性思维特征，首先，在于它的表现方式（这构成它的本质）就是理性思维的原初真理。庄静美就是以理性思维方式表现通常的对象存在。其次，这个理性思维特征还在于其表现对象方面，一种充分或真实的庄静美，即庄静美的古典风格，旨在表现一种理性性格。最后，庄静美的表现方式本身也被这种理性性格所规定。

　　第一，庄静美乃是以理性思维方式表现精神的通常概念。

　　优美的本质就是理性思维的原初真理，庄静美亦然。实际上，不是对象概念的自在存在，而是对于概念的表现，才构成庄静美的本质。庄静美就是以理性思维的原初真理对于通常对象或概念进行的表现，这个原初真理就是庄静美的本质。而在这里，理性思维对这对象的表现，就旨在为之构造一种绝对和谐的形式。因此庄静风格的艺术特点是，它总是努力将对象置于一种绝对和谐的形式之中，总是致力于营造作品整体的绝对和谐。这种绝对和谐包括形式的均衡、稳定、完整和自我满足等。这种形式既是理性思维对于对象的表现，也是其自身存在之表达。后者是对象表现之不可缺少的环节。它就是将理性思维所领会的对象形式（实即理性思维自己构造的形式）投射到自然媒介之中，将其转化为感性客观的存在。在艺术中这个表达就是创作过程，它由此塑造的感性客观存在就是作品。这作品形式既是对于对象的表现，也是理性思维自身的感性图像，且正是因为后者才具有形式的绝对和谐。

作为庄静美本质的理性思维，旨在以一种绝对和谐的形式来表现通常概念。然而在这里，理性思维对于形式绝对和谐的要求，必然与它要表现的通常概念的自然形成的形式相矛盾。后者根本上是被概念的效用规定，从而导致形式绝对和谐的破缺。

由于这种形式矛盾，理性思维对于通常概念、对象的整体和再现性的表现就必须包括对于它们的自然形式的抽象、纯化、增益和改进。抽象就是把对象概念形式从其应当服务的效用、目的中剥离，这在存在论上就是把本来被这对象概念和规定的理性从概念本来的目的抽离出来，使之成为具有独立自为存在的理性思维。在此基础上，表现方式与表现对象才可能达到形式同一。只有在这种抽象基础上，理性思维才可能克服通常概念形式由于外在目的导致的破缺，从而能够将其以一种绝对和谐的形式表现。这是庄静风格的艺术必然要做到的。艺术领会之有别于通常领会，就在于它没有必要考虑概念、对象的效用和目的。庄静风格则试图把对象表现成无实在效用的、自我满足的。在此基础上，庄静美还要根据理性思维自身对于形式的独立要求，对概念进行提炼、增删和改进。这样就最终使之成为一种理性思维的概念。于是领会与概念，或表现与被表现者才能达到形式同一。对概念的领会或表现只有当其达到与对象的形式同一才是真实的。理性思维只有通过对于对象概念形式的抽象、纯化、增益和改进，才能达到与概念的形式同一。因此庄静美中所发生的，既是对象概念通过理性思维表现自身，也是理性思维的概念借助现实事物的形式来表达（体现）它自己。

此外，面对上述矛盾，庄静美还可以尽量避开对于对象的整体和再现性的表现，而只作局部、隐喻的表现，且将其纳入理性思维规定的整体形式中。所谓再现性表现就是美通过使自身形式与对象形式达到内在同一，使前者成为对后者的描述。最适合这种表现的是造型艺术和语言艺术，而最不适合的是音乐。这种表现可以获得意义的确定性甚至确切性。但是当再现性表现成为整体的（即当其规定艺术的整体形式时），由于对象自然形式与理性思维所理想的绝对和谐形式的矛盾，必然会导致形式的绝对和谐在这种同一中受到损害，而不可能保持其完全性。这是古典的造型艺术无法避免的困境。对此庄静美采取的一个措施，就是尽量把再现性表现限制在局部，且尽量将其整体形式的构成留给理性思维的主观自由。比如古典风格总是致力于在局部失衡的基础上构建整体形式的均衡。

所谓隐喻性表现，就是美以其感性形式使人产生一些与对象相关的表象，但是美没有达到与对象的形式同一，不构成对对象的描述，这种表现不具有意义确定性。比如音乐的对象表现就通常是隐喻式的，而所有艺术对情感的表现都是隐喻式的。庄静美可以包含对于对象的隐喻性表现。这是因为一种隐喻性表现不被对象的形式规定，所以在形式构造上具有更充分的自由。在这里，对象表现只是作为目的规定艺术形式，但后者不是来自对象的自然形式，而是来自理性思维的自由构造，故即使其被目的规定，仍能与理性思维所理想的绝对和谐达到形式的统一。古典和感怀风格的抒情性与叙事性音乐（如 Schumann、Chopin 等），就旨在用理性思维的形式表现情感与场景等，且事实上使被情感表现等规定的合目的性形式与理性思维的绝对和谐形式统一起来，构成一种理想的形式和谐，保持了形式的优美。因此隐喻性表现可以与理性思维理想的绝对和谐形式达到整体统一，所以即使庄静美追求在整体上实现对于对象的忠实表现，也仍能不失其为优美（如感怀主义音乐）。艺术若只限于隐喻性表现，且是以理性思维来表现，则即使其整体形式被这种表现规定，仍能不失为优美。反之，若艺术致力于对于对象的再现式整体表现，或不是以理性思维来表现，通常就会导致优美的严重破坏甚至完全丧失（如晚期浪漫派的音乐和写实主义的造型艺术）。

对于这种隐喻性表现，我们只有借助其他更具意义确切性的媒介将它与现有的精神语境联系起来，才能赋予它一种确定的意义。另外，造型艺术只有对自然对象的表现才是再现式的，对任何精神、心理内容的表现都是隐喻式的。希腊古典艺术对精神的理性品格塑造的形体的表现是再现的、有意义确定性的，但对这精神品格自身的表现则是隐喻式的、无意义确定性的。

第二，一种充分的或古典风格的庄静美，乃旨在表现一种理性性格。

庄静美还可区分为充分的与非充分的，前者旨在以理性思维表现一种理性性格，后者则试图以理性思维表现一种与之异质的性格。因此古典风格的庄静美就是自身统一的，它才是我们讨论的重点。

　　性格就是个体或文化精神共同体的存在独特性。在不同的文化精神（或个体）中，由于自由展开的不均衡性，通常会使某一种或几种思维范型得到最充分发展并占据支配地位，从而规定这种精神的独特性格。当属于某一种实质类型的（即被自由的某种实质类型规定的）思想，成为自在自为的，且具有自身统一性，我们就称之为一种思想范型。理性思维、反思思维和超越思维等就是人类思想的基本范型。它们分别就是理性、反思等思想的独立自为存在。当一种文化精神主要是被理性思维等决定（即这种思维在这里取得了完全的自由，它规定其他思想的活动，决定精神的整体目的和独特面貌），它就会表现出一种理性的性格、反思的性格、超越的性格等。比如人们常常谈到希腊人的理性性格，佛教、基督教的超越性格。这意味着相应的思维范型在文化精神中获得完全的自由，且决定精神的独特面貌。

　　精神的性格是一个包括思想与情操、主观与客观、身体与心灵、自然与精神的统一体（一种文化的性格不仅包括思想，而且包括作为思想之体现的客观社会制度、设施）。构成它的本质的是其独特的思想，而构成这种思想之稳定基础的是概念，即精神的品格。这种思想的独特性主要来自精神的基本或起规定作用的思想范型以及后者在这里具有的不同境界和特色。一种具体的思想范型，作为精神的独特自由，会对一个民族和个体的思想观念、气质情操、风度举止和形体仪态等进行塑造并使自身存在通过它们得到体现，而它们的整体存在就构成一种独特性格。而在这里，只有概念或精神的品格才是有持续作用的，因而其塑造活动才是有效的。因此具体的思想范型决定精神的品格，精神的品格塑造文化的性格，规定一种文化的基本面貌。

　　希腊的古典造型艺术，就旨在表现一种独特的精神性格。学者们指出希腊古典艺术的主要兴趣不在于塑造优美的花瓶轮廓和几何图案，即一种抽象的绝对和谐，而是要表现一个人的灵魂、一种精神的性格。古典艺术也正是因此而比古风艺术多出一种具有生命性的充分和谐，因而多了一份生机和灵气。正如 Winckelmann 所说："希腊人的艺术形象表现出一个伟大而沉静的灵魂，即使这灵魂是处在激烈情感里面；正如海面上尽管是惊涛骇浪，而海底的水还是寂静的一样。"这所谓"灵魂"，就是希腊民族的（亦即希腊文化的）精神，它具有伟大而沉静的性格。希腊古典艺术就旨在表现希腊民族的这种独特精神性格。

希腊民族的独特精神性格，包括两个相互统一的方面：

其一，希腊人的精神性格是一种理性性格。所谓理性性格就是一种以理性的思维为本质基础、被其所规定的精神性格。所谓理性思维是这样一种理性活动，它只以自己为目的，单单从自身塑造的（以指引自身活动的）形式就得到了满足。这种理性思维构成了一个独特的自由整体，形成一种理性品格。它规定了一种理性的性格。理性思维是人类思想的一种基本范型。当它在文化精神中成为自由的、规定性的，就会塑造出一种独特的理性性格，以作为自身存在的体现。这种理性性格包括其理性思维本身（以理性思维的通常概念为其基础）及由其塑造、作为其感性表现的性情风度、形体仪态等。当这种理性思维（它的概念）在个体性格上自在地得到纯粹、集中和充分的体现，充分地塑造了个体的形体、仪态和性情等特征，个体就成为这个民族的理性性格的典型，而艺术则是自觉地根据这种文化中规定性的思想范型来塑造人物典型。庄静美的古典风格就旨在通过塑造这样的人物典型来表现这种理性性格。

希腊精神的这种理性性格，首先突出地表现在希腊人对于非功利的理性思考的巨大兴趣。古代希腊民族，经常是为思想而思想，用修昔底德的话说："好像只有思想是他的本行"。他们生性充满好奇，热衷于严谨细致的推理论证，努力探究事物的原因和根据①。希腊人为所有科学打下地基，近代的数学、物理学、天文学、逻辑学、政治学、伦理学等，无一不是建立在他们打下的基础之上。代数学在腓尼基人那里只被用来算账，几何学在埃及人那里只用来在尼罗河周期性泛滥之后重新测量土地，只有希腊人把它们发展成系统精密的纯粹科学。尽管希腊人在所有理论科学中都作出了巨大贡献，但他们很少考虑它们的实际用处，他们追求的是纯粹的真理，是理性思维自身的满足。据说柏拉图看到西西里的数学家把他们的发现应用于机器，就责备他们损害了科学的尊严，实际上是损害了理性思维的尊严。在所有古代文化中，只有在希腊文化这里，理性思维才获得了真正的自由。此外，希腊人

---

① 希罗多德曾记载他在埃及询问尼罗河定期泛滥的原因，对于这个对他们生活造成如此重大影响的问题，埃及人从朝臣、僧侣到百姓居然都没有人思考过，倒是希腊人给这个现象已经提出了三种解释，希罗多德一一加以论证，又加上第四种解释。

在数理科学上的巨大成就，他们寻求一种更合乎理性、正义的政治的诸多尝试，以及希腊艺术的古典风格，也都体现了一种理性思维的自由，体现了一种理性性格。这种理性性格的本质核心是一种理性思维，是理性的绝对自在自为、自我满足的活动。它自在地对民族文化的方方面面进行塑造，构成了民族精神的完整性格。不过它也并不只包括理性思维这一种范型，只不过是理性思维成为规定性的，它作为目的支配、统摄了其他思维。

其二，希腊民族的独特性格的另一个重要方面是它的健全性，即它包含了一种全面发展的自由之和谐整体，而这最终也是被理性性格规定。一种自由的健全性的理想，是希腊人贡献给世界的最宝贵遗产。对于性格的健全性的追求，乃是被理性思维规定，是后者的要求。在希腊人的思想中，这种自由的健全性其实包括两方面：

一方面，自由的全面发展。希腊史诗时代的英雄就是这种全面发展的人。在这里，个人没有因为社会分工而变得狭隘、渺小、猥琐甚至畸形变态。个体还没有分裂，还保持其完整性，因此每个人都是一切。他什么都是，什么都能。史诗中的英雄就是如此，他不仅是优秀的战士、运动员、谋略家、雄辩家、政客、航海家，还是熟练的农人、木工、铁匠、造船家、裁缝甚至厨师等。希腊的文学和造型艺术着力表现的也是这样的人。这就是希腊人的理想。在他们眼中，运动员必须会写诗，悲剧家必须通晓武艺，哲学家必须有矫健的体魄；反之，那种片面发展的怪才，则是被轻视的。希腊人对于手工艺人的鄙视实际上反映了他们对于性格的健全性的理想。正如色诺芬所说："在我们国家里，确实有些所谓粗俗的技艺是为人反对的，因而当然也就十分为人瞧不起了。因为这些技艺迫使工人和监工们静坐在屋子里，有时还整天待在炉火旁边，伤害他们的身体。弄坏身体就会严重地弄坏精神。而且，这些所谓的粗俗的技艺使人没有余暇去注意朋友和城市的事情，所以从事这类技艺的人被认为不善于与朋友们的交往，也不能保卫他们的国家。事实上，在某些国家里，特别是在以向武著称的国家里，甚至不准任何公民从事粗俗的技艺。"[1] 而色诺芬本人既是一位哲学家，又是战士、旅行家、文学家、政治家、学者等。人的这种全面发展，本质上指的是他不缺

---

[1] 色诺芬：《经济论 雅典的收入》，商务印书馆 2009 年版，第 13 页。

少任何一种现实的自由。米隆不仅是伟大的雕塑家，而且是一个伟大的运动员，据说肩上能扛一头公牛，能从后面拉住一辆套牲口的车不让其前进。不仅如此，他还带兵打仗，是个军事指挥官。毕达哥拉斯是个拳击手，柏拉图也曾经是名优秀运动员，索福克勒斯曾在撒拉米海战胜利的庆祝会上，作为雅典最美少年裸体跳贝昂颂舞献给 Appollo。诗人还得兼任歌者、合唱指导、编舞等。古典时代的希腊人，有的是这样的多面手、全才。这种自由的全面发展，基本上是希腊精神特有的。它只能归因于理性思维对于形式的均衡性的要求，所以它其实是被精神的理性性格规定的。

另一方面，自由的健全性还包括一种性格的和谐，这本质上指的是在个体身上每一种自由的均衡发展且构成一个有机整体。人物的性格本质上是他的现实自由的整体。性格的和谐指的是这整体各个方面的均衡和谐状态，而不是某一方面的畸形发展。它不仅包括精神与肉体的和谐，而且包括精神品格的各个侧面，以至他的身体技能、情绪和思想等等所有这些方面的和谐。这种性格的和谐也是古希腊的理想。希腊艺术也就旨在表现一种自由、和谐的性格。比如希腊雕塑中，头部没有特殊的意义，表情没有被特别刻画以着重表现细微的思想和情绪。头部的线条和布局与躯干、四肢是有机统一的。在这里，精神没有压倒肉体，而是与之处在和谐统一中。这种性格和谐的理想是非常独特的，它只能归因于理性思维对于形式的均衡和稳定性的要求。因此在严格意义上，性格的和谐体现了理性思维的自由，故最终也是被精神的理性性格规定。

希腊古典艺术就旨在表现希腊民族这种独特的理性性格。当一种文化的普遍精神性格在个体身上得到完美和集中的体现，那么这个个体就成为这种性格的典型。每一种文化精神都会自在地塑造出它的典型，就像希腊的精神塑造出柏拉图、色诺芬这样的典型，罗马共和国的精神塑造出老迦图这样的典型，中世纪的精神塑造出芳济各这样的典型，佛教也塑造出了从迦叶、阿难到智顗、玄奘这样的典型。艺术则是自觉地塑造这样的典型，以此使其文化精神的性格得到表现。艺术旨在使这种性格鲜明、纯粹、集中地体现在个体性上，因而塑造了这种性格的典范。在这里，艺术乃是被这种文化精神规定。后者规定艺术只能把这种性格作为表现的题材。也可以说在这里，其实是文化精神是通过艺术表现它自己的性格。希腊艺术的古典风格也是如此。

它就旨在表现希腊民族独特的理性性格。希腊的古典造型艺术就旨在以这种理性性格为基础塑造其典型形象。在这种典型塑造中，艺术家的思想（亦是一种理性思维）通过领会达到与有待表现的理性思维概念的同一，所以他根据自己的领会对感性材料进行的塑造，就使这概念注入材料中，使之转化为感性具体的存在。后者就是普遍的理性思维概念与感性具体性的统一。由于这种表现基于领会与对象真理的同一，因此在这里，领会的自身表达与对于对象真理的表现也是同一的。所以古典风格艺术对于理性思维概念的表现，在存在论上可以视为这概念通过艺术家的领会和创作来表现自己。故这种艺术就是精神的理性品格表现自身的一种方式。庄静美就是精神的理性思维概念的自我表现方式。

另外，一个民族的性格乃是一个包括多方面内容的整体，而艺术对其中不同方面的表现，其方式会有区别。希腊精神的理性性格，是一个由理性思维的思想及其塑造的性情、形体、仪态特征等共同构成的整体，艺术对其中每一方面的表现都是对这种性格的表现。这种思想的必然真理是理性思维的通常概念，后者构成理性性格的本质基础，是庄静美的古典风格最终要表现的对象。但是造型艺术由于其自然的局限，只对形体、仪态才可能有直接、再现性的表现，而对精神的思想、性情的表现都是间接和隐喻式的。

造型艺术的这种局限，是由其表现媒介与表现对象的存在论鸿沟导致的彼此不适合性决定的。人类的感官有其自然的局限。尽管人类心灵在突飞猛进，而感官却仍只能停留在远古状态，成为人类最古老，而且保存最完好的"史前遗迹"。人类的视觉在文明未开、人尚未脱离禽兽状态之时，就已完全定型，那时它就只是为了看外在的、自然的东西，而不是内在的、精神的东西。这规定了它的本性，迄今未变。现实对象的本质是纯粹概念，而概念有自然的与精神的。通常情况下，自然的东西是自然概念的表象。因此视觉的存在本来旨在呈现自然概念，其本性完全被这一目的规定，故它与自然概念存在先天连接，与之存在确定的描述或指涉关系，其表象形式可以直接呈现这概念的形式。这决定了人类视觉的自然局限。它本来就不是为呈现精神的概念而设计，其表象与后者不存在上述连接及以此为基础的描述关系，其形式也不能直接呈现后者的形式。这种情况导致以视觉表象为媒介的造型艺术，其图像只能与自然的对象及概念，而无法与精神的概念，达到形式同一，故只能对前者而非后者进行直接和再现性的表现（只有语言艺术才能对精神的概念进行这样的表现）。然而人的形体、仪态依托于自然对象，是内在精神通过改变自然对象而在其上留下的形迹，故为视觉可见，所以它们是造型艺术可以直接和再现地表现的。但是造型艺术对于理性思维的概念和理性的性情，都无法进行直接和再现性的表现。它只能通过描绘被这二者规定的形体、仪态特征等，来使二者得到一种间接的表现。另外，形体图像无法与人的思想、情感构成描述关系，因而造型艺术对这二者的表现不可能是再现式的，而只能是隐喻性的。尽管如此，古典风格的造型艺术，仍是把表现理性思维本身，或它的自由，作为最终的或本质的目的。它旨在通过对这种形体、仪态特征的描绘，来表现理性思维的概念和被其塑造的情操。

造型艺术的这种局限，导致希腊艺术的悲伤。黑格尔看出了希腊的神像透露出的悲伤。当希腊艺术旨在自觉地表现理性思维的自由，它就因感觉到自己与对象的矛盾而痛苦。这种痛苦也是精神因为这个矛盾而无法直接和确定地表现自身从而感到的痛苦。在这里，精神被困在形体里面，无法直接呈现自己，也无法获得一种确切的意义，因而感到悲伤。这种悲伤促使造型艺术向语言艺术转移。

希腊古典艺术把这种理性性格作为表现的题材，决定了它的以下特点：

其一，希腊古典艺术最有力地表现了理性思维的主权，包括理性思维的尊严和权柄。希腊古典艺术乃是把表现理性思维的自由作为其本质目的。但是它的间接和隐喻性的表现方式，也限制了它对这个表现对象的呈现角度。理性思维的自由就是这思想的全部存在。造型艺术只能表现自由对自然的规定，即精神的主权，而非描述这自由的内容。精神的主权表现为精神的尊严和权柄。精神的尊严是对自然的否定，而精神的权柄则是精神对自然的积极塑造。希腊造型艺术也只是表现理性思维的主权，而不能表现理性思维的确定内容。

在希腊人那里，精神的尊严基本就是理性思维的尊严，就是理性思维的自由对于政治的强权、自然的暴力以及情绪、欲望的强制等的否定。古希腊人标榜的对真理的凝神静观就体现了这种尊严。亚里士多德认为这种没有任何功利目的、不带情绪激动的、无活动的纯粹静观的理性沉思才是理想的生活。这种理性思维的尊严，也就是 Winckelmann 所谓灵魂的"沉静"，而这是可以通过造型艺术来刻画的。这种灵魂的沉静表现在人物姿态、表情的肃穆和宁静上。比如希腊艺术的庄严风格，其塑造的人物形象都是静止的、无情绪的，具有一种庄重静穆的表情，表现了理性思维否定自然暴力和情绪侵扰的清明宁静和尊严。希腊古典艺术塑造的神像大都具有一种庄重静穆的表情。这种庄重静穆不是崇高而是庄严（Lessing 也说希腊艺术不在于表现崇高，而在于表现优美，意义与此一致）。神总是被赋予这种庄严的特质，如 Appollo、Athena 和 Aphrodite 的雕像都充分地表现了这一特质，其所体现的就是理性思维的尊严和自由。优雅风格则旨在表现那种体现在情绪和动作变化中的理性思维之尊严。像 Laocoon 群像，尽管身体上极端痛苦，但是人物的面容和全身姿势却是庄重、沉静的，并不显出激烈的动荡，在雕塑的全体结构中，似乎身体的痛苦和姿态的庄重、灵魂的宁静构成了一种和谐统一，生动表现了理性的精神在身体的极端痛苦中的尊严。古典风格就旨在表现理性思维的这样一种自由，它不被情绪欲望影响、不被任何功利目的牵制，否定了自然和社会强加给它的暴力。

另外，在这里，所谓精神的权柄表现为理性思维的自由对于希腊人性格的积极塑造。这种自由雕琢希腊城邦公民的外貌和内在品质，在他的生命中留下理性思维的行迹和见证，这使他在形体、性情和仪表风度上具有了一种庄严和优雅的气象；比如理性思维能够塑造人的动作和情绪的形式，使之变得优雅。希腊古典艺术就旨在以典型方式表现这种性格，就是把这种自由在城邦公民的形体、性情和仪表风度上塑造的新面貌，在一个感性个体上作集中和纯粹的表现，使这一个体成为庄严和优雅的典型。

总之，希腊古典艺术就旨在表现理性思维的主权，它把这种自由用典型形象表现出来，就是庄严和优雅之美。而这种主权就是希腊城邦公民的精神自由。我们从 Athena 雕像看到的那种庄严、从米洛的 Aphrodite 看到的那种优雅，都是希腊人的精神自由的集中体现。这些在一个生活在东方几千年极权国度因而只服从自然的情欲和棍棒的权威的人身上，都是无法看到的。这个自由也是希腊艺术取得最伟大成就的根本原因。Winckelmann 也在其《古代艺术史》中努力证明希腊艺术的庄严风格衰亡是从政治上的自由丧失开始的。

其二，希腊艺术不会把精神的反思、超越思维作为主要题材，这使得它更能保持形式的绝对和谐与优美。希腊人的性格是被理性思维，而不是被反思、超越思维主导。在其中理性只以自身为目的，而不是为反思、超越思维服务。反而是超越和反思皆被理性思维规定且都服务于理性思维的目的；在这里反思乃是对理性思维的反思，超越也旨在领会理性思维自身的尊严，二者旨在达到对理性思维的维持和纯化。反思与超越都没有成为决定希腊人性格的主导方面。希腊人并没有像印度人、希伯来人那样，由于反思、超越思维的进展而导致对于现世生活的苦恼意识和罪责意识、对于某种超验境界的痴迷、对于人类理性的怀疑或否定。在柏拉图的《申辩篇》中，希庇阿斯提到了大多数希腊人对于现世生活的肯定态度："人生最大的福气莫如在希腊人中享有财富、健康、声望，活到老年，把父母体体面面送终，然后由子孙用同样体面的排场把自己送进坟墓。"① 希腊人不相信印度人、希伯来那种超理性的真理或上帝，也没有他们那种超越现实的彼岸理想。希腊人既不接受一个超世间之外的上帝，也不能容忍超越理性秩序的神。神也受到命运，即宇宙秩序或宇宙理性，的支配。这种情况决定希腊古典艺术很少把反思、超越思维作为表现题材，因而避免了其他艺术传统由此导致的对形式优美的彻底破坏。它不会像印度艺术那样，把表现一种超越、神秘的精神境界（涅槃）作为最高旨趣，或用夸张、怪异的形象表现对现实性的否定；也不会像基督教中世纪的雕塑绘画那样，着力于表现受难的基督和圣徒干枯、羸弱甚至丑陋、可怖的躯体中的伟大灵魂，或像哥特式教堂建筑那样，通过在空间和心理上将天国与尘世强行分离，表现精神对自然和世俗世界的否定。这些都导致对形式优美的严重扭曲。希腊古典风格则总是把一种理性性格或理性思维本身作为最终的表现题材。它的美是优美，而不是崇高和深沉。

　　其三，希腊古典风格的典型人物，都表现出一种性格的健全性，这是其有别于其他文化的艺术典型的一个最独特方面。这一点，只要我们把希腊古

---

①　《奥德赛》中，当奥德赛祝贺阿喀琉斯在亡魂中仍然是领袖，阿喀琉斯答道："光荣的奥德赛，不要和我谈到死。我宁可做个农夫，替一个没有遗产而过苦日子的人当差，那比在从古以来所有的死人中当头儿还强得多。你还是和我谈谈我光荣的儿子吧。告诉我，他在战场上是不是一个英雄好汉？"当他听见自己儿子作战英勇，得了大名，就非常高兴。可见他进了坟墓仍然关心现世的生活。在荷马笔下，冥界是一个笼罩在阴沉的浓雾中的黑暗寒冷之所，亡灵像蝙蝠一般成群结队，尖叫飞舞，在土沟里喝俘虏的鲜血。

典艺术跟西方中世纪和 18 世纪以来的艺术相比，就会看得更清楚。早期基督教文化就缺乏希腊人那种健全性的理想。在中世纪及更早的基督教艺术中的基督和圣徒的形象都是精神完全压垮肉体的，往往作品表现出了人物强大的精神力量，但是却给予他一具非常羸弱病态甚至畸形的肉体。现代造型艺术则往往为了突出人物的思想，把主要精力放在面部表情的刻画上，而身体其他部分则非常粗略，以至整个人似乎被思想吞噬（比如罗丹的"思想者"雕塑），甚至舍弃躯体，只单独保留头部，似乎人就成了纯粹思想。这些都是破坏了精神与肉体的和谐、均衡的关系，破坏了性格的健全性。另外浪漫主义绘画描绘的那种被强烈情绪和激情扭曲的形象，19 世纪文学塑造的那些偏执、古怪的人物，也都是失去了性格的和谐均衡。这种人物性格在希腊艺术中是极少见的。在这里，不仅肉体和精神是和谐均衡的，而且二者各自也是健全的。希腊艺术塑造的人体是完整而非残缺的，这些人体基本是裸体的，各部分关系是和谐的，且得到均衡的刻画。同样，人物的性情也是健全的。在希腊文学中找不到巴尔扎克笔下那种偏执狂，也找不到基督教文学中那种形容憔悴、苦思冥想的圣徒形象。在希腊艺术中，典型的人物性格是奥德赛式的，健康、全面、和谐且强壮活泼；史诗中的奥德赛，又会做家具、又会打仗、又会写诗、又能航海、又会耕地等。这就是一种最健全的性格。

总之，希腊古典艺术是把希腊精神的理性性格，最终是把理性思维的自由，作为表现的题材，这决定了希腊艺术的上述特点。

第三点，希腊艺术的表现方式本身也被这种理性性格所规定。一个民族只有当它具有这种理性的性格、只有出于这种理性性格，才会追求一种理性思维的美（表现在形式的绝对和谐），而且这种美就旨在表现这种性格，或者说就是这种性格的自我表现。精神的理性性格在以下三点规定了庄静美的对象表现方式。首先，精神只有具备了这种独特的理性性格，才必定以理性思维的方式表现对象。艺术家只有被这种理性性格规定，才是以理性思维，而非超越、反思思维等，进行对象表现，也才会把形式的绝对和谐作为艺术的根本追求，且根据这种绝对和谐的旨趣对对象进行理想化。只有这样，庄静美才是可能的。其次，理性性格也规定了庄静美的题材选择和审美理想。这种理性性格使庄静美的真实兴趣对象是理性思维的概念而不是反思、超越思维等的概念，是理性性格而非其他性格。而这种性格中起规定作用的理性思维也决定了庄静美把形式的绝对和谐和性格的健全性作为理想。最后，这种性格也决定希腊艺术对于人物性格的健全性的追求。一种理性的精神，会由于理性思维的兴趣，而自觉地致力于自由的全面发展与性格的和谐。因此被它规定的艺术，就会把人物性格的健全性作为理想。只有这种健全的性格才是和谐均衡的，才符合理性思维的理想，因而才具有充分或真实的庄静之美。

总之，希腊民族独特的理性性格也规定了希腊艺术的表现方式的特点。这种性格一方面在于理性思维的自由，另一方面在于它自身的健全性，即它包含了一种全面发展的自由之和谐整体。这两方面也决定了希腊古典艺术的特点。前者决定了希腊古典艺术对形式的均衡、对称和稳定以及情绪的宁静和意义的自我满足等的追求。这种艺术没有因为要表现一种反思和超越的性格（像欧洲中世纪和佛教艺术），或因为要表现一种骚动的情绪（像后期浪漫主义艺术），而破坏了形式的均衡和稳定。同时，希腊艺术也表现了一种最健全的性格，它的人物典型是精神的高贵与肉体的健美的和谐统一（且这种精神高贵就表现在肉体的健美中）。正是因为两个方面，使希腊古典艺术成为庄静美的典范。

以上分析最终表明了，艺术只有被精神的理性性格规定，才能塑造出充分或真实的庄静美，并以之作为自身的体现。古希腊人的精神性格就是这种独特的理性性格，所以古希腊的造型艺术达到了庄静美的巅峰。

每一民族的艺术都旨在表现这个民族的精神性格，艺术的题材、兴趣、眼光等都被后者规定，因此这里其实是这种精神性格通过艺术表现它自己。希腊古典艺术，作为庄静美的典范，要表现的题材或对象真理，就是希腊精神独特的理性性格，其本质基础是理性思维的概念。故在这里，其实是这种理性性格或理性思维通过希腊艺术表现自己。理性性格是被理性思维规定的精神性格。理性思维就是理性的自为独立的活动。它的真理或理想，在于它作为每一个具体的我思绝对只以自身为根据和目的。在这里，理性思维就真正成为纯粹的。理性思维的内在本质决定它渴望成为纯粹的，因而它在艺术中将自己表现为纯粹的。换句话说，希腊民族的理性性格，本身就要求艺术以理性思维的方式来表现它。或者说，它要求通过艺术的理性思维来表现自己。它通过艺术家的手，把自己的理想，作为它的自身存在的完美的感性表象，表达为感性个别的客观形象，因而创造了希腊艺术特有的庄静之美。这个个别的形象，就是这种性格的客观理想或典型。古典艺术的最伟大作品，如 Pheidias 的 Athena、Polykleitos 的雅典战士和运动员、Praxiteles 的 Aphrodite，都是希腊民族性格的成功典型。

第二节　庄静美的理想化特征

通常情况下，一种艺术只要是有所表现的，就是理想化的。因为艺术如果要让观众产生共鸣，那么首先它作为表现题材的，就必须是某种普遍对象，或对象的普遍性质；其次，它表现或表达的还应当是观众对于对象的普遍领会。（1）艺术必须在它塑造的个体上，把对象的真实和普遍的性质集中或完美地呈现出来；另外现实对象的本质是思想、概念，艺术旨在使普遍、抽象的概念真理在感性个体上的完美表现，这种表现之谓完美就在于感性个体的存在使概念得到最集中、充分和纯粹的体现（现实对象的普遍性质，本身也是概念的自在体现）。因此这种对象表现通常就是理想化的，而彻底的写实主义甚至在严格意义上无法被称为艺术（因为达不到对于对象的集中、充分和纯粹的表现）。理想就是普遍、抽象的概念在感性个体上的完美体现，是概念与感性形式的统一。而艺术要表现的对象最终是人的性格，在其普遍意义上就是一个民族的性格，而后者的本质是在其中规定性的思想范型。Melos 的 Aphrodite 雕像之所以有如此惊人的美，首先就在于她比任何现实中的女人更完美体现了女性的真理，在这种意义上她比她们更"真实"。她不仅表现了女性肉体之美，而且完美表现了一种精神的自由，因此表现了一种普遍的性格。因此，庄静美作为一种致力于对象表现的美，就是一种高度理想化的美。它表达了关于某种现实真理的理想，后者就是这真理的纯粹和集中的感性体现。甚至荒诞艺术也包含了对某种超乎常识的真理在感性形式上的集中表现，这种表现也是理想化的。（2）一种致力于对象表现的艺术，还应当表现或表达了一种文化对于对象的普遍和真实的领会，这也是对象概念的一个方面。艺术把这种领会通过感性图像充分地表达出来，这也是一种理想化。艺术形式对于对象的理想化，本身就表达了一种非同寻常的领会，后者使艺术作品比任何自然个体更完美地表现了对象的真理。艺术可以表现丑恶、恐怖的东西，只有当它对这种东西的领会是普遍的真理；此时它的价值、它的美就完全在于这种领会的原初真理性。反之，如果艺术所表现的只是针对一种完全偶然特殊或怪诞病态对象的、乖僻甚至变态的领会，那么它的对象和领会都丧失了真理性，它就不会让观众产生美感。这种所谓艺术就是没有任何价值的。总之，美对于现实对象的表现总是理想化的。

庄静美作为一种包含对现实对象的表现的优美，其表现也必然是理想化的。真正的庄静美是以理性思维方式表现精神的理性性格，这决定这种表现会对后者进行一种双重的理想化：一是通常的理想化，即典型化，就是使普遍概念在感性、客观的个体中得到完美的（即纯粹、充分和集中的）体现；二是理性思维特有的理想化，就是根据形式绝对和谐的理想对对象进行抽象、修缮和调整。与此相关，艺术理想的形成方式也有两种：经验的和先验的。前者是艺术通过对经验个别性的提炼、综合构成关于对象的典型；后者则是艺术根据纯粹概念的真理和表现方式的自身兴趣塑造感性材料，也构成了某种主观的和客观的理想。庄静美是以先验的方式构成其理想形象的。它对于对象的理想化是双重的。

一方面，庄静美包含了通常的理想化，即典型化。

庄静美也是一种典型化的美，最终是精神的普遍性格在个体身上的完美表现，而这性格的本质基础是精神的普遍概念。典型就是其自身存在使普遍概念在其中得到完美表现的感性个体，是概念与个体性的完美统一。所以典型化包含对对象的理想化。它就是把关于对象的理想客观化，而理想就是完美表现对象概念的感性表象。这个概念作为精神性格的本质基础具有属人性，而典型则是完全体现普遍概念的人物性格，所以典型其实就是人化的概念。它包含了对于概念的真实理解，就是概念的感性个别表象。

人的本性，决定他通常更容易被有血有肉、有性情和形象的人，而不是被抽象的无血肉的概念，所吸引和感召。我们往往对于某一个抽象的概念无动于衷，却会因真实体现了概念的活生生的个人而深受感动。这样的人就是典型，这其实就是概念成了肉身。人们之所以容易被这种人化的概念感动、吸引。首先是因为真理总要通过人来传递。真理乃是把人作为传播的载体。它只有作为人的性格的一个部分，才能够被接受。因而它的自身传递的意志

（通过良知）从目的论上规定了人们对承载真理的典型人物的兴趣。其次，概念只有被人化，才能确保其能够成为作为人的领会者的生命真理。正如基督只有通过道成肉身，才表明祂能够成为人的生命真理。真理如果不具有属人性，就不能实际地进入人的生命之中。一个使普遍真理得到完美体现的人物，就是典型。

典型通常只能是艺术的创造，而很少存在于寻常世界中，因为只有艺术才能实现这种完美表现。艺术表现的是经过提炼的现实，是事物的应当如此、它的理想，因而比通常事物更完美地体现了概念。艺术就是要从个别性中抓住事物的普遍性，要对事物加以观念化或理想化。它把现象中凡是不符合事物真正概念的一齐抛开。只有通过这种简择、清洗，它才能把事物的理想表达出来。这个所谓事物的理想往往就是从一大堆个别偶然的东西之中所提炼出的现实。反之寻常事物对于概念的自在的体现通常是不够集中、不够充分和不够纯粹的，故一般不具有典型性。一种文化精神自在地塑造的典型（如作为人子的耶稣），毕竟是极罕见的。艺术品通常比自然更清晰、纯粹和充分地表现了概念。

艺术的典型就是一种理想的人物性格，后者的本质就是精神的现实自由。这自由不应是个体的怪癖，而是普遍必然的真理，所以就是精神的自在的概念。理想的人物性格包括他的自由或他的存在的所有方面。人的自由本来是包含多方面、多层次的。不仅包括精神的，也包括自然的。一个人的健壮、匀称、力量和敏捷的形体，都属于或体现了他的自由———种自然的自由。所以不仅一个人里面的思想，他的情感、激情，而且他的外在的形体，都属于他的性格的方面。理想的人物性格应当是包含所有这些方面的全体。比如荷马史诗中的神祇和英雄们，不仅有强壮、美好的形体，而且有丰富的脾性、情感、欲望和思想。这样的人物性格才是完整的。艺术既可以表现性格的整体，也可着重表现其中某一方面。比如通常的造型艺术着重表现人物形体，感怀主义的诗歌、音乐则着重表现人物的情感，有些戏剧、小说着重表现的是人物的思想。这些也都是在表现人物的性格。因为一段情愫、一缕思绪，都属于人物性格，都可作为典型表现的素材。

人物的性格被他所从属的文化精神规定。每一种文化精神都会塑造一些独特的人物性格，并通过后者使自己获得感性、个别的体现。精神以其现实自由或概念雕刻人物的性情，把这自由灌注到这性情之中，从而形成人的独特性格，且这自由的多方面性决定人物性格的复杂性。这些被精神塑造的人物性格的总体构成一种文化精神的性格，其本质是概念。人物性格就是这个精神的普遍性格及其包含的概念在人的个体性上的集中表现。艺术塑造的人物性格的本质应当就是人物所从属的文化精神的独特性。

艺术家固然可以塑造各种典型，但典型要成为美的，一个根本的条件是它必须是真实的。典型之为真理，首先在于它所表现的性格具有普遍必然性。尽管一种文化精神或个人的性格也有暂时和偶然的内容，但是被作为艺术典型的性格，必须具有普遍必然性。真实的典型必须表现了某种普遍真理，表现某种类型的人或物的真实和普遍、必然的特点，而不是刻画一些偶然特征或不具代表性的纯然个别对象。比如我们现在要塑造一个"一身正气、两袖清风"的县委书记典型，群众就可能认为它不真，原因在于这个形象缺乏普遍性。构成人物性格的普遍、必然真理的，本质上就是精神的概念，或概念的感性体现。因此典型之为美，前提是它所表现的性格具有普遍必然性。在希腊古典艺术中，庄静美表现的理性性格就是希腊民族精神的普遍性格。

其次，典型之为真理，还在于它使一种必然的精神自由得到完美体现。典型的真实性包括以下两方面条件：

（1）典型之为真，要求它表现的概念必须是精神的真理。典型是一种理想的人物性格。典型之为真，前提是人物性格要具有代表性，而这在于典型所表现的，作为性格之本质基础的自在概念以及精神对这概念的普遍理解，都必须是真实的。

首先，典型所表现的自在概念必须是真理。如果典型所表现的概念是虚假的，那么这个典型也是虚假的，它就不能给正常的审美主体带来美感。这种精神概念的真理性在于：一是这概念必须就是精神的现实自由。一种精神概念之为真，就在于它属于一种高尚的精神自由。希腊古典艺术的典型，就体现了希腊民族独特的自由。正如美术史家 Winckelmann 所说，"在希腊，自由随时都有它的宝座"，"正是自由在人出生时仿佛就已播下了高贵性情的种子"，而且古希腊艺术"之所以优越的最重要原因是有自由"。① 正是这种

---

①　温克尔曼：《希腊人的艺术》，广西师范大学出版社 2001 年版，第 109 页。

自由，使那完美体现它的希腊艺术典型成为人类永远的理想，具有永恒的美。反之，像中国传统的二十四孝故事所表现的概念，就违背人类自由的本性，因而不具有真理性，这种典型就不能成为人类真正的理想，所以就缺乏真正的美。二是这种概念的真理性还在于它的自由必须是在某种意义上超越观众自己的实际生命境界的，只有这样它才具有理想性，才可能成为真实典型的本质基础。也就是说，典型性格必须包含或体现了一种比我们更高尚的自由。比如希腊艺术表现的典型性格中，那种理性思维的尊严和性格的健全性，就超越我们自己作为观众的实际现实自由，因而这种性格对于我们才具有理想性。艺术成功塑造了一些永远的典型，比如米洛的 Aphrodite、德尔斐的 Appollo 等。另外，典型表现的人物性格其他方面之为真也在于其体现了另一种自由。比如形体的强健、匀称、敏捷，动作、情绪的优雅等也是一种自由，且因被精神的概念塑造而成为精神自由的体现。只有当典型体现了一种超越了我们自己的实际生命此在的精神自由，它才是真实的，才可能让我们感到美，否则就是虚假和丑恶的。

其次，典型所表现概念的真理性，还在于文化对于精神自在概念的普遍理解的真实性。艺术典型之为真，还在于它反映了文化共同体对于理想性格的共同观念，所以它表现了人们对于概念的普遍理解，这样它才能让人们感动，让他们觉得美；另外，这种普遍理解还必须是真实的，即真正领会了概念之真理的。只有根据这种真实、普遍的理解塑造的艺术典型才可能具有永远的美。反之，如果典型所表现的只是一种错误的或者艺术家纯属个人的偶然理解，那么他依此塑造的典型就是虚假的，也不会给正常人带来审美感动。比如 20 世纪一些病态、颓废的艺术，其塑造的艺术形象往往只是表现了艺术家对于事物的纯然个人化的理解，故不具有典型性，通常也不具有真正的美。典型对于所表现的性格及对性格的理解的普遍性要求，是被它要表现的概念的普遍性规定的。

性格作为概念的体现必然具有普遍性，这种普遍性通常也是思想之为真的保障；而普遍性通常也是对概念的理解的真实性的保证。

只有一种高尚的，即自由在其中得到充分展开的文化精神才能在以上两方面保证人物性格概念的真理性。只有这样一种文化精神才能确保人物性格的概念包含了一种超越观众的实际此在的自由，且保证文化共同体对于这概念的真实理解。希腊的文化精神就是这样一种文化精神：一方面，正是在这种文化精神中得到充分展开的自由，保证了希腊艺术中这种典型性格的概念具有永恒的真理性。这种真理性最终在于这概念包含的理性思维的自由及性格的健全性。这种真理尽管是希腊文化精神的普遍性格，但是它在个体身上的完美体现却是观众的实际此在无法企及的，因而是一种永远的理想，具有永恒的典型性。它就是希腊艺术要表现的根本题材。另一方面，希腊文化精神的独特性格就是一种理性的性格，这种性格也使精神得以对其理想性格的自在概念形成普遍、真实的理解。这两方面确保了希腊艺术中人物性格概念的真理性，而这种真理性是庄静美的条件。

（2）典型之为美，还要求艺术家对概念的表现是真实、有效的。这种表现，首先要求艺术家对于对象的理解是真实的，其次是要把这种理解清晰、准确、充分地表达出来。艺术家对性格理解的真实性不仅在于与性格的自在概念一致，而且必须与社会的普遍理解一致，否则他塑造的典型就是虚假的。另外艺术家还必须有能力将这种理解真实、有效地表达出来。艺术的表达就是艺术家把他的理解转化为自然、感性的形象。他首先要构成一种表现概念的主观心理图像，然后将后者转化为客观物质的形式。所以这种表达是双重的，且只有当这双重表达都是真实的，他才能创造出真正的艺术典型。艺术家对概念的真实表现，不仅与他的理解力、想象力、技法的成熟性有关，而且与他的艺术良心有关。艺术的良心在于理解和表现存在之真理的追求。只有出于对真理的良心，艺术家才能塑造出真实感人的典型。至于艺术家对其理解的有效表达，则在于他能够创造出适当的艺术形式，把他的理解最凝练、完整、突出和有力地表现出来。艺术家必须以他对人物性格的真实理解来塑造艺术的材料，从而最终将人物性格真实、有力、生动地表现出来，而这取决于他的天才、技巧和艺术良心。

总之，庄静美的对象表现是理想化的，这种理想化首先是一种典型化。庄静美的典型是一种完美地体现了精神的理性性格的人物性格，其本质基础是理性思维的概念。与深沉、崇高不同，庄静美表现的是一种理性的性格。这种性格的特点在于，在其中，理性的活动只为理性自身，只把表象的综合统一作为唯一、最终的目的，因而理性成为自为独立的存在，即所谓理性思维，而且这种理性思维获得了自身自由。在所有古代民族中，希腊民族最充分表现了一种理性的性格，她的文化精神最完美地体现或塑造了这种性格，而古希腊的艺术，不论它的雕塑、建筑还是文学，都旨在表现这种性格。这种艺术追求的就是庄静美。人们有理由认为古希腊艺术，以及继承其理想的文艺复兴艺术，是庄静美的典范或顶峰。因此我们分析庄静美，基本都是以古希腊和文艺复兴艺术为范本。

典型之为美，要求它必须真实地表现了对于一种精神真理的真实理解，而普遍性则通常就是真理性的保障。尽管一种文化精神或个人的性格也有暂时和偶然的内容，但是艺术塑造的典型必须具有普遍性，不仅它表现的是精神的普遍、必然的思想及其自在塑造的普遍性格，而这种普遍性通常是思想之为真的保障；而且艺术典型必须表现对于性格的普遍理解，而这种普遍性通常也是理解之真实性的保障。庄静美要表现的理性性格，其本质不是偶然的理性思维，而是理性思维的必然真理，即它的概念。它要表现的也不应当是对于这种性格的偶然、个别甚至病态的理解，而是这种文化精神普遍的理解。即使对于那些属于不同文化传统的观众，这种普遍性作为真理性的保障也同样有效，所以即使对于中国人，希腊艺术典型的普遍性，也同样是其庄静美的条件。然而，性格的概念基础，作为典型包含的必然自由，在发生论—存在论上必须回到它植根于其中的神秘源头。这个神秘源头，就是原初想象的浓雾和神圣本体的深渊构成的包围着理性和概念的无限之谜。

除了这种典型化，庄静美还包含一种它特有的理想化，后者被理性思维的自由规定，是从理性思维的自身兴趣出发的，就是根据形式绝对和谐（它是优美的本质条件）的理想对对象进行抽象、修缮和调整。因此庄静美还包括这样一种理想化，就是根据理性思维的形式理想对对象形式进行重塑。

美的理想，刻画的不是对象的现存，而是对象的"应该"，后者通常情况下指的是作品完美体现了对象的真理。但是如果我们进一步考察庄静美的理想中的这个"应该"，就会发现它还有一个明显超越对象真理的形式层面。比如我们下面将要谈到的，庄严风格追求的笔直和圆满的轮廓形式（它存在于所谓"希腊轮廓"、"四角鼻子"、"椭圆形表面"等），都不是人体真实的结构；优雅风格追求的动作的平衡、对称和稳定形式，最终也不是来自人类自然本有的动作结构。可见，这类理想的形式，尽管确乎能够使对象显得庄严、优雅，却并不是对象真理的体现。它们的首要目的并不是彰显对象的通常概念（理念），而仅仅是构成一种单纯形式的和谐，即绝对和谐。它们也是理想化的，但只是一种单纯形式的理想，其理想性在于其具有形式的绝对和谐。在庄静美中，形式的绝对和谐不是完全的。因为庄静美旨在以一种绝对和谐的形式表现通常的对象真理，即表现其概念的形式，所以庄静美的形式其实是这两种形式的统一，它的绝对和谐不可能是完全或完善的。由于所表现对象的自然形式的影响，艺术追求的绝对和谐总得作出调整。任何一尊古典的雕塑都不可能具有绝对的对称和均衡，而这是理性思维追求的完全绝对和谐应包含的。

这种单纯形式的理想，乃是被一种自为的理性活动，即理性思维，所规定的。后者是一切理性的最终的目的和真理，它只以单纯形式的和谐为绝对目的，而这种和谐，若是完全的，就必是绝对和谐。绝对和谐不仅包括全部要素的形式统一，而且应包括形式的均衡、对称和稳定。理性就是精神的自身建构活动，它旨在构成静止、稳定的思想形式。一种形式，只有当它具有平衡、对称和均衡的特征，才是看上去最稳定的。但是理性的建构活动及其所构成的形式，通常是被这形式应当承担的效用规定，后者就在整体上打破了形式的平衡、对称和均衡。一种绝对自为的理性活动，因为未尝被一种外在的目的吸引而从它本己的目的偏离，故能构成这些形式特征。也就是说，只有理性思维才能构成一种绝对和谐的形式。它通过后者表现自己，并以之为自己的理想。一种绝对和谐的形式是理性思维的理想，而不同于通常概念的理想（无论是通过"回忆"还是归纳获得的）。它是另一种性质截然不同的"应当"。然而希腊的古典艺术家和哲人似乎没有将这两种"应当"辨析清楚。

总之，庄静美首先要表现的是通常概念的理想，同时它在这种表现中，又追求形式的绝对和谐（而这是理性思维的理想），因而它具有一种双重化的理想。希腊古典艺术，一方面要把事物的通常概念以最纯粹、集中和充分的理想形式表现出来，另一方面又在这种表现中贯彻了对形式的绝对和谐的追求，所以其宗旨就是以一种绝对和谐的形式领会通常概念。庄静美就是以理性思维的方式表现或领会对象的通常概念。它的本质就是这种思维。

庄静美的理想是以一种先验方式构成的。希腊的贤人庞塔库斯曾经写道："男人确实难以生得真正地高贵，双手、双脚、头脑俱四方端正，雕琢得毫无瑕疵。"①Raphael 在致巴尔达萨·卡斯提里奥纳伯爵的信中也写道："妇女中的美是如此的少见，故我不得不运用我的想象中的某些理想。"庄静美以先验的方式构成其理想形式，因而完全不受制于自然的局限性。首先，庄静美塑造的形式不是作为对经验个别性之概括的"实然"，而是以对象真理或概念为根据构成的"应当"。其次，庄静美对于形式绝对和谐的理想也不是来自对经验个别性的概括，而是理性思维的先天要求，这种理想的构成方式是先验的。在这里，理性思维获得了某种超越于对象表现的自由（尽管这种自由是不完全的），使它不必拘泥于表现的忠实性，而是能够把自己的形式理想贯彻到表现中。最后，庄静美必须把这种绝对和谐形式与对象的自然形式统一起来，这种统一也是以理性思维的先验综合活动为根据，因而也是以先验方式构成的。

艺术的理想有多种形成方式，这使理想本身的性质也有很大差别：

第一种是纯然经验的方式。这就是艺术家努力排除对于对象真理的先入之见的条件下，通过对于足够的个体样本进行归纳和综合，构成一种能完美体现种属的最大普遍性的个体观念，即对象的理想。比如康德谈到把一个民族的全部男性的头像重叠起来，最后呈现出的头像，就体现了这个民族男性的最大普遍性，因而就最美。艺术以这种方式创造的典型形象在自然中其实并不存在。它是高度理想化的，超越任何个体之上，比任何个体都要完美。也正是因此之故，优秀作品比单纯写实主义的作品更具震撼力，艺术价值也更高。在今天，这种理想化的操作，在计算机辅助下，可以完全排除艺术家的先见，而且极为容易。不过它在古代艺术家就很难彻底排除前见的影响，而达到纯然的经验性。

这种纯然经验的理想化方式，较之其他方式，使艺术能够最客观地表现对象的真理。但是它其实排除了艺术家的领会，否定了偶然性和原初想象的存在余地，获得的只是纯粹的客观必然性，因而其作品表现的是善而不是美，故往往不能带来真实的审美快感。

第二种可以称为先验—经验的方式，在艺术创作中更经常被采用。这就

---

① 转引自理查德·西奥多·尼尔：《希腊世界的艺术与考古》，翁海贞译，华中科技大学出版社 2020 年版，第 159—160 页。

是艺术家根据自己的理解，对多个自然个体的优点加以综合、提炼，最终塑造出一个最完美个体的形象。比如据说希腊名画家 Zeuxis 为了画美女海伦的像，曾把 Croton 城邦里最美的女子召集在一起，把她们的优点集合起来，画了成他的名画《海伦》。在这里，一方面，这些优点是一些自然特征，所以艺术家发现它们的过程带有经验性。另一方面，艺术家还需要确认这些是"优点"，并且要根据自己心中的观念将对它们加以组织，才能创造出理想的形象，而他的这种"确认"和"观念"，有可能是根据经验归纳，也有可能是根据纯粹的概念。在后一种情况下，艺术理想的构成方式就同时包含了一种先验的维度。

第三种是自然的潜意识规定。在通常情况下，人类所构想的关于某种事物的理想，都被这事物的效用或它的善规定：这个理想就是最完美地体现了这类事物所当有之善的个体。比如当我们夸奖"这真是一只理想的猎犬！"就是指它能够最出色地承担其在狩猎中的效用。不过在许多情况下，我们对一事物的效用并没有清晰的认识，然而这种效用却通过自然的无形之手，决定我们关于这事物的理想存在的构想。这一点，最明显地体现在从远古到今天许多人对于理想的女性人体的构想上。在一种健康的文化中，理想的女性形象往往被认为应该是丰乳肥臀，身体强健，动作灵敏，眼睛明亮，肌肤细腻且有光泽，脸颊透出些许红润等。最美的女人应当集所有这些特征于一体。人们所以认为这些特征是美，通常并非根据经验的归纳总结，而是被本能无意识地规定。所有这些特征都服务于女性形体的效用，即最佳的生育力。正常情况下，人们构想出的最美女性形体，都是最完美体现这一效用的。这种形体常常夸大了女性生殖力的特征，以至在自然中并不存在，因而它是理想的。像"威伦多夫的 Aphrodite"那样夸张表现的丰乳肥臀，并非对女性裸体的写实表现，它其实是理想化的。但原始艺术家塑造这种理想形象，并不是认识到其相关的生殖力。在这里，其实是自然的本能无意识地规定了他的观念，指导他的手刻画出他心中的理想形象。

第四种是纯粹先验的方式。这就是庄静美的理想形成方式。这就是艺术家真正领会了事物的先天理念或概念，构想出能够最完美体现这概念的感性形象，并以此为根据对感性材料进行加工，从而塑造出这类事物的理想形象。这种理想的形成方式不是归纳，而是演绎。

首先，庄静美塑造的典型不是对经验个别性的概括，而是以必然真理或概念为根据构成并使之得到完美体现的理想性格，这种理想构成方式是先验的。

亚里士多德肯定艺术比现象世界更真实，因为艺术表现了事物的内在本质，最好的艺术家是"照事物的应当有的样子去表现"①。Da Vinci 也说，诗人和画家不是"照个别人的原来的样子来描写他，而是在洞悉造物主在创造人时所根据的那种普遍的最高的美的理念之后，按照事物应该有的样子去创造它们。"艺术家应当表现的不是事物的实际此在，而是事物的"应当"如此，即它的理想。庄静美的这个"应该"，首先指的个体完美地，也就是纯粹、集中且充分地，体现了事物的本质、普遍、必然的真理，即它的概念或理念，于是这样的个体就是这个概念的客观感性表现，是一种客观化的理想。

这一点对于理解希腊艺术中的庄静美是至关重要的。在希腊艺术中，无论是庄严风格还是优雅风格，都植根于理念论的基础。这一基础通过柏拉图的艺术理论得到了最清晰的表达。柏拉图认为艺术创作，首先应当是艺术家唤起灵魂对其生前看见的理念的回忆，然后把他对于理念的回忆表现出来。但是只有与完美体现了理念的对象接触，才能唤醒艺术家的这种回忆。《斐得若篇》生动地描述了这种唤醒过程：

一个人如果不是新近参加入教典礼，或是受了污染，他就很迟钝，不易从观照人世间叫作美的东西，而高升到上界，到美本身。他也不能抱着敬心朝这方向去望，却把自己抛到淫欲里，像牲畜一样纵情任欲，违背天理，既没有忌惮，也不顾羞耻。至于刚参加入教典礼的人却不然，他所常观照的是过去在诸天境界所见到的真实体，如果他见到一个面孔有神明相，或是美本身的一个成功的仿影，他就先打一个寒颤，仿佛从前在上界挣扎时的惶恐再来侵袭他；他凝视这美形，于是心里起一种虔敬，敬它如敬神；如果他不怕人说他迷狂到了极致，他就会向爱人馨香祷祝，如向神灵一样。当他凝视的时候，寒颤就经过自然的转变，变成一种从未经验过的高热，浑身发汗。因为他从眼睛接受到美的放射体，因它而发热，他的羽翼也因它而受滋润。感到了热力，羽翼在久经闭塞而不能生长之后又苏醒过来了。这种放射体陆续

① 亚里士多德：《诗学》，陈中梅译注，商务印书馆 2011 年版，第 178 页。

灌注营养品进来，羽管就涨大起来，从根向外生展，布满了灵魂胸脯——在过去，灵魂本是周身长着羽毛的。在这过程中，灵魂遍体沸腾跳动，正如婴儿出齿时牙根感觉又痒又疼，灵魂初生羽翼时，也沸腾发烧，又痒又疼。①

在这里，实际存在的个体即使再美，也不是理念的根源，亦非艺术理想的根源，而只是起帮助唤醒对理念回忆的作用。艺术家纯粹是根据这个理念塑造理想，而这理念是纯粹的先天普遍性。这种理想构成方式就是纯粹先验的方式。理念论是希腊艺术的庄严风格和优雅风格之理想化的共同基础，以致只有联系到柏拉图的艺术理论，我们才能真正理解希腊的古典艺术。艺术的理想，若是通过"回忆"或演绎获得，其构成方式无疑是纯粹先验的。但如果是这种理想的构成是借助了归纳和提炼，而这归纳和提炼是自觉地接受理念指导且以生动地体现理念为目的的，那么这种理想的构成方式同样是先验的。这种理想的构成方式，只要是自觉地以先天普遍的概念或理念为根据，就是先验的。

其次，庄静美塑造的典型还表现了理性思维自身的形式理想，在这里理性思维对于这个理想的规定是先验的。庄静美旨在以理性思维方式表现对象真理，但是在其中，理性思维具有超越对象表现的自由，它纯粹出于这种自由而对于艺术理想进行的规定是先验的。

庄静美追求形式的绝对和谐，但它对于形式绝对和谐的理想，不是来自对经验个别性的概括，亦非植根于对象的自身真理，而是理性思维的先天要求，这种理想的构成方式是先验的。在这里，理性思维获得了某种超越于对象表现的自由（尽管这种自由是不完全的），使它不必拘泥于表现的忠实性，而是能够把自己的形式理想贯彻到表现中。不仅如此，庄静美还根据理性思维自身的意愿对于对象的自然形式进行实际的规定，比如根据理性思维对纯粹形式和谐的兴趣对人体的姿势、动作和情绪进行规定，以形成一种贵族式的庄严和优雅风度，这种规定也是先验的。

希腊艺术的典型，都体现了理性思维这种超越对象真理的形式理想。其中，雄伟风格追求的笔直和圆满的轮廓形式都不是人体真实的结构；典雅风格表现的力量的对立平衡姿势，也不是通常的姿势；优雅风格追求的动作的

---

① 柏拉图：《斐德若篇》，朱光潜译，商务印书馆 2018 年版，第 35—36 页。

平衡、对称和稳定形式，最终也不是来自人类自然本有的动作结构；温存风格的高雅的情感表现，也并非来自人类自然朴素的情感生活。在这里，希腊艺术追求的这种理想化形式，并非旨在更忠实表现对象的真理，而是为了使对象显得庄严、优雅。这种庄严、优雅归因于一种单纯形式的和谐即绝对和谐，是艺术根据绝对和谐的理想对对象进行抽象、修缮和调整的结果。这种绝对和谐的理想，不是被对象真理，而完全是被作为表现方式的理性思维的自由所规定，因而它是被先验地构成的。

不过，庄静美还必须把理性思维理想的绝对和谐形式与对象的自然形式统一起来，而这种统一也是以理性思维的先验综合活动为根据（尽管这种综合要以对象自然形式为基础），因而也是以先验方式构成的。庄静美的本质就是以理性思维的方式领会或表现对象的通常概念。一种真实的领会，就要求领会方式与对象概念达到统一。但是因为这种领会方式与对象概念在形式上的根本冲突，故这种领会就导致这二者的矛盾。这是因为在这里庄静美的领会方式的理性思维追求一种绝对和谐的形式，而对象的自然形式通常不具备这种绝对和谐，而只有一种作为真理之形式条件的充分和谐。于是庄静美的这种对象表现，必然导致作为表现方式的理性思维与它所表现的通常概念的矛盾。这就是庄静美的内在形式矛盾。这通常就是理性思维追求的绝对和谐形式与通常概念的充分和谐形式的矛盾。这种充分和谐就是生命形式特有的和谐，人类的肉体和精神的组织与机能都必具有这种和谐，它通常与理性思维理想的绝对和谐相冲突。针对这一矛盾，古典艺术一方面要根据理性思维的要求对于通常概念的（经验的或纯粹的）形式进行抽象、修正，即对之进行第二重理想化。另一方面，它也要根据通常概念的结构对理性思维的自身理想进行调整，使其适宜于对象表现。这样，艺术最后使矛盾的双方达到一种形式统一，而庄静美即由此产生。庄静美就存在于这种表现方式与表现对象的对立统一之中。庄静美由于包含了这种统一，因而其形式既具有通常概念要求的充分和谐（即生命形式特有的和谐），也具有理性思维要求的绝对和谐，所以它是一种最完美的和谐，或理想的和谐。真正的庄静美必具有这种理想的和谐，故庄静美的理想也不仅仅是理性思维的绝对和谐理想。这种理想和谐的构成，在于庄静美把理性思维理想的绝对和谐形式与对象的自然形式统一起来，而这种统一显然不是通过经验归纳的途径，而是理性思维的先验综合活动的结果，尽管它要以对象自然形式为基础。所以这种理想和谐也是以先验方式构成的。

总之，庄静美的本质就是以理性思维方式表现通常对象，真实的庄静美是以理性思维方式表现精神的理性性格。庄静美是一种理想化的美，是对对象真理的理想化表现。这种理想化是双重的，不仅包括对于对象的通常的典型化，还包括根据理性思维的绝对和谐理想对于对象形式的完善。庄静美的这种双重理想化，都是通过先验途径实行的。

既然庄静美，作为一种理想化的美，本质上旨在表现精神的概念，那么它何以具有原初性且因而成其为美？联系希腊古典艺术，我们可以看出这原因在于：一是艺术塑造或体现的人物性格必须具有一种超出我们的实际此在的自由，这样我们对于它的领会才可能是原初真理。比如希腊艺术塑造的典型人物，其对于理性思维之自由的如此集中、纯粹和充分的体现，是每一现实个人无法做到的。二是艺术对概念的表现往往是隐喻性的，而隐喻性表现因其不具有意义确定性，故对它的领会具有一种永远的原初性。比如造型艺术只有对自然的概念才具有指称关系以及具有意义确定性的表现，而对精神概念的表现（比如希腊艺术对人物内在思想的表现）则不具有意义确定性，而只能是隐喻性的。三是艺术即使没有原初的理解，也可以构成原初的表达。即使对于必然真理，艺术也总能构成原初的表达形式，这是由于艺术表达的主观自由。后者在希腊古典艺术中，主要表现在作品具有一种被理性思维规定的绝对和谐的形式方面。这种形式并不构成对对象自然形式的描绘，而是来自理性思维的主观自由。这属于一种外在的对象表现。在这里，表达体现了理性思维的主观自由，因而具有超出对象概念的意义层面，并由此得以具有其永远原初性。以上内容归结到两点，就是艺术典型包含的精神卓越性，以及艺术领会包含的主观自由。

第三节　庄静美的内在矛盾

庄静美作为以理性思维方式对通常对象的表现，必然包含自身内在的矛盾。这矛盾包括两种：

其一，形式矛盾。美的形式矛盾就是美的领会或表现方式的自由与其对象表现要求的矛盾。它只属于艺术和宗教领域。美作为思想总要求表现或领会某种对象，它的本质就是一种表现方式。然而在艺术中，美又有其自身的自由，有自身的理想，要求构成符合自身意志的形式。这两方面的张力构成美的形式矛盾。这种张力也造成以下情况：美的形式矛盾，当美有实际的对象表现，即当其为依存美时，就是美对于对象的领会或表现方式与对象的自身存在在形式上的矛盾。而它在美否定了实际的对象表现，亦即当其为纯粹优美时，主要就是美的对象表现要求与实际的无所表现的矛盾。庄静美属于依存美。依存美涵盖了人类绝大多数审美现象。它的形式矛盾包括：一是表现媒介与对象的矛盾；二是领会本身与对象的矛盾。前者可能属于所有艺术体裁。后者则只属于庄静美和本真的美。

美的形式矛盾在优美中，就是理性思维对于形式绝对和谐的要求与其对象表现要求的矛盾。在庄静美中，它就是理性思维的这种要求与其实际的对象表现的矛盾。这就是庄静美的形式矛盾，它其实也就是理性思维追求的形式绝对和谐与通常对象形式的充分和谐的矛盾。这是我们以上重点讨论的。在这里，庄静美必须一方面因应对象的自然形式，对理性思维追求的绝对和谐形式进行调整，因而不可能保持这种绝对和谐的完全性；另一方面，它还必须根据理性思维的形式理想，对对象的自然形式进行抽象、改造和完善。于是它就使表现方式与表现对象达到了某种形式统一。这就使这矛盾的双方建立了一种暂时的平衡。但双方都是处在动态发展中的，故最终将打破这种平衡，使矛盾得以重构。这种形式矛盾就是以此推动庄静美的不断发展。

其二，实质矛盾。庄静美的实质矛盾，就是庄静美的对象表现，与其所要求的永远原初性的矛盾。一方面，我们所讨论的庄静美是一种自由美或艺术美，而自由美就要求具有永远的原初性。这种永远的原初性就是无限的领会可能性，故通常与意义确定性是不相容的。另一方面，庄静美总要表现某种现实对象，后者通常以概念为其本质，而对于概念的具有意义确定性的表现必然导致领会的概念化及原初性的丧失。然而实际的对象表现的真理要求，决定对象表现总是追求意义确定性。而一种具有意义确定性的现实性领会，必然导致最终的自身概念化，因此它必然与永远的原初性冲突。自由美的这种对象表现与永远原初性的矛盾，就是美的实质矛盾。庄静美同样包含这一矛盾。庄静美必然包括实际的对象表现。真实的庄静美旨在表现一种理性性格，后者乃以理性思维的通常概念为本质基础。这必然导致与它所要求的永远原初性的矛盾。庄静美总在试图使处在不断发展中的矛盾双方建立平衡，从而在越来越真实的对象表现中保持永远的原初性。它由此实现了永远的真与永远的美的结合。比如米洛的 Aphrodite 和罗马观景殿的 Appollo，都是真和美永恒结合的典范。但是庄静美总是暂时的，必然被矛盾双方的发展打破，于是庄静美必须通过调整对象表现的方式来重构其矛盾平衡。因此庄静美的实质矛盾也推动其不断发展。

　　由于庄静美所表现的永远是现实的对象，这就使美的实质矛盾表现得最为尖锐。既然庄静美旨在表现一种通常的现实对象（一种理性性格），而这对象的本质就是通常概念，那么它是如何在这种对象表现中挽救其永远原初性的？比如希腊艺术的古典风格最终要表现的是理性思维的概念，但是它的作品却具有一种永恒的美，也就是说这些作品保持了永远的原初性。这何以可能？事实上，就希腊古典艺术而言，庄静美做到这一点是由于：一是庄静美包含一个无所表现的绝对和谐形式领域，后者能够具有永远的原初性。在这里，作为表现方式的理性思维具有了一种脱离对象表现的自身自由，这种自由就表现在庄静美对于一种脱离对象真理限制的绝对和谐形式的追求。在希腊古典艺术中，庄静美总是包含一个这样的自由形式领域或层面，后者由于无所表现，故赋予庄静美以永远的原初性。二是庄静美只有对自然对象和自然概念的表现是内在的、意义确定的，对精神的概念、情感的表现则是隐喻式的，不具有意义确定性，故亦能够保持永远的原初性。庄静美试图以视觉图像表现内在的精神、思想，但是由于这种媒介与对象真理的存在论距离，这种表现无法成为再现性的、具有意义确定性的。艺术家永远无法用石头确定地描绘人物的思想。希腊古典艺术对人物内在的精神和思想的表现，只是隐喻性的，因而能保持永远的原初性。这种艺术之所以永远给我们带来审美快感，还有一个原因在于它塑造的是一种高度理想化的性格，表现的是一种永远超越观众实际生命此在的自由。比如希腊艺术表现的形体的完美、理性思维的主权、自由的健全性，都是我们作为实际的个体会始终追求而又永远无法企及的。这样一种自由永远能给我们带来一种前领会的快感，后者也属于广义的审美快感的内容。

第二章　庄静美的形式矛盾及其推动下的风格演变

　　艺术的发展根本上是因为美自身的内在矛盾。庄静美就包含内在的矛盾，一方面是它的表现方式即理性思维与它所表现的通常对象（包括理性思维的通常概念）的矛盾，即形式矛盾；另一方面是其对象表现与美的永远原初性要求的矛盾。这两种矛盾运动推动古典艺术对于庄静美的深化和发展，构成古典造型艺术发展的两条主要线索。庄静美的内在矛盾是优美的根本矛盾的表现。这在于美的对象表现要求在这里转变成实际的对象表现，从而导致与优美对于永远的原初性和形式的绝对和谐之要求的张力，庄静美内在的实质矛盾和形式矛盾即奠基于此。庄静美的形式矛盾奠基于优美的基本形式矛盾，即理性思维对于形式绝对和谐的要求与其出于思想本性的对于对象表现的要求的矛盾。后者在庄静美中，就转变为作为实际的对象表现方式的理性思维与其所表现的通常对象在形式上的矛盾。它也会转变为纯粹优美的内在矛盾，即思想的本性对于对象表现的要求与纯粹优美的对于对象表现之否定的矛盾。优美的形式矛盾推动优美的风格、形态不断转化，不仅推动庄静美向写实主义和纯粹优美的发展，也推动纯粹优美的向庄静美和自足风格的转化。

　　庄静美的形式矛盾归因于它是以理性思维方式对精神的通常概念进行表现。理性思维作为理性的独立自为的综合统一活动，必然为自己构成一种绝对和谐的形式。但是精神的通常概念并不具有绝对和谐的形式，而总是因其效用使形式的和谐出现破缺。当理性思维试图表现这概念时，它就要求使自己达到与这概念的同一。在这里，它作为表现方式，在形式结构上与必然与被表现的概念产生矛盾。这就是庄静美的形式矛盾。这种矛盾在日常领会中是不存在的，只有在艺术中，更准确地说是在庄静风格的艺术中才存在。它就是在这种艺术中被表现的通常概念与表现它的理性思维的矛盾，也就是艺术表现的真实性与形式的绝对和谐两方面要求的矛盾。

理性思维是理性的自由存在，它构成的形式必然具有绝对和谐特征。因为在这里理性不被反省、否定等思维规定，而是只服务于它自己，只以达成全部生命内容的综合统一为目的。它就是以自己为目的的综合统一活动。这样它构成的形式就必然具有一种不被外在目的扭曲的绝对和谐。只有理性思维才能够且必将构成形式的绝对和谐。一方面，只有理性思维才能构成一种绝对和谐的形式并以之表现或表达自己。这种绝对和谐包括形式的均衡和稳定以及形式的充分内在统一两方面，二者都奠基于理性思维的自为特性。另一方面，只有一种绝对和谐的形式，即具有完全的均衡、稳定和充分统一的形式，才是理性思维所构成以指引或标识自身的。也就是说，理性思维所构成的形式必然是绝对和谐的。因此理性思维是构成形式绝对和谐的充分必要条件。

这种形式的绝对和谐是通常概念不能够达到的，也是通常事物不具有的。所谓通常概念，指的是现实生命在其发展中自然形成的、服务于现实生命的目的、有其特定功能的概念。通常概念也必定包含一种先验综合机能，这种先验综合与概念的自身表现是同一的，这种表现就是概念将自身注入对象材料中，赋予材料一种统一的形式，这就是一种先验综合活动。所有概念在其活动中都必包括对于对象内容的形式统一，也就是包含了理性的综合作用在内，其先验综合是理性的活动，故其存在必然包含理性的侧面。在这里，理性的综合作用被通常概念的功能、目的决定，旨在构成能够承担概念的功能、目的的组织结构。这种结构被一种外在目的规定，必然具有合目的性的形式，而这种形式必然具有充分和谐的特征。在这里，概念的功能在存在论—目的论上规定了理性构成的形式。这形式正是要服务于这功能，这决定它总是指向其自身结构之外的目的。因而形式被赋予一种并非被自身目的规定的方向性。这必然破坏形式的均衡、稳定和意义的自我满足，即破坏形式的绝对和谐。比如一个女人的美妙形体，必然具有一种充分和谐的形式结构，后者奠基于某种自然的和社会的目的（后者被概念规定）的要求，且被这目的所规定，这使它不可能具有绝对理性构造的无目的的几何图案的那种完全的均衡、稳定和意义的自我满足。任何事物，若其结构被通常概念规定，就必服务于某种处在这结构之外的目的，因而就不可能具有形式的绝对和谐，无论这概念是自然的，还是纯粹精神的。

因此，当庄静美试图以理性思维表现通常对象及概念，就必然导致表现方式与表现对象的矛盾。当理性思维试图表现某一对象或概念时，它总是要将后者表现为具有均衡、稳定和充分统一等绝对和谐特征的形式。这是因为当它试图表现某种通常概念或对象之时，它必须在领会中使自己与对象达到某种意义上的同一，然后再将自己（当作对象真理）表达出来。它在表现对象时，其实是把对象概念当作理性思维来表现，所以它同时是在表达它自己。而它必然以一种绝对和谐的形式表达自己。因此它必然赋予它用以表现对象的形式以绝对和谐的特征，而这是与通常概念的自然形式相矛盾的。因此这种对象表现必然导致理性思维追求的形式绝对和谐与对象的自然形式的冲突。在这里，通常概念与表现它的理性思维之间的差异，就转变为庄静美追求的形式的绝对和谐与通常概念的自然形式的矛盾，这也决定艺术形式与对象客观实际结构的区别。

真正的庄静美要表现的概念，是理性思维的通常概念。它包括两个侧面：一是构成精神的理性性格的自在概念，二是精神的共同体对于这种性格和概念的普遍理解。这种概念，都被精神的效用规定，是通常的理性思维，并不具有自身自由。但是在庄静美中，作为表现方式的理性思维则与之不同，它是具有自身自由的。它作为艺术领会不仅摆脱了效用的掣肘，且对于对象真理有其自由，因而可以否定效用对理性思维的通常概念的形式规定，而是依自身的形式理想来对其进行表现。不过在庄静美中，理性思维的这种自由是不完全的，因它仍必以对象形式为根据，且被对象表现赋予一个外在目的。完全或绝对自由的理性思维就是绝对理性，是不表现任何外在对象、无任何外在目的、绝对自我满足的。理性思维的概念最适合以自由的理性思维来表现。因为理性思维就是把后者作为自己的真理和理想，它本身希望自己获得一种具有完全的绝对和谐的形式。这种理性思维本身就是精神的自由。这种自由表现为理性思维的尊严和权柄。古典风格就是以自由的理性思维，表现理性思维的自由（即理性思维之为自由）。这也会导致这种表现方式与通常概念的效用矛盾。但是这种表现方式能够在主观上将其所表现的理性思维从概念的效用独立出来，使理性思维上述希望得以实现。这就是一种对通常概念的抽象化。这种表现方式的主观自由使这种抽象成为可能。它只有通过这种抽象，才可能对于通常概念以绝对和谐的形式来表现。

　　庄静美成立的条件是作为表现方式的理性思维与其所表现的通常对象在形式上的统一，而由于这两者的形式矛盾，庄静美要达到这种统一就必须对双方都进行形式上的调整，一方面是要放弃理性思维对形式绝对和谐的完全性的要求，另一方面是要对对象的自然形式抽象和理想化。庄静美包含的理性思维属于自由的理性思维，它作为对概念的表现，旨在达到与概念的同一，并由此将概念通过感性形式表达出来。但是理性思维追求形式的绝对和谐，而通常概念的形式被效用规定，是不具备这种绝对和谐的。这种规定形式的效用作为一种外在目的，必然否定形式的绝对和谐。在这里，为了达到这种同一，作为表现方式的理性思维必须对于被效用规定的对象自然形式进行抽象（它只有作为自由的理性思维才能进行这种抽象），即主观地排除效用的制约，只是把对象形式作为构成要素的和谐统一的方式，只考虑形式本身而剥离形式的外在目的。它在这里达到的同一，其实是与概念的抽象形式的同一。这种同一也包括理性思维出于对形式绝对和谐的要求而对于对象的自然形式的理想化。绝对理性的概念必然是抽象的，与作为具体理性的生命活动整体之环节的理性思维概念有区别。庄静美包含的自由的理性思维对通常对象的表现，也同样包含对对象形式的抽象，就是将对象的形式从其原有效用的规定剥离，甚至是用理性思维构成的形式来代替概念真实的形式。庄静美的表现方式与表现对象的形式统一，必须以对对象的自然形式抽象和理想化为条件。

　　希腊古典艺术就经过了对对象形式的抽象和理想化。一方面在这里，理性思维就是通过对通常对象或概念的抽象才得以达到与后者的同一。这种抽象就是将通常概念或对象从其服务的效用关联抽离出来，使其形式脱离原先目的的规定，成为自身独立的存在。在这里，艺术的表现只把对象形式作为其进行综合统一活动的凭据，只依之对材料进行形式综合，而完全不考虑这种形式结构的目的。另一方面，在庄静美中，理性思维由于这种目的的剥离，就得以以自己最满意的形式对对象形式进行改造（而不再被这形式服务的效用羁縻），从而塑造出关于这对象的最理想形式。这两方面使理性思维把通常概念或对象表现为具有绝对和谐的形式结构的。

然而这种被抽象化、理想化表现的对象形式与对象的真实结构之间，仍然会存在某种张力。这就是作品形式的绝对和谐与题材的真实性的矛盾，即艺术的真与美的矛盾。这里姑且以米洛的 Aphrodite 雕像为例来说明。

首先，这尊雕像试图真实地表现女性的形体。无疑，一个发育完善的健康且充满青春朝气的女性身体，一定具有形体结构的匀称、和谐。不过这种和谐其实是被形体的自然目的所规定的，并不是被作为表现方式的理性思维所规定、也不是服务于后者的目的。形体被自然目的规定的形式结构，固然必定是和谐的，但不可能具有理性思维要求的完全的均衡、对称、稳定和自我满足，亦即不可能有一种绝对和谐。女人身上的每一器官、组织，比如她的眼、耳、鼻、口等，以及其身躯的整体，都是被特定的功能需要规定，故各有其适应于功能的独特形状，故在结构上都不具有一种完全的均衡、对称、稳定和自我满足。然而古典造型艺术，作为庄静美的典范，追求一种绝对和谐的形式，后者就是一种自由的理性思维（而一种绝对自由的理性思维我们就称之为绝对理性）所构成并用以表达自身的表象。庄静美就是理性思维及其感性形式之美，它是以理性思维方式对于对象进行表现。希腊和文艺复兴的古典造型艺术，都试图以一种理性思维（且基本上就是一种数学思维）的方式，或者说是按照这种思维的领会或要求，来表现女性的形体。它塑造的艺术形式就体现或表达了这种理性思维的对象领会的特点。比如形体的黄金分割，以及某些器官、部位（如头部与身体、腿与躯干）的比例，通常都是为着构成一种数学的和谐而对自然的形体结构进行了调整。这一派的许多艺术家都在自觉寻求形体之美的数学规律，并依之表现人体。因此他们必须对形体的自然结构进行"改良"、重塑。这在很大程度上，是把形体的自然结构替代甚至归结为理性思维构成的绝对和谐结构。古典造型艺术只有通过这番工作，才能塑造出既能表现题材对象，又具有绝对和谐特征的作品形式，亦即创造出庄静之美。在这里，作为庄静美本质的理性思维，仅仅是把女性形体的形式结构用作对质料进行综合统一的方式，完全不考虑形式的自然目的。古典造型艺术的这种表现，必定与对象自然的形式结构发生矛盾。它塑造的艺术典型往往与对象的自然结构不一致。比如它追求的黄金分割并不反映人体的自然结构。古典艺术中的人体，其四肢和一些器官的尺寸往往并不符合人体自然的比例。古典艺术按照某种数学规律塑造的理想人体，必定与人体自然的结构存在冲突。她是优美的，但并非完全忠实于自然的。优美只能来自表现方式而非对象的自然结构。

其次，这尊 Aphrodite 雕像也旨在表现人们对于女性形体的真实领会，即对于女性形体的通常概念。每个社会都有其对于女性形体的通常概念，后者在不同社会当有不同。古典艺术要表现的其实是这个概念。这概念的自然形式也是被其在社会生活中的效用决定，也不是被理性思维的自由所规定，不可能具有后者所要求的完全均衡、对称、稳定和自我满足。这也表现在概念的感性形式上。比如原始艺术对于女性腹部和乳房的夸张的强调，就表现了原始人对女性形体的通常概念，而这种艺术形式显然不具有理性思维所要求的绝对和谐。在英雄时代人们所理想的女性体魄是健壮有力、灵活敏捷、健全匀称的。在贵族时代，白皙、秀气、羸弱甚至带有几分病容的女性，有时更符合当时女性外表的理想。在上述情况下，对女性形体的通常概念也因其效用的制约，而不具有形式的绝对和谐，这一点同样在当时的艺术作品中得到表现。古希腊对于人类形体的概念，表现在他们对于形体的健全、匀称性的追求。这与英雄时代对于人类形体的理解是一致的，也属于理性思维的要求，符合希腊人的理性性格。但是这一概念的结构同样被其效用或社会目的规定，这决定其在形式上同样不可能是绝对和谐的。因此在庄静美中，表现方式与这种对象概念之间必然存在张力。这也是理性思维对形式的绝对和谐的要求与通常概念因其服务的效用必然导致结构的绝对和谐的破缺的矛盾。这种张力表现在古典造型艺术家追求的比例、结构，不仅与实际的人体，也与人们通常的观念存在差距。

最后，古典造型艺术最终旨在以理性思维的方式表现一种理性性格。这种理性性格，包括作为其本质基础的概念以及由它塑造而成的性情、风度、体格特征等。应当承认这种理性性格，作为古典艺术之题材，与旨在表现它的理性思维之间，在形式结构上必然存在矛盾。在这里，古典艺术的表现同样必然包含对对象形式的效用和目的的抽象，使得这种表现难免与对象的真理产生张力。说之如下：第一，这种理性性格的本质并不仅仅包括理性思维（尽管其是主导的、规定性的），而是还可能包括反思、超越等思维及其概念（全属通常概念）。在这里，作为表现方式的理性思维在形式上必然与对象概念具有本质的冲突。它必须克服这种冲突才能顺利表现这些概念。而它唯有通过剥离这些概念的效用，只单独将其作为和谐的形式来表现，才能做到这一点。这种表现不仅包括对概念某些本质内容的排除，而且要根据纯粹理性的要求对概念形式进行改造、增添，因而必然形成与概念真理的张力。第二，规定着这种性格的理性思维活动乃是被活跃在实践和理论活动中的理性思维的整体所规定，因而也是精神的通常概念，并不是我们所谓自由的理性思维。在这里，作为表现方式的理性思维，其形式与这种概念的结构，也因后者被效用制约而存在必然的矛盾。理性思维的概念，只有当它是绝对的（例如像黑格尔的绝对精神概念），它的形式才具有完全的绝对和谐（而反思和超越思维的概念，即使是绝对的，也不可能具有绝对和谐的形式）。在这里，理性思维作为表现方式也只有通过对概念的抽象以及重塑，才能克服这个矛盾，达到对概念的顺利表现。这也必然导致艺术表现与概念真理的张力。第三，这种理性性格还包括由理性思维的概念塑造，作为其体现的性情、风度、仪表、体格特征等，这些都是被通常概念规定且服务于后者的效用，因而在形式结构上也必定与理性思维的自由存在矛盾。为克服这种矛盾，庄静美对这些性格方面的表现，同样必须根据理性思维的理想，对其进行抽象、重塑。这也必然导致艺术表现与对象真理的张力。

　　总之，庄静美的矛盾在于作为其本质的理性思维与它表现的性格的真理的张力。理性思维从自身对形式的绝对和谐的要求出发，在对这种性格的表现中，一方面把性格中包含的通常概念，包括理性思维概念，从其在思想整体中的效用和目的剥离出来，而且把人物的性情、体格形象等，也从其自然和社会效用剥离出来，因而使之都成为一种无实在的效用和目的的抽象的形式结构；另一方面在此基础上又对这种抽象的形式结构进行重塑、增益，使之接近绝对和谐的理想。从而最终造成艺术表现与对象真理的张力。正是这种张力直接推动庄静美和庄静风格艺术的发展。

　　庄静美的形式矛盾推动艺术的庄静风格向两个完全相反的方向发展，最终将导致庄静美的解体。其中一个方向为了挽救对象的真理性而走向不断自然化的方向，并且最终由于这种自然化的逐渐加强走向浪漫主义和写实主义的这个方向，从而最终导致庄静美的丧失。另一个方向是为了挽救优美而使艺术逐渐脱离与对象的意义关联，这也最终将导致庄静美转化成为否定任何对象表现的纯粹优美，从而消解自身。这表现在造型艺术从旨在表现自由之理想的古典艺术，逐渐过渡到无所表现的现代抽象雕塑和绘画。前一个方向是艺术在庄静美的形式矛盾推动下为了挽救对象的真理而逐渐放弃表现方式的理性思维的理想；后一个方向则是艺术在同一矛盾推动下为了挽救这种理想而逐渐抽离艺术的对象表现。不过在希腊艺术中，我们只看到前一个发展方向。

　　艺术有两种理想化的基本方式。第一种是经验方式，就是通过对自然个体进行归纳、集中而构成一种理想存在。第二种是先验方式，是通过将给定的抽象、普遍概念转化为感性、具体的存在，从而构成一种理想的个体。前者是从自然出发，通过对众多实际个体的概括、提炼构成理想。这不是庄静美的理想化方式。因为这种理想不是理性思维自由地构造的，也不以后者为本质基础。在这里，艺术消除了美的形式矛盾。艺术理想既然是通过对自然对象的归纳形成，故不存在与对象通常概念的根本矛盾，且会因样本的增加而越来越接近对象真理。在这里，艺术的理想若是真实的，就是通常概念的具体、感性表现。第二种理想构成方式是从精神的纯粹概念出发，是把先验的概念熔铸到感性个别性中，使后者成为概念的集中、完美体现。庄静美只能是后一种方式。

　　作为庄静美的典范，希腊古典艺术无疑是理想型的，这归因于它是以理性思维的方式表现理性思维的一般概念。它的理想是双重的，且其构成方式是先验的。首先，希腊古典艺术的理想构成方式是先验的。柏拉图就曾经指出艺术家描绘天神和英雄的时候，不是根据人体的实际比例，而是按照想象的最美的比例，这种想象是根据对艺术家对于理念的回忆。艺术家是根据他对于理念的回忆进行创作，他是要表现理念，而不是表现某个自然的对象。他不是对于模特的一丝不苟的摹写，也不是对众多模特身上的各种优点进行集中、提炼、概括，而是通过模特的美激发出对于理念的回忆，并根据这个回忆进行创作。只有当他在尘世中看到作为天国之美的摹本的景象，他对于理念的回忆才能被唤醒。因而艺术的理想是直接以纯粹概念或理念为根据的。Winckelmann 就说希腊人根据一种"超越物质常态的"观念来塑造神和人。① 这是希腊艺术对于对象的第一重理想化。其次，希腊古典艺术的理

_____

① 　温克尔曼：《希腊人的艺术》，广西师范大学出版社 2001 年版，第 7 页。

想要表现的是理性思维的概念。理性思维及其概念是理性的自为独立存在，即理性成为自身的最终目的。这构成希腊精神的独特性格的本质。希腊人的精神性格就是一种理性性格。在政治生活领域，这种理性性格表现在希腊城邦根据一种最普遍的理性法则建立城邦秩序的努力，以及对于这种秩序的捍卫。在艺术领域，它表现在，捍卫理性的秩序成为希腊雕塑绘画的重要题材，比如众神与巨人之战、Lapithae人与人首马身的Centaur之战、雅典人与亚马逊人之战。这种最普遍的秩序就是奠基于理性的自为独立存在，是理性思维概念的表现。希腊古典艺术就旨在表现这种概念。就像Winckelmann所说，在希腊雕像中，我们似乎亲眼看到柏拉图主义者揭示的那种超感官的理性。① 最后，希腊古典艺术的理想是要以自由的理性思维方式来表现理性思维的自由，后者包括理性思维的通常概念，但这种表现不是完全按照这概念的自然结构，而是依理性思维的理想对之进行抽象和改造。因此希腊古典艺术包含一种双重理想化，即不仅使作品成为概念的集中体现，而且根据理性思维要求对对象形式进行调整，使之更符合形式绝对和谐的理想。希腊古典艺术的最独特之处在于，它常常并不忠实于对象的真理，而是根据理性思维自由地构造的形式（比如数学形式）对之进行改造，这种形式都具有绝对和谐的特征。柏拉图说："美的形式不是大多数人所理解的美的动物或绘画，而是直线和圆以及用木匠的尺、规、矩来产生的平面形和立体形。"② 这其实也表达了希腊古典艺术的立场。比如，与雅典学园"不懂几何学者不得入内"相呼应，古希腊画家Pamphilos也说"谁不懂数学，谁就不能在绘画上达到完美的境界"。斯宾格勒说，"在希腊雕刻中，轮廓只是一个边界，它所围成的，是一个欧几里得式的空间。"艺术家们努力从数学出发寻找一种最美的形式，包括最美的线条、轮廓、比例，比如所谓"希腊轮廓"、黄金分割、"四角鼻子"，都与人类的实际外貌存在很大差距。此外希腊艺术认为椭圆形最美也缺乏自然的根据。Burckhardt根据其收集的资料断定古代希腊人的脸是方形而不是椭圆形。③ 因此希腊古典艺术追求的数学化的形式和谐，不符

① 温克尔曼：《希腊人的艺术》，广西师范大学出版社2001年版，第141页。

② 柏拉图：《柏拉图全集》第三卷，王晓朝译，人民出版社2003年版，第239页。

③ 雅各布·布克哈特：《希腊人和希腊文玥》，王大庆译，上海人民出版社2008年版，第187页。

合对象的自然结构，而是来自理性思维的自由构造，表现了理性思维对形式对称（偏爱椭圆形脸而非瓜子脸只能解释为对形式对称的喜爱）、均衡和稳定的要求，这些都是绝对和谐的构成要素。在这里，古典艺术根据理性思维的要求，对于对象进行了第二重的理想化。古典艺术总是包含了对对象的双重理想化。

优美对于形式绝对和谐的追求往往是从一种最简单的和谐，即数学形式的和谐开始，然后逐渐深化和提升，最终认识到一种生命的和谐，精神的真理必然具有的充分和谐。这使绝对和谐从抽象的走向具体的，即走向绝对和谐与充分和谐的统一，从而导致古典风格的形成。对于庄静美而言，这既是其形式矛盾（这种形式矛盾归结到表现方式要求的绝对和谐与对象自然形式的充分和谐的矛盾）推动的结果，也是理性思维的自身真理性的要求（真理要求自身具有充分和谐的形式）。一方面，这是庄静美的形式矛盾推动的。这种形式矛盾就是（作为表现方式的）理性思维的实际对象表现，与其对于形式绝对和谐的要求的矛盾。这在于，理性思维旨在构成绝对和谐的形式，而它在表现因效用的扭曲而偏离形式绝对和谐的通常概念时，就必然与之发生矛盾；同样当艺术试图表现某种客观对象或情感时，也会导致与理性思维的旨趣相矛盾。因为当理性思维试图以其理想的绝对和谐形式表现对象之时，它的形式综合就会从事实和目的两方面受到这种对象表现规定，这必然使形式的绝对和谐受到损害。总之，当庄静美旨在以理性思维方式表现现实的对象真理，就导致庄静美的形式矛盾。这种矛盾推动庄静美的上述转型。在这一矛盾中，对象表现的方面常常是更积极的方面。它对于更真实对象表现的追求导致艺术不断加深的自然化，这是古风风格向古典风格转型的最重要原因。另一方面，这一转向也是理性思维的自身真理性的要求。每一种思想所构成的形式，本来都是为着规定、呈现它自身的存在的，所以它本然地要求这形式是它自身存在的体现；而思想作为现实的真理或生命，要求自身形式必须具有充分和谐，所以思想按其本性，就要求它构成的形式具有生命的和谐或充分和谐，因此优美作为一种理性思维的真理，要求其形式是充分和谐的。在审美领会中发生的构成作用同时包括超绝构成和先验构成两个层面，前者构成领会的先验形式，后者构成领会的感性形式。这个先验形式就是思想自身的纯粹形式，它是自由自身的运动轨迹，而自由运动的一贯性规定了这种形式必须具有充分和谐特征。这种形式规定感性形式，借以标识、呈现它自己。这就要求这感性形式也必须具有充分和谐特征。任何一种真实的思想，都要求获得这两个层面的充分和谐形式。庄静美是一种真实的理性思维。在这里，理性思维的自身真理性，规定庄静美对于形式的充分和谐的要求。这使庄静美努力把形式的充分和谐和绝对和谐统一起来，使古风风格的抽象绝对和谐转化为古典风格的具体绝对和谐。

希腊艺术的发展与此一致。它最早追求一种几何学的均衡、对称、和谐的比例与统一性（这就是一种抽象的绝对和谐），逐渐转向一种由内在生命规定的充分和谐。这表现在艺术从早期带有明显几何风格痕迹的古风风格向充分表现了有机体结构的自然和谐的古典风格，再到 Belvidere 的赫拉克勒斯残躯这种充满生命力量的巴洛克风格的过渡。古风风格追求一种抽象的绝对和谐而没有呈现对象的生命和谐，古典风格不是简单摹写对象的自然和谐，而是试图达到其所理想的绝对和谐与对象的充分和谐的统一，巴洛克风格和写实风格的雕塑则是为了表现对象形式的充分和谐而压制甚至放弃了对形式绝对和谐的追求。西方 16 世纪以来的音乐也同样经历了从古风风格向古典风格的转型。古典风格的音乐同样也旨在塑造绝对和谐与充分和谐的统一。只是在古典的造型艺术，这种统一是外在的，而在古典音乐，这种统一是内在的。这是因为在前者，感性形式的充分和谐来自外在对象，并不属于理性思维的自身形式，这种感性形式没有成为理性思维的体现，故这种统一并非内在于理性思维自身；只有在后者，感性形式才体现理性思维自身，它的充分和谐来自后者的形式，因而这种统一对于理性思维是内在的。

希腊造型艺术由于其内在形式矛盾，及其对更真实的对象表现和形式的充分和谐的追求（二者都奠基于美的真理性），而逐渐走向自然化，从而越来越脱离表现方式的理性思维的理想：（1）在表现方式上，艺术逐渐脱离原先理想的法则体系而贴近自然。古风艺术以几何形式表现对象。这种几何图形表现了纯粹理性的理想，但尚未达到充分的形式和谐且与对象意义没有很好结合起来。在这里，理性思维与对象的通常概念并未很好结合，没有达到对后者的真理的具体表现。古典艺术则一方面使这种形式达到充分的和谐、统一，另一方面使之更加贴近自然，并使作为表现方式的理性思维与对象的通常概念达到了某种平衡，其作品创造了充分和谐与绝对和谐的统一。最后希腊化时期的艺术，就为了表现激情、运动和人物的个性化特征而逐渐丢弃古风和古典时期的法则，即为确保通常概念的真理而放弃了理性思维的理想。(2) 在对象方面，艺术逐渐从表现城邦理想性格具有的单纯、宁静、高贵、肃穆，转向表现激烈的动作和情绪，或以写实方式表现人物和场景。这使希腊艺术最终过渡到希腊化时期的巴洛克风格和写实主义。这导致原先由理性思维的自由所构造且作为其理想的静止、对称和庄严肃穆的形式逐渐被破坏。希腊造型艺术的发展，整体上表现出逐渐把理想融入自然，并最终以自然取代理想的过程。

我们将这一发展分为以下时期：一是古风风格时期；二是古典风格时期（包括庄严风格时期与优雅风格时期）；三是希腊化时期（写实主义和巴洛克风格）。

第一节　古风风格

西方美术史通常在更广的意义上把 Pheidias 之前的希腊雕塑艺术的风格，统称为"古风风格"（antique style），而更狭义的，是仅以之指公元前 7 至前 6 世纪的艺术。我们考虑到这种风格的连续性，故是在上述更广意义上使用"古风风格"一词。西方音乐史上，Haydn 之前的艺术风格也表现出与古风雕塑共同的特征，故我们也称为古风风格。这种特征就是追求一种抽象的绝对和谐形式。这种形式不具有生命形式的充分和谐，故缺乏生机，而是呈现出一种属于无机结构的、物理或几何学的均衡、对称和稳定特征。

古风时期的希腊雕塑和绘画，最显著的特征是其几何化的表现方式。如一尊阿谟尔哥斯岛的女像（约公元前 2700—前 2300 年），脸部基本是椭圆形的，鼻子是拉长的金字塔形，脖子是圆柱体，身体是长方形的组合，胯部是倒三角形。一尊出土于基克拉迪群岛的女像（约公元前 2500 年）也表现了这种几何风格。出自 Phonikia 的青年男子雕像（公元前 590 年），身体也是一些几何形状的组合，用一些对称与重复的几何形状来表现身体的骨骼和肌肉的结构，比如用倒立和直立的三角结构来表示胸廓、骨盆以及手肘，用一种浅弧型结构表示胸肌、锁骨、双眉、眼窝。另外，与这种几何化的表现相关，古风艺术还有两大特点，其一是它的线条、轮廓清晰而生硬。古风早期是以凹进的线条，而不是以立体方式表现对象的空间结构。其轮廓呈平面几何型，而且刻画得清晰、严谨且刚劲有力。其二是它的整体的组合风格。它的整体图像缺乏内在统一，而是由一系列几何图形拼装而成。

古风艺术的上述特点，表明艺术家是以数学和几何学方式领会对象的。事实上，几何风格和数学化的领会方式，是希腊古风艺术有别于许多远古艺术（如东方、美洲和黑非洲的艺术）的最显著特征。这种领会方式之盛行，固然可能因为它使缺乏完善技巧的早期艺术家得以更简洁、更清晰地把握对象，但也不可否认是因为数学图形本身可以比实物更符合绝对和谐，更合乎理性思维的理想。这后一原因，通过技巧高度成熟的古典盛期的艺术家，比如 Pheidias 和 Polykleitos 对于数学的和谐形式的不懈追求，得到充分的验证。事实上，对于一种美的数学形式的追求贯穿整个西方艺术史。文艺复兴的艺术家就把最大的力气花在寻找最美的线条和比例，并且用数学公式把它表达出来。许多著名艺术家都写有专门研究比例的著作，比如 Michelangelo 认为人物躯干和头部理想长度的比例应该是 9 倍、10 倍甚至更高。Durer 也相信美的尺度可以用数学解决，"通过数学方式，我们就可以把原已存在的美找出来，从而可以更接近完美这个目的"。这种数学的和谐形式，只能被认为是理性思维的产物和表现，所以对于数学的和谐的追求充分证明了理性思维在希腊艺术中的作用。事实上，由于其不被任何实在的效用规定，正是后者导致通常事物结构偏离形式的绝对和谐要求的完全对称、均衡、稳定和无中心特性，因而单纯的数学形式往往比通常事物结构更符合形式绝对和谐的要求，所以它是理性思维最初的形式理想。

由于古风艺术试图以理性思维规定的形式表现对象，就导致表现方式与对象真理的矛盾，这就是庄静美的形式矛盾。因为理性思维有属于自己的独特兴趣和追求，这就是构成形式的绝对和谐，而数学、几何学的形式更容易具有这种和谐。古风艺术对数学、几何学形式的超乎寻常的热衷，就表现了这种理性思维的兴趣和追求；尽管这种艺术仍然幼稚，以致它达到的绝对和谐也是抽象且不完善的。然而艺术要表现的对象，比如人体，其自然形式通常并不符合这种绝对和谐。正常人体结构的形式是充分和谐的，但必然不是绝对和谐的；理性思维构成的形式是绝对和谐的，但不一定是充分和谐的

（如古风艺术的作品）。这两种形式通常是相互冲突的。当艺术致力于以理性思维规定的形式表现对象形式，通常会导致表现方式与对象真理的矛盾，这就是庄静美的形式矛盾。因此艺术要表现对象的真实结构，就必然损害形式的绝对和谐；而要追求形式的绝对和谐，就必使形式越来越游离于对象真理。古风风格对于这一矛盾的解决是消极的，即放弃对对象的具体内在表现以保持形式的绝对和谐。

Winckelmann 把古风风格的艺术特征概括为以下几点："轮廓刚毅但僵硬，雄伟但不典雅，表现的力破坏了优美。"①古风艺术显然没有达到理想的和谐，主要是由于以下两方面的不足：

首先且最根本的方面，在于理性思维构成的形式没有充分自然化，其对于对象的表现是抽象、外在的，故未能表现对象的充分和谐。这在于，在古风作品中，形式高高在上，没有充分进入对象存在之中。古风艺术的表现方式其实更主要是指称或象征，即对于对象的抽象的表现，而不是对其进行描绘。描绘是将对象的形式充分转化为内在于作品之中的形式，使之在后者得到具体的呈现，它是一种具体、内在的对象表现。但古风艺术的表现方式与此不同。比如古风早期的陶罐图案，以圆形表现人的头部，以倒立和直立的三角形表现胸部和髋部等。这些图形是在类似于 Miro（20 世纪西班牙画家）的意义上被使用的。它们与其说是图像，不如说更像是符号，与其说是在描绘对象，不如说只是进行指称。古风艺术就是以这些图形指称身体的部位，而非对之进行一种更真实、具体的描绘。这导致古风时期的作品中，艺术形式与对象没有真正结合起来。其结果是：首先，形式没有进入自然，那些直线、方块、圆柱和锥形等，看上去不是内在于或来自于对象自身的，而是超越于对象之上并强制性地将其纳入自身支配之下。其次，由于作品的形式并不具体地描绘对象，因此它不具有奠基于对象自身形式的充分和谐。正常的人类身体有一种自然的充分和谐结构，但古风艺术的形式没有具体、内在地再现这种结构，因而并不具有来自后者的充分和谐。然而这充分和谐是生命或真理的形式所特有的，它赋予形式生命性，使其表现出生机。古风艺术没有从表现对象的真理而获得一种充分和谐形式，这使其作品看上去僵固而没

---

① 　温克尔曼：《希腊人的艺术》，广西师范大学出版社 2001 年版，第 180 页。

有生机。

正如 Winckelmann 所说，早期古风艺术建立在一种法则体系之上，"更多的是根据这些法则的条文来工作，而不是把自然作为模仿的对象，因为艺术创造了自己的属性"①。这种法则最初可能是来自自然，"但由于随后和自然的远离而具有理想的性格"②。也就是说，早期古风艺术使形式最终脱离自然，成为艺术的自由思想的中介。于是那种几何形式只被理性思维自身规定，成为理性思维的产物和表现，表现出均衡、对称的特征，具有一种绝对的和谐。但是这种形式游离于对象之上，与对象的真理有很大距离：它的缺乏纵深的、单薄的、僵直生硬的结构不能表现对象的复杂、生动和立体的形象，它偏爱的直线、方块和锥形等也与主导人体轮廓的曲线违背。这决定了古风艺术的作品在轮廓上的僵硬、刚直、呆板和扁平化的特点。古风艺术，至少在其早期，没有获得充分和谐的形式，因而其形式只有一种抽象的绝对和谐。总之，古风艺术构造了理性思维热衷的绝对和谐形式，但这种形式没有与对象的自然形式很好结合，没有达到对于对象真理的具体、内在表现，故无法达到自身形式的充分和谐，故这种绝对和谐是抽象的，没有生气的。

其次，在古风艺术阶段，理性思维本身尚且幼稚，未能获得成熟的、自身统一的形式，这表现在艺术形式缺乏自身统一性。这最突出表现在古风时期的作品大都是由一些几何图形构成，但是作品的整体轮廓看来都是生硬、突兀、断裂的，各个部分互不相关，看上去只是被外在地组装在一个整体中，所以作品缺乏一种有机、内在统一。尽管古风艺术试图通过这些图形的重复、变化在其中建立某种关联，比如眉毛、眼眶、胸肌等都表现为一种略有变化而相互呼应的浅弧形结构，类似音乐的赋格，而臂弯、胸廓和下腹部也呈现为相互对应的山型结构等，但是人像缺乏流畅连续的轮廓线，且各部分的内在联系仍十分薄弱，故作品始终像是拼装而成。这些都表明作为表现方式的理性思维本身仍很不成熟，它构成的形式和谐仍然贫乏、单薄，缺乏内在统一性。直到公元前 7 世纪，人像才开始呈现为一个有机整体。

---

① 温克尔曼：《希腊人的艺术》，广西师范大学出版社 2001 年版，第 182 页。

② 温克尔曼：《希腊人的艺术》，广西师范大学出版社 2001 年版，第 182 页。

总之，在古风艺术中，理性思维脱离了自然的真理，故它构成的形式漂浮在自然之上，而未能汲取自然的充分和谐形式，它追求的是一种数学化的抽象绝对和谐；另一方面它本身还不够成熟，故其构成的形式也未能达到内在的统一和内容的丰富性。古风艺术在自身形式的和谐和表现的真理性方面都不完善。

古风风格的形成，一个根本原因在于艺术对于庄静美的形式矛盾给予了一种消极解决，即通过否定具体、内在的对象表现以保持形式的绝对和谐。艺术试图以一种脱离自然的先天普遍形式来表现对象，这种形式反映的是理性思维的兴趣且被后者规定，故它未能具体内在地表现对象的真理及其充分和谐的形式。同时它自身作为理性思维的构造，也因为这种理性思维尚未成熟、未能使自身形式的和谐达到完善。庄静美的形式矛盾，即作为艺术表现方式的理性思维与表现对象或概念的通常结构的矛盾，贯彻希腊造型艺术的始终，是推动其发展的根本原因。对数学化的绝对和谐形式的追求是希腊古风艺术有别于东方、美洲和黑非洲的远古艺术的最显著特征。这种追求就是一种理性思维的自由的表现。在古风艺术中，这种自由的理性思维追求形式的绝对和谐。而由于庄静美的上述矛盾，这种追求就使得来自理性思维的形式为保持自身和谐，而拒绝描绘自然，故游离于对象的真理之处。古风风格对于矛盾的这种消解解决，使其艺术不能摄取自然的充分和谐。它的各种几何图形的和谐是绝对的，却是不充分的，因而是抽象的。在这里，理性思维对和谐的极力守护反而导致充分和谐的丧失，使这种艺术无法达到更完善的优美。但是，庄静美对于更真实对象表现的追求，又要求它进入具体、内在的对象表现。因此古风风格对这种对象表现的否定，乃是庄静美的这一要求相矛盾，这就是古风风格的形式矛盾。

有鉴于此，艺术要进一步发展并创造出优美的更完善形式，出路只在于：一是作为其表现方式的理性思维要进一步贴近对象的自然形式。理性思维只有更具体、充分地表现对象的真理，才能将其理想的绝对和谐形式与对象的充分和谐形式统一起来，构造出庄严和优雅的形象。在这里，最终是庄静美的形式矛盾推动这一发展。因为庄静美对于更真实对象表现的追求，促使这种美进入具体、内在的对象表现，使它自然化，从而导致对古风风格矛盾的重构，推动这种风格向古典风格的转型。二是理性思维自身的成熟和完善。理性思维只有达到了真正的成熟，才能克服原先的贫乏、朴拙和生硬，构成意义更复杂丰富、更具统一性的形式和谐，也才能真实表现自然的和谐，因而才能创造出更理想的优美。希腊艺术就是沿着这两条路发展，才逐渐完成从古风风格到古典风格的过渡。这两个方面的促动力量，在存在论上都应当归结于美的真理性。

许多艺术史家还把古风艺术当成一个最终过渡到古典艺术的漫长准备阶段。正如 Winckelmann 所说，古风风格"是为向艺术中的庄严风格过渡做准备，从而把艺术引向严谨的正确性和崇高的表现力"①。古风风格给希腊艺术带来了出于理性思维的对单纯形式的兴趣和尊重、对于形式绝对和谐的追求，以及对于对象的理想主义表现方式。这些特性都融入了希腊古典艺术中。还有一点就是，古风艺术延续了近两千年，其风格也在缓慢地演变。在古风时代晚期，僵硬的线条开始变得柔和，生硬的对称也开始松动。希腊艺术经过几千年的酝酿，终于在前 5 世纪在 Pheidias 和 Polykleitos 等人的经典作品中开出了人类造型艺术最美丽的花朵。

无论在庄静美还是纯粹优美，古风风格都在于使绝对和谐与充分和谐分离，故追求一种抽象的绝对和谐，而古典风格都是试图把绝对和谐和充分和谐统一起来。只不过是在庄静美中这种统一是外在的，只有在纯粹优美中这种统一才是内在的。

第二节　古典风格

Winckelmann 把希腊艺术分为四个时期：一是前 Pheidias 时期，即古风时期；二是 Pheidias 时期，为造型艺术的巅峰；三是 Praxiteles 时期，艺术具有圆润秀美之特色；四是希腊化时期，艺术走向衰颓，失去了过去的朝气。这种划分仍然基本被艺术史界接受。其中，Pheidias 至 Praxiteles 的时期，就是通常所谓古典风格时期。其特点就是把理性思维的形式理想和对象的自

---

① 温克尔曼:《希腊人的艺术》，广西师范大学出版社 2001 年版，第 180 页（译文根据原文略有修改）。

然形式结合起来，从而创造出一种将绝对和谐和充分和谐统一起来的理想和谐。古典风格试图以此对于庄静美的形式矛盾给予积极的解决。

就其风格而论，古风时期，艺术尚处在初步尝试阶段，线条有力，但仍嫌粗糙生硬，没有很好地抓住形式之美。Pheidias 及其学派的风格，是壮丽、威严、宁静、肃穆、伟大且单纯，但不以优雅见长，其表现的神的形象是无动作和表情的。我们称之为雄伟风格。同时期的 Polykleitos，致力于塑造雕像的动和静的对立统一，以及人体由于各种对立力量达到的平衡而表现的稳定性，因而其作品表现出一种静态的庄重和动态的优雅的统一。我们称这种风格为典雅风格。Pheidias 和 Polykleitos，作品表现出共同的风格，这就是宁静、安详、肃穆且单纯，我们称之为庄严风格。此即这一时代的艺术风格。Praxiteles 时期，技巧高度成熟，将形式、气质的庄严表现在动作和情绪中，因而形成一种优雅风格。希腊化时期的艺术，专事模仿，风格杂糅，而且逐渐向一种巴洛克风格和写实风格靠拢。

有两条主导线索贯穿在希腊艺术的上述发展中：一是形式逐渐克服高高凌驾于自然之上的抽象状态，一步步接近自然的真理；二是形式自身持续完善，克服原先的生硬、断裂和突兀，寻求更高的和谐。其中前者是最根本的线索，而它乃是被庄静美的（也是希腊艺术的）根本形式矛盾，即作为艺术表现方式的理性思维与表现对象或概念的通常结构的矛盾（其实也就是形式的绝对和谐与充分和谐的矛盾）所规定。

由于这种矛盾，一方面是艺术内在的理性思维对形式的绝对和谐追求会迫使这种理性思维远离对象或概念的通常结构而成为纯粹的；另一方面，庄静美的本性在于以理性思维的方式表现通常概念和对象，因而它的真理要求促使它将这种思维拉回到对象真理。因此希腊艺术始终处在理性思维的形式理想与对象真理的分离和结合运动的撕扯中，竭力在两种运动之间维持平衡。这表现在，艺术一方面使形式越来越自然化，即越来越贴近对象的真理，不仅越来越真实地描绘形体，而且开始表现动作和情绪；另一方面它的对象表现又是理想主义的，这种理想主义始终保持对绝对形式和谐的孜孜追求，同时它始终把单纯形式的和谐作为其首要目的，这些都表明它的本质始终是理性思维规定的。

这种相反运动的平衡，只有在古典的庄严和优雅风格中才达到最理想状态。这二者构成希腊造型艺术鼎盛期的风格，也就是通常所谓古典风格。庄静美的形式矛盾是推动古风风格向古典风格转型的最重要和根本的原因。因为它在古风风格中只得到一种消极解决，但这一解决被艺术更真实对象表现要求导致的自然化倾向否定。这促使庄静美努力将理性思维的形式理想与具体、内在的对象表现统一起来，从而也建立起形式的充分和谐与绝对和谐的统一。这就是对庄静美的形式矛盾的一种积极解决。但这种统一仍是包含的矛盾。在这里庄静美的形式矛盾转化为具体、内在的对象表现与理性思维的形式理想的矛盾。这就是古典风格的形式矛盾。这种矛盾转化，是庄静美在其形式矛盾的双方发展促进之下，不断寻求对于矛盾的更稳定解决的结果。在此意义上，是庄静美的形式矛盾最终推动庄静美的这种风格转化。

古典风格的伟大成就在于：一方面，古典时期的大师们开始克服形式与对象真理的脱离，使形式"重新接近存在于自然界的真理"①。这就是艺术的自然化。古典艺术的自然化，首先体现在艺术对形体的表现日益贴近自然的真理。由于艺术家努力向自然学习，以及由于艺术表现手段的日益成熟，古典艺术在表现人体时，一是逐渐抛弃古风时期那种僵硬的直线，而采用更符合人体的柔和曲线；二是用立体代替古风时期的凹线呈现人体的轮廓，用人体的自然结构代替那种几何化的僵硬对称；三是抛弃古风时期表现人像整体时的拼装风格，用柔和连续的线条把人体表现为有机的整体。这些都使古典艺术得以以前所未有的程度表现对象形体的真理。而古典艺术的伟大之处在于，它在越来越充分地表现对象的真理的同时，仍始终坚持并且不断深化着理性思维对形式的绝对和谐的追求，致力于二者的统一。它不仅充分表现对象形体的真理，而且使表现形式具有理性思维追求的超出自然的、纯然理想的和谐，即绝对和谐。这种绝对和谐是理性思维所构成，也是其追求的最终目的。古典盛期艺术试图把理性思维的自身追求与对对象真理的表现两方面统一起来，使之达到一种矛盾平衡。其次，古典艺术的自然化还在于它对动作和情绪的表现。理性作为精神的自身建构作用，其本性是要使形式得以凝聚和固定，所以当它成为绝对自为的，即成为理性思维，它构成的形式（无论是概念还是感性对象）通常就表现为完全静止的样貌。柏拉图的理念世界

---

① 温克尔曼：《希腊人的艺术》，广西师范大学出版社 2001 年版，第 182 页。

就是一个静谧的世界。古风艺术呈现的也是这样一个静谧的世界，其人物通常既无动作也无情绪；然而在自然情况下，人物总是既有动作也有情绪的（动作和情绪也是人物性格的组成部分）。这种现象表明在古风时期，艺术对单纯的形式自身的兴趣（这种兴趣只能是来自理性思维的自由）压倒了对于自然的真理的兴趣。这也意味着理性思维的本性（它追求的是形式的静止、巩固）压倒了艺术表现对象真理的职责。但是在庄静美对于更真实对象表现要求推动下，到了古典风格，尤其是其中的优雅风格，艺术开始表现人物的动作、情绪和激情。这是艺术的进一步自然化。而古典风格的一个伟大成就就在于它把这种动作、情绪的真实表现同理性思维所追求的形式之绝对和谐和内在精神之高贵的宁静达到很好的统一。一方面，古典风格在对动作、情绪的表现中，始终追求人像的形体和气质的安详、肃穆、平衡和稳定，这是一种贵族式的高贵的宁静，体现了理性思维的尊严。另一方面，古典风格还致力于以一种理性思维的形式理想规定形体、动作和情绪，赋予其一种具有理想和谐的形式。这种形式也包括充分和谐和绝对和谐的统一，它体现了理性思维的权柄。希腊艺术家会自觉把当时流行的面相学作为创作根据，这种面相学认为人的思想会塑造人的容貌、形体、风度仪态等，形成外表可见的特征，而艺术通过表现这些特征，就可以表现人内在的灵魂。因此，古典风格充分表现了理性思维的自由。总之，古典风格的最大成就在于，唯有它在理性思维的自身追求与对对象真理的表现这两种相互颉颃的运动中达到了最佳的平衡，因而给予庄静美的形式矛盾一个积极解决。另外，在古典风格，作为其艺术表现方式的理性思维自身达到充分成熟。理性思维的这种成熟，表现在它赋予形式日益丰富的意义、更大的复杂性、更充分的内部关联和自身统一性。这使它构成的形式和谐越来越完善。只有当理性思维构成的形式和谐达到充分的完善，形式才能够真实地表现生命结构特有的充分和谐。同时理性思维的成熟也表现在它的自身真理性要求觉醒了，这唤起了它对形式的充分和谐的渴望，而这种渴望，常常是通过从对象获得充分和谐的形式得到满足。在希腊古典艺术中，理性思维的充分成熟就表现在，艺术现在可以真实地领会和表现对象的生命形式。它把理性思维自身追求的形式绝对和谐与生命形式特有的充分和谐统一起来。在这里，它否定其最早追求的那种几何学的抽象绝对和谐，复归于一种生命的和谐。形式的充分和谐就是生命的和谐，包括生命的功能和组织在结构上表现的内在、有机统一。古典风格的成就即在于这种充分和谐与绝对和谐的统一，这也是真正的优美的本质。希腊古典艺术获得这种统一，固然与其追求更充分地表现对象真理相关，也出于理性思维自身完善的要求。古典风格的成就，根本在于通过以上两方面达到形式的绝对和谐和充分和谐的统一。

在希腊艺术史上，这种统一之形成，包含一种精神的否定之否定过程：

首先，在庄静美中，理性思维为了达到形式的绝对和谐，必须对通常对象和概念的生命形式进行抽象和改造，就是将这形式从其效用剥离，并根据绝对和谐的要求对其加以理想化。这就是上述的精神否定之否定的第一个环节。

任何领会都一定包含对于对象意义的抽象和改造。因为首先，对象的意义通常不是一种确定的单一可能性，而是由多种领会可能性构成的意义域，而领会永远只是由个人独特视角从这个丰富的意义域中抽取一种可能性并将其实际化；另外，领会也是个体生命根据自身的实际境况在自己生命中对意义进行重构，因而不可避免地包含对于对象的“客观”意义的改造。只有通过这种抽象和改造，领会才能使自己与对象意义成为同一，从而将对象意义引入主体的自身生命之中。庄静美本质上就是理性思维以这种方式对于对象意义的领会。

无疑，正常的人体结构都具有一种生命的和谐，作为精神生命机能的通常概念，其形式也必然具有此种和谐。这种和谐在目的论上被形式应当承担的效用、功能规定，后者一方面决定它必须是充分的（只有充分和谐的形式才能承担其效用），另一方面也决定它不会是一种绝对和谐，因为效用作为形式的目的就构成对形式的均衡、对称和稳定性的否定。所以一种生命形式，只有当它被从其效用剥离，它才可能被塑造成绝对和谐的，或真正优美的。在庄静美中，这就是理性思维对于通常生命形式的扬弃。

这种否定包括将通常的生命形式转化为理性思维的形式。在精神的全部思想中，只有理性思维才会有绝对和谐的形式，这恰恰是因为它可以否定实在的效用。精神的通常概念或思想，如果被从它的效用和它从属的生命整体剥离而只就其形式被考虑，它就成为抽象的，它包含的理性活动才可能成为自为独立的，从而以构成绝对和谐的形式为目的，即成为理性思维。而理性思维自己也需要从精神生命的整体赋予它的效用抽离出来，获得自身的自由。自由的理性思维以构成绝对和谐的形式为最高目的（绝对理性则以之为唯一目的）。因此这里包含一种双重的抽象化，这在纯粹数理科学以及被形式主义的道德和法律领域都有所表现，而更多表现在艺术领域。

像数学、几何学和其他"先天科学"的思想（比如圆的概念），本身已经被从实践的效用抽象出来，而如果它也从与其他概念的关联抽离，而只关注自身形式的统一，它就成为自由的理性思维。这就是一种双重的抽象。数学、几何学的纯粹概念就完全从人的生命实践脱离，蜕变成与生命完全无关，只适合描述无机世界的抽象形式系统。纯粹道德和法的最高概念，作为从实践的具体理性整体绅绎出来的抽象形式概念，也唯独旨在构成伦理动机的绝对统一形式，故亦属自由的理性思维范畴。在这里，自由的理性思维都属于抽象理性，乃是通过理性反思从精神的具体理性整体抽离出来。而这具体理性整体就是构成精神自身统一性的具体生命活动的有机整体。

然而理性思维的自由之最本原、最广阔的活动领域是艺术。首先，这是由于艺术的本性就是无实在目的和效用的。这种无效用性本质上是被艺术领会的原初性规定，而非（像数学等那样）对概念效用的主观抽离的结果，因而艺术的领会可以是既无效用而同时又是具体的。艺术由于这种对实在效用的否定，其对象领会就不受效用的辖制，使其享有比实践和理论的领会更大的自由。这就为理性思维提供了一个自由活动的王国。其次，这种否定解除了对象的效用对理性的形式综合的规定，使理性思维对于对象形式具有充分自由。它不仅可以把对象形式从其效用完全抽离出来而只领会形式的自身和谐，而且可以在很大程度上剥离效用对形式的影响痕迹，使形式更加接近绝对和谐。这就是希腊艺术所做的。在这种情况下，艺术的领会最终与理性思维达到同一。由于艺术的领会对于对象几乎具有无限的自由，且由于它可以将对象形式从效用抽象出来并对其加以改造、完善（只有艺术领会有这样的自由），因而它可以根据理性思维的理想来表现对象，赋予或使之接近一种绝对和谐的形式。希腊古代的造型艺术充分地表现了这种理性思维的自由。

不过在庄静美中，这种理性思维最初因为不够成熟，它的自由也同样是通过这种对效用的抽象而获得的。在这里，理性思维对于对象和概念的通常生命形式的效用关联的否定，也很自然地导致对这生命形式自身的彻底抛弃，因为通常的生命形式就是奠基于效用的。科学的和纯粹道德、法律的最高概念就完全从人的生命实践脱离，成为抽象的形式法则，这都是对于概念原有的生命性的否定。这种情况在希腊艺术中也发生过。希腊艺术的发展始终被其对于形式的绝对和谐的追求推动。然而希腊艺术最早领会的绝对和谐就是数学、几何学的和谐。自然科学试图以这种形式描述宇宙，希腊古风艺术也试图以之表现人体。但是数学、几何学没有对生命和精神的反思，其形式只能领会无机自然，而不能领会生命，其形式的和谐只是抽象的绝对和谐，而非生命形式的充分和谐。古风艺术试图以这种抽象形式规定人体，就抹杀了人体的充分和谐，故不是真正的优美。真正的优美必须是绝对和谐与充分和谐的统一（自然生命体和精神的通常概念的形式尽管具有生命的和谐，却不具有绝对和谐，也不是真正的优美）。古典风格就是真正的优美，因此它必须进一步否定这种抽象化。

其次，古典艺术还必须扬弃这种绝对和谐的抽象性，将其与生命和谐统一起来，这就是精神的否定之否定的第二个环节。真正的优美在于一种健全的生命形式中包含了绝对和谐，或者在绝对和谐的形式中见出生命，因而是绝对和谐和生命的和谐之统一。古典艺术的伟大成就在于这种统一。为此，古典艺术必须否定古风艺术那种无生命的和谐，为其僵硬干枯的形式重新注入新生命。

事实上，不仅数学、几何学的形式是绝对和谐，生命的形式也可以是绝对和谐，当且仅当这生命就是理性思维自身。后者既是精神生命的内容，具有生命的形式；又旨在塑造感性形式的绝对和谐并以之表现自己，表明其内在形式的绝对和谐。一方面，与通常概念的形式不同，一种自由的理性思维的形式，作为一种生命形式，既有生命的和谐；另一方面，因这理性思维脱离任何效用而只以单纯形式为目的，故其形式可以达致绝对的和谐。也就是说，通常概念的形式只具有生命的和谐而不具有绝对的和谐，数学、几何学的形式则只具有绝对的和谐而不具有生命的和谐，而优美的古典风格则可同时具备两者。这一特征在古典造型艺术和音乐艺术中都得到表现。总之，只有理性思维自身的形式，才既是生命的形式，又具有绝对和谐，因而是充分和谐和绝对和谐的统一。这意味着古典艺术所重新发现和恢复的生命形式，不仅是对象原先自然的形式，而更本质的是理性思维自身的生命形式。

理性思维只有当其达到高度成熟时，才会发现自身生命中的充分和谐并将其表现出来。它由此达到形式的充分和谐与绝对和谐的内在统一。这种发现是由于，首先，古典艺术在更真实的对象表现要求的促进之下，形成了对于对象形式的生命性的认识。到古典时期，艺术家似乎忽然发现了生命特有的形式，这种形式是被生命内在的力量和灵魂所充满、塑造，并作为其表现的。这种认识本身意味着理性思维的成熟。其次，这种认识会促使理性思维领会自身内在的生命形式。事实上不仅人体，思想本身也属于生命体，也具有生命特有的充分和谐形式。对于希腊古典艺术，这种领会表现在，艺术不仅描绘出对象自然的生命形式，而且着力表现了艺术领会自身的生命形式。我们从古典艺术的作品，就能看出一种并非来自所表现对象的生命形式，它表达的是艺术家对于对象的领会。比如古典大师的绘画，其整体的构图、色彩的布局、明暗的对比等，最终都构成一种充分的和谐。在其中每一细节都彼此关联，每一块色斑、每一根线条都相互呼应，共同构成了一个只有在生命体中才存在的充分和谐的形式整体。这种生命形式主要不是来自和表现自然的，而是来自艺术家的理性思维（他的领会）且是其表现。这种理性思维在这里脱离任何功利、效用而仅以构成和谐的形式为目的，因而是纯粹的。总之古典艺术表现的，不仅是自然生命的和谐，而且是理性思维的生命和谐。这意味着理性思维在自身内部发现了生命的和谐。理性思维本身就是精神生命的活动，因而具有生命的形式，以及生命的和谐。在古典风格，理性思维达到了对自身内在的生命形式的领会，在自身内部找到了生命的和谐。其艺术旨在将这种生命形式表现为感性形象。那充满了作品形式的生命和灵魂，就是精神的理性思维本身或理性的品格。

不过应当看到，对于希腊古典艺术而言，理性思维还没有达到上述的完全成熟，形式的充分和谐与绝对和谐的统一主要是外在的。因为在这里，理性思维即使形成了对于自身内在的生命形式的领会，这种领会也没有上升到清晰的反思，而更多情况下，理性思维只是出于对自然的生命和谐的认识（再加上其本有的对生命和谐的渴望被唤醒），而进一步把这种生命和谐扩展为对理性思维构成的艺术形式的普遍要求。表现在，在这种风格的作品中，尽管整体的构图具有的形式充分和谐可视为理性思维的自身形式之体现，但它并未构成作品形式的充分和谐的主要成分。作品形式的充分和谐仍主要来自对象的自然形式，而非理性思维的自身形式的体现，它对于理性思维是完全外在的。在这里，理性思维只是从对象（而非从自身内部）获得一种充分和谐形式，以满足自身对于这种形式的渴望，同时将这种形式与理性思维追求的绝对和谐形式统一起来；而这种统一的建立，有待于理性思维对于自身理想与对象的自然形式双方进行相应的调整。理性思维由此构成一种理想的和谐形式。不过，在古典的造型艺术中，形式的充分和谐与绝对和谐的统一主要仍然是外在的。

这种情况导致：其一，理性思维的对象表现是外在的。它只是将两种形式外在地统一起来，并未使体现理性思维的绝对和谐形式成为对象自然形式的内在、具体表现。对象的自然形式尽管被描绘，但并未进入体现理性思维的绝对和谐形式之内，没有成为理性思维用以规定、呈现自身的形式。它尽管构成对理性思维的指引，但并未将其内在存在揭示、呈现出来。其二，同样由于这种反思性的缺乏，理性思维所理想的绝对和谐形式，也是只构成了对理性思维的指引而并未将其内在存在揭示、呈现出来，并未以自身意义使其得到体现，故它对于构成它的理性思维也是外在的。古典造型艺术对于理性思维自身也只是做了外在而且是隐喻性表现。庄静美的这种古典风格就是外在的。

古典艺术作品的形式，不仅是要表现对象的客观结构，而且凝聚和表现了理性思维的自由，因而构成对后者的指引。它是理性思维自身所构成作为其自身的表现和表达的形式。因此这种形式的塑造，不仅仅为着表现客观对象，而且是理性思维自身的要求。理性思维在对于这形式的领会中获得满足，从这形式获得指引以构成自身的存在。

古典艺术包含了两重的表显：一是对于对象意义的表现，二是对于对象领会的表达。表达是对表现（对象领会）的表现，也是对对象概念的表现。这两种表现的内容统一性，在于领会若是真实的，就与对象形式包含的思想、精神同一（更准确地说是从属于对象的意义域），于是被艺术所领会、表现的思想其实就是艺术自身的思想。庄静美的本质就在于以理性思维的方式表现对象概念，而这种表现就是建立在上述同一的基础上。这种表现在于理性思维使自己与对象概念达到同一，通过将自己表现（即表达）为感性个别形象，以达到对概念的客观表现。这里，艺术是把对象概念作为理性思维表现，使之具有后者的绝对和谐形式，又保留其原有的生命和谐。古典艺术达到这种内容的统一性，就在于它具有通常的实践领会都无法具有的自由，可以将通常对象、概念的形式从其效用剥离出来并根据理性思维的理想对这形式加以改造、完善，使之与理性思维的形式统一，从而实现了对这概念的领会。在这里，理性思维无论是对对象还是对自身形式的表显都是抽象的，因为它由以表显的绝对和谐形式，乃是植根于对对象和它自身的具体形式的抽象，并不是具体的理性思维自身的实际形式，后者必然是绝对和谐和充分和谐的内在统一体。一种理想的和谐或真正的优美即由此形成。

在希腊造型艺术的发展中，其原先追求的数学、几何学的和谐逐渐让位于生命的和谐。艺术逐渐离开原先类似矿物结构的直线轮廓、单调对称和生硬连接，而代之以更符合生命结构的柔和曲线、更复杂灵活的对称和形体内在的连续统一。这种生命的和谐无疑是更复杂的和谐，艺术的理性思维唯当其高度成熟时，才能领会和表现这种和谐。然而希腊古典艺术要表现的不仅是自然的生命和谐，而且是理性思维自身的生命和谐。这两种表现是统一的：古典艺术把对象和通常概念的生命形式转化为理性思维的绝对和谐形式，同时把理性思维的绝对和谐形式转变为生命的充分和谐形式。其形式和谐既是充分的，又是绝对的，这正是其真正的优美的条件。

在希腊艺术中，庄静美唯有在古典风格中得到最充分和纯粹的表现。在古风风格，庄静美尚未达到成熟，而在希腊化时期，它又逐渐向巴洛克风格和写实风格过渡而丧失纯粹性。这种演变是在庄静美的内在形式矛盾，即作为表现方式的理性思维与被表现的通常对象真理的矛盾，以及理性思维的自我完善的追求共同推动下。古典风格自身，也是在这二者推动下发展的。其大致可以分为以下几个阶段：一是庄严风格，包括雄伟风格和典雅风格两种；二是优雅风格，包括生动、温柔和壮美三种风格。略说之如下：

一、庄严风格

高贵是指人的性格具有的一种能引起人尊重敬仰的特征。东方社会的土皇帝不知道当然也不具有真正的高贵。他们以为把万民践踏在脚下，自己就高入云端了。但是他们在一个正常人心里，只可能唤起恐惧战惊，却无论如何也不能唤起丝毫的尊敬。因为我们在他们的赫赫威势后面，看到的是一类精神的侏儒、最低贱的下流胚。真正的高贵来自于精神的力量，是精神的尊严的表现，是精神对于自然的主权，而这才是一个人能唤起我们内心的尊敬的原因。人生来就应当是高贵的。但是当一个人的生命完全被自然的东西，被财富、权势、名声、欲望等所支配，对之没有任何距离或自由的空间，就彻底被剥夺了精神的主权，他就完全丧失了人之为人应有的高贵性。

庄严是一种理性的高贵。所谓理性的高贵指的是，人无论面对自然从内部和外部如何强大的压迫和扰乱，仍不会使之对于理智的清明、和谐有丝毫影响，也丝毫不会使之损害到他在言谈举止、情感欲望、仪表风度等方面的和谐与平衡（这种和谐与平衡就是体面 [decency]）。这就是真正的贵族精神。这种贵族精神或庄严，在雅典公民的性格和谐，斯多葛派的不动心境界，中世纪晚期欧洲贵族的仪礼风范，维多利亚英国的绅士风度中，得到最充分的体现。精神的庄严不仅仅是表现在外表、言谈和行为方式的和谐上面，而且最根本的是表现在主体不因任何内在或外在逼恼的影响而丧失理性的宁静和清明。如果一个人处在巨大的肉体痛苦中，还能够构思幽默的笑话让朋友解颐，这就是庄严的最佳体现。

僧侣们也有一种高贵，但这种高贵与贵族的高贵有根本不同。这在于它作为精神的主权，是精神在本质上对于自然的否定，是精神在超越自然的层面去寻求、确立一种真理和价值。这种高贵就是崇高，植根于精神的超越性格。但贵族的高贵乃是庄严，在这里精神的主权表现在人物始终以和谐的统一规定性格的所有内容（仪表、情绪、欲望、理性等），把精神和自然统一在一个和谐的整体之中（而不是以精神压迫自然或消灭情欲）。这种高贵植根于精神的理性性格。此外还有一种英雄的高贵，同样植根于精神的超越性格，但这种超越只是世俗的。这种高贵更具普遍意义，它表现在主体为了个人或族群的自由而对于外在强暴的殊死反抗。这种高贵，在屈子《国殇》《招魂》诸篇中都是宛然在目，也随着楚文化被扼杀而在这片土地上消失。这种英雄的高贵是每一个自由人都应当拥有的。还有一种高贵，这就是有些人，在无论多么残酷的社会奴役和生存压迫之下，仍然表现出强烈的好奇心、求知欲和爱美之心，像是在黑暗残暴的现实摧折下始终保存着一枚神奇的种子，这种子发出的光照亮了世界的黑暗。比如当我们看到一个被极权制度的非人性劳动摧残的少女，在春日阳光下用柳枝给自己编个花环，在湖水中照见自己的影子，或看到一个处在深重奴役中的疲惫不堪的农人，仍在苦思风究竟从何而来、星星为何不落之类问题，我们都会被他们身上透露的那种高贵所震撼。这是真正的艺术家、哲人具有的高贵，植根于精神的出离性格。

由此可见，真正的高贵必然体现了精神对于自然的自由，并因这自由的不同实质而具有不同的谱系。其中，庄严体现的是理性思维的自由，后者是精神生命的自身建构意志的实现；崇高体现的是超越思维的自由，后者是精神生命的自身否定意志的实现，等等。庄严就是主体始终保持性格的和谐和理性思维的清明，尤其是面对自然的巨大扰乱时。一切真正的美都必是高贵的。当然，庄严、崇高等等要成为美，还有一个前提就是它所体现的现实自由或思想是原初的。其中庄严、崇高等是美的实质特性，而原初性则是美的模态特性。

从古风风格过渡到庄严风格，是在庄静美的内在形式矛盾以及理性思维的自我完善的追求推动下展开的。在这里，旨在追求绝对和谐的艺术形式逐渐克服与对象真理的脱离而自然化，且克服原先的僵硬、突兀、断裂而达到充分的和谐，从而形成真正的优美。但是在古典风格中，庄静美的形式矛盾仍然存在。其中，庄静美对更真实的对象表现的要求转化为艺术日益增强的自然化倾向。古典风格旨在真实地表现精神的理性性格，而后者的通常形式必然与庄静美的绝对和谐形式冲突。于是庄静美的形式矛盾就转化为艺术的自然化倾向与形式的绝对和谐的矛盾，这就是古典风格的主要形式矛盾。这表现在作品追求的形式的均衡、对称、连续性等特征与对象的自然形式之间（随着对象领会的逐渐深化）日趋激化的张力。此外，美的形式矛盾还表现为表现媒介与对象真理的矛盾。后者在庄静美中，就是造型艺术的媒介与理性思维本身的矛盾，以致艺术只能以隐喻方式表现精神的思想。

这两种矛盾推动了庄严风格的发展。古典风格的主要形式矛盾促使庄严风格寻求在艺术的自然化倾向与形式的绝对和谐之间建立平衡。作品既真实表现了对象的自然形式的充分和谐，同时又保持了理性思维追求的形式绝对和谐，并致力于将二者统一起来。庄严风格由此构成的形式是高度理想化的，与自然的实际情况仍有很大距离。另外，表现媒介与对象真理的矛盾，也使庄严风格对于双方进行调整。比如放弃对情感和动作的直接表现，而对思想只采取隐喻性表现。

　　以 Pheidias 和 Polykleitos 的作品为典范，可以看出庄严风格的以下特点：艺术更加尊重自然，且以前所未有的真实性表现自然。在自然的启发下，艺术形式克服原先的几何学僵直性，达到充分的和谐和真正优美，真正被注入了生命和精神。但是形式与自然的实情仍有很大距离，艺术包含对对象的双重理想化。首先是根据理性思维对形式绝对和谐的要求而对对象的自然形式进行理想化。在这里形式是一个独立自为的系统，其根本目的不是对自然的忠实反映，而是形式自身的和谐，包括绝对和谐。形式的塑造不是简单描摹自然，而是要根据某种完善的"先天"法则体系，这些法则基本上都是旨在达到形式的绝对和谐而非充分和谐。这表明这种艺术在本质上是被理性思维规定。这种距离表现在庄严风格的以下形式特征：轮廓仍然保留了直线性和多棱角特征，艺术往往为了遵循法则牺牲自然及其充分和谐；作品具有高度理想性，不仅凌逸于自然之上，而且缺乏个性特征，是一种普遍理念的表象。在这里，理想是以先验的方式构成的。其次，庄严风格的对象表现还是高度典型化的。艺术的典型化就是通常的理想化，它旨在使普遍概念对于感性存在的规定，在一个单独个体上得到纯粹、集中和充分的呈现。庄严风格最终旨在表现一种精神的理性性格，其本质基础是理性思维的普遍概念。它根本上是根据这个普遍概念，而不是根据个体的实况，来塑造感性材料。这种理想构成方式也是先验的。这样的艺术必定与自然存在很大距离。这种距离还表现为庄严风格的精神特质：一种高贵的静穆。在这里，人物形象都是静止和肃穆的，没有表现出动作的情绪。这种静穆表现的，乃是希腊文化所标榜的理性思维之无功利的、不受生存的活动和欲望干扰的纯粹状态。这其实就是理性思维的尊严。庄严风格中的这种静止，也是理性的先天理念所具有的永恒性的表现。

　　可以看出，在庄严风格中，艺术被理性思维所规定的对于单纯形式和谐的追求与对自然的真理的尊重都得到某种程度的认可。也就是说在这里，庄静美的形式矛盾没有根本消除，而是获得了一种暂时的力量平衡。希腊艺术中的庄严风格仍然是在庄静美的形式矛盾以及理性思维的自我完善的追求推动下而变化、发展的，这种推动也使希腊艺术从庄严风格向优雅风格转化。我们把希腊艺术的庄严风格区分为两种类型：一是雄伟风格；二是典雅风格。论之如下：

（一）雄伟风格

在希腊艺术中，庄严的最单纯形态就是雄伟。Winckelmann 认为希腊古典造型艺术的顶峰是 Pheidias 学派，他非常准确地将后者的风格概括为"高贵的单纯、静默的伟大"（edle Einfachheit，still Grosse）。这其实就是一种雄伟风格。雄伟是单纯的庄严。其典范就是 Pheidias 的巨型 Athena 和 Zeus 雕像，以及他主持建造的 Parthenon 神庙。

我们可以从两方面界定雄伟风格：（1）雄伟风格尽管体现了一种精神的伟大和高迈，但这不是真实的崇高而是庄严。通常或广义的所谓崇高，我们可以区分为两种：朴素的崇高和浪漫的崇高。前者是精神依理智而对自然的超越，不破坏形式的绝对和谐；后者则是精神对理智本身的超越，必导致对形式绝对和谐的破坏，而它才是狭义的或真实的崇高。雄伟风格属于前者，它在更严格意义上应称为庄严而非崇高。它既包括形式的绝对和谐，也体现了一种理性品格，这表明它始终是合乎理智的。它的伟大和高迈只是体现了理智对自然的超越，且只以此为表现对象，这与真实的崇高有本质区别，所以它只是庄严（庄严就是理性思维的尊严和权柄）。这种艺术特征植根于庄静美的形式矛盾。艺术寻求在对于对象超越性的表现与自身形式优美之间建立某种平衡，故只能表现一种理智的超越。（2）与此相关，雄伟风格还具有宏伟和单纯的特征，前者表现在作品的高大壮观的特点，后者表现在作品的朴实（缺乏精细雕琢，线条偏向于直线性，不够柔和圆润）和静止（以纪念碑式的坐像和立像为主）、肃穆（面部没有情绪的表露）的特点。在这里，艺术面对自然化的倾向，为了保持形式的绝对和谐，不得不放弃对力量、动作和情绪的表现，而只局限于表现形体。宏伟特征也是艺术为了保持形式的绝对和谐，而试图以尺度的广大来表现精神之超越。以上两个方面都植根于庄静美的形式矛盾。这在于，雄伟风格既没有为表现对象的超越性而否定表现形式的绝对和谐，也没有为形式绝对和谐的理想而否定艺术自然化的倾向，而是努力为发展着的矛盾双方寻求平衡。说之如下：

1. 雄伟风格是庄严而不是崇高

正如 Lessing 所指出的，希腊造型艺术的最高原则不是崇高而是优美。Winckelmann 也表明希腊艺术的雄伟（Hoheit）是与 Burke 的崇高（Sublime）完全不同的概念。二者的根本区别在于雄伟是单纯的庄严，而崇高则本质上是非庄严的。对象的崇高首先在于对自然的否定，最究竟地是对人类理智或理性的否定，而这种否定往往会导致对一种和谐、安详性格的破坏，因而破坏对象自身的庄严。精神的崇高属于超越思维。可以举基督教的中世纪艺术作为这方面的典型。与希腊古典盛期艺术相比，基督教的艺术是崇高的，但不是庄严的。和 Belvidere 宫 Appollo 的超然宁静的表情相比，基督和圣徒满面愁苦的表情，没有表现出理性超越情感和激情的尊严，而他们遍体鳞伤、瘦骨嶙峋的身体也完全不符合形式的优美，因而这种艺术在这两方面都破坏了庄严之美。我们通过与中世纪艺术的崇高对比，更清楚地看出所谓庄严就在于性格的和谐以及理性的清明（即理性思维的尊严和权柄）。雄伟风格就是一种宏伟、单纯的庄严。雄伟之有别于崇高者，就在于它的庄严性。后者意味着外在形式的和谐以及内在灵魂的安详、清明，而这与某种超现实的神圣、崇高之物相去甚远。

雄伟风格具有的庄严，包括形式的庄严与内在精神的庄严两个层面。

首先，形式的庄严性植根于庄静美的形式矛盾的积极解决。它包括以下几个方面：

第一，形式的理想和谐。庄严风格于古风风格之进步，在于获得了形式的理想和谐。后者是充分和谐与绝对和谐的统一。生命组织的形式往往具有一种充分的和谐（这是其发挥效用的条件），理性思维追求的则是一种绝对的和谐，这两者通常是不相容的。庄严风格则意味着这二者的统一。反之古风风格和写实风格都没有达到或放弃了这种统一，因而都缺乏庄严性。

一方面，庄严风格在艺术的自然化倾向推动下，开始转向形式的充分和谐。所谓充分和谐就是生命的和谐。它指的是对象（比如艺术品）的每一部分、每一层面、每一组成要素和环节的存在都是必然的，且它们相互关联、相互支持，从而构成一种只有生命组织才具有的有机的形式统一，这种和谐是生命形式特有的。雄伟风格就具有这种和谐。这种风格在艺术的自然化倾向推动下，发现了生命形式特有的充分和谐，试图以感性形式将其表现出来，因而它抛弃古风时代的僵硬的线条、几何对称的结构、拼接的轮廓，使形式具有了有机的整体性。

另一方面，雄伟风格仍然要保持和深化形式的绝对和谐。在艺术的雄伟风格阶段，形式获得自身独立性。这指的是形式不是被自然规定，而是服从其自身内在的法则，且其自身的和谐成为目的；这意味着形式是被艺术家的理性思维规定的。这种形式的自身独立性在于两点：一是形式自身成为艺术的目的。Winckelmann 所说，"形式的美乃是希腊艺术家们的首要目的。"① 用西塞罗的话来说："形式组成人像，尺度决定比例。"雄伟风格的艺术，主要兴趣不在于忠实描绘自然，而是塑造宏伟庄严、优美和谐的形式，这种形式必然具有绝对和谐特征。二是形式自身成为艺术的根据。希腊艺术也会学习自然、从自然获得启发，但这并不意味着在根本上把自然当成艺术的根据。希腊古典时期的艺术家通常是根据某种完善的法则体系来进行创作，而这种法则体系乃是被自由的理性思维所规定。这决定这种风格必然把形式的绝对和谐作为理想。

正如 Winckelmann 说，希腊艺术家"最初更多的是根据这些法则的条文来工作，而不是把自然作为模仿的对象。因为艺术创造了自己的属性。"② 比如伟大雕塑家 Polykleitos 一部论艺术中的形式关系的著作《准则》，指导了几代希腊艺术家的创作，就是受毕达哥拉斯派的影响写成的，贯彻了一种数学的理想。这种法则体系更多地是体现了理性思维自身的要求。雄伟风格的艺术也服从这种来自理性思维的形式法则，甚至往往为了遵循法则牺牲自然的充分和谐（比如轮廓线的笔直和多棱角特征）。艺术家根据这种法则进行创造，这决定了作品的高度理想化，导致艺术形式与自然的真理的距离。

雄伟风格确立的所谓最美的线条、轮廓、比例，比如所谓"希腊轮廓"、椭圆形表面、黄金分割、"四角鼻子"，都与人类的实际外貌存在很大差距，更多地是来自艺术家的理性思维的规定。所谓"希腊轮廓"，指人脸侧面轮廓线应当是笔直、连续的，不存在塌陷和断裂，前额与鼻梁连接成一条直线或很浅的凹线，转折处和突起部分（比如鼻尖和下巴）是钝的而非尖锐的。这条轮廓线确使人脸看上去有庄严之感，但它并不符合人体的自然实况 ③，Winckelmann 说它是"希腊人根据超越自然的普遍形式概念制作

---

① 温克尔曼：《希腊人的艺术》，广西师范大学出版社 2001 年版，第 117 页。
② 温克尔曼：《希腊人的艺术》，广西师范大学出版社 2001 年版，第 182 页。
③ 意大利巴洛克时期伟大雕塑家 Bernini 就明确批评这条轮廓线不符合自然且在作品中将其抛弃。

的。"Winckelmann 还说希腊艺术中，"庄严产生于笔直和圆满"①。这意味着庄严不是来自自然，而是来自理性思维构造的形式。这里所谓"圆满"指的是转折处的钝角，及椭圆形表面。希腊古典艺术认为椭圆形的表面是最美的。不仅雕塑中的人脸，希腊的器皿、服饰等都是呈椭圆而非圆形："所有这些作品都拥有椭圆之形，而美存在于其中。"②但椭圆形脸蛋之被认为最美，在这里同样缺乏自然的根据，学者考证古代希腊人的脸可能并不是椭圆形的③。对椭圆形的热爱同样也被理性思维自身的形式追求所规定。因为相比于圆形，椭圆能够让理性思维得到更高的形式满足。因为椭圆的圆心是变化的，因而将运动包含在内，所以不仅更生动、自然，而且具有更高的统一性，是静与动、一与多、稳定与变化的辩证统一。除了这种椭圆形表面，希腊艺术对于笔直的线条和弧形转角的热爱，也同样表现了一种单纯的理性思维兴趣。雄伟风格还试图以一种数学的三分关系来表现理想的形体，就是人体及其各部分都由三部分构成，其中第一部分与其余部分之比，等于第二部分与第三部分之比④。这种风格还要求鼻尖、鼻子与嘴唇、鼻梁和脸部的平面，都应该具有确定的角度。鼻子的正面和侧面轮廓都接近四角形。鼻子的宽度与嘴的大小也有确定的比例关系。嘴的宽度还必须与椭圆形的脸型保持协调，不能太大或太小。

　　古典鼎盛期艺术中常用的这种人体比例法则，首先是由雕刻家们制定

---

① J.J.Winckelmann，*Geschichte der Kunst des Altertums*，Verlag Hermann Nachfolger，Edition Venedis，2011，175.

② J.J.Winckelmann，*Geschichte der Kunst des Altertums*，Verlag Hermann Nachfolger，Edition Venedis，2011，151–152.

③ 雅各布·布克哈特：《希腊人和希腊文明》，王大庆译，上海人民出版社 2008 年版，第 187 页。

④ Winckelmann 将这种人体关系总结为"人体以及它的主要部分都由三个部分组成：人体——躯干、大腿和足（包括小腿和脚）；下肢——大腿、小腿和脚；同样上肢——上臂、前臂和手。在其他部位也是如此，只是三部分划分不那么明显。不论人体的总体还是它的各个部分三部分之间的比例，都是同样的。在结构健全的人体中，包括头部在内的躯干与大腿、小腿和脚的比例，相当于大腿与小腿、脚，还有上臂与前臂、手的比例。面部同样分成三个部分，它的长度相当于三个鼻子……，头顶的上部即从头发的边缘，到头的顶部，用垂直的方法测量只有 3/4 鼻子的长度。"（温克尔曼：《希腊人的艺术》，广西师范大学出版社 2001 年版，第 142 页）

出来，然后用于建筑（古风时期是建筑的法则用于雕刻，及至古典时期以后，是雕刻的法则用于建筑）。这些法则，可能受到自然的启发，但总体说来与自然的实际有很大距离①，而是更多体现了艺术家对于单纯形式之美的认识和追求。这种认识和追求根本上是被理性思维的自由所规定。正如 Winckelmann 指出，我们在 Pheidias 等人的杰作中，不只发现了自然，还有理想的美，"它是由理性设计的形象创造出来的"②，"一个漂亮的脸蛋只是令人愉快而不是美，真正的美来自理性且只为理性所追求"③。

艺术的雄伟风格，由于以上这两方面原因，就面临其形式矛盾，即其自然化倾向与对形式绝对和谐的要求的矛盾。它唯有通过对这种自然化倾向和形式绝对和谐理想都进行相应调整，才能将双方统一起来。其一，它不仅对对象的自然形式进行抽象和改造，而且将表现限定在静止的形体领域，以限制艺术的自然化倾向。它必须改变一种绝对和谐形式具有的抽象、僵硬和机械性，使之更贴近人体的真实。只有在此基础上，它才能构成形式的充分和谐和绝对和谐的统一，从而真正具有了庄严性。雄伟风格的典范，如 Pheidias 的 Athena、Zeus 像，以及 Parthenon 神庙的三女神像等，都包含了这种理想的和谐。它们在形式上都是充分和谐的。其线条是连续的、各部分的过渡是平滑的、各个环节之间都存在内在必然的关联，所有要素构成一个

---

① RaphaelMengs（1728—1779）把这些法则总结为以下："把一根垂直线分成 5 等分，1/5 作为头发，其他 4 份重新分成三等分。用一根水平线通过这三等份中的头一份与垂直线组成十字形，这水平线的长度相当于脸部的 2/3。从这根线的两个边缘点到前面提到的 1/5 的最高点画出弯曲线，便是脸部蛋形的尖端。把脸部 1/3 的部分分成 12 等分，其中的三份及脸部的 1/3 部位的第 4 部分，离开两根线的交叉点，放在交叉点左右两侧，便得出两只眼睛之间的长度。再把这部分放在水平线边缘两点的内侧，那么这两份便在靠近交叉点那部分与水平线的边缘之间，这两份的总和就是眼睛的长度。其中一份的尺寸则是眼睛的高度。从鼻尖到嘴部，从嘴部到下颚的凹处，以及由此到下颚的顶端，都同样是这个高度。还有鼻子的宽度也是如此，鼻的长度是它的两倍，同时这个长度与眼睛的长度、下颚到嘴的高度都是一样的。如果取脸部（不包括头发）的一半，那么这个长度相当于下巴到颈凹的高度。"（转引自温克尔曼：《希腊人的艺术》，广西师范大学出版社 2001 年版，第 145—146 页）

② J.J. Winckelmann, *Geschichte der Kunst des Altertums*, Verlag Hermann Nachfolger, Edition Venedis, 2011, 3.

③ J.J.Winckelmann, *Geschichte der Kunst des Altertums*, Verlag Hermann Nachfolger, Edition Venedis, 2011, 3.

生命统一体。每一尊雕像都是一个有机整体，似乎有生命充满其中。唯此它才是庄严的。相反，诸如断裂的线条、生硬的连接、突兀的部分等，都使作品丧失充分的和谐，故必然破坏庄严风格。在雄伟风格中，这种形式的充分和谐的发现，既离不开自然的启发，也是理性思维自身成熟的结果。这种充分和谐是来自对象的自然形式。其二，这些作品在形式上也符合理性思维追求的绝对和谐。理性思维旨在构成绝对和谐的形式，数学、几何学的思维都属于此。庄严风格的艺术领会也属于这种理性思维，它构成了作品形式的某种绝对和谐。在庄严风格中，表现方式具有了自身独立性，可以超越自然的根据和目的，这就使艺术家的理性思维（它因而成为纯粹的）可以完全自由地、只以形式和谐为目的而进行构造，他由此创造的成功作品就会具有某种绝对和谐的形式。在这里，艺术试图用理性思维构成的某种绝对和谐形式表现某种生命的形式（自然的生命组织和精神的通常概念的形式都属于此，这种形式必然具有充分的和谐），因而将绝对和谐与充分和谐统一起来，构成一种理想的和谐。

第二，在雄伟风格中，形式的庄严性还在于作品具有的高度理想性，而这种理想性正植根于这种矛盾统一。雄伟风格的雕塑都是高度理想化的。它通常旨在表现神而不是人（神就是文化精神的人格化，也是人的理想），且是根据形式的绝对和谐理想来表现。因此它包含一种双重的理想化。在这里，它必须使其对文化精神真理的表现与其形式的绝对和谐理想达到一种矛盾统一。

理想就是形而上的普遍的精神在感性个体上的完美体现。有两种构成艺术理想的最常见方式：一种是对于现实的对象加以提炼、集中和概括，由此形成的理想就是通常概念（通常概念属于种属的普遍性）的表现；另一种是根据某种先天、超验的概念来进行创作，这种理想构成方式给艺术家的理性思维打开了独立、自为的活动空间，故它才可能是理性思维的造物和表现。前者的代表是 Bernini，后者的代表是 Pheidias。前者包含经验方式，后者是纯粹的先验方式。前者的理想就仅仅是通常概念的表象，后者的理想则可能是理性思维的表象。

雄伟风格的理想属于先验构成的理想。一方面，这种理想完美地表现了希腊民族独特的理性性格，后者以精神的理性思维为本质，亦包括其塑造的感性存在：形体、风度和情操等。雄伟风格最终旨在表现这种理性思维。它旨在使普遍、抽象的理性思维在感性个体上得到完美表现，因而是理想化的。这个理想是纯粹思想与感性形式的统一。但是雄伟风格只能通过表现被理性思维塑造的感性对象，或直接以理性思维来塑造材料，才能使这种思维得到表现，因此这种表现是间接的。这是因为表现媒介与表现对象的形式矛盾。无论哪一种表现方式，都是以这种理性思维作为作品形式的根据，因而其形式构成在本质上是先验的。这种理想化路径受到希腊的理念论哲学影响，最终是被希腊民族的理性精神规定。Harrison 曾说："只有借助柏拉图的理想主义艺术理论，我们才能理解 Pheidias 的作品与众不同的特征。"[1] 柏拉图认为艺术的价值不是复制自然，而是要表现先天、超验的理念。自然只是理念的影子。艺术如果只是复制自然，就成为影子的影子，因而比自然物更不完美。柏拉图认为艺术家作为真正爱美者，其灵魂生前就已经在天堂看见了理念，而艺术创作只不过是把他对于理念的回忆表现出来，但是艺术家还需要与完美体现了理念的对象接触，才能唤起他的这种回忆。[2] 雄伟风格的艺术就是这样，其作品的形式不仅超越对象的自然，而且缺乏个性特征，看上去就是一种超越自然的普遍理念的表象。[3] 柏拉图的理念就是理性思维的概念，所以与理念论哲学的亲缘性表明雄伟风格旨在表现的是理性思维的概念，后者构成理性性格的本质基础，表现在人物性格的方方面面。

另一方面，理想的先验构成给予理性思维一种充分自由，使之得以成为自为独立的活动，即成为自由的，而这种自由的理性思维也有其自身的理想，即构成一种完全的绝对和谐形式。在这里，艺术得以以理性思维的自由想象表现理性思维的通常概念。因此，雄伟风格包括双重理想化，一是根据理性思维的概念对人物性格的理想化，二是根据理性思维自身的要求对人物性格的理想化。它对于人体表现确立的法则，更多是表现了后一种理想化。

这就使雄伟风格陷入表现方式与表现对象的形式矛盾。首先，是造型艺术的表现媒介与其最终的表现对象即理性思维之自由的形式矛盾。这种自由

---

①　简·艾伦·哈里森：《希腊艺术导论》，马百亮译，商务印书馆 2017 年版，第 156 页。

②　柏拉图：《斐德若篇》，朱光潜译，商务印书馆 2018 年版，第 34 页。

③　温克尔曼：《希腊人的艺术》，广西师范大学出版社 2001 年版，第 7 页。

就是理性思维包含的自由，或理性思维之为自由，基本就是理性思维的通常概念，而它是视觉形象无法直接表现的。由于这个矛盾，雄伟风格不得不对其表现方式和表现对象两方面都作出调整。一方面，它将表现方式限制在间接、隐喻性表现的领域，其中隐喻性表现指的是：作品形式可以刺激我们产生某种被期待的心理表象，但它并未描绘或再现对象的自然形式。另一方面，雄伟风格并不表现理性思维的具体内容，而只表现其尊严和权柄，二者也属于理性思维的自由。其次，雄伟风格还面临古典风格的主要形式矛盾，即真实的对象表现与形式的绝对和谐理想的矛盾。它所表现的对象，无论是理性思维的通常概念，还是被其规定的感性对象，都构成对绝对和谐形式的否定。在这里，它必须对这种矛盾的双方都进行调整。一方面，它为挽救形式的绝对和谐，不得不否定对身体力量、动作和情绪的表现，而只表现静止和无情绪的形体，而且要对对象的自然形式进行抽象、改造，使之与理想的绝对和谐形式统一。另一方面，它也必须适应对象的自然形式，对理想中的绝对和谐形式进行调整，故不得不放弃绝对和谐的完全性。于是它才使这个形式矛盾的双方达到统一和平衡。而它的双重理想就植根于这种矛盾平衡。

第三，雄伟风格的宏伟、高迈和静穆，也属于形式的庄严性。

首先，宏伟是一种形式特征，指的是作品在尺度上的巨大体积和高度。Pheidias 的 Athena、Zeus 像，以及他主持修建的 Parthenon 神庙都是极宏伟的，都以其巨大的高度和体量带给人直观的震撼。尤其是（用黄金、象牙制作的）Athena、Zeus 巨像，分别高达 12 米和 14 米，头顶直接触及屋顶，让进殿瞻仰的人直接感受到神的伟大、高迈和对世界的掌控。后来 Lysippus 的学生，Lindos 的 Chares 设计建造的 Rhodes 岛 Appollo 铜像，高度超过 30米，当时被称为世界奇迹，后来因为地震而倒塌了。这种尺度的宏伟，旨在表现神绝对超出人和宇宙之上，以及神的无限力量。但这种"超出"只表明神凌驾于人和宇宙的卓越性，是一种高迈（Hoheit），一种理智的超越，而不是对现实世界的否定，不是真正的崇高（Sublime）。这种高迈不仅表现在量上，还表现质上，即表现在作品的静穆气氛。这种静穆，就是作品在表情和姿势上具有的单纯的静止、平衡和肃穆。雄伟和典雅风格的作品都具有静止、平衡和肃穆的特征。这种静止、平衡在雄伟风格中是单纯的、无内在张力的，而在典雅风格中，则是动与静、力与反作用力的对立统一。单纯的静止就是作品完全没有表现出运动的倾向、趋势和痕迹，往往呈现出有些僵硬的站姿或坐姿，重力均匀分布于双腿。单纯的平衡指的是作品结构上简单的正面对称，以及无矛盾的力量均衡。Pheidias 和 Alcamenes 的作品都具有这些特征。此外，静穆还表现在作品肃穆的表情，面部没有任何情绪表现。这种肃穆，在雄伟风格中，表现为对观者的某种拒绝和压制，是一种严肃，而在典雅风格中，则仅表现为一种安详和宁静。Pheidias 的 Athena 巨像就是静止和严肃的。人们说 Pheidias 的雄伟风格更适合表现神而不是人，宏伟、高迈、静止和严肃共同构成一种属于神的威严。这些特征表现神是超出人和世界之上的。宏伟、高迈是通过高度和体量表现这种超出，而静止和严肃则是通过姿势、表情来表现，其所表现的是神完全凌驾于动作和情绪之上、不为所扰的境界。正如宏伟、高迈表现的超出不是真正的崇高（与基督教中世纪圣像对比）而只是卓越，静止和严肃也是如此。它们所表现的其实是希腊文化所标榜的理性思维之无功利的、不受生存的活动和欲望干扰的"凝思"状态，以及理性的先天理念所具有的永恒性和纯粹性。这种凝思就是理性思维的自由存在。希腊人认为这就是最高的幸福，是理想的生活，也就是"神的生活"，而希腊古典时期的神像雕刻就旨在用自然的媒介表现这种理想的生活。因此神的肃穆、威严表现的是理性思维的尊严，而不是对现实的超越或否定。它们不是真正的神圣、崇高，而只是卓越，本质上是一种贵族和英雄式的高贵。

这种宏伟、高迈和静穆，也是被古典风格的形式矛盾规定的。为了达到矛盾双方的平衡，雄伟风格就不得不对表现方式和表现对象方面都作出调整。一方面，它在表现方式上，不能通过对形式和谐的破坏，而只能通过数量的广大表现精神的超越；在表现内容上，不能表现真实的崇高（因为这必然导致对形式绝对和谐的彻底破坏），而只能表现一种精神的卓越。这样才能使对象表现与形式绝对和谐的理想统一起来。这就决定了作品的宏伟和高迈特征。另一方面，作品为了挽救形式的绝对和谐，就不得不将对象表现限制于静止和严肃的形体，否定对身体力量、动作和情绪的表现，因为这种表现更容易破坏形式的绝对和谐。雄伟风格试图以此在另一方面使对象表现与形式绝对和谐的理想达到统一。这决定了作品的静穆特征。因此雄伟风格的这些特征，也是其在古典风格的形式矛盾推动下，试图建立矛盾双方的平衡，而导致的结果。

其次，雄伟风格的庄严性不仅表现在作品的形式，也表现在其内在精神层面。

雄伟风格的最高目的是表现一种高贵的精神。Lessing 曾说："身体美的表现就是绘画的目的，所以身体的最高美就是艺术的最高目的。但是身体的最高美只有人才有，而人之所以有这种最高美，是由于理想。这种理想只以较低级的形式存在于动物界。植物界和无生命的自然界都见不出这种理想。"这个理想指的就是包裹在物质东西里面的精神。美在于合乎某种目的，这种合目的性只能是生命精神导致的，精神规定身体的最高美，并通过后者得以体现。动物、自然风景缺乏这种精神，因此当艺术表现动物和风景时，必须赋予它某种精神性（比如浪漫主义绘画赋予风景以哲理内涵和抒情性）。艺术作品应当表现出某种高贵的精神，尤其是刻画人体的造型艺术。

希腊艺术的最伟大成就即在于通过完美的人体形式，非常有力地表现一种内在精神的高贵。艺术家的最终目的不是表现人体的自然，而是通过人体表现一种理性的精神。这也是雄伟风格的最高目的。Pheidias 的最有代表意义的雕刻作品，比如 Athena 巨像（用黄金、象牙和大理石头塑成，其黄金是雅典的国库）和朱庇特巨像，并不重视单纯自然层面的真实性，而是把重点放在表现一种伟大、卓越的精神。Winckelmann 所谓"高贵的单纯、静默的伟大"，不仅仅是指雄伟风格的感性形式，而且是指它包含的内在精神而言；评论家们一致强调的 Pheidias 神像雕刻的"道德意义"，正是着眼于艺术包含的内在精神。正如 Winckelmann 所评价的："在如此完美的人体的出色和高尚的形式中，似乎隐藏着一种永生的力量，而人体只是体现永生力量的器皿。可以揣度，崇高的心灵占据了易于消失部位的位置，并取代它们而自行延伸。"①

雄伟风格把这种内在精神理解为一种神性。希腊艺术一直在寻求以感性形式表现神性，且这种表现是逐渐完善的。赫尔舍说："'古典'时期至关重要的一个成就是，它发展了一些图像形式，使神性得以在身体的形象中被人体验到。首先，图像表现普遍的崇高感，后来逐渐把握到各个不同神祇特殊

---

① 温克尔曼：《希腊人的艺术》，广西师范大学出版社 2001 年版，第 65 页。

的威力：Zeus 作为世界的统治者，Appollo 作为伦理秩序的维护者，Athena 作为城邦力量的代表者，阿弗罗狄忒作为不可抵御的爱情魅力的体现者。这是一些表现神的个性的图像：诸神体现着他们各自的力量。"[1] 在表现神性方面，雄伟风格达到希腊艺术的巅峰。Pheidias 的 Athena 和 Zeus 雕像，就是通过形式的宏伟、高迈和肃穆，充分表现了神性的威严、庄重和伟大。凡亲眼瞻仰过的人，无不被雕像表现的神性力量震撼。如 Quintilian（罗马共和国时期的教育家、修辞学家，约 35—96 年）说："Pheidias 被认为更擅长神灵的雕塑，而不是人的雕塑。在用象牙进行创作方面，无人可以望其项背，即使他没有其他的作品，只有雅典的 Minerva 和埃利斯的 Jupiter，这两件作品之美似乎为众所接受的宗教增添了光彩，为他所表现的神灵增添了庄严。"Lucian（希腊散文家，约 120—200 年）也说，凡进入神庙看到 Zeus 像的人，都不再认为自己看到的是印度群岛的象牙和色雷斯的黄金，而是 Zeus 的本尊被 Pheidias 请到了人间。雄伟风格所追求的，本质上不是巨大的尺度，在于表现神性的威严，因此罗马 Belvidere 宫的赫拉克勒斯雕像残骸，也可视为雄伟风格的典范。尽管雕像残破，但是我们似乎看到一种伟大的精神流贯其中，填充、弥补形体的断裂和缺口，把这些残肢断臂连接为一个强健的整体。就像 Winckelmann 评论的："在人体的宁静中，表现出严肃、伟大的心灵，表现出出自对正义的爱使自己的一生充满崇高磨难的性格，把安全赐予许多国家，把和平带给这些国家的居民。"[2]

　　雄伟风格表现的神性其实就是希腊民族精神的理想化。神体现了一个民族的精神性格。一个民族真正的神本质上就是这民族的精神。Winckelmann 指出希腊雕塑表现的高贵的单纯和静穆的伟大，也是鼎盛时期希腊文学和苏格拉底学派哲学的真正特征[3]，也就是说，这是在希腊文学和理性主义哲学中也存在的同一种思想或精神。这就是希腊的民族精神。在希腊宗教史上，神从早期作为自然力量的象征，逐渐向真正的神蜕变，根本原因是希腊民族逐渐把它自身的普遍精神灌注到神性中，使神成为民族精神的体现。Pheidias

---

[1]　托尼奥·赫尔舍：《古希腊艺术》，陈亮译，世界图书出版公司北京公司 2013 年版，第 80 页。

[2]　温克尔曼：《希腊人的艺术》，广西师范大学出版社 2001 年版，第 64—65 页。

[3]　温克尔曼：《希腊人的艺术》，广西师大大学出版社 2001 年版，第 19 页。

的 Athena 和 Zeus 雕像，最完美、有力地表现了希腊民族的精神性格。

希腊民族精神的根本独特性，在于它的理性品格，而这也决定了希腊的神的独特性。这种民族精神乃是一种理性的精神。一个民族的精神性格，既包括其精神的品格（即精神的概念整体或现实自由的境界），也包括精神的性情，还包括作为精神的客观体现的外在物质的方面，比如人民的仪表风度、伦理风尚、制度设施和社会组织等。一个民族的性格就是由所有这些内容构成的统一体，而从根本上规定这个统一体的是精神的品格。后者作为概念塑造精神内在的性情并与之一同塑造外在的形体，所以它是民族性格的本质基础，而性格的其他方面皆是其表现。希腊人的民族性格的本质基础就是其理性品格，这在于理性思维在其民族的思想中占主导地位且达到最大成熟。这种性格就是一种理性性格，即其思想和性情、形体等方面主要被理性思维规定。而希腊的神则是最完善体现这种性格的实体。希腊艺术就旨在表现其民族这种独特的理性性格。不仅描绘人的，而且表现神的艺术，都是如此。所谓"高贵的单纯、静默的伟大"，就旨在表现这种理性性格。

一方面，这种理性性格表现在人物形体、性情以至性格的和谐上，这些都是古典艺术要表现的对象。

首先，希腊古典艺术塑造的人物形体和姿势，就表现了一种理性性格。正因为思想塑造人的性情，而思想和性情又塑造人的外貌，故形体表现灵魂，所以至少在一定程度上人的外表反映他的内在精神。事实上，面相学被古代希腊人广泛接受。Burckhardt 指出："希腊人一定要通过人的外貌洞察人的内心，认为相貌可以透视出信仰……他们确信美貌与精神上的高贵之间存在着一种必然的联系。"[1] 希腊人对形体之美的强调，就与这种确信有关。[2]

---

[1] 雅各布·布克哈特，《希腊人和希腊文明》，王大庆译，上海人民出版社 2008 年版，第189 页

[2] 具有奥运竞技会的优胜者狄阿哥拉斯这样健美的体型是所有希腊青年人的理想。在斯巴达，监察员必须每 10 天对于斯巴达的青年进行裸体检查。如果发现有人发胖，就要让他节制食物。毕达哥拉斯的法典有条文要求，防止身体过胖。另外比如雅典的政治家和军事统帅阿尔基维阿达斯在年轻时为了避免使脸型扭曲而拒绝学习笛子这种乐器，一时传为佳谈。在希腊神话中也有这样的情节，笛子的发明者 Athena，因为鸣笛时面部表情变丑而被众神嘲笑，于是给这种乐器施加了诅咒。唯有对形体健美与精神的高贵的必然联系的确信，才使希腊人对形体美在我们现在看来似乎过分的追求，被赋予一种严肃性。

这种面相学是希腊古典艺术的重要理论根据。根据这种观念，理性的精神会表现在人的形体和姿势上。比如理性思维的尊严，可以通过面部表情的平静、克制，姿势的端庄沉静得到体现，而希腊艺术就旨在通过刻画这样的表情、姿势来表现这种尊严。这种艺术，可以以 Pheidias 的 Athena 像为最佳典范。她的目光坚定而深邃，面部轮廓有一种特殊的清明、透彻和肃穆在里面，看上去就像是被一种超人的智慧所充满、就像是被这种智慧从里面雕琢而成。她让我们直接感到智慧的超人力量。这种智慧就是自由的理性思维。雕塑对 Athena 作为理性精神的化身，进行了最成功的表现。Belvidere 宫的 Appollo 像也成功刻画这样的表情。Winckelmann 对于这尊 Appollo 像评价道："他的庄严的目光从他高贵的满足状态中放射出来，仿佛瞥向无限，超越这胜利。轻蔑只落在他的嘴角，愤怒只在于鼻孔的张合间。"[1] 这表明他拥有"高贵的精神，柔和的灵魂。Appollo 的这种高贵是 Laocoon 所不拥有的"[2]。古典艺术家还努力寻找一种庄严的形式表现神或人内在精神的高贵。这种形式包括所谓"希腊轮廓"、椭圆形脸蛋、黄金分割、"四角鼻子"等。雄伟风格就是参照这种形式塑造神的形象，以表现神性的高贵。这种形式之所以让人觉得庄严、高贵，就因为其体现了理性的精神，当观众从作品领会到这种精神，就会将这种精神投射到对象中，使之成为其内在的灵魂。

其次，雄伟风格还旨在表现人物性情以至性格整体的和谐，后者也是精神的理性性格的体现。神性的高贵还表现在被良好掌控的情绪平衡。后者在 Pheidias 的作品中就是无情绪，而在 Belvidere 宫的 Appollo 和 Melos 的 Aphrodite 身上则是一种情绪的和谐。Appollo 的愤怒、轻蔑，都表现出理性的充分节制，而没有破坏情绪的平衡。在这些作品中，理性思维从未因某种情绪过于激烈而失去对情绪的掌控从而破坏情绪的和谐。所以这些作品也表现了一种理性的性格。个体的最高和谐是性格整体的和谐。这种和谐包括个体的健全性和协调性。从超绝存在论上说，个体的健全性本质上就是自由的全面发展，而协调性则是指所有自由处在一种和谐关系中。这种性格的和谐

---

[1] J.J. Winckelmann, *Geschichte der Kunst des Altertums*, Verlag Hermann Nachfolger, Edition Venedis，2011，364.

[2] J.J. Winckelmann, *Geschichte der Kunst des Altertums*, Verlag Hermann Nachfolger, Edition Venedis，2011，115.

是希腊人独特的理想。Taine 如是形容希腊人的性格特征："他同时是诗人、哲学家、批评家、行政官、祭司、法官、公民、运动家，集一二十种才能于一身，而不使一种才能压抑其他。……不向一种超人的无穷的威力低头，不为了一个渺茫而无所不在的神灵沉思默想。"其中最重要的是精神和肉体的平衡关系。苏格拉底就这样祈祷神："啊，敬爱的牧神，以及本地一切神灵，请保佑我具有内在美，使我所有的身外物都能和内在物和谐。"①Harrison 曾指出："在所有民族中，只有他们（希腊人）知道或者说是本能地感觉到，怎样把握肉体和灵魂之间的平衡，虽然这种平衡仅仅维持了一个世纪。"②在古代希腊社会，像基列西乌斯这样身体羸弱瘦小的诗人，还有菲列托斯这样的弱不禁风的学者，以及阿革纳克里托斯这样外表丑陋的艺术家，都是被嘲笑和轻视的；反之，一个四肢发达、身形健美但头脑简单、灵魂粗俗的运动员也得不到人们的尊重。这种性格的和谐只能是理性思维的纯粹自身存在的要求且被其所规定，因而它体现了精神的理性性格。而艺术家则努力塑造具有这种性格的和谐的典型，使后者成为这种理性性格的表现。希腊古典艺术塑造的典型性格就是这种奥德赛式的健全性格，健康、强壮、肉体与精神协调发展，而不是像在中世纪基督教艺术和 18 世纪以后的浪漫派艺术塑造的那种典型性格，后者要么是以羸弱病态的肉体支撑着强大的精神，要么是强烈情绪和激情焚烧着肉体，导致形体的扭曲。这些都是破坏了心灵与肉体的和谐、均衡的关系，破坏了性格的健全性。雄伟风格的希腊艺术，乃与之判然有别。正如 Taine 对于这种风格作品的评价："头部没有特殊的意义，不像我们的头包含无数细微的思想，骚动的情绪，杂乱的感性。脸孔不凹陷，不秀气，也不激动。脸上也没有多少线条，几乎没有表情，永远处于静止状态。……我们今日所看到的，所制作的，脸部的重要都超出了应有的比例，掩盖了别的部分。……相反，在希腊的雕像上，头部不比躯干或四肢引起更多的注意。头部的线条与布局只是继续别的线条别的布局。脸上没有沉思默想的样子，而是安静平和差不多没有光彩。绝对没有超出肉体和现世生活的

---

① 柏拉图：《斐德若篇》，朱光潜译，商务印书馆 2018 年版，第 81 页。
② 简·艾伦·哈里森：《希腊艺术导论》，马百亮译，商务印书馆 2017 年版，第 118 页。

习惯、欲望、野心。"①

　　另一方面，雄伟风格艺术的最终目的是表现理性思维的自由，后者构成理性性格的最根本方面。这种自由包括理性思维的尊严和权柄。所谓理性思维的尊严，指理性思维的活动超脱于外在和内在自然的任何影响（环境的动荡、功利的算计、情绪和欲望），丝毫不被其骚扰的境界。这也就是苏格拉底和斯多葛派等所标榜的理性思维在完全静止、澄明中运行的"凝思"状态。理性思维的完全的尊严意味着其纯粹性。这种"凝思"状态被认为是神的境界，而雄伟风格就旨在通过雕塑表现这种境界。所谓"高贵的单纯、静默的伟大"，根本旨在表现理性思维的尊严，它包含并且旨在强调道德的意义。

　　首先，"高贵的单纯"就表现了精神对自然影响的否定。"高贵"是指精神始终超越于环境的动乱和情绪、欲望等之上，不被其支配、干扰。在雄伟风格中，"高贵"表现在人物始终保持着形体、情绪、性格的绝对和谐，这种和谐是颠覆不破的，丝毫不被自然损害。因此这种"高贵"是贵族式的，它表现了希腊人独特的理性性格。"单纯"本质上是指精神排除自然、情绪的影响而具有的一种淡漠状态。在形式方面，"单纯"表现在雄伟风格避免对人物形体作过于细致的刻画，也不表现情绪和动作，从而使艺术能够更纯粹地表现理念，而避免过度的自然化导致对于理念的偏离和理性凝思的干扰。所以"高贵的单纯"表现了理性思维对于自然的否定，即理性思维的尊严。Parthenon 神庙群雕的众神与巨人之战，就旨在表现这种尊严。在希腊的文学中，巨人族所象征的就是"没有节制、不受理性控制的野蛮力量"②。贺拉斯在描绘巨人族的故事时就指出，"没有智慧的蛮力只会自取灭亡"。针对巨人的争战就是为了维护理性的秩序，捍卫理性思维的尊严。

　　其次，所谓"静默的伟大"，意义也与此基本一致。所谓"静默"就是肃穆，是精神超越于情绪、痛苦和动作之上的永远的宁静，故也是精神尊严的表现。古典时期希腊的神像，都具有稳定、静止的姿势和安详的表情。比如奥林匹亚 Zeus 神庙（约公元前 460 年）三角楣的群雕，表现 Lapithae 人与人首马身的 Centaur 的混战。在正中间的是超然降临的 Appollo 神。他平

---

① 丹纳：《艺术哲学》，浙江人民美术出版社 2017 年版，第 300—301 页。
② 简·艾伦·哈里森：《希腊艺术导论》，马百亮译，商务印书馆 2017 年版，第 187 页。

伸右臂，表现出对于整个局面的掌控，其姿态是稳定静止的、神情是威严安详的，显得完全凌驾于这场混战之上。在这里，神的超然态势与人类的动荡纷争形成鲜明对比。这种"静默"，本质上就是希腊哲人和斯多葛派所理想的"不动"或"淡漠"（apathia），即心灵离开所有动荡，排除了快乐、欲望、忧虑和烦恼之后的清明、宁静、安详的状态，后者体现的也是理性思维的尊严。正如罗丹评价 Parthenon 神庙的三女神像："她们的姿态如此平静，如此有尊严，好像具有某种肉眼看不见的瑰伟的性质。的确，无限的神秘高临在她们之上。那是无形的永恒的理性，整个自然要服从于这个理性。这三个女神也就是这个理性的侍女。"这些神像表现出的尊严就是理性思维的尊严。"伟大"意味着精神不受自然、环境、情绪、欲望和身体的痛苦等所倾覆的巨大力量。雄伟风格常常赋予神以特别宏伟、高大的形体，以表明神是超乎人和自然之上的。但是神的伟大不仅表现在空间尺度上，且更准确地表现在其威严的神态上。这种伟大和威严，在上述奥林匹亚 Zeus 神庙的 Appollo 雕像中得到充分体现。雕像通过神凌驾于人世的动荡纷争之上的超然和威严姿态，表现了神对自然的完全掌控，而这正是其伟大之所在。这种伟大本质上也是一种精神的尊严。"伟大"和"静穆"一样，本质上都是希腊人向往的理性沉思的不动、无扰和淡漠（apathia）状态。所谓"静穆的伟大"表现的精神尊严，不是基督教和佛教那种崇高，而就是理性思维的尊严。

　　Taine 解释希腊艺术中主要的风格是优美而不是崇高，其内在原因就是希腊人的民族性格。[①] 希腊艺术和希腊文学都旨在表现希腊人的性格，而这种性格也影响了艺术表现的方式。这种性格是理性的、乐观的，不会沉醉于超自然的幻想，不会为了彼岸而否定尘世的生活。也就是说，希腊民族缺乏基督教和佛教那种超越性格，只有这种超越性格才可能领会崇高。希腊人的宗教也缺乏超越的性格。希腊人崇拜神的方式也很特别，就是通过体育社会、悲剧、戏剧、喜剧、舞蹈以及狂欢、节日庆典等来表现，而不是通过苦修、斋戒、忏悔祷告、沉思冥想等方式，这些都是一种超越宗教引导信徒从此岸渡到彼岸的津梁。另外，希腊的自然环境也缺乏美学家们认为的那种超越人的理智和感官从而可以激发崇高观念的那种特别巨大、有力的自然景

---

① 丹纳：《希腊的雕塑》，傅雷译，化学工业出版社 2019 年版，第 11—19 页。

观，比如喜马拉雅山这样巨大的山体和太平洋、大西洋那种滔天巨浪。在巴尔干半岛狭小的南端，大多数自然景观都是人的理智和眼光可以明确把握的。雄伟风格最充分表现了希腊精神的理性性格。这种风格通过神像的宏伟、高迈和威严表现这种理性性格的高贵性。它表现的精神之高贵，不是基督教的上帝和佛教的涅槃对现实的绝对超越，也不是圣徒和僧侣不被肉体和尘世缚染的精神圣洁，而是一种理性的性格在面临自然、情欲的压迫时，仍然丝毫不影响其自身形式的和谐、不损害理性思维的尊严。这种高贵是贵族式的，而不是僧侣式的，是优美，而不是崇高。雄伟风格表现的是理性性格的和谐庄严，而不是哥特建筑和圣像所表现的那种对自然、对尘世生活的本质超越，后者恰恰是破坏了这种和谐庄严。

在这里，艺术家的最终目的不是表现自然，也不是表现性格中的自然方面，而是表现一种理性的精神，其本质是理性思维的自由，而这才是他的创作的根本依据。艺术不仅把表现理性的精神作为最终目的，且本身就是这种精神的体现。在这里，由于艺术面对着两种形式矛盾，即艺术的自然化倾向与形式绝对和谐要求的矛盾、媒介与对象的矛盾，因而不得不对表现方式和表现题材两方面都作相应调整。在表现方式的方面，它放弃对这种理性精神的直接、再现式的表现，而采取一种间接、隐喻性表现。在表现对象的方面，它对于理性思维的自由，只表现其尊严和权柄，抽象的自由，而不得不放弃对理性思维的具体内容的表现。

这种庄严性是雄伟风格与典雅风格共同的特征。

2. 除了这种庄严性，雄伟风格还包含了宏伟和单纯的特征

雄伟风格与同属庄严风格的典雅风格相比，其区别首先就在于它具有宏伟的特征。雄伟风格的作品大都有宏伟的结构。宏伟指的是作品在尺度上的巨大体积和高度，它带给人直观的震撼，旨在从视觉尺度上表现神对于人和自然的超越，以及神的无限力量。但我们讨论过这种超越只表明神的卓越和高贵，而这种高贵就是理性思维的尊严，而不是真正的崇高（Sublime）。宏伟旨在表现神的伟大卓越，而这个神其实就是希腊文化精神的体现，艺术家对它的表现，就是通过它表现这个文化精神，后者就是一种理性的精神。因此神的伟大卓越，都是这种理性精神的体现，更准确地说是体现了这种精神包含的理性思维的尊严。宏伟特征其实是以视觉的尺度表现理性思维的尊

严。这也是庄静美的形式矛盾决定的。这种矛盾使雄伟风格，一方面只能表现理性思维的卓越而非真正的崇高，以挽救形式的绝对和谐，另一方面为了不致像崇高格调那样通过破坏形式的绝对和谐表现精神的超越性，只能以作品的尺度而非形式结构表现这种超越性。总之，雄伟风格对矛盾双方，即作为表现方式的理性思维与被表现的精神超越性，都进行了相应调整，使之达到一种矛盾统一。关于宏伟风格，我们前面已有讨论，这里我们重点讨论所谓单纯风格。

雄伟风格还具有单纯的特征。单纯风格在于对人物形体的刻画简洁清晰，避免精雕细刻，也不表现情绪和动作。这种简洁表现在对于笔直的线条、有清晰棱角的轮廓、椭圆或方块表面的追求。如果考虑到希腊古典艺术与理念论哲学的关联，以及希腊人的"凝思"理想，那么我们可以说，单纯风格避免了艺术的过度自然化，使之能更纯粹、清晰地表现理念；这种风格也旨在表现一种精神的单纯性，即精神排除自然、情绪的影响而具有的一种淡漠状态。在希腊艺术中，对单纯性的追求表现为对不断加深的自然化趋势的反抗，以维持纯粹形式之美的理想，因而奠基于庄静美的内在矛盾。

雄伟风格的单纯特征包括三个方面：结构的单纯、姿势的单纯、表情的单纯。

（1）结构的单纯。

有人形容米开朗琪罗、Raphael 这样的伟大艺术家是"用火焰打草稿，用黏液来制作"，就是说他们的艺术是伟大构思和精细制作的统一。自文艺复兴以来的西方艺术，许多大师把无限的精力花在那些更需要苦功和耐心而不是天才的精雕细刻上，其精细程度远远超出美的需要，甚至将作品的理想淹没了。那些稍逊天才的艺术家（比如佛兰德斯的肖像画家和风景画家），则把毕生精力花在对对象的纤毫毕现的精细描绘上，而完全忘记了造型艺术应有的理想性，甚至破坏了形式的优美（其人物形象常常并不美）。这种弊端在希腊化时期的写实风格和巴洛克风格中已经出现（比如德米特里尔斯，他宁可牺牲美，而追求酷似）。其危害在于打破了艺术的理想与自然的真理之间的对立平衡。只有古典风格最好地维持了这种平衡，这也是它成其为伟大的根本原因。这很大程度上在于它对于单纯性的保守使它得以抵御艺术的自然化趋势对艺术的理想性的侵蚀。

庄严风格的艺术，无论是雄伟还是典雅，都具有结构的单纯性。

在这里，艺术尽管使僵硬的线条变得柔和，使陡峭和突兀的轮廓成为连续，使原先过于简单幼稚的形式变得复杂、成熟，但艺术仍然保持朴素简洁的形式特征。这种风格在造型上倾向于采取更简洁的笔直轮廓线，而不是能更细致表现自然且更柔和的波浪形曲线；另外，它还倾向于采取方形或椭圆形表面，以及有清晰棱角的转折。这些赋予作品刚毅而略显生硬的轮廓。在这里，对形式的简洁和正确的要求，往往导致作品损害了自然原有的充分和谐。正如 Winckelmann 的评价："这种崇高风格的素描，在某种程度上具有直线的特征，因而轮廓是有棱角的；看来所谓'四角的''有棱角的'这些词就是指这个。由于像波利克列托斯这些大师奠定了人体的比例，同时建立了人体各部位的尺度和精确的相互关系，并为了取得比例的更为准确，在相当程度上牺牲了造型的优美。他们的人体因此有宏伟的特点，但与这些大师继承者的轮廓的波浪性和柔和性相比较，就显得有些僵硬。看来这就是人们批评卡隆、赫基、卡纳哈斯、卡拉米斯甚至米隆的那种僵直性。"[1]

这种形式的单纯的庄严，比之自然的复杂，反映的是一种更高、更纯正的审美趣味。对于缺乏更高鉴赏力的人们，Raphael 的人体轮廓的稳健、正确与严谨，同 Corregio 的柔和轻巧相比较，可能就显得有些僵直；同样荷马史诗的古朴宏伟，与维吉尔的华丽、奥维德的柔美优雅相比较，也可能会被认为是粗糙和笨拙的。[2]

古典艺术通过结构的单纯性，使艺术的理想与自然的真理之间达到了更好的平衡：

一是古典艺术旨在表现精神的概念、思想，然而过于复杂的细节往往掩盖了最重要的形式，使作品包含的思想变得暧昧。反之，单纯风格则保持着形式的简洁、清晰。古典艺术中经常谈到的所谓"希腊轮廓"、椭圆形脸蛋、黄金分割、"四角鼻子"，都体现了这种单纯风格。比如，"希腊轮廓"把前额和鼻梁连接的侧面处理成笔直的，"四角鼻子"把鼻子处理成从不同角度看来都呈现四角形表面。这使其轮廓都比自然形体更简洁、清晰，或更单

---

[1]　温克尔曼：《希腊人的艺术》，邵大箴译，广西师范大学出版社 2001 年版，第 182 页。

[2]　温克尔曼：《希腊人的艺术》，邵大箴译，广西师范大学出版社 2001 年版，第 183 页。

纯。这就避免了艺术的过度自然化可能导致的对概念的遮蔽甚至曲解，因而能够更清晰、直接和准确地表现概念，也更符合对象的理想。

二是单纯风格避免表现人物的动作和情绪，使艺术更能保持对形式的绝对和谐的理想。如果像巴洛克风格那样着力于表现激烈的动作和情绪，或以写实态度着重表现人物个性，就可能破坏作品形式的对称、均衡和稳定，损害作品形式的绝对和谐，从而伤害艺术的庄严性。雄伟风格保持形式的单纯性，不表现动作和情绪，因而使艺术更能保持对形式的绝对和谐的理想。

三是单纯风格只表现一种理想的、普遍的形象，而无意表达人物个性。佩特如此描述这种类型的雕像："在这单调、普通的纯洁的生命中……是中立性的最好表达方式，它已超越了所有的相对性和偏颇。……是无个性的，因为'个性'中包括对生活的偶然性影响的屈从。"[1] 这种无个性使在希腊古典时期的神像雕塑中，不同的神在气质和外表形象上都趋同，我们甚至可以看到 Aphrodite 和 Apollo 雕像的面部轮廓和表情都常常相似。以至于如果我们要确定某一雕像表现的到底是哪个神，常常需要做考古学的甄别工作。另外，即使不同的神祇可能代表不同的力量，但这些力量也都是普遍性，而不是偶然的现象。古典时期的人物肖像也是高度理想化的（比如 Polykleitos 的战士和运动员塑像、Cresilas 的伯利克里胸像），并不着力表现人物个性。只有到了公元前 4 世纪末和希腊化时期，才开始出现有个性特征的肖像。艺术追求表现鲜明的个性，意味着它的进一步自然化。因为个性都产生于自然的偶然性，并不能表现普遍的概念，也不具有理想性。希腊化和罗马时期肖像艺术的发展表明，当艺术追求表现鲜明的个性，就必然导致对概念和对理想的偏离，也导致对形式的和谐和优美的破坏（比如身材佝偻、衣衫褴褛的市场老妇，瘦弱疲惫的渔夫，躺在地上烂醉如泥的女酒鬼等形象）。我们反过来就可以看出，单纯风格忽视人物个性，而只描绘一种理想的、普遍的性格，就使它得以由此更突出、更准确地表现精神的概念、思想。

雄伟和典雅风格一方面比以往的艺术更加贴近自然的真理；另一方面又保持着结构的单纯，使它可以比希腊化的艺术更直接、更准确地表现精神的概念、思想，因而在自然的真理和艺术的理想之间达到了一种对立平衡。后

---

[1] 佩特：《文艺复兴》，广西师范大学出版社 2002 年版，第 153 页。

一方面，正如 Winckelmann 所形容的，这种风格的美，由于其单纯性，"就像是不借助感官的观念，而直接来自崇高的知性和快乐的想象……并非来自勤勉的制作，而仿佛直接由思想产生。"①"其人物的线条与轮廓就好像是接连到来的思想，仿佛思想本身在直接描画。"②

另外，雄伟和典雅风格的单纯形式，如所谓"希腊轮廓"、椭圆形脸蛋、"四角鼻子"等都不是根据人体自然的实际，而是艺术家的理性思维的构想，后者以形式的绝对和谐为目的。这种形式不是仅仅合乎自然，而且是具有一种完美的数学关系，有如 Bach、Haydn 和 Mozart 的韵律，具有一种不同于通常概念形式的（而只能来自理性思维的自由的）绝对和谐。因此这种单纯形式表现了不同于通常概念的理性思维。雄伟和典雅风格把这种具有绝对和谐的单纯形式作为通常概念的感性形式。这表明它们是以理性思维来表现通常概念，因而据此对后者的形式进行调整。它们的理想也是理性思维的理想。其避免表现动作和情绪，也是因为情绪和动作的表现会使形式丧失绝对和谐，从而破坏了理性思维的理想。

（2）姿势的单纯。

单纯风格第二个方面是姿势的单纯。这种姿势的单纯只属于雄伟风格，而区别于典雅风格。它指的是作品具有单纯的静止与平衡。雄伟和典雅风格的作品都具有静止、平衡的特征。在典雅风格（如 Polykleitos 的持矛者）中，这种静止、平衡是包含内在张力的，打破了以往人像作品简单的正面对称和双腿直立的姿势，呈现为动与静、力与反作用力的对立平衡，所以这种静止、平衡是复杂的。但是在雄伟风格中这种静止、平衡则是单纯的，即不包括内在矛盾、张力的。Pheidias 和 Alcamenes 的神像姿势就表现出这种单纯的静止和平衡。

其中，单纯的静止就是作品没有表现任何运动的倾向、趋势和痕迹，而似乎处在一种无法打破的永远的静止中，比如 Pheidias 的 Athena 雕像。神像呈略显僵硬的双腿直立（或接近直立）姿势，两脚完全着地、承受同样的

---

① J. J. Winckelmann, *Geschichte der Kunst des Altertums*, Verlag Hermann Nachfolger, Edition Venedis, 2011, 219.

② J. J. Winckelmann, *The History of Ancient Art*, Vols.3–4, Thoemmes Press, 2001, 115.

重力。它既没有某种已结束运动形成的姿势，也没有能够引起将来运动的趋势或力（Polykleitos 的持矛者就处在迈步行走前的瞬间，尽管他是静止的），同样也没有表现某种现在运动的凝固的瞬间（Myron 的掷铁饼者雕像就表现了这一瞬间）。在其中，身体的力量处在静止中，没有被激发，或者根本没有被表现。因而在这里完全不存在推动肢体活动的力。神像各部分肢体端直，都不处于正在、将要或已经用力的状态。肢体既没有呈现力量的使用、凝聚导致的紧张和弯曲，也没有相互之间的对抗制衡导致的张力。因此作品的静止是单纯的，且似乎是超越时间、亘古永存的。

单纯的平衡既包括结构上的简单正面对称，也包括力量的无矛盾的均衡。同样以 Pheidias 的 Athena 雕像为例。雕像面对观众，两肩持平，两腿接近直立、承担相同的重力，身体呈左右基本对称的姿势。雕像的单纯静止也使其没有因为运动和用力而破坏其正面对称结构。这种对称是单纯的，就在于它的身体各局部（头部、双肩、胸部、腹部、髋部、双脚和双脚）是简单对称的，所以它不是像 Laocoon 群像那样在局部对称被运动破坏的条件下重建一种整体对称，后者就是一种复杂对称。此外，雕像还表现出一种力量的无矛盾的均衡。庄严风格要求作品呈现力量的平衡，而在雄伟风格，这种平衡也是单纯的。不同于 Polykleitos 的雕塑通过力量的冲突和统一构成的复杂平衡，在 Athena 雕像中所有的力都是未显露的、均匀的、一致的，没有表现出力量的冲突，因而具有一种单纯的（不包含内在张力的）平衡。后者使雄伟风格的作品看上去更稳定（Pheidias 的作品不需要 Polykleitos 和 Praxisteles 人像的附加支撑物，而是完全靠自身承重即可获得稳定）。以上这些特征使雕像的姿势呈现出一种单纯的平衡。

雄伟风格的单纯静止与平衡，一方面使对象和概念的结构（因为它以这种静止与平衡状态为其原本和单纯的状态，后者会被冲突和运动扭曲）得到更纯粹、准确的表现；另一方面使艺术能够更正确、清晰地表现对象形式的理想，这个理想就是以理性思维方式对于对象真理的表现。因此这种单纯的静止与平衡，也使雄伟风格得以抵抗希腊艺术的进一步自然化趋势，从而在艺术的理想与自然的真理之间达到某种平衡。

（3）表情的单纯。

单纯风格第三个方面是表情的单纯，为雄伟风格与典雅风格所共有。

表情的单纯是指作品的表情是安静的，面部没有表现出任何情绪，没有因情绪激动导致的面部肌肤的活动。在雄伟风格中，这种安静表现为严肃。Pheidias 的 Athena 巨像就是非常严肃的。

这种严肃表情，也使面部刻画在艺术的理想与自然的真理之间达到平衡，避免过度自然化导致对理想之美的破坏。

一方面，表情的严肃安静可以使面部结构得到更理想的表现。正如我们从巴洛克风格和浪漫主义的人像作品（最典型的如 Goya）看到的，强烈的恐惧、欲望、仇恨、愤怒等，会导致脸部肌肉的异常变化，从而破坏了人脸的理想形式。这是过于自然化导致的结果。雄伟风格的人像都是严肃的、无任何情绪的，因此能够把理想的脸部轮廓清晰、完美地呈现出来。Athena 头像的高度理想化和完美，是巴洛克和浪漫主义的人像作品无法企及的。

另一方面，表情的严肃更有力表现了理性思维的尊严。Athena 和 Zeus 的严肃表情，表现出神对瞻仰的凡人的一种拒绝、压制，以及神隐藏的巨大权威。这也就是神的尊严。但如前所述，真正的神就是民族的文化精神，而希腊民族的文化精神就是一种理性的精神，而神的权威及其对凡人的拒绝，表现的是神对人的有限性（包括其自然情欲和世俗计较）的否定。所以作品表现了理性的精神对情绪和自然影响的否定。它们所表现的神的尊严其实就是理性思维的尊严和纯粹性。Athena 就是理性的神。她的严肃和庄严的面孔，具体地表现了希腊精神所理想的不受生存的活动和欲望干扰的"凝思"状态。

总之，雄伟风格不仅包括庄严风格的一般特征，而且包括宏伟和单纯的特征。通过对于艺术的庄严、宏伟和单纯性的追求，雄伟风格在充分贴近自然真理的同时，最直接、充分地表现了理性思维的理想，从而在这种真理与艺术理想之间达到平衡，使庄静美的内在矛盾达到最佳解决。因此这种风格也是在庄静美的内在矛盾推动下形成。

（二）典雅风格

古典风格都具有一种庄严性。这种庄严，在 Pheidias 那里表现为单纯和宏伟，在 Myron, Polykleitos 等人那里，表现为包含运动张力的肃穆和均衡。后者就属于典雅风格。所谓典雅，就是包含张力的庄严，是将运动、力、肌肉的紧张甚至肉体痛苦纳入自身之内的静止、稳定和宁静安详。1972 年在意大利 Riace 海域发现的两尊武士雕塑，也符合这一风格。典雅风格也是在庄静美的形式矛盾的推动下形成的。其中，艺术对于运动、力、肌肉的紧张甚至痛苦和死亡等的表现，反映了艺术的进一步自然化，而这最终是植根于庄静美对于更真实的对象表现的要求。但这种表现破坏了雄伟风格的单纯的静止和肃穆，从而打破了雄伟风格通过单纯的静穆，而在形式矛盾双方之间建立的平衡。然而典雅风格也同样要求形式的绝对和谐，而后者受到艺术的这种进一步的自然化倾向的冲击。面对这种矛盾，典雅风格发展出一种新的解决途径，就是在表现这些新的对象要素时，总会构成一个与之对立的要素方面，比如力与反作用力、屈与伸、紧张与松弛等，使二者构成一种包含张力的平衡关系，从而在整体层面维持了静穆风格，这是一种不同于雄伟风格的复杂的静穆。于是，典雅风格就在艺术的进一步自然化破坏了雄伟风格已有的形式矛盾平衡前提下，在对象真理的更高层面，重构了形式矛盾的平衡。

典雅风格一方面是高度理想化的，它根据一种严格的形式理想塑造人体，这种形式理想体现了理性思维的自由存在，其作品超然、宁静的表情也表现了理性思维的尊严；这其实是庄严风格的一般特征。另一方面，与同样具有庄严性的雄伟风格不同，它把身体的动与静、力与反作用力的对立平衡作为表现题材，且没有了雄伟风格的威严和宏伟以及那种具有权威性的严肃表情，所以它比雄伟风格进一步自然化。典雅风格很好地结合了这两方面，因而在一个更高层面达到了理性思维的理想与对象的自然真理之间的矛盾平衡。

首先，典雅风格具有庄严风格的一般特征。它同雄伟风格一样，具有非常严格的形式理想，同时追求表情的庄严和肃穆。

Polykleitos 最早根据庄严风格的理想，确定了一套系统的形式法则，写成了《准则》一书。这些法则影响了好几代希腊艺术家的创作，而他自己的代表作，"持矛者"和"束发带的运动员"就是按照这些法则创造的。这些法则一方面更接近自然，另一方面也是理性思维的规定。正如赫尔舍所说："Polykleitos 的'规范'属于一个智力上的乐观主义高歌猛进的时代，人们希望通过理性的思考建构一个理想。规范是真理，因而不能随意加以变更。在此关系的不仅是一个审美理想：'美'同时是伦理意义上的'善'，艺术中的人的形象应当作为典范作用于现实。人们似乎相信能够在图像中创造理想的人。"①Polykleitos 的法则旨在更美地表现自然的真理，这里所谓"更美"在一定意义上意味着更符合理性思维的自由理想。Polykleitos 的作品，尽管刻画的都是人而不是神，却有同 Pheidias 作品同样理想化的形式。Harrison 评价 Polykleitos 的作品，认为其长处在于细致典雅和精益求精，有一种安静的尊严："吸引他的不是生命气息和动作，而是对称和比例，不是运动时被扭曲的力量，而是完美人体静止时的平衡"，他的持矛者雕像"成为后世关于对称性和完美人体比例的样本与标准"②。

　　我们前面通过对雄伟风格的分析表明了庄严风格的一般特征。这些特征包括形式和内在精神两个层面，这些都是典雅风格同样具备的。

　　一方面，典雅风格同样具有一种形式的庄严：第一，它的形式同样具有一种理想的和谐（充分和绝对的和谐）。一方面典雅风格比雄伟风格更贴近自然，对于人体本来的生命和谐有了更真实的理解。Myron 和 Polykleitos 的人像都比前人的作品更柔和、活泼和灵巧，轮廓线更真实、细致和流畅，且成功刻画出力的运用在身体的表现。因此典雅风格更好地表现了人体结构本有的充分和谐。另一方面，它的形式也具有自身独立性，它因而得以构造出一种形式的绝对和谐。典雅风格的最高目的不是为表现自然的真实或以之为根据，而是根据某种完善的法则体系来进行创作，后者乃是理性思维自身的要求。Polykleitos 的《准则》，就是受毕达哥拉斯派的朴素理性主义影响写成的，贯彻了一种数学的理想。它包含的理想形式，许多并非来自自然，而纯然是根据理性思维的要求（比如所谓"希腊轮廓"）；有些形式即使来自自然，也必然是经过理性思维的抉择改造。在毕达哥拉斯的影响之下，Polykleitos 认为通过发现人体各部分理想的数学比，就可以创造出人体的理想美。他的持矛者雕像，就绝非对于真实人体的如实再现，而是以一种理想美的法则作为标准所创造出来。这件雕塑本身就被当作一个具体化了的完美标准。所以总的来说，它体现了理性思维的要求，旨在构成一种形式的绝对

---

① 托尼奥・赫尔舍：《古希腊艺术》，陈亮译，世界图书出版公司北京公司 2013 年版，第85 页。

② 简・艾伦・哈里森：《希腊艺术导论》，马百亮译，商务印书馆 2017 年版，第 126 页。

和谐。典雅风格就是根据这种准则来表现对象，就是以绝对和谐的形式来表现对象之自然的生命形式：这就须要对后者进行抽象和完善，使之与前者达到某种统一。这种充分和谐与绝对和谐的统一，就是理想的和谐（参见雄伟风格中对此的更详细分析）。第二，与此相关，典雅风格的作品也具有高度的理想性。比如 Polykleitos 的持矛者雕像成为男性健美形体的理想。Myron 的掷铁饼者，至今被认为是最理想的运动员形体。典雅风格的理想也是双重的。首先，它清晰、集中地表现了对象形式的真理，因而要根据这一真理对自然个体进行理想化。其次，它是以绝对和谐的形式来表现对象之自然的生命形式，因而要根据理性思维的要求对对象的自然生命形式进行理想化（Polykleitos 的《准则》就体现了这样的要求）。

另一方面，典雅风格包含一种内在精神的庄严。这种庄严表现在人物宁静、肃穆的姿势和表情上。这种风格的作品，人物总是定格在一种静止状态，而且表情总是安详、宁静的，不表现任何情绪。比如 Myron 的掷铁饼者雕塑，捕捉了运动员投掷铁饼时刹那间的动作，但雕像看上去是静止的，似乎呈现的是一个凝固的瞬间，而面部表情则是完全平静安详的，丝毫没有用力之感。在这里，身体的巨大紧张并没有损害雕像姿势的静止和表情的肃穆。Polykleitos 的人像同样都呈现为静止且无情绪的。以他的受伤的亚马逊女战士雕像为例。雕塑表现一个亚马逊女战士抬起右手，用左手探视身体右侧的伤口，脸部稍微向右下侧倾斜，眼睛注视着伤口，面部表情以及身体姿态仍然是庄重、安详、平静的，完全没有痛苦的表情和身体动作。雕像丝毫没有由于巨大的肉体痛苦导致姿势的动荡和表情的扭曲，而是始终保持着一种宁静和肃穆。这是一种多么强大的精神尊严！艺术史家认为，希腊古典艺术以这种方式表现人物的静止、肃穆，并不仅是技巧不够，而是旨在表现一种内在精神。后者是一种理性的精神，包括了理性思维的尊严。因为雕像姿势和表情的宁静、肃穆，实际上就在于肢体的激烈运动、力的紧张和痛苦都无损于雕像整体和脸部形式的理想的和谐，而后者就是精神的理性思维的产物和体现。正是在这种意义上，艺术着意塑造的宁静、肃穆表现了理性思维的尊严，从而表现了精神的理性性格。

典雅风格的静穆比雄伟风格的更复杂。Pheidias 雕像的宁静、肃穆是简单的，显得抽象（没有充分自然化）且仍有某种程度的僵直性。典雅风格的宁静、肃穆则将运动、力、肢体的紧张甚至痛苦都纳入自身之内，更具体、灵活，也更复杂，其因包含内在的张力，故其实表现了理性思维的一种更高层次的尊严，也更容易感动人。另外，雄伟风格表情的宁静表现为一种严肃和威严，而在典雅风格，它就是一种安详、恬静，因而也显得更亲切一些。

其次，与雄伟风格相比，典雅是把庄严风格贯彻到充满了运动和力的领域，把庄严风格转化成一种包含内在紧张的对立平衡。与同属庄严风格的雄伟不同，典雅风格把身体的动与静、力与反作用力的对立平衡作为表现题材，另外它也没有了雄伟风格的宏伟和威严以及那种具有权威性的严肃表情。这表明它比雄伟风格更加自然化。

典雅风格的这种进一步自然化，可能使其在表现神的威严方面受到影响。正如 Goethe 评价的："在细致和优雅方面，Polykleitos 优于所有人。许多人拥他为首，如果一定要寻找人们对他的非议，那么这就是缺乏力量，可能正由于他赋予人的形体的优雅，比在自然中见到的更多，所以在充分表现众神的威严方面就有所逊色。"[1] 但是在典雅风格中，这种自然化并未损害作品的庄严性。因此典雅风格就在艺术的理想（形式的庄严就是古典艺术的理想）与自然真理之间塑造了一种新的平衡，尽管这种平衡进一步向自然真理倾斜。这种平衡比雄伟风格所达到的更复杂。

这里我们尝试从以下两方面对典雅风格的特点进行分析：

1. 典雅风格基本上抛弃了古风和雄伟风格作品的宏伟和威严。Harrison 评价 Polykleitos 道："有人授予他雕塑家中的桂冠，但也有人认为他有不足之处。他们会这样说：他雕塑的人体的确有一种超越自然之美，但是缺少某种庄重和威严，无法达到神灵的那种压倒一切的崇高。"[2] 雄伟风格表现神的宏伟和威严，就要通过巨大的尺度和严肃、威严的表情来震慑观众，但这两点对于典雅风格来说，都是不必要的。最重要的原因，是 Myron 和 Polykleitos 的主要兴趣是表现人而不是神，旨在使观众见到、悦赏最优美的人体，而不是慑服他们，让他们恐惧战惊，所以不需要让作品显出宏伟和威严。典雅风格的这种特征可以视为进一步的自然化。我们尝试从以下两点对

---

[1]　温克尔曼：《希腊人的艺术》，邵大箴译，广西师范大学出版社 2001 年版，第 246—247 页。

[2]　简·艾伦·哈里森：《希腊艺术导论》，马百亮译，商务印书馆 2017 年版，第 126 页。

其进行说明：

第一点，典雅风格避免作品的巨大尺寸。Myron 和 Polykleitos 的人像都是真人大小或略大，但比起古风和雄伟风格的作品，刻画得更加细致、线条更柔和，轮廓更优美。他们作品采用较小尺寸，一个原因是他们主要是用昂贵的青铜而不是大理石材料来创作，但更根本的原因是作品的巨大尺寸本来就与典雅之美相矛盾。宏伟本来就与典雅（和优雅）存在冲突，二者引起的领会和情绪都有根本不同且互有抵牾。前者更适合表现神，而后者更适合表现人。二者表现的内在精神也有所区别，前者适合表现神的超越性，后者则更擅长表现城邦公民的坚韧、勇敢和尊严。如果雕塑家的主要目的是表现雅典的理想战士或运动员，那么还是真人大小的雕像最好。在表现女性形体优美时更是如此。在这里，雕像太过巨大的尺寸不仅没有必要，它导致的情绪反应反倒影响观众对于这种优美的正常欣赏，且破坏一个优美的女性形体原有的韵致。宏伟的雕像只有当它被用来表现一种无比卓绝、威严、崇高、伟大和神圣的精神，只有当它体内被这种精神所充满，它才是恰如其分的（在这种情况下它甚至无须呈现过多细节，如云冈石窟的毗卢舍那大佛）。反之如果它里面没有这种精神流贯其中，那么无论细节多考究，它都会给人以浮肿轻飘之感，总归是大而不当，在审美上必定是失败的。这一点，若我们把某恶俗商家做的 16 米高的梦露巨像，甚至美国内华达山巨大的总统头像，与毗卢舍那大佛和里约热内卢的基督巨像相比较，即可了然。

第二点，在雄伟风格，表情的肃穆表现为一种严肃和威严，而在典雅风格，它就是一种安详、恬静，因而也显得更亲切一些。Myron 和 Polykleitos 的人像的宁静，大多是一种在身体的动荡和紧张中保持的精神肃穆，比雄伟风格的单纯的宁静更具体地体现了一种精神的尊严。他们刻画的都是战士、运动员，是雅典城邦的理想公民，而不是神，旨在表现一个理想公民和性格，他的形体的健美和精神的尊严，而不是表现某种像天神和帝王那样使人臣服的巨大权威。人物的眼神并不像 Pheidias 的神像那样逼人地直视着观众，而是似乎完全沉浸在自身的动作和思想中，其表情是一种伴随精神专注的安详和宁静。

典雅风格的这两个特点都可以视为艺术的进一步自然化。Myron 和 Polykleitos 比前人更细致、更真实地表现了人体，比古风和雄伟风格艺术更成功地塑造了理想的雅典公民性格，他的形体健美和精神尊严，但这种自然化也使作品不适合表现神的威严、崇高和神圣。

2.典雅风格最大的成就在于其塑造了一种对立的平衡，即包含内在张力的复杂平衡。在其中，局部的平衡被某种动荡和紧张打破，但作品在整体上又恢复了平衡。后者就是一种更高级的、复杂的平衡。这种对立平衡包括表情和姿势两方面，说之如下：

第一，表情的对立平衡。在雄伟风格中，人物的表情是与身体的僵直性对应的单纯宁静。典雅风格打破了这种身体的僵直和简单对称，表现了身体的剧烈运动、紧张甚至疼痛，但伴随这些的，是人物肃穆的、淡漠的表情，完全无情绪的流露。最典型的如 Myron 的掷铁饼运动员和 Polykleitos 的受伤的亚马逊女战士的平静表情。这种表情的平静与身体的动荡形成一种奇特的动、静平衡，从而最为生动、具体地表现了一种精神的尊严。这种平衡是一种包含内在张力的复杂平衡。不过艺术评论家们对于这种表情的平衡似乎没有像对于姿势的对立平衡那样关注。这种表情的对立平衡，在同时期制作的 Hegeso 墓碑浮雕（作者不详）中，也得到非常感人的体现。Hegeso 是一家主妇。雕塑表现的是她在死前的时刻。她坐在椅上，女仆在她面前拿着首饰盒，她从盒中取出一条项链。她的面容秀美且庄重，半透明的衣衫衬托出女性的美丽形体。面对逼近的死亡，她没有表现丝毫的恐惧、痛苦、悲伤和绝望情绪，更没有捶胸顿足的哭号和疼痛中的抽搐，而是坚定地保持着表情和姿势之高贵的肃穆，透露出精神的尊严。这种肃穆气氛尤其表现在雕塑把死前一刻呈现为新婚前的场景。希腊哲人 Hipponax 说："女人一生最甜蜜的两天：出嫁那天，死后被抬出那天。"希腊女人把死亡当成另一种新婚。Hegeso 精心打扮，像迎接新婚那样迎接死亡，这是怎样的一种庄严啊！她就像欧里庇得斯笔下的女英雄："得知自己死亡的日子快要到来，她从流淌的溪里汲来清水，洗净洁白的身体，打开松木衣箱，拣出衣裙，穿戴精美的服饰，站在炉前的神祇面前祈祷。她不曾哭泣，不曾抗议，即将到来的死亡丝毫未曾改变她红润姣好的容颜。"这种精神的肃穆，与迫近的死亡造成的紧张感形成强烈反差，构成了表情的对立平衡。

第二，姿势的对立平衡。它被认为是典雅风格对于艺术史的最伟大贡献，指的是雕塑中由力与反作用力、紧张和松弛构成的平衡关系。这是一种不同于雄伟风格的单纯静止和正面对称的复杂平衡。它体现了与赫拉克利特的辩证法同样的精神，即包含对立和冲突的更高的统一、和谐。这里试以两件最著名的作品，即 Myron 的掷铁饼者和 Polykleitos 的持矛者雕像为范例作进一步分析。

Polykleitos 的持矛者雕像，塑造了一个肩扛长矛的健美战士形象，充分体现了动与静、紧张与松弛的对立统一。Polykleitos 的风格抛弃了雄伟风格的单纯静止，而更多地学习了古风晚期的 kouros（一种被作为祭品献给神的男青年雕像）风格（而 Pheidias 则更多沿袭了古风早期的单纯静止和正面对称风格），其作品保留了 kouros 介乎动静之间的姿势和具有方块感的厚重体格，但克服了 kouros 简单僵硬的正面对称以及身体重心于双腿的均匀分布，进一步打破其单纯的平衡，建立了一种包含内在矛盾冲突的复杂平衡。这种复杂平衡包括以下四个方面：一是形体结构的对立平衡；二是动与静的对立平衡；三是力量的对立平衡；四是紧张与松弛的对立平衡。其中第三者是所有其他方面的基础。

其一，形体结构的对立平衡。雕像的左右两侧呈现一种不平衡：左臂和左腿弯曲，右臂和右腿则伸直。但是这种不平衡被身体各部分的对立结构抵消，从而达到一种更高的平衡。如雕像右肩下垂而右臀因之上抬，左肩抬高而左臀因之下垂，因而使躯体结构呈现出整体的平衡。[①] 同时，上抬的右臀与左肩、下垂的右肩与左臀，也造成身体两侧的呼应。双膝的角度与双踝的角度，双肩的角度与双膝的角度等，则构成身体的上下呼应。另外，稍微朝向右侧的头部也与大致以同样角度朝向左侧的躯干构成一种对立平衡。伸直的右臂的松弛与伸直的右腿的紧张，弯曲的左臂形成的紧张与自然弯曲的左腿的松弛，也形成了伸展与收缩、紧张与松弛的对立统一。

其二，动与静的对立平衡。雕像把运动的趋势包含在其中，但整体上是静止的。比如雕像右脚向前，左脚向后移，脚尖轻轻着地，表现出向前行走的态势，但是右脚是全脚着地，雕像全身的重心放在右脚上，这种姿势其实是站立的，所以雕像其实是静止的。身体似要向左前方迈进，眼睛却注视右

---

① 理查德·西奥多·尼尔：《希腊世界的艺术与考古》，翁海贞译，华中科技大学出版社2020年版，第244页。

前方，也抵消了这种雕像的动作趋势。这样，身体充满动态的姿势最后形成静止的图式。动与静、短暂与永恒达到对立统一。

其三，力的对立平衡。在更深层面，上述结构和动静的平衡，都植根于一种力的对立平衡。后者就是通过相反的力量相互颉颃而构成的平衡。这尊雕像就充分体现了这种平衡。雕像抬起的左腿与下垂的右臂都表现出向下的重力，而直立的右腿和举起的左臂则表现出向上抬或向上提的力，与这重力对抗。所有的力都被成对地加以表现。下垂的右肩造成的重力与被抬高的右臀的向上抬的力抵消，而抬高的左肩的向上提的力也被下垂的左臀的重力抵消，因此雕像不仅在每一侧，而且两侧之间也达到力量的平衡。力与反作用力彼此动态的相互关联，使身体所有部分形成彼此相互呼应又相互对立的关系。比如因为右腿沉重，所以左腿不怎么受压，进而髋度倾斜，故身体必须保持竖直。雕像整体的动静统一和结构平衡，都是奠基于不同部位力量的制衡。即使雕像有表面的失衡，也通过这种力量的平衡被纠正或抵消。

其四，紧张与松弛的对立平衡。雕像还成对地安排力的紧张与松弛状态，造成形体的紧张与松弛的对立平衡。比如支撑的腿与放松的腿，提起的右臀与放松的左臀，抬起的左肩与放下的右肩，这些成对的形体要素都相互构成紧张与松弛的互补与对应关系。另外，雕像内在的力量对抗与外表的轻松也形成的一种对立平衡。尽管雕像的局部充满力量的对抗及由此导致的紧张，但雕像整体则表现出一种毫不费力的轻松状态。局部、内在的紧张与整体、外表的放松也形成一种互补对应关系。

Myron 的雕塑掷铁饼者，同样表现了这种姿势的对立平衡。作品刻画了运动员将铁饼摆到最高点将要全力一掷的瞬间的姿势。赫尔舍分析道："他的'掷铁饼者'表现为处在两个方向相反动作的不稳定临界点上。脚步和身体在有力的收缩中转向前方，而头部和手臂向后大幅摆动；两个动作都正要转为反向运动，身体要向上跃起，而手部要释放出离心力。高度的动态凝固在这各种力量即将爆发的充满张力的原点，又通过唯一的承重腿在平衡状态下呈现出来。"[①]另外上肢和铁饼构成一种压向右下方的力，而髋部和大腿则朝向左上方施力，这两种相反的力达到了平衡。这种反向的力和运动的对

① 托尼奥·赫尔舍：《古希腊艺术》，陈亮译，世界图书出版公司北京公司2013年版，第83页。

立平衡也表现为形体结构的对立平衡，朝向左上方的髋部和下肢与面向右下方的头、胸和上肢构成了一种理想的平衡结构。由于这种相反的力和动作的对立平衡，使得这尊包含猛烈动作的雕像在整体呈现为静止的，我们感到雕像似乎在一瞬间凝固了。所以雕像也包含了一种动与静的对立统一。运动员的脸部表情却是肃穆的，表现出一种没有情绪的淡漠安详，脸部也没有因用力导致的肌肉扭曲，这种肃穆和庄严与形体的紧张也形成一种对立统一。Myron 的另一件有名的作品"Athena 和 Marsys"，风格已有变化。比如作品开始表现人物情绪，尤其是生动地刻画了森林神 Marsys 惊恐慌张的表情，表现出高度成熟的技巧，但脱离了庄严风格的肃穆表情。此外，Marsys 衰老丑陋的形象，也不符合形式的庄严性。这样的作品，可以视为希腊化时期盛行的表情主义和写实主义艺术之滥觞。

典雅就是包含内在矛盾的庄严风格。典雅风格也是在庄静美的形式矛盾的推动下形成的。在希腊艺术中，庄静美对于更真实的对象表现的要求，始终是这种形式矛盾中更积极、主动的方面。它推动希腊艺术进一步自然化，使其从雄伟风格之仅表现单纯的静止和肃穆进入对于力、肌肉的紧张和姿势的失衡，甚至肉体痛苦和死亡等的表现。但这种表现给形式的绝对和谐带来新的冲击。它破坏了雄伟风格的单纯的静止和肃穆，从而打破了雄伟风格通过单纯的静穆而在形式矛盾双方间建立的平衡。然而典雅风格也同样要求形式的绝对和谐。面对这种形式矛盾，它策略是在表现这些新的对象要素时，力图构成一个与之对立的要素方面，使二者达到对立统一，比如力与反作用力、屈与伸、紧张与松弛等。典雅风格获得一种具有内在张力的总体平衡，于是在整体层面维持了静穆风格，这是一种复杂的静穆风格。于是，典雅风格就在艺术的自然化的更高层面重构了形式矛盾的平衡。

总之，庄严风格也是在庄静美的形式矛盾推动下形成和发展的。在这里，庄静美对于更真实对象表现的要求促使艺术愈益自然化。在希腊艺术中，这种自然化倾向始终是形式矛盾的主动方面，它的发展不断推动这种矛盾的转型。庄严风格的艺术，比之古风艺术，就越来越贴近自然，力求达到对于事物的更真实更充分的表现，而这使作为表现方式的理性思维越来越难以保持其所要求的形式绝对和谐。这就是庄严风格面临的形式矛盾。庄严风格致力于在艺术不断加强的自然化趋势与对于形式的绝对和谐的追求之间构成一种平衡，也就是在理性思维自身的理想与自然的真理之间达到一种平衡，从而使这种形式矛盾得到暂时解决。

庄严风格包括雄伟和典雅两种风格。二者都具有以下特征：第一，表现方式从自然获得自由，其在形式上不再无意识地被对象束缚，而是具有了自己的理想。其最高目的不是对自然的忠实再现，而是形式自身的美，形式的最终根据也不仅是自然的实情，更重要的是理性思维自身确立的法则。而一种思想，若是根据理性思维自身的法则，且以单纯形式自身的和谐为目的，那它就是一种自由的理性思维。正是表现方式的这种自由，使庄静美陷入其对象表现要求与理性思维的形式绝对和谐理想的矛盾。庄严风格就致力于在矛盾双方之间建立一种平衡关系。第二，形式的理想和谐。庄严风格就是以理性思维的方式表现通常对象或概念，后者的形式往往具有一种充分和谐，而理性思维的形式则具有一种绝对和谐。因而这种艺术表现包含这种充分和谐和绝对和谐的矛盾统一，是一种理想的和谐。这种理想和谐奠基于庄严风格对庄静美的形式矛盾的积极解决。它其实是古典风格的共同特征。第三，庄严风格的作品具有高度的理想性。庄严风格作为以理性思维的方式对于通常对象或概念的表现，包含了对于自然对象的双重理想化：分别是根据对象真理进行的理想化；根据表现方式对形式绝对和谐的要求进行的理想化。这种双重理想化也植根于庄静美的更真实对象表现与其对形式绝对和谐的要求的对立统一。第四，庄严风格还具有一种高贵的静穆，以及性格的健全性。在这里，人物形象都是静止和肃穆的，没有表现出动作和情绪。这种肃穆表现的是希腊人理想的"凝思"状态，也就是理性思维不受干扰的纯粹状态，即理性思维的尊严。另外，人物始终保持性格的健全性，尤其是肉体和精神的平衡，庄严风格以此表现了理性思维的权柄。这种尊严和权柄都属于理性思维的自由，但这种自由是抽象的。理性思维的具体自由就是其全部的思想。不过，由于表现题材与表现方式的形式矛盾，庄严风格只能表现这种抽象自由，而不能表现理性思维的思想内容。以上这些特征都体现了希腊精神的理性性格。它们也都奠基于庄严风格在变化的语境下解决庄静美的形式矛盾的尝试。这种形式矛盾还继续推动庄严风格，推动雄伟风格向典雅风格的过渡。

雄伟风格和典雅风格也各有其特点。其中，雄伟风格还包含了宏伟、单纯和威严的特征。其作品具有让人震撼的巨大尺寸、具有权威性的严肃表情，使人感受到神性的伟大，实际上是表现了希腊民族性格中理性思维的尊严。另外，雄伟风格是一种单纯的庄严。这种单纯性包括结构、姿势和表情的单纯。其中姿势的单纯指的其人物处在一种无冲突和张力的简单静止和平衡状态。这种单纯性使艺术能够更正确、清晰地表现对象形式的理想，后者既奠基于对象的真理，也是理性思维自身的表现。因此这种宏伟、单纯和威严的特征，使雄伟风格得以抵御艺术的自然化趋势进一步侵蚀理性思维的理想，使庄静美的两个矛盾方面达到一种单纯的平衡（这种平衡没有把动作和情绪包含在内）。但在希腊艺术中，这种自然化趋势仍在进行。

典雅风格乃是致力于建立一种更高的平衡以应对进一步的自然化。一方面，典雅风格进一步接受了艺术的自然化。它放弃宏伟的规模、威严的表情，而是采取接近真人的尺寸，人物表情也是安详恬静多于严肃，其主要兴趣不再是表现神的伟大和权威，而是表现雅典城邦公民的理想。用Winckelmann 的话说，雄伟风格和典雅风格的关系，就像史诗时代的英雄和雅典鼎盛时期的公民之间的关系。典雅风格的进一步自然化，还在于它将运动和力的表现纳入其作品中。另一方面，典雅风格致力于捍卫艺术的庄严，包括形式的理想和谐、高度的理想化、高贵的宁静和静止，以及理性思维的尊严，而且它在这一点上取得非凡的成功。这就在于它将运动、力和一切造成紧张的因素纳入一个宏观的平衡结构中，使作品在整体层面恢复了静止和平衡。所谓典雅，就是包含运动张力的庄严，是将运动、力甚至肉体痛苦纳入自身之内的静止、稳定和宁静安详。它不再通过宏伟的规模和威严的表情表现精神的尊严，而是通过人物呈现的与身体的紧张甚至痛苦形成明显反差的静穆表情来表现。典雅风格是通过建立一种更复杂的对立平衡来接纳艺术的进一步自然化，同时完美地捍卫了艺术的庄严性，因而在一个更高层次上使庄静美的两个矛盾方面达到平衡。

然而，庄静美的形式矛盾始终没有被根本消除（这是因为在这里，对象形式的充分和谐与理性思维要求的形式绝对和谐的冲突根本无法调解），而是会不断转变形态。艺术的自然化还在进一步发展，它导致这种矛盾的继续重构，从而推动希腊艺术从庄严风格向优雅风格的转型。

庄严风格旨在构成形式的绝对和谐，当它表现宗教题材，或创作现实人物的肖像，都会导致形式与题材的冲突，因为题材拒绝绝对和谐的表现形式，这植根于通常概念的形式与理性思维的矛盾。这样的题材，还是更适合以浪漫和写实风格来表现。庄严风格不适合表现宗教的崇高。伟大艺术家中这方面的失败例子不少，比如 Michelangelo 的 Appollo 风格的基督和 Aphrodite 风格的圣母。这是因为崇高必然破坏形式的绝对和谐（反过来说，一种绝对和谐的表现形式也必定破坏崇高）。因此致力于表现超越之物而打破了形式的绝对和谐浪漫风格最适合表现崇高。庄严风格也不适宜作肖像。这方面的失败例子同样不少。比如新古典派的 Greenough 仿效 Pheidias 的 Zeus 像创作的华盛顿雕像，就显得很夸张做作。Canova 仿效希腊战神 Ares 的拿破仑像同样如此。这些作品赋予对象像神一样的理想的身体和姿势（人物摆出了神的标志性的庄严姿势，身体是理想化的全裸或半裸体），但是面部却是基本写实的，保留人物个性化的面部特征，因而与高度理想化的形体和姿势形成十分可笑的反差（想象一下坐在奥林匹斯宝座上的是一位秃顶的 Zeus！Greenough 的华盛顿雕像就是这样）[1]。这是因为庄严风格的理想化与肖像的写实要求的矛盾。因此艺术无论是走向崇高，还是走向进一步自然化，最终都必然要抛弃这种庄严风格。

二、优雅风格

希腊古典艺术的风格，除了雄伟严肃的雅典风格，细致严谨的阿耳哥斯风格，还有就是温柔、灵巧的爱奥尼亚风格。希腊艺术中的雄伟、典雅和优雅风格，就分别是从以上风格发展出来的。其中，优雅风格就是从爱奥尼亚风格发展出来，且首先形成于绘画，然后转移到雕塑。最早发展出优雅风格的画家 Parrhasius 和后来的 Apelles 都是爱奥尼亚人。雕塑的优雅风格的重要代表是 Praxiteles 和 Lysippus 等人。Winckelmann 说："从普拉克西特列斯到留西波斯和阿匹列斯，艺术达到了很可观的优雅和魅力，而这种风格自然

---

[1]　把个性化的头像安置在理想化的身躯之上，在希腊化时期就已经有这样的实践。比如罗马有一尊据称是罗马统帅 Flamininus 肖像的青铜立像（100BC）。这尊青铜雕像把 Polykleitos 式的理想姿势、体格和个性化的头部肖像结合起来。这样的结合，在当时可能是顺应潮流，但是在今天看来却极不协调。

可以称作是精致的。"①

优雅其实是一种最完美的贵族风格。我们不会用"优雅"形容上帝,优雅也不是一个宗教圣徒、一个哲学家,或一个好的君王的必要条件。但优雅确乎是一个真正贵族的必要和本质的条件。所谓优雅的风度,就是一个人无论置身于如何剧烈的动荡之中,处在如何的冲突、痛苦和灾难之下,都始终保持一种和谐、清明、宁静、安详的心境、神态和举止,即保持内在和外在的庄严。优雅就是不会因为环境的摇撼逼恼和情绪、激情的狂风巨浪而丧失理性思维的清明、宁静和和谐得体的境界。一方面,优雅否定了单纯的静止和无情绪状态,只能在动作和情绪、激情中表现或通过其表现,同时也否定形式的抽象的僵直性,而使之更柔和圆润,这些都是艺术进一步自然化的表现(而在艺术领域这种自然化是被对于真实性和感官魅力的追求规定的,优雅风格的艺术通常比庄严艺术更能带来感官的愉悦)。另一方面,优雅又必须在动作和情绪、激情中构成一种形式的和精神的和谐、庄严,它必须把所有动作综合到一种形体的新的理想和谐形式中,把情绪、激情综合到一种性情的理想和谐形式中,同时在动作和情绪、激情中保持内在精神的庄严(当这种情绪、激情具有强烈的悲剧性,在其中表现的优美就成为一种壮美)。这两方面的统一,构成贵族风格的完美典范。优雅风格是把理性思维的自由贯彻到动作和情绪、激情之中,因而是一种包含丰富内容的、具体的庄静风格。这种理性思维的自由构成贵族式的高贵,而它只有在优雅风格才被贯彻到动作和情绪、激情之中,于是它才是充分的、意义丰富的,而在庄严风格则否。因此优雅风格才是贵族精神的完整体现,庄严风格则尚未达到这种完整性。真正的贵族风度,最终都起源于古希腊,演变为中世纪晚期的骑士风度,意大利文艺复兴的男士教养,法国路易王朝的宫廷礼仪,以及维多利亚时期英国的绅士风度。

激烈的身体动作、肢体的扭曲、夸张的面部表情、过于强烈表现的情绪和欲望等等都不符合贵族的优雅。至于现代艺术中充斥的异想天开的怪诞形象,或旨在刺激迟钝感官和带来轰动效应的恐怖、血腥、暴力和丑恶的场面,更是对优雅趣味的施暴,乃是艺术极度衰落的症候。20 世纪艺术中已

---

① 温克尔曼:《希腊人的艺术》,邵大箴译,广西师范大学出版社 2001 年版,第 174 页。

几乎见不到优雅，这可以说是欧洲曾经的贵族精神和贵族趣味没落的一个最触目的表象。

优雅风格也是在庄静美的形式矛盾推动下发展形成的。庄静美对于真实的对象表现的要求，促使艺术更深刻地领会对象的自然形式的充分和谐，也促使艺术表现进入动作和情绪、激情的崭新领域。这些都表现为艺术的进一步自然化倾向。这种对象表现的发展导致对庄严风格构成的形式绝对和谐的破坏，打破了庄严风格的矛盾平衡。然而同时，优雅风格仍然坚持古典的理想，不仅旨在表现理性的性格，而且坚持绝对和谐的形式理想。它致力于在艺术自然化的这样一个新的层面，使艺术对于形式绝对和谐的追求与对自然的真理的尊重达到统一，从而重建已经被破坏的矛盾平衡。

一方面，优雅风格比庄严风格进一步自然化。正如 Winckelmann 在评价 Praxiteles 等人时说："这些艺术家希图使那些崇高的美接近自然。这种崇高的美，在他们伟大的导师们的雕塑上，呈现出来的是抽离于自然的、按照某种形式的科学体系建立起来的理想。"[1] 庄严是具有伟大、高迈、静止、肃穆、稳定和平衡特征的理想和谐。一种静止、平衡的形式结构和肃穆的表情无疑更符合理性思维的理想，而无情绪和激情的状态更清晰地表现了理性思维的尊严。在单纯形式的和谐与对象的自然真理的平衡中，庄严风格显然是把重心放在前者。也就是说，它是在一个自然化程度较低的层面达到这一平衡。比如庄严风格没有把动作、情绪和激情作为题材。它描绘的神和英雄是完全静止的，面部带着宁静、严肃或漠然的表情，看不出任何内在的情绪和激情。到了优雅风格，古典艺术才开始把动作和情绪作为题材，且优雅唯有在涉及动作、情感和激情时才能得到表现，它就是理性思维作为自由对于这些内容的规定。这种题材变化意味着古典艺术的进一步自然化。这种自然化还表现在神开始抛弃原先的威严、严肃、淡漠和高高在上的神态，变得更加亲切、温和（如 Praxiteles 的 Aphrodite 像和 Hermes 像）。这种自然化，根本原因是艺术日益深化的对对象真理的领会，也因为艺术开始追求取悦人的感性。贴近自然的线条更柔和圆润，有动作的形象更生动，情绪和激情的表达则能直接打动人。这些都是诉诸人的感性的。Winckelmann 在评价

----

① 参考温克尔曼：《希腊人的艺术》，邵大箴译，广西师范大学出版社 2001 年版，第 189 页。

Praxiteles 和 Apelles 等人时说道："这些艺术家试图给崇高的美增添更有感性的魅力，使她的庄重通过诱人的光彩为更多的人所欣赏。这种更为诱人的优雅最初表现于绘画，并通过它传播，影响到雕塑。"[①] 艺术通过自然化给观众带来的快感，严格意义上乃是一种善的快感（这种快感总是被对象的合效用性规定）而不是真实的美感。善的快感，尤其是感官的愉悦，比真实的美感更直接和猛烈。这是促使希腊艺术进一步自然化的重要原因。然而当艺术是通过感官而不是通过思想让人感到美和愉快，那它就已经是以一种不正当的方式吸引人。它会试图捕捉事物似是而非的外观，迎合平庸的趣味，表现琐碎、转瞬即逝的情感和情绪，从而越来越远离形式的理想和谐与精神的高贵。另外，当艺术旨在引起人的快感，通常会对形式的绝对和谐造成前所未有的冲击。

艺术的自然化，对古典风格的理想化和形式绝对和谐的要求都造成了更大的冲击。首先，艺术对动作、情绪和激情的表现就对作品形式的绝对和谐和精神的高贵性都造成了新的冲击。通常情况下，当艺术旨在表现某种动作，它的形式就应当以动作的自然形式为根据，以致被该动作原有的方向和结构规定，从而偏离形式的绝对和谐（运动的方向性必然与无方向的绝对和谐相冲突）。而当艺术旨在表现某种情绪时，它的形式就被赋予一种外在的目的，而不是单纯以其自身为目的，故也会偏离形式的绝对和谐。当艺术旨在引起善的快感，其形式也同样被赋予了一种外在的目的。比如当古典艺术旨在表现女人性感诱人的形体轮廓和温柔迷人的神态，它的目的就主要是善的快感而不是单纯美感，前者被形式之外的效用规定。这种表现也将破坏形式的绝对和谐。其次，艺术自然化的发展也对古典艺术的理想性造成冲击。这种进一步自然化，包括对动作和情绪，以及对形体更逼真的表现，无疑对古典风格旨在表现的理想性格，及其追求的形式绝对和谐，都构成新的挑战，所以它对古典艺术的双重理想化构成了更大的冲击。自然化必然与艺术的任何先验构成的理想相矛盾。另外，艺术追求感官的吸引力，也会使它迷失了古典艺术的最终目的，即塑造一种理想性格以表现理性精神的自由和高贵。

[①] 温克尔曼：《希腊人的艺术》，邵大箴译，广西师范大学出版社 2001 年版，第 189 页。

　　然而，另一方面，优雅风格与庄严风格一样，仍要努力维持形式的绝对和谐，且旨在表现理性思维的自由。首先，它试图以理性思维要求的绝对和谐形式规定动作和情绪。它把庄严风格的静止的形式转化活动的，旨在表现一种动态的和谐结构。这意味着用一种理想的和谐形式把形体动作统一起来。它还把绝对和谐形式引入人的情绪、激情领域，就是用一种理想的和谐形式对情绪、激情进行规定，把它们统一起来。优雅风格就在于把动作和情绪纳入一种具有理想和谐（充分和谐与绝对和谐的统一）的形式中。其次，优雅风格通过刻画人物被一种绝对和谐形式规定的动作和情绪内容，就表现了理性思维的一种更高的自由（理性思维的尊严和权柄）。在雕塑艺术中，优雅最突出地表现在人在剧烈动荡之中丝毫无损的形体和表情的理想和谐，或极度痛苦之中的平静和富有尊严的表情。比如说 Laocoon 的雕塑。与巴洛克和浪漫派雕塑的情感表现不同，它不在于唤起肤浅的怜悯或同情，而旨在表现处于极度痛苦中的人的尊严，以及剧烈的情绪和动作中的一种更高阶的形式庄严性。这二者体现的乃是理性思维的尊严。一个有理性性格的智者，总是能够制服他内心的情绪和欲望，不使它们过分表现，也总能用理性思维规定动荡的生活，赋予后者理想的和谐。对于动作和情绪的和谐形式的追求，同对于自由的健全性的追求一样，是希腊民族精神的特征，乃是被理性思维的自由所规定。理性思维的自由表现在人的形体、动作和性情之上，就是庄严、优雅。这种在动作和情绪中的和谐形式，较之庄严风格的静止的形式，是一种更高阶的理想和谐。正是这种庄严使优美风格不致沦为巴洛克和浪漫主义风格，这二者为表现动作和情绪不惜丢弃形式的庄严和优雅。

　　优雅风格也是高度理想化的，无论是 Lysippus 的运动员还是 Praxiteles 的 Aphrodite，体现的都是一种高度理想化的美。这种理想，同在庄严风格的情况一样，也仍是以先验方式构成的。因为首先，动作、情绪之为优雅，就在于其形式并非完全自然的，也就是说其必有这样一种形式，后者是必须通过诸如实际教养或艺术表现等手段才能获得，它在艺术表现中就是来自艺术家的主观构想。在这里，艺术表现的手段就是理想化。优雅风格的艺术就是通过赋予动作、情绪以一种艺术家主观构想的形式，对其进行理想化。其次，在优雅风格中，同在庄严风格的情况一样，艺术家构想的形式不是来自对自然的归纳、提炼，因为这种形式往往并非自然本有的（纯粹出乎自然的动作根本谈不上优雅），而只能根据一种先天的理念，这种理想构成方式就是先验的方式。另外，优雅风格构成的理想不仅体现了对象的真理，而且体现了一种超越这真理的形式绝对和谐（后者来自理性思维的自由），是用一种绝对和谐的形式来表现对象真理或通常概念。在这种意义上优雅风格包含了双重的理想化：既是根据通常概念对自然的理想化，也是根据理性思维的要求对对象真理的理想化。

优雅风格就面临着艺术的进一步自然化带来的以上两方面的冲突。为了在这种形势下重构这两方面的平衡，它仍然必须对这种自然化与艺术的理想性，以及真实的对象表现与理性思维的形式绝对和谐要求，都作出相应的调整。就表现方式而言，优雅风格对于动作的表现，就是通过把两个相反方向的单纯动作统一起来，使单纯动作的自然方向得到平衡，以此在整体上恢复了形式的平衡、对称和稳定，即绝对和谐，最终把庄严风格的静止的理想和谐形式变成动态的。对于情绪的表现，也以不破坏脸部线条的对称为前提。情绪本身在形式上也应当被理性思维的法则规定。同时，为了与对象的自然形式达到统一，理性思维也必须放弃对于形式绝对和谐的完全性要求。就表现对象方面，为了使其能够在形式上接受理性思维的规定，优雅风格只能表现平和的单纯动作和温柔的情绪，这种动作和情绪最好应是已被理性思维的法则规定的。通过这两方面的调整，优雅风格就把人物的动作和情绪，与理性思维要求的绝对和谐形式统一起来，它就在于这种统一。优雅风格就是以一种绝对和谐形式规定动作和形式。它因而创造了一种具有理想和谐的形式，这种形式就是动作和情绪的自然形式与一种绝对和谐形式的统一。在其中，理性思维要求的绝对和谐形式尽管受到自然化的更大冲击，但它经过调整，最终把对它造成冲击的动作和情绪都纳入自身之中，从而使自己的存在仍然得以维持。因此，优雅风格就是在艺术进一步自然化的条件下，在绝对和谐与自然真理之间塑造了一种新的更高阶、内容更丰富的平衡。于是它就使庄静美的内在矛盾在新的审美情境中得到解决。不过我们看到，这一平衡现在已悄悄偏移了重心，理想和谐的天平开始从理性思维自身的理想偏向自然的真理，从理性思维构造的绝对和谐偏向对象的生命形式所具有的充分和谐。艺术的形式仍然是高度理想化的，但其理想比以前更多地被通常概念（因而更少被自由的理性思维）所规定。植根于通常概念的理想，能够直接激起一种善的快感（这种快感包括所有感官愉悦），且来得更容易、更猛烈；理性思维的理想则只能通过受者的原初领会使他产生快感，而这才是单纯或真实的美感。

总之，优雅风格在艺术的单纯形式的和谐与对象的自然真理之间塑造了一种新的平衡。在这一平衡中，它乃是把重心放在后者，它进一步强化了对象通常概念的理想，却逐渐脱离理性思维的理想。优雅风格试图通过构造这一平衡解决庄静美的内在形式矛盾。但这种解决是暂时的。实际上这种平衡只维持了不到一个世纪，就被希腊艺术进一步自然化的趋势打破。希腊化时期的巴洛克风格和写实主义就开始为了追求更逼真、更戏剧化的效果，而完全抛弃形式的绝对和谐的理想以及作品理性精神的尊严。庄静美的内在形式矛盾的最终解决，恰恰要等到这一平衡被彻底打破，才得以可能。因为这个矛盾使得艺术的单纯形式和谐与对象的自然真理之间的平衡永远是不稳定的、暂时的。它推动艺术与美寻求一种最终的稳定性。然而只有当艺术的砝码完全落到了现在还处在平衡中的一方（比如完全无所表现的所谓"绝对音乐"和彻底写实主义的绘画），这一矛盾才得到根本消除，从而使艺术最终找到一种绝对稳定的结构，但这也意味着庄静美的消解。在这种意义上，最终是这种形式矛盾推动庄静美从庄严风格向优雅风格的过渡以及庄静美的最后消亡。

如果说雄伟风格接近于君王的威严，典雅风格接近于英雄的刚毅，那么优雅风格就是最纯粹和完美的贵族风格。真正的贵族精神来自希腊，它后来在不同的文化语境，变型为中世纪后期的骑士风尚，意大利文艺复兴时期的雅士性格，法国路易王朝的大臣仪范，英国18、19世纪的绅士风度等。优雅风格则是贵族精神的最圆满体现。我们这里把优雅风格的特点概括为以下几点：第一，优美风格的形式是柔和圆润的，而庄严风格则仍然保持某种僵直性和陡峭感。希腊艺术到了优美风格，才具有完全柔和的轮廓，波浪线或椭圆形的曲线完全代替直线，无阻的流畅性完全取代尖锐突兀的转折，肌肉的柔和起伏代替原先的方块感。这表现了优美风格对于形式美的全新理解。第二，优美风格开始把动作和情绪作为表现题材。庄严风格不表现情感。它对动作有所表现，但并未以之为题材。因此它的作品整体上呈现出一种静止的姿势和淡漠的神态。优美风格才开始把动作和情绪作为艺术的题材。Lysippus、Praxiteles 和 Scopas 的雕像大都处在运动中。情感现在也成为艺术的重要题材，与爱神和酒神相关的作品占了很大分量。艺术追求作品直接体现情感的巨大力量，比如 Aphrodite 的像就必须有不可抗拒的性爱魅力。尽管如此，艺术仍然在追求单纯形式的美，不会为了表现动作和情绪而抛弃形式的理想和谐。动作、情绪和激情始终处在理性的统治之下，就像平静的海面的微波，没有损坏理性的尊严和权势，而不是像在浪漫派和巴洛克风格中那样掀起狂风巨浪，破坏理性的清明和宁静。第三，优雅风格开始追求作品给人以感性的愉悦。庄严风格追求的只是形式的理想和谐和精神的高尚，而不是感官的吸引力，同时其人物神情总是严肃、超然、淡漠的，这样的作品具有的是真正的美而非可爱。优雅风格则赋予作品感性魅力，人物的神情也变得亲切温柔。试比较 Pheidias 的 Athena 和 Praxiteles 的 Aphrodite。前者固然很美，但是完全不具有女性的性感和柔情；后者则使这种性感和柔情升华到最完美境界以臻乎神圣。但是优雅风格在追求作品的感性魅力时，仍努力保持作品的和谐和庄严。第四，优雅风格开始表现人物的个性和多样化特征。庄严风格的神像和人像都是一种普遍概念的理想化表达，尚未充分自然化，所以人物大都相似，或者是类型化的（不仅纪念碑式雕像，甚至肖像雕塑都是如此）。优雅风格才开始赋予雕像以个性特征和多样化的形态。但是在这里，艺术所表现的多样化和丰富性，并未消解作品的和谐和庄严。所有这些方面都表明了优雅风格的进一步自然化。在自然的真理与纯粹理性思想的理想的张力结构中，优雅风格进一步向前者偏移。人物散发的感性魅力、圆润柔美的曲线、充满动感的形象、温柔或悲壮的情绪、个性化和多样的形态特征，都不仅无助于我们达到理性思维的理想，反而使艺术进一步远离之。

　　庄静美的形式矛盾也推动优雅风格的内在发展。对于希腊艺术而言，正是因为庄静美面临艺术不断加深的自然化倾向、试图在自然化的不同层次上达到对象的自然形式与理性思维追求的绝对和谐形式的统一，从而导致了这种艺术的优雅风格的发展。优雅风格的自然化的不同层次，乃是被其领会或表现的不同题材内容所决定。针对每一种题材，优雅风格都试图将其自然形式与庄静美要求的绝对和谐形式统一起来，重新构成一种具有理想和谐的形式。优雅风格可以因其表现题材的不同，而被区分为多种类型。第一种是生动，旨在以一种理想的和谐形式表现形体动作，使动作成为优雅的，可以 Lysippus 为代表。第二种是温柔，旨在表现人物圆润柔美、充满感性魅力的形体和温柔迷人的情绪，这是 Praxiteles 的风格。第三种是壮美，是对前二者的戏剧化，旨在表现更激烈的动作和情绪，Scopas 就是这种风格。试论之如下：

（一）生动风格

贵族精神之圆满，就体现在以理性思维的自由规定动作、情绪和激情。人类的自然动作，以及自然的情感发泄和欲望表现，都有其本身的形式，但这种形式通常都不符合绝对和谐，所以人类动作、情感和欲望之自然的存在和表现方式通常都不优美。它们之为优美或优雅，在于自由的理性思维以一种绝对和谐形式规定它们，把理性思维的自由注入其中，从而使人的风度、情操等都成为这种自由的体现。这种规定，使动作、情绪等的自然形式与理性思维要求的绝对和谐形式统一起来。贵族的优雅风度和情操就在于这种形式统一。而艺术的优雅风格，就旨在刻画这种风度、情操，最终表现真正的贵族性格。

Winckelmann 曾经说过一句话，世界上所有的高雅艺术和高雅趣味，最终都来自希腊艺术。[①] 如果把高雅品味和高雅艺术理解为达到了对真正优美的领会或表现，那么他这种表述就是正确的，因为优美在发生学上的本原形态是庄静美（纯粹的优美乃由此派生出来），而希腊古典艺术无疑是庄静美的最早且最完美的表现。进一步说，庄静美的最高层次，是在动作、情绪和激情中表现出的优美，即优雅。而优雅首先就是表现在形体活动的动态结构中的优美，即生动。优雅必须在动作中表现，这就是生动的优雅，或生动之美。

艺术的生动风格，就在于以理性思维要求的绝对和谐形式规定人物动作，使这种形式与动作的自然形式统一起来，构成一种理想的和谐，这使动作变得优雅，因而赋予人物性格一种高贵特征。这种动作不限于形体活动，也包括谈吐的方式（尽管造型艺术只适合表现前者）。言语包含的音素、腔调、抑扬顿挫等也构成其自然形式，后者亦因理性思维的规定而变得优雅。

---

① 温克尔曼：《希腊人的艺术》，邵大箴译，广西师范大学出版社 2001 年版，第 1 页。

所以生动风格针对的动作，就包括人物具有自然的时间性的所有客观感性存在。生动风格，就旨在以理性思维的自身理想规定这种动作本来具有的时间性形式。

这种生动之美的最早和最杰出的代表是 Lysippus。在希腊艺术中，Lysippus 首先把形体的动作作为雕像表现的题材。他的作品看上去轻盈、灵动、活泼，并表现出运动感。他制定了新的比例准则，往往为了追求效果而牺牲解剖学的正确性。与真实人体相比，他的人像更苗条、双腿更修长，具有更小的头部（头部与身长的比例大约为 1∶8）。同样属于生动风格的 Antikythera 青年男像为使伸出的手臂更具动感，而把右臂和右腿都塑造得比左侧的更长。Lysippus 的代表作，包括"刮汗泥的运动员"，"摔跤手 Agias"，一尊赫拉克勒斯像，还有一尊亚历山大大帝肖像等。

诚如 Lysippus 自己所说，他一方面师承 Polykleitos，另一方面师法自然。这就是说他一方面继承了庄严风格的形式理想，这种理想被自由的理性思维规定。另一方面，他使古典艺术进一步自然化，其作品轮廓彻底摆脱典雅风格仍然存在的僵直性而更贴近自然的柔和线条，且开始积极地表现人物动作。生动风格就在于达到这两个方面的统一。

一方面，生动风格是在庄严风格基础上进一步自然化。罗马学者 Pliny 曾记载 Lysippus 自己的说法："他宣称古人的雕像体现人的本质，而他的雕像则体现人所呈现的模样。"（普林尼，《自然史》，34·65）这或许不是 Lysippus 的原话，但是反映了人们对于他的风格的一种很普遍的理解。其意思是说，他的艺术从庄严风格的理想主义，进一步向自然主义偏移。这方面，Lysippus 的艺术贡献主要在于以下两点：

第一点，他的作品线条轮廓具有更加自然化的、写实的特征。用普林尼的话说，"Lysippus 是把人物按照实际的样子刻画出来的雕塑家"。Lysippus 艺术的自然化特征表现在他克服了 Polykleitos 的轮廓仍然存在的僵直、生硬、棱角和方块感，赋予雕像波浪形的曲线、更柔和平滑的过渡、更细致流畅的轮廓和表面。他把细腻柔和的线条和人物健壮魁梧的身躯结合起来，把原先雕像的厚重静止转化为轻盈、秀美和灵动。这些特征使 Lysippus 作品进一步偏离了艺术的理想。他的人像典型的四方形的短脸显得平庸，既无 Pheidias、Polykleitos 人像面部的庄严，亦无 Praxiteles 人像的动人魅力，所以也不具备理想性。

　　Lysippus 艺术的进一步自然化还表现在，他开始刻画人物的个性特征和疲惫的表情，这些都表现出对于古典理想的偏离。作为亚历山大大帝的御用雕刻家，他所塑造的亚历山大肖像就是高度个性化的。诗人 Poseidippos（约公元前 310—245）有一首诗形容 Lysippus："Lysippus，Sicion 的雕塑师，有胆量的双手，狡猾精明的艺人。你用大理石雕琢亚历山大的形体，着实像一团火焰。波斯人的确不该被嘲笑，正如人们会原谅逃离雄狮的牲畜。"雕像表现了亚历山大的青年人的雄心、勇猛、魄力和威武等个性特征。应当承认这种个性表现，不仅偏离了古典艺术的理想化（古典风格的理想性格是根据普遍概念而先验地构成，因而排斥个性特征），而且可能损害作品形式的理想和谐。Lysippus 还有一尊赫拉克勒斯像（Farnese 的赫拉克勒斯为其仿制品），表现了赫拉克勒斯完成他的艰巨任务之后疲惫地斜倚在一个树桩上休息的情景。他的身体是倾斜的，无法独立站立，只能通过他斜靠的支撑物来维持稳定。这是希腊艺术首次刻画疲惫的表情和姿势，表明了艺术进一步自然化的趋势。艺术更加忠实地描摹了人物本来所是的状态，而非完全根据其应当是的样子。这使艺术进一步偏离古典风格对人物的理想化。一个疲惫的，自己都无法站立的神的形象，不仅远离了古典雕塑之内在精神的庄严性，在形式上也进一步偏离了古典风格的理想和谐。

　　生动风格的这种更忠实的对象表现，给理性思维要求的形式绝对和谐带来了新的冲击。

　　第二点，Lysippus 对于古典艺术最大的贡献是对形体动态结构的塑造，而他用波浪线的曲线代替直线也使作品更具动感。如果说 Polykleitos 创造了一种力量的对立平衡，Lysippus 则塑造了身体的动感。Lysippus 把运动的题材引入古典的形式之中，从而塑造出一种生动的优雅。他的代表作"刮汗泥的运动员"、"摔跤手 Agias"等，都表现出一种生动性。其中刮油垢的运动员雕像，刻画了一个正用刮油刀刮去身上油垢的运动员①，摔跤手 Agias 肖像因为残损更严重，看不清上肢的动作。此外，希腊南部 Antikythera 附近

---

① 古希腊的运动员在运动前先用橄榄油涂身，摔跤手还要在身上撒上沙子，运动完后再将油泥刮干净。

打捞出来的一尊青年男子的青铜雕像也具有典型的生动风格。与 Polykleitos 的雕像不同，Lysippus 的这两尊人像看上去都不是处在静止、稳定的状态，而是处在富有生机的活动中，双腿迈着轻盈灵巧的步伐，全身仿佛贯穿着一系列变化多端的动作，充满活动性。但是对于动作的表现也给古典的绝对和谐形式带来新的挑战。

首先，生动风格否定了 Polykleitos 确立的静止平衡。在 Polykleitos 的作品中，力与反作用力、动与静、紧张与松弛总是处于对立的平衡，因而使雕像在整体上呈现静止、稳定的状态。Lysippus 则开始消解这种静止的对立和制衡结构，这使作品开始失去庄严风格的平衡和稳定。比如 Polykleitos 会区别承重的腿与不承重的腿。"持矛者"承重的右腿和举起的左臂都表现出向上抬的力，与不承重的左腿与下垂的右臂的重力对抗。所有的力都被这样对成对表现，形成力量的对立平衡，后者又决定了雕像的形体结构、动与静、紧张和松弛的对立平衡。Lysippus 则消解这种力的对抗，进而使雕像整体姿势的静止平衡开始松动。比如他的雕像两腿的膝盖皆略弯曲，似乎两腿都在受力，且用力的方向相同，仿佛正将重心从一腿转移到另一腿。因此身体两侧的力量对抗消解了，双腿明显呈现向前的运动。雕像全身紧绷，看上去所有部分都处在着力的紧张状态，流露前所未有的动感，全身都在运动，身体各部分在结构上的对抗和呼应关系也开始松弛，"紧张与松弛相呼应的古典体系在此失去了效用，一切都是活力。"[①] 这些特征，使人体在整体上抛弃了静止和稳定状态，表现出明确的运动。总之，对于动作的表现，使庄严风格的静态平衡被打破，古典艺术在静止结构中塑造的形式绝对和谐被破坏了。

其次，生动风格的作品通常表现出统一的运动方向，这也导致对古典的对称和均衡结构的进一步破坏。最根本的不对称是时间带来的。因为时间具有一种不可逆的方向。这种不可逆性打破了形式的对称，这是时间性表象比非时间性表象、运动比静止让我们觉得更不稳定的原因。而理性的本性使它追求某种巩固性和均衡、稳定的结构。因此理性的作用往往与时间性矛盾。当理性成为自由的，即成为理性思维，它所构造的形式必然包括对于时间性的否定，必定是均衡、稳定且静止的。运动给古典艺术带来的挑战，根本上

---

① 托尼奥·赫尔舍：《古希腊艺术》，陈亮译，世界图书出版公司北京公司 2013 年版，第 86 页。

是因为运动的时间性。时间的统一方向打破了庄严风格精心营造的、抵消了方向的均衡、对称结构。Lysippus 的运动员雕像，双腿给人以一种向上拔起的感觉，小小的头部和翘起的卷发都加强了向上的动势，手臂和目光都坚定地指向前方，这些使雕像明显呈现一种朝向前方的运动。这里，运动在形式上赋予雕像的这种方向性，与古典风格追求的形式对称、均衡和稳定性存在矛盾，因而给古典的形式绝对和谐理想造成了新的冲击，打破了典雅风格营造的力与姿势对立和制衡，从而破坏了早期古典大师们追求的静态平衡。Lysippus 还有一尊"系鞋带的 Hermes"像，表现的是信使之神 Hermes 一边系鞋带，一边听 Zeus 的命令的动作。这尊雕像对于典雅风格的静态的绝对和谐的破坏更严重。首先，它打破了作品结构上的稳定和对称，作品无论从哪个方向看都缺乏基本的对称和均衡。其次，它所表现的两个动作没有形成对立平衡，更加重了作品的不稳定感。最后，作品不光是描述了两个动作，而且是生动再现了一个故事情节，有很强的叙事性。这件作品表现的是无法持续的动作和事件，整体上给人的感觉就是处在活动中的，缺乏稳定性。

总之，Lysippus 的艺术企图把动作作为表现的题材，导致动作自身的自然方向、结构与艺术追求的绝对和谐形式冲突，因而在形式方面破坏了庄严风格的理想和谐，也损害了作品内在精神的静穆。以上两点表明生动风格的进一步自然化。生动风格的作品，线条更加自然，人物的表情、气质和内在精神也都更贴近普遍人而偏离那种理想化的肃穆与高贵。这种作品都是动态的，打破了 Polykleitos 的对称、平衡和稳定性（即一种静态的绝对和谐），破坏了典雅之美。人们认为，这是因为艺术在逐渐脱离古典的高尚理想，其深层原因是伯罗奔尼撒战争之后精神信仰的迷失、理想主义的衰落和对理性思维的信心的丧失。

另一方面，生动风格仍然坚持古典艺术的一般理想，它仍然要求构成一种绝对和谐的形式。优雅风格就旨在把这种绝对和谐贯彻到动作和情绪领域并将之与它们的自然形式统一起来，从而构成一种理想的和谐，这就使动作和情绪具有优雅的形式。其中生动风格致力于在运动和时间的领域重塑稳定，这就在于塑造一种将时间本身包括在内的、本身超越了时间性的稳定结构。这样它就把 Polykleitos 在静态结构中建立的那种理想的和谐，转移到动态结构。它打破了典雅风格之静止的平衡和稳定，而努力恢复一种动态的平衡和稳定。这就在于它在典雅风格的启发下发展出了一种针对动作题材的对立平衡。这就是它在表现某种单纯动作时，一定会塑造一个与其相反的动作，以对其方向性进行抵消，从而使作品在整体形式层面重建均衡、对称和稳定。当然生动风格也是处在发展中的，其构成的对立平衡也有不同的形式。比如 Paeonius 的胜利女神像就与 Lysippus 的运动员颇有不同的风格。这在于在后者，不同动作达到同时的对立平衡，而在前者，这种平衡只有通过观众的想象在时间中达到。

这两个方面必然相互冲突，使生动风格陷入一种形式矛盾之中。

我们在日常生活中，会作出各种动作，也会表现各种情绪和欲望，这种动作和表现都各有其独特形式，但在自然状态，这种形式不可能是真正优美或优雅的，因为它们不具有作为优美之条件的绝对和谐。比如，比起希腊化时期那尊著名的"系鞋带的胜利女神"雕像，一个农妇穿鞋的动作可能不算优雅，但无疑更"自然"，这本质上在于它不具有一种作为优雅条件的绝对和谐。无论是一个农民的播种、收割，还是车间工人的操作用具，也都有其自然的形式，且这种形式都不是优雅的。另外，农妇的情感和欲望表现方式，无疑比一个欧洲的贵族小姐更自然。一个农妇失去所爱的人，可能会直接坐在地上号啕大哭甚至就地打滚，尽情表现她的悲恸。这是农妇之为农妇的特权，也是最自然的情绪表现方式，但绝对不优雅。事实上，动作和情绪表现越是"自然"，就越是远离了优雅。反之，无论是在生活还是在艺术中，优雅的形式都不会是完全"自然的"。有些甚至是"不自然的"，比如 Ingres 的名画"泉"中少女的姿势，就非常不自然，然而非常优雅。在艺术中，这种形式只是来自艺术家的主观构想。它们的优雅在于艺术家（就像在舞蹈中那样）赋予了动作和情绪表现的整体形式一种数学似的绝对和谐。

在实际生活中，如果我们要使自己的动作、情绪变得优雅，就要赋予它们一种具有理想和谐的形式，后者并不属于它们自然的结构，而是源自我们的主观的思想。而一种只以和谐的形式为目的的思想就是我们所谓理性思维。理性思维所构成的形式必定具有绝对和谐的特征。当我们用这种绝对和谐形式规定动作和情绪表现等，使之与后者的自然形式统一起来，就使之变得优雅起来。比如如果某人要使自己说话的声音变得优美，就应当在尽量容纳更多样的声音要素前提下，自觉地以一种绝对和谐的形式对这些声音要素

（节奏、音阶、速度、强弱等）进行规定，形成类似音乐的整体。这种形式不是他说话的声音原先就有的，或自然的，而是来自他的主体性构造。当它的和谐不只是为了信息传达，而是其自身就成为追求的目的，那就是一种绝对和谐。后者包括所有音素之平衡、对称、呼应和完全的自洽，乃是被一种自由的理性思维所构成。也就是说，一个人要使自己的说话变得优雅，就必须以一种绝对和谐的形式对于其声音进行规定。同样，若他要使自己的举止变得优美，也应当以一种绝对和谐的形式来规定动作的多样性，最终使这些动作构成具有一定舞蹈性质的整体。动作的自然形式不可能优美，要使人类动作优美，就必须以舞蹈的形式规定它。舞蹈之优美，同音乐的情况一样，也在于其整体形式的数学似的绝对和谐。这种优雅形式也不属于动作原有的自然形式（也与人类自然生存的需要没有必然联系，而仅仅是为了使动作变得更美），而是将后者纳入自身的整体结构中。这种形式既不"自然"，又非出于人的生存需要，而是反映了理性思维的自由规定。贵族的高贵举止的培养，就在于以理性思维要求的绝对和谐形式规定动作，以这种形式对动作的自然形式进行重塑，最终将二者统一起来，构成一种理想的和谐，唯此才能使举止在整体上变得优美。在优雅的动作中，处处体现着理性思维的尊严和权柄。

生动风格的艺术对于动作的表现具有本质上与此相同的机制。这种表现就是以出自艺术家的理性思维自身的绝对和谐形式对于自然的动作进行规定。这里所谓生动风格就是以绝对和谐的形式来表现动作。所有艺术的或审美的领会或表现都包括自身形式与对象形式的统一。所以生动风格包括绝对和谐与动作自然形式的和谐的统一，或理性思维的理想与动作的自然真理的统一。但是由于动作和情绪等的自然形式都与理性思维要求的绝对和谐形式存在矛盾，而且艺术对于这种题材的表现打破了庄严风格已经构成的静态的矛盾平衡和两种形式的统一，故生动风格必须重构这种平衡和统一。生动风格的形成就包括了绝对和谐的崩溃和重构。首先，被表现的动作本身，由于其时间的方向性，就打破了任何处在静止中的平衡和稳定，从而消解了庄严风格中的绝对和谐，形成了一个飘忽动荡且显得混乱的整体。其次，艺术家的理性思维使他努力在动作的飘忽摇荡的整体中重新建立和谐、稳定的秩序，恢复形式的平衡、稳定和对称，而这种平衡、稳定和对称是处在时间之中或包括时间在内的，因而是动态的。艺术家之所以能做到这一点，是因为他构想的形式乃是凌驾于时间之上的，因而否定了时间的方向性（类似于纯粹音乐在时间中呈现一种超越时间的绝对和谐结构），所以能够构成一种游离于动作进程之上的平衡、稳定和对称的形式，即绝对和谐的形式。生动风格就是在打破了庄严风格的静态平衡之后，又恢复了一种动态平衡。在这里，艺术家要完成这种对象表现，就必须把这种绝对和谐形式与动作的自然形式统一起来，使动作变得优雅。生动风格赋予动作和情绪以优雅的形式。但这种形式通常并非动作和情绪所自然地具有的，而是出自艺术家的自由的理性思维。优雅就是理想的和谐，而生动之美就是动作的优雅。一种绝对和谐的或优美的形式只能是人为的。它的优美，本质上与舞蹈或音乐的优美一样，在于其具有一种数学似的绝对和谐的整体形式，这种形式只能来自艺术家的理性思维的创造。

并非所有动作都可以用一种优雅的形式进行表现。有些人类动作的确与优雅存在本质的冲突（比如孕妇和产妇的动作），所以根本无法以优雅的形式来表现（迄今也没有一位追求优雅风格的艺术家表现这样的题材）。在生动风格中，动作的形式之所以能够被理性思维规定，不仅是因为动作不太剧烈或夸张故不至于破坏形式的优雅（造成生动风格与壮美风格区别的一个原因就是前者动作的温和性），更是因为动作是单纯的，没有形成完整的情节，故其结构更容易被具有理想和谐特征的形式所规定。

艺术要把一种自然动作表现为优雅的，前提之一是这动作必须是单纯的。单纯动作就是形式最简单、瞬间完成的动作，即单独一次的行动（举手或行走等）。它也有时间性、方向性，但不包含戏剧性的完整情节（plot）。它的自然形式因为这种时间性和方向性也与庄静美要求的绝对和谐形式相矛盾，因为这种方向性与一种平衡、对称结构相冲突（这也是艺术的动作表现必然破坏原先静止的绝对和谐的原因）。不过由于它的形式最简单，艺术的表现可以把它规定在一个更复杂的、包含多个单纯动作的整体中（我们把后者称为复杂动作）。艺术可以通过对抗、重复、逆转和呼应等手段，使单纯动作自然的方向得到平衡，并最终构成一个包含平衡、对称和稳定性的绝对和谐形式。这其实就是把单纯动作纳入一种舞蹈情节，因为只有舞蹈才会是具有绝对和谐形式的复杂动作。这种处理类似于编舞和作曲。但是对于一种自然的复杂动作，做这种处理就很困难。复杂动作由许多单纯动作构成，它们被情节组织起来，构成一个运动整体，而情节就是这整体的自然形式。在自然的复杂动作中，情节是叙事性的（只有舞蹈的情节可以是非叙事性的）。叙事性情节有其自身复杂的结构和确定的方向，这使它不可能具有一种绝对和谐的形式，也拒绝以这种形式被表现。另外，它已经形成了自身独立的坚硬形式，就大大妨碍了理性思维的构造活动，使艺术家的理性思维无法根据其形式理想对之进行加工。理性思维除非对这个复杂形式进行拆解或（对其效用的）抽象，就不可能对其自然的方向（正是它破坏了形式的绝对和谐）进行平衡。艺术的理性思维无法对于一种有叙事性情节的复杂动作进行自由处理，故永远不可能赋予其一种优美的整体形式，而只能如是处理单纯动作。艺术的生动风格只能表现单纯动作。

这最终归因于庄静美的形式矛盾。后者在这里表现为理性思维要求的绝对和谐形式与被表现动作的自然形式的矛盾。这个矛盾，只有当艺术表现的是单纯动作而非有叙事性情节的复杂动作时，才能得到一种积极的解决。这类似于作曲的情况。作曲家针对的动机越简单，就越能够根据音乐的逻辑和理性思维的自由对它进行处理，最终在其基础上构成一个绝对和谐的形式而将其完美纳入其中，尽管它的自然形式与绝对和谐相冲突。但是对于已经具备完整旋律的主题，就不再适于作交响处理（晚期浪漫派音乐就是因为太长的抒情性主题破坏了被自由的理性思维规定音乐自身逻辑，导致音乐整体结构的松弛）。舞蹈的情况与此一致。舞蹈如果要构成一种优雅的形式，就必须以一种绝对和谐形式规定舞蹈动机，而后者的自然形式通常也与绝对和谐相冲突。如果这种舞蹈动机只是单纯动作，其导致绝对和谐破坏的方向性，就可以在编舞中，通过这动作的再现、变形和逆转等得到平衡，由此形成一种动态的对称和稳定结构，从而使动作的自然形式与一种绝对和谐形式达到统一。于是舞蹈就在这种单纯动作基础上创造出了一种动态的理想和谐。舞蹈的优雅就在于通过其中单纯动作的再现、变形和逆转等手段构成形式的对称、平衡与理想和谐。但是对于有着完整的叙事性情节的复杂动作，比如农事、战斗、家务等的完整过程，舞蹈就无法作这样的编排处理（而只能截取其片断）。也就是说，庄静美的形式矛盾在这里无法得到积极解决。对于这样的动作，舞蹈无法赋予它以一种整体形式的优雅。生动风格其实最完美地体现在舞蹈和音乐艺术中，因为这二者最适合处理客观的运动。

造型艺术的生动风格所表现出的单纯动作的优雅，乃是奠基于舞蹈的优雅。这种艺术风格对于单纯动作的处理，遵循的是与舞蹈同样的思路。这种思路就在于，对于一种单纯动作或动作要素，艺术会塑造一种与之对抗的动作或动作要素，以抵消前者导致的形式失衡，由此重建一种绝对和谐的形式，使后者与动作的自然形式达到统一，最终构成了一种理想的和谐。这种对立平衡是构成生动风格的理想和谐的基础。这种理想和谐越是容纳了更丰富多样的单纯动作、越是使包括更大对立的动作和动作要素构成了平衡和统一，它的审美价值就越高。

动作的对立平衡构成生动风格的基础。但是生动风格也是处在发展中的，这种发展就在于这种对立平衡的性质发生了变化。它在 Lysippus 那里，主要是一种同时的对立平衡，而在 Paeonius 的胜利女神像、Praxiteles 的 Aphrodite 像等等，则是一种异时的对立平衡。

Lysippus 的刮汗泥的运动员雕像，就是通过使同时发生的动作相互颉颃，使作品形式呈现出整体上的对称和稳定。雕塑很好地继承和发展了 Polykleitos 的对立平衡。比如下行的左肩与向上的左臀、上抬的右肩与向下的右臀、左臂和左臀构成的收缩姿势与头部朝右上方的昂起等，都具有典型 Polykleitos 式的姿势对立平衡。但是 Lysippus 的对立平衡不仅限于静态的姿势，他的最重要贡献就是将这种对立平衡扩展到动作领域。这尊雕像的每一个动作，都有一个方向与之相反的动作与之对抗，这就使动作方向带来的形式失衡在更宏观尺度内得到纠正。雕像无论在左右还是上下方向的动作，都构成一种对立平衡。比如躯干部向偏左方向运动与面部转向偏右方向、左腿向前迈出而右腿向后收进、左臂向后收进而右臂向前伸出，这些构成了身体左侧和右侧动作的对立平衡。同时，塑像左腿向前迈出而左臂向后收进、右臂向前伸而右腿向后伸等，又构成了身体上部和下部动作的对立平衡。生动风格的艺术就是以这种动作的对立平衡为基础，在运动的整体形式层面构成形式的绝对和谐。在这里，造型艺术乃是参照了舞蹈。只有舞蹈而非自然动作才可能具有形式的绝对和谐，而舞蹈就是在动作的对立平衡基础上构建这种绝对和谐。Lysippus 表现的都是一些单纯动作，如刮汗泥的运动员、系鞋带的 Hermes、给弓上弦的 Eros、斜靠在一根树桩上的 Heracules、怀抱小酒神的森林神 Silenus 等。只有对这种单纯动作，造型艺术才能以上述方式进行处理，从而构成动态的对立平衡和形式的绝对和谐。

Lysippus 的作品动作幅度都较小、较为温和，容易构成同时性的对立平衡。古典时期以来的胜利女神像则有大幅度的动作，因为胜利女神自身的职责（即迅速传递胜利的消息）要求艺术强调她的动态，而这使得艺术很难再构成那种同时性的对立平衡。于是艺术只能通过建构不同单纯动作在一段封闭时间内的对立平衡，以构成处在时间维度上的绝对和谐形式。这种对立平衡就是异时性的。Paeonius 的飞行的胜利女神雕塑（约公元前 421 年），就是这种情况。作品表现女神张开双翼自天而降的动作。她立于一根 9 米高的三棱柱上，双手抓住被风吹得鼓起的斗篷，轻薄的衣衫随风飘拂，似乎簌簌作响，双脚的角度表明她离开了平面。作品表现了女神在迅速运动中的优雅姿势和动作。比起 Paeonius 的作品, Samothrace 的胜利女神像（公元前 190 年，或说公元前 150 年）似乎更加热情和壮观，更具戏剧性。女神刚刚降临在一艘全速前进的船上，她双翼高举，身体似乎还在向前冲。衣裳随着海风的吹拂和女神身躯的大幅度扭摆在大腿与躯干盘旋并往后飘扬，形成波浪般的美妙衣纹。最基本的构图是两个 X 型，其一，位于大腿上方；其二，位于胸脯上方。这些细节造成雕像迅速向前运动的态势。雕塑家还将作品置于自然的风景氛围中。船被安置在一个象征大海的水池里，池中还有礁石危岩，大大增强了作品的戏剧和感染力。这无疑是一件伟大的艺术杰作，最完美地刻画出一种生动的优雅。另外还有一尊系鞋带的胜利女神雕像，也应得到同样的评价。

我们知道舞蹈构成动作的异时性对立平衡相对容易。因为舞蹈本身有时间性，它能够针对一种导致形式失衡的单纯动作，构成一个与之相反进行的后起动作，在时间轴上形成二者的对立平衡，以使舞蹈在整体上获得形式的对称和均衡。舞蹈的优雅就在于通过其在时间中进行的动作再现、变形和逆转构成的形式的理想和谐。造型艺术的生动风格所表现出的单纯动作的优雅，乃是奠基于舞蹈的优雅。但与舞蹈不同的是，造型艺术的图像没有时间性，不能实际呈现诸动作的时间秩序，不能构成前后两个实际发生的动作的对立平衡。因此如果它要构建这种对立平衡，就只有两种方式。第一种，是只塑造两个同时的实际动作所达到的对立平衡，Lysippus 的艺术即属于此，这就是将舞蹈的时间性运动凝固在同时的动作中，适合表现较为温和的动作。Paeonius 的胜利女神像属于第二种。

它表现的动作过于剧烈，故作品未能实际地构成一个反向的动作与之平衡，但是作品仍然让人感觉到一种动态的平衡和形式的理想和谐，具有生动的优雅。在这里，这种平衡既然不是在作品中客观地构成的，故只能是观众的主观想象所构成的。它所表现的都是一些单纯动作，比如胜利女神飞行和系鞋带的动作，都不包含情节。但是针对这样的杰作，我们通常会很自然地用自己的想象力对这些动作进行补充和校正，使之变得复杂和完整，最终构成形式的理想和谐。

这种想象活动，一方面是因为（理性思维的）想象力的本能。想象力旨在构成确定的意义，而一种单纯的、无情节的动作通常缺乏确定的意义（它往往容许有多种甚至无数的可能理解），故我们无法对之形成确定的理解，而我们能够确定地理解的动作通常是复杂的。这使得我们在领会单纯动作时，总是习惯性地希望对之进行补充，这样才能获得对于它的确定理解，这种补充也使动作成为复杂的。不过由于造型艺术的图像是静止的，这种补充只能停留在主观想象领域。对于艺术塑造的无情节单纯动作，我们也只有借助主观想象对其进行补充，才能确定地理解其意义。这种主观的补充出于想象力的本能，是必然的。正因为这动作是单纯的，所以才能给那构造复杂形式和情节的想象活动提供了无限空间。在生动风格，这种想象属于理性思维，它构成的确定意义必然具有绝对和谐的形式。

另一方面，作品形式本身具有暗示性，可以指引理性思维的想象活动。优秀的造型艺术作品，其形式必然具有指引观众想象的力量，而生动风格的艺术则会指引理性思维的想象，因为其作品形式本身就体现了艺术家的理性思维。另外这种指引在 Lysippus 的艺术中是标识性的，因为艺术形式构成了一种实际的绝对和谐，因而标识出了理性思维的活动路径；而它在 Paeonius 的作品中，则是暗示性的，因为形式的绝对和谐在这里并不是客观实际的（理性思维的想象未得到标识），而是须通过观众的主观想象完成，艺术形式的暗示性就在于它能引起这种想象。造型艺术只有通过形式的暗示性，才能构成动作的异时性对立平衡。理性思维的想象本就具有否定无确定意义的单纯动作、构成具有确定意义和理想和谐形式的复杂动作之冲动，故能够在这种形式暗示下构成此种平衡。这种暗示指的是形式可以指引观众的领会依这形式并未标识出来的路线行动，而只有天才才能创造出这样一种形式。在生动风格，这种未被标识出来的思想，就是精神的理性思维。在这里，这种天才的形式必然具有某些特征，使它能够通过暗示，指引观众的理性思维不自觉地在想象中对于形式直接呈现的单纯动作进行补足，在想象中对其进行再现、变形和逆转，从而对其造成的形式失衡进行再平衡。实际上，针对作品呈现的无确定意义的单纯动作，我们观众的理性思维依其本性就有这样的要求，即通过主观想象对这种单纯动作进行重构以赋予其情节和更确定意义，同时依想象构成一种后续动作对其进行再现、变形和逆转，从而构成一种动作的异时性对立平衡。因此当作品形式具有对这种理性思维的暗示性，我们的想象力就很自然地依之产生这样的活动。在这里，作品形式的所谓天才特征，就在于形式通过刻画一种不稳定的单纯动作，能够激发观众的理性思维的上述想象活动，以最终构成一种优雅的复杂动作形式。这其实就是把单纯动作纳入一种想象的舞蹈，因为只有舞蹈才会是具有绝对和谐形式的复杂动作。只有舞蹈的动作才是本来就优雅的。我们之所以把单纯动作看成是优雅的，原因只能是我们在领会中通过想象潜意识地赋予它舞蹈性，这种想象是被作品形式指引，因为作品形式暗示了单纯动作对于某种舞蹈动作的从属性。比如雕像身体向左倾的动作造成的不稳定效果，就会暗示下一个将是右倾的动作，这样才能使身体在运动中获得平衡。Paeonius 的胜利女神和 Praxiteles 的爱神 Aphrodite 雕像都具有这种暗示性。比如 Aphrodite 雕像表现女神在行走中左腿迈出一步，臀部向右倾，这些都导致身体的瞬间失衡，但我们欣赏作品时仍然觉得它是平衡和稳定的。这就是因为雕像这两个动作，暗示其在下一步中会迈出右腿，臀部会向左倾，从而使身体在运动中得到平衡。Paeonius 的胜利女神也是如此。作品表现女神迅速从天而降的动作。动作要比 Praxiteles 的爱神剧烈，但女神在迅速运动中仍然保持了动作平衡和优雅。这同样是由于作品形式本身包含的暗示性。这种暗示性使我们在欣赏雕塑之时就通过在想象中建构这些动作的对立平衡，从而克服其失衡，将其纳入一个具有理想和谐形式的整体运动之中。这种暗示使我们会不自觉地把雕像表现的单纯动作想象为具有复杂形式的舞蹈动作的环节，因而这动作的方向性可以通过在舞蹈中对这动作的再现、变形和逆转得到平衡，由此形成一种动态的对称、稳定结构，于是这个想象就创造出了一种理想和谐。当然这种对立平衡不是作品的客观形式特征，而是只存在于观众的主观想象中。不过，无论是艺术对动作的这种表现，还是观众的这种想象，都只有当动作是单纯的情况下才可能，对于复杂动作则不可能。

通常情况下，只有当动作是单纯的，它才可能被纳入一种动作整体的优雅形式中。人类的复杂动作可以区分为两种，一种是自然朴素的、没有被精神自觉规定的，比如未加修饰的劳动和日常起居，其形式完全被实际的功利需要规定；另一种是舞蹈、礼仪之类，其形式被精神自觉构成，具有审美的目的。这种自然朴素的动作正因为其形式被功利需要规定，故必然与生动美的绝对和谐存在致命冲突。然而一种被精神自觉构成的复杂动作，比如舞蹈、礼仪等，则可能具有绝对和谐的形式，当其结构是人为被理性思维规定的。只有对于它，而非对于自然的复杂动作，艺术才能够以理性思维要求的绝对和谐形式加以表现。

生动之美也是在庄静美的形式矛盾推动下形成和发展的。一方面，庄静美的真实对象表现要求推动艺术的进一步自然化，这在表现对象方面导致人物动作首次成为艺术题材，而动作的自然形式，包括它的时间性和方向性，本身不符合绝对和谐，对它的表现导致对庄严风格形式的静态绝对和谐被破坏。另一方面，庄静美既以理性思维为本质，必定仍然把构成一种绝对和谐的形式作为理想，它就旨在以一种绝对和谐的形式表现动作的自然形式。这两方面构成一种新的形式矛盾，即生动风格的形式矛盾，为庄静美的形式矛盾的变型。

生动风格致力于重塑这两个方面的平衡，以求对于这个矛盾给予积极、稳定的解决。它试图在其对动作的表现打破了静态的平衡、稳定和对称结构之后，重建一种包含和规定这动作整体的具有平衡、稳定和对称特征的动态结构，从而在动作领域恢复了形式的绝对和谐。它旨在以此把理性思维要求的绝对和谐形式与动作的自然形式统一起来，使前者真正表现前者。当艺术完美地以一种绝对和谐的形式表现动作的自然形式，就构成了一种理想的和谐，即优雅。希腊艺术的生动风格最早创造了优雅。生动风格在活动领域重建了一种具有平衡、稳定和对称特征的结构，使理性思维的理想与对象的自然真理达到一种新的平衡，从而在自然化的更高层面解决了庄静美的形式矛盾。

　　生动风格的内在形式矛盾，也否定了生动美的最终稳定性，从而推动生动美自身的继续发展。这主要是因为在其中，美的真实对象表现要求，促使生动风格追求更自然的表现效果，推动其塑造的动作形式从同时性的过渡到异时性的；而生动风格由此就不得不重构动作的自然形式与庄静美要求的绝对和谐形式的统一，以重建矛盾双方的平衡。在这种意义上，是生动美的形式矛盾推动其继续发展。这个矛盾也会推动生动风格向其他风格转型。这里最根本的原因仍然是美的更真实对象表现要求导致这种矛盾的转化。这种要求促使艺术从表现单纯动作转向具有叙事情节的复杂动作，这种转向也是进一步的自然化。因为一种在自然中发生的具有相对独立性而且可以被确定理解的动作，必然是一种包含完整情节的复杂动作，后者必定与庄静美要求的绝对和谐形式发生致命的冲突。因此当造型艺术表现一种具有戏剧性情节和确定意义的复杂动作，通常会导致对这种和谐的破坏，以及优雅形式的瓦解。这是导致希腊后期艺术中生动风格向巴洛克风格和写实风格转型的一个重要原因。其中写实风格用雕塑刻画某种叙事情节，比如 Myron 的"Athena 和 Marsys"，希腊化晚期的"磨刀的塞种人"、"自杀的高卢人"，以及 Pergamum 神庙群雕，都是用雕塑来讲故事，于是故事情节具有的复杂动作形式彻底破坏了庄静美要求的绝对和谐，导致形式的松散，破坏了动作和情绪的优雅。

　　巴洛克风格也包含了进一步的自然化。它致力于逼真再现人物复杂的动作和情绪，试图用雕塑刻画激烈的戏剧情节和夸张、狂野的情感和激情，追求作品的感官冲击力。Samothrace 的胜利女神像就表现出巴洛克特征，而希腊艺术中最充分表现巴洛克风格的是 Pergamum 神庙群雕。它表现的动作情节尽管可能不具有叙事性，但同样是具有确定的意义和完整、复杂的结构。巴洛克风格与生动风格都具有鲜明的动态特征，其根本区别，首先在于后者表现的是单纯动作，而前者表现的是复杂动作；此外后者的动作更温和且朴实，前者的动作更激烈且夸张。其次，生动风格由于表现的是单纯动作，因此较容易将其纳入一种绝对和谐的整体结构之内。巴洛克艺术则与之大不相同。它要表现的动作具有复杂的形式，有着完整的叙事性情节。这种动作往往具有强烈的舞蹈性，且这舞蹈都具有叙事的情节。这个情节已经形成了自身独立的坚硬形式，后者不再被理性思维规定。所以它必然与形式的绝对和谐冲突，因而艺术就无法以这样的整体形式表现它（类似于音乐中已经具备完整旋律的动机，就不再适于作交响处理）。因此巴洛克雕塑不能以一个整体的优雅形式来容纳动作，但优雅仍可以成为局部的（个别行动环节仍然可以是优雅的）。巴洛克艺术不具有整体的庄重、优雅。当我们谈到它的优雅，严格意义上只能指其局部的优雅。这归因于在巴洛克雕塑中，动作打破了作品整体形式应有的绝对和谐，打破了结构的完满、平衡、对称和稳定。以Bernini 的 David 雕像和"Appollo 与 Daphne"为例，其中表现的叙事性或舞蹈性的动作，就打破了作品整体形式的自我满足以及结构的平衡、对称和稳定。再次，由于生动风格的形式具有完满、平衡、稳定和对称的性质，使作品在形式上表现出一种自我满足和封闭性特征。在 Lysippus 的运动员雕像中，动作完全处在艺术形式的空间之内，没有冲出这个空间的趋势。巴洛克的雕塑作品则打破了结构的完满、平衡、对称和稳定。在 Bernini 的作品中，David 的动作似乎是要从作品形式的空间冲出，而"Appollo 与 Daphne"人物表现出一种旋转向上的运动，也表现出向上方冲出去的强烈态势。在这里，动作打破了作品形式空间的封闭性，打破了形式的自我满足和绝对和谐，也打破了作品在整体上的优雅庄重。最后，巴洛克雕塑也完全放弃了古典风格中情绪的和谐优雅与精神的高贵肃穆，其情感表现是宣泄式的、夸张的。在这里，最终是生动风格的内在形式矛盾推动其向写实风格和巴洛克风格的转化。这在于雕塑转向对于复杂动作的表现，就导致对象的自然形式与生动美要求的一种动态的绝对和谐形式的矛盾平衡彻底破裂。这最终导致生动风格乃至庄静美的瓦解。

精神对于形式的平衡、稳定和对称或绝对和谐的追求，植根于理性思维的自由。这种形式特征就是理性思维的产物和表现。这种理性思维属于精神的理性性格。不仅姿势的庄严，动作的优雅也具有形式的绝对和谐，也体现了一种理性的性格。或者说，最终是一种理性的精神规定了艺术家的创作目的，它规定他对庄严和优雅的追求，其实是通过他的心和他的手来表现它自身的性格。

（二）温柔风格

古典艺术的进一步自然化还表现在对于情绪、激情的表现。希腊古典雕塑到了中后期就开始出现一类抒情性的作品。比如说 Kephisodotos 和他的儿子 Praxiteles 的作品，就具有出色的抒情性。此外，这类作品还具有性感的柔和线条、特别秀美的轮廓、细腻柔润的肌肤、迷人的梦幻般温存的神情，且充满生活的乐趣。比如同样是 Appollo 像，如果我们把 Praxiteles 的捉蜥蜴的 Appollo 雕像，同奥林匹亚 Zeus 神庙中的以及 Belvidere 宫的 Appollo 相比，就可明显看出这种风格的特点及其与庄严风格的巨大差异。这种风格我们称之为温柔风格："温"指作品表现的性情；"柔"指作品塑造的形体特征，与擅长动作刻画的生动风格相比，温柔风格线条更柔美、更抒情，肌肉都是像波浪一样连续的、柔和的、相互过渡的、平滑的，没有任何突兀的线条和平面。这些使温柔风格能更充分表现女性的性感魅力。Praxiteles 是这一风格的最伟大代表。出于对这种风格的追求，Praxiteles 只表现女性和青春期的男孩，而避免表现成年男性的形象。

温柔风格的形成也是植根于庄静美的内在形式矛盾。后者表现为艺术的进一步自然化与其对一种绝对和谐形式的追求的矛盾。一方面，相比雄伟和典雅风格，温柔风格的艺术进一步自然化。这首先表现在它热衷于描绘形体的动态和性感，致力于刻画人物的情绪；其次，它赋予作品人性化的情感，并使之更具生活气息和对于感性的诱惑力。然而对这类表现都会导致对庄严风格的静态的平衡、对称和稳定的破坏。我们前面已经清楚阐明了动作表现导致的这种破坏。艺术对情绪的表现、对性感形体的追求，也同样导致这种破坏。雄伟和典雅风格人物的表情都是静穆的，即无情绪的。艺术家不描绘情绪，因而更可能只以单纯形式和谐为目的来刻画面部线条，能够最大程度地达到面部轮廓的平衡、对称。这是一种静穆的绝对和谐。但是当情绪成为雕塑的题材，情绪的面部表现的自然形式就可能破坏面部轮廓的这种静穆的平衡、对称和稳定。情绪总是有意义的，它的意义存在于它的自然形式中，后者包括情绪在人们身体上的自然表现的方式，以及人们对情绪的领会的自然形式。比如悲痛会通过面部抽搐、哭泣等形式表现，人们还有多种处理这种悲痛的行为方式的形式。悲痛的意义就存在于这些形式中。但情绪的自然形式通常不具有绝对和谐特征，不具有平衡、对称和稳定性。此外，艺术无论是把情绪作为表现题材（这种表现是隐喻式的），还是旨在唤起观众某种情绪，都是赋予形式一种对于它来说完全是外在的目的，且这目的不是被自由的理性思维规定。这些都会给形式的绝对和谐带来新的冲击。比如为了使爱神 Aphrodite 看上去更性感，Praxiteles 使雕像呈典型的"S"形姿势。这种姿势对 Polykleitos 的对立平衡加以夸张，使臀部过度向右侧倾斜，以致破坏了 Polykleitos 风格那种静态的平衡和稳定结构（她只有借助支撑物才能站稳）。人们觉得性感的曲线让人愉悦，并非完全出于理性思维的形式追求，而是离不开本能的影响。当这种影响规定艺术创造，就必定损害作品形式的绝对和谐。另外，当艺术旨在唤起观众某种（不同于真实美感的）通常快感，也需要艺术更加自然化，即更加真实地描绘对象的自然形式。比如一件真实描绘女性特征的雕塑更能唤起男性观众的通常快感。它必须真实刻画女性特有的性感曲线。这种曲线是被女性形体的功能规定，与理性思维要求的形式绝对和谐存在本质冲突。总之，温柔风格面临的局面，是艺术的进一步自然化导致其对象表现扩展到情绪的领域，而造型艺术对情绪的表现给形式的绝对和谐带来了新的冲击。另一方面，温柔风格也要保持对形式的绝对和谐的要求，把构成一种优雅的形式作为最高宗旨。当庄静美试图以理性思维要求的绝对和谐形式表现或规定情绪，就必然使这两方面构成一种新的矛盾，这就是温柔风格的形式矛盾。贵族性格的一个方面，表现在以一种理想的和谐形式规定情绪，使之变得优雅。情绪有其自身的自然形式。后者通常不具有绝对和谐特征，不具有平衡、对称和稳定性。比如一种足够强烈的情绪的完全自然的（即在完全无教养状态的）表现总是倾向于肆意宣泄，完全不顾及形式的和谐。当我们试图使情绪具有贵族式的优雅，我们必须用另外一种来自我们理性的自觉构造的形式来规定它，这恰恰是使情绪的表现变得不"自然"。理性对于情绪形式的规定不同于自然的规定之处，就在于后者受制于本能的要求，而前者则完全自由。理性的规定不是根据自然，而可以纯粹根据它自身，并只以单纯形式的和谐为目的。而单纯形式的和谐如果是作为唯一目的，就是绝对和谐。在这里，理性是作为理性思维在起作用。总之如果我们要使自己的情绪变得优雅，就必须以理性思维的绝对和谐形式对情绪进行规定或表现。艺术的温柔风格，就旨在表现这样一种贵族性格。这种艺术表现与贵族的优雅风度的培养，本质上一致，它也是旨在以理性思维要求的绝对和谐形式来塑造情绪的自然表现，只是在这里它的塑造针对的是物质的材料而不是真实的人。温柔风格的艺术对于情绪的表现，是力图赋予情绪以一种最和谐的形式，就是以这种和谐形式来领会、表现情绪的自然形式，使之理想化。这种形式完全出自艺术家的主体性，且只以自身和谐为唯一目的，因而它就是艺术家的理性思维的产物和表现。温柔风格就是以理性思维方式来领会、表现情绪。于是温柔风格必须致力于把情绪的自然形式与理性思维要求的绝对和谐形式统一起来，这就造成其内在的形式矛盾。这其实就是对象的自然真理与理性思维的形式理想的矛盾。

温柔风格试图对于这一矛盾给予积极的解决。它试图用某种理性思维要求的绝对和谐形式去领会或表现情绪，使这种形式与情绪的自然形式达到统一，使情绪具有一种理想的和谐，即优雅。这个统一本质上是作为表现形式的理性思维与被表现的对象意义的统一，正是后者构成了作品的意义。为此，温柔风格必须对这两个矛盾方面都进行调整，重塑其平衡。其措施包括：（1）与生动风格的动作题材选择类似，为便于重建一种情感的对立平衡，温柔风格所表现的题材也通常是形式简单、便于处理的单纯情感，而不是包含自身的情节和冲突、有其自身独立发展逻辑的复杂情感，因为对于后者，造型艺术无法作对立平衡处理以重建被破坏的理想和谐。（2）即使刻画复杂情感，温柔风格也会选择那种已经被绝对和谐形式塑造的、优雅的情感。温柔风格要表现的绝不是粗俗、平庸、粗野、狂暴或怪癖的动作、情绪，而是要表现一种真正贵族的高贵情操，或理想的贵族性格。这种情操和性格，就是已经被理性思维的自由塑造的，它们已经具有形式和内在精神的优雅，因而能够与作为表现方式的理性思维达到一致。温柔风格由此使庄静美的形式矛盾得到了一种积极解决。（3）温柔风格对于所刻画情绪的自然类型也是有选择的。它表现的是一种温存、柔和、淡雅的情感。因为像巴洛克风格那种过于剧烈、悲壮或狂暴的情感，或崇高风格的浪漫情绪，都不仅缺乏精神的优雅，而且会破坏面部线条的对称和均衡，损害形式的理想和谐。温柔风格始终避免表现这样的情绪，因而不至于使情绪刻画破坏线条对称和均衡。这也有助于它营造一种形式矛盾的平衡。（4）以上是针对表现对象方面，温柔风格对于表现方式也作了调整。希腊的古典艺术家在表现人物情绪时，从来不是尽力渲染或完全写实的，而是"按照智慧的原则去描绘它。"①

---

① 温克尔曼：《希腊人的艺术》，邵大箴译，广西师范大学出版社 2001 年版，第 141 页。

艺术家在表现人物的愤怒、痛苦、恐惧等等情感的时候，不是以一种自然主义的逼真刻画方式或巴洛克、浪漫主义使情感尽情宣泄的方式来表现，而是用一种理性的精神进行表现。温柔风格的艺术不是放任狂暴的动作或让情绪肆意宣泄①，而是要以理性对情绪和动作进行规定，使之成为优雅。艺术家的理性更关注的不是最真实地表现情感的质料性，而是营造一种形式的理想和谐，且表现一种理性的精神对情感的领会，后者就是理性思维的自由。比如吉谟马赫斯（公元前 100 年）在画狂怒的埃阿斯的时候，不是画他面目狰狞在羊群中疯狂砍杀的情形，而是画他事后冷静下来思考自己愚行的失望和羞惭的神态。在画家的另一幅作品中，美狄亚的孩子们在母亲的匕首前微笑，她的狂怒和痛苦交织在一起。这些作品的根本宗旨都不是表现情感的质料性，而是塑造一种整体的优雅形式，且把理性精神对于情感的领会注入到这种形式中，使之成为理性思维的尊严与权柄的体现。这种领会致力于以一种理想的和谐形式规定情感，它体现了希腊人独特的理性性格。我们欣赏这种古典艺术，应当超越作品题材的质料性，留心其单纯形式的优雅与精神的高贵。这样才能更好地把握艺术家的理解和作品的意义。另外，温柔风格不得不放弃庄严风格的肃穆的绝对和谐，而是要在情绪自身的领域构成形式的绝对和谐，后者可以称作为一种抒情性的绝对和谐。总之，温柔风格的最重要贡献，就是在情绪成为艺术的题材导致在庄严风格中的静穆的（无情绪的）平衡、对称和稳定被破坏的情况下，建立起一种抒情性的平衡、对称和稳定结构，使情绪成为优雅的。温柔风格就旨在把庄严风格的那种理想的和谐转移到一种抒情性结构之中。它的形成就是庄静美在艺术进一步自然化的趋势之下，试图重构其形式矛盾的平衡而导致的结果。在这种意义上，温柔风格就是在庄静美的形式矛盾推动下形成的。

Praxiteles 的作品目录包括 5 件 Aphrodite 像，4 件 Eros 像，两件 Appollo、Artemis、Dionysius 和 Sytre 像，一件束发带的男青年像，还有两件他的情妇 Phryne 的肖像。对于其风格的特点，我们试就两件代表性作品，即 Knidos 的 Aphrodite 和抱着小酒神的 Hermes，加以进一步分析。

Knidos 的 Aphrodite，被 Pliny 称为古典艺术的巅峰之作。尽管原件已

---

① 简·艾伦·哈里森：《希腊艺术导论》，马百亮译，商务印书馆 2017 年版，第 170 页。

失，但通过其大量仿制品和当时人的记述，可以相信她应当是艺术史上最完美地表现了女性性感魅力的伟大作品。女神非常美丽，仪态高雅，充满迷人的魅力，而且有像露珠一样闪烁着甜美光辉的眼睛。当时人这样记述人们欣赏这尊雕像的反应：

我们满怀欢心进入神庙。女神像就在神庙中央。她用帕罗斯的大理石雕成，是最美丽的艺术品。女神庄重地微笑着，嘴唇稍稍分开。她所有的美都展现了出来，身上没有衣服遮盖，全身赤裸，一只手平静地遮挡着胯部。工匠的技巧是那样伟大，将桀骜不驯的顽石雕成人体。Kharikles 真的好像疯了一般大声呼喊："神啊！最高的喜悦降临 Ares，只因他走向这位女神。"说完就跑上前去伸长脖子，仿佛能亲吻到那闪亮的嘴唇。但是 Kallikratidas 却默默地站着，在惊艳中头脑整个都变得麻木了。

神庙两端都有大门，满足人们的希望，能从背后仔细欣赏女神身体每一处的美。她没有一处不令人感叹。从另一扇门进入，在身后欣赏美丽的形式是多么容易。于是我们决定看到女生全部的美，绕到神龛背面。当守门人用钥匙把门打开，我们瞬间被美的奇迹击中，惊讶于她的美。哦，那个雅典人，当他静静地观看了一会，看到女神的臀部，立刻比 Kharikles 还要疯狂地喊出来："天哪！她的背部节奏多么美好！侧面多么好！盈盈一握！看那臀部的肉，美丽的弧形轮廓，增一分则太肥，减一分则太瘦。没有人能表达印在臀部的美妙微笑，从大腿小腿一直到脚，节奏是多么准确。愿那好心的 Ganymedes 为上天的 Zeus 斟满美酒佳酿吧！即使 Hebe 斟酒，我也绝不饮酒。"当 Kallikratidas 说完这些激动的话语，Kharikles 因惊讶而发呆，他的眼睛渐渐湿润，因内心苦痛而眼泪汪汪。[①]

如果我们面对这尊雕像的仿制品，就会相信这种记述并无夸张的成分。尽管这些仿制品肯定比原作逊色不少，但是我们从较好的仿制品身上（比如梵蒂冈博物馆所藏的罗马时期仿制品）仍能看到一种让人惊叹的美。雕像表现了女神脱去衣服正要到水中沐浴的情形。人物身体呈迷人的"S"形造型，重心放在右腿，左脚轻轻提起，左手放在置衣服的陶罐上，右手遮住胯部，

---

① 伪卢西安（Pseudo-Lucian）：《爱经》第 13—14 页，转引自罗宾·奥斯本：《古风与古典时期的希腊艺术》，上海人民出版社 2015 年版，第 271 页。

温柔、喜悦的目光注视着前方。Praxiteles 的最大贡献在于他的作品最完美地表现了女性的性感魅力。这种魅力在于两个方面：一是女性独特的迷人形体，二是女性特有的温柔甜美的性情，而 Praxiteles 艺术的这两方面都包含了单纯形式和谐的破碎与重建。试说之如下：

第一，Praxiteles 最完美表现了女性性感迷人的形体。这里所谓女性的性感，乃是指女性身上那些与性别相关的，且对男性特别有吸引力的特征。Praxiteles 之前的艺术家塑造的女性形象即使是美的，也不性感。比如 Pheidias 的 Athena 像，虽然不失女性之美，却未突出女性形体的独特性，故并不性感。因为作者旨在通过雕像表现理性的尊严和力量（这些都是超越性别的普遍性），而非旨在表现女性的形体之美。作为城邦守护者、女战士的 Athena，其形象是宏伟、威严的，表现出一种强大的力量。她的美其实是一种男性化的雄伟之美。庄严风格时期的其他艺术家，也无意表现单纯的女性形体之美。这表现在男性裸体得到了很充分的表现，但是女性裸体却未得到表现，而对着衣女体的刻画也不够成熟。可以说，希腊艺术到了 Praxiteles 才真正认识到并致力于表现女性的性感体态。但是这种性感不包含色情意义，因为他乃是把形体和神态的性感，与一种精神的高贵很好地统一起来。Praxiteles 的艺术之所以成功地表现了女性的性感魅力，在于他在更深刻认识了女性形体的基础上，对其进行了双重理想化。他把女性形体独特性的典型化表现和艺术的单纯形式和谐的理想成功地结合起来，也就是把这种形体结构的充分和谐与理性思维要求和形式绝对和谐统一起来，使形体变得优雅，从而大大增加了魅力。

一方面，他的作品表明他对女性形体的性感特征达到了前所未有的深刻认识，并将这些特征在雕像身上集中、充分和纯粹地表现出来，塑造了女性美的最佳典型。他的女神采取最能体现女性形体特征的"S"形姿势。这种姿势凸显了女性丰满的臀部和较细腰部的对比，最完美呈现了女性臀部和腰部迷人的过渡曲线。它充分表现了女性形体独特的柔美、妩媚，更具活泼的动感，且看上去轻松悠闲。这些使她非常亲切迷人，具有不可抗拒的性感魅力。然而这种姿势打破了庄严风格的平衡、对称和稳定。如 Polykleitos 的雕像，重心安放在一条腿上，但是人物仍然是直立的，作品仍然表现出一种平衡、对称和稳定。但是 Praxiteles 的"S"形结构，使臀部过度扭转向右侧，使身体失去平衡和稳定，因而不能自身站立，需要倚靠外在的支撑物承受重量。因此这种结构打破了庄严风格的静穆的绝对和谐。Praxiteles 赋予女神的其他性感特征，也导致同样的效果。与 Pheidias 的 Athena 不同，Aphrodite 女神的每一个细节都散发出女性的独特魅力。她的温婉秀丽的面容，蓬松柔软的卷发，明亮的前额，穹隆形的弯曲的眉弓取代原先的直线形，柔和细腻的肌肤，鼻端、嘴唇和下巴等转折处的柔和线条，灵巧的步伐，柔软、有弹性的人体组织，饱满坚挺的乳房，胸廓向腹部的迷人过渡，腹部的柔和的起伏及与臀部和大腿的美妙连接，每一细节都发出不可抗拒的性感魔力。女性丰富的皮下脂肪也使面部轮廓更圆润丰满、身体曲线更柔和。此外 Lucian 还提到了女神的精雕细刻的美丽眉毛以及"闪烁着甜美光辉的湿润的眼睛"。因此这件作品是对女性独特形体特征的典型化。这种刻画，完美塑造了女神的性感魅力。作品使女性真实的形体特征在感性个体上集中、充分和纯粹地表现出来，这是一种典型化或理想化的表现。在希腊艺术中，把一位女神塑造得如此性感，以致让人对她产生不可遏制的欲望，亦有其形上学的根据。希腊古典艺术旨在使一种超人的、神界的力量在作品中显现，故优秀作品必须本身就体现这种神的力量，比如 Athena 像就应当具有智慧的力量。因此 Aphrodite 作为爱情之神，她的雕像应当具有超越人的、不可抗拒的爱情力量，她必须具有一种使人无法抵抗地爱上她的魔力。但是一种艺术形式，无论旨在更真实表现女性本有的性感体态，还是为了满足观众的欲求，都必然给庄静美要求的形式绝对和谐带来巨大冲击。女性真实的形体特征在结构上都必有一种充分和谐，这种充分和谐是这形体给人带来快感的原因，且是被形体所服务的目的规定。艺术对形体美的这种典型化表现，就必然导致对象的自然形式与庄静美要求的绝对和谐形式新的冲突。另外如果艺术塑造性感的形体是为了满足观众的欲求，那也是赋予艺术的形式一种自身之外的目的，从而导致形式的失衡，导致形式的绝对和谐的损坏。艺术对于表现人物的形体性感的追求，也属于艺术的进一步自然化，它也赋予一种外在于单纯形式自身的目的。这个外在目的，与动作表现的情况一样，也必然打破形式的绝对和谐。人们认为性感曲线是美，并非完全出于理性思维的形式追求，而是离不开本能、功利的影响。当这种影响规定艺术的形式塑造，那么由此创造出的作品必定损害形式的绝对和谐。上述情况归结到一点，就是艺术的进一步自然化导致庄静美的形式矛盾的原有平衡被打破。

另一方面，尽管将女性的性感魅力发挥到极致，但这尊女神像看上去却非常纯洁高贵、明朗自然，原因之一在于艺术家在更高层次上赋予雕像一种具有理想和谐的形式、一种优雅。在这里，庄静美对单纯形式自身的和谐的追求，促使优雅风格在被艺术的自然化破坏的静穆的绝对和谐的废墟上，在动作领域重建一种形式的绝对和谐。

Praxiteles 创造的 S 形构图，就旨在构成一种形式的暗示，通过这种暗示构成一种类似舞蹈动作的异时性对立平衡，以纠正这种单纯动作造成的形式失衡。在这里，作品形式的暗示性可以指引观众的主观想象针对这个造成了形式失衡的单纯动作，通过重复、倒列、变型等处理对其进行重构，或设想一种后续的反向动作对其进行对冲，最终将其整合到一个想象中的具有绝对和谐特征的复杂动作的形式整体中，从而恢复了动作的形式平衡。雕像的动作暗示了这一（并不客观存在的）形式整体。比如女神迈出左腿，而臀部大幅度向右倾，使身体出现明显失衡，而身体是无法以这种姿势保持平衡的，于是我们的想象力就会设想女神在下一迈步中会以同样幅度向左倾，从而使身体在运动中得到平衡。因此作品形式对我们的想象力构成一种暗示。这种暗示性，既奠基于我们的主观想象的本性，也是根据身体动作的常态。一方面，我们的主观想象有追求平衡的本性，当它认识到一种明显失衡的单纯动作，它会无意识地设想会有一个下一步的反向动作对其进行抵消以恢复平衡。另一方面，这种暗示也是基于动作自身的本性。女神的这一单纯动作，无法达到自身内在的平衡，它只有被下一动作纠正，才能使身体的活动在整体形式层面获得平衡。这两方面使形式的暗示成为可能，它们使我们的想象力在面对一种严重失衡的单纯动作时，就会很自然地通过想象活动将其纳入一个具有理想和谐形式的复杂动作整体之中。同时它们也是艺术家创作的自觉依据。温柔风格的雕塑，就是自觉以这二者为根据塑造作品的形式，使之具有暗示性。这件 Aphrodite 雕像就是如此。作品有意塑造了一种在静止状态无法获得平衡然而特别性感的姿势，且头部和身体都指向接续这个单纯动作的下一个动作，后者将纠正这种失衡。由于以上两方面原因，这种形式就使我们很自然地将这一单纯动作设想为一个具有和谐形式的复杂动作整体的构成部分。同时，作品的形式也进一步暗示雕像的单纯动作从属于一个具有舞蹈性的绝对和谐特征的整体。比如女神的躯干由于迈步的动作转向右侧，而头部的转向左侧，暗示了下个迈步头部和躯干会向左转，这就会引导我们的主观想象，使前后两个动作在这种想象中相互抵消，从而构成一种具有动态的对称和平衡的形式。在雕像的左侧和右侧，上肢与下肢都仍在一定程度上保持着一种对立平衡，也在形式上暗示前后两个动作的互相抵消和再平衡。温柔风格就是通过形式的暗示，使我们在主观想象中建立单纯动作的异时性对立平衡并以此为基础构成一个具有绝对和谐特征的复杂动作的整体。只有通过这种表现方式，温柔风格才能把单纯动作纳入一种具有绝对和谐形式的复杂动作整体之中，唯其如此，才使动作变得优雅。

另外，温柔风格的艺术，也通过人体与外在环境的对比，使失衡的人体形式获得再平衡，从而使作品获得一种整体的理想和谐。如女神动人的形体线条与自然垂落的衣服褶皱形成对比，而瓶子的椭圆形也和人体曲线相呼应，人体失衡的重心也通过衣物和瓶子得到再平衡。这些都使人体形式的失衡在一个更大的形式整体中得到纠正，使作品形式在整体上具有了绝对和谐的特征。Praxiteles 的艺术其实就是努力以一种绝对和谐形式去表现性感人体的自然形式，使这两种形式达到统一，形成一种理想的和谐，即优雅。因此，Praxiteles 的风格就在庄严风格的静穆的理想和谐被打破的情况下，在更高层次上重建这种和谐，也就是把理想和和谐转移到一个新的对象领域。

温柔风格致力于以一种绝对和谐的形式表现女性性感的形体，乃是对对象的第二重理想化。第一重的理想化就是典型化，就是集中、充分和纯粹地表现女性形体的性感特征；而第二重的理想化则是以一种绝对和谐形式对这种特征进行规定，使这种性感变得优雅高贵起来。这种绝对和谐形式不关乎对象的自然真理，而是纯粹从理性思维的自身要求出发并被其先验构成的。在这里，自由的理性思维根据自己要求的绝对和谐形式对动作的自然形式（这种形式也可以是理想化的）进行规定，并将这两种形式统一起来从而在构成一种异时的动态理想和谐形式。在温柔风格，这种理性思维通过这样的形式规定，就将自己注入作品之中，使理性思维的尊严和权柄在后者得到体现，从而使作品变得高贵优雅。对于 Praxiteles 的女神而言，这种高贵优雅就像包裹着她的性感之宝珠的重重花瓣，这颗宝珠在华丽花瓣的陪衬映照之下，就显得越发光彩动人，越发不可抗拒。

第二点，女性性感魅力还有一个方面是女性特有的温柔甜美的神态。这种神态植根于女性的性情。无疑，女人的性情有大大不同于男人之处，比如女性特有的同情心、温柔、善解人意，她的娇羞和柔情，以及各种说不出的自然而然的妩媚神态，都会让她显得性感迷人。但这些本身还算不得优雅。其中有些可以算作本性的"善"，但不是真正的"美"。这些性情，只有通过艺术或良好教养被赋予和谐的形式，才真正成为美，且只有当这种和谐是理想和谐，这种美才是优美或优雅。这种理想和谐是作为表现方式的理性思维要求的形式绝对和谐与性情的自然形式的充分和谐的统一，这种统一是因为前者要表现后者。Praxiteles 艺术的一个巨大成功，就在于他以一种具有理想和谐的形式将女性温柔的性情表现出来，使这种性感魅力成为优雅的。

Praxiteles 的一个伟大贡献在于他开创了造型艺术的情感表现这一新的领域，并将其提升到古典艺术无法逾越的高度。在他之后的雕塑家 Diodoros 评价他是"在自己的大理石作品中融入了灵魂的情感"。Pliny 也在谈到这位艺术大师的作品时也盛赞他对情感的高超表现。Praxiteles 的作品目录就表现出他对于情感刻画前所未有的兴趣。其中与情感题材相关的神祇，包括 Aphrodite、Eros、Dionysius 和 Sytre 等，加起来占了作品的大部分。Praxiteles 还有些专为抒情的作品，包括哭泣的妇人和微笑的妇女。Praxiteles 高超的情感刻画能力，在 Hermes 和 Sytre 像中都得到充分表现，这尊爱神像也是如此。这尊 Aphrodite 像一个最打动人的方面就是她高贵纯洁又温柔迷人的情绪和神态。Lucian 曾对女神"闪烁着甜美光辉的湿润的眼睛"赞叹不已（可惜雕像的所有仿制品都没能将这一特征表现出来）。这种湿润而闪烁的眼神，透露出温柔而喜悦的情感，又具有一种梦幻般的朦胧感。女神脸上若有若无的淡淡微笑也表现了同样的情感。无意识地挡在下腹前的右手则表现出一种娇羞之态。这种情感表现增加了作品的性感魅力。总之，Praxiteles 令人惊叹地刻画了女性性感的情绪和神态。

然而这种表现破坏了作品的形式和精神的庄严性，其实不适于对神的刻画。希腊语中表示情感的词是"pathos"，它与"ethos"（伦理）对立。"ethos"本意是指习惯性的、具有必然性的行为，后来指理性思维规定的必然的实践准则，即理念或概念。"ethos"是人格中稳定的、具有必然性的方面。"pathos"，则本来指一个人暂时产生的感受，后来专指转瞬即逝的情感。庄严风格的艺术旨在表现一种理性性格，后者的本质是理性思维的概念或理念，属于"ethos"而非"pathos"的领域，故这种艺术从未把情感当做表现的题材。到了希腊艺术的优雅风格时期，情感成为艺术的重要题材。这一方面反映了伯罗奔尼撒战争后理性精神衰落、理想的城邦公民形象逐渐失去吸引力、个人情感得到突出的精神境况，另一方面也是由于艺术的进一步自然化导致情绪作为新的艺术领域被发现。

　　这种情绪表现给古典艺术造成了巨大的冲击：首先，情绪，无论是何种性质，都是来去匆匆，缺乏稳定性。当我们看见雕像的表情带有明显的情绪时，都会潜意识地想到这种情绪是短暂的，这种表情很快就会变化。情绪的转瞬即逝的性质，会破坏雕像的静穆和稳定。对情绪的表现也与古典艺术的理想性有冲突。因为理想是精神的必然真理或概念的感性体现，这真理被认为是永恒和普遍的，而这与情绪的易逝性和偶然性都不相容。因此，情绪不适合作为理想的根据，且可能对古典的理想造成损害。其次，情绪表现必然会破坏庄严风格的平衡和对称，使雕塑进一步脱离静穆的绝对和谐。雄伟和典雅风格人物的表情都是静穆的，即无情绪的。艺术家不描绘情绪，因而更可能只以单纯形式和谐为目的来刻画面部线条，能够最大限度地达到面部轮廓的平衡、对称。这是一种静穆的平衡、对称和稳定。但是一旦情绪成为艺术的题材，情绪的自然的表现形式就容易损坏面部轮廓的这种平衡、对称和稳定。当情绪表现在人体上，必定导致身体姿势的某种变形和脸部肌肉的紧张，后者导致面部轮廓的扭曲。艺术的情绪表现要求刻画这种自然形式，就会破坏庄严风格的平衡和对称，使作品脱离静穆的绝对和谐。另外，艺术的情绪表现，以及激发观众情感的要求，也赋予作品一种外在于单纯形式自身的目的，这也可能损害作品形式的绝对和谐。归根结底，这些都是因为情绪的自然形式与古典艺术追求的绝对和谐的矛盾。最后，人物的情绪表现往往会破坏古典艺术追求的精神卓越性。精神的卓越是一种理智的超越，或朴素的崇高，指的是精神在理性限度内对自然的否定。在希腊古典艺术，它就是理性思维的尊严。希腊人把这种卓越性归诸天神，他们相信神是处在一种无情绪的凝思状态，即理性思维的清明境界。但是情绪属于人的自然品质，故其表现往往与这种卓越性冲突。尤其当精神被情绪规定，或情绪过于剧烈，就会破坏这种卓越性。因此，庄严风格的艺术为表现神的存在之卓越性，就赋予神完全无情绪的淡漠、严肃、威严表情。Praxiteles 的女神像，着重刻画人物的情绪和神态，故打破了庄严风格的肃穆，故不适宜表现神祇，尤其是希腊人崇拜的那种理性的神。雕像看上去不像一位天神，而更像是一个美丽迷人的人间女子。以如此性感迷人的神态表现一位天神，在当时可能有失体统，但确有希腊的神人同形同性论传统作为根据。据说 Praxiteles 辩称他是表现天堂的 Aphrodite 呈现为凡人形象与人间情人约会的情景。另外，爱神的像本身就应该体现爱情的巨大魔力，她就应当对于观众具有不可抗拒的性爱吸引力。温柔风格把情绪当作艺术的题材，也是艺术进一步自然化导致其对象领域扩展的结果，但是对于情绪的表现，破坏了古典形式此前的静穆的平衡和对称，给庄静美要求的形式绝对和谐和精神的尊严与权柄，都带来了新的冲击。这种冲击最终也是奠基于庄静美内在的形式矛盾。

然而，面对这种情况，温柔风格仍然要求形式的绝对和谐。它旨在以一种绝对和谐的形式表现情绪，因而要求把这种形式和情绪的自然形式统一起来，这就使二者陷入了矛盾。这种矛盾构成温柔风格的形式矛盾的一个方面。为了使矛盾双方达到一种积极统一，Praxiteles 必须对表现方式和表现对象两方面都作出相应调整。在表现对象方面，他只表现一种温存的或已被理性思维规定的情绪。在表现方式方面，他不得不放弃对形式绝对和谐的完全性追求，因为现实对象的表现必然给形式的绝对和谐造成损害。

首先，他只表现一种温存的情绪，以便维持作品形式的对称、平衡与精神的安详宁静。Aphrodite 像表现的情绪，不同于巴洛克暴风骤雨般的动荡激情，也不是浪漫主义吞噬一切的非理性的忧伤、愤怒、爱和渴望，而是温和、宁静、安详和淡雅的。她的喜悦不同于 Scopas 的酒神女信徒的疯狂和陶醉，更不同于 Bernini 的女圣徒那种混合着极度痛苦和狂喜的高潮体验，而是像微风在海面吹起的一层涟漪，没有破坏海的宁静和安详。她的笑容是一种端庄的浅浅微笑，不是大笑。用 Winckelmann 的话说，在她脸上，喜悦"像温存的枝条轻轻摇晃着叶子那样表现出来，艺术的理性统帅着感情"。她的羞怯也没有表现为惊慌，而是像一滴露珠落入湖水，湖面很快恢复了平静。这种温存、淡雅的情绪，不像一种剧烈的情感导致形体的大幅度扭曲，故使艺术较容易做到在表现这种情绪时仍然维持面部线条的平衡和对称；它也使雕像能够维持一种精神的宁静安详。

其次，他所表现的是一种被理性的精神所规定的情绪。Knidos 的爱神在情绪中仍表现出一种高贵的性格。一个人性格的高贵在于精神的自由，首先是精神对于自然的尊严和权柄。在情绪的领域，这种高贵包括两方面：其一是情绪自身的高贵，因为这种情绪植根于真正的精神自由，本身就是对自然的否定，比如摩西对背叛的希伯来百姓的暴怒，圣徒的出神狂喜，以及正常人对于奴役状态感到的悲痛。这是造型艺术无法具体直接地刻画的。其二在于精神对于情绪的自由，包括精神对情绪的尊严和权柄。只有这个方面是造型艺术适于表现的。这种自由，既可表现于亚伯拉罕之献祭以撒，也可表现于希腊人理想的凝思。这种尊严在希伯来的超越精神中，它就是超越思维对于自然亲情的否定；而在希腊的理性精神，就是理性思维的自由对情绪的侵陵的否定，表现为 Praxiteles 的爱神不被情绪破坏的宁静和安详。而精神的权柄，在亚伯拉罕表现为一种超越思维对情绪的规定，使他服从上帝的意志而牺牲亲情。它在希腊的理性精神，就是自由的理性思维对情绪的规定，这表现为 Aphrodite 雕像透露的情绪始终被一种具有理想和谐的形式塑造，使女神具有一种宁静安详的神态。二者都表现出一种精神的高贵，但前者的高贵是超越和反思精神的高贵，是崇高和深沉；后者的高贵是理性精神的高贵，是优雅。Aphrodite 的宁静表情，表明人物在情绪的活动中仍然保持着理性思维的尊严，这是一种理性性格的高贵。女神的优雅表情体现了理性思维对情绪的表现形式的塑造。她的端庄的浅浅微笑，乃是通过平衡、宁静、和谐的面部线条表现。这种表情的和谐表明了情感的内容和表现形式的和谐。而后面这种和谐，乃是因为情感的内容和表现形式都被理性思维规定，从而被统一到一种具有理想和谐的形式中。在 Aphrodite 雕像中，这种情感的理想和谐形式，就表现为女神面部的平衡、宁静、和谐的形式结构。这里情绪被赋予这种理想的和谐形式，它本身就成为理想化的。情绪的自然形式既不优雅（有时甚至不和谐），也不高贵，但 Praxiteles 的 Aphrodite 却俨然是优雅与高贵之完美典型。情绪只有被赋予一种具有理想和谐的形式，才能变得优雅。温柔风格要表现的就是这样一种被理性的精神所规定的优雅情绪。这使这种风格较容易把情绪的自身形式与理性思维的形式理想统一起来。

再次，优雅风格不是把重点放在表现情绪本身，而是把重点放在表现理性精神对于情绪的领会，以及表达形式之和谐上。人们一碰到巨大的悲痛，就想号啕大哭，一碰到巨大的欢乐就想开怀大笑，这都是人的自然情绪反应，且有利于身心健康。但优雅风度就是对这样一种自然性的否定。优雅风格的艺术对于情绪表现，也不同于感怀主义的肆意宣泄，主要不在于激发观众的一般情绪，而是旨在表现且自身完美体现了理性思维对于情绪的领会。严格意义上，不是一般情绪，而是对于情绪的领会，才是真正的美，包括优美。

最美和最感动人，始终是普通观众甚至许多艺术家都很难区分的两个价值。这二者都属于审美快感的方面，甚至后者有时候比前者更能决定审美的价值，但它不是真实美感。一般情绪既非真实美感，本身无所谓美。因此艺术若把忠实表现或唤起某种一般情绪作为最重要目标，就违背了艺术的正当使命，必然导致对美的破坏。通常所谓情感之美在于情感被精神塑造，因而具有了某种形式，使精神的自由得到体现。而艺术的情绪表现之为美，严格意义上仅在于其所包含的对于情绪的理解以及表达之美（原初真理性）。Praxiteles 的温柔风格表现出他作为伟大艺术家的智慧，即始终把重点放在表现理性精神对于情绪的理解，以及营造优美的表达形式之上，而不会为更具煽动性的情绪表现牺牲作品的美。因此他的作品始终体现了理性思维的自由，具有那些声嘶力竭的现代抒情艺术无法企及的高贵性。

最后，他也必须对作为表现方式的理性思维作出调整。在这里，艺术家致力于以某种由他自身的理性思维构成且作为其体现的绝对和谐的形式去领会或表现情绪的自然形式，以此对情绪进行重新规定和塑造，从而构成一种具有理想和谐的情绪形式，于是情感才成为优雅的。但是要做到这一点，他还必须对表现方式作出调整。他不得不放弃对形式绝对和谐之完全性的要求。艺术的抒情目的以及情绪的自然形式，都与形式的对称、均衡特征相冲突，因此造型艺术的情绪表现必然破坏后者的完全性或绝对性。

总之，面对庄静美的内在矛盾，Praxiteles 对于庄静美的对象表现与理性思维的主观自由两方面都进行了相应调整，在此基础上将矛盾双方统一起来。他在这里所做的就是在艺术由于进一步自然化的推动而进入情绪表现的领域之时，重建庄静美的真实对象表现要求与对形式绝对和谐的要求的矛盾平衡，从而把情绪主题的自然形式和庄静美要求的绝对和谐形式统一起来。一方面，这尊 Aphrodite 雕像表明，Praxiteles 在情绪作为题材破坏了艺术的静穆的平衡、对称和稳定情况下，建立起了一种抒情性的平衡、对称和稳定结构，因而把古典风格的理想和谐转移到情绪领域，从而使情绪成为优雅的。另一方面，女性独特的性情和神态，正因为被赋予了这种优雅高贵的形式和精神，其性感魅力就越发不可抗拒。

只有在以下情况下，艺术所表现的情感才是感人的。首先是情感必须是真实的，其次是这情感必须是自由所雕琢、塑造的，或者更准确地说它是一种被精神的自由所塑造的情感活动。在希腊古典艺术中这种自由就是理性思维的自由。如果说庄严风格是一种静穆的理想和谐，生动风格是一种动态的理想和谐，那么温柔风格则是一种抒情的理想和谐。

总之，这尊 Aphrodite 雕像的最伟大成就，在于以无与伦比的完美性塑造了女性的性感之美。而这根本上在于他致力于以一种绝对和谐的形式表现女性形体、动作和性情的独特性，从而把它们的自然形式和理性思维的绝对和谐形式统一起来，构成一种具有理想和谐的形式。Praxiteles 成功地用这种理想和谐形式塑造女性特有的形体、动作和性情特征，赋予其一种优雅和高贵。正是这种优雅和高贵赋予女神无限的性感魅力，这大概是 Praxiteles 的爱神比所有巴洛克艺术家的（比如 Rubens 笔下白皙丰腴的爱神）看起来都更性感迷人的原因吧。

Praxiteles 的其他雕塑也体现了同样的温柔风格。我们可以再看看他另一尊著名的"Hermes 和酒神"雕像。这尊雕像情感色彩或许更浓郁，且更富生活气息。酒神 Dionysius 是 Zeus 和人间女子 Semele 所生。在 Semele 惨死后，他由信使神 Hermes 照顾，而后被后者交由仙女 Nysa 抚养。雕像表现了 Hermes 把小 Dionysius 送去给仙女的路上情景。我们看到，Hermes 把他的斗篷放在身旁的树干上，抱着孩子的手臂正倚在上面，右手据说是拿着一串葡萄，正逗弄小酒神。Praxiteles 这尊雕像的构图、人物的姿势和相互注视的温柔眼神，都显然从他的父亲 Cephisodotus 创作的"和平女神怀抱婴儿 Ploutos（财富之神）"雕像受到启发。

Praxiteles 这尊雕像的巨大成功，首先，在于 Hermes 的形体、动作的无与伦比的完美性。Hermes 被雕塑成一个十六七岁的大男孩形象。他的体型匀称修长，充满运动感。身体呈典型的 Praxiteles 式"S"形姿势。身体悠闲地倚靠在左侧的树干上，重量主要有右腿和左臂支撑。头部刻画精美无比。他具有雅典式的圆形头颅，柔软蓬松的卷发充满朝气，面部是一个优美的椭圆形，鼻梁中部微微隆起。精美的面部轮廓和温柔的情感，使他的脸上散发出一种无以言表的迷人光辉。雕像以惊人的效果刻画出青年人的皮肤柔软细腻、富有弹性的质地，无生命的大理石似乎获得了微妙的生命。同 Aphrodite 雕像的情况一样，这尊雕像的"S"形姿势是一种动态姿势，它打破了庄严风格的静止的平衡、对称和稳定形式。这表现在雕像无法自身站立，而必须倚靠外在支撑物。在这里，Praxiteles 是以同样的方式恢复作品形式的平衡、对称和稳定。这就是通过：一是使单纯动作的姿势暗示一个更复杂的动作整体，这使观众通过想象对姿势的不平衡等特征予以纠正，从而使身体在运动中得到平衡。当单纯动作从属于一个动作整体，它的不平衡就暗示下一动作的相反运动对它的纠正。比如舞蹈中演员身体在此一动作中的向左大幅摆动就自然地让我们想到其在下一动作中会向右作同样幅度摆动，因为只有这样他才能使身体平衡。Praxiteles 就是通过这种暗示，使人物动作具有了一种生动的理想和谐，即优雅。二是把人体纳入环境中，通过环境的呼应对人体结构的失衡予以纠正。比如 Hermes 身体的倾斜就通过直立的树桩和上面斗篷的纹路得到纠正。通过这些途径，Praxiteles 使这尊雕塑在整体、动态的领域获得了一种理想的和谐。

其次，这尊雕像的巨大成功，还在于它完美塑造了人物的温和优雅的情感。在雕像中，Hermes 以一种充满温柔怜爱而有些朦胧的眼神凝视着小 Dionysius。小 Dionysius 目光与他对视，一只小手信任地放在他的肩膀上，另一只手似乎是要去抓住他右手握住的东西。Praxiteles 总是在神的身上表现人间的温情。在此前的希腊艺术中，Hermes 和 Dionysius 的形象都是严肃庄重的成年人。Hermes 通常被塑造成一个留着胡子，一脸严肃的老人。Dionysius 也是以留胡须的成年人形象出现，神情同样是威严的。但是在 Praxiteles 的作品中，Hermes 是一个稚气未脱的大男孩，Dionysius 还是一个婴儿，这种处理也是为了使其中的情感表现得更加亲切甜美。雕塑的这种情感表现，把古希腊的神人同形同性论发展到极致。在希腊艺术中，情绪的表现总是跟对动作、变化的表现相伴而行的。它们都是短暂的、不安宁的，都使人像变得动荡、不安，丧失了一种静穆的理想和谐，故破坏了人物的庄严性，所以不适合在神像雕刻中表现。Hermes 的情绪是短暂的。他对小 Dionysius 的温柔情感似乎没有持续多久，很快他就将其交给仙女 Nysa 了。他那若有所思的梦幻般的眼神也看似转瞬即逝。他的脸上似乎笼罩着一种莫名的不安。总之与庄严风格的人像相比，他丧失了一种肃穆和宁静。另外与前者的坚定稳固的直立姿势相比，他的懒洋洋的安逸姿势也缺乏神祇应有的庄严性，尽管很美丽优雅。希腊艺术的最高理想，是表现希腊民族恒定的理性性格，或理念，而不是表现那些偶然飘忽的情绪。这种理念的优美表现，通常具有一种静穆的理想和谐。而就 Hermes 雕像而言，对情绪的表现赋予雕像一种动荡、不安之感，从而破坏了上述和谐。在这里，Praxiteles 对人物情感的表现，采取的是与其对 Aphrodite 雕像同样的方式。Hermes 的面部表情是端庄、宁静和安详的，温柔的情感透过被艺术家的严谨的理性精细勾画的、具有理想和谐特征的面部线条表现出来。这种线条既具有单纯形式的和谐，又表现了人物情感。它们表现了情感本身被纯粹的理性思维规定的形式。后者具有一种理想的和谐。这是一种抒情性的理想和谐。正是这种和谐形式使情绪变得优雅。

Praxiteles 其他作品都具有同样风格。其中包括几尊 Sytre 像。其中一尊斜靠的 Sytre 像，也表现出非常优雅的动作和情感。雕像身体也呈"S"形曲线，且完全向右倾斜，右肩和右臂倚靠在一棵树干上，主要的重量施加在右侧树干上，而向左偏斜的下肢承受了剩余的重量。同时头颅稍稍向左倾，以达到平衡。弯曲的左臂和左臂形成某种对称，两肘间的虚线和树的垂直线，以及身体躯干的倾斜线，共同构成了一个一边竖直的"A"字形的稳定结构，很好地体现了对立平衡。雕像也具有英俊男孩的形象，身体柔软娇美，表情恬静悠闲，温柔、朦胧的眼神似乎透露出某种悲感。Praxiteles 还有一件著名作品，即"杀蜥蜴的 Appollo"。在这里，Appollo 也被表现为一个英俊男孩模样。他倚靠在左侧一棵树上，右手应该是握着一支箭，正准备用箭刺杀树干上的一只蜥蜴。这种优雅斜靠的姿势、身体的"S"形曲线、温柔娇美的面容和皮肤，以及温和恬静的情感，都是典型的 Praxiteles 式风格。

总之，Praxiteles 的温柔风格，就是在艺术的进一步自然化导致动作、情绪成为艺术题材，从而破坏了庄严风格中的静止和静穆的平衡、对称和稳定情况下，致力于以理性思维的形式对动作、情绪进行规定，从而建立起了一种生动的和抒情性的平衡、对称和稳定结构，于是把古典风格的理想和谐转移到动作和情绪领域，从而使动作和情绪成为优雅的。因此，温柔风格就在一个新的艺术领域，使艺术对单纯形式和谐的追求与对自然的真理的尊重达到了平衡，也就是使理性思维的理想与对象的自然形式达到某种统一，从而使庄静美的内在形式矛盾得到暂时解决。在这种意义上，温柔风格可以说是在庄静美的形式矛盾推动下形成。

温柔风格对于对象的理想化，比如 Aphrodite 雕像，本身就揭示了一种非同寻常的领会。温柔风格包含了对于对象的双重理想化。它首先是要纯粹、集中和充分地表现对象的普遍真理或概念，这是典型化，是艺术通常的理想化方式；其次它还要根据理性思维的单纯形式兴趣对对象或概念的形式进行理想化。这种双重理想化构成了一种理想的和谐。当温柔风格成功地以一种理想的和谐形式表现对象真理，就使真理具有了优雅和高贵的容颜，结果必然是又真又美。Praxiteles 的 Aphrodite 雕像之所以如此动人，首先在于它的真实，因为它的形式最纯粹、集中和充分地阐释了女性的性感。这形式不仅表现了女性肉体的魅力，而且表现了一种精神的尊严，以致作品本身成为一种精神的化身。典型之为真，条件是它要表现的概念是精神的真理，其实它表现了对于概念的普遍理解。其次，这种形式还具有一种出于理性思维的绝对和谐，女性自然的性感只有被这种形式规定，才真正是优美的，并散发出更迷人的魅力。

另外，温柔、生动和典雅风格都与宏伟的规模相矛盾，不适宜巨大的尺寸。雕像的宏伟规模，是为了直观地表现人物（主要是神祇）超人的力量、威严和权势，而这些本来就会与人物的温柔、生动和典雅形象相冲突。因此一尊典雅、生动的运动员雕像，如果被赋予特别庞大的体格，就会彻底破坏其原有的风格。同样，一尊几十米高的 Aphrodite 雕像，会使人物应有的温柔、优雅和美荡然无存。类似地，佛教艺术中，象征超人智慧的大日如来，适宜以雄伟风格来表现，但作为慈悲化身的观世音菩萨则否。一尊数十米高的观世音像，会完全破坏菩萨女性般的温柔慈爱的形象。此外，从观众的角度，雕塑巨大的体量也会导致视觉上的变形，导致扭曲了形体的正常比例，故其实更适合表现崇高而不是优美。而在我们这片土地上的真、假艺术家们，似乎对优雅与宏伟、优美与崇高的矛盾尤其缺乏清晰认识。

然而，温柔风格对庄静美的内在矛盾的解决是暂时的。它只是在动作和性情领域使理性思维的对绝对和谐形式的追求与艺术对对象真理的尊重之间达到一种妥协，而未能从根本上消弭理性思维与对象真理的距离。真实的对象表现与形式的绝对和谐的矛盾仍然存在。比如就温柔风格的情感表现而论，一方面是这种情绪表现必然否定理性思维的形式理想，另一方面是它对形式绝对和谐的要求也对情绪表现构成了束缚，限制了情绪的更充分、自然和真实的表现。这种区别，通过与中世纪艺术的对比，就会特别明显。中世纪艺术的情绪表现，具有一种完全不同甚至相反的风格。Rotgen 的圣母悼子像，其巨大的情绪感染力是希腊艺术未能达到的。在圣母的巨大悲痛面前，整个世界似乎都已经是微不足道的。在那一瞬间她是绝对孤独的，已经从整个文明世界脱离出去。这个才是表现悲痛的最自然、最真实的方式。但是在希腊人看来，人物以这种方式发泄情绪是没有教养的，因为她已经完全被情感所控制，所以丧失了自由，而这种艺术也是不优雅的、粗鄙的。总之温柔风格只是使庄静美的内在矛盾达到了一种暂时妥协。而希腊艺术的进一步自然化必将打破这种妥协，其结果是希腊化时期的写实主义和巴洛克风格对于形式优雅的破坏。

（三）壮美风格

希腊民族的精神性格是一种理性性格。这种性格的独特性在于理性思维在精神中居于主导地位，并规定了精神的主要特征。理性思维若是自由的，就旨在构成一种绝对和谐的形式并使自己通过后者得到表现。这种自由的理性思维，才是理性思维的自身真理。当精神试图以理性思维方式领会或表现通常对象的真理，它就必须把前者的理想和后者的自然形式统一起来，从而构成了一种理想的和谐。希腊的古典艺术就旨在表现这种理性性格。它要表现的对象题材以及它表现或领会对象的方式都被这种理性性格所规定。

在雅典民主的鼎盛时期，雅典成为人类文明的灯塔，理性的精神似乎在各个领域所向披靡（包括城邦政治、对外战略、科学、哲学和艺术等），因而充满了自信。庄严风格的艺术就表现了这种理性精神的成熟和自信。在其中，理性思维通过其所构成的一种理想的和谐形式牢牢控制着作品的全部细节，且通过作品表现的波澜不惊的肃穆气氛宣示着它的至上尊严、它掌控全局的游刃有余的权势。在此后的日子中，理性思维面临着越来越强大的社会暴力和同样强暴的精神暴力的冲击，因而发现它越来越难以在这种冲击面前保持自身的尊严和权柄。如果说，面临这种冲击，Praxiteles 的 Aphrodite 的温柔闲适的优雅姿态和温和宁静的表情，仍然表明理性思维有足够的力量，可以轻松掌控局势。那么希腊艺术更晚期出现的充满悲壮气息的人像作品，则表明理性精神在更大、更持久的暴力面前，已经是在使出自身全部力量艰难应对了。在这种情况下，理性思维的权柄不可能再表现为 Parthenon 的 Athena 那种庄严和雄伟的、不被丝毫撼动的永恒和谐，而是表现为精神在剧烈动荡中挣扎着维持的形式统一。精神的尊严也无法表现为 Appollo 和 Aphrodite 曾有的那种无痛苦、无挣扎的平静安宁的表情，而是要表现为 Niobe、Laocoon 那样的对于巨大的灾难、痛苦的反抗。与之相应，艺术风格的庄严、生动和温柔，逐渐让位于壮美。

所谓壮美，本质上指的是这样一种思想，或这样一种精神运动，即精神在面临自然的强烈冲击，面对颠覆性的剧烈动作和情绪、激情之时，能够激起自身强大的力量来对抗、否定这种冲击，以维持精神应有的自由和尊严。

壮美由于作为其本质的思想的不同格调而有多种。只有当这种思想就是理性思维之时，这种壮美才是优美。而这也就是希腊精神中的壮美。一种属于优美的壮美，本质上指的是这样一种精神运动，即精神对于具有强烈冲击性的剧烈的动作、巨大的心灵痛苦、激昂的情绪和激情，以一种具有原初性的和谐形式将其笼络，置之于理性的坚强的轭下。它的本质就是以理性思维方式对于这样的强烈刺激的原初领会，表现为在剧烈动荡中维持着的优雅形式和高贵精神。尽管从理论上说，壮美不一定是悲剧性的。比如 Beethoven 音乐表现出的壮美，就是乐观的，包含着胜利之喜悦，这种壮美可称之为雄壮。但是在希腊艺术中，留传下来的壮美风格的作品基本上都是悲剧性的，这种壮美就是一种悲壮。

在希腊艺术中，壮美风格的代表是 Scopas、Agesandros 等人。这种风格的最伟大作品，是 Scopas 的 Niobe 群雕和 Agesandros 等人的 Laocoon 群像。

在希腊古典盛期的中后期，即优雅风格时期，的艺术家中，Lysippus 擅长动作的描绘，Praxiteles 擅长刻画女性性感美丽的身体和温柔的神态，

Scopas 则擅长表现人物激烈的感情状态。Scopas 和 Praxiteles 都着重表现情感。但 Praxiteles 表现的情感是温和、甜美、喜悦的，人物仍然保持着安详宁静的表情。Scopas 表现的情感则是强烈的悲痛或疯狂，人物表情是躁动不安的。另外，他的作品具有更强的动感，包含一种悲剧性的冲突。他的人物往往处在狂风骤雨般的运动中，头部在剧烈的扭转中猛然向后仰起，眼睛深陷，眉骨突出，口唇微开，显出呼吸的急促，表现出一种强烈的骚动、渴望和痛苦。他还通过夸大人物面部肌肉和骨骼的起伏，造成面部的阴影，从而充分表现了一种悲壮的感情。

不过 Scopas 保留较完整的作品（包括仿制品），仍然在强烈的冲突、巨大的痛苦以及激越的情绪和激情之中，保持着整体形式的均衡和稳定，即形式的理想的和谐，以及人物表情的一种高贵的宁静。所以作品仍然表现了理性思维对单纯形式和谐的追求，以及理性思维的自身尊严。这表明在这种壮美风格中，理性思维仍在竭力以它理想的和谐形式规定包含剧烈动荡的自然真理，从而使动作、情绪变得优雅和高贵。尽管精神在这里付出了艰巨的努力、经历了巨大的痛苦，但是精神的优雅和高贵只有是在巨大的灾难和苦痛中赢得的，才是最强大也最真实的。人的真正优雅和高贵，应当是饱含悲壮和坚毅的。

Scopas 的作品，包括一尊酒神女祭司雕像，一尊战士头像，Mausolos 王陵的饰带群雕，再就是 Niobe 及其受伤的女儿群雕。

Niobe 群雕刻画了 Thebes 女王 Niobe 的儿女被太阳神 Appollo 和月神 Artemis 用箭射死的情景，由此表现了人类与一种巨大而神秘的力量抗争的悲剧性场面。传说 Niobe 美丽高贵，生育了 14 个非常优秀的儿女。她因而非常骄傲并当众侮辱了女神 Leto，因为后者只有 Appollo 和 Artemis 两个子女。女神非常愤怒，于派人用箭将 Niobe 的 14 个子女全部射死。最后 Niobe 因巨大的悲痛而变成了石头。现存罗马国立美术馆藏的"Niobe 和她的女儿"群像和罗马国立博物馆马西莫宫藏的"受伤的 Niobe 女儿"雕像，风格一致，可能是这组群雕的部分。

"受伤的 Niobe 女儿"雕像，表现了 Niobe 的一个女儿在奔跑中背部中箭后单膝跪在地上，试图拔出箭头的情景。她的衣服滑落，裸露出身体前部和下跪的左腿。作品把剧烈的动作与极端的痛苦情感融为一体，让人感到强烈震撼。但是首先她的动作不是狂暴的，而是在巨大的痛苦和剧烈的运动中维持着一种理想的和谐形式，因而具有一种优雅。这种通过艰巨努力得以维持的形式的优雅，充分表现了理性思维的意志以及它对于动作、情感和激情的有力控制。其次，她尽管处在极大痛苦中，但表情却是宁静安详的，几乎处于同 Polykleitos 的受伤的亚马逊女战士一样的静穆中。其中的强烈反差，表现出精神在痛苦中的强大尊严。这种尊严其实是一种理性思维的尊严，是希腊精神性格中独特的高贵。在这里，精神不是像在印度宗教中那样通过将灾难、痛苦淡化甚至虚无化以保持心灵的清静，而是承认无法消除的巨大痛苦并力图将其纳入一种和谐优雅的形式中，所以它在这里表现出的是理性思维的掌控力。这种宁静其实仍是希腊人标榜的不受干扰的理性"凝思"状态，乃是一种理性思维的清明，这是希腊精神的独特品格。

"Niobe 和她的女儿"群像由 Niobe 和她的最小的女儿组成。Niobe 眼看这 13 个子女都被射死，只剩下一个幼女惊恐地投入她的怀中。母亲弯着腰掀起自己的衣服来掩护怀中的女儿，一只高举的手正要挡开射向女儿的利箭，但孩子已经受伤，奄奄一息。Niobe 扬头朝天，微启的口似乎在呐喊、抗议。雕像充满激烈的动感和戏剧冲突，表现出极度恐惧和痛苦的情感。但是作品在剧烈动荡中，仍然保持着一种形式的理想和谐，表现了精神的理性思维对动荡环境的否定。处在激烈冲突和痛苦中的人物，表现出 Praxiteles 式的优雅，而且雕像的整体结构看上去是静止、平衡和稳定的。因此剧烈动荡的素材被纳入一种理想的和谐形式中，在后者中被扬弃，被后者所规定。这种理想的和谐形式是理性思维的产物，也是其表现。Niobe 的面部表情，表现出一种在极度痛苦中的平静，表明精神并未在灾难和痛苦面前屈服。Winckelmann 认为，Niobe 及其女儿们的表情与其说是抗争的庄严，不如说是宁静、淡漠："在这种淡漠状态，感受和思考都停止了，肢体和面部也呈现为宁静的。"① 她们仿佛处于不可摧毁的宁静之中，Winckelmann 从中读出了静观的美德。因此作品表现了一种巨大的精神尊严，而这种尊严，正如前面对"受伤的 Niobe 女儿"的分析所表明的，就是理性思维的尊严。

---

① J.J. Winckelmann, *Geschichte der Kunst des Altertums*, Verlag Hermann Nachfolger, Edition Venedis, 2011, 166.

　　总之，Niobe 群雕通过将剧烈的动作和激越的情感纳入一种理想的和谐形式中，表现了精神的理性思维对生命的灾难、痛苦的规定、扬弃。作品表现了人物的形式的优雅和精神的高贵。但是这种优雅和高贵，都不是容易获得的，而是精神克服巨大的动荡和痛苦赢得的，因而体现了精神的理性思维的强大力量，所以这是一种壮美。

　　在文学中 Niobe 的命运是悲惨的。据说万念俱灰的她流亡到吕底亚的西皮洛斯山，在那里自杀了，她的眼泪变成了阿刻洛俄斯河。最后 Zeus 又把 Thebes 的全体居民变成了石头。但在雕塑中她表现了某种精神的胜利。这在于她在不可抗拒的灾难中，始终保持神态的安定和谐与表情的宁静，因而赢得了她的优雅和尊严。这使她具有一种特别可敬的高贵。这种文学和雕塑的区别，是因为文学旨在通过戏剧性冲突揭示生命的真理，单纯形式的美对于它是次要的；而雕塑则把塑造形式的理想和谐当作首要任务，它更多地体现了理性思维的形式理想。因此文学更强调戏剧性冲突，而雕塑更强调形式的和谐优雅。

　　另外，Scopas 的受伤的战士和狂欢的酒神女祭司雕像，也都表现出 Scopas 作品的最显著特征，如猛烈向后扬起的头部、面部的阴影效果、微微张开的口等，还有就是作品透露出的强烈的激情和悲伤之感。其中酒神的女祭司正陷于一种狂热的心醉神迷状态。她疯狂地舞蹈着，头发凌乱，衣衫破裂，坦露出放纵的肉体。受伤的战士头像，为了强调人物内心的紧张而突破了脸部和谐的结构，因痛苦而弯曲的眉毛和半张开的嘴使面部表现出一种伤感、焦虑和渴望。但是这两件作品破损都极严重，无法从中看出 Scopas 完整的风格。

　　Agesandros 等人的 Laocoon 群像，也是壮美风格的典范。在神话中，Laocoon 是一位特洛伊祭司。他因为试图阻止特洛伊将藏有希腊士兵的木马拉进城而受到神的可怕惩罚。在他和两个儿子一起举行祭祀时，突然从海里出现两条巨蛇，将三人缠绕并咬死。

　　作品的壮美风格表现在：一方面，雕塑向我们展现了一个充满戏剧冲突、激烈的动作和情绪的死亡场景。我们看到 Laocoon 的身体陷入到祭坛中，正在痛苦中抽搐、挣扎，双臂正奋力挣脱缠绕他的毒蛇，面部因痛苦而扭曲，眼神和张开的嘴都透露出强烈的悲痛之情。两个儿子脸上也露出惊慌和恐惧。大儿子惊恐地看着父亲，左手正用力将缠在腿上的蛇扯开。小儿子则放弃了抵抗，已经奄奄一息。另一方面，雕像维持着一种理想和谐的形式，并表现出精神在痛苦中的尊严。三个人物的动作姿态各异，但又相互呼应而形成一个和谐、稳定甚至几乎静止的整体，构成了作品的平衡与变化、动与静的对立统一。人物动作的严谨的呼应和节奏感，蛇的律动和手臂的交错的对比，赋予作品充满动态的构图以一种音乐般的纯粹形式之美。艺术家成功地用一种理想的和谐形式表现激烈的冲突和运动，赋予后者以形式的壮美。另外，Laocoon 在巨大的灾难和痛苦中仍然保持着静穆和高贵的形象，充分表现了精神的尊严。Winckelmann 曾经正确地评论道："正如海水表面波涛汹涌，但深处总是宁静一样。希腊艺术家所塑造的形象，在一切剧烈情感中都表现出一种伟大和平衡的心灵。这种心灵就显现在拉奥孔的面部，并且不仅显现在面部。"[1]Laocoon 在巨大的痛苦中，仍坚强保持着一种宁静的站姿，面孔和全身并未显示出狂烈的动乱，这表明他的心灵并没有被这痛苦击垮或卷走。他表现出"一个伟人坚强的灵魂，他与绝境作着斗争，欲抑制感受的爆发"[2]。作品尽管表现了无休止的痛苦，但是在这痛苦之上却弥漫着一种神奇的宁静，正如狂怒的大海在深处的静谧一样。这种宁静，正因为是与痛苦的狂风巨浪的斗争中表现出来，因而体现了精神的巨大力量，所以它是一种壮美。这种精神是一种理性的精神，这表现在它在灾难、痛苦中对于形式的理想和谐的捍卫。

总之，Laocoon 群雕也是以一种理想的和谐形式规定剧烈的动作和激越的情感，表现了精神的理性思维对生命的灾难、痛苦的扬弃以及由此获得的和谐与尊严，所以它以一种理想化的方式表现了希腊民族的理性性格。作品表现了精神克服巨大的动荡和痛苦赢得的优雅和高贵，具有一种悲壮之美。与 Niobe 群雕相比，这件作品表现的动作更剧烈，人物脸上表现出激烈的情绪，作品更加充满戏剧化的紧张。Laocoon 群雕在大得多的尺度上接纳了自然和精神暴力的冲击。这种冲击给一种理性的精神带来了更大的威胁，也给

---

[1] 温克尔曼：《希腊人的艺术》，邵大箴译，广西师范大学出版社 2001 年版，第 17 页。

[2] J.J. Winckelmann, *Geschichte der Kunst des Altertums*, Verlag Hermann Nachfolger, Edition Venedis，2011，167.

艺术的理性思维构建形式的理想和谐带来了更大挑战。Laocoon 群雕在这一冲击之下，仍然坚强地维持着其形式的优雅和精神的高贵。因此比之 Niobe 群雕，它更有力、更充分地表现了悲壮之美。

总而言之，希腊艺术的壮美风格，是在伯罗奔尼撒战争后雅典民主衰败和蛮族频繁入侵的历史条件下形成的。希腊的理性精神在越来越强大的暴力冲击之下，发现自己已不能像以前那样从容地掌控一切，而是必须经历巨大的痛苦、抗争才能赢得自身的尊严和权柄。

希腊艺术也不得不接受这一冲击。雄伟和典雅风格中那种理性精神的自信、那种形式的庄严和表情的肃穆都已失去根基。艺术不得不把更剧烈的动作、更激越的情感和更强烈更具悲剧性的矛盾冲突纳入表现题材的范围，这意味着艺术更彻底的自然化。如果艺术还要表现这种理性精神，就必须把这种冲击纳入理性精神之中，表现后者在这种冲击之下，经历巨大痛苦、抗争赢得自身尊严和权柄的悲壮行动。这种艺术就属于壮美风格的艺术。这种艺术把这种悲壮行动作为自身的行动来表现（也就是希腊的理性精神通过艺术表现它自己）。自然的暴力对理性精神的冲击也构成对规定古典艺术的理性思维的冲击。这种理性思维的自身尊严及其构成的理想的形式和谐，都会受到它作为新的题材引入的颠覆性的剧烈动作、情绪和激情的冲击。它必须激起更强大的精神力量，构成更坚强的理想和谐形式来规定这些动荡的内容，从而抵抗这一冲击，它也必须经历更大的痛苦才能维持理性精神应有的自由和尊严。Laocoon 的痛苦也是艺术思想本身经历的痛苦。因此这种艺术具有一种内在的悲壮性。

希腊艺术的壮美风格，就在于它一方面在更彻底的自然化语境下把剧烈的动作、激越的情感和悲剧性的强烈冲突作为题材；另一方面竭力以精神的理性思维构成的理想的和谐形式对它们进行规定、表现，从而在自然的强烈冲击之下赢得和捍卫了自身形式的和谐与精神的尊严。因此壮美风格乃是在更彻底的自然化语境下使理性思维的理想与对象真理之间达到一种新的平衡，从而使庄静美的内在矛盾得到暂时解决。但它也未能消弭理性思维与对象真理的距离，未能将此矛盾从根本上解决。因此壮美风格也不是庄静美的稳定的归宿。希腊艺术的进一步自然化，将导致艺术进一步丧失形式的优雅和精神的高贵，最终导致壮美风格的自身瓦解。壮美风格如果丢掉了希腊古典艺术的庄严和优雅，就会马上沦为一种巴洛克风格。这就是为什么像 Laocoon 这样的作品，会给意大利巴洛克大师 Bernini 的创作带来巨大启发。①

要真正理解希腊古典风格，就必须认识到它不仅是要表现对象的真理，而且在这种表现中贯彻了对单纯形式和谐的执着追求，这两方面的张力构成古典风格的形式矛盾。其中单纯形式的和谐是不被任何形式之外的目的规定和损害的和谐，是一种绝对和谐，包含形式的绝对平衡、对称和稳定（任何形式之外的目的都会导致这种和谐的破缺）。这种绝对和谐唯独是精神的独立自为的理性活动即理性思维的产物，也是其表现。庄静美就是以理性思维的方式表现一种现实的对象真理，后者的本质就是通常概念。于是理性思维的绝对和谐形式与通常概念形式的冲突，就构成了庄静美的形式矛盾。庄静美是这二者的统一，因而包含对双方的调整、改造。所以在其中，形式的绝对和谐不会是完全或完整的。它只有在纯粹优美，即不表现任何现实对象，而唯独以自身形式的和谐为目的的形式之美中，才可能是完全或完整的。这种形式只存在于某些抽象绘画和雕像以及古典主义的绝对音乐。要真正理解希腊古典的雕塑，就必须从作品中认出某种形式的绝对和谐（尽管它是不完全的）。所以只有当我们领会到古典雕塑中像音乐一样的美妙节奏和韵律，才是真正理解了这门艺术。理解纯粹的优美是理解庄静美的前提，就像能够欣赏 Haydn、Mozart 的音乐是真正懂得希腊古典雕塑的前提。

形式的绝对和谐是古典艺术永远的追求，希腊的古典雕塑就旨在以某种绝对和谐的形式来表现对象真理，即以理性思维的方式领会对象概念。由于庄静美包含的根本矛盾，理性思维在这种领会中一方面必须放弃对形式的绝对和谐的完全性要求，另一方面必须对通常对象及概念的自然形式（其必具有充分和谐特征）进行抽象（剥离效用对形式的影响）和改造俾使合乎理性思维的理想。它在此基础上使这两种形式达到统一，从而构成了一种同时具有充分和谐与绝对和谐特征的理想和谐。庄静美就在于这种理想和谐，而希腊古典艺术就旨在构成这种和谐。

---

① Bernini 的出神的特丽莎修女雕塑中，修女的面部表情明显借鉴 Laocoon 的表情，而天使的面部特征也借鉴了 Laocoon 的第二个儿子的形象。

形式和精神的庄严、优雅是古典艺术的理想。庄严风格是静止、肃穆的，有一种静止的理想和谐与肃穆的高贵。庄严风格是庄静美的最理想形态。因为庄静美在于以理性思维的方式表现对象概念。理性思维旨在构成一种静止、稳定的形式，理性思维的形式也最适合以静止、稳定的图像来表达。对象概念也最适合以这样的图像来表现。因此庄静美的理想形态应当是静止、肃穆的，即庄严的。庄严风格最适合通过造型艺术表现。其原因是造型艺术，由于视觉与概念的内在关联，比音乐、舞蹈更适合表现事物的概念，且其材质决定它本身就最适合构造静止、稳定的图像。希腊造型艺术的庄严风格，就是以一种静止、肃穆的艺术形式表现希腊民族的理性性格，后者包括作为其本质的理性思维以及被后者所规定的形体和性情特征。庄严只表现处于静止的形体和肃穆的性情。其中，形式的庄严是一种静止的理想和谐，表情的庄严是一种没有任何情绪表现的严肃或淡漠。

比之古风风格，庄严风格试图让理性思维的形式更真实地表现对象的静止形态，因而它本身是艺术接受进一步的自然化的结果。但是艺术更充分表现对象真理的追求推动艺术的进一步自然化，使希腊古典艺术把动作、情绪和激情都纳入艺术表现的范围。这使得庄严风格那种静止的理想和谐与肃穆的高贵被破坏。优雅风格就是在这种情况下，力图在动作、情绪和激情领域重建一种理想的和谐，以及动荡之中的精神的宁静。这种理想的和谐，在庄严风格是静止的、肃穆的，而在优雅风格，则是动态的、抒情的。

在生动和温柔风格中，这种动作和情绪都是温和的，因而作品能够悠闲从容地在其中维持一种理想的和谐形式，保持动作和情绪的优雅。这表明希腊民族的理性精神对于自然的冲击，尚有充分的能力加以应对。但希腊艺术更晚期出现的壮美风格的作品，则表明理性精神在自然和社会更强大、更持久的暴力面前，已经是在使出自身全部力量艰难应对了。Laocoon 群雕，就表现了精神在强大的自然暴力面前的痛苦抗争。希腊艺术以前那种庄严、温和的理想和谐被彻底打破。但是理性精神仍然在坚守最后的阵地，它努力构成一种包含巨大内在张力和冲突在内的新的理想和谐，以此对强烈冲击着精神的前所未有的动荡环境进行规定。这就是壮美风格的艺术所做的。在这里它是成功的。因此壮美风格的人像作品，尽管充满内在的动荡、冲突和悲痛，却牢牢维持着一种形式的平衡、稳定与内在精神的安静，不仅丝毫未损失其优雅和高贵，反而使这种优雅和高贵显得更坚强和真实。

古典风格的这种发展，本质上是被庄静美内在的形式矛盾推动的。后者就是作为庄静美的表现方式的理性思维与被表现的对象真理在形式上的冲突，也就是理性思维对形式绝对和谐的要求与其对更真实的对象表现的追求的矛盾。一方面，这种追求导致艺术的不断自然化，最终使古典风格已确立的理想和谐形式被破坏。另一方面，理性思维又总是在被破坏的废墟上重建一种新的理想和谐形式，以接纳艺术的进一步自然化。古典艺术就是在这种矛盾推动下发展的，但它始终不能消弭理性思维与对象真理的距离，故不能在根本上解决庄静美的形式矛盾。

古典风格始终保持着形式的平衡、对称、稳定与内在精神的安静，这也是庄静美的典型特征。这种平衡、对称和稳定，在雄伟风格中是单纯的，在典雅风格中则是复杂的、包含内在张力的，但都是静止的，在生动和温柔风格中则属于一种单纯的动态结构，而在壮美风格中，则属于一种包含巨大张力和冲突的复杂动态结构。古典艺术的这种安静，在雄伟风格中，表现为对观者的某种拒绝和压制，是一种严肃，而在典雅风格中，则仅表现为一种无情绪的淡漠。在温柔风格，它表现为在情感的微风中的安详。在壮美风格，它表现为深藏在悲愤的狂澜之下的精神宁静。

形式的庄严就是古典艺术的理想，但是只有在庄严风格中它才是完全的。在优雅风格中，艺术对于动作和情感的表现就已使作品的庄严性受损。在壮美风格中，形式内在的巨大紧张和冲突进一步危及作品的庄严性。但是即使在像 Laocoon 这样充满悲剧冲突的作品中，也仍然能看到艺术对于形式的庄严的坚守。我们从中仍然可以看出希腊民族的理性精神的意志。只有到了希腊化时期的极端写实主义和巴洛克风格艺术，才抛弃形式的庄严。

可以说，庄静美的每一种风格，都是在艺术自然化的新层次上，在理性思维对于单纯形式和谐的永恒追求与艺术日益强化的对自然真理的尊重之间，达成了一种体现其自身独特性的暂时平衡。它们都没能真正填补理性思维与对象真理之间的鸿沟，因而没有在根本上消除庄静美内在的形式矛盾。正是这个矛盾构成庄静美的本质，它的消除将意味着庄静美自身的消除。

庄静美无法对其内在矛盾给予一种积极的最终解决，因而必然在这一矛盾的继续推动下发展下去。这个矛盾不断打破庄静美的稳定性，促使庄静美不断寻求建立新的矛盾平衡，由此推动庄静美的发展。庄静美无法使其真实对象表现要求与形式的绝对和谐构成一种稳定的统一。因为这二者作为形式矛盾的两个方面，各自都是处在不断发展中的。这推动庄静美在这种矛盾发展的每一阶段都要构建新的矛盾平衡，但这种平衡最终会被矛盾的继续发展所打破。这使庄静美无法获得一种最终的稳定性。而庄静美要求获得这种稳定性，这促使它始终在寻求对于这个矛盾的最终稳定解决。然而这种最终稳定解决，只有当庄静美自我瓦解，即转化为写实风格等，才能获得。在这种意义上，这个形式矛盾最终将推动庄静美自身的消解。在晚期希腊和罗马艺术中，这表现在：一方面是艺术由于进一步自然化而完全放弃理性思维对于绝对和谐的追求，沦于琐碎的写实主义和巴洛克式夸张的动作和激情 [①]；另一方面是艺术思想完全放弃表现自然真理的责任，蜕变为臆想，构造了一系列怪诞形象，比如一只尾巴变成蛇头的怪兽，一个下半身变成葡萄的人。这两方面最终都导致艺术的庄严和优雅的丧失，导致庄静美的瓦解。

第三节　庄静美的解体

庄静美包含的内在形式矛盾使它无法获得一种最终的稳定性，即它无法使其真实对象表现要求与形式的绝对和谐构成一种稳定的统一。它始终致力于在这二者之间建立一种平衡关系，但矛盾的自身发展终将打破这种平衡，促使庄静美不断重构这种平衡，由此推动庄静美的持续发展。由于其对象真理与形式绝对和谐的本质冲突，庄静美永远无法使其真实对象表现要求与其对形式绝对和谐的要求构成一种稳定的统一。这促使它在冲突双方之间不断移动，寻求一种平衡和稳定，而庄静美的各种风格正是由此形成。其中，真实对象表现要求促使庄静美为愈益真实的对象表现（在希腊艺术中就是不断深化的自然化倾向）而不得不逐渐偏离形式的绝对和谐；同时，对形式绝对

---

① 正如希腊古典时期的这种庄静风格艺术最终被希腊化时期强调情感和动态表现的巴洛克风格雕塑以及追求写实的罗马肖像雕塑所替代。同样文艺复兴时期，像 Raphael 代表的古典风格绘画，最后也被像鲁本斯和贝尼尼这样强调情感、动态表现的巴洛克艺术，以及像弗兰德斯画家那种写实的肖像画和风景画代替。

和谐的要求则促使庄静美追求一种更接近完全的绝对和谐,从而不得不逐渐从其对象表现抽离(如音乐和 20 世纪的抽象艺术)。这两个方面的矛盾,推动庄静美朝向两个端点运动。一是为追求最忠实的对象表现而完全放弃形式绝对和谐的要求,即写实风格等;二是为追求一种具有完全的绝对和谐的形式而否定对象表现,即纯粹优美。庄静美试图运动到这两个端点,使其形式矛盾得到最终解决。但这两种解决都是消极的(拆解了矛盾双方的统一关系),且都导致庄静美的自身瓦解。希腊艺术选择的是前一种运动方向。在其中,艺术不断深化的自然化倾向始终是决定庄静美的形式矛盾转化的主要力量,它的发展促使这矛盾不断重构,从而推动希腊艺术的发展。在它的不懈推动下,在希腊化时期,艺术最终形成了一味地追求忠实的对象表现而忽视形式优美的写实风格和巴洛克风格。20 世纪的一些抽象派造型艺术则是第二种运动方向的终点,比如 Mondrian 的绘画,就完全否定对象表现,只为营造一种具有完全的绝对和谐的形式。

一、希腊化时期的巴洛克风格与写实风格

希腊化时期的社会生活和民族性格都发生了巨大改变,深刻地影响了艺术的创作。希腊古典艺术是希腊精神的理性性格的体现。在希腊化时期,希腊民族的这种理性性格也在内忧外患之下逐渐蜕变。Winckelmann 论及希腊艺术的繁荣及其优于其他民族艺术的基础和原因时说:"从希腊的国家体制和管理这个意义上说,艺术之所以优越的最重要的原因是有自由。在希腊的所有时代,甚至在国王像家长式地管理人民的时代,自由也不缺乏。"[①] 希腊精神的自由,就是理性思维的尊严和权柄。希腊古典艺术就是这自由开出的绚丽花朵。但是在希腊化时期,战争的失败、异族的入侵,以及由此导致的城邦民主制的失败,导致在现实的社会生活中,这朵自由之花不断被异族的暴力、庸人的利益考量、猥俗的欲望和犬儒的颓废侵袭,在狂风暴雨的摧折中日渐凋零。一方面,在现实社会生活中理性思维的尊严和权柄被暴力、欲望和功利算计侵蚀损坏,理性的精神萎败不振。另一方面,对超越性的追求和理想主义的人生观日趋式微。旧的信仰渐渐衰落,宗教精神和城邦理想日

---

① 温克尔曼:《希腊人的艺术》,邵大箴译,广西师范大学出版社 2001 年版,第 109 页。

益淡化，世俗的、私人的、情感和感官的生活领域越来越受重视。

　　一个民族的精神性格最终决定其审美和艺术的格调与风格。希腊人的这种精神性格的改变，使艺术的思想和题材都发生了改变。理性精神的衰微使理性思维的自由失去对于表现方式的决定作用，理性思维已无力规定艺术的形式，也无法在其中表现自身的尊严。这使得在庄静美的形式矛盾中，形式的绝对和谐要求日渐松弛。这一趋势与艺术不断加深的自然化倾向结合，导致这个矛盾统一体趋于瓦解，艺术在形式和精神上都越来越脱离古典艺术的庄严和优雅。另外，艺术的理想主义趋于衰落，艺术越来越世俗化，越来越倾向于写实和夸张的情绪、激情表现，从而远离古典的典型美。所以希腊化时期的艺术思想相对于古典风格，经历了双重的去理想化。同时理性精神的衰微也影响到艺术的题材选择，使艺术从表现一种完美的理性性格，转向刻画那些缺乏精神之高贵的平庸的人物、琐碎的情感、有叙事性的事件和情景、个性化的外貌和性情。因此，尽管这时期的希腊艺术达到了前所未有的多元化，在某些方面（比如肖像艺术）也取得了很大进步，但总体上说，这个时期的作品失去了 Winckelmann 所谓的"高贵的单纯和静穆的伟大"，西方艺术开始进入一个完全不同的时代。

（一）希腊化时期艺术的特征

　　更详细地说，希腊化时期发生在艺术领域的变化，大概包括以下几点：

　　第一，随着原先的自由的城邦政治逐渐被帝王的铁腕统治代替，艺术关注的课题不再是表现城邦公民的理想，而是着力于刻画君王和政治强人的独特个性和超凡魄力。在希腊，写实的、个性化的肖像的出现是在权力以空前程度集中于个人之后的结果。比如斯巴达水师将领 Lysander 在公元前 404 年打败雅典之后，立即成为希腊历史上最有影响力的人，以至于萨莫斯岛主动尊他为神。这在强调城邦和公民权利的雅典民主社会是无法想象的。这种凌驾于城邦理想公民形象之上的强人的出现，使艺术家越来越重视人物的个性特征。事实上，人物的个性特征必定与作为普遍概念之体现的理想人物形象相矛盾。在古典风格中，即使是人物肖像作品（比如 Crysilas 的伯里克利肖像）也会有意忽略人物的个性特征，而表现为高度理想化的形象。希腊化艺术对人物个性的强调意味着理想主义被抛弃，而古典风格那种完美体现希腊民族的理性性格的庄严和优雅也消失殆尽。这里举两件最典型的作品为例。一件是 Odrysia 国王 Seuthes 三世肖像（约 310BC—300BC），完全是写实的，人物的个性呼之欲出。这个国王有蓬乱的胡须，粗硬的头发，下宽上窄的头型，鹰钩鼻，恶狠狠的眼光，紧锁的眉头，脸上有鱼尾纹，脸颊还有一颗痣，表情坚毅、勇敢、专横甚至残暴。可以说无论是作品的形式还是内在精神，都不符合古典风格的庄严和优雅的特征。这样的作品已经远远抛弃了古典艺术的理想。另一件是 Antioch 三世肖像（约 100BC），写实的部分也大于理想化的特征。其脸部没有被理想化。作品为突出人物面部的个性特征，多处破坏了脸部线条的对称和连贯。作品也生动表现了人物的性情特征，而这种表现也破坏了面部的轮廓的和谐与精神的高贵。人物紧锁的眉头、弯曲的眉毛和眼袋表现出深深的忧郁，紧闭的薄唇、嘴边双颊的两条下垂的皮肤褶皱、鼻端两侧的皱纹和平正且中部凹陷的下颚，表现出人物坚强的意志和被抑制的内在的激情。作品同样远离了古典艺术的理想。

第二，宗教信仰开始淡化，宗教热忱日益衰微，艺术开始脱离原先的神圣目的，从以前服务于宗教，转向越来越服务于世俗需要。艺术品开始作为单纯的装饰物出现在私宅、宫殿和公共建筑。现在最宏大的艺术工程已不是城邦的神庙，而是帝王的陵寝。神像开始成为豪门府邸的陈设。因应这种世俗精神的需要，神像也开始失去庄严高贵的姿态和表情，而更加亲切和充满生活气息。比如 Bryaxis 塑造的著名的 Sarapis 神（托勒密王朝确立的新神）雕像（约 300BC），尽管模仿 Pheidias 制作的奥林匹亚的 Zeus 神像，却不具备后者的形式的雄伟庄严和精神的肃穆高贵。他端坐在宝座，但坐姿不很端正，姿势是倾斜的，两腿也不平行。其中右腿呈正常的坐姿，左腿抬高，脚尖踮起来。无论是左右的大腿和小腿以及脚，都不构成一个平面，且不存在对称性。因此虽然是坐姿，但整个姿势让人感觉到是不稳定的甚至倾斜的。这些都不符合神像应有的庄严性。同样著名的还有 Euthymides 塑造的 Tykhe 女神（Antioch 王朝创造的命运女神）像雕（300BC），也毫无旧神祇的肃穆威严，显得平易近人。她随意而坐，双腿交叠，四肢与衣纹构成夸张的横向线条，引导观者的视线围绕着雕像转动。雕像是在暗示命运不是静止的，而是迅捷易变的，让你对命运保持警觉。在这一方向上走得更远的是爱神 Aphrodite 雕像。一些作品尽管模仿 Praxiteles 的作品，但是完全丧失 Praxiteles 的高贵，不仅完全生活化，而且越来越具有色情意味。比如出自

Telos 岛的"Aphrodite、Sytre 和 Eros"群雕，表现了爱神拿起鞋底，作势要打 Sytre 的情景，Eros 在上方飞翔嬉戏。其中爱神面带微笑，呈"S"形站姿，拿起鞋底作势要打 Sytre，而 Sytre 则抓住她似要调戏。作品对于 Aphrodite 的形象刻画是拙劣的，尤其是面部既谈不上优美，又谈不上庄严。作品呈现的就是寻常男女的调情场面，总体来说这只能算是色情艺术的范畴。罗马马西莫宫所藏的蹲下入浴的 Aphrodite 像（300BC）复制品，也看不出任何神圣和庄严的气质。作品着重刻画了女性丰腴柔软的胸部和臀部。女神向下蹲着，一手遮住阴部，一手护住乳房，转脸看向背后，脸上露出羞怯而又有诱惑性的微笑表情。这样的作品，似乎就是为了满足人们的性幻想和偷窥的欲望，离 Praxiteles 的高贵纯洁的女神是多么遥远！

第三，艺术的世俗化还表现在，大量没有任何宗教意蕴，只表现日常生活情趣的艺术品开始出现。古典时期很少或者根本没有纯粹的世俗作品，但是在希腊化时期，世俗作品开始变得日益丰富。艺术以极大兴趣表现那些平凡的人物、庸俗甚至丑陋的形体、平常的生活场景。年老的女贩、烂醉如泥的女酒徒、憔悴的渔夫、病入膏肓的年轻人、正专注拔出脚底的刺的少年、一个正与一只鹅摔跤的儿童等，都成为艺术的题材。在这里，艺术可说是最彻底地远离了古典的理想主义。其中一个引人注目的现象是艺术开始把儿童形象作为题材。古典风格艺术对于刻画儿童形象并无多大兴趣，也不愿费力表现儿童的真实形体和神态，而只以矮小的身材来表明幼年。偶尔出现的儿童形象都像是缩小版的成人。这种刻画是失败的，其实损害了作品的美。即使在 Praxiteles 的"Hermes 和儿童 Dionysius"雕像中，小 Dionysius 的形象仍显得僵硬，没有真实表现出儿童的可爱模样，它的意义仅仅是作为 Hermes 的陪衬。这显然不是因为技术的局限，而是因为古典艺术的理想主义。古典风格旨在表现精神的理性性格，把塑造高度理想化的庄严、优雅、高贵的典型形象作为艺术的职责。出于这样的艺术宗旨，儿童被认为是不成熟、不完美的。儿童尽管可爱，但是这种可爱和古典艺术追求的庄严、优雅、高贵不相般配。只有在这种理想主义极度衰落的时候，希腊化艺术才开始对刻画儿童的典型特征产生了巨大兴趣。罗马 Capitoline 博物馆所藏的"男孩和鹅"雕像（约 200BC）是表现这一题材的最优秀代表。作品表现了一个三四岁的小男孩正在和一只鹅摔跤的场面，真实地刻画了儿童天真、顽皮的形象。艺术对儿童的兴趣，也表现在这时期大量出现的爱神 Eros 雕像。此前 Eros 通常被描绘成理想化的英俊的青年，而希腊化时期的 Eros 雕像都是以儿童形象出现。这种艺术旨在真实表现儿童的特征（如大都会博物馆所藏的"睡着的 Eros"）。这也从一个特殊的角度证明了艺术中理想主义的衰落。

第四，理想主义的衰落导致了艺术品味的整体下降。雕塑家因为自身对美的理解发生了蜕变，也为了迎合世俗雇主的低级趣味，创作了大量琐碎、滑稽、怪诞、丑陋、残酷、悲惨、病态或色情性质的作品。在希腊艺术中，理想主义的衰落导致了两个看似相反的结果，即极致的写实主义与极端的怪诞。一方面是艺术追求以酷似的方式表现对象的常常是很平庸且并不优美的个性特征，艺术家热衷于以逼真地刻画那些猥琐、庸俗、丑陋、悲惨、病态的对象来炫耀技巧，而当这些平庸的题材不能打动人时，他们就诉诸残酷、畸形和色情的形象以刺激人的感官。这些都表明他们完全抛弃了古典的庄严和优雅理想。另一方面是艺术中涌现了大量荒诞不经、极其丑陋的怪物形象。比如 Pergamum 神庙祭坛上刻画的那些巨人，有的长着蛇的尾巴，有的长着水牛的脖子和耳朵，有的长着鳞状的翅膀，还有的长着狮子的头和爪子。雕刻家的想象汪洋恣肆，技术也十分熟练。[1] 罗马艺术更是充满了这种怪诞的想象。但这种想象只是臆想，完全否定了概念的真实，也破坏了形体的美。这两方面有一个共同的原因，就是艺术未能领会感性表象背后的普遍真理，故放弃了普遍的理想，于是要么拘拘于琐屑的表面真实，要么抛弃任何真实而放任天马行空的想象。正是对于对象本质真理的抛弃，使貌似对立的二者很自然地汇合起来。比如 Pergamum 祭坛雕塑就把极致的写实主义与荒诞的想象统一起来。在 20 世纪的艺术中，Dali 的绘画即远绍此种风格。

以上这些都可归结为古典艺术的理想主义的衰落。Winckelmann 说："希腊作品的行家和模仿者，在他们成熟的创造中发现的不仅仅是美好的自然，还有比自然更多的东西，这就是某种理想的美。正如柏拉图的一位古代诠释者告诉我们的，这种美是用理性设计的形象创造出来的。"[2] 古典的理想主义衰落导致艺术的世俗化、自然主义和对个性特征的强调，都使希腊艺术的优

---

① 　参考简·艾伦·哈里森：《希腊艺术导论》，马百亮译，商务印书馆 2017 年版，第 189 页。

② 　温克尔曼：《希腊人的艺术》，邵大箴译，广西师范大学出版社 2001 年版，第 3 页。

雅遭到破坏，庄严则荡然无存。

希腊艺术的理想主义衰落，植根于庄静美的内在矛盾，是艺术在这矛盾推动下发展的必然结果。这个矛盾首先是庄静美的真实对象表现要求与形式的绝对和谐的矛盾，它植根于美的表现或领会方式与对象真理的矛盾。庄静美的本质在于以理性思维的方式领会对象真理，二者必然的形式冲突（因为前者要求构成一种绝对和谐的形式，而后者对象的自然形式无法被内在地统一起来）导致这种美（它的领会或表现就要求二者的统一）不可克服的形式矛盾。庄静美致力于在二者之间建立某种矛盾平衡以将其统一起来。但它始终无法获得一种稳定的统一，所以这个矛盾使庄静美永远无法获得一种最终的稳定。因为一方面，在这种统一体中，矛盾双方仍有其各自不同的独立追求，尽管庄静美使二者达到了某种平衡，但这种追求仍然存在，一旦它突破其确定性而转化为新的要求，就会打破已有的矛盾平衡；另外，庄静美取得的这种形式统一不是一种内在（表现方式与对象真理是同一种自由，前者的形式是后者内容的体现）、必然的（无法再彼此分离的）统一，故随时可能走向瓦解。另一方面，矛盾双方都处在发展中，因而会不断打破已经建立的平衡。在希腊艺术中，对于更真实对象表现的追求始终是矛盾的主要方面，它促使艺术不断自然化，因而不断打破庄静美已经建立的平衡，导致矛盾自身的不断重构。总之，这种形式矛盾使庄静美永远处于一种不稳定状态，促使庄静美在矛盾双方之间不断运动，以寻求一种具有最终稳定性的解决。但是庄静美在其所有内在发展环节，都不可能获得这种最终稳定性。只有当它为对象真理而放弃形式绝对和谐，即过渡到写实风格等，或为获得一种完全的形式绝对和谐而放弃对象表现，即过渡到纯粹优美，从而这个矛盾最终瓦解，它才有可能获得一种最终的稳定性。因此庄静美就在其内在形式矛盾推动下，最终朝向这两个端点运动，最终导致这个形式矛盾以及庄静美自身的解体。

造型艺术也是在这种形式矛盾推动下，趋向这两个极端：

一方面，推动希腊艺术发展的主要力量是不断加深的自然化倾向，于是希腊艺术在越来越逼真地表现对象真理的本能冲动下不得不逐渐放弃对形式的绝对和谐的追求，这意味着艺术最终必须放弃形式的理想和谐，背离真正的优美。希腊艺术因而走向自然主义风格，比如写实主义以及巴洛克的情感、激情渲染。艺术的自然主义不是通过表现原初真理引起真实美感，而是通过形象的逼真刻画和情绪渲染引起观众的通常快感。这必然导致对形式绝对和谐的破坏。于是希腊艺术逐渐丧失原先的庄严和优雅，也不再把表现希腊民族原先的理性性格作为最重要使命。自然主义的写实风格和巴洛克式夸张的动作和激情表现，构成希腊化艺术最突出的风格。

另一方面，追求一种具有完全的绝对和谐的形式，也是造型艺术的本能，这种追求使艺术逐渐远离现实对象的真理，最终使艺术放弃对任何现实对象的表现而只专注于营造绝对和谐的形式，于是艺术的庄静风格就过渡到纯粹优美风格。那种不表现任何现实对象的抽象绘画和雕塑，以及古典派的音乐，就是这一发展的成果。然而造型艺术本质上不适合表现那种无任何现实对象的想象。因为视觉就其本性是被现实对象及其概念吸附的，这一方面使造型艺术难以像音乐那样抛开对象而任意创造，它这样创造的作品常常由于其包含的想象与观众期待的对象意义相冲突而显得荒诞丑陋而不是优美；另一方面使观众在欣赏造型艺术时总是包含了对现实对象的意义期望，后者的落空也会大大损害审美的快感。所以造型艺术本质上不适合表现纯粹优美。好在希腊艺术并未向这个方向发展。

这就是庄静美在其内在形式矛盾推动下走向的两种最终结局，二者都旨在通过对矛盾的消极解决获得最终的稳定性。

美的最根本形式矛盾是领会方式（或表现方式）与对象真理的矛盾。作为原初想象，审美领会对于主观任意性的追求促使它放弃对象真理。古典派的音乐采取的就是这种选择。希腊化艺术也有过这样的选择。然而它终于没有像前者那样创造出一种无关乎对象的整体和谐形式，这除了因为造型艺术的固有局限，还因为它缺乏真实的想象，而只有臆想。臆想构造的图像既不符合通常概念的理想，也不具有真实原初想象的形式美。臆想不同于真实的原初想象在于它不是自由的真实行动，也缺乏充分和谐的形式，而这是真实想象的必然条件。臆想无法作为自由进一步行动的根据。它构成的图像，既不信又不美，既违背自然，又无内在和谐，所以是怪诞的。总之，怪诞风格是希腊化艺术的另一走向。

尽管如此，希腊化时期以至罗马艺术仍然保持着对于造型美的某种本能感觉，所以这种怪诞臆想还是有所节制的，自然主义趋向也多少还受到形式美的制约。但是后来到了对于造型美缺乏感觉的北欧艺术家那里，这两种倾向都发展极端，而令人反感：一方面是怪诞的臆想泛滥成灾，到了令人恶心的程度（如 Bosch 和 Bruegel 创造的许多丑陋形象，尤其是民间艺术、风俗画中众多的怪物），完全破坏了形式之美；另一方面是极端琐屑的写实主义成为主流，艺术沦为纤毫毕现的肖像画和风景描绘（如 16—17 世纪的荷兰肖像画派），同样导致形式美的毁灭。这些艺术家似乎根本不知庄严和优雅为何物。

（二）写实风格与巴洛克风格

希腊化时期，在不同的文化中心，艺术风格也有所分化。在 Alexandria 是一种追求细微变化的精致的写实主义。在 Pergamum 是一种充满激情的巴洛克风格。在希腊本土则更强调对古典传统的继承，但是希腊本土已经失去作为艺术文化中心的地位。

从整体上说，写实主义和巴洛克风格是希腊化时期最突出的艺术风格，代表希腊艺术的终结。这两种风格的形成，归因于庄静美的形式矛盾在希腊艺术的持续自然化趋势下的不断发展。这两种风格都是自然主义的。在这里希腊艺术的自然化达到最终阶段，成为彻底、绝对的。这种风格的艺术把忠实刻画对象的实际存在，而不是把塑造某种理想性格和优美的形式作为主要目标，更重视作品的感官和情绪效应而不是形式的和谐与内容的深刻性。在这里，彻底的自然化使得艺术为更充分表现对象的自然真理而逐渐放弃了对于形式绝对和谐的追求。这意味着希腊艺术逐渐抛弃了原先规定着它的理性思维。它不再坚持以理性思维的方式领会或表现对象真理。这就使庄静美内在的形式矛盾的统一被打破，这个矛盾不复存在，而庄静美自身也随之消解。在此意义上，写实主义和巴洛克风格是希腊艺术的终结——不仅在历史意义上，而且在逻辑意义上。

1. 写实风格

艺术的外行，往往特别容易被作品的规模、花费巨大苦功的细节和形象的极端逼真性打动，认为那样的才是最好的艺术。他们不知道艺术品的真正价值、它的意义或它的美，根本在于它包含的思想。一幅如照片般忠实的绘画，即使画了上百号人物且把每个人物每根头发都细致描绘，也仍是内容（意义）最贫乏亦无审美价值的作品，因为它没有表现对于对象的任何有价值的领会，或思想，而美的本质就是原初且真实的思想。

在古典艺术中，这种思想通过作品的理想和谐的形式得到表现，它就是自由的理性思维对于对象真理的领会，是这二者的统一。作品内容的丰富性就在于它包含的领会的丰富性。希腊古典艺术的惊人之美，归因于艺术对于对象的双重理想化，及后者包含的卓绝的领会。如果艺术表现了某种原初真实的领会，那么即使作品的形式很简单，也可能包含极丰富的内容。反之，如果艺术只是追求直接的忠实，只机械地再现对象的外貌，并无新的对象领会，或未把握对象的本质真理，甚至对于对象竟无所领会，它就不能给观众带来任何思想的收获，那么即使作品有极复杂的形式，其内容也是极贫乏甚至空无。写实风格就容易进入这一误区。像 20 世纪所谓照相写实主义，只是纤毫毕现地原样复制对象，没有表现艺术家对于对象的任何领会，其内容就是极度贫乏的。艺术的写实风格就是把逼真地再现对象的外在、自然的特征，而非表现某种原初的领会或构成单纯的形式和谐，作为首要目标。希腊艺术的写实风格，在古典时期就开始发展，到希腊化时期，便取代古典风格而成为主要的艺术风格。

追求作品的写实性其实出于造型艺术的本能。在古典后期，希腊的写实艺术就已取得了极大成就。比如 Pliny《自然史》记述了 Parrhasius 和 Zeuxis 的一场有趣的绘画竞赛。Zeuxis 展示了一幅非常逼真地描绘葡萄的画，以至把鸟儿吸引过来。Parrhasius 展出的则是一幅描绘幕布的画。它是如此逼真，以至于 Zeuxis 要求作者快点拉开幕布展示其画作。最后他坦率地承认自己只是欺骗了鸟儿，而 Parrhasius 却欺骗了他，作为专业画家的 Zeuxis。稍后的雕塑家 Silanion，在创作 Iocaste 临终肖像时，将白银和青铜混合刻画其面部，从而非常逼真地再现了垂死之人的脸色。但是古典时期的写实作品，仍然保持理想化的对象表现以及对形式优美的追求，避免表现粗俗、丑陋、畸形的人物和事物。

到了希腊化时期，艺术越来越追求作品与对象的酷似而放弃理想化的对象表现且破坏了形式的优美。

首先，在创作手法方面，这时期的写实艺术的特点是以对于对象个性的忠实表现代替理想化，且往往为了写实而不惜牺牲优美。比如上面提到的国王 Seuthes 三世肖像和 Antioch 三世肖像，就是追求逼真的人物刻画，同时放弃对于对象的理想化和形式的优美。另外一个显著的现象是表现人物的沉思、忧虑等内在思想的作品多了起来，表明艺术开始关注人物个性化的内心世界。"波提切诺头像"是这类作品之滥觞。作品基本抛弃对人物的理想化。雕像刻画了一位较年长的男子，长胡须、已经开始秃顶、鹰钩鼻、眉头紧锁、双目有神、表情专注，似乎沉浸在思索中。这尊雕像启发了后来许多表现沉思题材的作品。这些作品大都将沉思者塑造为坐相，弓背弯腰，神情专注，目光内敛、姿势内向封闭，在姿势和神态上都有别于古典风格人像的开放特征。比如坡留厄克安斯创作的 Demosthenes 雕像。人物垂首站立，两手交错，陷于深深的忧思之中。满额的皱纹，凹陷的眼神，瘦削衰弱的身体，都加强了人物的忧患的情绪。但是这种表现通常都破坏了古典人物的庄严和优雅的性格理想。个性化代替普遍的理想，逼真的情绪刻画破坏了古典风格的静穆。另外，作品的写实性和情绪表现都破坏了形式的优美。所以这些作品都缺乏古典风格那种形式的理想和谐，也缺乏那种庄严、优雅的表情。我们可以把 Pheidias 的学生 Crysilas 的伯利克里胸像拿来作比较。后者也表现出一种沉思的神态，但是由于人物的高度理想化，这种沉思没有破坏雕像整体的庄严性。

其次，在题材选择上，写实风格更是彻底抛弃了古典的理想，它放弃表现古典的理性性格，是开始把平庸、滑稽、粗俗、丑陋、病态、畸形、残暴等作为表现的题材，所表现的人物也从天神、英雄和杰出人物转移到普通的市民、农夫、乞丐、奴隶、野蛮人、畸形人等。这种情况表明这一时期，不仅人们的审美趣味变了，而且作为被表现对象的民族精神性格本身也变了。

这方面最有代表性的作品，包括两尊高卢敌人的雕像，即"垂死的高卢人"和"自杀的高卢人"。如果我们了解了古典风格对于形体美的理想和对一种高贵的静穆的追求，或如果我们把 Pheidias 和 Praxiteles 的庄严和优雅的人像与这里的高卢人形象比较，就会更清楚地意识到后者的丑陋、粗糙和野蛮。这些特征在作品中得到极为细致的刻画。人物体格粗壮而不优美，粗糙的头发用黏稠的油膏黏结成一个个竖立的疙瘩。面部丑陋且野蛮，皮肤像皮革一样粗糙厚实，颅骨宽大，眉毛又浓又粗。与希腊人经过良好锻炼塑造的优美体格和通过理性精神的教养形成且体现这种精神之尊严的面部轮廓和表情相比，高卢人的这种粗糙形体表现出的只是一种未开化的强大蛮力。其表情是野蛮的，表现出一种无节制的绝望和悲痛，完全失去古典风格的人物表情那种高贵的宁静。当艺术如此细致和忠实地表现粗野和丑陋，就表明它已将理想主义完全抛弃了。同样风格的著名作品，还包括一尊出土自罗马的拳击手雕像（300BC—100BC，青铜和黄铜制作）。其姿势借鉴了 Lysippus 著名的赫拉克勒斯雕像。作品同样把极致的写实技巧和强烈的情感表现结合起来。艺术家忠实地刻画了一个刚结束比赛的拳击手形象，脸上有数道伤口、鼻梁断裂，耳朵遭受击打而有许多缺口，血从伤口流出落在大腿和胳膊上。作品以黄铜镶嵌来表现血迹，以较暗的合金表现右颊的淤痕。这种极致的写实手法是作品最引人注目的特征之一。作品的另一重要特征是，它无意像庄严风格的艺术那样启发人的思想，而是转向直接诉诸人的本能情感。在这里，艺术家开始像罗马时期的同行那样，刻意以血腥、残暴的画面刺激人的感官。作品唤起了人们各种不同的情感，包括同情、敬意、怜悯、悲哀，甚至鄙视和厌恶。这两个特征表明雕塑家几乎全然摒弃了希腊艺术的理想化传统，而是在迎合一种更粗俗的审美趣味。

比这更加粗俗的审美趣味，通过这一时期开始大量出现的老弱病残形象得到表现。这些形象反映了时人喜欢观看丑陋、残疾和畸形身体的低级趣味，且透露的是嘲讽而非同情。最能表现这种趣味的大概是一个烂醉如泥，紧抱着怀中的酒瓮跌坐在地的酗酒老妇人形象。老妇人面容丑陋，满脸皱纹，好像处在一种悲伤的癫狂状态中。这个形象也完全摒弃了古典的庄严、优雅，而旨在表现丑陋、卑贱和滑稽。还有一尊市场老妇雕像，也是用过分琐碎的写实手法表现老年人丑陋的特征。老妇人一手提着篮子，弯腰驼背，胸乳松垂，肌肤萎缩，正费力地蹒跚而行。作品透露的是对这种底层人物的嘲讽而非同情。另外，我们还看到了一个衣衫褴褛、疲惫瘦弱的渔夫，正从鱼篓中拿出他所捕的鱼。一尊出土于法国 Soissons 地区的年轻男子小像则刻画了一个皮包骨头的男青年。他面容丑陋，形如骷髅，看上去已病入膏肓，表情似乎是沉浸在面对死亡的悲观绝望情绪中。这类作品的一个共同特征，就是用极端写实的手法刻画丑陋的形象，人物形象栩栩如生，但完全摒弃了希腊艺术的理想化传统，有意迎合粗俗的审美趣味。

应当承认，希腊化时期的写实艺术大大拓宽了雕塑的题材，且以前所未有的逼真性刻画了个体的实际存在，但是正是对这种逼真性的追求使它不断远离古典风格的理想和谐形式，远离形式的庄严、优雅和精神的高贵，最终导致对庄静美的完全破坏。

　　以一种更深刻的审美眼光来看，极致的写实风格不仅不美，而且不真。一方面，与理想主义风格相比，极致的写实风格恰恰抛弃了对象的本质真理。首先，从艺术的客观方面来看，极致的写实风格唯独关注的是对个体实际存在细节的逼真刻画，这恰恰使它遗漏了个体存在的本质真理。其次，从艺术的主观方面来看，极致写实风格的这种机械的对象刻画，排除了艺术家自己以及当时社会对于对象的普遍领会，这些同样构成对象真理的方面。所以极致的写实风格等于是完全抛开了对象的本质真理，根本无助于我们对于事物的真实认识。着眼于写实风格的这一误区，有助于我们理解柏拉图对于艺术的批评。这种批评其实就是针对写实艺术，而不是理想主义的艺术。比较《理想国》《费德罗篇》等，我们可以看出柏拉图对于艺术表现出两重态度，但二者其实是统一的。一方面，他提出在所谓理想国中要毫不留情地将所有的"猎人、模仿形象与色彩的艺术家和音乐家"驱逐出去。他义愤填膺的问道："你会称画家为创造者吗？当然不会"，因为"模仿者和形象的制造者对真实的存在一无所知，只是表象"，他模仿的东西只是影像的影像。这种"模仿的艺术"，其实就是写实主义或自然主义的艺术。另一方面，在《费德罗篇》，他又提出艺术创作的回忆理论，认为真正的爱美者，像艺术家和哲学家，可以清晰回忆在前世见过的理念，并将其以感性形象表现出来。可见柏拉图所反对的是"模仿的艺术"，而他对于表现理念之回忆的艺术是充分肯定的。后者就是理想主义的艺术。可见，柏拉图批评写实风格，就因为它不真实，而这是因为它只表现事物的个别、表面和偶然的特征，而抛弃本质的真理。另外，极致的写实风格也必然破坏形式的优美。这根本上仍是归因于庄静美的形式矛盾。庄静美在于以理性思维的方式领会对象真理，在于这二者在这种领会中实现的统一，也在于这种统一所构成的理想和谐。但这二者的矛盾是无法消解的，它表现为对象的自然形式与理性思维追求的绝对和谐形式的矛盾。庄静美在于这矛盾双方的平衡。然而极致的写实风格旨在绝对忠实地再现对象的自然形式，而由于上述矛盾，这就使得它不得不完全放弃对形式的绝对和谐以及理想和谐的追求，因为对象的自然形式被效用或目的规定，故不可能具有绝对的和谐。艺术史家赫尔舍曾正确指出希腊化时期人像作品的以下特点："身体不再像古典时期那样，被当做它的各个部分及其动作的整齐有序的系统，而是通过有力的肌肉形态被表现为行动和精力的载体。身体、行为和空间在希腊化时期获得了一种充满张力的特性，它给予人作为行动者的新观念以直观形象。……行动与受难是希腊化时期人的图像的典型维度。"[①] 也就是说在这一时期，人物身体的结构，从古典风格中由理性思维构造的具有绝对和谐特征的形式，转移到人体的自然形式。后者是生命自身构成的形式。在这些作品中，可以看出一种生命的力量贯穿其中。在自然中正是这种力量构成着对象的形式，且规定这种形式的效用或目的。这种形式是自然的，也必具有一种充分的和谐，但后者由于被其效用规定，不可能是一种理性思维要求的绝对和谐。写实主义就是以事物的自然形式替代理性思维构成的形式。不仅人体，人的情感也有其自然形式，所以写实主义对人类情感的忠实表现也必然导致这种替代。然而对象的自然形式由于被效用规定，故严格来说只是善，而不是美（尽管事实上它还更容易引起快感，但这是善的快感，不是真实美感）。

希腊艺术的写实风格的形成，也是庄静美的形式矛盾推动的结果。一方面，对于更真实的对象表现的追求使希腊化时期的艺术越来越执着与实际对象的酷似，且追求作品的写实性本就是造型艺术的本能，因为视觉图像与现实对象的先天粘连关系使造型艺术最适合且最乐意刻画事物的自然形式。但艺术对事物自然形式的忠实表现必然破坏形式的绝对和谐，且导致对艺术的理想主义的偏离。另一方面，希腊艺术又追求一种形式的绝对和谐。这首先是被希腊民族的理性精神规定的。另外对形式绝对和谐的追求同样是造型艺术的本能，因为视觉图像（由于其不受时间和方向制约）最适合且最容易构成这样的形式和谐。因而这两个方面就处在直接矛盾中。

这两个方面的矛盾就植根于庄静美内在的形式矛盾。而希腊艺术在这里，就是为了更忠实地表现对象的自然真理而逐渐放弃对形式的绝对和谐的追求。这使它打破了庄静美包含的矛盾双方的对立统一，导致形式的理想和谐的破坏以及庄静美的最终消解。希腊艺术的写实风格由此形成。写实风格

---

① 托尼奥·赫尔舍：《古希腊艺术》，陈亮译，世界图书出版公司北京公司 2013 年版，第 140 页。

产生于希腊艺术寻求解决庄静美的形式矛盾的尝试，而它对矛盾的解决是消极的。这种消极解决使写实风格克服内在冲突而获得最终的形式稳定性，但也导致在极致的写实风格作品中，庄严和优雅之美已难觅其踪。

只有古典风格对庄静美的形式矛盾给予了一种积极解决。只有它才真正做到把理性思维与对象真理统一起来，把前者要求的绝对和谐形式与对象的自然形式统一起来，从而构成形式的理想和谐。因此只有它真正使庄静美的目标得到实现，故它才是庄静美的真理。古风风格还没有达到这个真理，写实风格则离开了这个真理，原因在于它们尚未完全占有或已经抛弃古典风格的独特领会。

一种自然主义的艺术作品仍可能是美的，如果它包含了作者对于对象的独到领会，美只存在于这种领会中。希腊古典艺术的美本质上就在于以理性思维方式领会或表现精神的理性性格。这种领会包含对对象的双重理想化，这正是古典之美的惊人魅力所在。反之，如果艺术作品只是像照相机那样的反映自然，它就毫无审美价值可言。比如 20 世纪美国雕塑家 Duane。Hanson 运用综合的材料创作出的一些雕塑是如此逼真，以至于人们忍不住会走过去和他们交谈。这样作品没有表现对于题材的任何领会，既无原初的思想又无理想的形式，故不仅不优美，甚至无任何的美可言，根本不能算真正的艺术。另外，我们也经常看到一些只有叙事性而没有任何审美价值的作品，比如像清明上河图这样的绘画，以及像 Brugel 代表的 16—17 世纪荷兰风俗画，这些作品还被抬举到极崇高的地位，只能是由于人们不懂得真正造型艺术之美。

2. 巴洛克风格

如果说庄严风格把动作和情绪排除在作品形式之外，优雅风格将动作和情绪引入形式之中，而巴洛克与写实主义风格则是让动作和情绪冲破了形式的羁縻。

所谓巴洛克（Baroque）风格，通常指 16 世纪末在意大利兴起的一种艺术风格，其最伟大代表是 Bernini 和 Rubens。这种风格的特点在于对动作、情感和激情的夸张的、充满戏剧性的表现。它表现的是一种有叙事性情节的复杂动作或复杂的情感经验，又在这种表现中加入了更多的风格化元素，比如宏大的气势、绚丽的色彩、激烈的戏剧冲突、光影的强烈对比和变化等。它一方面以高度戏剧化方式表现复杂动作或事件。首先，作品通常具有呈螺旋形的旋转结构、纵深的构图，引导观众变换位置去观看，从而使作品呈现出多种动作的连续，由此形成完整的叙事性。其次，这种构图引导观众看到事件逐渐向高潮发展，最后达到最惊心动魄的瞬间。比如 Bernini 的"Appollo 和 Daphne"群雕。作品整体构图就是一个旋转的螺旋形结构，引导观众的视线围绕作品盘旋上升，使观众看到 Appollo 疯狂追逐达夫尼的过程，最后使观众看到 Appollo 伸手触及达夫尼的高潮瞬间，这时 Daphne 的手开始变为树枝。欣赏这样的雕塑如同看一出戏剧演出。另一方面，巴洛克风格也以同样戏剧化的方式表现复杂的情感、激情。人类情感、激情也有其自然的形式。如某种情感的强度、谱系、变化过程、持续时间和伦理表达，都有其形式（儒家丧礼就表现了对情感的时间和空间形式的领会），这些都属于情感的自然形式。激情或欲望也是如此。巴洛克风格试图以戏剧化的方式表现情感、激情的逐渐酝酿到最终爆发的时间过程。巴洛克艺术所表现的动作、情感和激情，都是复杂的，具有完整的戏剧情节。这种情节的复杂自然形式及其本身的时间方向否定了形式的绝对和谐。这形式因为是复杂的，就使得造型艺术无法像对单纯动作那样，通过对它作对立平衡处理以抵消其形式的失衡从而在整体层面恢复形式的绝对和谐，所以对于它的艺术表现不可能在整体上形成具有理想和谐特征的形式。巴洛克造型艺术通常都无法弥补地造成了对作品的空间和时间结构的平衡、对称和稳定的破坏，因而不具备整体形式的庄严和优雅（尽管作品的局部可能具有优雅的形式）。总的来说希腊古典艺术追求的"高贵的单纯、静穆的伟大"在这里已荡然无存。

希腊艺术中后期也逐渐兴起一种与此类似的风格。我们也称之为巴洛克风格。这种风格从古典后期就开始酝酿，而到希腊化时期才具有了重要影响。Scopas 的受伤的战士和狂欢的酒神女祭司形象，就具有了较明显的巴洛克风格特征。作品表现出剧烈旋转的动作和强烈的悲剧表情。希腊艺术的巴洛克风格，在 Pergamum 神庙雕塑中得到最集中的体现。

Pergamum 神庙的巨幅群雕，被一些艺术史家认为是古希腊艺术最后的巅峰。雕塑试图恢复和模仿 Pheidias 的古典风格，实际上却是带有明显的巴洛克特征。其表现手法也是追求夸张的戏剧性效果、画面强烈的冲突和对比、情感和激情的酣畅淋漓的宣泄、表面的细腻触感。同时，学者评价这种艺术"融合了历史意识与诉诸情感、感官的戏剧效果"①，实际上表明了作品要表现的两大题材，就是具有叙事性情节的动作和复杂而充沛的情感、激情。在这里，艺术家试图恢复的古典形式的理想和谐，被所表现对象的自然形式严重破坏了。

首先，与古典风格的作品只表现单纯动作或场景不同，Pergamum 神庙的雕塑表现的是具有叙事性情节的复杂动作。我们可以看到 Athena 抓住巨人的头发把他拖来拖去、看到地母 Gae 从地下钻出向 Athena 苦苦哀求等情节，这些使作品具有了前所未有的叙事性。这种叙事性情节构成艺术表现无法驾驭的强大力量。Pergamum 神庙的雕塑就让我们看到了一种席卷整件作品的巨大力量。这就是情节的自我展开的力量，且规定着动作整体的自然形式。这二者成为作品表现的题材，就必然导致对古典艺术追求的形式的理想和谐的破坏。当我们把这件作品与 Parthenon 神庙的柱间壁的群雕对比，我们会看到前者的形式是多么的动荡不安、复杂、混乱且狂暴，作为一个整体完全丧失了古典艺术的单纯、静穆、庄严、优雅和高贵。另外，与这种题材的动荡、狂乱的特点相适应，作品的表现方式现在也具有了明显巴洛克风格特色。同意大利的巴洛克艺术一样，Pergamum 的雕塑也极尽可能地追求一种感官的冲击和震撼，其人物形体动作夸张，凌乱的衣纹也在激烈旋转、缭绕，面部神情扭曲，肌肉鼓起，血脉暴突，作品以此突出戏剧性的动荡和紧张。在这里，艺术为追求强烈的戏剧效果而进一步破坏了古典鼎盛时期形式和精神的庄严与优雅。

其次，Pergamum 神庙雕塑的巴洛克风格还表现在对情感、激情的处理上。自然朴素的情感无所谓美。艺术对于情感的表现所具有的美，只属于艺术赋予情感的形式。古典风格在表现情感时，会以自由的理性思维来规定情感，赋予其一种具有理想和谐特征的形式，从而使其成为优雅的。它真正要表现的不是情感的质料，而是理性思维赋予情感的和谐形式，最终要表现的是理性思维对于情感的领会或规定。反之，Pergamum 的雕塑的兴趣不是表现对于情感的领会或思想，而是表现情感的质料方面，旨在以此直接刺激

---

① 理查德·西奥多·尼尔：《希腊世界的艺术与考古》，翁海贞译，华中科技大学出版社 2020 年版，第 384 页。

感官、以情绪自身的力量感染观众，因此这种情感表现是宣泄式的、夸张的，完全放弃了情感的优雅形式。另外，Pergamum 雕塑表现的不是古典艺术那种单纯的情感，而是一种复杂的，即包含自身的情节和冲突的情感。这种情感有其自然的形式，后者因其复杂性而拒绝被理性思维的和谐形式规定或表现。其结果是当艺术要逼真表现这种情感，后者就必然打破形式的优雅和谐，而表现为狂野、放纵，完全失去节制和含蓄。这一特点又由于巴洛克艺术热衷的夸张手法而被大大强化，整个作品都笼罩在一种强烈情感的激荡中。这种情绪表现的特点，如果与温柔风格的表情刻画对比，将更清楚。比如 Praxiteles 的爱神像，脸上透露的喜悦，就不是肆意的大笑或狂笑，这种喜悦引起的表情变化仍然被面部线条的对称、均衡所统辖，表明这种情感是被理性思维所节制的，而不是肆意宣泄。罗马 Belvidere 宫的 Appollo 雕像也是如此。Winckelmann 称赞后者对情绪的节制：在 Appollo 的面部，骄傲只现于下颚和下唇，不快只现于鼻孔的张合间，轻蔑只落在嘴角。① 在这里，情绪既未破坏形式的和谐，也未损害精神的宁静。

总之，Pergamum 雕塑对于情感的表现是直接宣泄式的、夸张的、狂野的，完全放弃了古典风格中情感的和谐、形式的优雅与精神的高贵肃穆。巴洛克风格也是自然主义的，它致力于逼真再现人物复杂的动作和情感、激情，且追求作品的感官冲击力。然而一方面由于它所要刻画的动作、情感都是激烈且有其复杂的自然形式的，故不适宜以一种理想和谐的形式来表现；另一方面，由于它夸张的手法、追求强烈的冲突和对比，这导致它破坏了古典风格的形式的理想和谐和精神的宁静，最终将庄静美瓦解。因为它完全脱离理性思维的规定，也不再致力于表现理性的性格。

二、造型艺术的抽象化

总体来说，希腊艺术的发展就是在庄静美的形式矛盾推动下，为追求更真实的对象表现而逐渐偏离形式的绝对和谐，最终过渡到写实风格和巴洛克风格，从而完全破坏了形式的优美。但是庄静美还有另一个相反的发展方

---

① J.J. Winckelmann, *Geschichte der Kunst des Altertums*, Verlag Hermann Nachfolger, Edition Venedis, 2011, 364.

向，就是在这个形式矛盾推动下，为追求一种具有完全的绝对和谐的形式，而逐渐否定对象表现。前者是越来越具体，后者是越来越抽象。在这里，造型艺术的抽象化，指的就是它越来越从对象表现的要求抽离，因而也越来越脱离自身的本性。

我们把这样一种艺术抽象称为存在论的抽象。事实上，造型艺术为了协调庄静美的形式矛盾，不得不在多个层面对对象表现进行抽象。第一种是单纯形式的抽象，为古风风格和古典风格广泛应用。这是一种数学的抽象，就是以一种笔直、饱满和对称的结构表现对象形体，有意忽视形体的凹陷、断裂、尖锐的转角和结构的非对称。这其实是根据理性思维的先天法则对于对象形式的理想化。第二种是对对象内容的抽象，比如庄严风格排除了对于动作、情绪的表现，而优雅风格只对单纯动作和单纯情绪进行表现，以便于维持形式的绝对和谐。第三种是对效用的抽象，就是主观上排除对于对象的功能、目的的考虑，只关注其形式。这可称为一种审美的抽象。这样才便于自由的理性思维根据自身理想对对象形式进行加工改造，以创造一种理想的和谐。这是形成古典美的条件。这三种抽象都是对对象存在的抽象，也是从对象意义方面对对象表现进行抽象，故其作为对对象表现的抽象都是不彻底的。第四种即通常所谓的对对象表现的抽象，也就是对于艺术的对象表现的否定。这就是我们所谓存在论的抽象。只有这种抽象才是彻底的。这些艺术抽象都是由于对象自然形式与理性思维要求的绝对和谐形式的冲突，因而艺术只有通过这种抽象，才可能尽量缓冲对象自然形式对优美要求的形式绝对和谐的冲击。但是当艺术有实际的对象表现时，即当它的抽象是不彻底时，它就无法获得形式绝对和谐的完全性。后者是自由的理性思维、因而也是优美所追求的。

古风艺术的抽象是自在的，这在它是由于艺术表现手法的幼稚，且尚未意识到表现方式与对象的形式矛盾。在希腊的古风艺术中，作为表现方式的理性思维尚未成熟，对对象形式以及自身理想的形式都缺乏充分的理解，对二者的差异或矛盾缺乏深刻认识，因而古风艺术是在一个较初级的层面将二者统一起来，尚未意识到由此给双方造成的损害。古风艺术尚未意识到对象表现对形式绝对和谐之完全性的损害，也从未为了追求这种完全性而自觉对于对象表现进行抽象。

古典艺术的抽象则是自觉的。随着庄静风格的艺术对形式的绝对和谐与对象自身存在的领会不断深化，它逐渐清楚认识到二者的形式矛盾。因此为了使二者达到统一，艺术不仅要对理性思维的方面进行调整，放弃形式绝对和谐的完全性要求，而且必须对对象的自然形式进行抽象、改造，这就在一定程度上使形式脱离了对象概念的自然真理。希腊古典盛期的艺术就是如此。古典艺术的抽象是一种效用的抽象，就是主观地排除规定了对象形式的效用或外在目的的干扰，只以形式本身的和谐为目的。这种效用或目的排除是自由的审美的必要前提，所以我们称之为一种审美的抽象。对于庄静美而言，这种抽象就是只考虑形式本身的和谐，排除效用或外在目的对形式的扭曲。古典艺术追求的所谓希腊轮廓、笔直和圆满的线条、"四角鼻子"等，都表现了这种效用的抽象。只有在这种抽象的前提下，古典艺术才能根据理性思维的要求对对象形式进行处理，包括根据理性思维的形式理想对对象形式进行加工、完善，从而构成一种理想和谐。无论是庄严风格对于形体所作的对称、均衡处理，还是优雅风格针对动作和情绪建立的对立平衡，都必以这种效用的抽象为条件。然而古典艺术清楚认识到两种形式的矛盾，认识到任何对象表现必然导致对形式绝对和谐的损害，使其不能获得完全性。因此对于形式绝对和谐的完全性的追求将促使古典艺术走向彻底否定对象表现、建构无表现的纯粹优美的道路。实际上，庄静美由于内在的形式矛盾，自身从来就是不稳定的。在其中，理性思维的绝对和谐形式对于对象的表现是外在的，两种形式的统一也是外在的，因为前者并未内在地包含或反映后者，比如理性思维追求的数学式的对称、均衡和比例通常并未反映对象的真实。因此对于形式绝对和谐的完全性的追求将促使庄静美向纯粹优美转化。

纯粹优美就是理性思维的绝对自由，是其无任何外在目的的任意活动，故它应当是彻底否定了对象表现的，因而纯粹优美包含一种存在论的抽象。从其历史发生学而言，纯粹优美必是从庄静美发展出来。庄静美对形式绝对和谐的领会的不断深化最终将使它认识到这种绝对和谐根本就不可能在对象概念的表现中达到其完善性。它要获得这种完善性就必须否定对象表现。在这种情况下，理性思维就可以完全不被对象形式或任何外在目的所规定，而成为精神的绝对自由运动。因而它才能够创造出具有完全的绝对和谐的形式。这种发展也导致庄静美向纯粹优美转化。

西方古典派音乐就是这种纯粹优美的典范，而中世纪的抽象图案和 20 世纪的抽象绘画和雕塑也是纯粹优美风格的体现。这种艺术都包含了一种存在论的抽象，是无所表现的，只以自身形式的绝对和谐为目的，因而能够使这种绝对和谐达到完全。Mondrian 和 Kandinsky 等人的抽象画可视为这种风格的体现。这种绘画就是一种形式、色彩的组合，摆脱了符号和象征的意义，故可以被视为完全无所表现的，而只以形式的绝对和谐为目的。西方古典派音乐则更全面地从实际的对象表现抽离，成为理性思维的自由游戏。

这种抽象化尽管希腊艺术没有明显经历，但是其逻辑进程在希腊化时代以后的西方造型艺术向纯粹优美风格的演进中得到表现。无论是从希腊化风格向中世纪抽象艺术的演变，还是从 19 世纪的现实主义和浪漫主义向抽象派的过渡，都包含了对对象表现的逐渐否定过程。比之希腊艺术，中世纪抽象艺术就经历了对于对象意义的逐渐抽离，这种抽离即使在艺术史上不易厘清，其痕迹在作品上却是仍然可见的。目前已知的抽象造型艺术的最早类型，是中世纪的装饰艺术。这种艺术无论是宗教性的，还是完全世俗的，都脱离了对象表现，而完全只为营造优美的形式。其典范是中世纪贵族拥有的豪华《圣经》版本的装饰图案。比如《林迪斯法恩福音书》第 26 页背面中间十字架形状的蛋彩画（约 698—721 年），其图案就是高度抽象。其中，红、绿、蓝和粉色的线条扭动着，且相互交织缠绕，极富动感和力度，构成错综复杂的结构。中间的十字架图形和画面的几何对称，又使图案具有一种稳定的结构。因而整个构图呈现出动静结合的效果。《凯尔斯书》（约 10 世纪的福音书手抄本）的精美装饰页，也被认为是中世纪艺术的伟大成就。其中对于圣经中字母的复杂、华丽的装饰图案，也是由红、黄、黑等三四种颜色的线条构成。这些图案都是精美绝伦的。正如一位传教士形容的："如果能更仔细地进行观察，你会发现这些复杂的图案是如此精致、微妙、完整。到处是结点和线条，色彩鲜亮生动，你或许会说这只能是天使的杰作，而不可能出自人类之手。至于我，看到此书的次数愈多，研究愈仔细，愈加使我陷入从未有过的惊叹之中，而我发现的奇迹也就越多。"[1] 这些图案几乎完全抽

---

① 弗雷德·S. 克雷纳：《加德纳艺术通史》，李建群等译，湖南美术出版社 2013 年版，第 305 页。

象。但如果我们细加考察，仍可从有些地方辨认出人、天使和动物的形象。中世纪世俗艺术也主要是装饰艺术，其图案也基本是抽象的。比如英格兰萨福克郡萨顿胡出土船葬中的钱匣盖子图案，看上去就是完全抽象的。但我们如果非常细心，就能从中辨认出人、狼、老鹰和鸭子的原型。这表明这种抽象艺术就是通过对表现性艺术的意义排除而形成的。这种抽象化的进一步发展，导致文艺复兴以后的装饰艺术（家具、金属、挂毯等图案）的完全抽象形式。20世纪的抽象绘画和雕塑风格也是通过对于现实对象形式的抽象形成的。这不仅从这种艺术风格的一般形成史，而且通常从艺术家自身风格的演变过程就得到了清晰的表现。比如Mondrian和Kandinsky的抽象风格的形成，都经历了一个逐步加深的抽象过程。他们都经历了从早期仍未离开事物形象，而后逐渐脱离它们，最终将其完全抛弃的过程。他们的成熟作品达到了一种彻底的抽象，即完全否定了对象表现，而只以构成具有完全的绝对和谐的形式为目的。这些艺术家往往持一种柏拉图主义哲学，认为我们所见的一切事物，都在其偶然表象的后面有一个潜在的本体，即隐藏的形式，后者相互关联、处在永恒的和谐之中。画家的任务不是表现事物的具体形象，而是要揭示这种形式的和谐。反之，这种形象会引起情绪并遮蔽事物的本质形式。艺术要揭示这种形式和谐，就必须有意识摆脱事物的具体形象，即对于对象存在的抽象化，包括对事物结构的简化、拆解和模糊化。比如Mondrian和风格主义的创作就包含对事物的极端简化。Mondrian的成熟作品甚至取消了斜线和混合颜色，只采用横线、竖线和原色，由此营造一种清晰明亮、稳定有力的形式。这种形式具有绝对和谐的特征。这种艺术风格就是通过对作品的对象意义抽离而形成的。在这一派的艺术中，这种对象意义逐渐加深的抽离，最终导致对对象表现本身的否定，即存在论的抽象。只有通过这种存在论的抽象，这种抽象风格的艺术才使理性思维获得绝对自由，唯独以形式的绝对和谐为目的，从而可能使这种绝对和谐成为完全的。艺术的这种抽象过程，本质上就是艺术形式逐渐脱离对于对象概念的表现，使造型艺术具有了音乐的本质。总之，西方的抽象造型艺术（抽象绘画和雕塑），乃是从原有的对象表现艺术经过对于对象意义的逐渐排除而形成的。经过这种抽象，它才得以克服对象表现对于形式绝对和谐的损害和扭曲，使其能够获得完全性。这种抽象乃是被艺术内在的绝对理性规定。后者通过这种抽象从表现性艺术的桎梏挣脱出来，获得自身的绝对独立和自由，因而得以构成具有完全的绝对和谐的形式。一种无所表现的纯粹形式艺术乃是从更本原的有所表现的艺术的母腹孕育发展出来的，而纯粹优美也是从庄静美或其他格调的典型美孕育发展出来。这种抽象化过程在西方音乐的发展中表现出更清晰的轮廓。人类早期的音乐，其形式完全以表现某种外在或内在的对象题材为目的。人类甚至在没有产生语言的时候，就开始利用声音的高低、强弱和节奏来进行交流和表达。这种音乐旨在表现某种体验、抒发某种情感甚至描述某种场景和叙事性的情节。当音乐的形式被这种目的规定，就不得不损害其绝对和谐。但是这种音乐也保持着对一种不受对象表现影响的单纯形式和谐的兴趣。后者只能是被绝对理性规定的。在音乐发展中，正是这种兴趣推动音乐日益脱离对象表现，而逐渐把构造单纯形式和谐作为唯一的目的。这就是一个抽象化过程，音乐的古典风格，及音乐中的纯粹优美，就是由此形成。这过程贯穿了整个西方音乐史。这种抽象化就是对早期音乐的对象意义的逐渐排除。这一点通过从格利高里圣咏到维也纳古典风格的漫长演变得到清晰表现。只有西方音乐最终完成了这种转型。

不过，不仅追求形式的绝对和谐属于造型艺术的本性，要求表现实体对象和概念亦属之。因为视觉图像与通常事物和概念的天然黏附关系使造型艺术最适合且最乐意表现这样的对象。相应地，与欣赏音乐不同，当我们欣赏绘画和雕塑作品时，总是本能地要求将其理解为对某种对象概念的表现。这种意义期待使得我们如果不能从作品中领会一种对象意义，就会有一种严重挫败感。这种挫败感大大损坏了审美的快感。这就是为什么像 Mondrian、Kandinsky 的作品，即使构造出了与古典音乐一样的和谐形式，通常情况下也不能给我们带来与古典音乐媲美的审美快感。我们面对这样的作品，可能会产生的情绪包括烦躁、空虚和焦虑，这些往往掩盖了审美的快感，所以损害了作品的审美价值。这最终是因为抽象的绘画和雕塑其实违背了造型艺术的本性。这样的作品并不符合造型艺术当有的美。只有在音乐艺术中，由于正常的声音表象一般不存在与通常事物和概念的先天黏附关系，故而无论是艺术家的创作，还是观众的欣赏，其想象活动都较易于摆脱对象意义的纠缠从而构成一种具有完全的绝对和谐的形式。因此音乐艺术最容易达到存在论的抽象，最适于创造纯粹优美。

我们把有实际的对象表现或领会的美称为依存美。庄静美就是一种依存美。同时庄静美又以精神的理性思维为其本质，属于优美范畴。庄静美就是依存性的优美。庄静美只存在于艺术作品中，其典范是希腊古典造型艺术。

庄静美的本质是一种旨在领会或表现某种现实对象真理的理性思维。它是这后二者的同一。这一本质造成庄静美的内在形式矛盾，即其对象表现与形式绝对和谐要求的矛盾。这个矛盾奠基于作为表现方式的理性思维和被表现的对象真理的矛盾。庄静美的形式矛盾在于：一方面它包含的理性思维旨在构成绝对和谐的形式，另一方面它要求真实地领会、表现对象存在。庄静美的这两方面要求是相互冲突的，但它试图将这二者统一起来，这就构成它的内在矛盾。庄静美被这个矛盾赋予了本质上的不稳定性。它致力于矛盾的解决，即通过领会使理性思维和对象真理达到某种形式统一，从而构成一种理想的和谐。

庄静美属于依存美。依存美的形式矛盾最终是表现方式与表现对象的矛盾，即美对于对象的领会或表现方式与对象的自身存在在形式上的矛盾，包括：一是表现媒介与对象的矛盾；二是领会本身与对象的矛盾（二者具有完全不相容的存在本质）。前者可能属于所有艺术体裁。后者通常只属于庄静美。因为庄静美旨在以理性思维方式表现通常对象或概念，但这二者通常不一致，导致其在艺术表现中的张力。只有庄静美面临领会本身与对象在存在本质上的矛盾，这就是当对象真理的实质不属于理性思维，故非后者所能领会，表现为二者要求的表达形式有着本质的冲突。只有理性性格是理性思维最适宜的领会对象（二者具有相同的本质），因而也是庄静美最适合表现的对象。希腊古典艺术就旨在以理性思维方式表现精神的理性性格，因而使表现方式与对象达到存在本质的一致。但是当庄静美旨在表现另一种精神性格，比如超越、反思和出离的性格，都将导致领会本身与对象的矛盾。因为构成这种性格的本质基础的是一种超越、反思和出离的思维，都不是理性思维能内在地把握或表现的，二者要求的形式有着本质的冲突。在这里，理性思维只有在对前者形式进行抽象和改造的基础上，才能与其达到统一，由此对其加以表现，从而构成庄静美，但后者也因为这种冲突而永远是不稳定的。但这种统一或这种表现都是外在的，它只是把对象的自然形式与理性思维要求的绝对和谐形式外在地结合起来（构成一种理想和谐的形式），而没有使后者成为前者的体现。尤其当对象是一种绝对超越现实和理性的真理，即神圣的本体、上帝，它就在本质上否定了理性思维对它的任何表现，故不能成为庄静美的题材，这就是因为优美与崇高的矛盾。不能用优美表现真正的崇高（即本真的崇高）。这就从根本上决定了古典风格不适宜表现宗教题材。古典艺术对神圣、崇高题材的表现，要么会因对题材的忠实而导致对形式的庄严和优雅的彻底破坏（比如中世纪的基督和圣徒形象），要么为追求形式的庄严和优雅而导致与题材的严重冲突（比如 Michelangelo"最后的审判"中 Appollo 式的耶稣，和 Rubens 笔下运动员般健美的基督和圣徒）。二者都是因为表现方式与表现题材的矛盾而导致其审美价值受到严重损害。希腊古典艺术就旨在表现精神的理性性格，后者的本质就是精神的理性思维，因而使庄静美的表现方式与对象达到存在本质的一致，二者的形式理想也是一致的。可以说，在庄静美的漫长发展中，理性思维作为表现方式与理性性格作为表现对象，都在寻找对方。只有在古典风格中，它们才终于找到了命定是最适合的彼此，因而希腊的古典艺术，才成为庄静美的典范。

　　另外，还应当看到这个形式矛盾的双方都是处在自身发展中的，其力量的此消彼长规定了矛盾的发展。因而庄静美提出的解决方式最终总是被这矛盾的发展打破。这个矛盾的更有能动性的方面，在希腊艺术发展中是庄静美对于更真实的对象表现的追求；而在抽象风格的雕塑、绘画和古典主义音乐的形成史中，矛盾的更有能动性的方面则是庄静美对于形式绝对和谐的完全性的追求。这两种追求都属于庄静美的本性，它不断打破庄静美已有的矛盾平衡，迫使其重建新的平衡。正是这种不断进行的破与立的矛盾运动，推动了庄静美的发展。在希腊艺术中，庄静美对于更充分地领会、表现对象真理的追求表现为艺术不断加深的自然化倾向，而理性思维对绝对和谐形式的要求则促使庄静美在这种自然化的新层次上，通过达成这种绝对和谐形式与对象自然形式的统一，构成某种理想和谐。庄静美即是由此建立矛盾双方的平衡关系。但是艺术的自然化的持续推进最终必将打破这种和谐与平衡。故庄静美必须在自然化的新层次上重新构建一种新的理想和谐与矛盾平衡。希腊艺术就是在这种破坏与重构的交替中不断发展的。

　　希腊的古典造型艺术旨在表现希腊民族的独特精神性格且本身被其所规定。性格不仅包括独特的思想，还包括被这思想规定且作为其体现的独特形体、动作和性情特征。希腊民族的精神性格是以一种自由的理性思维为本质基础的理性性格。这种理性思维构成希腊民族精神的自为的、规定性的内容，决定其他类型的思想。一种自由的理性思维才是理性思维之真理或理想，而当理性思维具有了完全或绝对的自由，我们就称之为绝对理性。

希腊古典艺术旨在表现希腊民族在形体、动作和性情上的独特性，而这种独特性乃是由理性思维的自由塑造的且是其表现，因此这里艺术更根本的任务是表现这种自由本身。希腊古典艺术要表现的其实是理性思维对于形体、动作和性情的规定，且这种表现是高度理想化的。希腊古典艺术包括对于对象真理的双重理想化。

首先，希腊艺术包括了通常的理想化或典型化，即对于对象真理、概念的集中、纯粹和完全的表现。这种典型化的对象表现，是不同文化、不同审美格调的艺术都可能具有的。希腊艺术旨在表现希腊民族的精神性格，但后者只有在古典风格才被清晰地认识到。这是一种理性性格，其本质在于理性思维的自由。这种自由塑造、陶冶、精练和凸显了希腊民族的性格之美，包括形体、姿势、举止风度和内在性情之美。希腊古典艺术旨在使这种性格之美在个体身上集中、纯粹和完全地表现出来。它很完美地做到了这一点。其结果是它塑造的艺术形象在庄严、优雅方面，都成为人类艺术难以企及的高峰。这使它成为造型艺术最宝贵的遗产。就像 Winckelmann 所说："希腊雕像的美比自然中的美更易被发现。它比后者激动人心，不那么分散，而更集中于一个整体。"[1]以至在今天，我们仍然可能要通过希腊艺术才能学会欣赏美，尤其是人体美。

其次，希腊古典艺术把形式的绝对和谐作为理想，因而它还会根据这种理想的要求，对于对象的自然形式进行提炼、修补和改善。这是庄静美的独特理想化，是一种纯粹形式的理想化。这种理想化的存在论根据在于理性思维是以自身自由为理想，所以希腊古典艺术就是根据这种理想来塑造和表现其民族的理性性格。

就庄静美和希腊古典艺术而言，这种纯粹形式的理想化才是我们要主要讨论的。在这里，理性思维作为艺术的本质基础规定艺术的形式理想。理性

---

[1]　温克尔曼：《希腊人的艺术》，邵大箴译，广西师范大学出版社 2001 年版，第 10 页。

旨在构成某种稳定、和谐的形式结构。它渴望一种永恒、静止的和谐。而最稳定、和谐的形式必然具有平衡、对称的结构。我们称这样的和谐形式为绝对和谐的形式。只有当理性成为自由的，即成为理性思维，它才能构成这种绝对和谐的形式并以之表现自己。正是这种理性思维构成优美的本质，并规定了希腊古典艺术的根本特征。希腊古典雕塑的优美在于那种萦绕在雕像中的音乐性的旋律。后者具有一种绝对和谐。这种优美与和谐不是来自于对对象的摹写，而是由艺术家的理性思维所构成的。

艺术的理性思维最早追求的是一种几何学和力学的稳定与和谐，因为它仍缺乏对于对象的自然真理的充分领会。希腊的古风艺术就是这样。它以理性思维构造的几何化的图形来表现人体。这种图形具有某种绝对和谐（平衡、对称和稳定等），但它不是生命的形式，不具有生命独有的充分和谐。古风艺术致力于把这种图形和人体的生命形式统一起来，本质上即是把理性思维和对象真理统一起来。但这种统一很大程度上是放弃了自然的真理。在这里艺术表现离自然的真理还非常遥远。另外，理性思维本身在这里亦不够成熟，它构成的形式总是简单僵硬的。所以在古风艺术阶段，庄静美即便存在，也是很幼稚的。

希腊艺术因其对于自然真理认识的深化而不断自然化。它逐渐认识到人体的自然形式是一种独特的生命形式，有其自身的充分和谐。这促使它打破僵硬突兀的几何风格，而更加贴近自然的真理。它也逐渐认识到这种自然形式与理性思维要求的绝对和谐形式相矛盾。尽管如此，希腊艺术对于对象的表现仍然是高度理想化的。其古典风格就是在对于两种形式的差异有明确反思的前提下，致力于以理性思维所理想的绝对和谐形式来表现对象的自然形式，从而塑造一种具有理想和谐的作品形式。这种表现要求达到两种形式的统一，为此艺术需要对表现方式和表现对象作出双向调整。一方面，它要对对象存在进行抽象，这包括数学化的单纯形式抽象；对对象内容的抽象，包括庄严风格对于动作、情绪表现之排除以及优雅风格只限于对单纯动作和单纯情绪进行表现；对效用的抽象，即关注对象的形式自身，排除对于形式的功能、目的的考虑。只有在这种抽象基础上，理性思维才能对于对象形式作自由处理，即根据自身理想对其进行加工、改造和完善，以创造一种理想的和谐。另一方面，它也必须对理性思维的形式理想进行调整，因为只要理性思维有了实际的对象表现，它就不得不放弃对形式绝对和谐之完全性的追求。古典风格的形式特点在于将理性思维要求的绝对和谐形式与对象自身的充分和谐形式统一起来，构成一种理想和谐。希腊古典雕塑的美，既非像毕达哥拉斯、奥古斯丁所认为的完全来自数学，亦非如 J.Mattheson（1681—1764）所以为的完全来自自然，而是来自二者的融合。

古典风格在其初期阶段为了保持这种理想和谐而避免把人物的动作、情绪作为表现的题材，这属于对于对象内容的抽象化。因为动作、情绪都有其自然形式，后者通常不符合绝对和谐，故对于它们的表现将对后者带来更大冲击，所以古典风格在其初期通常只表现人物的静止和无明显情绪的状态。对于这样的对象，古典艺术还进一步进行单纯形式的抽象和效用的抽象，这样就能用理性思维要求的绝对和谐形式对对象形式进行规定，并将二者统一起来构成一种理想和谐的形式。这就是庄严风格。其作品的形式是静止的，表情是严肃的。庄严风格是在艺术的自然化的新层次上把理性思维和对象真理统一起来，使庄静美的矛盾双方达到一种新的平衡。在希腊艺术中，庄严风格建立的这种静止的和谐和平衡，很快被艺术的进一步自然化打破。这在于对动作、情绪和激情的表现成为艺术的新领域。由于动作、情绪和激情都有自身独特的自然形式，艺术对它们的表现就必然打破原先那种只适合表现形体的静止的和谐。于是庄严风格被破坏。但是希腊造型艺术对于单纯形式和谐的本能追求，使它致力于在动作、情绪和激情领域重建被破坏的绝对和谐，因而塑造出一种动态的或抒情性的理想和谐形式。优雅风格即由此形成。在其中，情感和动作的剧烈动荡都不足以打破作品精神的宁静，就像大海的汹涌波涛无损于其深处的静谧。为构成这种新的理想和谐形式，优雅风格也必须对庄静美的形式矛盾双方都作出调整，这包括它必须对对象内容进行抽象化，仅限于表现单纯动作和单纯情感，以便于对之作对立平衡处理并在此基础上重建形式的绝对和谐。因此优雅风格是在艺术的自然化的新层次上恢复了庄静美的矛盾平衡。

总之，庄静美内在的形式矛盾推动希腊造型艺术的发展。这一矛盾打破了庄静美内在的稳定，从而推动庄静美自身的蜕变，而庄静美又不可能根本上克服这一矛盾。其结果是庄静美自身必然在这一矛盾的推动下走向最终消解。这一内在矛盾决定了庄静美的两个最终走向：一是为追求理性思维所理想的绝对和谐而放弃对任何现实对象真理的表现；二是为忠实表现对象真理而放弃对单纯形式和谐的追求。古典派的音乐和 20 世纪的一些抽象绘画和雕塑选择的是前一个走向。希腊化时期的写实主义和巴洛克风格、18 世纪以来艺术的现实主义和浪漫主义，选择的则是后一个走向。比如梵高在创作"吃土豆的人"时说："当一个农民身着简陋、粗鄙的衣服在田地里劳动时，要比周日身穿华服前往教堂的人美丽得多。""劳动人民的手要比 Belvedere 的 Appollo 更美。"这表明现代绘画和雕塑为表现对象真理不惜完全抛弃形式的优美。庄静美的这两种走向，都导致庄静美的瓦解，前者代之以否定对象表现的纯粹优美，后者代之以忠实于对象真理的写实风格等。

　　希腊人创立的古典风格，在西方艺术史上，曾经数度以某种形式复兴，比如在文艺复兴和法国新古典主义。① 但是正如庄静美的形式矛盾推动希腊的古典风格向写实主义和巴洛克风格的蜕变，文艺复兴的古典形式也被意大利的巴洛克风格和北欧的写实主义代替，法国的新古典主义则被浪漫主义和现实主义代替。这种艺术蜕变同样也应视作是庄静美内在的形式矛盾推动的结果。

　　西方艺术对于庄静美的形式矛盾的两种相反的最终解决都是消极的。其中纯粹优美因为违反了思想要求对象领会的本性，因而就其自身而言都不可能获得最终的稳定性。希腊艺术向彻底的自然主义的过渡，对于庄静美的形式矛盾的解决也是消极的。自然主义的艺术尽管就其自身而言可能是稳定的，但这种稳定性被自由美对于永远原初性的要求打破。在这里，庄静美对其形式矛盾的最终解决被庄静美的实质矛盾否定，因而也丧失了最终的稳定性。

　　古典风格的根本形式特征在于充分和谐和绝对和谐的统一。而整个西方艺术史可以解释为这种统一的不断破解和重建。希腊古典雕塑最早达到了这种统一，而这种统一在希腊化时期以及后来的中世纪艺术中被彻底破坏。文艺复兴的古典绘画和雕塑又在某种意义上重新恢复了希腊古典艺术的这种统一，但是这种统一又被后来的巴洛克艺术所破坏。新古典主义又试图重新恢

_____

① 　比如 David 的名作《贺拉斯兄弟的宣誓》，人物在严峻的形势下仍然保持庄重、平静的姿势和表情，画面具有雕塑般的静止感。这明显是学习希腊古典风格。

复这种统一，而浪漫派艺术则再次破坏了这种统一性。而在 20 世纪所谓现代艺术中，形式的优美甚至被彻底抛弃。

另外，从这种形式的绝对和谐与充分和谐的矛盾，我们可能会更好地理解为什么无论是中世纪，还是文艺复兴时期的造型艺术，包括雕刻和绘画，其对于宗教题材的表现都是失败的。因为对一种绝对崇高主题的真实表现，必然与艺术形式的绝对和谐产生不可调和的冲突。这就导致这样一个两难的抉择，即艺术要么为了真实的对象表现而彻底放弃形式的绝对和谐，如中世纪的圣徒雕像。这种艺术不仅违背了造型艺术的本性、破坏了造型艺术应有的优美，而且艺术体裁本身的限制导致对艺术崇高主题的表现也是失败的。或者造型艺术服从自身本性对于绝对和谐的要求，那么它的对象表现主题就会失去充分自由，从而大大削弱了表现的真实性和感染力。比如文艺复兴的基督受难像和圣徒雕像。

第三章　庄静美的实质矛盾及其推动下的艺术发展

除了形式矛盾，庄静美还包含一种实质矛盾，即它作为自由美要求的永远原初性与其真实对象表现的矛盾。且这实质矛盾更本质。无论美的形式矛盾，还是实质矛盾，都只属于自由美。美的实质矛盾就是自由美的对象表现要求与其对永远原初性的追求的矛盾。在庄静美中，一方面对象表现成为实际的，且是理想化的，旨在表现某种普遍概念或精神性格，也就是说它其实就是一种概念表现。另一方面在艺术中，美的永远原初性不仅是一种追求，而且是使艺术成其为艺术的必要条件，因而是艺术之美或自由美的实际要求，庄静美也是如此。这两方面必然是冲突的，这就构成庄静美内在的实质矛盾。这种矛盾在庄静美中，就转化为美的概念表现与永远原初性的矛盾。这也是一切依存美的实质矛盾。

美作为精神的原初真理，本身包含了一种根本的存在论矛盾。这其实是美的模态矛盾：美作为原初真理旨在转化为必然真理，而这种转化意味着原初真理的丧失。这个矛盾奠基于原初性和真理性的张力。一方面，美区别于善的本质特征，就在于它的原初性。这个原初性就是自由本体的任意展开运动，它是主观、偶然的想象，是对具有客观必然性的概念之否定。思想只有是原初的，才能建立主体与自由本体的本真生命连接，而真实美感就来自这种连接（因此审美领会总是包含了原初领会和本真领会两个层面），故原初性是美的本质条件。另一方面，美区别于丑和恶的本质特征，在于它的真理性：美必须是真，而且每一种真理都要求成为必然的，所以美要求转化为必然真理，但是这将导致对原初性的否定。这两方面特征在美中被统一起来，就构成美自身的存在论矛盾。真理就是生命，它也如生命那样渴望繁殖、渴望通过不断的自我复制和传播成为普遍和必然的。自由创造出真理，当然不是为了它的昙花一现，而是为着使它成为自由的必然基础。这是自由赋予一切真理的先天存在论目的。美之为真，亦被赋予这种先天存在论目的。后者规定了美的一种先天追求，它渴望成为自由的必然基础，即成为现实的必然真理。美的本原的存在论目的，或本原的美（就是功利的美）的存在价值和命运，就是为了消灭自身的原初性，也就是消灭自身的存在，转化为存在的必然真理，而这种转化是不可逆的。所以本原的美不具有永远的原初性。人类精神发展就是一个原初想象不断转化为必然真理的无限轮回之洪流。美的这种存在论目的和追求，规定了本原的审美经验中主体的"迷恋—淡漠—厌倦"的不可逆的情绪转化。总之，美的内在存在论矛盾决定了本原的美最终的自我毁灭和蜕变。

然而有一种美，却能击破"迷恋—淡漠—厌倦"的轮回噩梦，从自我毁灭的宿命逃逸，从原初存在转化为必然性的不可阻挡的洪流中飞溅而出。这种美就是自由美或艺术的美。与包含审美因素的教育、宣传和广告设计不同，艺术旨在创造一种具有持续性的、永远的美，因此不同于功利的美，自由美要求一种永远的原初性。另外，自由美也必有其真理性。自由美也必须是真理，因此亦有转化为必然性的先天要求，即美的自我消灭冲动，而这将导致与永远原初性的冲突。于是美的自身存在论矛盾就转化为自由美对永远原初性的要求与其真理性的矛盾。这就是自由美的存在论矛盾。其中，自由美对于永远原初性的要求，植根于人性中对美的不灭渴望，它将这种渴望集中在一个对象之上；同时，自由美转化为必然性的要求是美的普遍要求，植根于美的自我消灭—转化的存在论使命。故自由美的存在论矛盾，植根于美的根本存在论矛盾，也植根于人性中对美的不灭渴望与美的自我消灭的存在论使命的矛盾。后者是前者的衍生物。这二者在自由美中被统一起来。其实美的原初性，正是因为人性中有了对美的不灭渴望，才形成对自身持续性甚至永恒性的要求，从而导致与其真理性的矛盾。对于人性中对美的不灭渴望与美的自我消灭的存在论使命之矛盾，本原的或符合超绝存在论的正当性的解决，是通过对原初真理的不断开创以抵抗其自我消灭和转化的运动；这个矛盾的存在论意义就在于推动精神永远的创造和成长。而自由美的解决则不具有存在论的正当性：它旨在赋予同一种真理以永远的原初性（通过使这真理具有无限意义域），以替代原初真理的无限开创。

针对自由美的存在论矛盾，纯粹美（即纯粹优美）由于否定了对象领会，成为自由的绝对任意的游戏，故无法通过对象存在着陆到精神的逻各斯整体从而使自己概念化，因而使自己具有了一种永远的原初性，同时它作为自由的行动就是真理，因此纯粹美对于这个存在论矛盾给予了一个就矛盾自身而言是积极且稳定的解决。而依存美则通常无法获得这样的解决。因为依存美的真理性在于其是一种真实的对象领会，且这种对象领会通常会要求一种意义确切性，后者最终使依存美概念化以致丧失原初性，所以在依存美中，真理性与永远原初性的矛盾始终未能获得最终稳定的解决。

我们所谓美的实质矛盾，植根于这种自由美的存在论矛盾。从美的真理性派生出美对于真实的对象领会或表现的要求。现实的真理就是真实的思想。一种真实的思想即有如下出乎本性的要求：一是要求领会某种对象，思想的本性是要思考或领会某物，一种真实的思想本身就要求成为真实的对象领会。二是要求转化为必然性、概念，这也只有通过对象领会实现，这从另一侧面推动思想的对象领会要求。因此美的真理性转化为美对于真实的对象领会或表现的要求。这种要求不仅使美作为对象领会而易于概念化，而且推动美追求更确定或确切的对象意义，从而使美丧失永远的原初性。在这里，意义确切性之获得将使美丧失永远的原初性。因为现实对象领会的意义确定性就是确切性，而一种领会的意义确切性，指的就是它可以被纳入思想的逻各斯整体而使自己概念化。于是，美的存在论矛盾就表现为自由美对永远原初性的要求与其对象表现要求的矛盾。这个矛盾才是最直接推动自由美和艺术发展的实质矛盾。这就是我们所谓美的实质矛盾之所指。这就是：一方面，自由美要求具有永远的原初性；另一方面，它出于思想本性又具有对真实的对象表现的先天要求，而实际的对象表现往往导致对永远原初性的破坏。这个实质矛盾也打破了美的稳定性，使得美必须寻求建立双方的平衡关系以获得自身的稳定。在此意义上，这个实质矛盾也推动了美的发展。

然而在针对现实题材的表现领域，这个实质矛盾永远得不到一种最终稳定的解决，因而它推动美从实在的美逐渐过渡到本真的美。针对这个矛盾，纯粹美与依存美的解决思路是相反的。纯粹美就是通过否定实际的对象表现而使真理成为无关联的自由游戏以确保一种永远的原初性。这种矛盾解决是消极的，且无法获得最终的稳定。它违背了思想要求表现对象的本性，导致了纯粹美对实际对象表现的否定与其对于对象表现的先天要求的矛盾（它否定了实际的对象表现，但不能否定美对于对象表现的本然要求）。后者打破了纯粹美的自身稳定。依存美则是为确保实际的对象表现而使永远的原初性受损。

在依存美中，美的对象表现要求转化为实际的对象表现，于是美的实质矛盾转化为实际的对象表现与永远原初性的矛盾。这就是依存美的实质矛盾。依存美必定包含实际的对象表现，而后者通常导致对永远原初性的破坏。

从表现形式上说，依存美的对象表现包括揭示性的或再现式的表现，以及隐喻性表现两种。前者把对象的自身形式内在地呈现在艺术形式中，两种形式有确定的对应或描述关系；后者则不包括这种形式对应，不构成对于对象的描述，但是能够让观众产生联想。① 艺术的揭示性的对象表现必须使自己的形式与对象形式有确定的对应关系，这就使它能够建立与对象的形式同一性，从而确定地将对象真理包含在自身之内，且使观众对它也能产生确定的、具有形式同一性的领会。简而言之，揭示性的对象表现必然具有意义确定性。人类的对象领会首先且基本上是揭示性的，依存美作为一种对象领会亦是如此，这使依存美天然具有对意义确定性的要求。然而因为通常的现实对象的本质就是概念，所以对于一种现实对象的具有意义确定性的领会或表现，通常都会导致自身与概念的本质同一，从而破坏了美的永远原初性。这是揭示性的对象表现的情况。反之，隐喻性的对象表现放弃了意义确定性，但不能否定依存美对意义确定性的要求，且常常会在后者推动下向揭示性表现过渡。因此依存美的对象表现对意义确定性的要求，通常与美的永远原初性相冲突。

从对象方面说，艺术的依存美通常旨在表显一种普遍或理想的精神性格。它旨在根据这种精神性格对于感性材料进行刻画，从而使这种性格在感性个别性上得到集中、充分和纯粹的体现。所以依存美通常是一种典型美或

---

① 至于艺术家何以能在没有上述形式的对应关系的情况下，创造出让观众产生相应联想的艺术形式，则完全取决于他的天才。

理想化的美。精神的性格包括现实的层面（后者还包括形体、风度、情绪、思想、品格等丰富内容，每一项都可作为依存美的单纯表现对象），也包括作为现实性之本质的超绝层面（即本体自由自身），二者都可以成为依存美的表现对象。所以依存美根据其表现对象的不同就区分为两种类型。一种可称作是实在的，在这里，依存美旨在表现某种现实对象。一种可称为本真的，在这里，依存美旨在表现本体自由自身的真理。依存美的实质矛盾只属于实在的美，而本真的美则（通过确定的对象领会与永远原初性的积极统一）将它彻底解决了。

实在的依存美必然包含这种实质矛盾。因为一方面它要领会或表现的是一种现实的对象。依存美的对象表现，在本原和应当的意义上是揭示性或再现性的，而揭示性的对象表现要求其领会与对象达到形式统一。然而一种现实的对象，要么本身就是现实存在整体的必然部分，是思想的逻各斯系统的环节，故其本质就是概念，要么（当这对象本身是非概念的，甚至是非理性的，比如情绪等）对于它的领会其实是对传统某种共同的对象领会（这种领会也是概念）的领会。在这两种情况下，对于对象的揭示性领会都是对于某种概念的领会。它要求达到与这概念的同一，而这必然导致它的自身概念化。对于概念的领会一开始总是原初的，但是它向概念的转化将使这种原初性丧失。因为这种领会通过这概念将自己衔接到思想的逻各斯整体中，使自己在存在发生的激流中，将自己最终固定在坚实的地基上，使自己成为精神之必然真理。一种针对现实对象的揭示性领会，即使是原初且美的，也必然要求将自己加入传统的领会之中，因而它是构成性的，旨在转化为概念。所以它通常会导致美的自身概念化。因此对于实在的依存美而言，揭示性对象表现通常与永远的原初性相矛盾。依存美还有一种隐喻性的对象表现，在发生论意义上是派生的，且基本属于艺术。隐喻性的对象表现尽管不具有意义确定性，但不能否定依存美对意义确定性的本然要求。因为依存美的对象表现本然地追求更大的真实性，而这种真实性就包括意义确定性，所以它必然包含对意义确定性的要求。这种要求会推动隐喻表现逐渐向揭示性表现过渡，所以它通常与永远的原初性相冲突。总之，依存美的对象表现，在本原和应当的意义上是揭示性或再现性的，而隐喻性表现也会逐渐向揭示性表现过渡；揭示性的对象表现要求其领会与对象达到形式统一，而通常现实对象的意义就是概念，在这种情况下对象表现必然导致自身的概念化。所以实在的依存美必然导致对象表现，其实是这种表现对意义确定性的要求，与永远原初性的冲突。另一方面，实在的依存美作为自由美，还必然要求自身的持续，即要求一种永远的原初性。这两个方面存在本质冲突，但是实在的依存美却要将二者结合起来，因而使二者处于矛盾统一体中。这个矛盾，实在的依存美无法在自身内部得到最终稳定的解决，这种解决只有当它过渡到本真的美才能获得。

教育与艺术都试图以各自方式解决这一矛盾，但其侧重点完全相反。

教育通常只着眼于对象表现而完全放弃对永远原初性的追求。教育应当旨在实现传统真理或概念的传递，为此它必然也要将概念以感性形式表现出来，这包括语言和其他视觉和听觉图像。对于学生来说，这种感性形式也是美的，因为对于他们而言，它包含的概念或真理是原初的。一种理想的教育应当是一种审美教育，最终诉诸这种真理自身给学生带来的审美快感。但是通常教育的目的不是美。它的目的是传递概念，它要求使学生对传统的原初领会迅速转化为概念，而不是给予学生一种永远的原初真理。因此教育必然否定对象表现可能具有的永远原初性。道德和宗教教育也会确立某种典型性格，作为道德或宗教真理的集中体现。当他的思想超越了我们的实际此在且是属于我们的应许的存在，那么我们对它的领会就是一种原初真理，所以他对于我们，就像艺术典型一样，也具有一种典型美。这个典型存在的目的就在于引导我们的领会，通过这种领会，典型所表现的思想、情操等最终成为我们生命中的实际必然内容。于是典型美最终完全丧失自身的原初性，因而导致美的消亡。在通常教育中，典型美总是暂时的。它为了对象表现而先行放弃了永远的原初性。正是因此之故，在这里典型美的实质矛盾仅仅是逻辑上的，而非事实上的（在这里美的永远原初性并非实际的存在）。它其实已得到一种"预先解决"。教育对依存美的实质矛盾，都是采取这种预先解决。

艺术则通常为保持美的永远原初性而不得不牺牲对象表现。艺术的依存美同样追求对于对象真理的表现。但与通常教育中作为功利美的和构成性的依存美不同，艺术的依存美是一种自由美或绝对美，它以自身为目的且要求成为一种永远的美。艺术塑造的典型形象往往几千年后仍被以为美，而通常教育树立的典型则过几年就在我们心中黯然失色。因此在艺术中，典型美的永远原初性成为事实的。艺术的依存美必须具有永远的原初性。在这里依存美的矛盾成为事实的。艺术把追求美放在第一位，所以针对这一矛盾，它着重的是保持美的永远原初性，故为后者之完好无损而不得不使对象表现作出牺牲和妥协。尽管如此，它对这个永远的原初性也必须作出相应调整。

艺术的依存美试图通过建立矛盾双方的平衡，对矛盾给出一种积极解决。为此它必须对矛盾双方都进行调整。

首先在对象领会方面，它采取的措施有：（1）将对象领会限制在局部和隐喻表现的领域，试图以此维持自身永远的原初性。这是艺术通常采取的措施。人类的对象领会首先且基本是揭示性的，依存美作为一种对象领会亦是如此。但是揭示性的对象表现必具有意义确定性，而这通常会与美的永远原初性相冲突。在这里，艺术通常会以下方式对对象表现加以限制：一是将这种对象表现限制在局部而在整体意义层面仍然保持美的永远原初性；二是将对象表现限制在隐喻表现领域，从而放弃领会的意义确定性以避免概念化。（2）对于对象领会进行深化、拓展，寻找一种可以使这种领会保持永远原初性的对象领域。这样的对象领域包括两种：其一，现实的，比如情感，或任何一种与表现媒介不适宜的现实存在。这是通常艺术发掘出的对象领域，因对其只能作隐喻表现，故对象表现得以保持永远的原初性。其二，超绝的，即自由之神圣本体。它首先由于其超绝性，即对现实性的绝对超越，故对于所有领会都是不适宜的；其次由于其绝对性和无限性，故其内容对于任何一种具体领会都是不可穷尽的，这些都使得对它的具体领会具有永远的原初性。超绝真理是本真的艺术与宗教的对象领域。（3）通过对象领会的不断丰富以确保永远的原初性。必然真理之丧失美，一是作为其进入效用领会的要求，因为一种更专注、更方便的效用领会要求对象真理的不触目性；二是促使精神开创新的存在领会，因为只有当必然真理失去了美，求美之精神才必须通过实现存在更新、开创新的真理以得其美。当精神面临这样一种存在论的不可逆转的洪流，即美不断转化为必然真理，而必然真理又必致美之丧失，那么它为了持续获得美感，就必使自己投入到无限的存在开创运动中，通过原初真理之无限占有以赢得一种永远的原初性。这样一种克服美的实质矛盾的方式，直接被自由的绝对性和无限性所规定，是后者在现实性中实现自身的唯一途径，故具有超绝的存在论—发生论正当性。在艺术领域，只有小说试图以这种方式解决美的实质矛盾。一部伟大的小说，就旨在通过存在领会之极大丰富以保持思想的原初性和美之长存。但是自由的绝对性和无限性不可能在一部小说以至任何一种艺术作品或个体的精神中实现，就是说它们都不可能以上述方式保持美的永远原初性。这种绝对性和无限性只能在宏观的人类精神史中实现。因此只有人类精神史，才能通过对象领会的不断丰富以确保美的永远原初性。

另一方面，依存美也必须对永远的原初性进行调整。当依存美是对于现实对象的表现，其意义确定性与永远的原初性之间就存在直接的矛盾。因为对于一种现实对象的具有意义确定性的领会或表现最终会被概念化而导致原初性的丧失。针对这种矛盾，一种实在之美都必须对永远的原初性进行调整。其中纯粹美具有的永远原初性是一种完全否定了对象意义的消极的原初性。依存美则使美的对象表现与永远的原初性陷入直接矛盾之中。它之具有永远的原初性，则可能由于以下原因：（1）它包含一个否定了现实表现的单纯形式美的层面，后者具有的通常也是一种消极的原初性；（2）它采取一种缺乏意义确定性的隐喻式对象表现，但隐喻具有的永远原初性否定了自身的意义确定性，故可称作一种晦涩的原初性；（3）它采取了再现式的对象表现，但是把这对象表现，或把永远的原初性限制在局部领域，以达到二者的暂时平衡，其中前面的措施就是在一定程度上回到（1）和（2），后面的措施则使永远的原初性成为局部性的。无论是消极的或晦涩的原初性，还是把永远的原初性限制在局部领域，都是依存美为建立美的实质矛盾的平衡而对永远的原初性所作的调整。原初性的超绝存在论意义，规定其本原和正当意义，或其应当的存在，是应包含确定的对象领会的。所以无论是消极的原初性还是晦涩的原初性，都是对原初性的应当存在的偏离或抽象。

艺术的依存美就是在对矛盾双方的上述调整基础上建立二者的平衡关系，将它们统一起来。但是在实在的对象表现领域，这种统一永远不可能达到一种最终的稳定性。因为这个实质矛盾的双方都是处在持续的发展变化中的。首先，实际的对象表现必然是永远处在发展中的。它总是在追求更真实的表现，更大的意义确定性。这种发展，由于这种意义确定性与永远原初性的矛盾，总是给美的永远原初性带来新的挑战。其次，一种永远的原初性自身也无法处在稳定中，而是要不断变易，因为它本身包含了原初性本来的存在论目的与美的自我维持的冲突。双方的这种发展必将不断打破二者已有的矛盾平衡。在实在的对象表现领域，依存美尝试的所有解决方案都难以使美获得最终的稳定性，这迫使依存美始终在寻找新的可能性。只有当依存美转化为对自由的超绝真理的表现，矛盾才能得到一种稳定的解决。在这种意义上，美的实质矛盾推动依存美向本真的美转化。

由于这种矛盾始终得不到一种最终解决，导致在艺术领域，实在的依存美的自身稳定性被破坏。这促使依存美不断寻求矛盾的最终解决，以恢复自身的稳定性。它的最终解决方案有以下几种：

第一，为了对象表现而逐渐脱离对永远原初性的追求。在经常情况下，在艺术领域中实在的依存美，会在其自身真理要求推动下，把侧重点逐渐转移到对对象真理的更充分表现，其实是逐渐承担了教育的责任，这导致它不断偏离永远的原初性。它追求的对于对象的更充分表现就是具体的表现或具体领会（领会自身的形式与对象形式具有内在同一性）。后者通常是一种构成性的美。在这里，依存美为了更充分的对象表现而不得不逐渐蚕食着永远的原初性领域。这一路径选择最终将使依存美完全抛弃永远的原初性，沦为通常教育的手段，甚至单纯的宣传工具。这将导致依存美最终的自身瓦解。

第二，试图在对象表现与永远的原初性之间建立某种平衡。实在的依存美经常就是或旨在成为一种构成性的美，所以它不可能保持永远的原初性，其自身发展必导致典型美的内在矛盾的最终消解，以及美自身的丧失。但是艺术的依存美却要求具有一种永恒性。比如我们今天看希腊古典艺术的杰作，仍能感觉到它的美。美的这种永恒性就表明了一种永远的原初性。同时这种依存美又旨在表现某种现实的对象真理。功利美通常都包含一种概念表现但不具有永远的原初性，而纯粹美则具有永远的原初性但不包含概念表现。只有自由的依存美在永远的原初性与对象表现之间建立起某种平衡。这在于它对于这两方面都作了相应调整，从而将二者统一起来。它不仅包含对于对象真理的表现，也包含了一个具有永远原初性的思想层面。因而它对依存美的实质矛盾给出了一个积极的解决。它因而真正把这矛盾包含在自身之内，使之成为自身的必然内容。但它所建立的这个矛盾平衡缺乏稳定性，并不是矛盾的最终解决。因为一方面，它的真理性促使其对象表现不断追求更大的意义确定性，从而给永远的原初性带来新的冲击；另一方面，它要求的永远原初性又呼唤它离开这种对象表现、否定领会的意义确定性。这两方面都会不断打破它已经建立的矛盾平衡，推动实在的依存美寻求一种最终的结局，导致其最终的自身瓦解。

第三，依存美还有一种解决矛盾的途径，就是拓展、深化其对象表现领域，最终从实在的转化为本真的，由此使依存美的实质矛盾得到根本解决。在实在的依存美中，这个矛盾的双方由于各自发展而无法确立一种最终稳定的关系。其中，对象领会是矛盾的更积极方面。它的持续深化，不断打破矛盾双方业已建立的平衡关系，从而促使典型美寻求一种新的平衡。依存美要表现的对象是精神的普遍性格。它总是追求更充分、更真实地表现对象的存在，所以它会不断提升对于对象存在的领会，并在新的对象领会层面重建其内在矛盾双方的平衡。这种更充分表现对象真理的追求一方面促使依存美的领会追求更大的意义确定性，另一方面促使这领会不断拓展、深化对象存在的领域，最终进入一个神圣、超绝的真理之境，于是这领会就成为一种本真的领会，即具体的觉悟。只有这种本真领会才能够在意义确定性和永远的原初性之间建立一种积极、稳定的统一。这个超绝的真理就是作为精神性格之终极内核的本体自由自身存在的真理，于是依存美就从实在的美升华成为本真的美。只有本真的美才对于依存美的实质矛盾给予了一个积极、稳定的解决。本真的美旨在领会和呈现本体自由的自身真理。一种实在的美必定包含实在的原初领会和具体的本真领会两个层面，分别把主体与一种现实或超绝的真理直接连接起来（主体与对象的直接连接就是直观）。这两种领会，前者是自觉的（被意识到的），后者是自在的。只有在本真的美中，后者才成为自觉的。本真的精神以对超绝真理的直接、自觉的领会，即自觉的本真领会为条件。其原初真理就是本真的美。本真的美意识到超绝真理的存在并自觉将主体与其连接。本真领会包括自觉的与单纯自在的，前者即精神的觉悟。本真的美就是这种觉悟的美。但是对于实在之美，本真领会是自在的且无法获得必然性，唯本真的精神试图使之成为必然，而这是以领会的自觉性为前提。只有本真的美达到了对象领会的意义确定性与永远原初性的积极、稳定的统一，这最终是因为它的对象是超绝和绝对的。一方面，本真的美以一种自觉的本真领会为其本质，后者根据超绝本体的形式塑造自身形式，使自己与本体达到形式的同一，故这种领会具有意义确定性。比如 Beethoven

第九交响曲就以乐音形式内在表现了生命自身的否定运动，故具有意义确定性。这种否定运动是超越理智和现实的绝对生命意志的活动，故这种表现可以被视为包含了一种本真领会。另一方面，对象的超绝性和绝对性使得本真领会难以与之建立固定的直接连接，并在此基础上建立一个稳固的概念系统，它由此保持了一种永远的原初性。这种本真领会尽管具有意义确定性，但可能在双重意义上是漂浮无根的：一是因为现实性与超绝本体的（因后者的超绝性和绝对性导致的）存在论鸿沟，本真领会难以通过直观与本体建立直接巩固的连接；二是与此有关，精神未能将这种本真领会通过某种必然关联组织起来，以构成一个概念系统，故它们总是偶然的，不能固定到已有的现实存在整体之中，与现实不存在指涉关系。这种本真领会正是因此而具有了永远的原初性。因此只有本真的美达到了对象领会的意义确定性与永远原初性的积极、稳定的统一。只有在这里，依存美的实质矛盾才得到一种积极、稳定的解决，从而使美获得一种自身稳定。在这种意义上，美的实质矛盾推动依存美向本真的美过渡。

以上三个方向发展都是由依存美的实质矛盾推动的。在其中，除非达到本真的理想美，这种发展都是导致依存美的自身瓦解，因此现实的依存美的真正归宿就是本真的依存美。由于其所包含的对象表现和永远的原初性要求的冲突和矛盾，现实的典型美永远处于一种内在的不稳定状态，且始终在寻求一种最终的稳定性。就典型美的内在矛盾导致的以上三种发展方向而言，其中的前二种发展要么只是致力于在矛盾双方之间建立一种暂时的平衡，但并未对于此矛盾给出根本解决，要么就导致二者的平衡关系最终被彻底打破，矛盾的一方完全消失；这两种情况，都是依存美的实质矛盾导致依存美的最终自身瓦解。只有当典型美在这一矛盾推动下从现实的升华为本真的，它才能在对象表现与永远的原初性之间建立一种最终的稳定关系，从而使它的内在矛盾得到一种积极的解决。因而本真的美乃是美的真正归宿。

补充：本真的美导致了美的实质矛盾的双方关系的一场根本变革。在这里，意义确定性和永远的原初性都已是实际的，但是现实的意义确定性就是确切性，且意义确定性的通常且完全的存在是意义确切性，因此对于更真实对象表现的要求将促使本真领会追求意义确切性。一种意义确定的领会依本性就具有对意义确切性的要求。然而一种具有意义确切性的审美领会最终必然将自己概念化，这通常导致原初性的丧失。因此本真领会对意义确切性的追求与永远的原初性相互矛盾。这就是本真的美特有的实质矛盾。因为这种意义确切性和永远的原初性都取决于超绝真理与领会的关系，所以都取决于本真领会自身。对于这个矛盾，本真领会只有通过对自身进行调整才能予以解决。

这个矛盾的解决，大致有三种典型方案：其一，本真的艺术，放弃意义确切性而保持永远的原初性，这种矛盾解决是消极的。本真领会包括自觉的与单纯自在的，也包括具体的和抽象的。具体的本真领会把主体与一种超绝真理直接连接起来，将后者引入主体的自我存在中，且这种连接必然导致对于这真理的直接直观。总之，具体的本真领会必然包含本真的生命连接和本真的直观。自在的本真领会必然是具体的，但这种领会和直观都是无意识的；自觉的本真领会或觉悟则包括具体的与抽象的。抽象的本真领会必然是自觉的，它旨在揭示超绝真理，但是完全是理论性的，并未包含针对这真理的本真生命连接和本真的直观。在这里，本真的艺术把一种原初、具体的觉悟作为自身本质。它的本真领会首先是具体的，即包含对于对象的本真生命连接和直接直观的；其次这种领会是自觉的，它具有意义确定性，试图以自身形式抓住超绝真理，将自己与之直接连接并使其如其所是地呈现在直观中。比如听众聆听 Beethoven 第九交响曲的最深刻体验，应该是不仅看到了绝对的生命意志或超绝本体作为自否定的运动直接呈现在面前，而且感受这种生命意志灌注到自己生命之中，成为其真正主宰。这种审美领会既是自觉的又是具体的，是一种具体的觉悟。但是对于这种本真的艺术而言，由于领会与对象的存在论差异，故它的本真领会未能与对象建立固定的直接连接并在此基础上构建一个稳固的概念系统。这种领会总是偶然和漂浮的，永远不能在现实存在的坚实大地找到着陆点。因此它丧失了意义的确切性，尽管由此保持了一种永远的原初性。比如我们聆听 Beethoven 第九交响曲形成的本真领会，是一种具体觉悟，但是我们不仅不能保证听众都会如此领会，也不能保证我们自己每次都如此领会，尤其不能保证每一次都能产生那种本真的生命连接和本真的直观。因此对这首乐曲的每一次自觉的本真领会都是偶然的，它们也无法构成一个逻各斯整体。总之，在本真的艺术中，精神的觉悟是具体的，但不具有意义确切性。

其二，与之相反，本真的哲学则宁愿为意义确切性而放弃永远的原初性，当然这种矛盾解决也是消极的。如果说在本真的艺术中觉悟是具体的，但不具有意义确切性，那么在本真的哲学中，觉悟则具有意义确切性，然而是抽象的。本真艺术通过放弃意义确切性来解决本真美的实质矛盾，这种解决是消极的，也不可能获得最终的稳定性。精神的觉悟按其本性要求更真实、更确定和更巩固地抓住对象真理，它在自身本性推动下发展出了一种具有意义确切性的领会，却由于本真美的实质矛盾，不得不放弃美对于永远原初性的要求。本真的哲学就是如此。它要求对于超绝本体的自觉领会具有意义确切性，是必然的真理，但是这种领会是理论性的、抽象的，并不包含对于对象的本真生命连接和直接直观（比较对空性的哲学阐释与真实的空观）。哲学的本真领会尽管对于超绝本体进行了真实、确切的描述，也无法让超绝的真理进入我们生命中，或让我们对之形成（类似本真的艺术或宗教的）直接直观或亲证。它只是以符号、观念对超绝本体进行指称，这种指称并不以观念与对象的当下必然连接和对象对直观的呈现为条件。这种自觉的本真领会正因为它的抽象性，就获得了一种自由，使它得以逃过自身与对象的存在论鸿沟，构成属于自己的必然真理的系统，并在此基础上赋予领会以意义确切性。这种领会是概念化的，但只是理论性的。总之本真的哲学所包含的就是一种具有意义确切性的抽象的觉悟，且后者的意义确切性正是以其抽象性为前提的。这种抽象觉悟建立的现实必然王国，在双重意义上是漂浮的。它就像一座海上孤岛，既脱离了与本体的直接连接，也没有与日常实践连接起来。另一方面，如果这种抽象的觉悟是美，即本真的美，那么它也必然导致了一种具体的本真领会（它建立本真的生命连接），但这种领会，乃与在实在之美中的无异，且都是单纯自在和偶然的。在这里，美感仍寄托于这种自在的本真领会的偶然性，且根本没有成为目的。

其三，只有本真的宗教才把意义确切性和永远的原初性真正统一起来，从而对本真的美的实质矛盾给出了最终且积极的解决。这种解决也可视为对本真的艺术和哲学的方案的综合，而这本质上归因于本真宗教对精神觉悟的贡献。精神的觉悟在艺术中是具体的但不具有意义确切性，在哲学中具有意义确切性但是是抽象的。在前者，它无法使自己与本体的连接成为必然，以使具体觉悟成为概念；在后者，它无法把自己的必然性与本体直接连接，以使觉悟的概念成为具体的。只有在本真的宗教中，它才成为一种具有意义确切性的具体觉悟。本真的宗教致力于构成一种具有必然性的具体觉悟。它致力于使本真艺术包含的本真连接和本真的直观成为必然，也试图使本真哲学的抽象的必然真理与本体直接连接，使之成为具体的。前者可以通过思想的途径，这在于对偶然的具体觉悟加以组织和巩固，使之成为必然的系统；后者则有待于人的精神品质的改变。我们无法只通过哲学的理论思辨建立与本体的本真连接或产生对本体的真实直观，哲学的抽象觉悟不能单靠自己转变为具体的必然性。在这里，本真的宗教所做的，就是通过真理对个人的情操和良知能力的熏习、陶冶和锻造，通过洁净正直的生活，通过祈祷、沉思，甚至身体的调节、净化等，导致精神品质的缓慢改变，使之形成对于神圣本体的敏锐感知并能将其牢牢抓住，使之最终成为神圣者最适合的容器。唯其如此，主体才能使自身与本体的本真连接即本真领会得以巩固，从而使具体的觉悟成为必然，使必然的觉悟转为具体。本真的宗教通过其高度合理化的且巩固的精神修炼系统，使具体觉悟的获得成为必然的；而这个灵修系统作为具体觉悟的必然构成方式，也是后者的自我构成方式，是后者的客观自然表现，其本质就是具体觉悟的概念。本真的宗教不是逃避，而是跨越了现实性与超绝本体的存在论鸿沟，因为以一种必然方式把领会与本体直接连接起来。本真宗教的这种必然的具体觉悟，给美和原初性的存在都带来了根本改变。它大大拓宽和深化了通常的美感领域。（1）它带来了一种前所未有的特殊的快感，这种快感在质料上与真实美感相同且是后者的根基，但不像通常美感以原初领会为条件。为有别于通常美感，我们称这种快感为至福。它属于一种宗教狂喜，以长期的灵修实践为自然条件，其存在根本不属于通常的美感领域。这种至福首先不同于通常的美感，在于其不以领会的原初性为条件。在通常的审美经验中，美感的产生必须经由原初领会，后者导致主体与自由本体的本真连接，这种本真连接是真实美感的最终根源。本真宗教的具体觉悟，不是经过原初领会，而是以自身必然的方式自觉地建立这种本真连接，因而可享受直接由这种本真连接带来的快感。至福不是经由领会的原初性，而是直接由本真连接带来，或者说，不是由原初领会，而唯独只由本真领会带来。其次，这种至福也不同于善的快感，在于它不是因对象的效用或感官刺激而产生的，而是与通常美感一样来自生命的本真连接。由于它来自具体觉悟的概念活动，所以它是可以以某种方式必然地获得的（比如通过禅法获得禅悦），而不再是像通常美感那样飘忽不定、无法把捉。具体的本真领会永远带来这种至福，因而在一种更广泛和深刻的意义上，它是一种永远的美，而且是神圣的美。（2）尽管这种具体觉悟是必然的，但是却引发和包含了原初想象的无限性并使通常美感得以永远持续。首先，它作为具体的本真领会打开了自由的原初创造的无限性的闸门，因而以必然方式获得了领会的原初性和通常美感的无限持续。自由要求将其绝对性和无限性在现实性中展开，这决定本体自由一旦脱去窒碍和覆障而恢复其真理，展开其绝对的任意行动，就必然展现出一种无限丰沛的存在创造活动的连续，这是一个无限的原初想象的洪流。本真的宗教就是以其必然方式，将主体的生命与本体自由直接连接，使后者的真理在前者中得以恢复，故使自由得以开创出无限的原初真理之流、无限的美。在这里，本体自由的任意创造其实就是这自由的自我呈现，它是在原初想象的无限流动中呈现自己。总之本真的宗教通过具体觉悟的概念使通常的美和美感得以永远持续。其次，超绝真理的超绝性和绝对性决定具体的本真领会永远无法以一种单独的我思穷尽其内容。这种本真领会尽管其形式是必然的，但它每一次导致的具体我思都是不同的；它不是一个个别的我思，而是一个包含无限我思的思想场域，而每一种我思仍有其原初性，所以这种本真领会就是一个原初想象的无限洪流。后者与上述的无限的原初真理之流、无限的美是同一的。因为自由的任意创造，在一种具体觉悟中，就是为了领会和呈现自由的超绝真理自身。本体自由作为绝对的自否定运动，其真理不能在单独的我思中，而只有在思想之无限的相互维持和相互否定的关系整体中呈现；不仅如此，这种呈现还有待于觉悟对这种关系整体的现实性的还原或排除。总之，本真的宗教通过一种具有必然性的具体觉悟把意义确切性和永远的原初性真正统一起来。一种具体觉悟不同于一种单一的领会或思想可能性，而一个包含无限同类思想的意义域。这种具体觉悟既完全满足了美对于真实的对象表现的要求，也包含了永远的原初性。因此唯有本真的宗教对本真的美以至一般意义上的美的实质矛盾给出了积极且具有最终稳定性的解决。它才是在此矛盾推动下美的真正归宿。

　　庄静美是一种依存美。我们曾根据作为美之本质的思想范型的区别（即其包含的现实自由的实质区别），而将美区分为优美、崇高、深沉与宏富四种实质类型或格调。依存美包括这四种格调，无论其为实在的或本真的。庄静美属于实在的依存美，且属于其中的优美格调。依存美旨在表现某种独特的精神性格，且它的格调、题材、表现方法等也被这种性格所规定。能够集中、充分、纯粹地体现这种性格的个体，就是这种性格的典型。精神的性格包括现实的层面，也包括作为其基础的本体自由自身。我们把作为前者之体现的典型称之为实在的典型，把作为后者之体现的典型称为本真的典型。庄静美的典型属于前一种。通常依存美的典型也都属于前一种。真实的依存美要求表现方式与表现对象的本质一致，即它的格调只能表现被与之相同的思想范型规定的精神性格。真实的庄静美也是如此，它旨在以理性思维方式表现理性的性格。

庄静美同样包含了依存美的实质矛盾且在其推动下发展。一方面，庄静美包含了实际的对象表现，且后者对于真实性的要求不断深化。这促使庄静美寻求对象领会和表现的更大确定性或确切性。但是领会的意义确定性通常会导致对永远原初性的否定。另一方面，庄静美作为自由美又要求具有永远的原初性，为此它必然要求否定具有意义确切性的对象表现。这两个方面的矛盾就是庄静美的实质矛盾。庄静美旨在通过对矛盾双方的调整，在二者之间建立一种平衡关系，从而将二者统一起来。但是这个矛盾的双方都是处在发展中的。二者的此消彼长导致其平衡关系的不断摧毁和重建，从而导致这个实质矛盾自身的发展。而庄静美就在这个矛盾推动下不断发展。

在所有依存美中，只有庄静美才存在表现方式与表现对象的本质矛盾。在其中，理性思维构成了一个独立于对象真理的存在层面。然而在依存美的其他格调，表现方式与表现对象在本质上都是一致的。这种情况使得，只有对于庄静美，依存美的实质矛盾才导致：一是依存美向纯粹美的转化；二是依存美向本真的美的转化必然导致庄静美甚至优美的自身消灭。

在这种实质矛盾推动下，庄静美朝两个方向发展，以寻求矛盾的最终解决：其一是为保持永远的原初性而逐渐脱离对象表现，于是庄静美最终转化为纯粹优美。在依存美中，只有庄静美使表现方式具有某种独立于对象真理的存在。它的表现方式就是自由的理性思维。后者即使在表现对象的存在时，仍然具有自己独立的意志且保持自己的单纯形式兴趣（比如形式的绝对和谐）。所以庄静美始终包含一个脱离了内在的对象表现的自由的理性思维。

后者正因为否定了对象表现，而保持其永远的原初性，成为古典艺术的永恒
之美的一个重要原因。当庄静美在其永远的原初性要求促使下逐渐从对象表
现脱离，这个自由的理性思维从它原来借助对象而固着于其上的现实存在的
概念整体中逐渐逃逸出来，成为一种绝对自在自为的存在，即成为绝对理
性，结果是庄静美因对象表现被否定而转化为纯粹优美，同时理性思维亦因
此失去意义确切性，故得以保持永远的原初性。在这里，庄静美的实质矛盾
最终得到了一种消极解决。这个矛盾还可能推动庄静美朝另一个方向发展，
就是庄静美对于更真实的对象表现的要求，使其追求越来越确定的对象表现
而逐渐牺牲永远的原初性，最后导致其完全丧失，这也使庄静美的实质矛盾
得到了一种消极解决；或者这种要求促使庄静美深化其对象领会，使其从现
实领域进入超绝真理的领域，于是庄静美转化为本真的美，从而使依存美的
实质矛盾得到了积极且具有最终稳定性的解决。只要真正的艺术或自由美还
存在，它就不可能从对于其实质矛盾的上述消极解决，而只有从本真之美的
积极解决中，获得最终的稳定性。因此本真的美是庄静美的最终归宿。只有
当依存美从实在的升华为本真的，它才能在对象表现与永远的原初性之间建
立一种最终的稳定关系，从而使它的实质矛盾得到一种积极的解决。

　　我们以下的讨论将分为三部分：一是庄静美的对象表现与永远原初性；
二是庄静美的实质矛盾；三是庄静美的实质矛盾导致其向本真的美过渡。

第一节　庄静美的对象表现与永远原初性

　　庄静美是一种依存美。依存美的特点在于它是以自身的整体形式进行对
象表现的。艺术的依存美都是典型化的。它总是根据某种性格塑造人物形
象，使后者成为这种性格包含的普遍真理的完美体现，使之成为这种性格的
典型。典型就是集中、充分和纯粹地体现了某种普遍真理的感性个别性。这
个普遍真理，最终就是精神的概念，或被概念规定的现实。因此典型化是一
种理想化。典型是概念的感性个别体现，本质上是概念的客观化。但是概念
不具有原初性，故不是美。典型作为概念的客观化，不一定是美。典型之为
美，在于它对概念的表现或领会是原初且真实的。典型美就是对概念的真

实、原初的领会。典型是概念性与原初性、美与善的统一，它的审美价值就是被概念自身与领会的原初真理性两方面决定。首先，典型所表现的概念或精神品格的高尚性和普遍性决定典型的审美价值。其次，表现方式的原初真理性也决定典型的审美价值。其中无论是真理性还是原初性都有程度的差异。一般而言对象表现越真实，原初性越高的，这种表现的审美价值就越高。以上两方面决定典型的审美价值。

美的本质是精神的原初真理，即真实的原初想象。对于典型美而言，这种真理就是对概念的领会。庄静美亦是如此。庄静美的概念性被其表现对象规定，其原初性仅属于表现方式，是表现方式之主观自由。以下试从这两方面略加讨论。

一方面，典型若成其为美，首先这典型必须是真。一个虚假的典型非但不会让人感到美，反倒让人反感（除非人们信以为真）。典型之为真，在于它对于对象真理或概念的真实理解和表达，这决定典型美的概念性。典型美应当包含对人物概念的真实表现，且这概念本身必须是真理。对于庄静美也是如此。

典型之为真，必满足以下条件：

第一，典型所表现的对象本质是一种卓越的自由。典型之为美，要求它要表现的自在概念必须是真理，而一种自在的概念的真理性就在于它的本质是自由。

一种文化精神及其艺术塑造的典型，旨在表现这种文化精神的性格。这种性格是灵与肉、精神与自然的统一。它是一个包括这个精神及其塑造的形体、仪态、情操和品格乃至作为这一切的绝对基础的本体自由自身。因此对属于它的每一缕独特思绪、每一种情感等的表现，也都是对这种性格的表现，而人物性格的所有方面，最终都是被精神自身、被它的思想塑造或规定，所以艺术对这些性格方面的表现最终也是对思想的表现。如庄静美就应当表现一种理性性格，最终旨在表现作为后者本质根据的理性思维。艺术典型要表现的是这个思想的必然方面，即概念或精神的品格。这就是艺术要表现的自在概念。

自在概念的真理性，首先就在于它的本质是现实的精神自由。典型之为真，且让人觉得美，它就必须体现了真正的精神自由。只有当我们从典型身上看到了一种精神的庄严、优雅、崇高、深刻和丰富，即领会到精神的理性、超越、反思和出离的思维，这些都属于现实的精神自由，它才是既真且美的。庄静美就旨在表现理性思维的自由。从 Pheidias 的庄严的 Zeus 和 Athena，Polykleitos 的战士，Praxiteles 的优雅的 Aphrodite，我们看到了希腊民族独特的理性精神的自由，这就是理性思维的尊严和权柄。比如 Polykleitos 的持矛者雕像，就是希腊战士、城邦公民的理想或典型形象。他的形体是被理性思维的自由精心雕琢的，强健有力且敏捷、匀称。他的表情坚定、勇敢，表现出不容损害的高贵尊严、不可摧毁的坚强意志、对自由的爱和对城邦的责任感。所以他最完美地体现了理性精神的自由。因而他才是真和美的典型。反之，如果典型表现的是病态、邪恶、畸形的东西，是与自由相违背的，那么至少在一种更健全的精神看来，这典型就既不会是真也不会是美的，无论它表现得多好。当一个时代的文化精神或审美趣味出了问题，就会塑造出大量这种既不真又不美的艺术形象。比如 20 世纪初的所谓颓废派的绘画，以及如 Schoenberg、Webern 的音乐，热衷于表现精神病患者的心理。Dali 用绘画表现潜意识心理，MaxErnster 表现一种噩梦般阴森恐怖的幻觉。这种艺术形象，因为没有表现精神的自由和高贵，不能成为真和美的典型。从中我们看到的是人们审美趣味的蜕变。另外当一种文化精神本身不健康，即阻碍了自由的开展而导致人格的扭曲，它塑造的典型也缺乏真实和美。比如中国文化塑造的二十四孝那样"孝"的典型，正因为违背了人类自由，在正常人看来全都显得非常虚伪、变态。中国文化还塑造了杀妻饲主的"忠"的典型，宁愿被烧死也不愿出仕的"廉"的典型。至于《水浒传》《三国演义》，则是把熟弄阴谋的权臣、谋士，娴于杀人抢劫且以之为乐的匪徒，当做"英雄"的典型形象，反映的乃是一种赤裸裸的犯罪型价值观。阴谋和暴力被当成美来欣赏。邪恶堂而皇之地具有了审美意义，而且有成为主流审美倾向之势。这种文化本身及其价值观的严重扭曲，通过其审美观的畸形得到最显著的表现。没有哪种文化像中国文化，塑造出了如此众多的这类反自由、反人性的文学典型！这种典型既不真，也完全没有审美价值，只能给一种畸形的精神带来病态的心理满足。

其次，这个自在概念或精神品格的真理性，还在于它的自由必须具有卓越性。概念的自由必须是在某种意义上超越我们观众自己的，这就是它的卓越性。只有这样它才可能被表现为我们的理想，成为真实典型的本质基础。比如希腊雕塑表现的理性精神的自由，包括理性思维的尊严和权柄，以及这种自由的健全性，都是超越了我们观众的实际此在的。希腊古典艺术的杰作，无论是天神，还是战士、运动员，都体现了一种我们无法企及的精神自由、一种真正的高贵。因而它的典型才是真且美的。相反一个不具有这种自由的卓越性，甚至其精神品格低于我们的生命此在的所谓典型，对于我们就既不真又不美。因此我们就清楚了希腊古典盛期的艺术有意忽视儿童题材并回避表现畸形、病态人物的一个重要原因，也看到造成 20 世纪艺术末路的一个重要原因。后者就在于放弃了对自由的卓越性、对艺术的理想主义的追求。大量的艺术被用来描绘精神病患者、罪犯、同性恋和妓女的世界，许多艺术家甚至试图退回到野蛮人和儿童的状态寻求灵感。其中法国画家 Jean Dubuffet 的观点是代表性的，他甚至认为儿童、精神病患者、囚犯以及流浪者的艺术往往更直接、更真实，因而他提倡粗野艺术，明目张胆地主张艺术的幼稚化、粗陋化和低俗化。在这里，艺术热衷的是一种远远低于甚至完全消解了人类精神自由的境界。西方艺术这种审美趣味的退化，使它在东方的逍遥风格艺术中找到了同路人。这种逍遥风格的诀窍，就在于将意志、自由、教养完全抛弃，在儿童和野蛮人那种完全摆脱了文明束缚的狂野、任性、放肆中，实际上是在精神的彻底死亡中，体会到快感：这是东方人独特的"美感"。逍遥风格包括三个面相：粗俗；颓废；凶残和暴戾。一些暴发户放纵的低级趣味表现的是粗俗。庄子和陶渊明的作品透露的是颓废。而像怀素的狂草这样的作品，则充分表现了逍遥包含的凶残和暴戾的一面。我们观看这幅作品，会感到一种特别狂野、恣睢、残暴和凶狠的力量扑面而来，压得人喘不过气来。但这种力量不是精神的力量，没有任何高贵和自由，而是一种来自民族心理最黑暗深渊的凶残和暴戾冲动。真正理解了这样的作品，就能够理解为何这片土地的历史是如此惊人地血腥残暴。总之，典型之为真，要求它体现了一种高于我们实际此在的精神自由，使它能够成为为自由而生活的我们的灯塔。希腊古典艺术塑造的天神、自由的战士、运动员，就是像这样的灯塔。当然，典型体现的卓越自由要感动我们的情绪良知，还要求这自由必须属于我们的应许存在。

第二，典型之为真，还在于它表现的思想或概念是普遍的，而非偶然、个别的存在。这就是典型的普遍性特征。首先，它表现的自在概念必须具有普遍性。比如我们今天要塑造一个"一身正气，两袖清风"的县委书记典型，那么除非中国绝大多数县委书记都是如此，否则这个典型就是虚假的，即使它是以个别真实人物为原型的。概念的普遍性是一个量的方面，最终在于概念在多大范围内属于人类的应许自由。这决定概念或真理到底是在某个小的群体、某一社会阶层，还是在某一种文化族群中是普遍的。一旦超出界限，这个概念及它塑造的典型就可能丧失真理性。尤其在文明的冲突中，这样的情况经常发生。某一种文化精神中孕育出的高贵的自由之花，在另一种文化中并未引起感动，而是被漠视、仇恨甚至被摧残。比如中世纪基督教对于希腊艺术，伊斯兰教对于佛教艺术，中华帝国对于基督教艺术。原因就在于概念的普遍性的限制，以及领会者的良心尚未觉醒。概念的最大普遍性，在于它作为自由是人类共同的需要、共同的应许。它塑造的典型，才具有最普遍的真实性。人类最伟大的艺术品，都塑造了一个具有最普遍真理性、体现了人类最广泛的应许自由的典型。比如希腊古典艺术的庄严和优雅的典型，佛教艺术的崇高典型。其次，典型或其所表现概念的普遍性，还在于典型表现了对于对象或自在概念的普遍理解，后者也构成概念的一个方面。要使一个"一身正气，两袖清风"的县委书记典型是真的，这个典型就不仅要符合县委书记的普遍状况，而且要符合群众对其的普遍理解。一个政权在意识形态失败后的普遍现象，就是会大量塑造一些既不符合自在的概念，也不符合群众的普遍理解的典型，一眼便知其是虚假的，故也毫无感人的力量，反倒让人恶心。另外，典型的真理性还取决于社会对于概念的普遍理解的真实性。在一种扭曲的文化中，社会对于概念的普遍理解经常就是扭曲的，因而也是不真实的。比如中国文化对英雄、忠诚、孝的普遍理解都是严重扭曲的，其艺术据此塑造的典型，总是让我们正常人感到丑恶虚假，毫无精神的高贵与美可言。

艺术作品的审美价值，必然取决于其典型包含的自由的卓越性与普遍性。

第三，典型之为真，还要求它真实表达了艺术家对概念的真实领会，且这领会本身是真实的。

艺术家的领会本身的真实性，首先在于艺术家具有对概念的真实理解，而这在于他自己的思想达到了与自在概念以及对其的普遍理解的同一。其次在于他创造的感性形式真实地将这种理解表达出来。这在于这个形式将存在于理解中的普遍真理（即概念）包含在其感性个别性中，它就成为概念的具体化、感性化，即艺术的理想或典型。典型就是客观的理想，其形成还要求艺术家根据自己的理解改变自然，把这种理解的形式注入自然之中，使之在客观世界中得到表达，成为客观的艺术形式。艺术家在一种真实理解中，通过自己的思想与概念的同一，使概念作为自己的思想得到表达，使作品成为概念的体现。只有当典型包含了对概念的真实理解并将之充分表达出来，它才可能是美的。

　　典型之为真，还要求它是艺术家的真实领会或理解的真实表达。首先，要使典型为真和美，艺术家就必须真诚，即只表达自己的真实领会。在现实中，艺术家常常在政治压迫和商业利诱之下，不敢表达自己的真实领会，而是有意以谎言欺骗群众。如果艺术家塑造的人物性格没有表现对概念的真实理解，它就不具有真正的典型性，会让人觉得虚假，也就不成其为美。那些被极权统治者圈养的艺术家，就极力用艺术表现、传递一种错误的理解，或者用极偶然个别的例子冒充普遍，目的就在于扭曲群众对于概念的真实理解。他们由此塑造的艺术典型就显得十分虚伪，毫无美感，没有任何艺术价值。其次，要使典型为真和美，还在于它是艺术家领会的真实表达。表达就是把主观的转化为客观的，就是主体根据自己的思想、情感塑造客观对象，使后者成为这种思想、情感的表现。典型作为真实的表达，就在于它使思想（情感也是被思想塑造的），因而也使这思想所领会的概念，在感性客观性中得到集中、充分和纯粹的体现。这也是典型之为真的必要条件。

　　表现真理是艺术的良心，也是社会的良心。当一个社会充满了谎言，它的艺术必然也充斥着虚假和丑恶。一种完全不包含真理性的艺术作品，只能算是艺术的赝品。这种假的艺术的涌现，从艺术家方面来说，要么因为他的理解本身是不真实的，要么他有意表达一种虚假的理解，要么对于真实的理解没能给予真实的表达。

　　总之，庄静美是一种典型美。典型之为美，当以其真为条件。一种文化精神创造的艺术典型，其所表现的现实真理最终就是作为这种精神性格的本质基础的品格或概念。典型之为真，首先在于它表现的概念必须是真的，即体现了自由的卓越性与普遍性的，其次在于它表达了对于这概念的真实领会。通过这种真实领会，概念才转化为艺术家自己的思想，并通过他的手转化为感性客观的形象，即典型，概念由此使自己得到表达。典型就是概念的表现，这就是它的概念性。唯其如此，它才是真。概念是普遍、抽象的本质，而典型则将其与具体化、感性的表象结合起来，是普遍性与个别性的统一。在这里，概念所体现的自由的卓越性与普遍性，以及表现的真实性，决定了作品的审美价值。

典型之为真为美，根本上取决于文化精神的性格。只有一种高尚的文化精神，才能确保这种自在概念包含了一种更卓越和普遍的自由，且保证对于概念的真实理解，因而才能保障典型的真理性。当一种文化精神出了问题，人物的自在概念有可能是邪恶、病态、畸形的，而对于它的普遍理解也可能是虚假的。这样的概念就不具有真理性，也不可能作为典型美的基础。

庄静美旨在表现希腊民族的理性性格，且其表现方式也被后者规定。这种性格的本质是理性思维的自由，以理性思维的概念为核心和基础。这种精神性格规定了希腊艺术的表现对象和表现方式，实际上是它通过艺术表现自己。也就是说，在这里是理性思维的概念通过艺术表现它自己。希腊民族精神的高尚性，确保她享有的自由的卓越性和普遍性，以及她对于自由的真实理解，因而才能保障她塑造的典型的真理性。

另一方面，庄静美及任何典型美还必具有原初性。唯其如此，它才是美。真实的美感只来自原初领会。实际上，人类创造的任何东西，如果它的意义只包含一种通常的概念领会，而没有任何原初性，它就不会给我们带来任何真实的美感。它只是善而不是美。原初性（当然这种原初性也必须是真理）是任何的美，包括庄静美，的必然条件。仅仅作为概念的客观表现还不足以成其为美。人类全部的创造物，从政治法律制度到日常用品，都是概念的客观表现，但都不是严格意义上的美。人类要使其创造物成为美，还要求其表现方式必须具有原初性。

从柏拉图到 Winckelmann 这样的理想主义者，他们论美的最大问题，是忽视了艺术中思想的原初性，而把艺术的思想（作品意义）完全等同于概念，这也是黑格尔美学的误区。Winckelmann 强调艺术表现的意义确切性及其与概念的明确指称关系，而反对巴洛克艺术中作品意义的多重性。然而事实上正是这种意义多重性，使我们对作品的领会包含了某种原初性。后者在于对象具有的多种意义可能性构成了一个意义域，后者比起单一的意义可能性，能使领会更多地经历思想之新奇性，实际上是将领会置入一个具有原初性的意义空间。反之作品意义与概念的确切指称关系，则完全取消了这种原初性的空间。把艺术的思想完全等同于概念，结果必是美的完全丧失。原初性是美的模态条件。自由美和艺术都要求美的持续，也就是美的原初性之持续，而这必以作品意义域的丰富性为条件。艺术品之不同于产品说明书、广告和政治宣传，就在于它包含的是一个丰富的意义域，而不是一种单一、确切的意义。通常情况下，它包含的意义域越大，其领会的原初性就越能持续，它的美也就越持久。艺术作品要使自己具有一种永远的美，要使观众对它的领会具有永远的原初性（这正是每一种自由的艺术孜孜以求的），那么它包含的意义域就应当是无限。

美的本原存在论价值在于转化为概念，所以在通常的精神学习中，一旦我们的领会抓住了对象概念并与之同一，领会就渐渐失去吸引力和美感。但是为什么像希腊古典艺术的伟大作品，尽管我们领会了它的概念，它却仍然对于我们有着一种永远的吸引力、永恒的美？概念不是美，不是美感的原因。一件有持久生命力的作品，即使完善地表现了某种高尚的精神概念，它引起的持续美感也不是以后者为根据，因为欣赏者与后者同一的想象不能始终保持原初性；这种美感应当恰恰在于，作品能够使欣赏者的领会从这概念溢出或发散开去。不同作品所容许的这种溢出的空间不同，而这就是作品的意义域，也是作品所容许的原初想象的空间，其大小决定了作品的生命力。一件旨在表现对象概念的作品，其意义之所以能够从概念溢出，而且恰恰这种溢出部分构成了艺术的美，原因包括以下几点：

第一，作品表现了一种单纯形式的追求，包含了一个并不内在地表现现实对象而只以其自身和谐让人愉快的形式层面。装饰艺术就包含这样一个形式层面。自由的艺术往往也是如此。在这里，艺术就包含一个超出对象概念的主观想象领域，后者不具有与现实对象的指称关系。这使观众的想象被引入一个与作品要揭示的题材、思想完全无关的领域，因而它可以完全脱离题材控制而任意活动。在这种情况下，审美愉悦就归因于作品容许了想象的溢出空间，从而使想象的原初性的持续得到了保证。在这里，艺术的表现方式，具有一种只属于它自身而不属于对象概念的美。在欣赏这样的作品时，我们的真实美感是来自表现方式而不是对象的自然真理。这种表现方式自身的美，就是游离于对象的单纯形式美。一种脱离对象真理的表现方式自身的美就是一种单纯形式的美。由于这种脱离，表现方式内在的理性就成为自由的，纯粹以形式自身为目的的想象活动。这种情况则唯独庄静美才具有。因为庄静美是以理性思维方式表现通常概念，因而包含了表现方式与对象概念的本质分歧，这是造成二者分离的原因。理性思维就是自由的理性活动。当理性成为自由的、以形式自身为目的的综合统一活动，其构成的形式必有绝对和谐的特征。唯后者具有一种单纯形式的美。在庄静美中，艺术典型之塑造，在于艺术以这种理性思维来领会对象概念，并将其表达为感性客观的形象。因此庄静美包含一个由理性思维的自由活动构成、不内在表现对象真理、完全脱离对象概念的自然结构的形式层面。后者具有绝对和谐特征，游离于精神已有的概念系统之外，即不能参加到对象真理之中、不能转化为概念的成分并加入精神的逻各斯整体，属于一种非构成性的领会，故具有永远的原初性。它的美是一种自由的、绝对的美，而不是构成性的美。因此它可以具有永远的原初性，或永远的美。作为庄静美的典范，希腊古典艺术就包含了一个只以形式的绝对和谐为目的、作为理性思维之自由游戏的领域，后者构成这种艺术之永远原初性的根据。

第二，作品揭示了一个超越其对象概念的存在层面，即超绝真理层面。这在文学领域更为常见。最好的文学作品，不仅通过典型人物的典型行为，以最亮的光线彻照了一种高尚的精神概念，而且这光的余晖还透过概念的波浪，透入潜伏在黑暗深渊的自由的超绝真理。这样的作品自在地包含了一种对于超绝本体的真正觉悟，所以具有一种本真的美。这就是作品意义从概念溢出的部分。当我们阅读这样的作品时，尽管它表现概念引导着我们的想象，但我们的想象却超越了这概念而发散开去，深入到那与概念一同被照亮的超绝真理的领域。这种本真领会的发生，甚至可以超过概念。比如当我阅读像《效法基督》《天路历程》这样的作品，即使我们对其要揭示的圣徒的理想境界及其包含的概念感到茫然，但我们从基督徒达到此境界必须经历的、精神的艰难的自身超越和自我反思活动领会到了一种超出了这个理想和概念的一般的精神运动，甚至作为这种概念范型之先天普遍本质的相应意志冲动，比如作为精神的自身超越概念之超绝本质的自身否定冲动。我们对这种一般精神运动的领会，游离于精神的已有概念系统，无法与之衔接，故不会被概念化，而具有永远的原初性。所有其他格调的依存美都可能包含这种潜伏的本真的美的层面，并会向后者升华，唯庄静美不然，因为理性思维对于超绝真理缺乏兴趣也无法达到其领域。

第三，作品对于概念采取了隐喻性表现。隐喻性表现之不同于再现性表现，在于其表现媒介与对象的不适宜性，故其形式与对象并不存在确定的指涉关系，故这种表现不构成对对象的确定描述或揭示，不包含对于对象意义的确定领会。这种表现常见于且只见于艺术领域。艺术旨在以感性的形象把抽象的思想表现出来，必然具有一种永远的原初性。这种永远的原初性就是由于表现媒介与表现对象的矛盾。纯粹思想，包括概念，的唯一适宜的表现媒介是语词。所以当希腊古典艺术试图用石头表现人物的思想、概念，这种表现媒介就是不适宜的，所以这种表现就不会具有意义确定性。希腊的悲剧、诗歌可以揭示神祇和英雄们的内心世界，但面对一尊 Aphrodite 雕像，我们永远无法确定她到底在想什么。这种表现方式也为想象提供了一个从概念溢出的空间。这就是一种隐喻性表现。另外，艺术对情绪的所有表现都是隐喻性的。所有格调的依存美都可能有这种隐喻性表现。隐喻性表现就是通过对意义确定性的否定以保持其思想的永远原初性。

第四，艺术对概念的内在表现也可以找到具有永远原初性的模式，这种情况也是所有格调的依存美都可能会有的。庄静美包含的永远原初性，在更严格的意义上，不在于对象的自在概念，而是在于表现方式，在于后者包含的对于这概念的领会，包括理解和表达。希腊古典造型艺术的美根本上来自表现方式，它就是这种表现方式包含的原初真理。希腊艺术的高度理想化的表现方式，本身就包含了一种对于对象的非常独特和具有天才创造性的理解。庄静美包含了对于对象的双重理想化。理想的人物性格不是实际存在于经验中的，而是艺术家的想象创造出来的。这种想象可能具有永远的原初性。另外，庄静美还根据理性思维对形式绝对和谐的要求对对象进行理想化。比如对于所谓希腊轮廓及理想人体比例的追求，并不是因为这些是最有利于人类生存，也不是因其更真实表现了对象的真理，而仅仅因其符合某种形式的绝对和谐。这样一种理想化本身是理性思维的要求，而并未具体地表现对象的真理，而只在于构成一种音乐般的韵律和节奏之美。庄静美还可通过其独特的表达获得原初性。比如 Praxiteles 的 Aphrodite 和 Da Vinci 的 Mona Lisa，尽管表现的是通常概念，但是体现了作者不被概念规定的独特运思，即独特理解和独特表达。庄静美包含的独特表达，即使可能对对象无所揭示，却仍是有内容的、体现了某种思想的，后者就是作为艺术领会的自由的理性思维本身。在这样的表达中，有一种可能具有永远的原初性，它必须是抽象的，即只以形式和谐为目的，并不揭示对象真理或概念，因而不可能纳入精神的概念系统中，而只属于理性思维的自由游戏。庄静美包含的这个独特表达，因其无所揭示，也就不具备构成性，是一种具有永远原初性的绝对美。

　　第五，庄静美或其他格调的典型美之所以永远吸引人，还因为它表现的理想性格永远超越个体的实际自由，是一种不可企及的善。这种不可企及的善，首先可能让我们产生一种前领会的快感。当我们初识一个品格高尚之人，即使我们还不知道如何与他打交道，也没有实际地从他习得这种高尚品格，也就是说我对他的高尚既无实践领会，亦无审美领会。但即便如此，我还是对这种高尚品格有所感受，这种感受是情绪性的，就是我对他有了一种好感。这就是一种前领会的快感。我们对一种成功的艺术典型同样会产生这种前领会的快感。比如希腊古典雕塑表现的人物形体的完美、理性思维的自由、性格的健全性，都是我们无法实际达到的自在的善。庄静美包含的精神的自在概念就属于此。对于这样的典型，即便我们尚未将其自由转化成我们自己实际的生命内容，我们也能感知这种自由的高尚性并因此产生好感，这也是一种前领会的快感。这种前领会的快感也是审美快感的整体的组成要素，但它不是从实际的原初领会产生的，故不是单纯美感。① 这种快感的独特性，首先在于它只能是由一种超越我们的生命此在、我们尚且不实际具备的自由所带来；其次它可能植根于我们对这种自由的实践领会和审美领会可能带来的快感（分别是善的快感与真实美感）的预期。我们面对一种更卓越的自由，就会预期当我们占有了这种自由就将获得一种新的自由感或美感。

---

① 对于对象的前领会的快感，不论是在实践领会，还是在审美领会中都存在，而且性质是完全相同，都是因为对象的善而有的快感。

我们会因这种预期的自由和美感而感到喜悦，尽管我们现在还没有占有这自由或实际地领会它。对于这种自在的善，我们的主观领会不能与之达到实际同一，不能实际地成为它。比如希腊雕塑表现的理想的形体就不可能通过艺术欣赏获得。艺术典型表现的其他自由方面，也是我们永远不能企及的。正因为这种自在的善不可企及，针对它的前领会的快感才得以永远保持。

此外，对于作为概念性与永远的原初性之统一的庄静美而言，赋予其持久吸引力的快感来源是很复杂的。它可能还包括：其一，善的快感。此如典型所表现的高尚品格常常会让我们感受到的。它其实来自这种审美经验包含的实践领会，而非严格意义上的审美领会（比如当这种品格并不比我们的实际此在更卓越时）。其二，真实美感。无论是对庄静美表现的自在概念，还是作为表现方式的自由的理性思维，我们的领会都可能是原初的，由此产生的快感就是真实美感。其中对这自在概念的原初领会属于构成性的美，其带来的快感尽管属于真实美感，但不可持续。对于自由的理性思维的原初领会则是绝对美，其导致的美感是可持续的。在依存美中，唯庄静美包含这个自由的理性思维层面，后者由于不能参与到对象的概念构成中，因而具有永远的原初性，故永远能带来美感。其三，感官愉悦和本能欲望的满足。不用否认，古典艺术的 Aphrodite 带来的单纯视觉的满足，她对男性性本能的强烈诱惑力，也是造成作品永恒魅力的重要因素。总之，庄静美导致的快感在来源上很复杂，包括前领会的快感；理解和表达的快感；善的快感；可持续的与不可持续的真实美感；感官愉悦和本能欲望的满足；思想相通的欣慰和情感的共鸣等多方面。

总的说来，像 Praxiteles 的 Aphrodite 这样的作品，作为庄静美的伟大典型，她带给我们的快感其实是所有这些快感的混合体。作品之所以有如此强大和持久的魅力，她给我们带来的这些快感可能每一个都是不可或缺的。

总之庄静美作为典型美，是概念性与原初性的统一，是艺术包含的原初领会与对象概念的统一。这种统一将典型美包含的概念性与原初性带入直接的冲突中，使这两方面构成一种内在矛盾。一方面，庄静美具有概念性。它旨在表现被理性思维的概念规定且作为其体现的理性性格。它通过塑造这种性格的典型来表现这概念。而它作为对对象概念的表现或领会，就要求与这概念达到同一。这最终将使它自己概念化，成为概念领会。另一方面，庄静美作为自由美还必须具有一种永远的原初性，即永远是一种原初领会。因此当庄静美要使领会与对象概念达到统一，就必导致二者的矛盾。概念领会与原初领会存在本质的冲突，这最终奠基于概念与原初想象的矛盾：这二者是现实真理的不同模态（即存在发生的不同时间性契机），永远不可能等同。概念领会与概念完全等同，就是概念或概念的活动，完全被必然法则规定，而原初领会则是自由的完全偶然、任意的活动。这种冲突导致典型美的概念性与原初性的矛盾。庄静美一旦将自己概念化，成为概念领会，就必将导致原初性的丧失。当它要求一种永远的原初性，就必因此陷入与自身概念性的本质冲突。庄静美的实质矛盾就奠基于此。因为庄静美要求对现实对象的真实表现，而这种表现必然是概念性的；同时艺术的庄静美又要求一种永远的原初性，于是这两方面要求必然陷入矛盾之中。

第二节　庄静美的实质矛盾

作为自由美，庄静美的实质矛盾就是依存美的一般实质矛盾，即美的对象表现与永远的原初性要求的矛盾。依存美总是包含概念性与原初性的矛盾，后者在自由的依存美中就转化为对象表现与永远的原初性要求的矛盾。我们所谓庄静美或依存美的实质矛盾，通常指自由美而言。尽管其实质矛盾与其他格调的依存美无别，但庄静美对矛盾的处理颇为独特，这归因于庄静美的表现方式与表现对象的本质分歧（其中作为表现方式的自由的理性思维常常游离于对象存在之外）。庄静美的本质是以自由的理性思维表现精神的通常概念。只有当庄静美旨在表现精神的理性性格，它才能获得自身统一性。只有在希腊古典艺术，庄静美才获得了或最早获得了这种自身统一性。

依存美最终旨在表现一种文化的精神性格，且其表现方式最终也是被这种性格规定，所以它其实就是这种精神性格的自我领会、自我表现的途径。因此通常情况下，依存美的表现方式与表现对象在本质上是一致的。只有在庄静美中，才会存在表现方式与表现对象的本质分歧。这包括：其一，理性思维表现的通常概念与其属于不同的思想范型，比如其表现的是一种超越或反思思维，这种情况在西方艺术中是常见的；其二，自由的理性思维与其所表现的理性思维的通常概念亦有不同，因为只有前者是真正自为独立且只以形式的绝对和谐为目的的，后者则否。古典艺术的自身统一性，只在于其克服了第一个方面。庄静美的古典风格在于以自由的理性思维表现一种理性性格，由此实现了理性思维要求的形式绝对和谐与对象形式的充分和谐的统一。后者是优美（包括纯粹优美）的古典风格的一般特征。

庄静美达到这种自身统一性，是其表现方式与表现对象互相寻找的结果。一种自由的或有其自为独立存在的理性思维，乃是理性思维的真理和理想。因此，一种理性性格会把自由的理性思维作为自己的理想，它会寻求以这种思维的方式表现自己。理性性格就是被理性思维主导、规定的精神性格。理性思维本身就追求形式的绝对和谐，因而是以自由的理性思维为其真理或理想，故当它试图以理想化方式表现自身，这种表现方式必然就是以自由的理性思维为其本质；另外，它在形式与实质上都不会与自由的理性思维相矛盾，故适宜于这种表现方式。反之，精神的超越、反思等思维，并不具有对形式的绝对和谐的追求，在形式与实质上都与理性思维相违背，因而不会以理性思维的方式表现自身。所以它们也没有一个游离于对象概念的层面，当它们作为对于现实对象的真实领会时，必将转化为概念。它们的实在典型，包括属于崇高、深沉和宏富的，都没有永远的原初性，此其异于庄静美者。另外，理性思维作为表现方式在依存美的形式矛盾作用下，也会逐渐找到理性性格和理性思维的概念这个对象。比如在西方艺术史上，常有以理性思维的形式表现精神的超越、反思和出离思维，表现存在的崇高、深沉、宏富，这些都导致表现方式与表现对象的本质冲突，从而破坏了美的内在统一。这最终迫使理性思维寻找一种与它本质一致的表现对象。

庄静美的这种自身统一性使得希腊古典艺术成为希腊民族精神的自我表现的途径。这种精神的独特性格是一种被理性思维的自由规定的理性性格。正如 Taine 描述的："在希腊人身上，穷根究底的推理家成分超过玄学家和博学家的成分。他喜欢作细微的区分，巧妙的分析，要求精益求精，最高兴像织蜘蛛网那样的工作。他在这方面手段之巧，无与伦比，尽管这个太复杂太细巧的网对理论与实际毫无用处，他也毫不介意。只消看到绝细的丝能织成对称的、细微莫辨的网眼，就感到满足。"①这种独特的理性性格不仅是希腊古典艺术要表现的对象，且规定艺术的表现方式，规定艺术的理想、它的选材和审美趣味等。它决定希腊艺术对于单纯形式和谐的本能追求。在希腊古典艺术中见不到印度古代和基督教中世纪艺术常见的那种夸张、怪异、丑陋的形象，以及那种破坏形式和谐的强烈情绪和动作表现。在这里，其实是希腊精神的理性性格通过艺术表现自身。

然而即使在古典风格，庄静美的实质矛盾，即其对象表现与永远的原初性要求的矛盾，仍始终存在。

一方面，庄静美必须表现某种现实对象，其最终目的在于塑造一种理想的人物性格，以此表现精神的普遍性格，后者以自在的概念为其本质基础。人的性格就是他的独特现实自由，包括其精神生命的全部自在概念及作为其表现和被其所规定的仪表、行为和性情等特征。一个民族、一种普遍的文化精神同样有其性格。典型美就旨在表现这种性格。它既可表现这性格的整体，也可只表现其某一方面，比如某种思想、情感或形体特征。庄静美就表现了精神的一种独特性格。在希腊文化中，这就是一种理性的性格。后者凝聚了这种文化精神的独特自由，以理性思维的自在概念为其本质基础。希腊艺术的表现题材，即它要表现的现实自由，也是多方面的。作为造型艺术，它首先旨在表现理想的形体，并通过形体表现内在的精神。完美的形体本身也体现了一种自由。我们从希腊艺术塑造的完美形体就可以看到一种卓越的自由。它首先是身体行动的自由（敏捷、速度、力量等）。而只有当它体现了精神的自由，且被精神的自由规定，它才具有精神性，也才是人的真实自由。唯其如此它才具有理想性，才成为典型美。故形体自由的本质基础是精神的自由，是精神的自在概念。形体自由表现了精神的概念。在希腊古典艺术中，这就是理性思维的概念。Pheidias、Polykleitos 和 Praxiteles 塑造的完美形体，就表现了一种理性思维的自在概念。事实上，希腊艺术家在创作中，都把当时盛行的面相学作为理论基础。面相学探讨人的形体特征与内在思想的对应关系，本身不无合理的根据。盖人的不同思绪、情感，都会导致面部线条的独特变化。人如果长期、经常地沉浸在某种思绪、情感中，这

① 丹纳:《艺术哲学》，浙江人民美术出版社 2017 年版，第 259 页。

种变化就会在脸上凝聚而成为一种稳固的面部特征。我们就经常从一个人的面部特征，看出这是一个理性的人、贪婪的人、虚荣的人、纵欲的人、高尚或卑鄙的人等。因此艺术可以通过外表的刻画，来反映人内在的思想。在这方面，希腊古典艺术取得了堪称典范的成就。像 Pheidias 学派的 Athena 像的面部轮廓就具有那种超凡智慧者的典型特征。在这里，众神和英雄的理想形体就是理性思维的自由所刻画出来的，表现了后者的尊严和权柄。这种刻画，也包括希腊运动员在理性精神要求下的自觉形体塑造。此外，理性思维还塑造人的身体姿势、行为举止、风度言谈、品行情操等方面，并通过后者使自己得到表现。希腊古典艺术就旨在通过刻画这些性格特征，来表现规定它们的理性思维的自在概念。庄静美最终旨在达到对这个自在概念的真实表现。此外它还必须表现对于这概念的普遍领会（后者属于自为的概念）。比如 Praxiteles 的 Aphrodite 雕像，不仅表现了女性形体的完美及其体现的自在概念，且表现了希腊民族对于女性的普遍领会，还有艺术家对概念的真实理解。总之，庄静美要表现的最终是精神的自在概念。在这里，艺术典型必须忠实于概念。若违背概念，它就失去真理性，也就不成其为美。

另一方面，作为自由美，庄静美还要求一种永远的原初性。希腊古典艺术的杰作，都具有一种永远的美。人们在任何时代或人生的任何阶段看希腊古典大师的 Athena、Aphrodite 雕像都会感受到美，会觉得这种美是永恒的。原因就在于它们都包含了一个具有永远原初性的真理层面。对于一种典型美，这种具有永远原初性的真理，只有当其游离于对象概念才是可能的，而这一点的必要条件，是这真理唯独属于表现方式自身。当艺术的表现方式脱离对象真理，单纯只以自身为目的时，其思想就是真正自由的，而在庄静美，这就是自由的理性思维。后者是理性思维之游离于对象概念的自由想象，不能参与到对象的概念构成之中，且正因此而具有了永远的原初性。

庄静美的这两个方面存在直接冲突。因为对象表现追求意义的确切性，而对于通常对象（其本质就是自在概念）的意义确切的表现，必定最终导致自身的概念化，从而导致原初性的丧失。因此通常情况下，实际的对象表现都会导致对永远原初性的破坏。庄静美致力于将以上两个方面统一起来，因而将二者的冲突转化为它自己的内在矛盾。它既要求对对象的真实表现，又要求具有永远的原初性。因而它必须在相互冲突的双方间建立一种平衡关系，使之构成一个对立的统一整体。

庄静美的这种实质矛盾，在希腊艺术中表现为道德的原则与美的原则的冲突。一方面，希腊艺术旨在表现希腊民族独特的理性性格，后者是一种善，本质上与永远的原初性相矛盾。艺术塑造的典型性格，本来就旨在作为城邦公民的人生标杆，旨在表现一种善。这是希腊艺术遵守的道德的原则，后者要求艺术的形式唯独服务于对善的表现。另一方面，希腊艺术还要求表现方式具有永远的美或永远的原初性。这是希腊艺术遵守的美的原则，后者要求艺术形式只以自身和谐为目的从而脱离对象表现。正如我们前面的分析表明的，庄静美的实质矛盾必然导致希腊艺术这两方面追求的冲突，导致道德的原则与美的原则的冲突。在这种情况下艺术往往必须为道德的原则牺牲美的原则（比如希腊化时期大量出现的哲人塑像，往往为了表现善打破了形体之美），或者为了美的原则牺牲道德的原则（比如抽象的绘画和雕塑，往往为了形式的美而放弃对传统道德理想的表现）。

为了构成这种平衡和统一，庄静美必须对矛盾双方都作相应的调整，而这种调整主要针对庄静美的对象表现方面。

第一，在所有依存美中，唯有庄静美包含了一个脱离了任何对象表现，只以形式自身为唯一现实目的的意义层面，后者就是理性思维的自由游戏。在这里，自由的理性思维只以自身为绝对目的，不表现任何现实对象，故无法与精神的逻各斯整体衔接起来。因此它永远是漂浮流动的，不能附着于精神的概念系统之中，而它正是因此保持住了一种永远的原初性。它始终停留在主观想象领域，不会加入到对象的客观意义中，不会改变、更新对象的概念，所以它不是构成性的，因而它的美是绝对的、永恒的。庄静美包含的这个自由的理性思维层面，尽管无所揭示，却仍有所体现，而其所体现或表达的，就是作为艺术领会的它自身。后者是庄静美的本质基础，也是其永远原初性的根据。

庄静美在结构上之有别于其他实在的典型美者，就在于它有这样一个永远游离于精神已有概念整体之外的思想层面。通常情况下，美有两种情况：它要么作为实在的典型美，旨在对概念进行确定表现，那么它就是构成性的，不会永远游离在已有概念整体之外，所以不会具有永远的原初性；要么它具有永远的原初性，但是一定是不参与任何现实对象之确定表现的，即不具有现实的典型性。因此在所有实在的典型美中，只有庄静美才既确定地表现对象真理，又具有永远的原初性。只有从这一区别，我们才能解释，何以像基督教、佛教艺术所塑造的圣徒形象，作为一种理想性格，通常都不具有永恒的美；反之希腊艺术塑造的理想，具有永恒的美。基督教、佛教艺术所塑造的理想性格，对于作为热切仰慕者的我们，所体现的最终其实是一种善：要么是一种最终会成为我们自己生命的必然真理（于是使我们丧失对于它的愉悦，包括美感，所以当它通过领会被转化为我们生命中的原初真理或美，这种美就不可能是永远的）的善（比如像诚实这种通常道德的典范）；要么是一种不可企及的善，比如像基督、佛祖体现的超凡品格，它永远不可能通过我们的领会成为我们自己的品格，它固然可能会永远让我们产生快感，但这只是善的快感而不是美感。也就是说，崇高、深沉和宏富，作为实在的典型美，都不可能是永远的美，除非典型美从实在的层面过渡到本真的层面。

其次，庄静美还会为了保持永远的原初性，放弃对象表现的意义确定性，这在于它采取了隐喻性表现模式。希腊古典艺术就采用了这种隐喻性表现。Lessing 说："身体的最高美就是艺术的最高目的。但是身体的最高美只有人才有，而人之所以有这种最高美是由于理想。"（*Laocoon* 续编）这里所谓理想就是将生命灌注于物质的精神或灵魂，Lessing 认为应当以精神得以表现的程度来衡量美的高低。他在这里也点明了希腊艺术的柏拉图主义立场。正如 Winckelmann 所说，希腊艺术的主要兴趣和成就，不是描绘无所表现的花瓶轮廓和几何图案的美，即自由美，而是要表现出"一个伟大而沉静的灵魂的美"。在庄静美中，这种灵魂之高贵被理性思维的自由规定。它通过这种自由所塑造的高贵的形体仪态、言行风度和性情操守等表现出来。但是造型艺术（因其媒介与对象不存在确切指涉关系）不能以其形式直接、内在地刻画或揭示这个灵魂及其自由，而只能通过刻画这种形体仪态、言行风度和性情操守等特征来间接表现。这就是一种隐喻性表现。希腊古典艺术对于情感也同样采取隐喻性表现。它的最终目的和最大魅力在于其对精神的理性思维的表现，而这种表现是隐喻式的，这或许正是其魅力的隐秘根源。在这里，艺术没能以其形式把对象内容实际、内在地揭示出来，以构成对于领会的确切指引，从而使领会者能够占有这个内容。也就是说它不能让观众形成具有意义确切性的领会。我们无法确切知道雕像表现的 Athena 和

Aphrodite 到底在想什么。黑格尔所说的希腊雕像中透露出的一种哀伤，其实就是理念与感性形式的冲突造成的。这种冲突使得理念无法在感性形式中得到确切的表现。这种哀伤就是思想无法得到确切表现的伤感。在这里，艺术放弃了对象表现的意义确切性而保持了其永远的原初性。

再次，庄静美的对象表现方式，为确保作为其本质的理性思维不被概念化，会限制其具体和内在的表现，而采取抽象和外在的表现。所谓内在的对象表现，指表现方式与对象在形式上有确定的指涉关系，故前者使后者得到描述、揭示。比如一幅好的肖像画的人脸轮廓就一定包括对模特的内在表现。但庄静美的表现方式，包含了一个由理性思维的自由游戏构成的形式层面，尽管它是以这形式来表现对象，但这形式并未将对象形式包含在内，未构成对后者的描述，故这种表现是外在的。比如希腊古典艺术追求的绝对和谐形式就不构成对对象自然形式的内在表现，因此古典风格只是将这两种形式外在地统一起来。这种表现方式正因其外在性，守住了理性思维的独立自为存在的领地。反之一种具体的对象表现，其领会必然实际地包含了对象真理，而其表达就是这真理的体现。对于现实对象的具体表现，意味着其领会与对象概念的同一。所以它即使是原初的，也是构成性的，最终会参与到主体的概念构成中，不会具有永远的原初性。比如写实主义艺术的对象表现就是具体的，它即使包含了原初的领会，后者也是被对象概念先行规定且最终将被吸纳到概念之中，其原初性不会是永远的。但是当对象表现是抽象的，即其领会并未与对象概念达到同一，其形式也并不体现对象真理，因而不可能纳入精神的概念系统中，这种表现方式才能避免自身被概念化的命运。希腊古典造型艺术，比如在 Pheidias、Polykleitos 的作品中，对理性思维概念的表现方式就是如此。其表现方式都只是描述概念的痕迹，并未将概念的具体内容实际地包含在自身之内并以感性形式表达出来，所以这种表现是抽象的（与文学比较），并且我们也不可能通过领会它而获得概念的具体内容。正是这种抽象和外在的表现，使庄静美避免被纳入概念系统中而使自己最终被彻底概念化的结局，而得以保持永远的原初性。

再次，庄静美的对象表现也放弃了对自然的完全忠实，它不是写实的，而是高度理想化的。希腊艺术的表现方式是高度理想化的。第一，它的典型塑造就是一种高度创造性的活动，贯彻了艺术对于对象的独特理解。对于一个天才艺术家来说，选择何种题材、突出和省略哪些方面、如何将这些突出方面组织起来、如何优化各部分的关系乃至每一细节的刻画，无不体现了他的匠心独运。所以完美的艺术典型是艺术家的天才想象创造出来的，而这种想象可能具有永远的原初性。第二，希腊艺术（及一般的庄静美）对于对象的理想化是双重的，除了这种典型化，它还根据理性思维对形式绝对和谐的要求，比如根据对笔直、饱满的线条的兴趣及所谓黄金分割等数学原则，对对象进行理想化（对其自然形式进行修改完善）。此外，作品的整体构图和细节安排，也无不体现了理性思维的意志。庄静美试图通过这种高度理想化的对象表现，以保持其永远的原初性。

最后，庄静美还必须对其对象表现进行抽象，以确保理性思维的自由想象，而这也是庄静美保持其永远原初性的条件。这种抽象包括：其一，审美的抽象，这是艺术的自由美所必需的，即主观上排除对象的功能、目的对形式的规定，以便于艺术想象对对象形式进行自由处理。其二，单纯形式的抽象，比如排除对象的自然形式的凹陷、断裂、尖角和非对称结构，以一种笔直、饱满和对称的结构进行表现，这其实是根据理性思维的法则对于对象形式的理想化。其三，对内容表现的抽象。对于庄静美，这就是为便于理性思维的自由处理，而选取对象内容的某一方面进行表现并排除其他方面。比如希腊艺术的庄严风格排除了对于动作、情绪的表现，而优雅风格只对单纯动作和单纯情绪进行表现。庄静美只有在这种抽象的基础上，才能确保理性思维的自由想象，使之不被概念吞噬，从而保持自身永远的原初性。在更严格的意义上，庄静美的永远原初性不在于对象的自在概念，而只在于表现方式，在于后者包含的对于这概念的独特领会，在于这种领会包含的自由的理性思维。希腊古典造型艺术的美根本上来自表现方式，它就是这种表现方式包含的原初真理，而其原初性恰恰是以这种表现方式的主观自由，即其从对象概念的溢出为条件。这就是庄静美为保持永远的原初性而不得不对其对象表现进行抽象的原因。

以上都是庄静美为保持永远的原初性而对其对象表现所作的调整。作为表现方式的理性思维，只有在这种调整基础上，其原初想象才从对象概念的桎梏逃逸出来、才得以对概念形式进行自由处理，这样理性思维才真正成为自由的想象，从而免于被概念化的命运吞噬，而这也是庄静美保持其永远原初性的条件。

另外，庄静美也必须为了真实的对象表现而对永远的原初性进行调整，比如将其限制在局部和隐喻性表现的领域。比如希腊古典艺术就放弃了在所有内容方面保持永远的原初性。它在对人物形体、姿势的内在、具体表现层面，就必须放弃对永远原初性的要求，而将这种要求限制在对于人物内在的思想、情感的抽象、外在和隐喻性表现方面。尤其是，希腊艺术在其发展中为了满足对更真实的对象表现的追求，事实上在不断压缩永远原初性的空间，而导致自身逐渐向写实风格的过渡。

庄静美就是以上述调整为基础，在其实质矛盾的两个方面，即对象表现与永远的原初性要求之间建立了一种平衡关系，从而将二者统一起来。这是由于庄静美的本质是一种自由的或有其自为独立存在的理性思维才是可能的。首先，真实的庄静美最终旨在表现理性思维的概念，对此只有以理性思维进行表现，才能使表现方式与表现对象达到统一，也才会有真实的对象表现。其次，理性思维作为表现方式，必须有其自身自由，才不至于被对象概念吞噬，而保持其永远的原初性。希腊古典艺术就是以这种自由的理性思维来表现对象真理。它既包含真实的对象表现，同时又具有一种永远的原初性、永恒的美，所以将这两个方面很好地统一起来。庄静美既包含了一种概念化领会，同时又具有永远的原初性；它旨在表现某种对象自身，同时又不具有构成性。它始终致力于在其内在的实质矛盾的双方建立一种平衡，把二者统一起来。

这种统一是一种包含对立和斗争的统一。因为在一种自由的依存美中，概念与原初性的对立无法消弭，故现实的对象表现与永远的原初性要求之间的冲突也是不可消解的，它们之间在现实领域不可能形成一种积极稳定的关系。在这种情况下，只要它们仍结合在一起，二者的矛盾不可能得到最终解决。这使自由的庄静美缺乏内在的平衡和稳定。尽管它始终致力于构建矛盾双方的平衡和稳定关系，但这种关系，在双方不断的自身发展中，总是暂时的。最终双方必然通过相互斗争而打破这种关系。庄静美，以及希腊古典的造型艺术，就是在这种内在矛盾的推动下，通过破与立的辩证循环运动而不断发展，直至矛盾的最终解决。后者通常在于矛盾双方已经完全不可调和，一方将另一方消灭；只有发展到这一步，庄静美内在的不稳定性才得到根本解决。于是庄静美的实质矛盾最终导致庄静美的自身瓦解，以及希腊古典艺术的终结。

第三节　庄静美在内在的实质矛盾推动下的发展

作为一种自由美，庄静美始终不能摆脱其内在的实质矛盾。这个矛盾打破了庄静美的稳定性，而且矛盾双方也处在各自发展中，因而不断打破二者已经取得的平衡关系。这使得一种自由的庄静美总是处在动荡中。庄静美就是在此矛盾推动下不断发展。

一方面，庄静美的真理性必然促使它的实际对象表现不断追求更大的真实性，从而给永远的原初性不断带来新的冲击。对象表现的更大真实性，包括对对象真理更本质、更充分的领会，也包括更大的意义确定性，这两方面都会给美的永远原初性带来威胁。前者的一个可能后果是导致艺术的逐渐自然化，导致庄静美越来越偏离原先的理想性而忠实于对象原貌，从而最终转向写实风格，而这将导致永远原初性的完全丧失；后者则直接且必须导致这一后果。对象表现的意义确定性在于表现方式与对象在形式上存在确定的指涉关系，故前者的形式构成对后者之存在的揭示或描述，这是我们对于艺术品不依外在信息而产生清晰和确定的领会的条件，这种领会的特点在于我们在思想中对于作品意义构成了一个清晰、确定和单一的图像。因此只有当我们在其中达到了这种意义确定性，我们才敢宣称自己达到了对于对象的真实表现或领会。庄静美总是追求更大的意义确定性，而最大的意义确定性就是意义确切性。所谓对象表现的意义确切性，指这种表现或领会可以连接到觉性的概念系统从而使自身意义得以巩固、获得自身必然性。只有当我们的领会获得了这种意义确切性，我们才敢宣称这对象到底是个"什么"。因此庄静美必然追求这种意义确切性。通常情况下现实对象的意义确定性就是意义确切性，因为这种对象的本质就是概念，后者必然从属于觉性已有的概念系统。因而对此对象的表现或领会可以根据后者获得自身必然的意义。对于一种其本质为概念的对象的具有意义确切性的表现，必然导致领会与概念的同一（即领会的形式揭示概念的真理），而这必将导致领会的原初性最终丧失。

因而通常情况下，一种具有意义确定性的对象表现必然导致对自由美的永远原初性的破坏。

　　然而庄静美的实际对象表现总是处在自身发展中。它必然会由于自身对更大真实性的追求，而要求更大的意义确定性，从而给永远的原初性不断带来新的冲击。这种要求首先促使庄静美否定缺乏意义确定性的隐喻性表现，从而打破后者在庄静美的实质矛盾中建立的平衡。盖隐喻性表现，亦可视为庄静美解决其实质矛盾的一种积极尝试。这种表现的形式与对象没有指涉关系，我们不可能单独根据作品本身对它表现的对象形式形成一种清晰、确定、具有自身一致性的领会，比如雕塑对情感和思想的表现。因此这种隐喻性表现得以保持永远的原初性，同时又包含了某种真实的对象表现，所以它就为庄静美的实质矛盾双方建立起一种平衡关系。但是庄静美的对象表现自身对于真实性的追求，必然促使其从这种隐喻性表现过渡到具有意义确定性的对象表现，即再现性表现，从而给永远的原初性带来新的冲击。在这种情况下，庄静美为重建矛盾双方的平衡，不得不先将这种再现性表现限制在外在、抽象表现的领域。比如希腊艺术以理性思维要求的绝对和谐形式表现对象形体，这种表现就是外在的，因为这种形式并未实际地将对象的自然形式包含在自身内，二者只是得到一种外在的统一。希腊艺术对构成一种文化精神的现实本质的思想、概念的表现则是抽象、间接的。它通过描绘某种思维范型在人的形体、表情、姿势等方面留下的痕迹，以表现这种思维的自由，却不能呈现这种思维的确切内容。这样的对象表现即使达到意义确定性，也不具有意义确切性，而它正是因此挽救了庄静美的永远原初性。于是，庄静美得以在对象表现具有了意义确定性的新阶段，重建上述矛盾双方的平衡。但是由于其中对象表现的继续发展，庄静美达到的这个矛盾平衡也是暂时的。因为对象表现总是追求更大的意义确定性，而最大的意义确定性就是意义确切性，且一种实在的对象表现的意义确定性通常就是意义确切性。庄静美的对象表现必然追求意义确切性，它总是追求对于对象意义的必然领会，总想确切知道对象"是什么"。因此它必然扬弃对于对象的隐喻式的、抽象和外在的表现，过渡到一种内在、具体和描述式的对象表现，这必将再次打破庄静美已有的矛盾平衡。现实对象的本质通常就是概念，于是这种新的对象表现将导致庄静美与对象概念的同一。在这里，庄静美就从绝对美过渡到一种构成性的美，完全否定了对永远原初性的追求。另外，因为造型艺术只能对形体、姿势，而不能对概念进行具有意义确切性的表现，因而希腊艺术就在对意义确切性的追求推动下逐渐脱离典型化表现而转向写实风格。此外，其对象表现对更大真实性的追求，也导致希腊艺术逐渐加深的自然化倾向，而这也是导致其向写实风格的转化的重要原因。当庄静美最终转变成写实风格，就意味着其永远的原初性彻底消失。

在庄静美的实质矛盾中，对象表现通常是更积极的、主要的方面，至少对希腊艺术是如此。在其自身对于更大真实性的追求促使之下，庄静美的对象表现一方面是一步步赢得了自身的意义确切性，另一方面是越来越走向彻底的自然化，最终转向了写实风格。于是对象表现最终成为一种内在、具体和揭示性的表现。这种表现获得了与现实对象的本质即概念的同一性，而这将导致庄静美丧失永远的原初性。这种丧失将使庄静美不再是自由美或绝对美，而是成为一种构成性的美或功利的美。这种丧失最终将使美，包括庄静美，面临自我消解的必然命运。艺术表现若失去这种永远的原初性，它对于对象概念的领会最终将完全成为概念领会（即概念本身），而它自身将成为诸如劳动对于用具和产品概念的表现，或伦理实践、制度、设施对于道德和法律的概念的表现，从而使对象领会最终成为一种实践的而非审美的领会。总之，对于庄静美而言，其对象表现方面的不断发展，其对于真实性的日益强化的要求，将导致其实质矛盾的平衡不断被打破和重建，从而推动矛盾的发展，这种发展最终导致矛盾的自身瓦解，导致庄静美沦为一种构成性的美，以及庄静美自身的最后消亡。但这只是对象表现方面的发展给庄静美带来的最终结局，而不是归宿。

这一发展方向，就是庄静美通过逐渐牺牲永远的原初性来赢得更真实的对象表现以解决自身的实质矛盾。这种矛盾的解决是消极的，而在自由美中，这种消极解决不能带来最终的稳定性。这在于对永远原初性的要求属于自由美的本性。这表现在，只要自由美所从属的真正艺术还存在，它就必然要求美的永远持续，即要求美具有永远的原初性。只要真正的艺术仍存在，它的这种要求就无法磨灭，后者将否定这种消极的矛盾解决，打破其最终的稳定性。因此只要自由美或真正的艺术还存在，对于其实质矛盾的这种消极解决就不能获得最终的稳定性，除非真正的艺术本身消失（这在极权社会和彻底庸俗化的商业社会都是可能的）。

　　另一方面，庄静美对于永远原初性的要求也从相反方向推动实质矛盾的发展，这一方向最终也将导致矛盾统一的破裂及庄静美自身的最终瓦解。

　　原初性是美的根源。艺术思想总是追求更大的原初性。这包括原初性在时间上的最大持续。艺术的美要求一种永远的原初性。这种要求作为庄静美的实质矛盾之一方面，也处在自身发展中。在审美化的教育以及广告、政治宣传中，美不要求永远的原初性。唯艺术有如此要求，因为艺术的美才是自由的，以自己为目的的，因而从概念构成的义务获得解放。这种要求不仅是逐渐形成或逐渐清晰化的，而且也是处在自身发展中的。这种发展通常会导致依存美逐渐否定其对象表现。因为最真实的对象表现（必定是具体、内在和再现性的）必要求其领会与对象真理的同一，而通常对象（即现实对象）的存在真理就是概念或这存在是被概念规定的，因而这种同一意味着领会的自身概念化和永远的原初性之丧失。所以通常情况下，依存美只有通过逐渐把自己从对象表现的负担解放出来，才能成为自由的并获得永远的原初性。这是它的实质矛盾导致的选择，且与依存美的形式矛盾导致的选择一样，都是对于对象表现的逐渐抽象化。

　　自由美对于永远的原初性要求，总是会追求更大的自身独立性以及占有更大的内容范围，即追求成为整体的和纯粹的。这种追求必然促使依存美进一步否定其实在的对象表现，从而打破依存美已有的矛盾平衡并试图重构新的平衡。这种不断推进的对于对象表现的否定，导致的一个最终结果，就是对实际的对象表现的彻底放弃。在这里，美由于放弃任何对象表现，就成为自由的无根基的主观任意想象，于是它就从依存美转变为纯粹美。这种不包含对象表现的纯粹美，就像一只随意飞舞的断线风筝。现实性的坚固大地再也无法通过那根线将它抓住，这根"线"就是对现实对象的领会。这种永远漂浮的美，永远无法将自己连接到现实存在的概念整体之上，因而其全部存在都具有永远的原初性。因此庄静美对于永远原初性的要求，最终导致其实质矛盾的统一体的彻底破裂及庄静美自身的最终瓦解。这也只是庄静美的一个最终结局，而不是其归宿。

　　正是这种对于对象表现的逐渐抽象化所导致的依存美的实质矛盾的重构，推动庄静美的自身发展。这种抽象化包括以下几个方面，每一方面都最终推动了庄静美的发展。首先针对对象本身，它包括一种内容的抽象。在希腊古典艺术中，庄严风格否定了对于动作、情绪的表现，而优雅风格则将这种表现仅限于单纯动作和单纯情绪。只有在这种抽象基础上，庄静美才能确保理性思维的自由想象，从而保持自身永远的原初性。但是这种抽象违背了对象表现或领会的本性，打破了这种实质矛盾的平衡，因而导致了这种矛盾的重构。其次针对表现方式本身，这种抽象化包括以下层次：

其一，逐渐构成一个只具有外在对象表现而否定了内在表现的意义层面。希腊古典盛期的艺术致力于以一种绝对和谐的形式表现对象概念，这种表现就是外在的，它并未将两种形式内在地统一起来，如所谓希腊艺术追求的数学式的对称、均衡和比例往往并未描绘对象的真实。这种绝对和谐形式唯独来自理性思维的主观意愿。它产生于且体现了理性思维的自由游戏，后者就构成一个完全不被对象概念规定的意义层面。这种抽象同样违背对象表现的本性，打破了庄静美的矛盾平衡，因而导致了这种矛盾的重构。这种重构本质上在于，庄静美必须把这种自由的理性思维与对象真理重新统一起来。这其实就是庄静美的两个意义层面的统一。因为除了这个理性思维的自由游戏，庄静美还必有另一个意义层面，是内在地表现对象存在（即以自身形式描述或反映对象形式，以此揭示对象的存在）的。在这里，庄静美就必须将这两个意义层面，且将自己所理想的绝对和谐形式同对象概念的形式统一起来。为此它不仅要对概念形式进行抽象和改造，而且要对它理想的绝对和谐形式进行调整，以构成一种理想的和谐。其中，永远的原初性只来自前一层面。这就是庄静美的实质矛盾在永远的原初性要求推动下的重构。

其二，对象表现的进一步抽象化，在于否定具体表现而过渡到抽象表现。具体领会就是主体直接占有对象真理，将其内在地包含在自己生命中，使之成为自己生命的实际内容。当艺术的思想要具体地表现或揭示某种对象概念的时候，其形式必须将这概念作为自身的意义包含在内，且必须将概念的形式内在地呈现出来，所以这形式必然被后者所规定，而这必定损害这种思想的主观任意性，以及其形式的永远原初性。如果艺术思想要保持永远的原初性，它对于对象概念的表现就不能是具体的。它要么根本不表现现实对象，要么对后者的表现是抽象的，即它并没有将对象真理包含在自身内，或者说它的形式没有将这真理作为意义包含在自身内。在这种情况下，艺术思想就彻底脱离对象概念的规定，而只服从自身的规定且只以自身形式的和谐为目的。唯其如此，它才得以保守一种永远的原初性。在这里，同样是对永远原初性的要求推动对象表现的抽象化，而这也必然打破庄静美的实质矛盾的平衡，导致矛盾的重构。

其三，对象表现的更进一步抽象化，在于逐渐否定再现性表现而代之以隐喻性表现。所谓隐喻性表现就在于，由于它的媒介与对象的本质矛盾，它的自身形式与对象形式没有指涉关系，前者不构成对后者的揭示或描述，但是艺术家却可以通过这种表现让我们产生他期待的观念、情绪和欲望。希腊古典艺术对于人物情感和思想就采取了这种隐喻性表现。但是由于造型艺术的媒介与这样的对象不存在确切指涉关系，即这种表现媒介是不适宜的，因而这种表现不具有任何意义确定性。我们永远无法确定希腊艺术塑造的那些雕像要表现的思想到底是些什么。正由于表现媒介与表现对象的矛盾，故以感性的形象把抽象的思想表现出来，必然具有一种永远的原初性。对于情绪的表现也是这样，尽管作品能使我们产生某种情绪，但是这具有根本的不确定性。比如对于基督教艺术刻画的耶稣受难像，不同观众可能的情绪反应有崇拜、悲恸、恐惧、厌恶甚至施虐的快感等。另外更重要的是，在严格意义上，即使一件雕塑或绘画作品成功地刻画了人物的痛苦或快乐表情，它也只是刻画的这种表情而不是刻画了情感本身：作品并不构成对情感本身的描述，即再现性表现。就希腊的造型艺术而言，它只有对理性思维对情绪的规定的可视效果的表现是描述性或再现性的，而对情绪本身的表现永远是隐喻式的。隐喻性表现由于其形式与对象不存在指涉关系，故其形式不被对象形式内在地规定，而完全是艺术思想的独立创造。所以对于概念的隐喻性表现就彻底避免了被概念同化的命运，这样才能保持永远的原初性。在这种意义上，正是对永远原初性的要求推动依存美的对象表现向隐喻性表现转变。但是这进一步违背了对象表现的本性。在这里，对象表现不得不作最后的妥协，完全放弃对意义确定性的要求，才能使依存美重建其实质矛盾的平衡。

其四，对象表现的最彻底抽象化，在于完全放弃对象表现，于是依存美转化为纯粹美。纯粹美是在整体形式上否定了任何对象表现的美，因而这个整体形式就不被对象表现这类外在目的规定，而只以自身为目的。一种只以形式自身为目的的美就是优美，所以纯粹美就是纯粹优美。概念是现实对象的本质基础。当美彻底否定对象表现，它就不在任何意义上被对象概念规定，因而成为自由的绝对任意行动，永远是主观、偶然的，所以具有永远的原初性。因此庄静美对于永远原初性的要求推动其逐渐否定对象表现，乃至最终将其彻底抛弃；而这个过程就是庄静美包含的自由的理性思维层面逐渐从与对象意义的统一中脱离，最终成为理性思维之无所表现的自由游戏的领域。后者永远在现实世界的上方漂浮流动，不能附着于现实存在的概念结构之中，而它正是因此保持了永远的原初性。因此在实在的对象表现领域，庄静美向纯粹优美的转化，也是自由美对于永远原初性的要求导致的合乎逻辑的结果。

总之，庄静美对于永远原初性的要求也会从另一个方向推动实质矛盾的发展。它可能推动庄静美对对象表现逐渐加深的抽象化，由此导致依存美的实质矛盾的重构，从而推动庄静美的自身发展。这种抽象化的最彻底后果是庄静美在整体形式层面完全否定了对象表现，因而转化为纯粹优美。这也意味着原先的矛盾统一体的破裂及庄静美自身的瓦解。

不过庄静美的这一发展方向，在希腊艺术中并未被经历，至少未成为一种显著的趋势。只有在中世纪的抽象图案和 20 世纪的抽象绘画和雕塑，它才带来了显著的成果。这种抽象艺术之形成，都在于通过对对象表现的不断抽离或否定，最终使作为表现方式的理性思维否定任何外在目的而获得绝对的自由，即从庄静美逐渐过渡到纯粹优美，因而保障了美的永远原初性。比如 20 世纪的抽象绘画和雕塑的形成，就经过了对于对象表现的不断抽象。不仅这种艺术风格普遍的历史形成，而且具体某位艺术家（如 Mondrian、Kandinsky）个人的抽象风格的形成，也都经历了一个逐步加深的抽象过程。这种抽象过程本质上就是艺术形式逐渐脱离对于对象概念的表现，使造型艺术具有了音乐的本质。这使艺术形式得以唯独以自身的绝对和谐为目的，从而可能使这种绝对和谐达到充分的完善性，同时也使艺术思想或美丧失与现实的联系，即使其意义具有清晰、明确的形式，但仍缺乏确定性，因而便具有一种永远的原初性。在音乐中，这种发展方向才成为一种主要的潮流。对于对象表现的逐渐抽象化，可以说是贯穿了从中世纪音乐到 19 世纪所谓纯粹音乐的发展的一条主要线索。到了这种纯粹音乐的阶段，音乐完全抛弃了一直被强加给它的对象表现这个负担，只以构成最完美的理想和谐形式为绝对的现实目的，故成为纯粹优美的典范。

这一发展方向最后导向的，就是庄静美通过彻底否定对象表现来确保永远的原初性以解决自身的实质矛盾。这种矛盾的解决也是消极的，而它在自由美中也不能带来最终的稳定性。

这是因为它也违背了美作为一种真实的思想的本性。一种真实的思想总是对某种存在的思想，它必然要求最真实地表现或领会某种对象。因此纯粹优美对于对象表现的彻底否定就是将这种要求强压下去，而后者是不能扼杀的，它必定起来反抗这种压制，这就造成了这种消极的矛盾解决的不稳定性。总之纯粹优美违背了思想的本性，因而也不具有最终的稳定性。它总是渴望领会或表现某种东西。这一点无论从我们欣赏纯粹音乐和抽象派的造型艺术的感受，还是从它们自身的发展趋势，都可得到表现。

我们欣赏 Haydn，Mozart 的室内乐，可以感受到一种纯粹之美，然而也常常因为这种音乐完全无所表现、因为无法从中获得一种确定的意义，而感到些许失落。这种失落感在我们欣赏抽象的造型艺术的时候，会更加强烈。因为对对象表现的抽象完全违背造型艺术的本性。盖造型艺术有其自身的本性。由于视觉图像与对象概念的天然黏附关系，所以造型艺术按照它的本性更适合表现对象概念，而且它的本能要求这种表现。这也决定了，与欣赏音乐不同，当我们欣赏绘画和雕塑作品时，总是本能地要求将其理解为对某种对象概念的表现。正是这种意义期待使得我们如果不能从作品中领会一种对象意义，就会有一种严重挫败感。这种挫败感大大损坏了审美的快感。这就是为什么像 Mondrian、Kandinsky 的作品，即使构造出了与古典音乐一样的和谐形式，通常情况下也不能给我们带来与古典音乐相媲美的审美快感。我们面对这样的作品，可能会产生的情绪包括烦躁、空虚和焦虑，这些往往掩盖了审美的快感，所以损害了作品的审美价值。抽象的绘画和雕塑不符合造型艺术的本性。这样的作品并不符合造型艺术当有的美。总之，抽象艺术给观众带来的失落感，表明纯粹优美对于对象表现的渴望，这证明这种美缺乏最终的稳定性。

艺术的发展也证明了纯粹优美缺乏最终的稳定性。因为艺术史表明一种完全抽象的艺术风格很难持续下去。比如，维也纳古典乐派完全无所表现的自足风格就逐渐让位于抒情、浪漫甚至叙事风格。因为人们总希望艺术与美能表现什么。只有当我们发现艺术表现了某种情绪、思想或描绘了某种场景、故事，而不是全无对象的，我们才会感到心理的踏实。我们的这种感受在存在论上是被纯粹优美自身的要求规定的。纯粹优美不满于自身的无所表现，而要求进入实际的对象表现，它把这种不满和要求通过艺术家和观众的情绪表现出来，推动他们按照自己的要求行事。从 Haydn、Mozart 到当代的音乐发展，主要的趋势是音乐越来越强化其对象表现，比如 Chopin 的音乐就像是抒情诗，Berlioz 和 RichardStrauss 把音乐变得像叙事文学，Wagner和 Mahler 则把音乐变成了某种哲学。在造型艺术中，完全的抽象风格从来没有也永远不会成为主流。总之，一种彻底抽象的纯粹美不具有自身稳定性，必然逐渐向依存美过渡。

总之，庄静美包含的对象表现与永远的原初性要求的矛盾，使得它无法获得一种最终的稳定，而是不得不处在自身蜕变之中，以寻求最终的稳定性。在此意义上，这个矛盾就推动了庄静美（以及希腊艺术）的发展。

这个实质矛盾的两个方面，即对象表现与永远的原初性要求，从两个方向推动庄静美的发展，并最终都导致了庄静美的自身瓦解。第一，美为了更忠实地表现对象真理，而逐渐放弃对永远原初性的要求，故最终与现实对象概念达到完全同一，从而也导致美本身的完全消解。第二，美为了保持一种永远的原初性而逐渐放弃实际的对象表现，终于成为无所表现的，于是庄静美蜕变为纯粹优美。在这里美要么为表现对象真理而不得不彻底放弃永远的原初性，要么为保持永远的原初性而不得不彻底放弃对于对象真理的表现。这两种矛盾解决方案都是消极的，不仅导致庄静美的自身瓦解，而且使任何一种自由美都无法获得最终的稳定性。因为在这里，对立的双方都是自由美或艺术的必要条件，因此其中任何一方的丧失都会迫使自由美将其重新寻回，所以自由美面临这种丧失，就不可能具有最终的稳定。同时，这个矛盾使得庄静美作为实在的美，在其每一个发展阶段也都无法获得一种最终的稳定性。所以这个实质矛盾就否定了庄静美或任何实在的依存美的最终稳定，使其始终像钟摆一样在两端之间摆动。

庄静美的这种动荡性，根本原因在于以下两点在逻辑上是无法调和的：其一，庄静美作为自由美，只有通过对自身实质矛盾的积极解决，即通过建立矛盾双方的统一，才有可能获得最终的稳定，而任何一种消极的矛盾解决则否；其二，庄静美作为实在美，即包含对现实对象之表现的美，不可能在矛盾双方建立一种具有最终稳定性的统一或平衡关系，这意味着庄静美所尝试的对自身实质矛盾的所有积极解决都不可能获得最终的稳定性。也就是说庄静美作为自由美，对于其实质矛盾的所有已尝试的解决，无论是积极和还是消极的，都注定不可能获得最终的稳定。

　　庄静美的实质矛盾就是依存美的实质矛盾。即使庄静美在更真实对象表现要求下放弃理性思维的自由以及奠基于此的永远原初性，以此给予这个实质矛盾一种消极解决，并最终导致庄静美消解，但依存美仍然存在。后者在这里只是放弃了与对象不一致的理性思维的表现方式而代之以与对象一致的表现方式。它于是克服了表现方式与表现对象的本质矛盾，转化成一种单纯美。自由的依存美可能仍然不能获得对于其实质矛盾的最终解决，并因而不能得到最终的自身稳定。然而它总是追求这种最终的稳定性，这种稳定性只有通过对依存美的实质矛盾的积极解决才可能获得。因此这种依存美竭力追求使相互冲突的两方面达到一种稳定的统一。既然这种稳定统一无法在实在领会的领域获得，这种追求就推动依存美在本质上深化对于对象真理的领会，最终使之从现实存在跃入超绝真理的领域。于是依存美就转化成一种本真的美。只有在这里，依存美的实质矛盾才能获得积极且具有最终稳定性的解决；这种解决归因于本真的美在对象与领会两方面的独特性。因此，这个实质矛盾就推动依存美在对最终稳定性的寻求中，最终走向本真的美。这也是庄静美解决这个矛盾的第三种方案，或在此矛盾推动下的第三个发展方向。

　　总之，庄静美的实质矛盾，迫使其为了获得自身的稳定，而朝上述三个方向发展，这三个方向发展最终都导致庄静美的瓦解。在这庄静美的三种结局中，只有本真的美最终使对象表现与对永远的原初性要求这两个矛盾方面达到了一种积极稳定的统一。

　　本真的美对于依存美的实质矛盾的最终稳定解决，归因于其在对象与领会两方面的独特性。

　　首先，从对象方面，本真的美旨在表现本体自由自身的超绝真理。这一真理包括这本体在关系上对于现实的绝对超越性，及在内容上的绝对性、无限性。本真的美对这一真理的领会既是自觉的，也是具体的。具体领会就是主体建立起与对象真理的实际连接并由此将这真理引入自己生命中。当具体领会使主体与超绝真理建立一种本真的生命连接，它就属于具体的本真领会。对于超绝真理的领会就是本真领会（领会就是建立主体与对象真理的关联）。这种本真领会包括自在的与自为的两个层面。一切审美领会，作为原初想象，都必包含一种自在的本真领会，却未必包含对于与之连接的超绝真理的自觉性。自为的本真领会就是对超绝真理的自觉领会。自觉领会就是表现，就是把对象真理对主体的意识揭示或呈现出来。对超绝真理的自觉领会就是我们在严格意义上所谓的精神觉悟。这种呈现可以是具体的，也可以是抽象的。比如哲学对这真理的呈现就是抽象的，是一种抽象的本真领会。它属于抽象思辨的结论，并未导致主体与超绝真理的实际连接。本真的美对于超绝真理的表现必定是一种具体的呈现，即具体的觉悟。后者作为本真领会既是具体的，又是自觉的。本真的美因为对象的特点，使其对象表现与永远的原初性具有了一种全新的关系。超绝真理作为对象的特点违背了通常表现或领会的自然本性，它超越了任何理性或思想，这使领会永远无法与之达到完全的同一。这一特点使得具体的觉悟即使是确定甚至确切的，也不能穷竭本体的内容，因而它具有永远的原初性。

一方面，本体自由的超绝性意味着对于理性和思想自身的本质否定。理性和思想的具体存在就是现实，而本体自由则属于一个绝对超越现实性的层面，属于神圣的虚无。这种存在论的差异决定了领会与对象关系之不适宜性。

它首先否定了领会与对象关系之必然和确切的对应关系，使这种领会永远无法达到确切性。本体自由与理性、思想的存在论差异意味着二者在形式上没有确切和必然的指涉关系。这好比我们用音乐表现物体的形状和颜色。声音与形状和颜色具有异质性。所以当我们试图用音乐表现视觉图像时，会发现二者的结构没有必然的对应关系，前者无法达到对后者的确切描述。尽管艺术家可以用乐音的关系，确定地描述物体的某些形式特征或某种颜色关系，但这种描述及其包含的领会都不具有意义确切性，即我们不能单独根据作品本身断定它表现的是个"什么"。对于本体自由的具体自觉领会，同样由于与这本体的存在论异质性，故其自身形式与对象形式没有确切的对应关系。这种对象对于这个领会具有本质上的不适宜性，故这种领会永远无法达到意义确切性。这种具体自觉领会的最广大领域是本真的艺术，尤其是音乐。比如 Beethoven 交响曲，通过不同乐音的对抗、纠缠和冲突，构成一种音响化的自否定形式，以此达到对自由自身的自否定运动的明晰且确定的表现，并且把本体自身的运动对我们的直观呈现出来。但这种音乐形式尽管构成对本体的具有意义确定性的表现，但缺乏与对象存在的固定指涉关系，故这种表现不具有意义确切性。我们不能断定这种音乐形式描述的就是本体自由自身，它还有无数种别的意义可能性，我们讨论的只是其中的（最本质化的、最深刻的）一种。对于一种具体领会而言，这种固定指涉关系只有当领会能够通过其思想或媒介达到与对象的本质同一，才可能建立。本体自由根本是非思想、非概念的，且在本质上永远游离于思想的整体之外。对于它的具体领会，原则上就不可能与它达到本质同一。一种具体领会，如果原则上不能达到与对象的本质同一，那么它每一次将对象抓住都是偶然的。主体无法通过这种领会建立与对象的必然连接。因此对本体自由的具体领会，至少在艺术领域，不可能具有确切意义，并获得必然性，正如我们每一次欣赏 Beethoven 音乐所获得的对自由的本真领会都是偶然的（在这里音乐形式只是提示而不能规定我们的领会）。一种具体觉悟不同于一种单一的领会或思想可能性，而是一个包含无限同类思想的意义域。这使具体觉悟获得了永远的原初性。

　　另外，这种存在论的差异也使得对本体的具体觉悟违背了思想的本性，这种领会就成为人类思想之"另类"，不能被思想已有的概念系统接纳。人类思想的本性是领会现实存在，这种领会旨在将现实对象纳入到已有的概念系统中。这种存在论差异使得对于本体的具体领会无法将其对象实际且必然地纳入思想的概念整体中，即无法与之建立固定的实际连接，故也无法使之成为概念之网的必然捕获物。另外，由于这种领会的"另类"性，精神的具体觉悟实际上尚未建立一个概念系统（除了在本真的宗教领域）。结果是这种领会不能被设定到精神的逻各斯整体之中，而是像溶液中不能凝固的离子，永远在晶格中流动而不能附着于其上。这种觉悟的领会始终是漂浮的，无法固着于精神的概念整体之上，无法获得必然性。另外，本体的存在论特殊性也使对于它的任何感性表现媒介成为不适宜的。由于其存在论差异，任何声音、视觉和语言图像都无法实质性地表现超绝本体的内容，这些表现媒介也与后者存在着本质上的不适宜性。故具体觉悟也找不到对于本体的具有确切性的表现媒介。这些也是具体觉悟具有永远原初性的原因。它们也是具体觉悟具有一种无限意义域的条件。

总之，由于本体自由的存在论特殊性，故对于它的具体觉悟和表达，仅依领会自身都无法达到必然性和意义确切性，所以这种领会永远不能被概念化，故得以保持永远的原初性。

另一方面，本体自由的真理还包括其绝对性和无限性，它的绝对性和无限性与领会或思想的相对性、有限性的差异也属于二者的存在论差异。这些同样从对象方面赋予具体觉悟以一种无限的意义域。

我们对于对象的任何一次具体领会，都是在对象与我们自己生命之间建立一种存在关联，我们通过这一关联实现对对象存在的占有。这种存在关联先行规定领会的目光。领会就是以这目光在对象存在中发现特定着落点，且就在这一点上建立起主体生命与对象存在的实际关联，并通过由此构造的存在关联的管道吸取对象意义。所以具体领会总是包含内容上的抽象。由于对象存在的丰富性，针对同一对象的领会及存在关联都可能是多样的。

对于超绝真理的具体领会更是如此。这种领会由于对象的绝对性和无限性，而具有无限可能性。当它面对这个无限时，就好像一个人拿着迷你手电筒在一个巨大行星的表面探索，得到的是无限数量的着落点，可以建立无限可能的存在关联，故这种具体领会具有无限的可能性。在这里超绝真理以其绝对性和无限性赋予对它的具体领会以无限可能性。每一种这样的领会都不能穷尽自由本体的无限性，都是对这无限性的一种抽象；这是一种内容上的抽象。同时，一种具体的觉悟也意识到对象的绝对性和无限性。它意识到它的每一次领会及其建立的存在关联都是有限的、抽象的，没有穷尽对象真理。因此它不会将自己固定到这种特定的领会和关联中，而是必然要超越之，永远要出离自身、开拓新的可能性，试图通过以自身襞裂出的无限领会形式来呈现这真理。具体觉悟不是一种单一的领会或我思，而是由无限种这样的领会构成的永远流动的整体，其中每一种这样的领会都不可能使自己凝固起来成为现实的必然性。这就使得具体觉悟即使作为整体具有了必然的形式（比如在本真的宗教），其包含的诸领会也仍能保持永远的原初性。

依存美对于其实质矛盾的稳定统一的追求，只有在这种美所表现的对象是一种超现实的绝对、无限之物，因而每一种单独的领会都无法与对象真理达到同一时，才能得到满足。也就是说，这种追求促使依存美最终进入对本体自由自身真理的表现。只有当美具有了对这超绝的真理具体觉悟，它才既具有对对象的确定甚至确切表现，又要保持了永远的原初性，因而使依存美的这两方面要求达到一种稳定的统一。

其次，本真的美在领会方面的独特性，也是依存美的实质矛盾获得最终稳定解决的条件。这种领会就是精神的具体觉悟。精神的本真存在以一种自觉的本真领会为基础。这种自觉的本真领会就是所谓的觉悟。觉悟就是对于超绝真理的自觉的领会，它把这真理对意识呈现或揭示出来。精神的本真存在的部门，包括本真的艺术、本真的哲学、本真的宗教，都必包含这种精神觉悟在内。所谓具体的觉悟，则是这样一种本真领会，它不仅揭示超绝真理，而且将其实际地接纳到主体生命之中，且将其对直观（亲证）直接呈现。它不仅包括与本体的本真生命连接，还包括对本体的亲证。只有本真的艺术和宗教具有这种具体觉悟。本真的哲学尽管包括对超绝真理的揭示，但不包括针对这真理的亲证与本真生命连接，故其为觉悟是抽象的。其中本真的艺术包含的是一种不具意义确切性的具体觉悟，本真的哲学包含的则是一种具有意义确切性的抽象觉悟，只有本真的宗教包含了一种具有意义确切性的具体觉悟。

补充：只要人类精神还是以自由为最终目的，它的全部生命取向最终必然是被对于本体自由自身真理的领会规定。这种领会就是超绝领会，只是有直接的、具体的、自觉的与间接、抽象的、自在的之分。

一种良好的伦理，包括真正的道德、法律，都包含了对自由的神圣本体的领会，只是这种领会是间接且自在的。天赋权利、尊严、自由神圣不可侵犯的观念，不是纯粹理性推导的结果，而是离不开对这个神圣本体的模糊的情绪感知，以及被后者引导的实践领会。在这里，本体自由自身是作为一个超绝论目的被领会了，但这种领会是不自觉的。任何一种良好的伦理动机，最终都不自觉地服务于本体自由的自我实现这个最终目的。在这种实践领会中，本体自由自身就是一个间接的，而且是一个匿名的自在目的，领会没有建立主体与对象的直接关联，本体的自身真理也没有得到呈现。这种领会就是一种自在的超绝领会，而不是本真领会。它既没有对超绝真理的直接反思，也没有建立主体与这真理的本真生命连接，故既非本真，也不美。本真领会就是以本体自由自身为直接对象的领会，它建立了主体与这本体的直接关联。本真领会包括具体的与抽象的，也包括自觉的与自在的。

通常的审美领会必然包含一种本真领会，作为其超绝论的存在层面。一切审美领会，作为真实的原初想象，都必然包含主体与本体自由自身真理的实际连接。通过这种本真的生命连接，本体自由在主体生命中恢复其真理，并展开为主体生命的本真自由（本真的自由的两方面意义：超绝真理得到自觉领会；超绝真理得到现实展开。因此它的完整存在只属于精神的具体觉悟）。故审美领会必包含一种本真领会，且这种领会是具体的。美就是原初的真理，就是本体自由自身的原初展开。但是通常的审美领会并不具有对于那充满了它的本体自由自身之真理的意识。这真理仍是匿名的，也就是说它并不是通常的美有意要表现（或呈现）的对象。美是对于本体自由的自在的体现。本真领会在通常的审美领会中是具体的、自在的（通常的审美领会与伦理的领会都属于自在的超绝领会）。

当本真领会成为自觉的，精神就真切认识到全部现实存在之空洞虚假，及本体自由自身之为唯一实体和绝对真理。这种自觉的本真领会就是精神的觉悟，它是直接将超绝本体向意识呈现的。自觉的本真领会是本真精神的存在论基础，这种本真精神包括本真的艺术、哲学和宗教。觉悟作为自觉的本真领会，包括具体的与抽象的。具体的本真领会在超绝真理与主体之间建立了直接的实际连接，抽象的则并未建立这种实际连接。具体的觉悟对超绝真理的领会是自觉且具体的。它自觉地建立本真的生命连接并通过这种连接把本体的存在向主体意识呈现，这种通过实际连接的呈现就是直接直观，就是对超绝真理的亲证。具体的觉悟作为一种直接呈现超绝真理的思想是本真的，同时由于它包含的本真生命连接而是美的，所以它就是本真的美。本真的美对超绝真理的领会是具体的直接领会。这种本真的美存在于本真的艺术和宗教中。

本真的艺术包含的领会就是一种具体觉悟。它既是对超绝真理的揭示，又包含本真的生命连接及由此而得的永远原初性，所以它是一种本真的美。这种领会把通常审美领会之美，与本真的哲学或超绝哲学之本真，在客观效果上统一起来。在通常的审美经验中，本真领会是不自觉的，它建立起主体与超绝真理的实际连接，将这真理纳入主体自身的生命之中，因而它是具体的，但是它并未构成对本体的揭示或呈现，故它作为思想虽则是美，却非本真。在超绝哲学中，本真领会成为自觉的，但是是抽象的，通常未能建立起美应当具有的本真生命连接。它作为思想虽是本真的，但通常不是美。在本真艺术中，本真领会则既是自觉的，又是具体的；既是本真的，又是美。

本真的艺术导致美和审美经验的巨大突破。这在于，不同于通常艺术是通过领会的原初性导致的本真生命连接使主体产生美感，本真的艺术是自觉地实现本真的生命连接。它的领会不仅通过其原初性自在地导致本真生命连接，而且还要自觉地构成这种连接，而这种连接在理论上并不以领会的原初性为必要前提。因此这种自觉性意味着，领会现在具有了不通过其原初性而直接构成本真生命连接并直接使主体产生美感的可能性。这种特殊的美感就是至福。因此本真艺术的审美领会其实包含两个意义层面：首先它是一种原初领会，因而会导致通常的美感，具有通常的美；其次它是精神的具体觉悟，因而会导致一种与通常美感不同的特殊美感即至福，所以它具有本真的美。

不过本真艺术的具体觉悟不具有意义确切性。这种领会是具体的，因为它包含主体与超绝真理的本真连接以及对这真理的亲证。但它由于这对象的存在论特殊性，始终没有找到表现媒介与对象的确切或必然的指涉关系。因此这样的领会不具有意义确切性，也无法成为必然的。比如音乐的形式可以确定地或再现性地表现本体自由自身的形式，但这两种形式之间的指涉关系并不具有必然性或确切性。因此我们对于这种艺术的领会就永远是偶然的、漂浮的，故永远是原初的。所以本真艺术的领会把永远的原初性要求和对象表现的意义确定性统一起来，从而使依存美的实质矛盾得到积极解决。本真艺术的领会就是一种不具有意义确切性的具体觉悟。

与之相反，超绝哲学的领会则是一种具有意义确切性的，然而是抽象的觉悟。在这里，领会直接以超绝真理为对象，旨在将其如其所是地呈现出来，因而它是一种自觉的本真领会或即精神的觉悟。这种觉悟具有意义确切性，因为超绝哲学可以通过术语建立与超绝真理的固定、确切的指涉关系，另外它已经形成一个由本真领会构成的概念系统。因此超绝哲学对这一真理的领会就获得意义确切性。但是这个领会仅仅是哲学的思辨。它尽管直接以本体为对象，但在这里主体未能将自身与这真理实际地连接起来，没有将后者以其绝对性和无限性实际地纳入自己的生命之中，也没有对后者的亲证，而只是以符号方式对其抽象地予以指涉。这种指涉关系是抽象的，这种主体与对象的关联也是抽象的（尽管是一种直接关联），且这二者正是由于这种抽象性，就不会因与对象的存在论差异导致丧失意义确切性。这种抽象指涉由于不要求媒介与对象的实质同一，故即使对异质对象也容易构成一种单一、固定的指涉关系；而这种抽象关联不要求主体与对象的实际连接，故能够不受二者的存在论差异影响，而使自己成为固定和必然的，且能脱离对象的实际牵制而构造出属于它自己的独立、必然的整体结构。总之，这种属于纯粹思辨的觉悟，正由于其抽象性，才获得其意义确切性。超绝哲学的领会就是一种具有意义确切性的抽象觉悟。它可以被概念化、获得必然性。但它通常不是美，且更不会是本真的美。

本真的宗教则旨在构成一种具有意义确切性的具体觉悟。比如东、西方的一些宗教神秘主义者都旨在达到对于超现实本体的亲证，但只有印度宗教尤其是佛教发展出了获得这种亲证的可靠的灵修系统。这个系统作为获得这种亲证、实现精神的具体觉悟的途径，就是这个觉悟的经验、自然体现，以这觉悟为其存在论本质。因此首先这个觉悟是具体的，一种本真宗教的实践与作为理论思辨的本真哲学之不同，在于它把个人生命同一种神圣真理实际地连接起来，并使人对之产生亲证。其次这种觉悟还能构成一个具有必然性的概念体系。比如佛教就形成了让信徒可以依之实现这种觉悟的一整套非常系统化且行之有效的修正方法，即禅学的系统，其本质是一个必然的思想操作体系，即概念的整体。本真宗教不再像艺术那样，只能偶然地实现生命的本真连接，而是以一种必然方式实现这种连接。因此本真宗教在客观上将本真艺术的具体觉悟与本真哲学的意义确切性统一起来。

至于为何只有宗教能够实现这种具有意义确切性的具体觉悟，其原因首先在于本真宗教的使命是独特的，其使命就是以必然方式建立生命的本真连接，印度宗教的禅定、瑜伽之学皆是服务于此，故不同于艺术和哲学，本真宗教要求具体觉悟具有意义确切性。其次，宗教领会之有别于艺术和哲学者，在于其具有客观和实践的特性。本真宗教同时作用于修行者的主观和客观方面。如何使具体觉悟具有意义确切性，关键在于在具有存在论异质性的主体与对象之间建立稳定、必然的实际连接。本真宗教发展出的身心修炼系统，就旨在克服由这种异质性导致的上述实际连接的不稳定，使意识固着于对象。禅定、瑜伽皆强调因定生慧，就是通过对身心的操练使心安住于真理，从而产生觉悟。调身、调息和调心，最终都旨在使心牢牢固着于那个易滑落的神秘真理，就像攀缘植物发展出众多带吸盘或细钩的根须抓牢光滑的墙面。其中调心就是断除欲望、情绪、杂念等的干扰，并对真实的领会不断重复，从而使飘忽不定的连接成为必然，倏然即逝的亲证获得坚住性。这种修炼既要克服主客体的存在论鸿沟，且违背了人类思想的本性，所以有巨大的难度。其过程正如乔荼波陀《圣教论》所形容："一切瑜伽修持者，调伏意识得无畏，断除痛苦成正觉，安住寂静恒不坏。犹如使用小叶端，一点一滴抽海水，调伏意识事亦然，应无疲倦苦坚持。……若心不睡眠，亦不起散乱，无动无影像，此心即成梵。"[1]总之本真宗教是通过其灵修实践使具体觉悟具有意义确切性。只有当人通过系统的修炼完成精神品格的重塑，得以转凡成圣，一种必然的具体觉悟才是可能的。这种必然的具体觉悟给美和美感领域带来了巨大改变：它使得美感可以直接从它建立的本真生命连接，即不通过原初领会而获得。它不是原初真理，却能带来相同的美感。为此我们不得不把它与它带来的美感，同通常的美和美感区别开来。我们把它带来的美感称为至福，而通常并不把它归诸美的范畴。当然，这种本真连接导致的沛然翻涌、不竭流注的原初想象，应当属于美的范畴，具有永远的原初性。

在最严格意义上，依存美的实质矛盾只有在本真宗教中，才可能得到最终稳定的解决。因为本真艺术尽管建立了具有意义确定性的对象表现与永远原初性的要求的最终统一，但是放弃了对象表现的意义确切性。然而这种意义确定性本身也是发展的；对象表现总是追求更大的意义确定性，而完全的意义确定性就是意义确切性。但是对象表现的这种意义确切性必然与永远的原初性冲突，正如概念与原初想象必然冲突。因此本真的哲学就为了意义确切性而放弃了对永远的原初性和美的追求。只有像佛教这样的本真宗教，才找到了永远的原初性与对象表现的意义确切性的稳定统一。这在于它的具体觉悟一方面建立了表现媒介与对象的必然和稳定的具体指涉关系，并依之形

---

[1]　乔荼波陀：《圣教论》Ⅲ·40~48（巫白慧译）。

成对超绝真理的具体自觉领会且使之概念化；另一方面这种领会导致的生命的本真连接，又导致原初想象的流行。因此这种具体自觉恰恰是通过一种确切和必然的领会获得永远的原初性。此外，由于超绝真理的绝对性和无限性，每一种具体觉悟，即使具有必然的形式，都包含无数种可能的我思，因而使其思想具有永远的原初性。具体觉悟不是一种单一的领会或思想，而是由无数同类思想构成的意义域，故它自身的必然形式不能否定这些思想的偶然性。总之只有在本真的宗教中，依存美的对象表现对于真理性的要求才得到最终满足，且保持了永远的原初性，因而使依存美的实质矛盾获得最终稳定的解决。

这种具体觉悟的独特性，是依存美的实质矛盾获得最终稳定解决的条件。

首先，具体觉悟的独特性在于它作为超绝领会既是具体的，又是自觉的。具体觉悟旨在呈现超绝真理，因而是一种本真的思想，同时它包含了主体与这超绝真理的实际连接，因而是美。觉悟就是本真的美，或这种美的本质。具体觉悟既像超绝哲学那样把超绝真理作为题材来呈现，又像通常的审美领会那样构成生命的本真连接，且它自身通过这连接成为本体的原初展开或体现。

其次，具体觉悟的独特性还在于它必须克服领会与对象的存在论差异，从而导致它的根本矛盾：它一方面企图以自身存在来把握、体现那超绝本体，将后者纳入自身存在之中；另一方面它又意识到自身存在（思想）作为现实性和有限性与这超绝真理的巨大鸿沟。具体觉悟可以通过艺术和宗教方式（如宗教的灵修实践）抓住超绝真理，但如果要将其表现和表达出来，则须再次跨越这个存在论鸿沟，而它只有作为思想的自否定运动才能实现这种跨越。具体觉悟把体现这本体的真理当做自己的使命，同时又意识到它的自身存在被这真理否定，故其每一种我思都无法完成这种体现。在这里，思想感知到它的原罪，以及它的痛苦。每一种我思旨在具体地呈现本体自由的真理的时候，最终都会发现单靠它自己其实无法达到这种真实的呈现。这种思想就被自身的局限性和真理的不可企及所刺痛，从而陷于痛苦和绝望中。它会厌恶自身。它企图破碎自己、毁灭自己。而恰恰是在（而且唯独在）这种我思的破碎和毁灭中，那神圣的真理才得以呈现出来。每一种具体觉悟都是由无数这样的思想构成的流动整体。

再次，因此具体觉悟还有一个独特性就是它的自我否定、自身漂移特性。与一般的审美领会一致，具体觉悟是主体的全面委身和真理的彻底占有的双向运动。主体通过本真的生命连接使自己完全融入于自由的绝对真理之中，于是真理的行动替代或现身为主体的领会，主体的领会成为这真理的自我实现、展开的方式。真理成为真正的主体，而这个行动或领会就是真理的自我表现。这种领会的特点在于：（1）在其中，超绝真理意识到它是通过这领会表现自己，因而它因为自身存在与这领会的矛盾，必然就在这种领会中否定这领会本身。在具体的觉悟中，超越真理意识到它自身是这领会要体现的题材，或者说它是自觉地通过这领会体现自身。它因为这种意识，必然在这种体现中不断否定领会本身。一方面，它意识到自己对于领会本身的绝对超越性，因而必然在其自我体现中，不断否定领会的每一种我思，而这种否定必通过另一种我思。这种否定是双重的：一是自由就是一种自否定运动，作为其体现，精神的反思、超越等活动都是我思的自否定连续体；二是本体还要通过对这我思连续体的超绝否定，才能使自己呈现。超绝真理只有通过这种自我否定的领会的连续体才能表现自身。这个连续体通常无法与精神已有的概念整体衔接。另一方面，超绝真理还意识到自身的绝对性和无限性，意识到它因这种绝对性和无限性而无法称体地（如其所是地）进入任何相对、有限的现实存在或我思之中，它在自我展开过程中不会停留于一种我思，而是通过不断否定现有我思、否定领会的任何单独和固定的可能性，而将领会推向无限。这两方面决定了具体觉悟必然保持一种永远的原初性，而无法概念化。（2）在具体的觉悟中，领会自身也意识到它表现的是超绝真理，因而必然要不断否定自身的现实性和有限性。第一点，领会在这里意识到它要表现或要将其纳入自身存在的对象的超绝性，因此它作为后者的体现，就必然包含对自身的否定，它必然要否定自身的存在论特征。这种否定同样是双重的：一是具体觉悟通过精神的超越、反思、出离思想的整体以使本体自由的纯粹意志（自舍、自反和自离势用）在其中得到体现，而这种超越、反思、出离思想都包含否定，都是一个相互否定的我思连续体。这个思想整体包含了无限的我思活动。这种我思的连续体将超绝真理纳入自身存在之中。但它无法使自己的内在形式概念化，故具有永远的原初性。二是领会对这思想整体进行一种超绝论还原，否定其现实性，使其包含的超绝真理呈现出来。在本真宗教中，这种还原包含一套系统的、逐步深入的否定，是真正的觉悟所必需的。大乘佛教的禅定就是如此，它的空观就是逐步消解现实存在，使超绝真理得以呈现。基督教否定神学也有类似的领会。佛教的艺术和诗歌往往可视为这种领会的表达。中世纪基督教的哥特艺术也包含了这种表达。总之，具体觉悟只有通过我思的自我否定才能实现对超绝真理的具体表现。这种自我否定植根于领会与对象在存在论上的不适宜性。第二点，这种领会始终意识到它是从一个绝对、无限的源泉中汲取某种可能性。它旨在以自己有限的思想将这个神圣的无限容纳，因而意识到其中的矛盾。这也决定它必须不断否定它自身。它必然扬弃它所获得的任何一种确切的我思，不断从确切的思想游离出来，构成新的我思。它旨在由此构成一个我思的无限连续整体以逼近那个神圣的无限。这就决定这种领会包含的思想的自身漂移特性。具体觉悟包含的永远处在自我否定、自身漂移中的思想整体，是永远无法内在地概念化的，所以它必然保持一种永远的原初性。另外，具体觉悟包含的本真生命连接导致原初想象的流行。当这种具体觉悟成为必然的，这种原初性也成为永远的。

当思想意识到本体自由之真理的超绝性和无限性，意识到它自身与这真理的存在论差异，那么它为着揭示这真理，就必须在存在论上否定自己，不断打破自身的现实性和有限性。这种存在论差异决定了任何思想在表现这真理方面的不适宜性。任何思想都不能够以单独的我思内在地表现和揭示本体自由自身的真理，而只有通过思想的自我否定、自我漂移的运动才能使这真理得到体现和揭示。每一种具体觉悟其实都是一个由诸多领会或思想可能性构成的无穷意义域。即使它自己有了稳固、必然的形式，它包含的这些思想却全都是漂浮流动的，永远不会使自己凝结到一种理性的固定路径之中。也正是由于这个原因使它构成了一种永远的原初性。

唯有一种包含自我否定的感性图像，可以表达这种自我否定的思想。感性表象作为现实的存在也与超绝真理有着存在论差异。当它们被用于这种表现的时候，就必须否定自身的本质，构成一种自我否定的表象整体。比如一种本真的宗教的实践总是要依有言达乎无言，依有相入乎无相。这其实就是遵循这种言、相包含的自我否定形式，逐渐从现实存在过渡到神圣的虚无之域。同样，一种本真的艺术（如禅宗和一些基督教神秘主义的诗、画），其图像也必然包含了从有言有相向无言无相过渡的独特形式，作品旨在通过这种言与相的自我超越、自我消解形式把心灵引向一种无言无相的超绝真理。

结论是，只有精神的具体觉悟，才完全满足了依存美的对象表现对意义确定性甚至确切性的要求，同时又保持了永远的原初性，因此只有它才对于依存美作为自由之美的实质矛盾给予了一种具有最终稳定性的、积极的解决。只有在这里，依存美自身也才获得最终的稳定。

总之，依存美的实质矛盾推动庄静美的发展。一方面，庄静美包含了实际的对象表现，且后者对于真实性的要求不断深化，使庄静美寻求对象表现的更大确定性或确切性。另一方面，庄静美作为自由美又要求具有永远的原初性。这两个方面的矛盾就是（严格意义是作为自由之美的）依存美的实质矛盾。庄静美旨在通过对矛盾双方的调整，在二者之间建立一种平衡关系，从而将二者统一起来。但是这个矛盾自身是处在发展中的，包括对这种平衡关系的不断摧毁和重建。庄静美就在这个矛盾推动下不断发展。

庄静美作为一种自由之美就旨在建立这种矛盾的统一。但是在包括对现实对象的表现的实在之美的领域，这种统一永远不可能达到一种最终的稳定性。这最终是因为，对于现实对象具有意义确定性的表现最终必定导致审美领会的自身概念化，从而与永远的原初性产生不可调和的冲突。但这种永远的原初性是自由美的基本要求。因此庄静美必须对这两个矛盾方面进行调整：一是对对象表现逐渐抽象化，即逐渐放弃对意义确定性的要求，以至最终放弃对象表现本身，但这种调整违背对象领会的本性，甚至违背思想的本性，所以它不可能获得最终的稳定性，对象表现的发展必然否定建立在此基础上的矛盾平衡；二是使永远的原初性作出妥协，甚至完全将其放弃，而这种处理也与自由美对永远原初性的必然要求冲突，其稳定性也被后者打破。

因此在实在的对象表现领域，庄静美对于这个矛盾所有解决尝试，它建立的这些矛盾平衡，都无法获得最终的稳定性。于是在实在的对象表现领域，这个矛盾将庄静美推向两个极端：一是为保持永远的原初性而不得不否定对象表现，因而从依存美转化为纯粹优美。二是为了对象表现而逐渐脱离对永远原初性的追求，使美丧失自由，沦为通常教育甚至宣传、广告的工具。这两种解决都是消极的，且都意味着庄静美的瓦解。但这两种解决都仍然不能获得最终的稳定性。因为对于作为自由之美的依存美，对象表现和永远的原初性都是其必然要求，因而它不可能从这种矛盾的消极解决获得最终满足；只要这种依存美仍然存在，它终会否定这样的矛盾解决。总之，在实在的对象表现领域，依存美（包括庄静美）的任何尝试，都不可能使其内在的实质矛盾获得一种最终稳定的解决。于是这个矛盾就推动庄静美在两个端点之间来回摆动，在哪一点上都不能得到最终的稳定。

只有当依存美的对象表现深入到自由的超绝真理的领域，这种矛盾才可能得到最终稳定的解决。在依存美的实质矛盾中，对象表现是更积极、主动的方面。它总是追求更充分、更真实地表现对象的存在。这一方面促使它追求更大的意义确定性，另一方面促使它在对象真理的领域不断拓展深化。在这里，意义确定性与永远原初性的矛盾迫使依存美通过对象领会的深化寻求出路，使领会最终进入一个神圣、超绝的真理之境，于是这领会就成为具体觉悟。于是依存美就从实在的美升华成为本真的美。只有这种具体觉悟，由于其自身存在与对象的独特性，才能够既达到对象表现的意义确定性，又保持了自由美的永远原初性，从而使这两个方面达到一种积极、稳定的统一。只有本真的美才能够对于依存美的实质矛盾给予一个具有最终稳定性的积极的解决。在这种意义上，依存美的实质矛盾推动其最终从实在的美向本真的美过渡。

结论是：依存美的实质矛盾打破了庄静美的稳定性，推动其不断发展，最终导致依存美向本真的美转化。只有当依存美在这一矛盾推动下从现实的升华为本真的，矛盾才能得到最终稳定的解决，而依存美自身也才能获得最终的稳定。因而本真的美才是依存美的真正归宿。

小　结

　　我们分析了庄静美在两种内在矛盾推动下不断发展并导致其最终的自身瓦解的逻辑。实际上，在庄静美中，由于其永远原初性只存在于作为表现方式的理性思维，而其对象表现所针对的本质上是通常概念，因而它的实质矛盾与形式矛盾其实是相通的。在希腊古典艺术中，这两种内在矛盾都达到了某种平衡，但始终未能得到根本解决，因而永远推动庄静美的发展，直至庄静的最终自我瓦解。

　　这两个矛盾都由于其内在对立的双方的发展而处在发展之中，而且在这两个矛盾中，对象表现都是矛盾的更积极、主动的方面。对象表现对于更高真理性的追求，不断打破庄静美在对象表现与形式绝对和谐以及永远的原初性要求之间建立的矛盾平衡，导致两种矛盾的不断重构。在希腊艺术中，它同时主导了这两个矛盾的发展，且它在这二者中都是以对对立面的彻底征服甚至消灭为最终的结局；这表现在希腊艺术最终走向了自然主义。这两种矛盾打破了庄静美的内在稳定，推动其演化和发展，构成贯穿庄静美的发展始终的两条主要线索。

　　庄静美的形式矛盾就是其表现方式即理性思维与它所表现的通常对象在形式上的矛盾，其实就是其对象表现与理性思维对形式绝对和谐的要求的矛盾。一方面，庄静美作为优美，以自由的理性思维为其本质，而理性思维作为理性的独立自为存在必然构成一种绝对和谐的形式，并以之表达自身，所以它要求形式的绝对和谐。另一方面，庄静美作为依存美必定包含实际的对象表现，通常对象的自然形式只有充分和谐而不具有绝对和谐。庄静美旨在以自由的理性思维表现对象真理，而这要求这二者的形式同一，故必使二者陷于矛盾中。这种对象表现总会追求更高的真理性，它不断深化其对象领会，而且追求更大的意义确定性，因而与理性思维对形式绝对和谐的要求矛盾。这个矛盾归因于庄静美要求的形式绝对和谐与通常对象形式的充分和谐的矛盾。

庄静美致力于构建矛盾双方的平衡关系，使二者达到统一。为此它必须对双方都进行调整，一方面是要对对象表现进行抽象，另一方面是不得不放弃理性思维对形式绝对和谐的完全性的要求。其中，对对象表现的抽象包括对对象存在的抽象和对于对象表现本身的否定，共有四项：一是对效用的抽象，即主观上排除对于对象的效用，只关注其形式；二是单纯形式的抽象，排除或淡化与理性思维之理想不符合的形式；三是对对象内容的抽象，比如庄严风格排除了对于动作、情绪的表现，而优雅风格只表现单纯动作和单纯情绪，这些都属于内容的抽象；四是对于对象表现本身的否定，它包括不同层次：从否定对象表现对于意义确定性的要求到彻底的无所表现。只有在对对象表现的抽象基础上，庄静美才能根据理性思维要求的绝对和谐形式对对象的自然形式进行理想化，即真正做到以前者表现后者。单纯理性思维的理想化造成艺术表现与对象真理的张力。这种张力推动庄静美和庄静风格艺术的发展，其实是庄静美的形式矛盾的表现。此外，庄静美也必须对作为表现方式的理性思维本身进行调整，不得不放弃其对形式绝对和谐的完全性（包括绝对的均衡、对称）的要求。只有在这种双向调整基础上，庄静美才能建立矛盾双方的平衡关系，构成矛盾的对立统一。

然而这个形式矛盾双方都是处在演变中的，因而必然打破已有的矛盾平衡，导致矛盾的重构，从而推动庄静美的持续发展。一方面，庄静美的对象表现对于更高真理性的追求，会促使其逐渐否定上述的抽象化，比如从不具意义确定性的隐喻性表现过渡到再现性表现，从仅仅表现静止的形体过渡到表现动作、情绪。这在希腊艺术中，表现为艺术日益加强的自然化倾向。这种发展在其每一阶段，都会打破庄静美在上述抽象化基础上建立的矛盾平衡。另一方面，庄静美包含的理性思维本身也处在发展中，它不断要求更大的自由，并追求形式绝对和谐的完全性，这将促使它否定庄静美为建立矛盾统一而迫使它作出的妥协。因此这种矛盾发展使庄静美始终无法获得自身的稳定，而矛盾双方朝两个相反方向推动庄静美的演变，以寻求矛盾的最终稳定解决：一是向彻底自然化的写实风格过渡；二是向彻底否定对象表现的纯粹优美过渡。这两个方向最终都会导致庄静美的瓦解。其中只有古典风格构成矛盾双方的最佳平衡，创造了充分和谐与绝对和谐的完美结合。希腊艺术中选择的是前一个发展方向，而18世纪的"纯粹音乐"、20世纪抽象绘画的形成则体现了后一个发展方向。然而庄静美在其每一发展阶段对于矛盾的解决都缺乏稳定性，这使它自身始终不能获得一种最终的稳定（纯粹美因为违背了思想要求领会、表现对象的本性而不具有最终稳定性，而彻底的写实风格的稳定性则被美的实质矛盾否定）。

庄静美的实质矛盾其实就是依存美的一般实质矛盾，即其作为自由美对永远原初性的要求与其实际对象表现的矛盾。这个矛盾也推动庄静美朝两个相反方向发展。首先，与其对形式矛盾的处理一样，庄静美也是把对于对象表现的彻底抽象化，完全放弃意义确定性，从而使自己转化为纯粹优美，作为最终解决其实质矛盾的一种消极方案。其次，同样庄静美还有一种相反的方案，就是把对象表现彻底自然化，要求完全的意义确定性，从而使自己转化为写实风格，这也是企图最终解决庄静美的实质矛盾的一种消极方案。而庄静美解决此矛盾的众多尝试，都处在这两个极端的某个中间位置。但是在实在的对象表现领域，依存美在其中任何一点上都无法获得最终的稳定，这使它只能永远在两个端点之间来回摆动。于是，依存美对于最终稳定性的需要，以及对象表现本性中的真理追求，促使依存美不断深化其对象领会，使后者从现实领域最终过渡到超绝本体的领域，于是它自己就从一种实在的美蜕变为本真的美。只有在这种本真的美中，依存美的实质矛盾才获得一种最终稳定的解决。这在于本真的美本质上是精神的一种具体的觉悟，后者由于其自身和对象的独特性，故其对象表现既具有意义确定性（包括确切性），又保持了永远的原初性，这就使依存美的两个矛盾方面都得到了最终、完全的满足。所以唯本真的美才使这个实质矛盾获得最终、稳定的解决。在此意义上说，正是这个实质矛盾推动依存美向本真的美转化。

总之，庄静美的内在矛盾推动其最终向本真的美转化。这种矛盾推动美最终升华为对超绝真理的觉悟，而这才是依存美乃至任何风格、格调之类的最终归宿。

第二部分　论纯粹优美

优美是理性思维的原初真理。理性思维旨在构成一种绝对和谐的形式且以之规定自身的存在。所以优美在形式上就在于一种具有原初性的绝对和谐。庄静美也是优美，同时是一种依存美，这在于它旨在专题性地表现或领会某种对象。但是这种对象表现，不仅使优美对单纯形式和谐的要求受到限制，也使其易于概念化而丧失原初性。因此它作为优美是不完全、不纯粹的。当优美否定对象表现（这种否定可以是在不同程度的）和一切外在目的，而只以自身形式的原初和谐为目的时，那么它首先在构成形式和谐方面就是绝对自由的，它的形式才可能具有一种完全的绝对和谐；其次它也因此否定了与精神的概念系统的可能衔接，因而在实质上具有永远的原初性。这种优美就是我们所谓的纯粹优美。

所谓纯粹优美，就是否定了实际的对象表现和任何外在目的，从而获得完全的形式绝对和谐的优美。纯粹优美必然是自由美。它是精神的理性思维的创造，在物质与精神的自然中皆不存在，只存在于艺术。最适合且最充分体现纯粹优美的艺术是音乐，准确地说是古典风格的音乐。这是由于音乐的独特本性。因为音乐的媒介即声音与现实对象不存在描述或指涉关系，音乐的思想也更容易摆脱对现实对象的联想，所以音乐思想就从与这种对象的黏附关系中获得了解放，具有了形式构造的绝对自由，因而能够构成具有完全的绝对和谐的形式。这种独特本性也使音乐的思想天然地具有永远的原初性。这两方面使音乐达到了形式优美的最高程度，是纯粹优美的理想载体。

纯粹优美由于对对象表现的否定，故优美的两种内在矛盾在其中都有独特表现。

在纯粹优美中，优美的形式矛盾有其独特表现。只有在纯粹优美中，形式的绝对和谐才可能是完全的，而庄静美则由于对象表现与形式绝对和谐的矛盾，故必使后者受损。首先，当优美致力于一种实际的对象表现，不论是隐喻还是再现，都会因此被赋予一种除了自身形式之外的目的。其次，对于对象的再现性表现，还使得优美不得不接受对象自然形式的规定，而通常这种形式本身就被一种外在目的规定，故优美在形式上也间接被后者规定。这种外在目的赋予形式以明确的方向性，故必然破坏形式的均衡、对称和稳定，从而损害其形式的绝对和谐。纯粹优美对于对象表现和外在目的的否定，使理性思维把自己从强加给它且致其形式扭曲的目的解放出来。于是理性思维获得了绝对自由，只根据自己的本性和理想构成形式。它这样构成的形式就必然具有完全的绝对和谐特征。这种理性思维就是纯粹理性思维。但是思想的本性赋予美以对象表现的要求，这包括对于对象的整体、内在表现的要求。纯粹理性思维也具有这样的要求，尽管它没有实际的对象表现。这就导致纯粹优美出于思想本性的对象表现要求与其对实际对象表现之否定的矛盾。这就是纯粹优美的形式矛盾，是优美的根本形式矛盾的变型。

纯粹优美的形式矛盾有两种表现：首先，当纯粹优美完全彻底地否定了对象表现，成为彻底无所表现的，它因而得以构成一种具有完全的绝对和谐的形式。这是对优美的根本形式矛盾的一种消极的最终解决。纯粹优美的自足风格由此形成。但是思想本然的对象表现要求是无法扼杀的，它必然打破纯粹优美的最终稳定性，使纯粹优美陷入一种新的矛盾，即其对于表现的要求与实际的无所表现的矛盾。这就是自足风格的形式矛盾（它是纯粹优美的形式矛盾的变型）。其次，纯粹优美在这个矛盾推动下，逐渐恢复实际的对象表现，其对于对象表现的否定不再是彻底的。在这里，纯粹优美必须否定对于对象的整体、内在表现，将对象表现限制在隐喻和局部领域，以保持其形式绝对和谐的完全性，由此形成纯粹优美的隐喻风格和含蓄风格。这种对于对象表现的不彻底否定，导致优美的形式矛盾表现为两个方面：首先，这种对于对象表现的否定尽管不彻底，但仍与纯粹优美的对象表现要求矛盾。隐喻风格和含蓄风格否定了整体的、再现式的对象表现，但纯粹优美本然地要求这样的表现，这就导致了矛盾。其次，这种被限制的对象表现仍然导致与形式绝对和谐的矛盾。即使一种局部的、隐喻式的对象表现，仍然会在不同层面威胁到形式绝对和谐的完全性。以上是纯粹优美的形式矛盾的两个表现方面。它们在隐喻风格和含蓄风格中同时存在。

这个矛盾植根于优美的一般形式矛盾，即其对象表现要求与形式的绝对和谐的矛盾。这归根结底就是优美的真理性（美必须是真）与其单纯形式理想的矛盾。只有自由美才包含形式矛盾。美的形式矛盾在最根本的存在论意义上就是美的真理性与美的主观自由的矛盾。一方面，美要求自己是真理，而真理之为真理，其存在论规定在于它可以作为精神现实自由之根据，这要求它必须具有一种充分和谐的形式（这是其形式规定）。这两种规定首先且通常都是由于美成为真实的对象领会，才得到满足。因此美的真理性通常就表现为美的对象表现要求。另一方面，自由美还具有一种主观自由，它可以挣脱这种真理要求而驰骋自己的想象。这表现在依存美中，在于它不仅可以选择与对象真理矛盾的表现方式，而且具有了只属于其自身主观性的、脱离对象表现的单纯形式兴趣，后者只属于优美。对于优美而言，这种主观自由就在于，理性思维作为表现方式不再关心美的真理性，而仅仅旨在构成一种出于自身的兴趣和理想的形式和谐，而这就是绝对和谐，它与充分和谐通常相互冲突。美的以上两个方面总是存在张力，因而构成一种矛盾关系。在这里可以得出结论：优美的真理性与主观自由的矛盾，在存在论层面上就是理性思维的真理要求与其自身主观自由（即自身的形式理想）的矛盾，后者是优美的全部形式矛盾的最终基础。在单纯形式层面，它就是形式的充分和谐与绝对和谐的矛盾：首先，优美作为理性思维的真理，就要求具有充分和谐的形式。其次，理性思维因其主观自由，还脱离这种真理要求，追求一种抽象的绝对和谐。这两种和谐必然存在矛盾。优美的形式矛盾有多种表现形式。我们将其通常和基本的形式确定为优美的对象表现要求与形式的绝对和谐的矛盾，并相信其他表现形式都是在不同发展阶段或结构层面由此派生出来的。这包括形式绝对和谐与充分和谐的矛盾。不仅如此，优美的形式矛盾在其不同风格中都有不同的表现形式。在纯粹优美中，形式矛盾有两种表现，其中更主要的是其对象表现要求与对表现的否定的矛盾，而这本质上是美的真理性与其对表现的否定的矛盾。

在纯粹优美中，优美的实质矛盾也有独特表现。纯粹优美不是依存美，在其中，美的永远原初性得到了保障，实际的对象表现被否定。它旨在通过对表现的否定以保持永远的原初性。只有对于现实对象的整体内在表现或领会，才会借助对象真理对于概念系统的从属性将自己衔接到这概念系统中而使自己获得意义确切性，从而导致永远的原初性丧失。纯粹优美通过对表现的否定，就切断了这种衔接的可能性，从而使自身意义永远无法固化，故它就永远是原初的。但对象表现的要求仍存在，因而依存美的实质矛盾在此转化为一般意义上美的实质矛盾，即自由美对永远原初性的要求与其对象表现要求的矛盾。但这里有两种情况：首先，当这种否定是完全彻底的，那么这种永远的原初性就是实际的、完全的，这是对美的实质矛盾的一个完全消极的解决方案。但这个矛盾转化成了纯粹优美实际的无所表现与其本然的对象表现要求的矛盾。这就是自足风格的实质矛盾。其次，当纯粹优美对于表现的否定并不彻底，即只是否定对于对象的整体、内在和再现性表现，而将这种表现限制在外在、隐喻和局部领域，以保持美的永远原初性，这就复活了实际的对象表现与永远原初性的矛盾。这是纯粹优美的隐喻风格和含蓄风格的实质矛盾的一方面；另一方面，这里对于表现的否定尽管不彻底，但仍与表现的本性相矛盾，隐喻风格和含蓄风格也包含在不同层面对表现的否定，所以同样包含纯粹优美对对象表现的否定与其本然的对象表现要求的矛盾。纯粹优美始终致力于建立其矛盾的平衡。但是它建立的矛盾平衡都是不稳定的，因为矛盾双方都是不断发展的，所以会不断打破这种平衡。首先，思想对于更真实对象表现的要求即使被压制，也不可被磨灭，它会打破纯粹优美的稳定，促使其从完全无所表现到有所表现、进而从外在、隐喻和局部表现到整体、内在和再现性表现过渡。其次，纯粹优美对于永远原初性的要求也处在发展中，它促使优美朝相反的方向过渡。这决定纯粹优美的实质矛盾不会止步于上述每一个发展阶段，而是要不断打破已有的矛盾平衡，推动纯粹优美的持续转型。但是在纯粹优美中，实质矛盾不是主要矛盾。纯粹优美的主要矛盾是形式矛盾。纯粹优美的实质矛盾也可能推动其向本真的美过渡。纯粹优美一方面为了保持永远的原初性而否定了实际的对象表现；另一方面它又始终具有这种表现的要求，甚至要求获得整体、内在和再现性的表现。由于这二者的矛盾始终无法在实在的对象表现领域得到真正稳定的解决，因而它推动对象表现的深化，最终使之从现实领域进入超绝真理的领域。于是纯粹优美转化为本真的美。只有后者才能使一种具有意义确定性的表现与永远的原初性达到稳定的统一。只有在这里，美的实质矛盾才获得真正稳定的解决。因此纯粹优美的发展亦以本真的美为终结。在这里，纯粹优美因为转向这样的表现就丧失了纯粹性而导致自身瓦解。

无论从先验的还是经验的发生学来说，纯粹优美都是从庄静美或其他格调的依存美派生出来的。从先验的发生逻辑上说，纯粹优美因其对表现的否定，违背了美作为思想的本性以及美的存在论意义或目的，所以它不是美的本原和基本形态，而只能是从庄静美或其他类型的依存美派生而出。在这里，是其内在矛盾推动庄静美等逐渐脱离对象表现而向纯粹优美转化。纯粹优美是庄静美等的自身矛盾发展导致的一个最终结局。这也得到经验发生学的验证。人类最早的艺术和艺术美，都是旨在表现某种对象的。那种完全无所表现的"纯粹的"艺术和审美趣味，则是较晚出现，且可看出其是从有所表现的艺术逐渐抽象形成的。西方音乐和造型艺术的发展都表明了这一点。

纯粹优美是在庄静美等的自身矛盾推动下形成，而它包含了自身的矛盾，且是在后者推动下不断发展的。纯粹优美正是在寻求其内在矛盾的稳定解决过程中形成了不同的风格。这个矛盾主要是形式矛盾。纯粹优美也同庄静美一样，经历了从古风风格到古典风格的过渡，并从古典风格过渡到把情绪和思想表现置于单纯形式和谐之上的浪漫风格。这种过渡同样也是由其内在矛盾（且主要是形式矛盾）推动的。纯粹优美的古风风格和古典风格，同其在庄静美一样，都是从表现方式（自由的理性思维）及其形式特征（形式的绝对和谐与充分和谐之关系）得到规定。

在纯粹优美中更主要的形式矛盾是其对象表现要求与对表现的否定的矛盾，本质上是纯粹优美的真理性与其对表现的否定的存在论矛盾。它可以被视为优美的一般形式矛盾（优美的对象表现要求与形式的绝对和谐的矛盾）的变型。因为美的对象表现要求植根于美的真理性。美要求自己为真。美之为真，在于它作为自由的原始展开可以作为精神现实自由之根据，而这要求它必须具有一种充分和谐的形式（前者是真之为真的存在论规定，后者则是其为真的形式规定）。它之能作为此根据，首先且基本上在于它对于对象的真实表现或领会，在这里自由的原始展开以对象真理为根据，而美基本上是从对象真理获得一种充分和谐的形式。因此美的对象表现要求植根于美的真理性。然而纯粹优美否定了对象表现，所以它陷入这种否定与美的真理性的矛盾。对于表现的否定使它不可能从对象领会使自身成为真理，所以它的真理要求便与这种否定相互冲突。

这个矛盾在单纯形式层面，也表现为形式的充分和谐与绝对和谐的矛盾，因为纯粹优美旨在通过对表现的否定以获得形式绝对和谐的完全性，而它的真理性使它要求形式的充分和谐。一方面每一种思想都要求成为真理，而真理必然具有充分和谐的形式，因此思想的真理性要求，决定每一种思想都渴望获得一种充分和谐的形式。一种感性形式若是充分和谐的，通常能带给我们更大美感。这表明作为这种形式的本质，思想渴望这种充分和谐（这种美感就是被这种渴望规定）。而这种渴望，在存在论上是因为每一种思想都要求成为真理，而真之为真，就必有其充分和谐的形式。因此这种真理要求决定每一种思想都具有对于形式充分和谐的追求。理性思维更是如此，因为理性的本性在于构成充分和谐，而理性思维则是理性完全自为的存在。另一方面自由美亦有其主观自由，使它对于摆脱了这种真理要求的抽象形式和谐有了兴趣。它试图脱离这种真理性要求的规定，单纯以形式为目的，追求一种单纯形式的理想。优美对形式绝对和谐的追求就是理性思维的单纯形式理想，反映了理性思维的主观自由。这导致理性思维追求的这种绝对和谐形式与植根于真理要求的充分和谐形式（往往就是它自身的生命形式）的矛盾。纯粹优美也继承了这种形式矛盾。它通过对表现的否定获得了一种完全的绝对和谐形式，而这就与它作为真理要求的充分和谐形式相矛盾。

以上这两种矛盾其实是纯粹优美的同一形式矛盾的两个方面或两种表述（存在论的与单纯形式的）；这一形式矛盾还可表述为纯粹优美对表现的否定与形式的充分和谐的矛盾，或纯粹优美的真理性与形式绝对和谐的矛盾。这些不同表述指的是同一存在体。

针对其真理性与其对表现的否定的矛盾（纯粹优美的存在论矛盾），纯粹优美有三种解决方案：

一是坚持其无所表现立场而否定美的真理性，由此形成了纯粹优美的古风风格。

古风风格的特点，在希腊的古风雕塑和巴洛克的古风音乐中都有表现，主要包括：其一，具有一种严格的几何学的均衡、对称和稳定形式，这些都是绝对和谐的特点。比如希腊的古风雕塑就是以一些几何学的对称图形表现人体，Bach 的纯器乐也具有一种数学的均衡、对称和稳定结构。这些都反映了艺术的理性思维对于一种绝对和谐形式的兴趣。在纯粹优美（如 Bach 音乐），这种形式完全无所表现，只是理性思维的自由游戏的产物。在庄静美（如希腊古风雕塑），这种形式也只是反映了理性思维自身的喜好，而并未真实地表现出对象存在，尽管它意在如此。其二，其形式缺乏一种充分和谐。充分和谐不同于绝对和谐，它是形式的充分统一或有机统一，指形式的所有环节互为条件且相互需要，缺一不可，多一亦不可。它就是形式的组织化，也是形式的合目的性。比如 Bach 的纯器乐，其形式就缺乏充分和谐，以致当它的某个形式环节缺失，比如某个声部被拿掉，其整体结构仍然成立，甚至我们可能都察觉不到这种缺失。希腊古风雕塑的情况与此类似，其整体形式有拼装的特点，故即使部分内容缺失，也不会像在古典时期作品那样，给人以明显的残缺感。这些特征都表明形式的充分和谐之缺乏。古风风格的特点在于理性思维所构成的形式没有达到绝对和谐与充分和谐的统一。其形式仅有绝对和谐而无充分和谐，也可以说它是因为这两种形式和谐之矛盾，故为了绝对和谐而不得不放弃充分和谐。反之，希腊古风雕塑在后来的发展则因为表现了对象形式的充分和谐而使其绝对和谐受损。其三，与此相关，古风形式让人觉得缺乏生命感，缺乏灵动和生气。比如巴洛克的古风音乐，其绝对和谐的形式类似于一种无机的晶体结构，显得呆板、缺乏生机。这就归因于其形式抛弃了对充分和谐的追求。只有一种充分和谐的形式才可能有内在生命，才能看上去生机勃勃。因为充分和谐就是一种生命的和谐，是生命特有的。组织化与合目的性都是有机体独有的形式特征。另外，一种形式也只有包含生命在内，才会具有充分和谐的特征。形式的生命性是其充分和谐的充分必要条件。真理就是生命，是生命之内在根据或基础。因此当且仅当一种形式包含了真理，且是这真理的体现，它才具有充分和谐。所以，形式的真理性与充分和谐是一体二面。形式缺乏真理性最终是因为思想本身不是真理，古风风格的最根本存在论原因是理性思维本身丧失了真理性。总之在古风风格，优美就是通过否定其真理性以保持形式的绝对和谐。在庄静美的古风风格，这种否定，在于表现方式没有具体地领会对象真理，其形式明显与对象自然形式分离，没能把对象真理包含在自身之内。在纯粹优美的古风风格，这种否定在于对表现的否定使美丧失了占有对象真理的契机。因为古风风格对真理性的否定、对生命的抽离以及对充分和谐的放弃，所以它的形式绝对和谐是抽象的。这种抽象的绝对和谐在巴洛克音乐和希腊古风雕塑中都有显著表现，是古风形式的最显著特征。

总的说来，古风风格的抽象性就在于：感性形式没有成为理性思维自身的表达，因而丧失真理性；理性思维本身丧失了真理性[①]。要克服古风风格的这种抽象性，以及优美的真理性与形式绝对和谐的矛盾，只有通过以下可能方式：其一，对于庄静美而言，这主要在于通过对象领会的深化和技术的完善，使对象表现更加贴近对象真理。希腊艺术就是因为不断加深的自然化，最终导致作为表现方式的理性思维与对象真理的统一，早先那种抽象的绝对和谐形式也被与对象的充分和谐形式统一起来，从而实现了古风风格向古典风格的转型。其二，对于纯粹优美，一种方式是进入实际的对象表现领域，这是对纯粹优美的存在论矛盾（即其对表现的否定与其真理性的矛盾，它是优美的真理性与形式绝对和谐的矛盾的变型）的消极解决，也将导致纯粹优美自身的瓦解。其三，纯粹优美还有一条出路，就是试图通过理性思维的成熟，使其存在论矛盾的双方（其真理性与对表现的否定）得到一种积极解决。首先，作为表现方式，理性思维不会永远像在古风风格那样，对自身真理性的缺失感到满足，而是会要求获得或使自己成为真理，但是在对象表现被否定的条件下，它就不能从对象，而只能单纯从原初想象本身、从自由的原初开创运动获得真理；这原初想象必须能作为自由的根据。其次，理性思维也不会永远满足于构成那种外在于自身真理的感性形式，它要求所构成的感性形式是对于自身真理的表达或体现。总之，纯粹优美在否定对象表现的条件下，通过单纯从原初想象本身获得真理并使感性形式成为这真理的表达，就完整地保持了自身真理性。因此对于纯粹优美，只有这第三条出路，才使其存在论矛盾获得一种积极解决。在这里，纯粹优美通过对表现的否定保持了形式绝对和谐的完全性，又具有植根于自身真理性的充分和谐形式，因而将形式的绝对和谐与充分和谐完整地统一起来。于是纯粹优美就完成了

---

① 在古风风格中，理性思维丧失了真理性。然而理性思维规定的伦理法则，尽管也具有抽象的绝对和谐的形式特点，却具有真理性，因它本是从具体的伦理真理抽象出来（只表达其绝对和谐的方面），其存在原本从属于具体理性，故分享了后者的真理性。

从古风风格向古典风格的过渡。无论在庄静美还是纯粹优美，古典风格的形式特征皆在于绝对和谐与充分和谐的完整统一。

二是纯粹优美的古典风格，则对其形式矛盾给予了积极解决。

古风风格对于这一矛盾的解决是消极的，其实就是否定纯粹优美对于自身内容的真理性和形式的充分和谐的要求，以获得形式的绝对和谐。这种消极的解决不能获得最终的稳定，因为它违背了思想的本性，人类思想本然地具有对形式的充分和谐与内容的真理性的要求。古风的美不能满足这种思想期望。这种未得满足的期望必然推动理性思维追求自身真理性与形式充分和谐，并将后者与绝对和谐统一起来，从而使古风风格向古典风格转变。古典风格的形式特征在于绝对和谐与充分和谐的统一，唯它才是对二者矛盾的积极解决。这种充分和谐，在庄静美，是通过更真实的对象表现获得，而在纯粹优美，则只有通过对理性思维自身形式的呈现。单纯从形式上看，古风风格的特点在于理性思维所构成的形式绝对和谐没有达到与充分和谐的统一，故它是抽象的，显得呆板、缺乏生机。古典风格则通过构建这种形式矛盾的统一，因而给这种绝对和谐注入了生命和灵气，使之成为具体的。无论是在庄静美还是纯粹优美，均是如此。

从古风风格到古典风格的转化，就庄静美而言，是由于它在理性思维对更真实对象表现的追求推动下，试图在这种追求与理性思维自身的形式理想之间建立一种矛盾平衡，于是构建了理性思维自身所理想的绝对和谐形式与对象真理的充分和谐形式的统一，从而赋予作品以生命性。这完全是被庄静美的形式矛盾推动的，后者是优美的根本形式矛盾的变型。庄静美的古典风格典范是希腊古典时期和文艺复兴的造型艺术。在这里，艺术的自然化使得作为表现方式的理性思维更深刻地领会了对象真理并将其表现为艺术形式，从而把自己理想的形式与对象的自然形式结合起来，以此实现了形式的绝对和谐和充分和谐之统一。但这种统一是外在的，因为理性思维发现它从对象中获得的充分和谐形式并非它的自身真理的形式，只能让它获得一种主观的满足。

这种转化就纯粹优美而言，在于：其一，它在否定对象领会前提下，乃致力于单纯从理性思维的原初想象获得真理，从而在其真理性与对表现的否定之间建立一种统一关系，使其存在论矛盾得到积极解决。其二，它在否定形式的对象表现前提下，乃以形式规定、表达理性思维的自身存在，以此达到形式的绝对和谐与充分和谐的统一，从而构成一种理想的和谐。一方面，纯粹优美对表现的否定使理性思维成为绝对自由的，故其构成的形式具有完全的绝对和谐。另一方面，美的真理要求表现为对于形式充分和谐的要求，但纯粹优美否定了对象表现，故不能再从对象获得一种充分和谐的形式，于是它只能以自身真理作为形式充分和谐的根据，这种情况促使理性思维转向以形式规定、体现自身的真理，理性思维不再纯粹以构成绝对和谐的形式为游戏，而是以这形式表显它自身的真理，从而这种形式也具有了生命的充分和谐。因此只有在古典风格，纯粹优美的真理性与对表现的否定，形式的绝对和谐与充分和谐，都达到完整的统一。古典风格正由此形成。纯粹优美正是由其自身的真理性和形式的充分和谐，才具有和表现出灵魂和生命。古典风格正因为使形式的绝对和谐具有了真理性，且使之与充分和谐统一，从而才克服了古风风格的抽象性，使其绝对和谐成为具体的。这种纯粹优美的古典风格的典范是维也纳古典派的音乐。

这种古典派音乐的美，既非像毕达哥拉斯、奥古斯丁所认为的完全来自数学，亦非如 J.Mattheson（1681—1764）所以为的完全来自自然，而是来自二者的融合。换句话说，它既非一种不具备真理性（这里指生命的真理）的抽象绝对和谐，亦非是真理自身的单纯充分和谐，而是二者的统一。只有在纯粹优美中，形式的绝对和谐与充分和谐的统一才是内在的。因为与在庄静美中的情况不同的是，在这里充分和谐属于理性思维自身的形式，后者既具有绝对和谐，又具有充分和谐，因而是二者的内在统一。

纯粹优美的形式矛盾总是处在发展中。其中，美的真理性植根于思想的本性，是矛盾的更积极、更活跃方面。思想本来渴望成为真理，而且主要是通过真实的对象领会。思想总是要求领会或表现某物，这属于它的本性。美亦如此。美的真理性主要表现为（真实的）对象表现要求。因此纯粹优美的真理性不会满足于彻底的无表现状态（即自足风格），它会出于思想的本性而重新走向对象表现（隐喻风格与含蓄风格）。所以纯粹优美对表现的否定就不再是彻底的（隐喻风格只否定再现性表现；含蓄风格则将表现限于局部，否定整体表现）。在这里，纯粹优美重新建立了其存在论矛盾的平衡。另外，纯粹优美这种不彻底的对象表现，还使它重新面对优美的实际对象表现与形式绝对和谐的矛盾。在这里，纯粹优美也是通过否定整体、再现性的表现重建矛盾的统一。因此在这一阶段，纯粹优美的形式矛盾其实包括两个层面：其一，美的真理性与其对表现的否定的矛盾；其二，实际的对象表现与形式绝对和谐的矛盾。这两个矛盾在单纯形式层面都是形式的绝对和谐与充分和谐的矛盾，且二者都可视为优美的对象表现要求与形式绝对和谐的矛盾的变型。总之纯粹优美的隐喻风格和含蓄风格也是在其形式矛盾推动之下形成，它们旨在通过将对表现的否定限定在整体或再现性表现，以重构矛盾的统一。在西方音乐史上，自足风格的典范是 Haydn、Mozart 的室内乐，隐喻风格的代表是 Mozart、Beethoven 和 Mendelssohn 的抒情性音乐，含蓄风格的典范是 Beethoven 的交响曲。

总之，纯粹优美的形式矛盾不仅推动了古典风格的形成，也推动这种风格的进一步发展；而其中导致这种矛盾转化的更积极主动的方面是纯粹优美的真理要求。正是在这一要求导致的矛盾发展，推动纯粹优美逐渐向实际的对象表现过渡，且进一步使这种表现逐渐从隐喻和局部的过渡到整体和再现的领域，最终使纯粹优美转化为庄静美和本真的美。

三是对于纯粹优美的形式矛盾的最后一种解决方案也是消极的，就是纯粹优美为了其真理性而放弃其对表现的否定，于是纯粹优美转化为庄静美。纯粹优美在其愈益强化的真理要求推动下，逐渐进入整体的、再现式的对象表现领域，导致自身的瓦解。于是纯粹优美转化为庄静美。在西方音乐中，Schubert、Chopin 的感怀风格，就属于这种庄静美。感怀风格之不同于隐喻风格的抒情，在于隐喻表现成为整体性的，即情感主体获得自身统一性。感怀风格致力于营造对于对象的整体表现与理性思维的形式理想的统一，即在整体形式层面的充分和谐与绝对和谐的统一。纯粹优美向庄静美的转化，在音乐中很难做到彻底，因为音乐很难进行再现式的对象表现，造型艺术、文学更容易达到这种彻底性。但这种庄静美，作为纯粹优美矛盾发展的最终结局，也缺乏稳定性。在这里，对象表现必然会追求更真实、更自然和更确定的效果，这将使对象主题的自身统一获得越来越强大的力量，从而破坏感怀风格达到的矛盾统一。比如，到 Wagner 和 Richard Strauss 等的后期浪漫风格，对象主题（情感、意志、哲思等）独立的自身发展进程（其形式仅有充分和谐而无绝对和谐）处于支配地位，代替纯粹音乐的逻辑成为乐曲整体的组织者，它及其充分和谐形式构成作品之美的主要方面，古典形式的绝对和谐变得支离破碎并终至消亡。这种作品也包含了美，但它的美主要已不是优美。比如 Wagner 音乐之美就主要是一种崇高美。

20 世纪艺术，无论音乐还是绘画，基本上是在后期浪漫风格基础上发展起来，然而较之后者，其大致趋势可说是一种可悲的双向堕落，既抛弃艺术的真理性，也破坏了形式的优美，从而彻底瓦解了美本身，其所表现的审美趣味及艺术的价值较之以前的世纪均显著退化。

首先，艺术越来越放弃真理追求，艺术家比以往任何时代都更加追求强烈的感官刺激和轰动效应而抛弃了艺术的良心。艺术品之所以让我们觉得美，即让我们对它的领会成为原初真理，在这于它自身包含了这样一种真理，后者必须属于我们的应许自由。真理的本质是自由，而艺术的真理必须具备以下特点：其一，它必须具有普遍性，是一种普遍自由；其二，它的自由境界还必须高于我们当下生命的实际境况，即必须比我们高尚，这就是所谓自由的卓越性。只有满足这两个条件，它才符合我们的应许自由，才可能成为原初真理的根源，也才可能让我们觉得美。总之艺术的真理性在于它体现了一种普遍和卓越的自由。如果说 Wagner 和 Richard Strauss 的音乐还表现了一种普遍真理、塑造了某种理想性格，从而坚守了艺术的真理性，而从古希腊到 19 世纪的造型艺术主流亦是如此，那么 20 世纪艺术则越来越抛弃这种真理性，其表现的主题与人物性格往往既无普遍性，也缺乏高尚性，既不属于我们生命的应许自由，也无法作为原初真理之根源。比如表现主义就旨在表达一种个人化的带有某种病态的强烈恐怖和焦虑（比如 Edvard Munch、Max Ernster 等），20 世纪初的"堕落艺术"则把主要兴趣用来刻画精神病患者、酗酒或吸毒者、妓女、罪犯等的世界。Schoenberg、Webern 等也旨在用音乐表现一种病态的情绪和人物性格。法国画家迪布费（Jean Dubuffet）甚至认为儿童、精神病患者、囚犯以及流浪者的艺术更直接、更真实。与之呼应，20 世纪初的现代派艺术家纷纷回到非洲艺术和早期洞穴绘画，向原始人学习。伟大的艺术旨在表现人类精神的深刻和高贵。艺术的真理性在于表现一种可以作为我们生命的原初真理根源的普遍、卓越的自由。并非所有真实表现对象的艺术都具有真理性，艺术的真理性还要求表现方式与对象自身的存在包含了这样一种普遍、卓越的自由。当艺术堕落到将主要兴趣放在精神病患者、罪犯、儿童和原始人的世界，就完全丧失了真理性，因为它的主题缺乏普遍性，更缺乏自由的卓越性。它不能靠真理和美来感动人，就只能靠制造强烈的感官刺激和轰动效应使观众惊骇。除了以上所提到风格，还有一些艺术家一心刻画极端血腥恐怖的画面以刺激观众（如Francis Bacon），还有些人则专门通过挑衅宗教、道德和艺术的传统（比如故意亵渎上帝）引起轰动效应（达达主义）。结果是 20 世纪以来，艺术越来越失去它的良心，艺术品味越来越粗鄙、低俗，很少有作品真正能给人类精神带来启迪。

　　其次，20 世纪艺术也逐渐抛弃两千多年来西方艺术传统对形式的绝对和谐的追求，使优美趋于解体。在后期浪漫风格的音乐、绘画在强调对象主题的自身统一性时，还尽量维持形式的绝对和谐，但是 20 世纪现代派艺术家们，则为了对象表现而放弃了形式的优美。在音乐中，像 Schoenberg 等人用音乐表现一种病态的情绪，就与形式的优美格格不入。在造型艺术中，对形式优美的蓄意破坏简直可以与汪达尔人对古希腊和罗马艺术的野蛮践踏媲美。表现主义为了极端的情绪宣泄不惜破坏形式的优美；Bacon、Dekooning 等人则专以残破扭曲的躯体刺激观众感官，完全抛弃了形式的和谐；达达主义则完全不懂得形式优美或是有意通过对它的故意破坏表明某种态度。另外所谓立体主义和未来主义，对于形式优美的破坏更甚。前者试图把人们在不同时间、从不同角度看到的物体图像组合到同一个画面之中，导致画面的杂乱、失去确定意义。后者则试图把运动中的物体在不同时间的形状或姿势结合到同一个画面中以呈现动感，而这同样导致画面的混乱。这类作品都是违背了造型艺术的基本逻辑，也违背了我们感觉的本性，作品也缺乏形式统一，因此毫无美感可言。这类试探都是失败的。

　　人们或许会觉得，20 世纪艺术摆脱形式的束缚而直奔主题、直抒胸臆，所以比古典艺术更有力量，这种感觉或许不无道理。但艺术的力量是什么？它指的应当是作品能够给观众情绪带来强烈、持久的刺激，而一种强烈的情绪更多地是一般情感。后者也是审美快感的组成部分，但不是真实美感（后者只能从原初领会产生）。艺术的力量主要在于它能激发一般情感。这方面20 世纪艺术无疑做得比古典艺术成功。

　　艺术激发情感有以下方式：（1）通过作品表现的高尚真理。作品表现的卓越自由和原初领会都会深深打动我们的情绪，但前者激发的是一般情感，后者带来的才是真实美感。从 Pheidias 到 Beethoven、Wagner，伟大的艺术最打动人的是它包含的真理，而不是单纯形式之美。它的力量来自真理本身之伟大。这种力量在艺术中才是最高贵的，也是最正当的。这样的艺术才能给自由之精神带来最大的启迪。（2）通过作品出色的情感表现。后期浪漫风格就是如此，它旨在以艺术形式表现某种强烈的一般情感，以激发观众与之一致的情感反应。这种情感本身是普遍和真挚的，因此作品可能给观众带来巨大的情感慰藉（比如 Tchaikovsky 和 Mahler 的交响曲）。另外作品也包含了对情感的一种高尚且真实的领会，通过作品的充分和谐得到表达。所以这种艺术仍有其真理性。（3）通过直接刺激观众感官或故意挑衅观众的价值观来激发其强烈的情绪反应。这是 20 世纪艺术最热衷的，也是最不正当的方式。它包含的思想、情感既不真实，也不普遍。这样的作品没有真理性，几乎不可能给人类精神带来什么启迪。

其中，就（2）和（3）而言，艺术都旨在激发观众的一般情感，且都能做到这一点，这就是说这种艺术都有其"力量"。但是如果艺术只能激起一般情感，而不是导致真实美感，那么它就只是有"力量"，但不"美"，而后者才是艺术价值的本质根源。通常观众会把能打动自己情感的作品认为是"美"的，他会说一首感人的乐曲"很美"。但其实"感人"只是唤起了一般情感。"感人"与"美"不是一回事，艺术的"力量"与"美"也不是一回事。古典主义的音乐尽管让人感到缺乏"力量"，但是很"美"。浪漫主义艺术或许既有"力量"而且很"美"，但它的"力量"与"美"可能并无关联。一种成功的色情、恐怖作品也很有"力量"，但根本不"美"，而 20 世纪艺术的情况经常与此类似。这里关键在于，艺术的力量只能以真理为唯一正当的根源。艺术的力量应当来自：其一，它包含了一种伟大卓越的自由；其二，它包含了一种真实的原初领会。只有在此基础上，艺术才能达到"力"与"美"的统一。真理性是艺术的良心，也是艺术价值的本质根源。一种抛弃了真理性的"艺术"，根本不是真正的艺术，即使它很有力量。

无论以哪一种方式，艺术要激发一般情感，都是赋予了艺术形式以某种外在目的，故其形式必须具有合目的性或充分和谐的特征。一件作品，只有具备了一种充分和谐的形式，才会有灵魂和情感，才有力量牢牢把观众抓住。可见作品的力量与优美相矛盾（由于优美的形式矛盾）。一种完全无所表现的优美，即自足风格，就不会具有那种摄人心魄的美。反之，一种有强大感染力的美通常不是优美，而是崇高、深沉之美。这也是植根于美的真理性与形式绝对和谐的矛盾。艺术的充分和谐形式，要么属于或体现了真理、自由本身，要么只是表现或激发情感的手段，只有在前者它才可能自身就是美。

一种完全扭曲的文化精神不会有真正的美。这种文化精神因为丧失了自由，故它自身就丧失了真理性，所以它的艺术也缺乏真理性。这种艺术的力量绝不是来自真理，来自精神的自由，而是来自邪恶和本能情欲。比如兵马俑和怀素书法表现的力，就是一种凶残暴戾的力，完全没有精神性。这种文化精神可能最后由于善恶观的彻底颠倒导致审美观的颠倒，会赋予邪恶以审美价值。比如在《三国演义》《水浒传》这样的作品中，邪恶本身成为鉴赏对象，高超的阴谋和暴力得到赞美和欣赏，本身具有了一种审美价值。这种审美观和这样的艺术在人类主要文化中是绝无仅有的。

美的实质矛盾也在纯粹优美的上述转化中也起到推动作用，但形式矛盾才是主要矛盾。这个实质矛盾就是优美的对象领会要求与其对永远原初性的要求的矛盾。其中自足风格对此矛盾的解决是完全消极的，即彻底否定对象表现以保持永远的原初性。但这违背思想的本性，因而不缺乏最终的稳定性。思想的本性是要表现或领会某种对象。这将促使纯粹优美转向实际的对象表现，而这种表现就可能导致与永远原初性的冲突。在这种情况下，一方面纯粹优美就只能将对象表现限制在隐喻和局部表现领域，以保持其永远的原初性，从而使矛盾得到解决。这就是隐喻和优雅风格的解决方式。另一方面，纯粹优美还有一个独特的存在论优势，这在于它否定了对现实对象的表现，这就使其将对象表现转向超越现实的存在领域，尤其当它面临这个实质矛盾之时；于是纯粹优美就转化为本真的美。Beethoven 的雄壮风格的音乐，就是从无所表现的自足风格向本真的美转化的范例。只有当优美转化为本真的美，它的实质矛盾才获得一种积极和稳定的解决。因为本真的美是对超绝真理的自觉的具体领会，这种真理的超绝性、绝对性和无限性决定了对于它的具体领会具有永远的原初性。

美的形式矛盾和实质矛盾都只属于自由美。二者最终应归结到一个共同的存在论基础，即美的真理性与其主观自由的矛盾。这两个矛盾都包括了美的真理性方面，且其意义是相同的。所谓美的真理性包含以下内容：（1）美的真理要求，即美必须是真；（2）为保证自身为真，美要求成为对象领会（且这领会必须是真实的），其对意义确定性的追求奠基于此；（3）美作为真理，要求成为必然的；（4）美作为真理，要求具有充分和谐的形式。自由美也要努力保持一种游离于其真理性之外的单纯主观自由。自由美对永远的原初性和形式绝对和谐的要求都是这种主观自由的表现。只有在这个主观自由方面，这两个矛盾才表现得不同。首先，只有自由美才有对内容的永远原初性的要求。对永远原初性的要求，意味着自由美会与现实真理（追求必然性和意义确定性）的本性产生距离，并从原初真理的本原存在论使命获得解放，所以它是自由美的主观自由（且是一种存在论的主观自由）。这种主观自由与美的真理性的存在论矛盾是美的实质矛盾之本质基础。其次，只有在自由美中，表现方式才会与表现对象发生矛盾，才会发展出一种它自己独立的、不被表现束缚的自由游戏，才有从对象表现溢出的形式兴趣，这些都属于自由美对其真理性的偏离或溢出，是其在形式上的主观自由。对于优美而言，这种主观自由就是理性思维独立于对象表现的任意性，它表现为优美对形式绝对和谐的要求。这种主观自由与美的真理性的矛盾是美的形式矛盾的本质基础。无论是存在论的还是形式上的主观自由，都是自由美从其真理性偏离或溢出的存在，具有共同的本质。美的形式矛盾和实质矛盾最终都奠基于自由美的这种主观自由与其真理性的矛盾。这是一种存在论矛盾。

以下的内容将分为两个部分：其一，纯粹优美的特点及其历史形成；其二，纯粹优美在自身形式矛盾推动下的发展。

第四章　纯粹优美的特点及其历史形成

理性就是觉性或精神自己创造出形式并以这种形式对自身内容进行综合、统一，使之构成一个充分和谐的整体(理性旨在构成和维持存在的统一，而真正的统一就在于形式的和谐）的活动。这就是觉性的自身建构、自我组织活动。理性属于生命的自身肯定活动。生命就是通过针对自身的形式建构和巩固使其自身内容达到和谐统一，也使其自身结构得以稳固。它就是以此对其自身存在予以肯定。一切生命的这种综合统一活动，都是生命本有的自由，是一种先天的普遍生命意志的表现或展开。这种生命意志就是生命的自我组织的本能或冲动，我们称之为自凝势用。在自然生物界，生命的这种综合统一活动，数亿年来都是在黑暗中进行的。只有在精神或觉性的生命中，它才具有了自觉性，我们就称它为理性。

理性在超绝存在论上是生命的自身建构意志（自凝势用）的独立、自主的展开或其充分实现。任何思想都离不开理性的综合统一活动。在此意义上，思想就是理性。只有当理性的这种综合统一活动是原初的，也就是说自凝势用的展开是原初的、开创性的（这原初性包括质料和形式两方面），它才可能带来美感，因而就是美的。一种原初真实的思想就是最纯净的美，是美的本质。

理性作为心灵的综合统一活动，其构成的真实形式必然是和谐的；这种和谐包括两种情况：一方面，这种形式必定是充分和谐的。因为理性旨在为思想提供形式的规定，而思想如果是生命的真理，就必具有充分和谐的形式。这一点的超绝存在论根据在于：真理是自由的行动，且必须作为这种自由行动进一步展开的基础或根据，而这两点都必以其充分和谐的形式为条件。自由只有依一种连贯、流畅和统一的，即充分和谐的形式，而行动，才能保证这行动是顺利的，这种行动才是可能实行的。同时这种行动也只有开创了一种连贯、流畅的轨道，才能为将来的自由行动提供通道，故能成为自由的进一步行动的内在根据。另一方面，如果理性的综合活动不被现实的外在目的（包括形式应当承担的效用）扭曲，那么它构成的和谐形式必定是无中心、无方向性的，因而就是均衡、对称和稳定的。理性按其本性就要追求形式的均衡和稳定。这一点从理性的情绪可得到验证。人们看到这样的形式总是更有快感。当我们有充分时间用笔在纸上随意画些抽象图案，我们最后画成的通常是具有某种均衡和稳定形式的图案。作为理性的超绝存在论根据，生命的自身建构意志与其他生命意志（自身否定、自身维持等）的最大区别，在于它只构成生命活动的形式，而不规定这活动及形式的方向。它为具有明确方向性特征的其他生命意志（生命的自反、自舍意志都有明确的方向性）构成和谐统一的形式。但在这里，不是它自己，而是它所服务的其他生命意志规定了形式的方向性。理性自己不规定其所构成形式的方向性。当理性是完全自由的，即摆脱了它者加给它的那种方向性规定，而只服从自身本性之时，它作为生命的自身建构意志之完全自由的展开，它就不以形式的方向为意，而只对一种具有完全的均衡、对称和稳定特征的形式感兴趣，其所构成的形式必具有这种特征，既不具有方向性，也没有中心。当理性乃是为反省、超越等具有明确方向性的思想构成有效形式，它构成的形式就在目的论上被这些思想规定，故必有明确的方向性和中心性。这种方向性和中心性在根本上打破了形式的均衡、对称和稳定。当理性获得自身自由，成为一种自为独立存在，它就将自己从规定它的外在形式根据和外在目的解放出来，于是它的活动就唯独以建构和谐统一的形式本身为目的的，且其形式构成完全是跟从它自身的本性和意志。于是它所构成的形式就不具有方向性，不会因此被扭曲，而具有均衡、对称和稳定特征。一种具有这样特征的且充分统一的形式，就是我们所谓绝对和谐形式。

理性思维就是理性的自为独立存在，是理性的真理。作为人类思想的一种基本范型，理性思维是生命的自身建构意志（自凝势用）的绝对独立、自主的展开。在这里理性成为完全自由的，只以建构和谐统一的形式本身为目的，且这形式不再因为被其他思想规定而失去均衡性。因此理性思维，与精神的超越思维、反思思维等相比，就不具有后者的方向性特征。

生命的方向就是时间，本质上是自由的时间。一切不对称都是时间带来的。时间就是不可逆的运动。这种不可逆性否定了形式的均衡和对称。因此一种时间性表象总是比非时间性表象、运动总是比静止更让我们觉得不稳定。通常的思想都有其纯粹的现实时间（先验时间）。这个时间从属于心灵的功能—目的关联，就是思想的纯粹形式具有的从内容的根据和此在朝向某种外在目的的指向性。心灵的反省、否定等活动在本质上都是一种先验的时间，都有一种时间性的、纵向的结构。理性的活动则是一种否定了时间性的、横向的作用，它构成的形式，其方向性被理性从属的思想规定。当理性的活动从这种规定获得自由，即成为理性思维，它构成的形式就必然具有均衡、对称和稳定特征。

理性思维的本性使它以某种形式扬弃时间和运动。它旨在追求某种巩固和稳定的形式。它只有对一种均衡、对称的结构才感到巩固和稳定。它追求的就仅仅是形式的横向的、空间性的和谐统一，而排斥形式的方向性，把后者视为破坏这种和谐的不稳定因素。它的目标就是构成一种具有对称、均衡和稳定性特征的和谐形式，即绝对和谐的形式。面对着理性编织的世界的巨大织体，它总是忙碌于填补其漏洞、缝合其裂口、接上断裂的线头，并且始终在寻求、建立更便捷的连接，总是致力于完全堵住或消除和谐结构的任何破缺。一句话，它的本性是要建立一种无破缺的、绝对的和谐，而且它作为一个绝对整体，正自在地做着这样的工作，并将最终达到这一目标。

理性思维的思想包括两种形态：第一种我们称为通常的理性思维。在这里，理性思维的活动（我思）被某种超出它自身的思想整体的目的或效用规定，因而它就是不自由的。这包括规定我们日常的实践和认识活动的理性思维概念。比如一条纯粹理性的道德法则就体现了通常理性思维的概念，但这概念从属于道德的理性思维的概念整体，且最终是被人类精神的整体规定，是为之服务的。理性思维本来旨在构成形式的绝对和谐，其本性使它不断深化、扩大和充实这种形式和谐。但是当它的活动被赋予一种外在目的，它就是不自由的，而且其形式和谐的破缺也是不可避免的。理性思维的通常概念的形式就是被其效用规定，而后者总是服务于那超越并包含这概念的逻各斯整体。因此这形式总是要被这概念之外的存在规定，其结构的均衡、稳定和自我满足被一种外在的目的损害，因而其形式的绝对和谐不可能是完全的。因此通常的理性思维不会有一种具有完全的绝对和谐的形式。然而理性思维的本性使它追求其形式构造的完全自由。它要求使自身成为自由的。因为理性思维就是理性的自由。这种自由只有是完全的，才是真实的，这种完全性意味着理性作为我思的构造活动不被任何外在现实目的规定，而只以这个我思自身为目的。所以只有一种自由的理性思维，才是理性思维的真理。它也是每一种理性思维的我思理想。规定我们实践和认识的通常理性思维概念尽管是不自由的，但都必然通过其指引关联构成一个理性思维的绝对独立自为的整体。理性思维以此成为绝对自由的。

一种自由的理性思维就是这样一种理性思维，它始终保持自身的主观自由，保持属于它自己的形式兴趣，即使它致力于领会或表现某种对象存在之时。它是艺术的优美风格的本质基础（无论庄静美还是纯粹优美都必包含这种自由的理性思维在内）。当它否定了这种对象领会和任何外在现实目的，它就是绝对自为独立的，即只以自身为目的、自己规定自己的，它的自由就是绝对的。我们称它为绝对理性。

绝对理性是理性思维的绝对自由，是它的纯粹存在，也是其理想或真理。理性思维依其内在本性，不会满足于其通常的活动或概念，而是要企图从中逃逸出来，使其我思成为绝对自为的，即成为绝对理性。理性思维就旨在构成和谐的形式，它的本性赋予它对形式和谐的不懈追求。当它的这种本性被解除了通常概念的效用强加给它的束缚，即当它的活动成为绝对自为的、成为绝对理性，它的这一本性才真正得到实现。而理性思维本性注定的对于自身自由和形式绝对和谐的完全性的追求，促使它扬弃这种束缚。于是这个理性思维就是自我满足的，它只构成一种规定或指引它自己的形式，而它自己就是这种构成活动。这活动自己是自己的目的和根据，完全不被任何外在的现实规定。这使它可以将其对形式和谐的深化、扩大和充实推到极境，达乎绝对。只有在这里，理性思维对于形式和谐的无限追求才是全无羁绊的，它所构成的形式才可能具有一种完全的绝对和谐。

绝对理性就是绝对自为独立的理性活动，这活动自己是自己的根据和目的。只有绝对理性才能够而且必然构成一种完全的绝对和谐形式并以之表显自己。一方面，只有绝对理性才能构成这种形式并以之表现或表达自己。这种完全的绝对和谐包括形式的完全均衡、稳定和自我满足，这都奠基于绝对理性的绝对自为特性。首先，绝对理性的绝对自为特性意味着，它的综合统一活动绝对只出于理性思维自身的要求，而理性思维有别于其他思维范型的形式理想就是完全的均衡和稳定，所以当理性思维不受制于其他思想而获得纯粹性，它必然按照这种完全均衡和稳定的要求来构成其形式统一。理性思维对形式的均衡和稳定性的追求，通常会因形式要服务的效用而打折扣，因而这种均衡和稳定不会是完全的。只有在绝对理性中，理性的综合活动才是绝对自为的，不被任何目的效用规定，是完全出于它自身的要求，故其构成的形式才可能是完全均衡和稳定的。其次，绝对理性的绝对自为特性还意味着，在这里理性思维的综合统一活动仅仅从自身及其成果就得到完全满足。这活动没有别的目的，它之构成感性的形式，仅仅是为了表现和指引它自身。它自身的形式不指向任何外在的目的，因此它所构成的、作为其感性表现的形式，也没有处在自身之外的目的，不指向自身之外。也就是说，这种形式是自我满足的。这种特点在古典室内乐的乐曲形式中表现得最纯粹和明显。另一方面，绝对理性也必须构成完全的绝对和谐形式。这在于：其一，只有这种形式才能够体现绝对理性。只有一种完全的绝对和谐的形式，即具有完全的均衡、稳定和自足性的形式，才是绝对理性所构成以指引或标识自身的，也就是说绝对理性所构成的形式必然具有完全的绝对和谐。其二，绝对理性也必然需要这种自我体现，它必须构成先验的形式以规定自己，也必须构成作为后者表达的感性形式，将自身的先验形式标记出来，以指引自身的活动。总之，只有绝对理性才能够而且必然要构成一种完全的绝对和谐形式，并以之表现或表达自己。它是这种完全的绝对和谐的充分必要条件。

绝对理性不属于日常实践和认识的具体领会，而只存在于艺术、抽象道德和纯粹科学的领会中。绝对理性包括两种：

一种是抽象的绝对理性。数理科学和真正的道德、法律、政治思维都以这种抽象的绝对理性为基础。

首先，这些精神部门都包含了一种抽象的理性思维。后者不具有独立的自身存在，而是通过对精神的具体理性存在的抽象反思达到的。像理论数学、几何学这类纯粹科学（或先天科学）的领会，都包含了对于觉性生命的具体理性整体的抽象反思。这个具体理性整体是通过生命的效用—目的关联建立起来，就是心灵的全部生命活动。其中每一种真实的思想都是一种生命机能，有其功能或效用，其形式必然具有充分和谐，而不具有绝对和谐。这个整体具有生命体的自在形式统一，就是我们具有内在统一性的经验全体。纯粹科学则从具体理性的自在统一体中，抽绎出一些普遍法则，并依此重构经验的形式统一。即使这种法则不是实际地来自经验抽象，也不妨其自在地构成这种抽象，这也是它们可以解释经验的原因。纯粹科学追求以最简单的方程（形式）统握最丰富多样的事实。每一个方程、定理都代表了一条综合法则，旨在达到现象的综合统一。在这里，科学否定了这些法则与原初生命经验的关联，而只关注其形式统一性。这等于剥离了思想、概念的实际效用。在这种情况下，理性不再是服务于其他目的，而服从它自己给自己规定的目的，后者就是要达到对象内容的综合统一。于是理性获得自由，成为理性思维。它构成的形式必然具有绝对和谐特征。比如纯粹科学都把形式的均衡、对称和稳定性作为理想，这就是理性思维的特点。在这里，理性思维就是通过从具体理性的生命整体的抽象才得以构成形式的绝对和谐。

精神的具体伦理整体就像自然经验的整体一样，并不是根据某些普遍法则而设计，而是经历生命的漫长进化（通过无数偶然抉择的积累和淘汰）无意识地形成了内在的形式统一。具体的实践理性往往并没有对形式统一性和普遍法则体系的自觉设计和追求，而是在每一次活动中跟从环境决定和自由的本原良知（往往表现为情绪）之引导进行抉择，并使这二者对这些抉择进行确认和汰选，因此它形成的伦理整体也是一个经过漫长生命进化产生的有机整体，必然具有内在的形式统一。在其中，个体往往根据环境考量和情绪性良知确定其交往方式，而其实际结果往往是使这种交往方式符合了某种普遍法则的要求。这是人类原初的、无反省的实践理性的情况。与"认识"理性一样，这种实践理性也逐渐具有了自我反省，并且通过这种反省从自身的具体形式统一体中抽象出一些普遍法则。大多数古代文明都有一些普遍的伦理法则（从汉谟拉比法典到犹太律法以至佛教的戒律）。但后者（至少在刚开始的时候）是具体的。它们并非出于单纯形式兴趣，而是植根于情绪性的良知（包括对自由的感知、善良、正义感等），是后者的表达，且是伦理群体的维持所必需的。这些都与抽象形式伦理的情况不同。然而西方的道德、法律、政治思维经历了一种与纯粹科学平行的抽象过程，由此产生了西方特有的抽象形式主义伦理。这种伦理表现出一种超越功利目的的单纯形式兴趣，以自身形式的统一为最终目的。它旨在构成一个奠基于某个绝对普遍原则的公理系统，把道德行动本质上当成一个超越功利目的的演绎过程。一方面，这种形式主义伦理的最高原则就是针对所有实践准则的普遍化原则，就是把伦理准则之可被普遍化作为其为道德的标准，表现了道德思维对实践准则的绝对普遍性要求。这其实就是一个综合的法则。它把所有的伦理动机综合成一个自洽的整体。另一方面，这种伦理把人当成抽象的人格实体，并在此基础上确立人的天赋权利、正义和平等的理念。在这两方面，这种伦理都表现出对于均衡、对称和稳定且充分统一的形式追求。它把形式的统一作为最终目的，追求形式的绝对和谐。这表明它本质上是被理性的自为独立存在即理性思维规定的。而在这里，理性之获得独立、自由，乃是通过对具体伦理的功利目的的否定，这本质上就是把思想从其应有的效用剥离，是一种存在论的抽象。因此伦理的理性思维正是通过这种抽象形成。也正是这种抽象否定了效用或外在目的对形式的扭曲，使一种绝对和谐的形式成为可能。总之与纯粹科学类似，这种形式主义伦理，也是通过对人类的原初伦理实践的具体理性整体的抽象而形成。其理性思维乃是从具体理性派生的抽象理性。与纯粹科学的情况一样，这种形式伦理的概念正因为是从生命的具体理性抽象出来，故我们可以反过来将它再纳入这个整体，即恢复这概念的效用。就像我们可以把科学的理论用于生产，也可以用形式主义伦理的法则规定实践。

其次，抽象的理性思维只有作为一种精神部门的整体基础，才可能是绝对自由和自我满足的，即成为绝对理性，因而得以构成一种完全的绝对和谐形式。

无论在纯粹科学还是抽象伦理领域，每一种理性思维的我思都处在宏观的理性思维整体中且为其服务，它必有其效用且其存在被后者规定。这决定它构成的和属于它自身的形式，同在其他通常概念中的情况一样，不可能达到完全的绝对和谐。比如一条数学或抽象伦理的法则，其形式不会具有完全的绝对和谐，表明那规定着它的理性思维概念并非自我满足的。但是这样一种理性思维的我思不具有自身独立的存在。每一种这样的我思都会把理性思维的自我满足作为目标，且都必使自己作为一个环节向一个自我满足的理性思维整体过渡。理性思维只有作为这样的整体才会有自身独立的存在。

无论是在某一门纯粹科学，还是抽象的形式伦理体系中，每一个理性思维概念都不可能脱离与其他概念的关联而独立存在，所以它总会指向其他概念，并依此指向而朝理性思维的自我满足的整体过渡。这个整体只有在一个被理性思维规定的完整精神部门（比如几何学就可作为一个精神部门）才可能存在，而理性思维只有作为这样的整体才能独立存在；理性思维的本性使它要求成为这样的整体。当理性思维作为一个旨在追求形式统一性的完整精神部门，它就成为一个完备的、自我满足的形式整体。在这里，理性思维就获得其绝对的自由和完整性，成为绝对理性，因而得以构成具有完全的绝对和谐的形式。比如我们可以设想一种规定几何学整体的绝对概念（作为将全部几何学的法则统一起来的原则），也可设想一种规定人类道德整体的绝对概念（作为将所有道德动机统一起来的原则），它们都能够达到一种形式绝对和谐的完全性。它们不是通常的理性思维，而是绝对理性，但不是作为单纯的我思，而是作为理性思维的绝对整体。以上分析表明绝对理性是理性思维的独立自为存在，是它的真理和目标。它是理性之绝对自为的综合统一活动。在这里，理性是绝对自为独立的，其活动完全只为着它自己，纯然出乎自己本然的兴趣，绝对只以自己为目的。所以它属于精神的绝对自由、任意的行动，不被自身以外的任何现实存在、不被它要服务的任何实在的功能或效用所规定，而是完全根据自己的本性和意愿构成形式以表达并指引它自身。因此它构成的形式必然具有完全的绝对的和谐。不同于通常的理性思维概念，这种绝对理性作为理性思维的完满整体完全无效用、无任何外在现实目的，只以自身之完全的绝对和谐形式为目的。

在纯粹的科学、道德、法律等领域中，这种抽象的绝对理性首先都是从某些通常精神部门的具体理性整体通过理论反思抽象出来的。这是一种存在论的抽象。在这里，反思抽离了这个具体理性整体的效用或目的内容，而仅关注其形式统一性。理性思维只有通过这种抽象才能构成具有完全的绝对和谐的形式。另外，一个通常的精神部门（排除纯粹的科学、道德、法律等领域），作为具体理性的相对独立领域，都服务于精神生命的整体，在其中有其效用，故其本质都不是绝对理性。只有当精神通过思辨的抽象将这个领域从效用抽离，只以形式的绝对统一为目的，才使这个领域包含的理性思维获得自身完整性，即成为绝对理性。这就是一种抽象的绝对理性。这种抽象的绝对理性是在理性思维高度成熟之后才出现的。在经验发生学上，它离理性思维的本原存在比纯粹优美风格的艺术还遥远。

除了这种抽象的绝对理性，还有一种具体的绝对理性。具体的理性是一种有其独立的自身存在的思想，而不是从这样的思想通过主观的抽象得来的某种投影。一种具体的绝对理性，就是理性思维的具有独立的自身存在的一种单独我思（我思的单独性是相对的）；它作为这样一种我思，既非作为某一独立的精神部门的具体理性整体，亦非作为对后者的抽象，就具有了绝对理性的自由和完满。它就是理性思维的绝对自为的我思，后者自身形成一个绝对自我满足的整体，它构成的形式亦必具有完全的绝对和谐。它的具体性在于它构成的绝对和谐形式就是理性思维自身生命的形式（而一种抽象的绝对理性则将这种绝对和谐形式从精神的生命剥离）。这种具体的绝对理性不再是通过理论的抽象使自己从具体理性的效用陷阱逃离以使自己成为绝对自由和自我满足的，而是通过否定对象领会、否定外在规定和外在目的，使自己成为理性思维的摆脱了任何外在系缚的、绝对自由和纯粹的我思活动。我们称之为纯粹理性思维。

纯粹理性思维通过上述否定，就使自己从精神的现实存在的整体彻底分割出来，成为自身独立、自在自为的存在。它对于这个整体，就处在一种存在论的漂浮无着状态。它不再受制于这个整体，其活动完全只为着它自己，绝对只以自己为目的。在这里，理性思维的活动就不再因异己的现实原因而使其自身要求发生扭曲，所以是绝对服从自身兴趣（这就是构成绝对和谐的形式）而行，因此它构成的形式必然具有完全的绝对的和谐。纯粹理性思维只属于艺术的领域。只有在艺术中，理性思维才可能从自己编成的网罗中逃逸出来，恢复其完全的自由。纯粹理性思维是一种没有任何对象表现、只以自身为自己的根据和目的、具有绝对和谐的形式和永远原初性的单独我思活动。其特征略说如下：

第一，纯粹理性思维否定了对象领会和外在现实目的。当思想要表现或领会某种对象，它就被赋予一个外在的目的，且往往须把对象的形式作为自身形式的根据，因而它的存在也就被对象规定，所以就不再是自由的、绝对自为独立的。所以作为一种绝对自为独立的思想，纯粹理性思维要求否定任何对象表现。另外，它的绝对自为独立性也不容许它有任何外在于它自身的现实目的。它的全部目的是构建一个内容自洽的形式系统以规定它自己，此外并不包含任何别的目的。它由于对于对象领会和外在现实目的的否定，就是理性思维之想象的完全自由游戏。以上特点应视为纯粹理性思维最基本的特点，以下几个特点皆以之为条件。

第二，纯粹理性思维具有完全的绝对和谐形式。它正因为没有任何对象表现，故它自己是自己的目的和根据，所以它构成的形式才能具有完全的绝对和谐。当思想旨在表现某种对象，它就被赋予一种外在的目的，它的自身形式就必然要被这个目的扭曲，从而导致形式的绝对和谐被破坏。另外，任何对象都有其自然形式，后者通常不具有绝对和谐特征，而如果思想要真实表现或领会这个对象，它就必须服从这种自然形式，以后者为自身形式的根据，这也导致理性思维要求的绝对和谐被破坏。只有当理性思维不表现任何对象，它的形式构成才不必以对象形式为根据，而是出于它完全自由的活动。同时只有当理性思维及其构成的形式不服务于其他目的，它才会只以构成和谐统一的形式为目的。只有在这两个前提下，理性思维才能构成一种完全符合它的理想的绝对和谐形式。

第三，纯粹理性思维还具有永远的原初性。这是因为它否定了对现实对象的领会。因为我们所面临的通常对象其实都早已被传统先行领会，已经被先行设定到现实存在的概念整体中。当思想要真实地表现或领会这对象时，它必须与对象的概念达到同一，而它也因此终将使自己嵌入概念整体的机杆中。这样一来，它最终将会跌落于必然性的陷阱，从而丧失其原初性。所以说，当思想真实和充分地表现某种现实对象时，它就不会具有永远的原初性。纯粹理性思维正因其否定了对象表现，所以它永远不能使自己加入到现实存在的概念整体中，永远不会将自己概念化。这也意味它具有一种永远的原初性。一种具有永远原初性的真理就是永远的美。

当纯粹理性思维作为原初真理，就是纯粹优美。纯粹优美与庄静美不同，在于其从对象表现获得解放，是理性思维的绝对自由活动。这里理性思维能全无妨碍地致力于构造理想的形式。这使它构成的形式能够具有一种完全的绝对和谐。纯粹优美本质上就是纯粹理性思维的原初真理。它的典范是维也纳古典乐派的自足风格音乐。后者完全无所表现，其形式构造是绝对自由的，且它通过调性的回归和题材再现等方式否定了其媒介包含时间本身的方向性，在时间中构成了一种超越时间的平衡、对称和稳定结构，后者能够具有一种完全的绝对和谐。

纯粹优美就是理性思维之否定了对象表现的真实原初想象。它的特点被纯粹理性思维的特点决定。其特点既包括存在发生论意义上的，也包括本体论意义上的。前者关乎它在存在发生的时间性过程中的独特作用，是它相比于庄静美而言的；后者关乎它的理性思维本质及在后者中展开的自由实质（精神的自凝势用），是它相比于崇高、深沉和宏富之美而言的。我们可将其特点概括为以下几点：

一是纯粹优美（在不同层次上）否定了对象表现，甚至可以不表现任何对象。作为绝对理性的原初真理，纯粹优美否定实际的对象表现，不以揭示、描述任何对象为目的，其形式也不与任何对象构成指涉关系，不被对象形式规定，所以它是理性思维的绝对自由活动。另外与此相关，完全的纯粹优美也没有任何在它自身之外的现实目的，而只关注自身的形式和谐。当理性旨在具体和再现式地表现某种对象的时候，那么它的形式就要被对象的自然形式所规定，因而必然丧失其绝对和谐。理性思维既以形式的绝对和谐为目的，故其对于对象只能予以抽象或隐喻性表现。即便如此，其形式的绝对和谐也会因这种表现而受损，成为不完全的。庄静美的情况就是如此。尽管它的对象表现包含了一种优美的形式，但这种优美还要受到对象的制约，因而它就不是绝对自由的，也无法获得完全性。因为在这里，理性活动仍未完全摆脱在它之外的目的，它及它所构成的形式就都被这目的规定。只有理性完全无所表现的综合统一活动（纯粹理性思维就是如此）才是绝对自由的，而纯粹优美就属于这样的自由。完全的纯粹优美没有任何在它之外的目的。于是它作为思想，就只专注于构成最完美、和谐的形式，且最终是为了以这种形式规定自己。完全的纯粹优美，作为理性完全无所表现且无外在目的的综合统一活动，属于理性思维的绝对自由。

二是纯粹优美不具有合概念性，无法使自己概念化。这所谓不具有合概念性，指纯粹优美不仅不是概念性的，不可被作为概念领会，而且其形式决定其根本没有转化为概念的可能性。这是因为它对实际的对象表现的否定使它无法借助对象概念将自己衔接到精神的概念系统从而获得意义确切性，或通过与对象概念的同一将自己概念化。因此它永远无法使自己转化为概念。纯粹优美是这样一种真理，其形式具有一个无限的意义域，包含了无限的领会可能性，而且其每一种可能的领会都无法巩固下来，成为必然的。另外纯粹优美的形式特点也决定其不具有转化为概念的可能性（比如在音乐中）。因为在这里，美作为纯粹思想与作为这思想之表达的感性形式以及这思想要表现的对象自身之间，都不存在确定的指涉关系，因此这种思想和表达都不具有意义确切性。这使我们的领会无法赋予这思想一种意义的稳固性和必然性。在这里，作品形式看来具有无限的意义可能性，而我们对于它的领会，或我们在这形式指引下的思想活动，就始终是偶然的、流动的，永远无法凝聚成生命的必然真理。领会只能从作品形式的无限意义可能性中抽出一种，且每一次领会都可能不同，故领会无法达到自身同一性，因此领会无法使自己巩固。比如古典风格的音乐和 20 世纪一些抽象绘画和雕塑就是如此。

三是纯粹优美不具有合效用性，不合乎任何外在目的。纯粹优美是理性思维的绝对自由的游戏，属于本体自由的绝对任意行动。这种绝对任意性，首先在于纯粹优美的无根据和无理由性，即这种思想不是从精神现有的思想整体出发，不以后者为根据、源头的，它在现实上是彻底无来源的。其次这种绝对任意性还在于纯粹优美在现实上是彻底无规定的，因为它作为领会不表现任何现实对象，故其内容完全不被任何现实存在规定。最后这种绝对任意性，还在于纯粹优美作为自由的想象，没有且不可能合于任何现实的效用。一切的美皆无实际的效用。但构成性的美具有实质的合效用性，而自由美无之。这是因为自由美的存在不是为了现在或将来能够承担某种效用，其存在完全以自身为目的。不过其中依存美可能具有形式的合效用性。它若旨在具体揭示现实对象的真理，就必然在某种程度上具有后者的合效用性形式。纯粹优美则根本不具有合效用性，它的形式既非为任何效用而设计，也不揭示对象存在，故具有根本不合效用的特性。因此纯粹优美不可能最终被纳入精神生命的功能—目的整体中、以之为归宿。这些特点，决定纯粹优美在现实上是彻底来无所自、去无所归，始终拒绝与精神现有的思想整体衔接，只能永远漂浮在原初想象的绝对任意性领域。

四是纯粹优美在形式上具有完全的绝对和谐。当理性思维要具体确定地表现某种对象的时候，那么它的形式就要被对象形式所规定，因而必然使其绝对和谐受到损害。另外任何对象表现都会使理性思维被某种外在目的规定，故即使对于对象的抽象、隐喻性表现，也可能使形式的绝对和谐受损。当优美要表现某种对象时，就往往为了这个外在目的和适应对象形式，而赋予自身形式以方向性，从而损害形式的绝对和谐。纯粹优美则使理性思维从对象表现获得解放。纯粹优美往往既无对象表现亦无外在目的，或者对于表现进行不同程度的抽象，以确保理性思维的绝对自由活动，这使理性思维能全无妨碍地致力于最理想形式的构造，故它构成的形式必然具有一种完全的绝对和谐。

五是纯粹优美的全部存在都保持一种永远的原初性。纯粹优美对表现的否定以及不具合概念性和合效用性的特点，决定它具有一种永远的原初性。一种思想只要旨在具体、内在和确定地表现或领会某种现实对象，就难以保持一种永远的原初性。因为这样的思想基本上都会归结为对于概念的领会。这种具体确定和内在的领会要求与对象概念达到同一。而领会一旦与概念同一，就会使自己被设定到这概念从属的逻各斯整体中，因而最终丧失原初性。所以一种思想如果只是对于现实对象的这样一种领会，就不可能具有永远的原初性。在优美的三种类型中，只有纯粹优美才能必然且全面地保持永远的原初性。首先自然的优美（构成性的优美）不会具有永远的原初性。自然的优美包括在纯粹科学和抽象形式伦理可能具有的美（这也是理性思维的原初真理）。比如几何学的美也是优美，属于理性思维的原初真理，但因为它自在地构成对于具体理性整体的抽象，所以我们可以以之内在地领会现实对象，从而使之与现实存在的概念整体衔接，因而使之最终丧失原初性。在我们的自发学习中，数理科学的真理对于我们往往都具有原初性，都属于优美之列，但其原初性都不是永远的。自然的美以转化为概念作为自己的存在论使命，故不可能具有永远的原初性。只有自由美或艺术美才可能具有永远的原初性。其次庄静美作为依存美，只能部分地保持一种永远的原初性。一方面，庄静美通常包含了对于现实对象的整体、再现性表现，而这必然导致对永远原初性的破坏。另一方面，庄静美往往还包含了一个并不内在表现对象而只以形式的绝对和谐为目的的意义层面（即自由的理性思维层面），此外它往往还包含一种不具备意义确定性的隐喻式对象表现方面，这些赋予它一种永远的原初性。只有纯粹优美是必然具有永远的原初性且后者是完全的。因为它无论在具体和抽象意义上都无任何整体内在的对象表现，因而把在庄静美中被对象表现围困的理性思维彻底解放出来，使之成为绝对自由和独立的。作为这样一种无所系缚、无所着落、无现实的由来与归宿的纯粹理性思维，纯粹优美不可能将自己固着于精神的逻各斯整体的坚实框架之中从而使自己必然化，所以它必定具有永远的原初性。

纯粹优美在自然情况下不存在，它不属于自然的美，只属于艺术，且基本是在西方艺术高度成熟的阶段才产生。一种具有纯粹优美风格的艺术，把构成完全的绝对和谐形式作为最终目的，否定对任何在它自身的思想之外的对象自身的整体的、再现式的表现，故是一种纯粹艺术。这种纯粹艺术，因为对于对象表现的否定，故其意义漂泊于任何对象概念和传统之外，我们对于它的领会也不受制于任何传统，因而它的意义就最具有跨文化的普适性或普遍的可理解性。

纯粹优美风格的艺术，包括维也纳古典派的音乐、20世纪一些抽象绘画和雕塑、中世纪建筑和书籍的装饰性花纹，还有一些现代诗歌等。比如Mondrian和Kandinsky等人的抽象画就属于这种风格。这种绘画摆脱了符号和象征的意义，就是一种形式、色彩的组合，故可被视为完全无所表现的，而只以形式的绝对和谐为目的。如Kandinsky的《几个圆形，第323号》，就是一些大小不一、颜色各异的圆形排列在一起。首先，这些圆形的大小、颜色存在呼应关系。其次，它们的排列也经过仔细考虑，呈现出和谐的几何结构。再次，这些圆形有叠合的，也有不叠合的，其在形式和色彩上的交织，也显得非常和谐。最后，所有的圆形都是围绕左上方最大的圆，似乎被它的引力控制，右下方有一个相对独立的白色圆形，有些小圆形围绕着它。它与那个最大的圆形呼应，且携带这些小圆围绕它运转。这使得整个画面，既是飘浮在空中的，又具有一种稳定和和谐。这种构图显然受太阳系模型的启发。但它的美，却可以完全脱离这种天文学的相关性，成为一种单纯的形式美。Mondrian画的那些具有不同形式、附加不同色彩的框架结构，也具有同样性质的美。如果说Mondrian和Kandinsky追求的更多是一种结构的和谐，Mark Rothko追求的则更多是一种色彩的和谐，即色彩包含的形式统一性。他说："我们不需要什么支撑或说明文字。我们创造的图像，其真实性是不言自明的，让我们自身摆脱记忆、联想、怀旧、传说、神话。我们的作品并不脱胎于基督、人或生活。……我们所创造出来的图像所有人都能理解，不需要任何历史或怀旧。"① 他认为参照物质世界中任何具体的东西都有悖于普遍性和超自然性。因此艺术应当无所表现，而只以形式的绝对和谐为目的。

音乐艺术最适合表现纯粹优美风格。由于其思想缺乏与对象真理的内在实质关联，因而音乐最容易脱离对象表现而只以单纯的形式和谐为目的，从而成为理性思维的绝对自由活动的场地，尽管它的媒介具有的时间特性与理性思维的绝对和谐理想相违背。古典风格的器乐就完全脱离了对象表现而只追求形式的绝对和谐，它就是纯粹优美的最佳典范。在这里，音乐就是通过和声与和弦的结构，以及不同主题、声部、乐段在时间中的重复、对应、倒列等，构成一个超越时间流动的平衡、对称和稳定的结构，从而否定了时间本有的方向性及由此导致的形式失衡。这种结构完美体现了理性思维的理想。它表达的就是一种纯粹理性思维。我们聆听 Haydn、Mozart 的器乐（尤其是室内乐）作品领会到的就是一种无对象表现而在形式上具有最完全的绝对和谐或理想和谐的思想。这是理性思维的绝对自由且真实原初的想象，是纯粹优美的最完全、无损和纯洁的形态。所以说古典风格的音乐艺术达到了纯粹优美之极致。

最后，我们再讨论下纯粹优美的历史起源。在发生学意义上，纯粹优美乃是从庄静美或其他格调的美派生出来的。这个过程，从根本上说就是理性从以前包裹着它、羁绊着它的领会逐渐脱离出来，成为绝对的自由。这是一个缓慢的发展过程。

一方面，理性的本性会促使其从原先规定它的思想获得自由，成为理性思维，而理性思维的本性也会促使否定原先规定它的领会或外在目的获得自身自由，这种自由的理性思维是优美的本质基础。

首先，理性的内在本性促使理性活动从包裹着它的通常领会挣脱出来，成为独立、自由的，即成为理性思维。理性就是精神的自身建构意志主导的自由展开，理性思维是理性自为独立的存在。日常的领会必然包含理性的活

---

① 弗雷德·S.克雷纳：《加德纳艺术通史》，李建群等译，湖南美术出版社 2013 年版，第 827 页。

动，它们离不开理性的形式构成作用，精神的超越思维、反省思维也是如此。在这里，理性处于从属地位，其目的必须被这种领会规定，其构造活动及所构成形式皆被后者规定。但是理性的内在本性，决定它必有其自身的目的。因此通常领会就处在它自身与其所包含的理性的矛盾之中。在其中，理性由于其本性和自身的目的，总是试图从辖制它的领会独立出来，构成符合其自身兴趣的形式。当理性完成这种独立，获得其自在自为的存在，它就成为理性的思维。

其次，理性思维的每一种我思都要求成为自由的理性思维，都把后者当做自身的真理和理想。通常的理性思维乃是一个宏观的思想整体的环节，被这整体规定，它的构造活动不能完全服从自身的兴趣和理想，所构成的形式不具有完整的绝对和谐。理性思维既可作为一个独立自为的整体（思想的实体），也可是这整体包含的我思活动。后者就不是独立自为的，其形式构造活动乃服务于一个更大的思想整体的目的。这就是通常的理性思维。但是理性思维的内在本性将会推动其争取自身独立自为的存在。它必然过渡到一种不被它者规定的、独立自为的理性思维，即自由的理性思维。原因是：

（1）通常的理性思维不能自身独立存在，它必然向自由的理性思维的完整整体过渡。这个整体就是一个独立自为的、自我满足的实体。当理性思维不具备这种实体性，它就要求使自己从属于某种思想实体，因为只有这样它才得以存在。理性思维的这种要求，最终也将推动理性思维的整体将其内在的全部我思碎片、将自身全部内容，构成一个具有完整的自身统一性的实体，于是这整体就转变为自由的理性思维，甚至绝对理性。比如作为旨在追求纯粹形式统一的通常理性思维的体现，纯粹科学以及纯粹的道德、法律和政治的某一法则，及其所体现的我思，都不能独立地存在，而是必须从属于这些精神部门的完整的思想整体，它必然要求将自己最终衔接到这个整体之上。因而通常的理性思维必然向理性思维之自由、独立的整体过渡。同时理性思维的整体也必然向一个独立的、自我满足的实体转化。通常的理性思维出于自身本性对纯粹形式统一的追求，会促使其相互综合，最终构成具有完全的自由和自身统一的绝对理性之整体。这种趋势通过纯粹科学和形式主义伦理表现出对一种最终绝对统一的追求和朝向它的不断进展得到验证。

（2）理性思维的本性也会促使其获得自由。理性思维作为理性的自为独立存在，其自身本性和兴趣使它把构成一种绝对和谐的形式作为直接目的。首先在单纯形式层面，对于通常的理性思维来说，这个目的使它追求自身形式的统一，即形式绝对和谐的统一性。但是这个目的与通常的理性思维被其从属的思想整体赋予的目的不一致，导致这种形式的自身统一被破坏。当理性思维更真实地认识到自己的目的，它必然使自身要求的绝对和谐形式从那被这个思想整体规定的形式独立出来，这必然促使通常的理性思维向自由的理性思维过渡。其次在存在论层面，这个目的表现了理性思维对于自身独立性的要求。它表明通常的理性思维与规定它的思想整体的矛盾，因为这个目的与通常的理性思维被其从属的思想整体赋予的目的相矛盾。它完全是理性思维自身的独立要求。它与附加给通常理性思维的其他目的的关系都是外在的，而理性思维的本性也与这种被赋予的目的相矛盾。这表明通常理性思维与规定它的思想整体的矛盾。而它对绝对和谐的形式统一的追求，表明了对自身存在的统一性的追求，而这种存在统一性被这里起规定作用的思想整体破坏。因此当理性思维对自身的存在和真实要求有所认识，它必然要求从这个规定它的思想整体获得独立。作为自由的理性，每一种理性思维都要求自己成为自为独立的，都会寻求自身统一性。这种要求推动理性思维向一个只以自身形式的绝对和谐为目的且自身内在地独立自为的、自我满足的思想实体转化。后者就是理性思维的自由、完整和真实的存在。理性思维只有作为一个自身内在地独立自为的整体，即成为实体，才获得其自由、完整性和真理。

因此，理性思维的每一种我思都要求成为自由的理性思维，且正如人类思想的发展所表明的，这也是理性思维现实的发展趋势。后者在一种理性的精神中就是必然的。其中一种情况是，在人类认识和实践领域，理性思维的真理无法维持其最初的零星、偶然、个别的存在（人类最早的理性思维基本是这样的）。它必须由此出发，与同它一致的思想结合，最终构成一个自在自为的思想整体，即自由的理性思维。在自由的科学、道德、法律的发展中，我们都经常见证理性思维的一些零星火花，最后汇成了持久燃烧的火炬，构成理性思维之自在自为的整体。在这里，这种理性思维的我思与规定它的思想整体具有实质的一致（属于同样的范型）。

另一种情况是，理性思维的我思与这个思想整体具有实质的矛盾，这种情况只属于艺术领域。由于这个矛盾，故理性思维如果要追求自身的自由，就必须使自己从原本从属的思想整体独立出来，成为自在自为的实体，所以理性思维自身的发展将推动其最终从原先规定它的存在分离出来。因此在艺术领域，理性思维也必然因自身成熟而逐渐摆脱原先的不自由，并向自由的理性思维过渡。这决定优美格调的艺术从实用艺术向自由艺术的转型。实用艺术包括隶属于宗教和政治实践的艺术、广告艺术、工艺美术、装饰艺术等。这种艺术若是优美格调的，就会面临它对形式优美的追求与其实用目的之张力。这反映了理性思维与规定它的思想整体的实质矛盾。比如就工艺美术而言，首先它包含对形式绝对和谐的追求，这表现了理性思维的要求。但是理性思维在这里最终服务于产品功用的目的，这目的又被一个更高层级的思想实体规定，因而理性思维在这里是不自由的。理性思维的自身统一性被这个实体否定，其自身的形式追求也被后者阻碍。但理性思维本然地要求达到自身存在的统一性，也要求其绝对和谐形式的统一性，这种要求会促使理性思维逐渐脱离原先被附加给它的功用目的而获得自身的自由、纯粹的存在。这种自由的理性思维才是优美格调的自由艺术之本质基础。因此理性思维的这种转化推动实用艺术向自由艺术的转型。

在艺术史上，无功利的自由艺术总是从实用艺术孕育出来。人类早期艺术通常服务于宗教、伦理和人类自然生存等目的，没有获得自身的独立和尊严。美（包括优美）也是被这些目的规定，而没有获得自由，没有成为艺术的唯一或最终的目的。希腊的远古和古风艺术就表现出对形式的绝对和谐的兴趣，体现了理性思维的要求。但在这里形式优美主要服务于宗教目的（这个目的也被宗教的思想实体规定），而没有成为艺术追求的独立目标。理性思维的想象也被这个目的限制，没有获得自身自由。但是理性思维对自身自由的追求促使其将自己的想象从这个外在目的解放出来，推动优美逐渐从覆盖缠裹着它的通常领会和思想实体破茧而出。这在希腊艺术的发展中也得到体现。到了古典风格，希腊艺术终于把形式优美作为最终目的，因而艺术才成为自由的，而优美也从它服务的宗教、伦理等目的挣脱出来，获得自身自由和真理性。希腊艺术到了古典风格，才具有了真实的优美。艺术之得以把形式优美作为最主要的目的，就表明了理性思维的自由，即理性思维的独立自为的规定。艺术优美格调的这种转变，最终离不开理性思维寻求自身自由之本性的促动。理性思维逐渐获得自由乃是推动实用艺术向自由艺术、构成性的美向自由美过渡的一个重要因素。

总之，理性思维依其本性就要求转化为自由的理性思维，这促使其逐渐向后者过渡。而这种自由的理性思维就是优美作为自由美的本质基础。因此理性思维的本性促使优美作为功利的美向自由美的转型。

另一方面，理性思维的本性还将促使优美从庄静美发展到纯粹优美，因为它导致自由的理性思维的自身矛盾。

理性思维对于自身自由的追求，推动优美否定外在的规定，由此从功利美向自由美转型。在自由的优美中，理性思维否定了外在的功利目的，而获得自为独立的存在，它的形式构造完全服从它自身的本性，所以它成为自由的。古典风格的庄静美和纯粹优美，都包含了这种自由的理性思维。在这里，理性思维获得了自身自由，完全根据自身意愿而行。然而这种自由的理性思维包含了自身矛盾。一方面，理性思维的真理性或真理要求，决定其对于真实的对象领会的要求。理性思维的本性包含了这种真理性。它作为思想要求成为真理，且它通常通过对象领会满足此要求，而这对象领会必然要求自身是真实的。然而真实的对象领会往往与理性思维的主观自由以及其形式理想相冲突。另一方面，在自由的优美中，理性思维的自由必定包含一个从其真理性溢出的部分，这就是理性思维的主观自由。这就是理性思维之想象活动的自由游戏。这个主观自由包括想象之不被真理要求限制的任意性，以及不受此限制的主观的形式理想。于是理性思维的真理性就与这种主观自由构成了一种存在论的矛盾。这表现在这个真理性规定的对象表现要求通常会导致：（1）在存在论上，这种要求与理性思维之想象的任意性的冲突；（2）在单纯形式上，这种要求与理性思维的主观形式理想的冲突。我们可以将这个存在论矛盾表述为理性思维的对象表现要求与其主观自由的矛盾。后者是优美的全部内在矛盾的最终本质基础。优美的形式矛盾和实质矛盾最终都奠基于此。

作为自由的优美之本质基础，自由的理性思维针对其对象表现要求与主观自由的矛盾，理论上有如下解决方式：其一，通过对矛盾双方进行相应调整从而在此基础上将二者统一起来，这是庄静美的方式，是对矛盾的积极解决。其二，为追求更真实的对象表现而否定理性思维的主观自由，或反之，为确保这主观自由而否定实际的对象表现；后者就是纯粹优美的方式，但这二者都是对矛盾的消极解决。

优美包括庄静美和纯粹优美两种形态。庄静美旨在以理性思维方式表现某种对象存在，故致力于建立这种对象表现与理性思维的主观自由之间的对立统一。庄静美在形式方面的特点在于试图以理性思维要求的绝对和谐形式表现通常对象的形式，后者一般只具有充分和谐，故庄静美致力于把两种形式和谐统一起来构成一种理想和谐。纯粹优美则否定实际的对象表现，成为理性思维的自由游戏。在发生学意义上，庄静美是更本原的，纯粹优美乃是从庄静美发展而来，这种发展也是被优美的内在矛盾推动的。

人类艺术最早追求的、更本原的优美是庄静美。因为思想的自然本性总是要表现或领会某种对象的。在这里，思想的本性规定了艺术的本性。对于对象的表现属于艺术的自然本性。人类早期艺术都旨在表现某种对象、表达某种对事物的理解。这种包含对象表现的艺术过去是而且将来仍然会是人类艺术的主流。这是艺术的本原形态。千百年来，造型艺术都是为了表现现实的人物或其他对象，音乐是为着表现情感，文学则旨在表现某种思想或叙事情节等。那种完全无所表现、只以形式的绝对和谐为目的的纯粹形式艺术（如古典派的所谓绝对音乐），基本上是近代的产物，而且基本只是西方文化的成果。理性思维同样具有这种内在本性。它最早亦旨在表现某种对象，不是一种脱离了对象表现的自由想象。因此，优美本来也旨在表现某种对象。人类艺术史也表明了这一点。人类的真正艺术最早追求的优美都是以理性思维的方式表现对象真理，因而致力于把理性思维所追求的绝对和谐形式与对象的自然形式统一起来，而这就是庄静美。希腊古典艺术追求的就是庄静美。庄静美是优美的最初和本原的形态。

庄静美作为自由美，本身是在优美的存在论矛盾（理性思维的对象表现要求与其主观自由的矛盾）推动下形成的。后者在庄静美中，因为庄静美对对象表现的肯定，就转化为理性思维的实际对象表现与其主观自由的矛盾，且主要是这种对象表现与（1）理性思维之想象的任意性，和（2）理性思维的主观形式理想的矛盾——这就是庄静美的形式矛盾。

庄静美的对象表现必然使之陷于自身的形式矛盾。因为首先自由的理性思维与通常的对象概念相违背，而这种表现要求以对象真理规定理性思维的活动，但理性思维又因其主观自由要求保持其自身的独立、完整的存在，因而这种对象表现就使通常概念与理性思维的存在陷入矛盾。这也就是理性思维的自由与其要表现的通常概念的冲突。其次理性思维与通常对象在形式上也相互冲突，而这种表现要求达到二者的形式统一，即要求把对象的充分和谐形式与理性思维要求的绝对和谐形式统一起来，因而使这两种形式陷入矛盾中。这就是庄静美的形式矛盾的两个层面。总之庄静美通过这种对象表现，把相互冲突的双方纳入自身存在之内，构成自身的形式矛盾。这个形式矛盾，我们可以简单表述为庄静美的对象表现与其形式绝对和谐要求的矛盾。

庄静美正因为其包含的内在冲突和矛盾，故永远得不到最终的稳定。因此它的内在矛盾推动其朝两个相反的目标演化，以寻求矛盾的最终解决。其中一个目标就是庄静美否定了对象表现，成为纯粹优美。

首先，庄静美的形式矛盾就打破了其自身稳定。一方面，在庄静美中，作为表现方式的理性思维要求形式的绝对和谐，并追求后者之完全性，但是另一方面理性思维只要是旨在表现某种对象的，它的形式就必须与这种外在目的和对象的自然形式相适应，因而就不得不在其绝对和谐上有所牺牲。比如希腊古典艺术一方面把形式之完全的绝对和谐（这必然包括绝对的对称、均衡和稳定）作为理想，但是因为要表现人体，这种形式的对称、均衡和稳定就不可能是完全的，而是必须适应人体的自然形式而有所调整。艺术对情感、思想甚至超绝本体的表现，也都是如此。这种理性思维对形式绝对和谐的要求与实际的对象表现的矛盾就是庄静美的内在形式矛盾。对于这一矛盾，庄静美试图通过一方面在某种程度上牺牲形式绝对和谐的完全性，另一方面对于对象自然形式进行抽象和改善，使矛盾双方达到某种平衡。但是由于这个矛盾的对立双方都是处在不断发展中的，并且二者本质上就拒绝内在具体的统一，而庄静美为达到统一而对二者进行的调整也不同程度地违背了双方的要求，使双方都受到了伤害。因此庄静美所建立的矛盾平衡总是不稳定的。所以在艺术发展中，由于对象领会的不断深化和理性思维自身的日益成熟，导致这种平衡不断被打破，也使庄静美的形式矛盾日益尖锐，最终达到不可调和的程度。因此这个矛盾推动庄静美向两个相反方向发展。艺术史的发展也表明了庄静风格的两个渐行渐远的演变方向：一是为了更真实的对象表现而不得不逐渐远离形式的绝对和谐；二是为了追求形式绝对和谐的完全性而逐渐否定对象表现。前者是希腊艺术的发展方向，其中庄静美终结于写实主义和巴洛克风格；后者则属于近代艺术尤其是音乐的一个发展方向，其最终结果是庄静美被纯粹优美代替。总之，否定了实际对象表现的纯粹优美，乃是从致力于这种对象表现的庄静美演化出来，而这种演化根本上是被庄静美内在的形式矛盾推动的。其中，这个矛盾推动庄静美向纯粹优美过渡，乃是以理性思维的主观自由成为矛盾的更积极、主动方面为前提。作为庄静美的本质，自由的理性思维在其对象表现中不得不与规定它的外在目的和对象的自然形式妥协。在这里，它失去了绝对自由的空间，让自己被包裹在对象表现的硬壳里，而它追求的形式绝对和谐的完全性也总是被对象表现损害、扭曲。但是理性思维因其主观自由的发展而追求这种自由和形式绝对和谐的更大自身统一性（即二者的完全性）。它也越来越清楚地意识到这种追求与对象表现的冲突。因而它为了这种追求，就不得不使自己逐渐从对象表现脱离出来。这就会促使庄静美向纯粹优美过渡。

其次，庄静美的实质矛盾也会推动其向纯粹优美转型。它就是庄静美的对象表现与永远的原初性要求的矛盾。这个实质矛盾也是庄静美的存在论矛盾的变型；其中庄静美对永远原初性的要求，就是理性思维的主观自由的体现。这个实质矛盾也打破了庄静美的内在稳定。一方面，庄静美的对象表现不断要求更大的真实性、更具意义确定性的领会，而这种意义确定性通常构成对庄静美要求的永远原初性的否定。另一方面，庄静美只要是自由美，就必然具有对永远原初性的要求，而这种要求构成对于对象表现的意义确定性，乃至对表现本身的否定。这个矛盾的双方也是处在不断发展中的，且通常情况下二者也拒绝内在具体的统一。因此，庄静美也始终无法建立二者的稳定平衡。所以这个矛盾也会推动庄静美向两种相反风格发展，即彻底的自然主义和纯粹优美。其中，当理性思维的主观自由居于支配地位，就会使庄静美对永远原初性的要求成为矛盾的主要方面，这将促使庄静美逐渐否定其对象表现，成为理性思维之绝对自由的想象，从而过渡到纯粹优美的领域。

总之，庄静美的内在矛盾推动其向纯粹优美过渡。而这种推动得以形成和实施的前提，是在庄静美的两个矛盾中理性思维的主观自由都是更积极、更主动的方面，这促使庄静美为了这个自由而不断否定其对象表现。在艺术和审美领域，理性思维的自由就是这种主观自由。这种自由是处在发展中的，它要求自己成为完全和绝对的。但是它被庄静美的对象表现所束缚和损害。因为当理性思维仍然要表现外在对象、服务于外在目的，就意味着即使它在这种美中开始获得自身的独立和自由，但是后者仍是不完全的，仍然要被表现的任务和对象真理等外在因素所桎梏，其形式理想也因此受到损害。此外理性思维仍然把绝对和谐当做某种外在对象的形式理想（如希腊古典艺术对对象的双重理想化），而未认识到具有这种和谐的形式其实体现了理性思维自身的真理，故它的优美仍是外在的。总之，在这里，理性思维未能使自己从对象获得彻底自由。它的自由是不完全的。理性思维的完全自由，或其绝对自为的存在，就是绝对理性。这也是理性思维的绝对自由。不过在艺术和审美领域，理性思维的自由只是主观的（只有在认识和实践领域它才可能获得客观性），这种绝对自由也是一种主观自由，但是这种主观自由是理性思维的绝对自由之必然环节。在这里，理性思维否定外在对象和外在目的羁縻，获得完全的独立及其创造活动的任意性。纯粹优美就是绝对理性的原初真理。纯粹优美是这样一种美，它不仅以理性思维之完全的自由为其本质基础，且其形式完全来自理性思维的自由创造，不被任何外在于这思维的根据、目的规定，因而这种形式的绝对和谐就是未经任何损害、扭曲的，即具有完全性的。这里的结论是，最终是理性思维的主观自由的发展导致的矛盾演变，推动庄静美不断否定其对象表现，从而向纯粹优美过渡。

　　这种过渡就是理性思维为获得自身的绝对自由而逐渐否定对象表现，这是一个日益推进的抽象化过程。由于这种抽象化，理性思维最终推卸了本有的对象表现责任，克服了思想之为思想的本性。它由此切断了自己与人类思想整体的一切关联，达到了绝对的自我孤立。理性思维通过这种自身抽离和自我孤立赢得理性的绝对自由，成为绝对理性，成为理性之无任何系缚牵挂、只以构成自身最完美的形式和谐为目的的任意想象。只有这样，它才有可能成为纯粹优美。纯粹优美就是绝对理性的原初真理。纯粹优美就是从庄静美或表现性的美脱胎而出，而这往往是一个逐渐推进的过程，这就是优美在其内在矛盾推动下的抽象化。

　　人类艺术的发展，无论是一般艺术史还是个别艺术家的风格演进，都验证了这一抽象的进路。比如西方造型艺术，无论是从希腊化风格向中世纪抽象艺术的过渡，还是从 19 世纪的现实主义和浪漫主义向抽象主义绘画和雕塑的演变，都包含了对对象表现的逐渐否定过程。这种抽象化，在西方音乐的发展中有最彻底的表现。人类早期的音乐大都服务于宗教、节庆和礼仪的需要，故音乐即使有对形式优美的追求，这种优美也不是自由的美。但是音乐在其发展中逐渐从这些功利需要独立出来成为自由的艺术，它的美也成为自由美。即便如此，音乐的形式优美仍未成为独立和主要的目的，音乐仍然主要是为了表现某种对象，尤其是为了抒发情感。当音乐的目的在于表现某种体验和情感甚至描述场景和叙事情节，音乐的形式就被这种目的规定，故不能完全听从音乐自身的形式理想，所以这种对象表现会导致对音乐追求的形式绝对和谐的损害（若它有此追求）。但是西方音乐始终保持着对一种不受对象表现影响的形式优美的兴趣，后者是自由的理性思维之体现。正是这种兴趣推动音乐在其自身发展中逐渐否定对象表现而把构造单纯形式和谐作为唯一的目的。这就是音乐的抽象化。音乐中的纯粹优美及作为其典范的古典风格就是由此形成。这个抽象化过程贯穿了整个西方音乐史。它通过从格利高里圣咏到维也纳古典风格的缓慢转型得到清晰表现。只有西方音乐最终完成了这种转型。

最适宜这种抽象化、最适合构成纯粹优美的艺术是音乐。纯粹优美是精神的理性思维的完全自由的创造，也是绝对理性之体现。作为这样的存在，它在自然界并不存在，只存在于艺术。其中，使它得到最充分体现的艺术是音乐，准确地说是古典风格的音乐。因为音乐最适宜从对象表现抽离。这是由音乐的感性媒介不同于造型艺术、诗歌等的独特性决定的。因为声音较之颜色、文字等媒介，缺乏与对象的明确指称关系，这使音乐作为声音的艺术可以自如地游离于对象表现之外。造型艺术、诗歌、戏剧的媒介特征使它们都不适合塑造纯粹优美。因为颜色、文字等都有明确的指称。在自然状态每一种颜色都是某种东西的颜色，我们从未见过一种不属于任何东西的游离的颜色（此外的分析也适用于其他视觉表象）。颜色总是完全被事物吸附而不能从中逸出。因此，当我们接触颜色图像时，一方面总是无意识地将其与某种对象事物联系起来，总是习惯性地认为它是表现事物的。也就是说，我们在接触这种图像的最初瞬间，就在无意识中有了对于这图像的对象表现的预期。因此当我们的领会不能从这种图像获得任何对象意义，就会因这种无意识预期的落空而感到隐约的焦虑，感到失望和空虚。这也是我们面对抽象绘画和雕塑时的情绪反应。在欣赏此类作品时，这种焦虑就大大抵消作品的形式和谐带来的审美快感。这可以解释我们不得不承认的一种现象，即我们欣赏 Mondrian 和 Kandinsky 的作品时，尽管其也具有形式的纯粹优美，但我们从中获得的审美快感通常情况下远远无法与欣赏 Haydn、Mozart 时所获得的相比。在前者，我们总是隐隐体会到一种空虚和失落，而在后者则否。另一方面，与此相关，我们接触一种颜色图像时，也会前领会地（且是无反思地）相信它是表现某种对象事物的，我们的领会也总是企图寻找图像要表现的事物，而且只有当图像真实、充分、完整地表现了事物存在之时，我们才会认为这图像是正当的，且从对于它的领会获得快感（这其实是因为我们从图像领会到一种善，所以这种快感乃是一种善的快感）。然而 20 世纪许多艺术家（如 Duchamp、de Kooning 和 Francis Bacon）就是试图通过对于事物原有形式的扭曲、肢解、重构，以瓦解视觉图像原有的指称关系从而消除其对象表现。但是这种艺术对于事物原有形式的扭曲、肢解违背了我们对于图像正当意义的前领会预期，我们从中（比如从 Francis Bacon 描绘的那些残肢断臂）领会到的不是善，而是恶。这种领会既不能带来善的快感，也不能带来美的快感，反而只能让我们产生厌恶和恶心之感。总之由于视觉图像与现实对象的先天粘连关系，造型艺术更适合对于具体对象的表现，一种脱离对象表现而只追求形式的绝对和谐的绘画、雕塑作品，违背了造型艺术的本性以及我们的理解习惯，从而损害了审美快感。因此抽象的造型艺术是没有多少发展前途的。以上分析对于文学作品（包括诗歌、戏剧等）也大致成立。因为文字符号同样与现实对象存在先天的粘连关系。这使语言艺术的本性也更适合于对象表现而非无所表现。但是由于语词的符号特征，语言可以抽象地表现事物结构，而通过语词关联具体地表现乃至自由地塑造事物的关系。这使语言艺术也可以根据绝对理性对于完全的绝对和谐的要求，完全自由地构建事物关系，使后者的形式具有纯粹优美的特征。比如，小说可以精心编织情节、人物关系的结构，使之具有纯粹优美的形式特征。诗歌也可以对语词的声调、色彩构成符合纯粹优美的形式。但是理性思维对于形式的纯粹优美的塑造，在小说中会被故事情节的自然结构制约，在诗歌中也会受事物的自然关系结构的限制，因而纯粹优美在语言艺术中的存在空间乃是极为有限的。只有音乐能够最彻底地贯彻这种抽象化，所以它才最适合塑造纯粹优美。因为声音缺乏对于事物的明确指称性或描述性，所以声音表象不存在与对象的意义粘连，而通常是游离于对象意义之外。对于一种通常的（语言之外的）声音，其形式无法内在地对应或指涉事物的结构。这使得音乐的创作和欣赏都可以完全摆脱对象意义的限制。一方面，音乐创作可以完全克服对象自然形式的影响，成为理性思维的绝对自由活动，使它具有了无限的创造空间，也使纯粹优美具有了无限可能性。另一方面，我们对于音乐作品的领会不再被关乎对象的意义预期干扰，能够只专注于作品单纯形式的和谐，所以这种领会也能够成为理性思维的绝对自由活动，从而毫无障碍和无所损害地领会作品的纯粹优美。因此音乐正是因其对于对象意义的游离使它能够否定对象表现而成为理性思维完全自由的活动领域。理性思维的完全自由就是绝对理性。纯粹优美就是绝对理性之原初真理。总之，只有音乐艺术才是纯粹优美最适宜的活动领域，而古典风格的音乐才是纯粹优美的最佳典范。

绝对理性就是否定了任何外在规定的理性思维整体，所以就是理性思维之自由、纯粹、绝对的存在。只有在这里，理性思维的我思，作为精神之自为的综合统一活动，才能绝对根据自身意愿，创造出最符合自身理想的形式。这必然是一种具有完全的绝对和谐特征的形式，而绝对理性乃是这形式之本质，它正是通过后者表现自己。这种形式的美就是纯粹优美，因此绝对理性构成纯粹优美的本质。理性的内在本性推动它从通常领会中独立出来，成为理性的思维，理性思维的内在本性也推动它挣脱任何外在规定，获得其自由、纯粹、绝对的存在，而成为绝对理性。绝对理性就是理性思维的真理。

作为绝对理性的原初真理，纯粹优美包括两种形态：抽象的和具体的，分别属于古风风格和古典风格，唯后者是完整的或真实的纯粹优美。绝对理性是理性思维的完全自由，包括抽象的和具体的两种。其中，抽象的绝对理性指的是纯粹科学等的领会，其特点在于理性思维并未把绝对和谐形式当成自己的生命形式，故这形式是抽象的；纯粹优美的古风风格所包含的领会亦属于此。在古风风格，绝对理性缺乏形式的自我反省：它只是把绝对和谐形式当做一种外在特征来追求，而非把它当做自身内在真理的表现，而这真理必然具有充分和谐形式。因此在这里，绝对理性和它构成的绝对和谐形式都是抽象的。这种绝对和谐形式，同纯粹科学等的法则一样，只是主观抽象，不是精神生命自身的形式，不具有独立的自身存在。但是在纯粹优美中，理性思维可能伴随其成熟而达到对绝对和谐形式的自我反省，从而把这种形式当成自身生命的形式。这种反省使绝对理性意识到以上两种和谐形式（它理想的绝对和谐形式与它的生命形式）是内在统一的、并且有意促进这种统一，也就是使抽象的绝对理性及其绝对和谐形式成为具体的。这种具体的绝对理性构成的绝对和谐形式是为表现自身生命存在，故与充分和谐形式达到内在统一。这种绝对理性因具有充分和谐的形式，故是可以独立地自身存在的实体，而非仅是一种主观抽象。这就是绝对理性或纯粹理性思维的具体整体。它只属于艺术领域。纯粹优美的古典风格所包含的领会即属于此。这种古典风格之不同于古风风格，就在于它所构成的绝对和谐形式是体现了理性思维的自身真理且同时具有充分和谐的，故这形式是具体的。在这两种纯粹优美中只有具体的纯粹优美才实现为思想自身的真理，所以才是真实的纯粹优美。对于这种真实的纯粹优美而言，其自身形式不仅包括一种完全的绝对和谐，也包括任何真实思想（作为生命）之自身形式都必然包含的充分和谐，是这二者的统一。这种纯粹优美是形式的充分和谐和绝对和谐的统一，是一种完满的和谐。总之，形式的绝对和谐只有当其与充分和谐统一才是具体的。对于庄静美的古典风格，这种绝对和谐是具体的，却是不完全的；对于纯粹优美的古风风格，形式的绝对和谐是完全的，却是抽象的；只有对于纯粹优美的古典风格，这种绝对和谐才既是具体的，又是完全的。从古风风格到古典风格的转化，离不开纯粹优美的内在矛盾的推动。

在纯粹优美中，优美的内在矛盾仍然存在，且转化为特殊的形式。由于纯粹优美对实际对象表现不同程度的否定，所以在这里优美的形式矛盾就表现为以下两个不同层次的矛盾：一是纯粹优美对表现的否定与其对象表现要求的矛盾；二是纯粹优美的部分对象表现与纯粹理性思维要求之完全的绝对和谐形式的矛盾。纯粹优美的实质矛盾也表现为以下两个不同层次的矛盾：一是纯粹优美对表现的否定与其对象表现要求的矛盾；二是部分的对象表现与纯粹优美的永远原初性的矛盾。这两种矛盾推动纯粹优美的继续发展，而形式矛盾是纯粹优美的主要矛盾。

第五章　纯粹优美在自身矛盾推动下的发展

　　纯粹优美仍然包含内在矛盾且在后者推动下不断发展。但在其中，形式矛盾是纯粹优美的主要矛盾，它是推动纯粹优美发展的主要力量。所以在这里我们主要阐明形式矛盾推动纯粹优美发展的机制。

　　优美的根本形式矛盾就是理性思维对于形式绝对和谐的要求与其出于思想本性的对象表现要求的矛盾。它在优美致力于整体的对象表现时就转化为表现方式的理性思维与其所表现的通常概念的矛盾，此即庄静美的形式矛盾。优美的根本矛盾推动优美的风格、形态不断转化。它不仅推动庄静美向写实主义和纯粹优美这两个相反方向发展，使纯粹优美最终从庄静美脱胎而出，也推动纯粹优美的内在发展。

　　优美的根本形式矛盾在纯粹优美中有其特殊的表现形态且后者也处在自身发展之中。纯粹优美试图通过否定实际的对象表现，以保持形式绝对和谐的完全性，但是纯粹优美作为思想的本性决定其亦必有对象表现的要求，然而只要优美进入实际的对象表现，就可能使形式绝对和谐的完全性受到损害。因此优美的形式矛盾在这里转化为纯粹优美的对象表现要求与其对形式绝对和谐的完全性的要求的矛盾。这可称为纯粹优美的形式矛盾。但是这个矛盾的双方也处在变化发展中，由此推动这个矛盾的发展。其中，纯粹优美的主观自由，包括对形式绝对和谐的完全性的要求，是矛盾的主要方面。然而美的真理性，包括其对象表现要求，却是矛盾的更积极、更活跃的方面。它的发展促使纯粹优美重新进入某种程度的对象表现，导致其对表现的否定方式本身处在变化中，其彻底性也因而呈现出差异性。这势必导致纯粹优美的形式矛盾的自身发展，使之呈现不同的变型。在自足风格，由于纯粹优美为了保持形式绝对和谐的完全性而彻底放弃了专题的对象表现，纯粹优美的形式矛盾就转化为思想的本性对于对象表现的要求与其事实上的无所表现的矛盾。而在隐喻风格和含蓄风格，对于对象表现的要求促使纯粹优美重新进入部分的对象表现（包括局部和隐喻性表现），因而对表现的否定是不彻底的。于是纯粹优美的形式矛盾转化为：一是纯粹优美对表现的否定与其对象表现要求的矛盾；二是某种程度上被恢复的对象表现与纯粹优美保持形式绝对和谐的完全性之要求的矛盾。

因此这个形式矛盾在纯粹优美的不同演变阶段，通过这些变型推动其继续发展。这种发展有两个最终结局：一是为保持形式绝对和谐的完全性而最终彻底放弃任何对象表现，此即纯粹优美的自足风格；二是为追求更真实的对象表现而不得不逐渐松动对形式绝对和谐的完全性的要求，最终是回归到庄静美。这两种解决都是消极的，且都意味着纯粹优美的自身消解。纯粹优美就是在这两种最终结局之间来回运动，寻求在矛盾双方之间建立一种最终稳定的关系。其中，自足风格对于对象表现的彻底放弃，违背了思想的本性，所以思想出乎本性的对象表现要求，会破坏自足风格的最终稳定。优美的形式矛盾在庄静美也得不到最终解决，只有当它推动庄静美转化为对事物的完全忠实表现（如写实风格），才使自己得到一个就自身而言的稳定结局，尽管这个结局是消极的（它意味着优美的最终瓦解）。但是艺术由此获得的稳定，被自由美的实质矛盾否定。

优美的实质矛盾也会继续推动纯粹优美的发展。纯粹优美通过否定实际的对象表现以保持自身永远的原初性，但是纯粹优美出乎自身本性的对象表现要求，会促使其重新进入实际的对象表现，从而导致后者与这种美对永远原初性的要求相矛盾。纯粹优美的实质矛盾就是它的这两种要求的矛盾。这个矛盾使纯粹优美将对象表现限制在隐喻和局部表现的领域。这个矛盾也推动纯粹优美的继续发展，而这种发展同样有两个最终结局：一是为保持永远的原初性而放弃任何对象表现，即自足风格；二是为追求更真实的对象表现而不得不逐渐牺牲永远的原初性，最终过渡到写实风格。但是美在这两个端点都不能获得最终的稳定。就此我们前面对自足风格已有说明。写实风格同样不能获得这种稳定，因为它违背了自由美对于永远原初性的要求，故它的稳定性被后者否定。只有当美在其更真实的对象表现要求推动下，不断深化、拓展其对象领会，将这种领会从现实领域推进到超绝真理之域，才能把真实对象表现与其对永远原初性的要求完整统一起来。也就是说，只有当优美转化为本真的美，美的实质矛盾才得到一种最终、积极的解决。不过这种解决也意味着优美的自我消解。

纯粹优美就是在这两种矛盾推动下继续发展，永远无法获得一种最终的稳定，除非它转化为本真的美。因此可以说，美的内在矛盾推动纯粹优美逐渐过渡到本真的美。其中形式矛盾是主要矛盾。这是因为在纯粹优美中，永远的原初性已是事实的存在，故美的实质矛盾已经得到一种消极的解决，对于纯粹优美的推动作用有限。而推动这两个矛盾发展的最活跃的力量都是美的对象表现要求。这一要求促使纯粹优美重新进入实际的对象表现且推动后者向一种再现式的、整体的表现转型，从而不断打破纯粹优美的稳定性，导致纯粹优美的内在矛盾的持续重构。这一要求也推动优美不断深化其对象领会，逐渐从隐喻和局部的领会进入再现和整体的领会、从现实存在的领域进入超绝真理的领域，最后使美的内在矛盾找到一个最终的稳定解决。

参照庄静美，我们把纯粹优美的发展也分为三个阶段：一是古风风格；二是古典风格；三是浪漫风格。这种风格的一致性在于纯粹优美与庄静美（从不同视角）体现了同一种理性性格，且出于这种性格而对美的内在矛盾采取了一致的解决方式。

其中，古风风格向古典风格的转型，主要是被优美的形式矛盾推动。美的形式矛盾和实质矛盾最终应归结于美的最根本的存在论矛盾，即美的真理性与主观自由的矛盾。一方面，美的真理性，或其真理要求，包含了自身必然化的渴望。它有存在和关系两方面的表现，分别就是美自身对于充分和谐形式（这是美作为真理的必然条件）的要求与美对于真实对象表现的要求，这二者都是美获得必然性的前提条件。另一方面，自由美也包含了且努力要保持一种抵御这种必然化的单纯主观自由，后者也包括形式的与实质的两方面，即对形式的主观任意性（指形式来自表现方式脱离真理性约束的完全任意构造）与内容的永远原初性的要求。美的形式矛盾奠基于美的真理性与其形式的主观任意性要求的矛盾（美的形式矛盾根本上是表现方式与表现对象的矛盾），而实质矛盾则奠基于美的真理性与其对内容的永远原初性要求的矛盾。而这二者最终都归结到美的真理性与主观自由的矛盾。对于优美来说，它对形式的主观任意性的要求就是对形式绝对和谐的完全性的要求，而这种要求总是与美的真理要求存在张力，后者构成优美的形式矛盾之本质归属。这种真理性要求在存在和关系两方面，分别表现为美自身对于充分和谐形式与对于真实对象表现的要求。然而这两方面的要求，都会导致与优美对形式绝对和谐的完全性的要求的矛盾。后者就是优美的形式矛盾的两方面表现（且都归因于形式的充分和谐与绝对和谐的矛盾）。在这里，古风风格向古典风格的转型，应归因于优美对于自身形式的充分和谐要求与对形式绝对和谐的完全性的要求的矛盾；而在庄静美，还应归因于优美对于更真实的对象表现的要求与对形式绝对和谐的完全性的要求的矛盾。这是古风风格面临的形式矛盾。

　　不过，在古风风格，这种两种矛盾都只得到一种消极解决。这在于作为表现方式的理性思维为了保持形式绝对和谐的完全性而牺牲对象表现，因此抛弃了从对象真理获得的形式充分和谐。这在庄静美，就在于理性思维放弃了真实的对象表现，没有因为这样表现对象真理而从后者获得一种充分和谐的形式。这在于理性思维构造的绝对和谐形式，并未真正与对象的自然形式达到统一，所以艺术对于对象真理具有的充分组织化的或合目的的形式，既无理解、亦无表现。纯粹优美的古风风格则由于对表现的否定，故完全不可能从对象真理获得一种充分和谐的形式；同时在这里，理性思维并未以所构成的绝对和谐形式表现或作为其自身存在的形式，故这种绝对和谐无关乎生命或思想的真理，所以也是同样的抽象，同样的僵硬呆板、了无生机。古风风格的共同特点，在于其形式缺乏那种作为生命真理之条件的充分和谐，因而只有一种抽象的绝对和谐。

　　然而，古风风格对于优美的形式矛盾的这种消极解决最终被优美的真理性规定的对于自身充分和谐形式的要求和（在庄静美中）对于更真实的对象表现的要求所否定，因此古风风格对于矛盾的解决不能带来最终的稳定。这个矛盾本身由于其真理性方面的发展而处在变动之中，因此它将推动其向古典风格过渡。对于庄静美，这在于它在优美的两种必然要求推动下，试图把理性思维理想的绝对和谐形式和对象真理的充分和谐形式统一起来，也就是通过对对象的具体表现或领会（"具体"在内容上在于对象真理被领会实际地占有，在形式上在于对象的充分和谐形式得到表现）使自己也获得形式的充分和谐（但是这种表现是外在的，未能克服两种形式的鸿沟，而这种充分和谐对于理性思维自身也是外在的，未能成为其自身真理的体现）。对于纯粹优美，则在于它在优美的真理性规定的对于形式充分和谐的要求推动下，因为否定了实际的对象表现，就转而通过对理性思维自身的生命形式的感性呈现，以满足这种期望。优美作为理性思维的原初真理，其自身必然具有充分和谐的形式，它只要使所构成感性形式成为它自身真理的形式的体现，就能构成感性形式的充分和谐。纯粹优美的古典风格就是由此形成。这种风格最充分表现在维也纳古典派的所谓绝对音乐。在这里，音乐不表现任何对象，但音乐的进行只被乐思自身的发展逻辑推动，音乐的形式成为乐思自身的体现，而这乐思就是一种纯粹理性思维，故音乐的形式就是后者自身的生命形式的体现，故必具有充分的和谐。古典风格就在于绝对和谐与充分和谐的统一。但是在庄静美中，这种统一还是外在的，被表现对象的充分和谐形式并没有与理性思维要求的绝对和谐形式达到内在统一，没有成为理性思维自身内在的形式。只有在纯粹优美的古典风格，这种统一才是内在的。在这里，理性思维构造的绝对和谐形式就是其自身真理的形式或为其体现，因而包含了绝对和谐与充分和谐的内在统一。总之，优美的形式绝对和谐理想与其真理性所要求的形式充分和谐的矛盾推动古风风格向古典风格的转型。唯古典风格才使这一矛盾得到积极的解决。

纯粹优美的形式矛盾和实质矛盾进一步推动古典风格的内在发展及其向浪漫风格的转型。美的对象表现要求是纯粹优美的两种内在矛盾中更积极、更活跃的力量，它自身的本性促使其转化为实际的对象表现，并促使这种对象表现从局部、隐喻的表现转化为整体、再现的表现，导致纯粹优美的形式矛盾和实质矛盾的不断重构，从而推动古典风格的继续发展。在古典风格，纯粹优美的形式矛盾就是其对象表现要求与其保持的形式绝对和谐的完全性的矛盾。它在自足风格就转化为思想的本性对于对象表现的要求与其事实上的无所表现的矛盾。除此之外，在隐喻风格和含蓄风格，它还转化为某种程度上被恢复的实际对象表现与形式绝对和谐的完全性的矛盾。纯粹优美的形式矛盾就是通过它的这些变型推动古典风格的继续发展。在这种矛盾推动下，纯粹优美在朝向自足风格与回归庄静美之间来回滑行，始终无法获得一种最终的稳定性。这种矛盾使得纯粹优美在向对象表现回归时尽量将其限制在隐喻和局部领域。但是实际的对象表现总是追求更大的真实性，从而可能促使纯粹优美的表现方式逐渐从隐喻转为再现、从局部进入整体，最终将导致形式绝对和谐的完全性被破坏，使古典风格向浪漫风格过渡。西方音乐的演变就验证了这一发展。Haydn 那种无所表现的自足风格逐渐被旨在表现情感和思想的感怀风格、雄浑风格代替，最终出现了 Schoenberg 和 Webern 那种为情感表现彻底摧毁形式优美的音乐。优美的实质矛盾同样推动古典风格的内在发展及其向浪漫风格过渡。纯粹优美的实质矛盾是其对象表现要求与永远原初性的矛盾。纯粹优美的表现要求促使其进入实际的对象表现且使之向整体的、再现式的表现发展，但这最终将导致对永远原初性的破坏。这种矛盾使纯粹优美在以下可能性之间运动：一是为保持永远的原初性而完全否定实际的对象表现，此即自足风格；二是试图以以下方式在两个矛盾方面之间达到平衡，即将对象表现限制在隐喻和局部表现的领域，以在整体层面保持永远的原初性，即隐喻风格和含蓄风格；三是为追求更确定的意义而进入整体和再现性表现的领域，从而导致古典风格向浪漫风格过渡。西方音乐的演变也表现了纯粹优美在这一矛盾推动下的发展。优美的实质矛盾，只有当美在其更真实对象表现要求推动下从现实领域过渡到超绝真理的领域，从优美转化为本真的美，才能得到积极、稳定的解决。

以下我们将以西方音乐为范例，依三个阶段阐明纯粹优美在其内在矛盾推动下的发展过程。

第一节　古风风格

纯粹优美的独特内在矛盾，在于它作为一种绝对理性所具有的两方面要求的相互冲突：一方面，纯粹优美要求自身应当是无所表现的。这奠基于绝对理性对于形式绝对和谐的追求，在存在论上植根于理性思维的主观自由。另一方面，绝对理性作为思想的本性又要求它必须表现某种对象。这在存在论上植根于绝对理性的真理要求。每一种思想都要求自己为真，且它一般是通过对象领会而成其为真。通常情况下思想总是对于某种对象的领会或表现。这是它的自然本性。一种思想若无所表现，就违背了它的本性，因而它总是要求有所表现，绝对理性也是如此。正是这两种要求构成的矛盾冲突推动纯粹优美的演化发展。

古风风格是纯粹优美的发育成长阶段。推动它的成长的最终原因，仍是绝对理性的真理性与其主观自由的存在论矛盾。这个主观自由是矛盾的主要方面，它规定纯粹优美对于表现的抽象和对于形式绝对和谐的完全性要求。但是这种抽象导致古风形式丧失了真理性及被后者规定的充分和谐。反之，绝对理性的真理性不仅规定其对象领会要求，而且规定其对形式的充分和谐的要求，因为充分和谐是真理的形式条件。因此古风风格的形式矛盾必然包括这样一个层面，即绝对理性对表现的否定与其真理性及对形式充分和谐的要求的矛盾。这可以作为古风风格的形式矛盾的一个基本表述。

古风风格对此矛盾的解决，决定古风风格的基本特点。首先，古风风格对此矛盾的基本解决是消极的，就是通过对对象表现的否定，放弃理性思维自身的真理性及对形式的充分和谐。于是，这理性思维及其形式和谐都是抽象的。在纯粹优美的古风风格，绝对理性由于其对于形式绝对和谐的完全性要求而不得不逐渐脱离对象表现，它要求自身成为无所表现的。这一要求成为纯粹优美的内在矛盾的主要方面，压制了思想对于对象表现的本然要求，不断蚕食后者的地盘。因为在古风阶段，纯粹优美，作为否定了对象表现的思想，刚从庄静美萌发而出，仍然陷于对象表现领域的包围中。它要生长成熟，就必须彻底征服这个领域。它否定自身表现性的要求就必然压倒其对象表现要求。古风风格的发展，最主要地表现在它不断深化其对表现的否定，使它最终成为无所表现的；同时其形式和谐逐渐完善。西方古风音乐发展的主要方向，就在于对表现的逐渐抽象化及与之伴随的形式和谐逐渐完善。这种抽象化导致其形式矛盾的不断重构，从而推动纯粹优美在古风阶段的发展。其次，在通常情况下，古风风格对对象表现的否定仍不彻底，古风音乐常常仍有实际的对象表现，这表明绝对理性及纯粹优美尚未一统天下，获得自身统一性，故这种抽象化仍然处在推进过程中。

西方古代音乐，从最早的 Gregorian 圣咏到巴洛克音乐的漫长发展时期，都属于古风风格。这种发展也表现了纯粹优美从庄静美中萌发的过程。一方面，前古典派的音乐，从 Gregorian 圣咏到 Bach 的声乐作品，都包括了某种程度的对象表现，主要是表现基督宗教的思想、情感。但是另一方面，在这种音乐中，逐渐发展出一些只以形式的绝对和谐为目的、完全独立于作品主题，故其实无所表现的形式方面。后者的势力越来越强大，在巴洛克时期的纯器乐中，成为音乐的主要追求。这种无所表现的绝对和谐形式，只是理性思维的自由游戏的产物，而没有表现或领会任何主题对象。这种形式和思想所具有的美，就是纯粹优美。在古风风格的发展成熟过程中，这种形式必然是逐渐扩张其地盘，开辟出自己的独立王国，直到最终将某种艺术类型完全占领。这一发展就意味着理性思维否定对象表现的要求成为矛盾的主要方面，压倒其真理性和对形式充分和谐的要求。这就是古风风格的形式矛盾的基本形势。这个矛盾推动古风风格的发展。这种发展可分为如下阶段：

一、古风前期：以 Gregorian 圣咏为代表

音乐的优美或形式绝对和谐只起装饰作用，另外音乐形式旨在表现歌词内容或抒发宗教情感。这种古风风格的优美没有从对象表现脱离，也没有从功利需要独立出来。它仍然属于庄静美，且属于功利之美。在这里，作为表现方式的理性思维没有获得自由，它构造的优美在形式上仍极简单。

Gregorian 圣咏是天主教早期形成的配合宗教仪式的歌曲总集。其歌词采用拉丁文，大部分取自圣经。其音乐只用无伴奏的人声（男声），为即兴式而无明显节拍，是无伴奏的单声部歌曲，建立在单纯的自然音阶基础上，配合了拉丁文歌词本身的音调。音乐以齐唱形式为主，也包括独唱和应答唱，通过教堂建筑的回声效果形成和声感。乐曲为单声部平缓进行的单一旋律。音域也很窄，基本为八度以内，音程跳跃很少。没有和声和对位，不用变化音和装饰音。这种音乐也表现出对形式的对称、均衡和稳定特征的追求，具有某种程度的绝对和谐。但这种绝对和谐在格里高利圣咏中是极简单的，这种音乐只是通过乐音在单一旋律线上的重复、呼应和回归等手法构成乐曲的均衡和稳定特征。

这种音乐完全服务于宗教目的：其一，早期基督教在很长时间延续了史前音乐的符咒、净化、祈祷和驱魔等功能，且一直利用音乐在仪式中创造一种神圣、庄严和肃穆的气氛。Gregorian 圣咏的创作就是为了满足这种教会仪式的需要。其二，音乐要服从歌词。宗教音乐历来以声乐为主，因为声乐最适合歌词的表现。圣咏的音乐就是为配合诗歌的朗诵而作的，完全是为了

表现歌词，为歌词服务。比如"诗篇调式"以平稳的同音反复为主，防止因旋律过于花哨而影响词的清晰度，而"应答圣歌"调式尽管装饰性越来越强，但是音乐始终服务于歌词的表现和仪式的需要。其三，音乐不仅要表现歌词的含义，而且要表现其蕴含的宗教情感。

应当承认这种音乐，无论是为着衬托或表现诗歌的内容、烘托气氛，还是抒发情感，或激发信徒宗教情绪，都未把音乐形式自身的和谐、优美作为艺术追求的主要目的，也完全不具备娱乐性。在这里，优美还只是一种庄静美，且属于功利的美，还没有真正成为纯粹优美。它之所以被归属于古风风格，只因为它没有达到对于对象真理的具体表现，其形式缺乏真理性与充分和谐。理性思维作为表现方式仍很幼稚，其主观自由仍被艺术的功利目的桎梏。

但是由于音乐媒介与对象存在的距离，音乐成为最易否定对象表现的艺术。当音乐中的理性思维日益成熟，以致其主观自由最终打破桎梏，将自己解放，从而使音乐的优美成为自由之美，将导致优美内在的形式矛盾发生根本转变。于是理性思维的主观自由，由于音乐的独特本性，逐渐成为形式矛盾的主要方面。它促使优美逐渐对对象表现进行抽象并追求绝对和谐形式的自身统一。因此这个形式矛盾会推动西方音乐中古风风格的庄静美向纯粹优美的转化。

二、中世纪音乐：优美开始成为自由的

中世纪音乐在表现主题的同时，开始有了对音乐的自身形式优美的追求。这表现在宗教音乐的结构日益复杂化，越来越超出宗教主题的需要，也表现在娱乐性的世俗音乐题材的兴起。这表明音乐艺术开始挣脱功利需要，成为自由的艺术，它的美也成为自由的美。优美的自由在于作为其表现方式的理性思维的自由，后者是一种主观自由。由于优美本身成为艺术的目的，就导致其形式日益复杂精致，内容愈益丰富。

首先，作为中世纪音乐之主体的教会音乐，就表现出对形式优美越来越浓郁的兴趣，且优美在形式上越来越复杂。后者表现在音乐织体的不断完善。这一时期教会音乐最显著的发展，一是开创了复调音乐的形式并使之逐渐复杂化，二是开始用对位法完善音乐织体。首先是从单声部的圣咏逐渐发

展出以复调音乐形式修饰圣咏的 Organum 体裁，最早是二声部平行的。接着，由于两个声部开始呈现旋律的差异性，由此发展出花唱式 Organum。在此基础上又发展出 Discantus 体裁。它把两个声部都用节奏模式来组织，同时引入对位法使上下声部构成了纵向和声连接，其中长音符的低音定旋律声部与花唱式的复杂多变的第二声部形成对比。由此又发展出复调 Conductus 体裁，其定旋律是新创作的，歌词也开始摆脱仪式的束缚，故音乐更加富有活力；各个声部以三度音程结合，纵向和声感进一步加强。15 世纪在 Organum 二声部结构的基础上，在原有的定旋律声部（Tenor）之下再加一个对应的低声部（Bass）。又在原有的第二声部即高声部（Alto）基础上，增加一个最高声部（Treble），于是形成了经典的四声部格局。Dunstable（约 1390—1453）可视为中世纪音乐的一个集大成者。他的经文歌不用传统的定旋律，而是按照歌词意境自由创作。通常为三声部主调和声织体，和声丰满，既有传统的协和音程，又有大量三和弦结构，各声部尝试一致的节奏。总之在中世纪教会音乐的发展，使 Gregorian 圣咏原先简单朴素的曲调逐渐被精雕细琢的音乐形式代替，音乐织体日趋复杂，形式的绝对和谐愈益完美。

其次，中世纪娱乐性的世俗音乐的兴起则更充分表明音乐成为一种自由的艺术，音乐的美也开始从宗教的羁绊中挣得自由。中世纪游吟诗人的音乐以抒情性或者叙事性为主，摆脱了宗教的约束，完全是娱乐性质的。中世纪世俗歌曲体裁有法国 chanson（这是为法语世俗诗歌谱写的复调歌曲，多半是回旋诗模式，带有叠歌），意大利牧歌（以抒情诗、田园诗或讽刺诗等为歌词，一般为两声部复调织体合唱）、狩猎歌等。这些音乐是自觉为娱乐服务的。世俗音乐之不同于宗教音乐，在于它更多地是以美本身为目的。中世纪世俗音乐另一个重大进步是器乐的发展。早期教会旨在以音乐表现教义，故只重声乐，器乐主要是作为世俗音乐而得以发展起来的。中世纪后期随着世俗文化的繁荣，器乐开始从声乐独立，乐器种类也增多了。世俗音乐的兴起，尤其是器乐的独立，充分表明音乐开始成为一门自由的艺术。同时，音乐形式的绝对和谐愈益完善。这些都表明了，作为自由的优美的本质基础，理性思维的自由之发生和成熟。纯器乐的兴起也表明音乐开始从对象表现抽离，而把形式的绝对和谐作为唯一现实目的。这意味着理性思维获得完全的自由，成为绝对理性。音乐开始了从庄静美向无表现的纯粹优美过渡的进程。

由此可见，中世纪音乐的发展，首先在于它逐渐摆脱宗教的功利需要获得自身自由，具有了对形式和谐的独立兴趣，而且这种形式和谐也日益复杂和完善，这些都表明了自由的优美和自由的理性思维之发生和成熟。其次，中世纪后期纯器乐的兴起，表明音乐的理性思维开始获得完全的自由，音乐的美开始从庄静美向纯粹优美过渡。

这种发展，可以归结为理性思维之主观自由的发生和发展，其基本的方向是理性思维作为优美的本质基础逐渐否定其功利目的和对象表现，并在这种抽象化前提下，逐渐接近形式的完全绝对和谐。

然而，中世纪音乐始终具有对象表现要求，且其主流仍保持实际的对象表现。古风音乐的特征在于音乐总是被用来表现某种主题，包括宗教教义和世俗的思想、情感等。正如 14 世纪法国"新艺术"的代表 Machaut 所说："我创作 Chanson，游唱歌体，叙事歌，回旋曲……，是出于我的爱和感情，而非别义。无论谁，如果他不是根据自己的感情来创作，他的诗词和音乐就是虚假的。"不过音乐对于主题的表现一开始就具有隐喻性质，因为音乐的形式通常不被主题的自然形式规定。与造型艺术不同，音乐的媒介与对象不存在确定指涉关系。故音乐对于主题的表现基本是隐喻式的，即音乐形式包含的内容其实是独立于主题内容的。音乐形式可以对文本的思想进行修饰、烘托，也可以如所预期地激发听众的情感，但是它在任何意义上都不能把这种思想、情感作为自身内容包含进来。这种情况使得，音乐一旦开始追求并自觉地塑造一种绝对和谐形式，这种形式就可能不受对象形式的任何实质性制约。于是音乐有可能在表现对象存在的同时创造一种纯粹优美。尽管如此，音乐的思想空间，它的理性思维的自由，仍然被主题表现所限制。用音乐去表现某种思想、情感甚至场景，都是让音乐承担了它本来不应该承担的重负，这大大限制了理性思维的自由想象。通常情况下，主题表现都会破坏音乐作为自由艺术追求的绝对和谐形式的自身统一。这些都表明了优美的实际对象表现与理性思维的主观自由及其要求的形式绝对和谐的矛盾。另外，这种表现其实违背了音乐的本性，是给音乐指派了一个不合适的任务。

总之，在这一阶段，优美面临着对象表现与理性思维的主观自由的矛盾。中世纪音乐的演变表明，这个主观自由逐渐发展成为矛盾的主要方面，它推动音乐逐渐从思想、情感的表现脱离出来，专注于构造一种绝对和谐的形式，且使这种形式愈益完善。这最终导致中世纪音乐向文艺复兴和巴洛克音乐过渡，音乐的美从庄静美向纯粹优美过渡。

三、文艺复兴和巴洛克音乐：古风风格从庄静美向纯粹优美过渡

从文艺复兴到巴洛克音乐的发展，首先表现在形式方面：音乐形式更加复杂、和谐和自由，音响更趋细腻、悦耳，旋律更加流畅，复调和声与赋格、对位等手法的广泛运用使音乐织体更复杂缜密，使形式的绝对和谐愈益成熟和完善，表明作为形式优美之基础的理性思维最终获得了一种完全的自由。其次，与此相关的是音乐进一步摆脱对象表现的限制。在巴洛克音乐中，绝对和谐形式的成熟和完善，使这种形式获得自身统一性，因而能够不再把对象表现作为意义来源。巴洛克时期就涌现了大量无主题表现的器乐。在这样的音乐中，优美完全从主题表现挣脱出来，蜕变为纯粹优美。这两个方面，即形式的绝对和谐的成熟和完善以及对对象表现的逐渐抽象化，都表现了理性思维的主观自由的发展，是被后者规定或推动的。

首先，我们这时期的音乐形式取得长足发展，使形式的绝对和谐日益复杂和成熟，并最终达到自身统一性。文艺复兴时期，艺术家对音乐自身的形式优美的追求推动音乐形式朝更加复杂、和谐的方向发展。这表现在：音乐曲式结构变得自由而多样，复调模仿式曲式取代了与诗歌结构紧密配合的分段性曲式；音乐织体扩展为四声部或更多声部模仿式复调织体；主调和声出现，并有意识地运用协和与不协和和弦构成音响紧张度的变化；器乐逐渐兴盛；音乐有了可计量的节奏，世俗音乐节拍鲜明、律动感强；音乐作品开始运用音阶中所有的半音；对位和声技法进一步成熟，和声的纵向结构以三和弦及六和弦为主，低音开始具备和声功能的作用；器乐进一步脱离声乐独立发展。巴洛克音乐沿文艺复兴的发展方向进一步推进。其一，无论是声乐还是器乐，形式都变得空前华丽复杂，充满装饰音和模进音型，复调音乐的写作技术达到了空前绝后的高峰，主调风格开始兴盛。其二，乐曲结构变得更加和谐。大小调的调性体系达到成熟，形成了完整的以主、属、下属为中心

的大小调功能和声体系。教会调式逐渐被大小调式代替。复调对位建立在功能和声基础之上，乐曲内部可以看出明确的呈示、发展和再现因素。乐曲形成了包含相互间节奏、速度、风格对比的多乐章曲式结构。这时最主要的是调性系统与和声体系的充分发展，使音乐得以创造出更复杂、更完美的和谐形式。巴洛克音乐建立在功能和声基础上的复调对位手法，使其得以构成结构最复杂完善、内容最丰富的绝对和谐形式。尤其 Bach 的器乐，具有一种与几何学、天体物理类似的对称、均衡和稳定的统一结构，而其形式之复杂、华丽和精巧及意义域之丰富又远甚于任何数学或天文学模型，所以这种音乐体现了理性思维最自由的想象，是形式绝对和谐和纯粹优美的典范。

其次，在巴洛克音乐中这种绝对和谐形式的成熟发展，使这种形式获得了自身统一性，这使形式及其包含的思想（自由的理性思维）获得了更大的自由和自足性，于是得以进一步从表现题材独立，故音乐逐渐否定其对象表现，最终进入无所表现的纯粹优美领域。这种独立表现在器乐的长足发展。不仅是器乐体裁得到空前丰富(托卡塔、前奏曲、幻想曲、赋格曲、变奏曲、组曲、奏鸣曲、协奏曲)、配器达到均衡完美，且器乐从声乐获得充分独立，这些都使古风音乐进一步从对象表现脱离。音乐形式相对于所表现的主题具有实质的独立性，器乐尤然。这使音乐形式内在的绝对和谐能够摆脱主题的影响。所以只要音乐有了对形式绝对和谐的独立追求，它就已经被纯粹优美掌握。纯粹优美不仅掌握了从中世纪到巴洛克的音乐，且以其内在矛盾推动后者的发展。巴洛克器乐的最重要发展，是不表现任何主题的器乐作品大量涌现（如 Bologne 乐派的"奏鸣曲"、Vivaldi 的协奏曲、Bach 的"平均律钢琴曲"、"Brandenburg 协奏曲"等），且在音乐中占据越来越重要的地位。正如我们从 Bach 作品看到的，巴洛克音乐的这种彻底无表现的纯器乐作品，形式的绝对和谐达到充分的成熟和完善。这在于音乐对表现的否定解除了此前强加在理性思维之上的枷锁，使理性思维获得完全自由，故得以完全根据自身意愿构成形式，故这种形式必然具有完全的绝对和谐。它的美就是纯粹优美。

总之，从文艺复兴时期到巴洛克，音乐形式不断朝更复杂、更和谐的方向发展，这使形式自身的意义越来越丰富、充实和具有自足性；相应地，形式从表现主题获得越来越大的独立性，尤其是器乐的充分独立和完全无表现的器乐作品的涌现，表明音乐逐渐否定其主题表现，向完全无表现的纯粹音乐靠拢，而音乐美也逐渐从庄静美过渡到纯粹优美。造成这一发展的根本存在原因，是理性思维的主观自由的发展。这种主观自由表现为优美对对象表现的否定和对形式绝对和谐的完全性的追求。其发展导致古风风格的形式矛盾的重构，最终推动优美向纯粹优美过渡。

　　古风风格的形式矛盾的另一个方面就是美的真理要求。后者首先表现为美对于对象表现的要求。思想的本性使自由的理性思维也总试图表现某种对象，这种要求也在音乐思想中得到体现。从文艺复兴时期到巴洛克，音乐仍然主要旨在表现某种思想和情绪，无论是宗教的还是世俗的。如巴洛克时期的德国学者 Fink 说："新时代的音乐家尤其迫切的想用音符符合歌词中的单字，目的是要以最大的清晰度表达出词的意义和情绪。"比如，文艺复兴时期的作曲家，常常会采用形象模仿方式或"绘词法"来表达词义。16 世纪中叶出现了所谓"专用音乐"，旨在探索让音乐去阐释歌词包含的内容，如用快速的音符表示飞跑，用静止符表现叹息死亡，用小和弦及不协和音表现痛苦，用大和弦及协和音表现快乐等。由此又发展出巴洛克的"音画法"。这里，音乐不断深化其对象表现。这种对象表现与理性思维的自由相矛盾。尽管音乐对于主题的表现通常不是再现性的和内在的，但这仍然使音乐形式被赋予一个外在的目的，因而使纯粹优美背上重负，也限制了其自由；而"绘词法"和"音画法"则违背了音乐的本性，而向造型艺术和文学的再现性表现靠拢。音乐的对象表现只能是隐喻式的，这在于音乐形式不可能与对象的自然形式达到统一；反之造型艺术，即使只对对象作抽象和外在表现，也包含了与对象的某种形式统一（比如我们从希腊古典雕塑看到的）。音乐的对象表现构成对理性思维的绝对自由的否定，将威胁纯粹优美的自身存在，而再现性表现通常导致对后者的直接破坏。其次，美的真理要求还表现为对形式充分和谐的要求。真理要求自身具有充分和谐的形式，美作为真亦是如此。这种要求在情绪层面表现为我们更容易被一种充分和谐的形式吸引，更容易对其产生愉悦。优美作为理性思维的原初真理同样要求具有充分和谐的形式。但通常这种形式与理性思维要求的绝对和谐形式格格不入。故优美对形式充分和谐的要求与理性思维对形式绝对和谐的要求（前者是理性思维作为思想的一般要求，后者是理性思维的特殊要求）及理性思维的主观自由相矛盾。

古风风格的形式矛盾在存在论上也就是理性思维的主观自由与其真理性的矛盾。它的两个基本表述就是：一是优美对表现的抽象与其表现要求的矛盾，二是这种抽象与其对形式充分和谐的要求的矛盾（这种抽象否定了对象的充分和谐形式）。在古风音乐中，这个形式矛盾之特点在于在其中理性思维的主观自由成为矛盾的主要方面，其发展导致美的真理性方面不断被削弱，导致以上两种矛盾的不断重构，推动优美走向以下的最终结局：一是否定对象表现，二是摒弃形式的充分和谐。与之相反，在希腊的古风雕塑中，这个形式矛盾的特点在于美的真理性成为矛盾的主要方面，其发展导致优美的以下动向：一是追求更真实的对象表现，故不得不对形式的绝对和谐进行调整，二是认识到对象形式的充分和谐，致力于使之与绝对和谐达到统一。

我们看到西方的古风音乐在其形式矛盾推动下，正是朝以下方向发展的：首先，是对对象表现进行逐渐的抽象，最终导致对表现的否定，使古风的优美向纯粹优美过渡。其次，因为对对象表现的否定，导致对优美本身的抽象化，最终使古风的优美成为一种抽象的纯粹优美。这两方面发展都反映了理性思维的主观自由及其对一种完全的绝对和谐形式的要求。因此，古风音乐的发展以纯粹优美为其最终成果，且古风的纯粹优美是抽象的。其抽象性在于：其一，理性思维为其主观自由而否定了自身的真理性，否定了形式的真理要求。其二，相应地，理性思维否定了形式的充分和谐，它的绝对和谐形式既被排除了真理性，也被排除了充分和谐，因而是抽象的。古风音乐的这种抽象性，与古风雕塑一样，都导致形式的僵硬死板，缺乏生机和灵气；即使在前者，理性思维最终获得完全的自由，其形式具有了完全的绝对和谐。

总之，在西方音乐发展中，古风风格对于对象表现与理性思维的主观自由的矛盾最终解决是消极的。这就是为了理性思维的主观自由及形式的绝对和谐而否定对象表现，也否定了形式的真理性及其对充分和谐的要求。在这里，音乐形式的日益复杂化和不断深化的和谐，使形式自身形成了越来越自足的意义系统，大量完全无表现的器乐作品，都表明理性思维逐渐否定其对象表现，成为完全抽象的。其结果是，古风音乐尽管发展出了具有完全的绝对和谐的形式，且进入纯粹优美的境界，但这种形式和这种纯粹优美都是抽象的，缺乏内在的真理，没有生命和灵魂。

然而，在这里，古风风格的形式矛盾并没有得到最终稳定的解决。一方面，理性思维的主观自由和形式的绝对和谐都是优美的必然要求，这一矛盾方面的发展及其导致的对对象表现的抽象，都是不可逆转的。在纯粹优美中，理性思维的完全自由及形式的完全绝对和谐得到巩固，成为基本的事实。另一方面，优美，包括纯粹优美，都必有其真理性，它要求自己成为真理，并要求具有真理的充分和谐形式。这两个方面的矛盾在纯粹优美的古风风格并没有得到稳定的解决。

在这里，尽管理性思维的主观自由成为矛盾的主要方面，且它通过对对象表现的抽象化导致对自身真理性的否定，但它不能将这个真理性最终消灭。那被压制的真理要求仍然会重新抬头，构成对这种抽象化的否定。这种真理要求的恢复，一是因为思想的本性使每一种思想都要求成为真理；二是因为理性思维自身的成熟（故它要求自己构成的形式具有真理性，且认识到那种抽象的绝对和谐是不完善的）。这种恢复的内容，对于纯粹优美而言，一方面在于它要求形式以生命的真理为内容，另一方面在于它对形式的充分和谐的要求。这两方面都构成对理性思维的主观自由导致的抽象化的否定。因此对于纯粹优美而言，古风风格的形式矛盾就是这种抽象化与纯粹优美的真理要求的矛盾。它试图对此矛盾给予一种消极解决，即为了这种抽象化而否定纯粹优美的真理要求。但是这种解决不能带来最终的稳定。一旦被压制的真理要求重新抬头，就会否定这种抽象化，从而导致上述矛盾的重构。

无论是在庄静美还是纯粹优美，古风风格最后面临的问题，都是如何对于理性思维复苏的真理要求与其对于对象表现的抽象化的矛盾给予一个稳定的解决，而且二者的解决方式都是积极的，就是致力于将二者以某种方式统一起来，这种统一同时意味着理性思维的自由要求的绝对和谐形式与其真理性要求的充分和谐形式的统一。这在庄静美相对容易，因为在庄静美，这种抽象化只是对对象存在的抽象，仍能包含真实的对象表现，因而能与庄静美的真理要求统一。但是在纯粹优美，这种抽象化是对对象表现的否定，因而是对思想实现其真理要求的通常方式的否定，故上述矛盾在这里更加尖锐，无法以庄静美的上述方式解决。然而纯粹优美若要保持其为纯粹优美，必以这种对表现的否定为前提。在这里，它就只有两种选择：要么仍然否定其真理性而坚持这种抽象化，这使它的自身存在仍然停留于古风风格的抽象性；要么恢复其真理性，使形式成为生命真理的体现并具有充分的和谐。西方音乐的发展表现的是后一种选择。这种选择意味着纯粹优美的重大转型。在这里，理性思维在否定对象表现的前提下，必须转化到对自身真理的表现，才能使其真理要求得到实现。这种转化因为理性思维的成熟成为可能。理性思维首先因为自身的成熟而有了一种自我反思：它认识到自身的存在，也意识到那种抽象的绝对和谐形式并没有表现它自身的真理。其次，它也因此不再满足于构成那种抽象形式，而要求形式必须包含或表现真理。最后，它也因此不再满足于古风形式那种抽象、枯燥的绝对和谐，而是要求形式的充分和谐。（这后面两点使理性思维自己及其形式绝对和谐成为具体的）这些促使理性思维转向对自身真理的表现。这种转向使理性思维在坚持对对象表现的否定的同时，从对自身真理的表现使其真理要求得到满足，因而纯粹优美就将古风风格的上述矛盾的双方统一起来，对于这个矛盾给予了一个积极的解决。在这里，纯粹优美以自己的方式实现了形式的绝对和谐与充分和谐的统一。因为一方面自由的理性思维构成的形式必然具有绝对和谐特征；另一方面，当理性思维旨在以这种形式表现自身真理，那么这形式也必然具有充分和谐特征。因此这同一种形式必然既是绝对和谐的，也是充分和谐的。纯粹优美由此实现了形式的绝对和谐与充分和谐的统一，且这种统一是一种内在统一（不同于庄静美的外在统一）。纯粹优美的这种转化其实就是一种重新具体化。在这里，理性思维克服其自身内容和形式在古风风格的抽象性，而重新赋予它们以真理、生命和灵魂。在这里，理性思维对表现的抽象与对自身存在的具体化并不矛盾。通过这种转化，纯粹优美就从古风风格过渡到古典风格。

第二节　古典风格

古典风格与古风风格在形式上最大的区别，在于它的充分和谐。一部好的古典派音乐的杰作，比如 Mozart 的交响曲，都具有一种充分和谐的形式。它的每一个环节之间都是有内在关联的，而且相互支持、相互依赖、互为存在的条件。没有一个环节是多余的，也没有缺少一个。每一个环节的存在都从整体和所有其他环节得到规定。每一个乐音的内容、性质、位置、长短及音量等，都是从其与其他乐音及乐曲整体的关系决定的。无论是你增加或减少一段乐音，或是将某一乐音的音量改变一下，都会使乐曲的整体统一性被破坏，甚至完全丧失音乐的美。因此，乐曲的所有环节似乎组成了一个有生命的整体。这才是形式的充分统一。反过来听巴洛克的古风音乐，感觉就很不一样，有时候我们似乎可以从中删掉或者加上一段，都不会让人感觉到对于其整体的形式统一有很大破坏。

　　一种充分和谐形式是生命特有的，它就是一种合目的性形式或组织化形式。比如人的眼球这样的组织，就是一个具有充分和谐形式的精细结构。它的结构非常复杂，其中每一部分都既不能多亦不能少，每一细微环节都设计得恰到好处，且与其他环节处在一种精妙的关联中，具有一种充分的统一性。一个形式系统只有当它是以这种方式统一起来的，它才是充分和谐的。一个这样的形式系统，必然是为着某种目的，其存在是被这目的规定的。只有目的才能以这种方式将形式的各环节统一起来。因此充分和谐形式就是合目的性形式。只有根据一种实际存在的目的才能构成合目的性形式，否则只能把这种形式归结于自然的偶然原因（这类似于设想一只猴子用 26 个英文字母的卡片"偶然"拼出了一首美丽的诗）。只有生命才有目的和合目的行为，而目的就是被生命当做且能够作为生命真理的存在。目的就是生命的真理。每一种生命组织都是为某种目的而存在，其形式被目的规定。故这种形式必合乎此目的。其每一环节的存在、各环节的关系及形式的整体结构都必符合目的的要求并依此要求而形成充分的统一。这样一种形式就是充分和谐的。只有充分和谐的形式才是合目的的，也只有合目的的形式才是充分和谐的。在生命领域，目的不仅"先行"规定形式的内在结构，而且"事后"对其进行确认和汰选，俾使其最终完全合乎自身要求。这样一个目的必须是实际存在的。因此康德所谓无目的的合目的性形式，在逻辑上不成立，在现实中也不存在。艺术的充分和谐形式，正因为这种生命性和真理性，因而比起那种抽象的绝对和谐形式，更显得有生机和灵魂，也才有了摄人心魄的力量。

　　觉性、精神也是生命，而且是比生物体更真实、更自由的生命；其具体真理是生命的内在基础。每一种现实必然真理都是觉性生命的功能，是生命整体存在之不可或缺的条件。这种生命真理或功能，同在自然生命中一样，就是形式的目的。它最终规定自身形式的存在，故其形式必是合目的的，或充分和谐的。每一种现实的真理都必具有充分和谐的形式。精神的真理亦是如此。理性思维的真理同样是如此。因此，当理性思维构成的形式是属于理性思维的自身真理或作为这真理的感性表现的，那么这种形式就必然是充分和谐的。理性思维只有作为对真理的表现或领会，才能使自身及其形式成为具体的。在庄静美，这是通过对对象真理的表现。而在纯粹优美，则只能是通过对理性思维自身真理的表现。这就是古典风格的存在论根据。纯粹优美的古典风格否定了对象表现，而只在于表现理性思维的自身真理。

纯粹优美的古典风格包括以下特点：一方面，它否定对象表现而只以专注于形式的完全的绝对和谐和内容的永远原初性。在这里，理性思维否定一种外在目的和对象形式强加的任务和由此导致的形式扭曲，获得自身绝对的自由、独立，其构造的形式必定是一种完全的绝对和谐。同时，理性思维的想象也由于这种抽象，在它与现实世界之间被划了一条鸿沟，使它无法着陆于现实存在的坚实大地，因而其内容必定具有永远的原初性。古典风格的美将自己从整体层面的专题对象表现解放出来，因而具有一种形式的自足性、封闭性，这种特征即使在隐喻风格和含蓄风格也未破坏。在音乐中，尽管具有这种自足、封闭特征的形式是近代以来（在维也纳古典乐派）才成为主流的。但这样的音乐才是最理想的、最纯粹的音乐，因为它最符合音乐的"应当"，即音乐的自身真理，而这种"应当"是由音乐的媒介特性决定的。这就在于声音媒介本身的非指涉性，使得音乐形式无法真实表现现实对象的结构。这也使音乐享有其他艺术歆求而不得的形式塑造的绝对自由。这种媒介特性使音乐最适合塑造纯粹优美。通常只有在音乐中，绝对理性才能构造出具有不被任何强加的对象形式或目的损害的完全的绝对和谐的形式。而这种媒介特性，在古典风格的自足、封闭形式的音乐中，才得到最佳的利用。所以古典风格的纯粹优美最适合通过音乐呈现。在这种意义上可以说古典派的音乐真正找到了音乐自身的独特本质，因而成为这种风格的典范。纯粹优美的这一方面特点，被理性思维的主观自由规定。这个主观自由与理性思维的真理性具有存在论的巨大张力，前者总是努力挣脱这个真理性的辖制而成为理性思维的任意想象。纯粹优美要求的形式的完全的绝对和谐和内容的永远原初性都是其表现。

　　另一方面，纯粹优美的古典风格还具有一种充分和谐的形式，且真实地表现了思想自身的进展，这才是其区别于古风风格的本质方面。古典风格的特征在于其具体性。这在内容方面在于理性思维与所表现真理的统一，在形式方面在于形式的绝对和谐和充分和谐的统一。在庄静美，古典风格的这两种统一都是外在的。比如，在希腊的古典雕塑中，作为表现方式，自由的理性思维不可能与对象真理达到同一，这表现在前者的形式不可能与后者的达到同一（理性思维不能把对象自然形式的要素引入自身形式中、使之作为后者内容，也不能使自身真理被包含在对象形式中），在这里两个矛盾方面只是被外在地结合在一起。但是在纯粹优美的古典风格，这两种统一都是内在的。首先，这种古典风格使作为表现方式的理性思维与所表现真理达到内在统一或同一。在这里，理性思维不是表现某种外在对象，而是表现它自身的存在，它与后者是同一的。也就是说，理性思维是自己表现自己。古典的奏鸣曲式就清楚地表明了这一点。它的主题发展，表现的就是乐思自身的逻辑发展。主题乐思通过呈示、发展和再现的过程构成高度自身统一的整体。这个过程，尤其是其中复杂的发展部，就是理性思维的推演过程。在这里，理性思维穷尽各种想象的可能性，并最终将其综合到一个绝对和谐的形式整体中（每一种可能性、它们的每一种关联及最后的统一都必须是合乎逻辑的）。故这种乐思发展就是理性思维的自身展开，其自身统一性就是理性思维的统一性。因此，在古典的奏鸣曲式的音乐（Haydn，Mozart）中，其实是理性思维自己表现自己的真理，它与所表现真理是同一的。其次，古典风格这种内容的内在统一决定形式的内在统一，后者就是理性思维的绝对和谐形式和充分和谐形式的统一。作为纯粹优美的本质基础，一种自由的理性思维构成的形式必然具有完全的绝对和谐。同时在古典风格，这种形式旨在表现理性思维的自身存在（后者若是真理，就必具有充分和谐的形式），所以它也必然具有后者的充分和谐形式。这形式必然包含理性思维的自身真理，因而它是具体的。它既是一种完全的绝对和谐形式，也是一种充分和谐形式，是二者的同一。在这里，这两种形式是内在统一的。对于纯粹优美的古典风格，理性思维的这种自身具体化，以及形式方面的上述内在统一，都表现了理性思维的真理要求。这表明，纯粹优美尽管否定了对象表现，但不能扼杀思想内在的真理要求。后者在对象表现被否定的前提下，只能通过理性思维对自身真理的表现得到实现。这种表现使理性思维获得具体性，使其形式成为真理的居所，因而重新具有了充分和谐。这种形式就是充分和谐与绝对和谐的内在统一。

纯粹优美的古典风格在于以上两方面的统一，可见它仍然离不开优美的存在论矛盾，即理性思维的主观自由与其真理性的矛盾。它本身是在此矛盾推动下形成。它实际上给这种矛盾提供了一种新的解决方案。优美的存在论矛盾表现为形式矛盾和实质矛盾两个方面。后者分别是优美的对象表现要求（它是理性思维的真理性的表现）与其对：（1）形式绝对和谐和（2）内容的永远原初性的要求的矛盾（这两种要求都是理性思维的主观自由的表现）。其中形式矛盾是主要的，此即优美对形式绝对和谐的要求与其对象表现要求的矛盾。这个矛盾打破优美的内在稳定性，推动其不断发展。在这里，理性思维为获得完全的自由，为使形式的绝对和谐臻乎完美，就不得不使自己从对象表现脱身而出。这就是一个在优美的发展中逐渐推进的对对象表现的抽象化过程。纯粹优美就是这一发展的最终结果。西方音乐的发展充分体现了纯粹优美在古风阶段不断通过这种抽象化获得最终独立的历程。在古风阶段仍然存在某种对象表现，即纯粹优美仍没有获得完全的独立，但是到了早期古典风格，这种对象表现就被彻底否定，一种完全的绝对和谐形式成为古典风格的基本事实。古风音乐基本旨在表现内心的情感、宗教的真理或服务于宗教礼仪，亦有叙事性的作品。在其中，形式基本服务于对主题的表现，无论这种表现是具体的还是抽象的。但是我们清楚看到古风风格的一个重要发展方向就在于形式逐渐从它原先的对象表现脱离出来，最终从对象获得完全的自由和独立。这就是一种逐渐的抽象化。对音乐而言，这意味着它逐渐摆脱了它本来不应该承担的重负。西方音乐就是由此实现从古风风格向古典风格的转型。古典风格就是纯粹优美一统天下，把其他类型的美或驱逐或镇压的阶段。同时优美的实质矛盾也使得优美为了保持一种永远的原初性，不得不逐渐退出古风风格的对象表现，并通过这种抽象化最终成为纯粹优美。因此优美的内在矛盾推动理性思维对对象表现的逐渐抽象化，最终导致对对象表现的否定。这是古风风格向古典风格转型的一个重要方面。这种转型的另一方面是理性思维及其形式重新获得真理而成为具体的，其形式重新获得一种生命的和谐（充分和谐）。这最终归因于理性思维的真理要求的发展。这导致纯粹优美的矛盾重构。现在纯粹优美不得不重建其真理要求与主观自由之间的平衡关系，这在内容上就是理性思维与所表现真理的同一，在形式上表现为充分和谐与绝对和谐的内在统一。

纯粹优美从古风风格向古典风格的转移，跟庄静美的同样转型，是一致的或平行的。希腊古典雕塑从古风风格向古典风格的发展，在维也纳古典音乐的发展中得到回响。

在这种古典风格，纯粹优美的内在矛盾就成为美的全部矛盾。古典风格的根本特征在于它对优美的存在论矛盾的积极解决。它通过将表现或领会转向理性思维的自身真理，就在理性思维的真理性及其主观自由之间建立了一种平衡关系，从而将二者统一起来。这种统一构成纯粹优美的古典风格的存在论基础。然而在这里，尽管理性思维试图通过对自身存在的表现使其真理要求得到满足，但它仍然被思想内在的对象表现要求鼓动，这种对象表现要求并不能被思想的自我表现代替。理性思维的对象表现要求，并不能被其对于自身存在的表现代替；这属于其作为思想的本性。思想的本性是要表现或领会某种对象存在，而不是领会它自己。美作为思想，必不能磨灭这种对象表现要求。纯粹优美亦是如此。它即使否定了实际的对象表现，但不能扼杀对这种表现的要求。因此这种古典风格仍然要面对纯粹优美的基本矛盾，即其对于对象表现的否定与其对于这种表现的内在要求的矛盾。

纯粹优美的基本矛盾就是其事实上对对象表现之否定与其（被思想本性规定的）对象表现要求的矛盾。一方面，纯粹优美的本质就是绝对理性，而在古典风格，后者的自由成为绝对的。于是纯粹优美否定了加在它之上的任何外在目的、剥脱了任何专题性的对象表现（所谓专题对象表现，指的是艺术或美对于对象的自觉、内在且整体的表现），而只以自身形式的绝对和谐为目的，故能创造出具有完全的绝对和谐的形式。同时，古典的纯粹优美正因为否定了对象表现，所以它的整体永远无法落脚于现实性的坚固地基（即精神的概念整体）之上，而必然是在原初想象的雾霭中永远漂浮的，故它必然具备永远的原初性。另一方面，作为一种思想，古典的纯粹优美也本然地要求表现或领会某种对象。思想的本性不是领会它自己，而是要领会某种对象存在。思想渴望表现对象真理，且渴望更确切地表现之。当一种思想被否定了对象表现，甚至成为完全无所表现的，就必定会让我们感到一种莫名的空虚的煎熬。在这里，其实是思想自身通过我们的情绪来感受或昭示它自己的处境和要求。它由此感受它的自由、失落和渴望。理性思维作为纯粹优美的本质基础亦是如此。（正如那种彻底否定对象表现的自足风格音乐对于一个认真的聆听者透露的）它感受到自身绝对的自由及由此带来的愉悦，也感受到无法承受的空虚、轻飘和寥落，而渴望抓住某种确定的东西，降落于精神的稳固地面。总之，在这里，理性思维仍然具有对象表现要求。在纯粹优美的古典风格，这种要求，因为被置于理性思维的主观自由对于对象表现的否定导致的虚空中，所以它必定是处在自身成长和发展中的。古典风格的音乐发展也表明这种要求在纯粹优美的确是逐渐发展的。正是这种发展不断打破纯粹优美的矛盾平衡，导致其矛盾的不断重构。因此在纯粹优美的基本矛盾中，理性思维的这种对象表现要求其实是更积极、主动的方面，尽管其对对象表现之否定或主观自由仍是矛盾的主要或更有力量的方面。纯粹优美的基本矛盾就是在双方这种力量的消长中不断发展。其中对象表现要求方面的力量处在逐渐的增长中，但主观自由的方面仍始终控制着局势。这种情况决定了纯粹优美逐渐进入实际的对象表现，但仍然牢牢地捍卫着其永远的原初性和形式之完全的绝对和谐。

纯粹优美的基本矛盾植根于理性思维的真理性与其主观自由的矛盾。其中，纯粹优美对对象表现的否定植根于这个主观自由，且被以下两个方面促动：一是对形式绝对和谐的完全性的追求；二是对永远原初性的要求。纯粹优美的对象表现要求植根于理性思维的真理性，后者也决定实际的对象表现对于意义确切性的追求。因而这个基本矛盾就包含两个侧面，分别就是纯粹优美对形式绝对和谐的完全性的追求或其对永远原初性的追求这两个方面，与其对于更确定的对象表现之要求的矛盾。这分别就是纯粹优美的基本形式矛盾和实质矛盾。这两种矛盾是无法分割的。它们会推动这种风格的继续发展。但是形式矛盾始终是纯粹优美的主要矛盾。

纯粹优美在其基本矛盾推动下，只有两条出路：要么坚决捍卫其固有的对形式绝对和谐的完全性和永远原初性的要求，而努力压抑美对于对象表现的要求，唯其如此，它才能保持自身的存在，而它也因此停滞不前；要么是它最终屈从于美的对象表现要求，并在后者促动下开始重新走向专题的对象表现之途，并努力在对象表现与纯粹优美对永远的原初性和形式绝对和谐的完全性的要求之间建立平衡，其结果是古典风格不断突破自身。从西方古典音乐的发展来看，它选择的主要是后一种出路，即逐渐恢复对象表现之路。这意味着纯粹优美的基本矛盾将会在其对象表现要求的发展推动下继续发展演化。这种演化导致了新的矛盾产生。正如西方古典音乐的发展表明的，由于上述推动，纯粹优美逐渐恢复实际的对象表现，于是它不得不面对这样一个新的矛盾，即被恢复的对象表现与纯粹优美对形式上的完全绝对和谐和内容上的永远原初性的要求的矛盾。这是纯粹优美的派生矛盾。这个派生矛盾也包括形式矛盾和实质矛盾两种表现。因此纯粹优美的内在矛盾，包括基本矛盾和派生矛盾两种。前者是始终存在的，后者的存在则在纯粹优美的不同发展阶段而有所变化。两者都在纯粹优美的发展中起到推动作用。

其中，更直接推动纯粹优美在古典风格鼎盛期之后的发展的，是这个派生矛盾。纯粹优美的古典风格发展的持续动力，来自其对象表现要求。后者不仅促使纯粹优美最终进入实际的对象表现，而且使这种表现追求越来越大的意义确定性，促使纯粹优美不断对其内在矛盾进行调整，从而推动古典风格的发展。这种发展的逻辑在西方古典主义音乐的演变中得到最充分的体现。

最纯粹的古典风格，我们称为自足风格。它否定任何对象表现以确保形式绝对和谐的完全性和永远的原初性，故其形式具有无任何外在关联的意义自足性。其最佳代表是维也纳古典派的室内乐。这种风格的显著特点，在于形式上完全的绝对和谐，包括完全的对称、稳定和均衡，甚至静止感，以及情绪上宁静的喜悦和满足。在这里，美由于自觉放弃对象表现的重担，因而就完全自由地沉浸在自身的享受中，完全满足于它从其在永远的原初性中与那神圣真理的本真连接中感受到的奇妙幸福。然而这种自足风格对对象表现的压抑违背了思想的本性。思想本然地要求领会或表现对象存在。在古典风格的进一步发展中，这种被压抑的对象表现要求得到苏醒，成为纯粹优美的一种渴望。这将促使纯粹优美进入实际的对象表现领域，导致自足风格向隐喻风格和含蓄风格等过渡。

纯粹优美从自足风格到恢复实际的对象表现还有一个过渡环节，我们称为神秘风格。一方面，纯粹优美的真理性唤醒其被压抑的对象表现要求。在这里，纯粹优美感受到自身的空虚，渴望领会存在的真理。同时它又唾弃旧艺术对现实对象（无论是情绪还是其他现实事物）的表现，不愿再屈尊表现现实世界的俗物。这两者就存在相互矛盾（这个矛盾是纯粹优美的基本矛盾的变型）。另一方面，任何真实美感都是对绝对者的情绪直观。审美领会将我们的生命此在与这绝对者直接连接起来，而美感则是我们对自己生命与之连接的绝对本体的情绪感受。在一种真实的审美经验中，我们似乎感到自己被一种神秘和神圣的存在充满，它的光辉照亮了我们生命此在的每一角落，我们的生命似乎消融在它的光照之中。但是对于这个神秘的存在，我们在通常审美经验中是未曾留意的。然而在这里，纯粹优美因其面临的上述矛盾，另外也可能与作曲家个人的宗教和生命体验相关（如 Mozart），便将其对象表现要求转移到这个神秘的绝对者之上。纯粹优美开始意识到那充满着它、赐予它幸福的神圣真理。它渴望真实地领会、表现祂。它努力以全部的自身存在抓住祂、凝视祂。但是祂的本性是神秘的，故始终在躲避这种领会，始终未对之现出真身。这就是纯粹优美的神秘风格的情况。Mozart 的一些最优美的作品就体现了这种风格。在这里，思想因为被匿名的神圣者浸润灌注，而感到一种神秘的喜悦，同时又因为不能看清和抓住这充满它生命的神秘存在，而感到一种莫名的失望和忧伤。神秘风格仍然没有达到实际的对象表现。就像在 Mozart 的一些作品中表明的，它仍然延续了自足风格的绝对和谐形式，但是多了一种融合了隐秘的幸福、永远得不到满足的渴望和莫名忧伤的奇特情绪。在这里，美通过它的幸福感受到那充满它的神圣存在，又因不能将其表现出来而徒然伤悲。在这两种风格中起规定作用的都只是纯粹优美的基本矛盾，而不包括派生矛盾。

不过，纯粹优美的对象表现要求还会进一步促使古典风格的矛盾转化，推动纯粹优美重新进入实际对象表现的领域。在这里，纯粹优美面临被恢复的对象表现与纯粹优美对形式上的完全绝对和谐和内容上的永远原初性的要求的矛盾。这就是纯粹优美从其基本矛盾派生的矛盾。为获得自身稳定性，纯粹优美必须在这矛盾双方之间建立一种平衡关系，使二者统一起来。为此它必须对双方都作出相应调整。其中最主要的是，为了保持形式之绝对和谐的完全性和内容之永远的原初性，纯粹优美首先只能将对象表现限制在隐喻式的（艺术形式与对象形式不存在指涉关系）、而且是局部表现的领域，由此形成了一种新的风格，我们称为隐喻风格。古典风格的抒情音乐可作为其代表。比如 Mozart、Beethoven、Mendelssohn 的一些抒情作品。古典风格在这里选择情感表现，与以下情况相关：其一，在这里，思想尚未获得对那种神圣存在的清晰领会；其二，情绪最适合作为隐喻表现的对象，而音乐最适合作为隐喻表现的方式。上述作品对情感的表现都是隐喻性的，而且是局部的。后者在于这些作品的整体形式仍不是为了表现情感，而是服从纯音乐的主题发展逻辑，体现了理性思维完全自由的想象，故其仍然保持着形式绝对和谐的完全性，而将情感表现作为一个部分、环节包含在这个整体之内。也就是说在这里，对象表现没有获得自身统一性。

思想一旦进入实际的对象表现领域，就会被这个表现对于更大真理性的追求规定。这一追求奠基于纯粹优美的真理要求，它促使纯粹优美追求更确定的对象表现，也促使其不断深化、拓展其对象领会，从而推动古典风格内在矛盾的进一步转化。一方面，对于更大真理性的追求推动古典风格的对象表现的继续发展。对于更大意义确定性的追求推动古典风格的对象表现进一步从隐喻的转向再现的、从局部的转向整体的。另一方面，古典风格仍将构成完全的绝对和谐形式作为其至上目的。这两个方面相互矛盾。古典风格就致力于使这两个矛盾方面达成一种新的平衡。为此它必须仍然对对象表现加以限制。它尽管接纳了再现性表现，但仍然将其限制在局部，搁置整体表现。这样它就能把对象表现作为一个内容环节包含在具有完全的绝对和谐的整体形式之内，绝不容许其冲破后者。它因此就在上述矛盾双方间确立了一种新的平衡，从而将二者统一起来。纯粹优美由此形成了一种新的风格，我们谓之含蓄风格。含蓄风格为纯粹优美构建了一种新的矛盾平衡。这种风格的代表是 Mendelssohn 的一些具有明显描述性的音乐和 Beethoven 的交响曲。Mendelssohn 的"苏格兰""意大利"交响曲和一些序曲，都有许多针对自然景观、气氛的描述性乐句，但它们只属于局部，仍然被有效地纳入到严格的古典整体形式之中。Beethoven 的第三、第五交响曲中的描述性乐思也是如此。另外，对于更大真理性的追求还会推动古典风格深化、拓展其对象领会。尤其是在纯粹优美否定了对现实对象的表现，且神秘风格表现出对那神圣、绝对者的强烈渴望的情况下，这种推动很自然地会将思想引向对于那个超绝的绝对者的领会。再有就是音乐由于其与现实不具有存在粘连关系，故更适合表现超绝、绝对之物。在含蓄风格中，有一种风格就旨在表现这个绝对者。由于这种风格对这绝对者之崇高、深沉和伟大的表现，我们称之为雄壮风格。Beethoven 几首最伟大的交响曲都属此种风格。这些作品向我们呈现出那超绝、绝对的意志或自由在自身矛盾冲突中的展开运动，实际上是表现了这自由的真理，且这是一种再现性表现或描述。因此，雄壮风格包含了一种本真的美，但是仍将其限制在局部，并将其纳入纯粹优美的自身统一性中，因此它是本真的美与纯粹优美的统一，严格说来是以后者包括前者。与Beethoven 不同，Mendelssohn 音乐的再现性表现，只限于具体现实的事物（如自然的情景与经历），我们称为婉约风格。因此纯粹优美的含蓄风格其实包括婉约和雄壮两种。因此含蓄风格是纯粹优美的矛盾发展的产物。在它这里，纯粹优美的内在矛盾转化为再现性的对象表现与形式的完全绝对和谐及内容的永远原初性的矛盾。这也属于纯粹优美的派生矛盾。含蓄风格主要是通过将再现性表现限制在局部，以达到矛盾双方的平衡统一。但这二者必然相互冲突，故它们的统一注定是不稳定的。纯粹优美的真理要求促使再现性表现追求自身统一性（后者在纯粹优美中被破坏），后者通常直接与理性思维的主观自由相冲突，所以这种追求最终将导致含蓄风格已有的矛盾平衡被打破。在这种情况下，艺术与美不得不重构其矛盾平衡，从而推动古典风格向浪漫风格等的转化。西方古典音乐此后的发展就体现了这一转化。

我们之所以把希腊鼎盛时期的造型艺术和 Haydn 到 Beethoven 的音乐都称为古典风格，原因在于：其一，美的格调和风格的本质根据是美的表现方式。这两种艺术都是以自由的理性思维为表现方式，故二者在内容和形式上皆如合符节。Schumann 说他在 Mozart"G 小调交响曲"中看到的是"飘缈的希腊式典雅"。其实整个古典乐派的作品都是如此。在形式上，二者皆包括充分和谐与绝对和谐的统一。其二，纯粹优美的古典风格，尽管否定了专题的对象表现，但仍然自在地表现（或体现）了一种精神性格。Hanslick 曾评价古典派的 Brahms 作品表现了男性的坚强刚毅的健康性格，"由于这种坚强刚毅的性格，Brahms 不会感动得忘却自己，他从来不会灰心丧气。"[1]他在 Brahms 的作品中感受到充满力量的宁静、愉快的镇定、抑制住的深情。

---

[1] 爱德华·汉斯立克：《论音乐的美》，杨业治译，人民音乐出版社 1980 年版，第 127 页。

这些都体现了一种理性性格。这一点，即使对于无意于任何对象表现的自足风格也是成立的。如 Haydn 作品的形式的和谐稳定与情绪的宁静，就表现出了一种理性思维的尊严和权势。显然这都属于一种与希腊人相同的理性性格。在这种意义上我们把两种艺术归属于同一种风格。

我们接下来将阐明纯粹优美的内在矛盾推动古典风格形成和分化的历史。这个矛盾不仅推动了古典风格的产生，而且推动其进一步分化。它推动古典风格从完全放弃对象表现要求的阶段（自足风格）过渡到这种表现要求重新苏醒，渴望抓住对象（在这里对象被感知而未被领会）而自知其不得的阶段（神秘风格），进一步过渡到旨在以隐喻方式表现对象（隐喻风格）、或进入再现性表现但努力将之与永远的原初性和形式的完全的绝对和谐统一起来（含蓄风格）的阶段。所以纯粹优美的古典风格总共包括以下阶段：一是自足风格；二是神秘风格；三是隐喻风格；四是含蓄风格。每一种风格我们会举出一位代表性的艺术家，但这并不意味着每位艺术家只能有一种风格。这种内在矛盾也会推动古典风格逐渐否定自身。这在于，纯粹优美更真实地领会、表现对象存在的要求必然促使它试图以整体形式表现对象真理，并且追求更大的意义确定性，这将推动纯粹优美从古典风格过渡到浪漫风格，最终导致古典风格的破灭以及纯粹优美的解体。论之如下：

一、自足风格

Walter Pater 有一个著名论断："一切艺术都趋向于音乐。"意思是说所有艺术都越来越趋向自足性，而放弃对外在世界的表现：诗歌越来越专注于自身内在的自由想象而脱离对世界的描绘，小说越来越专注于自身的语言和形式而逐渐丧失了挖掘人物性格的兴趣，绘画则愈益着迷于图像的理想结构、比例和色彩关系而不是描绘真实的事物。与之呼应，Clemens Greenberg 在其一篇论现代艺术的著名论文中也说，以往的时代虽然"正确地"赞美了 Da Vinci、Raphael、Titian、Rubens、Rembrandt 等人的绘画作品，但是由于其关注的中心只在于这些作品的再现性品格，而不是其形式上的品格，所以"这种赞美的理由却是错误的和无关要旨的"[①]。他强调的，也是艺术之真正

---

① 转引自瑞德莱：《音乐哲学》上海人民出版社 2007 年版，第 90 页。

的美不在于对现实对象的再现，而是具有自足性。但是艺术的完全自足性只属于纯粹优美。这种无意于对象表现的、自足的美，就是一种音乐性的美。它基本上属于音乐。

纯粹优美的自足风格，或自足的美，指的是这样一种美，它只专注于构成形式的完全的绝对和谐，而无意以自身形式的整体表现任何对象。音乐最容易达到这种自足的美，而维也纳古典派的纯器乐，可视为这种美的典范。如 Haydn 的纯粹音乐就意味着对于现实世界的抽离，否定了任何现实的指涉。一种自觉放弃对任何对象的整体内在表现，只致力于自身形式之美的艺术，就是一种纯粹艺术，它的美就是纯粹美。这样的音乐就是纯粹音乐，它追求的自身形式之美就是一种具有原初真理性的完全的绝对和谐，即纯粹优美。

纯粹音乐也就是西方音乐理论家所谓的"绝对音乐"。它通常指的是以纯器乐为主的具有自足性、自律性和独立性的音乐，"绝对音乐根本就不能再现任何事物，它不是再现性艺术。"①"绝对音乐"的观念逐渐成为音乐美学的主流。但是这一术语本身是有歧义且历史地变化的。它最早可能是 Wagner 提出，用以指他开创的整体性音乐，后来又成为 Wagner 的坚定反对者 Eduard Hanslick 的口号，其意义等同于我们所谓纯粹音乐。20 世纪以来，绝对音乐的观念又与 Hanslick 的美学产生重大区别。为了概念的明晰，我们还是用"纯粹音乐"一词。我们用"纯粹的"一词表示"否定了对象表现的"。这种纯粹音乐的代表就是 Bach 的协奏曲、Haydn 和 Mozart 的室内乐，这些就是纯粹优美的自足风格的典范（此外还有一些抽象派绘画与雕塑可归属于这种风格）。

从这种纯粹音乐，我们可以看出纯粹优美的自足风格的以下特点：

第一点，自足风格不具有对于任何对象的自为的表现，而且没有这种表现的意愿或者要求，因而它的想象或形式构造活动不以对象的形式为根据，也不服务于任何外在目的，故在目的和事实两方面都不被外在规定。这种想象就是理性思维的绝对自由。许多音乐理论家都指出纯粹音乐"无所表现"的特点。如 Hanslick 指出，只有通过坚决否定音乐有任何种类的对象表现，也就是通过确认音乐除了有纯粹的音乐内容外，别无其他，我们才能维护音乐的本质。纯粹音乐是"一种在自然美中没有范本的艺术，可以说是无所表

---

① 基维：《音乐哲学导论：一家之言》，刘洪译，上海师范大学出版社 2012 年版，第 234 页。

现的。我们在任何地方都没遇见过音乐现象的原型（Urbild）。"①"音乐的内容就是乐音的运动形式"②，它"没有一种作为被表现的对象的题材。"③ 音乐体现了理性的想象力绝对自由的游戏。它就像一个万花筒，它带来变化无穷的优美形式和色彩，它们有时逐渐过渡，有时显出尖锐的对比，它们总是相互关联，但总是新鲜，并且自成为完整充实的一体。④ 纯粹音乐既无意表现情感，亦无意描绘事物。在更严格意义上，应当说纯粹音乐没有自为的表显，但是它也应该是有意义和内容的，也应当包含了某种原初真实的思想。这种思想无意表现任何对象，故只致力于构成自身完全的绝对和谐形式，因而它就是一种原初的绝对理性，其存在就自在地表现了一种理性的性格。也就是说，纯粹音乐没有自为的对象表现，但有其自在表现。它同希腊雕塑一样表现了理性思维的尊严和权柄，而且表现得更纯粹，因而它也属于庄严风格。自足风格的美乃是一种被剥离了对象表现的庄严之美。

　　第二点，由于这种绝对自由，自足风格的形式构成了一种完全的绝对和谐。在这里原初的绝对理性不再受制于任何外在的目的和根据，只以自身为目的，因而能构造出最丰富、最完美的和谐形式。在 Haydn 的纯粹音乐中，乐曲自为的对象表现完全消失。音乐完全放弃对于情绪和事物情节的表现；它也彻底抛弃了与抒情相关的歌唱性（和舞蹈性）旋律而采用一些极凝练且无歌唱性的短小主题或动机，在此基础上只根据音乐自身的逻辑发展出包含丰富内容的复杂、严谨、和谐的体系。Haydn 的这种风格改革，称得上是整个艺术史中最伟大的成就之一，可称为音乐史上的"哥白尼革命"。作品的形式统一不是因为它反映了外在事物的统一关系，如情绪和情节的统一，而完全植根于乐思主题自身内在的逻辑发展。⑤ 这使艺术家的绝对理性能够完全摆脱任何外在的形式或目的限制，获得完全自由，而只根据其形式理想进行

---

① 　爱德华·汉斯立克：《论音乐的美》，杨业治译，人民音乐出版社 1980 年版，第 104 页（引文根据译文有所调整）。

② 　爱德华·汉斯立克：《论音乐的美》，杨业治译，人民音乐出版社 1980 年版，第 50 页。

③ 　爱德华·汉斯立克：《论音乐的美》，杨业治译，人民音乐出版社 1980 年版，第 109 页。

④ 　爱德华·汉斯立克：《论音乐的美》，杨业治译，人民音乐出版社 1980 年版，第 50 页。

⑤ 　正如 Hanslick 所说"如果作曲家不用这种文学上的拐杖，而以纯音乐的方法来创作时，那各部分之间只有音乐的统一，没有其他的统一可言。"（爱德华·汉斯立克：《论音乐的美》，杨业治译，人民音乐出版社 2012 年版，第 60 页）

创造。他可以通过旋律、节奏、力度对比、切分、节拍的改变、主题出乎意料的变形、普通的休止、犹豫、突然的爆发、扭曲，创造无限丰富的乐思；同时通过一方面对主题在横向上的按奏鸣曲式的呈示、展开和再现，以及乐思的重复、变奏、倒列和回旋等技法创造一种横向复杂对称的闭合结构；另一方面对主题在纵向上的和声处理，以及不同声部的模仿、反转、变形和复对位等手段，创造了一种具有纵向的对称和均衡的结构，这些使作品的整体形式具有了完整的对称、均衡和稳定特性，符合完全的绝对和谐。这些都在 Haydn 的作品中得到充分的表现。在这里，我们看到了理性思维完全自由的游戏，即绝对理性的运动，它自由地创造自身的形式并将其自在地呈现出来。

第三点，自足风格在否定对象表现的同时，旨在表现理性思维的自身真理，并因而具有了一种充分和谐的形式。一方面，自足风格以构成一种具有完全的绝对和谐特征的形式为唯一目的，因而体现了作为表现方式的理性思维的完全自由。另一方面，自足风格的音乐旨在表现乐思自身内在的逻辑发展，而这种思想发展旨在构成形式之完全的绝对和谐，所以它就是理性思维。这表明在自足风格，理性思维是自己表现它自己。理性思维的以上两方面目的是同一的。理性思维因为对于自身真理的表现，它在内容和形式上都成为具体的。在内容上，理性思维重新获得了生命和真理，不再是脱离生命的抽象构思。在形式上，理性思维通过对自身真理的表现使形式具有了充分和谐。自足风格正是通过使形式具有了真理性与充分和谐，就赋予形式以生命性。它的主题发展和主辅调统一，不仅使音乐更明朗和统一，更重要的是使音乐成为思想之真理（这真理就是生命）的体现，由此赋予音乐形式一种充分和谐，即生命的和谐。自足风格正因此而与巴洛克音乐不同。巴洛克音乐也可能符合完全的绝对和谐，但它呈现的常常是一个无生命的结晶体似的静止结构，并未内在呈现思想或生命自身的形式。但是在古典风格，主题的发展本身就成为思想的运动。这个运动只要是生命、自由的真理，就必是服务于自由展开之目的，它必然围绕这个目的构成一个在其中所有环节都相互联络、相互支持的有机整体。后者就是一个具有为实现这目的必需的充分和谐形式的生命整体。这个整体的形式是生命组织特有的形式，其充分和谐也是生命特有的。思想不仅以这种形式规定自身活动，而且以之揭示、体现自身的真理。这种形式就是具体的。在这里，艺术的绝对理性只服务于自身目的，即构成它由以规定和体现自身运动的形式，这种形式必然是充分和谐的。然而同时绝对理性构成的形式必然具有完全的绝对和谐。因此它必然将形式的充分和谐与绝对和谐内在地统一起来。通常情况下，形式的充分和谐与绝对和谐相互矛盾。形式的充分和谐被目的规定，但形式若是服务于某种外在目的，就必然破坏其完全的绝对和谐。这个矛盾只有当形式是服务于某种内在目的之时才有望被解决。如果一种思想的存在就是为了构成某种形式，而这种形式也只是为这思想而存在。那么，二者的目的就是同一的。在这里，思想自身就是形式的内在目的。在自足风格，理性思维自身成为形式的内在目的。自足风格之有别于古风风格在于其形式是有目的的；同时它亦有别于庄静美的古典风格，因这目的是内在的。在这里，理性思维只是为了构成一种具有完全的绝对和谐的形式，亦只是为了以这种形式规定、体现自身的存在，这意味着形式必须同时具有充分和谐。因此这形式必然是充分和谐与绝对和谐的内在统一。自足风格因而构成一种理想和谐。在古风风格，绝对和谐只是一种抽象、外在的、数学的美（如巴洛克音乐）。在自足风格，它达到了与充分和谐的同一，所以才成为一种具体、内在的、生命的美（如维也纳古典派的音乐），后者就是数学的美和生命的美的统一，因而就是一种理想和谐。

　　第四点，这种自足风格的美保持了一种永远的原初性。这种美在形式上不以任何现实对象为目的和根据，而唯独旨在构成一种完全的绝对和谐。这使得这种美永远不可能凭着这种对象的中介，与现实存在的整体，亦即与精神的概念整体，内在衔接起来。所以它不可能由此使自己获得意义确切性，不可能让自己转化为概念，因而它永远是原初的。这种美的不可概念化，其实就是不可转换成语言。纯粹音乐就清楚表明了这一点。如作曲家 Mendelson 说："音符像词汇一样，有它确定的含意，只是音符不能用语言加以翻译。"诗人 Emanuel Geibel 说："为什么你不能用语言描写音乐？因为音乐这一纯粹的要素鄙弃形象和思想。甚至情感也只是在清澈可见的河底，声音的激流在河上涨落翻滚。"音乐没有语词性质的"意义"，具有"不可定义性"[①]。纯粹音乐的思想具有现实的非指涉性(non-referential) 特点，使听众

---

① 列奥·特莱特勒：《反思音乐与音乐史》，华东师范大学出版社 2018 年版，第 17 页。

对它的领会不可能纳入他的精神概念整体中而成为其一功能环节，即成为语言的概念。纯粹音乐的思想不可转化为语言的概念，也不可通过其被表述，这使它能够具有一种永远的原初性、永远的美。

音乐由于其媒介特性最适合表现这种自足风格的优美，而音乐的自足风格则将音乐的这一特长发挥至极，因而它最符合音乐的本质，尽管这种风格直到 18 世纪晚期才开始形成。在此之前，音乐还没有被视为完全独立的所谓"美的艺术"（fine art），主要是配合语词、仪式和动作等以服务于宗教和世俗的生活，因此音乐的意义和目的大多来自音乐之外，所以音乐没有发挥媒介赋予它的自足性潜能。

音乐的媒介，即通常的声音（区别于说话），具有以下特性：一是其无指涉性和描绘性，而一种叙事艺术和图像艺术则离不开这种指涉性和描绘性，这使其艺术思想可以享有一种不被任何对象形式制约的绝对自由，构成一种具有不受损害的完全的绝对和谐特征的形式；因此音乐最适合表现自足风格的纯粹优美，而古典派的室内乐则是这种风格的典范，故最符合音乐的本质。尽管从古至今都不断有音乐家在努力用音乐表现某种现实存在，但是这种表现如果是一种再现性表现（比如描绘性或叙事性音乐），就偏离了音乐的本质，是让音乐承担了它本来无法承担的任务，因而这样的表现往往很笨拙、模糊，效果极差。对于这种音乐表现，如果我们要使之具有确定的意义，除非给它加上文字或者插图的解释。而这本质上就是要把音乐的意义同现实的存在整体关联起来，借助于已有的事物关联来实现一种指涉，唯此才赋予音乐一种意义确定性。可见后者并非是音乐本身内在的，音乐的形式不能表现对象的确定意义。因此音乐自身的媒介特性保障了其意义的自足性。在听众对音乐的接受方面亦是如此。对于一首好的描绘性音乐（如 Mussorgsky 的"图画展览会"），人们可以在即使并不知道其所描绘的是什么的情况下，也能够真正欣赏它。所以欣赏一种具有再现性表现的音乐时，我们可以忽视其所表现的内容。相反，我们倘若忽视了一首诗所描绘的东西，就不可能真正欣赏这首诗。这些都赋予音乐形式某种天然的自足性。音乐媒介的第二个特性是可直接激发情绪，音乐由此对情绪进行表现，但音乐形式与情感形式同样没有指涉和描述关系。这也使音乐的情感表现能够具有比再现性艺术更大的形式自足性，且音乐形式的优美其实与被表现的一般情感无关①。总之音乐的媒介特性使音乐最容易达到形式的自足性，最适合构成自足风格的美。这种媒介特性决定了音乐与造型艺术（以及戏剧、文学等）不同的本性，尽管二者都被精神的理性思维所规定。正是由于这种不同本性，优美的内在矛盾最终导致了音乐与造型艺术主流的相反走向，在前者是为了形式和谐而逐渐放弃对象表现，在后者是为了对象表现而逐渐放弃形式和谐；前者的最终结局即自足风格的音乐，后者的最终结局包括写实主义的塑造和绘画等。

对于这种自足风格音乐的美，人们常常会产生两种完全对立的误解。第一种误解，是由于这种美无意表现任何对象，就以为它是全无意义或内容的。就纯粹音乐而言，由于它没有再现性地表现任何现实对象，甚至完全抛弃自为的对象表现，导致卢梭、康德、黑格尔等理论家都认为音乐是完全无意义或思想内容的（如康德称之为"美的感觉游戏"）。这种对音乐的意义虚无主义理解是一种可怕误解，也与大多数音乐家及普通听众的审美经验不一致。实际上纯粹音乐并非一种仅仅是悦耳的无意义音响游戏，而是有意义、有自身逻辑和秩序的"乐音运动"，是一种音乐理论家 Kivy 所谓的"没有语义成分的'语言'"②。音乐的本质是思想。音乐的形式是"变成形象的内在精神"③。Friedrich Schlegel 也说音乐中的精神活动类似一种哲学沉思："纯器乐主题的展开、陈述、变形和对比，岂不是与哲学沉思中的观念运动一致？"④ 纯粹音乐的美本质上在于其思想，且这种思想至少自在地表现了什么东西。这种美决非无内容的。尽管纯粹优美的自足风格意味着某种对于客观世界的否定，但它不是空洞无意义的。一种声音图像只要不是噪音，就一定是有意义的、可被领会的，即包含某种思想的；更何况自足风格的音乐旨在表现理性思维的自身真理，且自在地表现了精神的理性性格。

此外，对于这种自足风格的美还有一种相反的误解，即所谓"历史的"或"强指涉的"理解，这其实是给形式硬塞了本不相干的内容，从而把自足

---

① 参考爱德华·汉斯立克：《论音乐的美》，杨业治译，人民音乐出版社 1980 年版，第 30 页。

② 基维：《音乐哲学导论：一家之言》，刘洪译，上海师范大学出版社 2012 年版，第 59 页。

③ 爱德华·汉斯立克：《论音乐的美》，杨业治译，人民音乐出版社 1980 年版，第 129 页。

④ Friedrich Schlegel, Kritische, *Friedrich Schlegel Ausgabe*, Bd2, ed, Hans Eichner, Munchen1967.254.

风格的美完全遮蔽或破坏了。比如对于自足风格音乐的"强指涉"解释。美国音乐学家 Susan McClary 就对 Mozart 的"G 大调钢琴协奏曲"给出了一种强指涉解释，认为乐曲反映了当时欧洲的社会异化。此外她还对柴可夫斯基的"第四交响曲"提出了一种"强叙事"解释，认为乐曲讲述了一个同性恋的男人在父权压迫下与一个女人结合，从而被她困住，而其同性恋本性最终未能得到满足的故事。以类似的思路，David Schroeder 也认为 Haydn"第 83 交响曲"表现了启蒙运动主张的宽容主题。《Mozart 传》的作者 Oulibicheff 也把 Mozart 的"g 小调交响曲"看作是包括 4 个不同阶段的热烈爱情故事。但是对音乐的强指涉解释，实际上是把音乐当成了一种再现性艺术，因而否定了音乐艺术的本质及其独特价值，使音乐沦为一种蹩脚的戏剧、小说、哲学、诗歌、绘画等；纯粹音乐有意义、有思想，包含了独特的真理，但其思想的一个本质特征就在于其现实的非指涉性（non-referential）。另外更严重的是，这种强指涉解释恰恰错过了古典风格音乐最核心的内容，即主题依纯粹音乐逻辑的发展。只有后者在这种风格中具有自身统一性。在这里，对象表现即使存在，也不能获得这种统一。总之，这种强指涉解释导致对作品意义的严重（甚至有时是恶意的）扭曲。

对于这种自足风格的美的正确理解，是使这两种对立见解达到辩证的统一。这种美否定了实际的对象表现，但仍是包含自身思想和内容的。作为这种美的本质基础，理性思维否定了自为的对象表现，却转向对自身存在的自为表现。另外它还自在地表现了一种精神性格。纯粹优美的自足风格以形式的完全绝对和谐为目的，其作品在整体形式上具有完整的对称、均衡和稳定的特点；作品形式因此给人以一种静止感，同时它也包含了一种情绪的宁静和思想的清朗，体现了一种贵族式的庄严、高贵的情操。也就是说，这种形式同时体现了理性思维的尊严和权势。所以它自在地体现了一种理性性格。这是一种在希腊雕塑的宏伟风格中同样得到表现的庄严性格。但这种表现是自在的。在这里，作为自足风格的本质基础，自由的理性思维并无意表现这种精神性格，但它本身就属于这种性格，故它的存在及它构成的形式都体现了这种性格。这种体现构成一种自在的表现。

不过自足风格也有其局限性，这归因于它对纯粹优美的形式矛盾的消极解决。它最彻底否定了实际的对象表现，使自己成为绝对理性完全自我满足的游戏。它因而具有最完美的形式，却缺乏摄人心魄的力量。Haydn 的室内乐就是如此。他不是用音乐来表现深刻的精神内容，而是构造一种音乐式的风景。他的钢琴奏鸣曲，全都非常优美，但并没有深刻的内涵，无意于对象表现，也不能强烈地打动我们的心灵。人们评价 Haydn 的作品，"他的音乐非常悦耳动听，使人心旷神怡，但却没有什么深深打动人心的东西。这完全是一种纯音乐，其中所有的趣味与其说是在它抒发的思想感情之中，还不如说是在音响的发展之中。"① 自足风格的优美都缺乏强烈的感染力，这首先是因为它放弃自为的对象表现所导致的，原因是：其一，这种放弃，违背了思想对于真理和确定意义的渴望，无法使思想得到更高的满足和慰藉，这大大影响了美的感染力。其二，这种放弃也使得美排除其他普遍情感的支持，而只能通过单纯美感以感动人，这就大大影响了它的情绪力量，因为单纯美感从来就不会给心灵带来强烈的冲击，美通常是当其与善的快感或其他一般情感结合时，才具有最强大的感染力。其次，这也是因为自足风格是庄严的而非浪漫的，其形式具有均衡、对称和稳定的理想结构，而这样一种无方向性、自我满足、封闭和静止的形式，无法构成对心灵的强烈吸引，无法产生深刻的情绪影响。它的气质是朴素而非浪漫的，具有平衡、稳定的形式与宁静的情绪，无意于抒情表现，所以它不能唤起勾魂摄魄的颠覆性情感——而这只有浪漫的美能够做到。

这种自足风格导致新的形式矛盾。这就是纯粹优美对于实际的对象表现的否定与其对象表现要求的矛盾。这种要求属于思想的本性，且植根于美的真理要求。即使在自足风格，这种对象表现要求也无法被抹杀。这表现在，即使在聆听 Haydn、Mozart 的完全无所表现的室内乐的时候，大多数听众仍然总是很自然地在努力猜度作者和作品要表现的情感、思想或者某种事物、事件。② 这种情况实际上表明了人们一种普遍且自然的态度，就是对于自足风格对表现的否定其实并不感到满足，而是希望其有所表现。海涅的一段话，表达了人们欣赏 Haydn 那些真正天才的音乐时可能感到的些许失望：

---

① 保·朗多尔米：《西方音乐史》，人民音乐出版社 2002 年版，第 155 页。

② Hanslick 尽管很清晰地阐明了音乐美的独特性，即它的自足性，却对人们追索音乐之外的意义的这种普遍和自然的倾向没有给予充分重视，没有思考这种倾向的目的论—存在论意义。

"我们在此找到了最恬静的优雅和质朴的柔美，找到了一种犹如森林中散发出来的芬芳清新以及纯真的天然本性，……甚至还有诗意的境界。是的，诗意确实包含在其中，但是，在这种诗意中，没有因无限而引起的战栗，缺乏神秘的魅力，没有痛苦的悲哀，没有辛辣的讥讽。"[1] 这种自足风格的音乐，由于其否定了对象表现，且不具有确定意义，故听来就像是一种音响的万花筒，美则美矣，但还是会让人感到怅然若失。即使我们从中听出了真正天才的涌泉般丰富和美妙的乐思，仍不免时时感到一丝的遗憾和缺失、一种隐约的未被填满的渴望。这种音乐常常给我们以某种抽象、空虚之感，甚至不如一些蹩脚的标题音乐让我们感到充实。这些都表明我们的审美领会渴望对作品意义予以充实，而审美领会与美本身具有本质同一性，这就表明了美本身有这样一种对象表现的要求。自足风格的美同样如此。

总之，自足风格努力压制美本有的对象表现要求，但是并不能将其完全抹杀。它否定了实际的对象表现，结果使对象表现的要求成了一种被压抑的渴望，而与这种否定相矛盾。自足风格的内在矛盾即在于此。它属于纯粹优美的基本矛盾。

正如我们从此后的艺术史看到的，这种被压制、被麻痹的对象表现要求有着强大生命力，它最终必然会从困顿和昏睡中苏醒，而试图重新表现对象存在。这一发展将打破自足风格的内在矛盾，并导致自足风格的瓦解。但是在古典风格中，这种对象表现要求始终受到纯粹优美的内在矛盾牵制，因而它的复活或苏醒是缓慢的。古典风格仍然坚持对对象表现的否定。为了维护其矛盾平衡，它必须对矛盾双方都进行调整：它将对象表现限制在局部和隐喻性表现领域，同时从对对象表现的彻底否定到过渡到只对整体、再现的表现进行否定。古典风格由此仍然维持了矛盾双方的统一。

在这里，纯粹优美的存在论矛盾使得：一是这种对象表现的要求必不可能完全回到原先的现实表现（因后者必损害纯粹优美的形式绝对和谐和永远原初性），于是古典风格就转向对超绝真理的表现，却未能获得对这真理的清晰直观（神秘风格）；二是这种对象表现必然受到艺术的美对于永远原初性的要求的抵抗，因而它只能将自己限制在隐喻性表现的领域（隐喻风格）；

① 保罗·朗多尔米：《西方音乐史》，人民音乐出版社2002年版，第155页。

三是这种对象表现亦必受古典风格对完整的形式绝对和谐要求的制约，这迫使其对象表现只能限制于局部，而其整体形式必须符合这种和谐要求（含蓄风格）。因此，正是逐渐苏醒的对象表现要求推动古典风格打破了原先那种无所表现的自足性、打破了自足风格的矛盾平衡，导致纯粹优美的内在矛盾的重构，最终导致古典风格从自足风格向神秘风格、隐喻风格和含蓄风格的转化。

二、神秘风格

美和爱情都是神秘的。它们都使个体精神否定自身的理智和有限的主体性，朝虚无和无限性开放，而这在于个体将自己与作为一切无限性之最终根源的本体自由的自身真理建立了本真的生命连接。个体精神由于这种连接，就可以从那神圣的源头汲取活水，以实现生命、存在之创造、更新与成长。它会通过真实的美感来感知或确认这种本真连接、确认神圣真理的在场。这种对神圣真理的情绪感知是一种圣洁的幸福。然而无论是在审美还是在爱情经验中，这个神圣真理都是始终匿名地在场的。祂充满着我们，让我们感到安全、温暖和幸福，却未曾对我们现出其真面目，以致忘我沉浸在这种幸福中的我们竟会完全无知祂的在场。美和爱情的神秘性，都植根于其共同的超绝存在论根源：它们都奠基于那在情绪中显现却没有被思想领会的神圣的绝对。它们的神秘性就在于其根源的隐秘和神圣。

一个人只有切身体会到一种对神圣的无限、绝对的渴望，才能真正理解艺术的本质。艺术和宗教都会将个人生命与那神圣者直接连接起来，只是前者是无意识且偶然地建立这种连接，后者则是以自觉且必然的方式建立这种连接。美产生于个体精神与神圣本体的连接，产生于这本体在个人生命中的现身，而美感则见证这种现身。神圣者抓住人的思想、充满它并驾驭它的行动，通过这种行动在心灵中开创思想的踪迹，后者就是美。但祂在这里却通常是匿名的。所以艺术和美都不知自己何所从来。因此一切真正的艺术和美，都包括来源上的神秘性。但是如果我们把一种艺术以及它的美归属于神秘风格，此外还在于其试图表现的对象是神秘的，即隐秘且神圣的。

艺术家对于这个神圣对象，有两种代表性的打交道方式：一种情况是，他对于祂只有一种情绪感知和无意识领会，尽管他的生命已经确立与祂的本真连接，沉醉于被这神圣的绝对的所包围和充满的喜悦，却对祂没有自觉的领会，完全无视祂的在场。另一种情况是，他对于这神圣的绝对有了自觉的领会，他明确把祂当做对象、捕捉到了祂的形象并且努力将其表现出来，故绝对者已经不再是隐秘的，神圣者不再神秘。我们称前一种状态为天真的，而后一种状态为成熟的。Haydn 是天真的，而 Beethoven 和 Wagner 则是成熟的。Haydn 音乐的美同样是神圣者的直接显圣。但是这种美完全沉浸于与神圣本体的连接、从中尽情啜饮着幸福之甘醇，而忽视了其于对象表现的本然职责。它不仅忘记了现实的世界，对于那充满它、给它带来幸福的神圣者亦是一无所知，这种天真状态本身来自那神圣者的仁慈安排。但是 Beethoven 和 Wagner 则对于那超越现实的生命本体，即这神圣绝对者，有了确定的领会，清晰地把握住了祂的容貌并将对后者的真实表现作为艺术的神圣目的。这种的艺术就是本真的艺术，它的美就是本真的美。

在这种天真的艺术和成熟的艺术之间，还有一个过渡环节，就是我们所谓神秘风格的艺术。与自足风格不同，神秘风格对于那神圣绝对者，不仅有情绪的感知，而且有了明确的意识。同时它亦不同于本真的美，在于它未能获得对于这绝对的确定的自觉领会。它明确意识到祂的在场，却看不清祂的面目，甚至不知道祂到底是什么或有何德性，所以祂仍然是神秘的。它努力要抓住祂好好端详，但这种努力终究是失败的。它的这种努力意味着它渴望过渡到一种本真的美，而这种渴望将推动它向本真的美转化。

Haydn 以后西方音乐的发展就表现了从自足风格向本真之美的逐渐过渡，而纯粹优美的内在矛盾就是这种过渡的最终推动者。对于这矛盾而言，在这里起着更积极作用的是其真理要求的方面。后者的发展导致矛盾的持续转型，从而推动古典风格的发展。这个要求促使纯粹优美重新进入实际的对象表现，也促使纯粹优美将那已通过美感情绪表明其在场的超绝真理引入意识的光天化日之下，即促使对超绝真理的意识之形成和深化。在这里，它不仅促使实际的对象表现形成，而且使对象表现成为具体的本真领会。

这个矛盾推动纯粹优美从自足风格走出来，首先是推动自足风格向神秘风格转化。这最终是因为美的真理要求的发展打破了自足风格的矛盾平衡，导致纯粹优美的内在矛盾的重构。Haydn 音乐的美是自足的。它包含对世界的否定，只专注于自身的形式，而无意表现任何对象。Haydn 最好的作品，结构非常完美，但他无意用音乐来表现任何精神的真理，更谈不上对某种神圣、绝对之物的领会。这种自足的美陶醉于与神圣本体结合的欢乐，因为沐浴在这欢乐中而恢复了青春的纯洁、喷发出无限的创造力，却对作为这欢乐和创造之源泉的本体一无所知，这个本体对于它完全是匿名的。这种美就是天真的。美则美矣，但是我们在沉浸于它带来的无瑕的欢乐时，常常感到一丝莫名的空虚和不满足，因为思想的本性是期望表现或领会对象的，而这种期望在这里落空了。这种自足的美是不自然的、违背思想之本性的。纯粹优美被压抑的对象表现要求必然苏醒，促使美重新进入实际的对象表现。但是纯粹优美既经过自足风格之洗礼，又意识到其主观自由必定与对现实对象的表现相矛盾，所以不愿回到原先那种实在的表现。同时它在与神圣本体结合的幸福中，也因这真理要求的推动，而终于开始意识到这神圣者的存在。因而现在它只想抓住这神圣者，明确和确切地领会之，并将其表现出来。但是这神圣者始终隐匿自身。纯粹优美尽管畅饮着神圣者的在场带来的巨大幸福，但一开始并不能真正抓住祂，确定地领会祂，并使祂清晰呈现出来，因而它又感到一种失望、一种新的不满足。它的幸福中总是夹杂着一丝悲哀。它正因为没有达到对于对象的确定表现（再现性表现），所以仍然能够保持纯粹优美的形式。但是，这显然是纯粹优美的一种新的风格，我们称为神秘风格。它的神秘性不仅是因为其根源之不可知，而且因为其要表现的对象存在的超绝性，而这根源和对象其实是同一的，就是那神圣的本体自身。在这里美意识到隐藏在它的自身存在中的不可知的神圣本体，并渴望将其表现出来。同时它也意识到所有这种表现的努力都是徒劳的，这种渴望是永远不能得到满足的。我们把 Mozart 的协奏曲作为这种神秘风格的典范。总之是纯粹优美的内在矛盾推动自足风格向神秘风格的转化。

神秘风格的特点就在于它与神圣本体（或上帝）的独特关系。后者不仅在于美与超绝本体的存在论关联，而且在于神秘风格包含的一种独特直觉。从 Mozart 的音乐，许多人都感觉到它与上帝的某种独特关系。聆听这样的音乐，人们的确常常隐隐约约地感到它包含了某种神圣和神秘的东西。如 Hans Kueng 评价 Mozart 的单簧管协奏曲柔板时说，这种音乐让我们听到一种超越乐音、超越美、超越理性和现实的无限者，"这是那无限者之乐音，是上帝的密码、超验者的踪迹！……只要我敞开心扉，我便能够在这种音乐中为一种无法表达、不可言说的奥秘所感动，便能够感觉到和体验到那至深之深或者至高之高者的临在。宗教就是用'上帝'这个词来表述这个无限者的存在。"① 当我们洞察了美与超绝本体的存在论关联，以及神秘风格包含的独特直觉，我们就不会觉得这种评价太过夸张，而是知道其正是因为这种洞察。这种音乐因其有最高层级的美，故能最强有力地将我们的领会带入与本体的直接连接中、使神圣者在我们的生命此在中直接在场。同时这种音乐也包含了一种飘忽暧昧、无法言明、不能对象化呈现的神秘直觉。根据 Kueng 等人的洞察，这个直觉是针对本体自身的。它是对本体之在场的明确意识，故不同于仅作为情绪性感知的美感。同时它又没有确定意义，故不同于领会的意识。所以它只是一种直观意识。它构成神秘风格与本体的独特关系的规定性方面。

着眼于这种独特关系，这种神秘风格的特点可以进一步阐明为以下几点：

第一点，作为精神的原初真理，任何真实的美都处在与自由之本体自身或上帝的本真连接中，所有的美都是神秘的，都包含了超现实本体的临在，而这种神圣的临在通过真实的美感以及被瞬间释放的创造活力就得到证明；神秘风格的美也是如此。真实的美感就是心灵恢复与那神圣的超绝真理连接时体会的幸福感。它就是对这种连接的确认，其存在就是这种连接以及神圣临在的见证。另外，这种本真的生命连接是自发的原初想象的促发器，是天才创造力的唯一现实泉源，因而在美中爆发的非凡创造性，也见证这种连接以及神圣临在。而 Mozart 音乐包含的真实美感及创造性，都是让人惊奇的。

可以说在人类艺术史上，Mozart 音乐创造了最丰富、最纯洁的快乐。这种快乐之所以是纯洁的，在于它不是来自理智领会的善的快感，不是直接感官刺激的愉悦，也不是情绪发泄的畅快，在于它完全来自原初的真理，来自存在的未被污染的泉源，和未被阻断、蒙蔽的神圣现身。在这里，思想有如晨曦中初开的鲜花，感到自身被神圣的生命充满，因而泛出幸福的光泽。这样的快乐只属于一个永恒的少年。他永葆青春的秘诀在于保持了生命

---

① 卡尔·巴特、汉斯·昆：《莫扎特：音乐的神性与超验的踪迹》，朱雁冰、李承言译，上海三联书店1996年版，第66—67页（译文有所调整）。

的真正纯洁，因为他忠贞不渝地守护着与神圣生命的连接，从而保持了生命源头之澄澈无染。在此意义上，Mozart 音乐包含的这种无瑕幸福就表明了神圣者的临在，表明思想是被后者充满的。Hans Kueng 就表明这种幸福与心灵对超现实的神圣者开放、被后者充满的体验相关，在这里"自我陷于沉寂，一切外在者、一切对立者、一切主体和客体的分裂转瞬间全被克服了。音乐不再是对立的，而是充盈于我的整个身心，萦绕、浸透，由内而外地给予祝愿。突然，我的脑海中浮现出一句话：'我们在其中生活着、行动着、存在着。'①"②

Mozart 音乐也包含了人类艺术史上最丰富、最惊人的创造性。真正的艺术创造不是来自理性的筹划，而是一种沉浸在完全忘我的、超越理性的无意识过程。在这里，心灵否定自身的主体性，把自己完全交给一种神秘力量掌控，后者即本体自由自身。真正的创造也不是人的天赋才秉的作用，天才的才秉只是一种自然品质，使心灵更敏锐地谛听自由的声音、更灵敏地被自由所驾驭，本体自由自身才是创造的真正主体。心灵唯因敞开自身接纳这自由的真理，并通过自由的开创运动获得自身的存在，才具有了无限的创造力。因此，思想的原初真实的创造，就见证了本真的生命连接，见证了自由之本体自身的在场。所有原初真实的思想，包括 Mozart 的丰富乐思，都是这本体自身运动开创的路径。在这种意义上，音乐"以纯音响的言说宣喻真理。是的，乐音、声响能够说话，而且最终可以言说某些不可表述者、不可言说者。在音乐之中存在着一种'不可言喻的奥秘'。……音乐与宗教两者虽然不同，但都通向那最终不可言说者，都通向奥秘。"③在美中精神创造力的突然爆发，本身就证明思想恢复了与一个作为无限和自由之根源的本体的本真连接，因而表明了这本体在我们生命此在中的在场。

鉴于以上两点，Mozart 音乐可以说比任何其他艺术、哲学甚至宗教体

---

① 这段引文是《使徒行传》（17：28）中保罗的话，它前面的经文是："要叫他们寻求神，或者他们可以感觉到祂，并发现祂，其实祂离我们各人不远。"（17：27）

② 卡尔·巴特、汉斯·昆：《莫扎特：音乐的神性与超验的踪迹》，朱雁冰、李承言译，上海三联书店 1996 年版，第 64 页（译文有所调整）。

③ 卡尔·巴特、汉斯·昆：《莫扎特：音乐的神性与超验的踪迹》，朱雁冰、李承言译，上海三联书店 1996 年版，第 65—66 页（译文有所调整）。

验，都更显著地表明了一种本真生命连接的存在，并见证了神圣者的在场。一切的美都有神迹性质，都见证了神圣者的临在。使美得以发生的超绝存在论前提，是人将其自我完全交给神圣本体，使之成为后者的器皿，成为其任意行动的承载者。美就是这神圣者的原始开创运动的成果。只有美才是真正的神迹。没有什么比创造美的天才能力更能证明神圣者在一个人生命中的存在。正因为保守着与神圣者的这种本真生命连接，即使一个生活放荡的真正艺术家，也比一个平庸的宗教信徒更纯洁、虔诚。也正因为他将自己的生命完全交给了自由的神圣真理，守护着存在源头的洁净不染，故他的精神表现出一种比所有严肃的道德家都更卓越、深刻和宽广的高尚性。真正天才的高尚性超出了道德的领域。

第二点，纯粹优美的神秘风格与自足风格的区别，在于它不仅具有对于超绝本体的情绪直觉，而且清晰地意识到这本体的在场并努力将其表现出来；另外它包含了一种情绪的自省，包括因对对象表现的否定而感到的空虚，对无法确定地领会和表现在场的超绝本体而感到的失望。在这里，纯粹优美开始从 Haydn 的天真风格走向一种具有自省性的风格。神秘风格其实包含了这两种风格的统一。这使得它带来的情绪感受总是悲喜交集的。它因为对本体的直觉和意识而（通过主体情绪）感到幸福，又因为这种自省而感到悲伤①。我们在聆听音乐时产生的情绪，都是音乐的思想在我们心灵中激发的，其实就是思想本身的情绪（不得不借助我们心灵的情绪能力之中介来表现）。

这种幸福和悲伤都包含两个层面：首先，神秘风格的优美具有对于神圣本体的情绪直觉（这种情绪就是真实美感），但它开始反省自身，且这种反

---

① 如果说思想会以情绪感知到自己与本体自由自身的本真连接，而每一种天才的乐思都必然处在这种连接中，它在其中得到最大的圆满和真实。这样它应当得到的是纯然的喜悦，就像 Haydn 作品表现的。那么在 Mozart 音乐中，是什么使这种无瑕的幸福蒙上阴影？这就要涉及 Mozart 音乐与 Haydn 的两点不同：一是对象表现要求的复苏，Mozart 的纯器乐也开始有了对情绪、戏剧情节的表现。二是乐思经常表现出一种反省性。它意识到自身的空虚，努力要达到对于对象的确定表现，但它经常意识到自己面对的是一个极特殊的对象，意识到对后者的这种表现是不可能的。它意识到对于后者无数次表现的尝试都是失败的，意识到对象本身不可被确定表现的神秘性。这两点，尤其是第二点，给神秘风格带来的喜悦蒙上了阴影。

省也是通过（主体的）情绪。这种反省的形成归因于纯粹优美的对象表现要求的发展。在这里，否定了对象表现的思想，通过情绪感受到自己的空虚。它（通过主体的感受性）体会的是一种伤感情绪。神秘风格复活了美的对象表现要求。它渴望对象表现，但是无法确定合适的表现对象，所以因无法摆脱这种无对象表现的处境而伤感。因此它与 Haydn 的天真风格有所不同（我们听 Haydn 的室内乐，尽管有时亦有空虚之感，但这种感受最多只是一种缺憾或失望，而不是伤感）。其次，神秘风格的优美还具有了对于神圣本体的清晰意识，它开始清醒意识到那在情绪中现身的自由自身，并因为这种意识而愈加欣喜；同时在它里面苏醒的对象表现要求，因为被否定了对现实对象的表现，就转向本体自身，因而神秘风格的优美渴望自为地领会和呈现这本体，但是由于后者的逃避特性，这种美始终未能将其抓住，始终未能弄清楚那充满着它、围绕着它、赐予它奇妙幸福的神秘存在到底是什么，这也使它（通过主体的情绪能力）感到一种难言的悲伤，以及一种永远得不到满足的渴望。神秘风格对于本体的意识，是对本体的清晰呈现，它使人觉悟到与神圣本体的合一，因而带来一种超越一般美感的快感，与宗教的狂喜性质相同。研究者发现"在莫扎特音乐中有时会闪现某种东西，这种东西超越人性并透露出一种其本身也超越一切音乐的'幸福感'之奥秘"[①]。我们也感到他的一些乐思的确是要表现某种神秘的东西。但是这东西到底是什么，则应是 Mozart 本人也没法回答的，人们越是要从他的音乐中去追问这个"是什么"，这个"是什么"就越发显得神秘。在音乐的某些最美妙瞬间，现实世界似乎遁入虚空，自我融入一种超越现实的神圣存在之中。这种体验超越了一般的审美经验而与佛教和某些基督教神秘主义者的体验一致，其中感受的狂喜也与这种宗教狂喜实质一致。但与一种本真宗教不同的是，神秘风格对这神圣者的意识不属于确定的领会，故仅是直观性质的。在这里，思想作出了种种尝试，努力对于这被意识的本体进行确定的表现或领会，但由于它与对象的存在论差异，所有这些尝试最终都归于徒劳。同时，它的自省性使它认识到自己终究没能完成这种表现，因而感到一种深深的伤感。

---

① 卡尔·巴特、汉斯·昆：《莫扎特：音乐的神性与超验的踪迹》，朱雁冰、李承言译，上海三联书店 1996 年版，第 37 页。

这种悲喜交集的情绪，在 Mozart 音乐中得到充分表现。在他的音乐中，我们看到一种具有自省性的风格与 Haydn 式的天真风格的统一。Mozart 音乐的快板乐章通常与 Haydn 的天真风格一致，是完全外向的、无反省的、其情绪是单纯的愉快，尽管它比 Haydn 的作品更加富有生机、灵活多变；但是它的慢板乐章则往往表现出与 Haydn 完全不同的一种新的风格，具有了明显的自省性和悲伤，也具有 Haydn 所没有的神秘性和摄人心魄的力量。这种风格的统一也是两种情绪的统一。这两种风格的结合在 Mozart 的协奏曲中最为完美。因为这种自省性的慢板乐章最适合通过独奏表现，而欢快、外向的快板适合通过合奏表现，协奏曲则对这两种表现都给予合适的位置。他的协奏曲往往是两种风格、两种情绪的统一。比如他的单簧管协奏曲以及钢琴协奏曲第 21、23、27 号等，都表现了一种极甜美醉人的幸福与抹不去的哀愁相结合的情绪。这里我们可以把 Mozart 的单簧管协奏曲和柴可夫斯基的"天鹅湖序曲"略作比较。二者都表达了一种永远得不到满足的渴望和一种悲哀情愫。但是 Mozart 这首曲子让我们体验到的是一种充满了幸福的悲哀，一种在极大幸福中的淡淡哀愁，极大满足中的隐约渴望；柴可夫斯基让我们体验到的则是纯粹的悲痛，似乎永远得不到救赎。前者是优美的神秘风格的特征，后者是感怀风格的特征。在神秘风格中，那种极大幸福来自对那神圣存在之在场的意识，是意识到被祂拥抱、被祂充满时的狂喜；那种渴望就是一种表达渴望，因为美旨在将这神圣存在用感性的形式表现出来；那种哀愁则是由于这种形式与对象的本质上的不适宜性使美感到不能清楚地领会祂并将祂呈现。柴可夫斯基音乐则与之大不相同。我们从这种音乐可以看到，通常的感怀艺术并没有达到对那神圣存在的意识。艺术的精神完全不知道自己渴望的是什么。它只感到整个现实存在就是一个巨大的痛苦，时刻压迫着它，让它感到窒息。柴可夫斯基表达的渴望，其实不知要奔向何方，在这里思想只是充满绝望、发狂般想逃避此处。

Mozart 协奏曲的一些最优美慢板乐章往往最充分体现了这两种风格的结合（比如他的单簧管协奏曲第二乐章，以及第 21、23、27 钢琴协奏曲的慢板乐章等）。在其中的合奏部分，乐思是外向的、明朗、充满纯洁的欢乐的。乐思意识到被神圣的生命充满，在不同声部欢快地跳跃、舞蹈。就像长在参天巨树上的一片叶子，在春天的晨曦中摇曳，洋溢着幸福，它只有通过自己的茁壮生长，来表现那充满着它的伟大生命。但如果这片叶子有了意识，且对于那灌注于它的生命的在场有了反省，它必然想要进一步认识这个生命，想要将其清晰地呈现在面前并抓住袖，也就是将其从自身存在里面分离出来、予以对象化以便更牢固地把握之，那么这种企图肯定是失败的；所以当思想渴望自为地领会、表现那充满它的神圣本体，这种渴望必定导致失望和伤感。Mozart 协奏曲的那些最优美的慢板乐章，总是在无瑕的欢乐中带着淡淡的但无法释怀的伤感。从他的钢琴协奏曲第 27 号，我们听出了一种永远得不到满足的渴望；从其第 23 号，我们则听出了一种失落；从其钢琴协奏曲第 21 号及第单簧管协奏曲，我们就听到了一种明显的悲哀。这种伤感总是与一种惊人的甜美喜悦结合，挥之不去。这两种情绪都是思想本身所有的，或者说是这种风格的美所有的。其中的幸福来自思想与本体的本真连接以及对本体临在的意识；而悲伤则由于思想无法完成对本体的自为表现，它其实是一种失落感。在这里，美不再满足于只是自在地表现那神圣本体，即通过自己的存在，通过让自己更真实、更准确、更充分地体现这本体的运动以使之得到表现，而是自身意识到了那充满它、支配它的本体的在场，并且它试图将其从自身存在里面分离出来、将其对象化、赋予其以感性的形象。思想感到自己的生命与本体的神圣连接带来的至福，但是它也知道这种神婚的至福是短暂的。为了更持久地占有这种幸福，它就试图更牢固地抓住这个本体，为了做到这一点它就必须把本体向意识清晰地呈现出来，就是对它有一个清晰的认识（理解和表达），而不是对它仅有一种模糊的情绪性直观。

　　神秘风格的美就是要达到这样一种认识。它努力要抓住这个向情绪直觉呈现的神圣者，但始终不能获得对于对象自身的确定的领会。这种领会始终是未完成的，它似乎始终是在静谧中寻找和摸索着什么东西而未曾寻得。在 Mozart 的这些慢板乐章中，每一个乐思都像是我们心灵的枝头伸向无限者的一支触须，将自己完全奉献出来，渴望抓住和拥抱对象，却并没有最终把这个对象抓住。因此它会在不同的声部，以不同的变奏来再现，试图换一种方式来抓住对象。它挣扎着要把那占满了它的神圣存在揭示出来，却又不能，因而感到痛苦。它感受到这神圣者的临在，但始终没有看到它的面目。它的悲伤就是思想因为意识到自己对于神圣本体的表现总是失败而感到的失落。

神秘风格的优美要表达的不是现实对象，而是本体自由自身。在这里，思想沉浸在与绝对的本真连接中、啜饮幸福的甘露，它渴望更多地知道这在情绪直观中呈现并赋予它生命的绝对。它将自己奉献给本体自由自身，努力以自身的存在抓住并呈现这本体。Mozart 的渴望其实是一种表现的渴望，就是把那神圣和无限，即本体自由自身表现出来，他似乎是要抓住某种神秘的生命，把它的踪迹记录下来。但是这本体对于艺术家往往是模糊的，甚至是匿名的。这是由于它与现实性的存在论鸿沟，导致通常的思想无法达到对它的具体而确定的表现。Mozart 的失落和悲伤主要是这种表现的失败所导致的。每一个乐思都仿佛一支伸向无限的触须，但每一支触须都消失在了虚无中。思想始终不能把情绪中隐约闪现的本体自身清晰呈现出来，没有达到对于对象的清晰理解（即它没有获得一种觉悟的反思）。它必因这种失败的表现而感到空虚、失望和痛苦。

在某种意义上可以说 Mozart 是比普通基督徒还真实、虔诚的宗教信徒，因为他的音乐自在地表现着一个不可言说的绝对者，表明了一种生命的本真连接；他意识到绝对者的在场，而且努力对其予以自为的表现，而这种意识和本真连接，乃是仅因习惯而成的平庸信徒所不具备的。他模糊地意识到祂的在场，努力把捉其踪迹且构想出一个客观感性表象来呈现它。他与 Haydn 的根本区别在于 Haydn 的乐思完全没有反省到这个绝对者的在场，而他则清醒地反省到这个绝对者的在场并努力领会祂、构造出一种客观的形象来表现祂。但这种领会和表现是失败的。

第三点，这种神秘风格对于超绝本体的意识，还没有上升到真正的反思。在这里，思想一方面通过一种前反思的领会与神圣者连接，通过情绪感知到祂在它自身生命中的在场。所有审美经验都必包含这种本真领会，后者在其中是前对象化的。但是在神秘风格，思想还形成了另一方面，即对上述在场及在场者有了某种意识，并渴望将那在场者的存在清晰地呈现出来，所以它开始将超绝本体对象化。因此它还包含了一个自觉的本真领会方面。但这个本真领会不具有意义确定性，且完全是偶然的。它的意识也是偶然产生的，而非以领会为必然事实根据，因而具有前领会直观的性质，且始终未能形成关于对象的确定图像。因此在神秘风格中，这个本真领会可以说是失败的。神秘风格始终未能跨越存在论的鸿沟而找到一种对超理性、超现实对象进行确定的领会或表现的正当有效方式。它所有领会的尝试都是失败的。因此这个对象其实仍然是个未知者、一个未被实际内在地领会的消极、空洞的东西。它只是在我们的生命此在中偶然现身，来无踪去无影，既未被这些在抓牢，也未清晰露出自己的容颜。对一个超理性、超现实对象之自为的领会，就是精神的觉悟，是精神对其内在超绝真理的反思。应当承认在这种神秘风格中，这种反思是缺乏的，至少没有达到自身的真理（没有成为一种确定的领会）。这也就是这种神秘风格的美与一种本真的美的区别所在。

由于神秘风格包含的本真领会的独特性，人们对于这种风格有两种误解：一是完全忽视它对超绝本体的情绪直观和前领会意识（这二者构成一种神秘直觉），否认这种美的神秘性；二是将这种意识当成一种反思性的领会。这两种误解都表现在对于 Mozart 音乐的诠释中。

一些研究者，尽管对 Mozart 给予极高评价，却忽视了音乐包含的这种神秘直觉和自省特性，似乎 Mozart 的价值只是让我们从生活的沉重负担获得某种轻松。甚至像 Karl Barth 这样的狂热迷恋者，也只满足于把 Mozart 的音乐称之为游戏："我在莫扎特音乐中听见了在其他任何人的作品中所听不到的游戏艺术。"[1] 但一些研究者指出 Mozart 音乐的最大魅力，恰恰是因为它的根源显得如此神秘。Mozart 音乐"源于我们所未知的领域"[2]，它的一个独一无二的特质在于它有着一个不可知的神秘内核，"一个绝对的谜"[3]。他的乐思意识到某种神秘的绝对之物，但又不能清晰地表现之，因而它与后者的关系是隐晦的。正如 W·Hildesheimier 指出，Mozart 音乐有一种超自然的神秘根据，这个根据如此隐秘、难以捕捉，以致我们常常将其抛在一边[4]，"我们放弃了对它的深入研究。于是就有了错误的结论，似乎 Mozart

---

[1]　卡尔·巴特、汉斯·昆：《莫扎特：音乐的神性与超验的踪迹》，朱雁冰、李承言译，上海三联书店 1996 年版，第 4 页。

[2]　W. 希尔德斯海姆：《莫扎特论》，余匡复等译，华东师范大学出版社 2011 年版，第 26 页。Wolfgang Hildesheimier, *Mozart*, New York, 1982.227，241.

[3]　W. 希尔德斯海姆：《莫扎特论》，余匡复等译，华东师范大学出版社 2011 年版，第 26 页。Wolfgang Hildesheimier, *Mozart*, New York, 1982.40–41.

[4]　W. 希尔德斯海姆：《莫扎特论》，余匡复等译，华东师范大学出版社 2011 年版，第 3 页。

音乐的目的就是让我们从生活的重负暂时解脱，获得某种轻松。"①Mozart 音乐中这种自省的隐晦性质也使有些研究者认为他的音乐不包含宗教性，即使其宗教音乐也谈不上对信仰的表达。②

还有一些研究者则走向另一个极端，就是把 Mozart 音乐包含的自在的以及隐晦的本真领会解释为对于某种神圣真理的确定的反思，似乎他的音乐包含了关于上帝自身的神秘教义。如 Hans Kueng 评价说："虽然音乐不可以成为艺术宗教，然而，音乐艺术却是'我们宗教之神秘圣殿'的一切象征中最具有精神性的象征，它是具有神性者自身。"③ 萧伯纳也称 Mozart 音乐是"迄今为止所写成的唯一无愧于上帝之口的音乐。"神学家 Balthasar 说 Mozart"作为升华的自我以其躯体和灵魂在魔笛乐音之中升腾而上"。一些人甚至不惜将 Mozart 本人神化。音乐学家 H.W.Henze 说 Mozart 是"降临人间的上帝"④ 音乐评论家库尔特·帕伦说："别的人有时候喜欢用他们的作品使自己到达天界。但是 Mozart，他就来自天界，他就是天上来的!"⑤ 克尔凯郭尔甚至要建立一个教派，这个教派不仅要将对 Mozart 的敬仰发挥至极致，且只敬仰 Mozart 一人 ⑥。然而事实情况是，一方面，Mozart 对基督教神学缺乏深刻理解，Karl Barth 就对 Mozart 的音乐表现出的神圣性与作曲家对教义学的无知的反差深感困惑，并指出"事实上不存在任何莫扎特的形而上学"⑦；另一方面，Mozart 也不像 Beethoven、Wagner 那样对当时欧洲的文学、哲学有较深入了解，这也使他不能真正理解他意识到的超绝之物。另

---

① W. 希尔德斯海姆：《莫扎特论》，余匡复等译，华东师范大学出版社 2011 年版，第 34 页（引文根据原文有所调整）。

② 参考卡尔·巴特、汉斯·昆：《莫扎特：音乐的神性与超验的踪迹》，朱雁冰、李承言译，上海三联书店 1996 年版，第 38 页。

③ 卡尔·巴特、汉斯·昆：《莫扎特：音乐的神性与超验的踪迹》，朱雁冰、李承言译，上海三联书店 1996 年版，第 66 页。

④ 参考卡尔·巴特、汉斯·昆：《莫扎特：音乐的神性与超验的踪迹》，朱雁冰、李承言译，上海三联书店 1996 年版，第 47 页。

⑤ 转引自 W. 希尔德斯海姆：《莫扎特论》，余匡复等译，华东师范大学出版社 2011 年版，第 3 页。

⑥ W. 希尔德斯海姆：《莫扎特论》，余匡复等译，华东师范大学出版社 2011 年版，第 4 页。

⑦ 卡尔·巴特、汉斯·昆：《莫扎特：音乐的神性与超验的踪迹》，朱雁冰、李承言译，上海三联书店 1996 年版，第 26 页。

外，Mozart 也很少深究他内心所要表达的东西的根源①。这些都使得他根本不可能对于他在艺术灵感爆发瞬间恍惚察觉到的那个神圣存在形成具有确定意义的、清晰的反思。他的音乐未能成功实现对于神圣者的自为表现，尽管它始终有这种表现的要求并在尝试达到这种表现。

神秘风格包含的独特本真领会，也是在纯粹优美的内在矛盾推动下形成的。其中，纯粹优美内在的对象表现要求是推动矛盾发展的积极力量。一方面，这种要求促使纯粹优美达到对于对象的具有意义确定性的领会，也促使其将美的神圣根源对象化，使其具有了某种自为的本真领会。另一方面，纯粹优美亦要求理性思维的主观自由，它因此否定了对于现实对象的表现，而试图表现那被意识到的神圣者。但是由于思想与这神圣者的存在论差异，也由于上述矛盾对对象表现的限制，思想未能上升为对这神圣者的确定的领会。自为的本真领会在这里没有获得意义确定性，没有获得其完整的存在（即成为本真领会的真理），没有成为真正的超绝反思。Mozart 的音乐没有上升到对于神圣存在的真正反思，故没有到达本真的美。

总之，纯粹优美的内在矛盾推动自足风格的形成及其向神秘风格的转化。纯粹优美的对象表现要求在自足风格被人为压制和忽视，而在神秘风格却重新复活了，但是由于上述矛盾，这种神秘风格无意回到已被否定的对于现实对象的表现，同时它对那在情绪中现身的神秘绝对者有了一种前领会的意识，于是其对象表现要求就转向这个绝对者，旨在达到对后者的自为表现。但是由于上述矛盾的制约，以及表现方式和对象的存在论距离，神秘风格最终未能找到合适的表现方式，它未能将对象真正抓住和确定地呈现出来。也就是说，它尽管有了对象表现的要求，却仍然没有达到实际的对象表现。但是纯粹优美的内在矛盾还将推动其风格的继续转化。复苏的对象表现要求必然推动纯粹优美进入实际的对象表现领域。但是同样由于上述内在矛盾，古典风格的实际对象表现必然是从一种隐喻式的、局部的表现开始，并逐渐过渡到一种再现式的、整体的表现。这种隐喻式的，以及局部和再现式的对象表现，分别就属于隐喻风格和含蓄风格。

这种矛盾植根于优美的对象表现要求与理性思维的主观自由的矛盾。这

---

① W. 希尔德斯海姆：《莫扎特论》，余匡复等译，华东师范大学出版社 2011 年版，第 260 页。

个矛盾使优美在承担对象表现之重负时会追求无所表现的自足性，而当其真正无所表现时又渴望重新获得对象表现。这使优美通常是在矛盾两极之间作往复运动，永远无法获得最终的稳定。

三、隐喻风格

纯粹优美的存在论矛盾推动音乐向两个方向发展：一是理性思维为了其完全的自由、独立而不得不逐渐否定任何专题表现；二是纯粹优美为追求越来越真实的对象表现，而不得不逐渐限制纯粹优美的主观自由甚至最终将纯粹优美破坏。西方音乐从古风风格向自足风格的转型，走的就是前一条道路。但是当美被否定了实际的对象表现，它又会渴望这种表现。在这里仍然是上述矛盾推动纯粹优美重新进入对象表现，同时为确保理性思维的主观自由而将对象表现限制在局部、隐喻性表现的领域。纯粹优美的隐喻风格和含蓄风格即由此产生。

这个矛盾表现为两个方面，也可视为两个矛盾：一是形式的矛盾，即美对于对象表现的要求与对一种完全的绝对和谐形式的要求的矛盾；二是实质的矛盾，即美的对象表现要求与其对永远原初性的追求的矛盾。对此自足风格作出一种极端的解决，即为了这种绝对和谐形式和永远的原初性而完全否定对象表现；神秘风格则使这种表现的要求复苏，但仍未找到实际的对象表现的正当方式。在这里，纯粹优美的存在论矛盾转化为其对象表现要求与实际的无所表现（无自为的对象表现）的矛盾。这是纯粹优美的基本矛盾。但是对象表现要求一旦苏醒，就必然继续发展，推动纯粹优美进入实际的对象表现领域。于是纯粹优美的内在矛盾就转化为被恢复的对象表现与理性思维的主观自由的矛盾。这是纯粹优美的派生矛盾。它使得纯粹优美的对象表现首先只能从一种隐喻性的表现开始，因为一种再现性的对象表现通常会以对象的自然形式破坏纯粹优美要求的形式绝对和谐的完全性，也会因为其意义的确切性而破坏美的永远原初性。纯粹优美也不应当以其整体形式表现对象，因为这必然导致其整体形式之绝对和谐的完全性被破坏，所以这种对象表现只能限制在局部。因此纯粹优美的实际对象表现必然是从一种隐喻式的、局部的表现开始，逐渐向整体的、再现式的表现过渡。在纯粹优美的古典风格中，以隐喻方式表现对象的是隐喻风格，以再现方式表现对象的是含蓄风格，二者都必须将对象表现限制在局部领域。其中隐喻风格是更早从自足风格发展出来的。

（一）隐喻风格的特点

隐喻风格就在于以纯粹优美的形式表现某种现实对象，而且这种表现是隐喻式的、局部的。其特点可以概括为以下几个方面：

第一点，它的表现方式是隐喻性的。人类思想领会或表现对象的方式通常包括两种，即再现和隐喻。所谓再现的领会是这样一种领会，它的自身形式与对象形式达到了统一。通常的再现性领会就是内在领会。后者在于这两种形式具有一种实质的呼应或同构关系，因此前者成为对后者的再现或模仿，于是领会自身与对象真理达到某种同一，唯其如此，它才能真正把这对象的本质揭示出来。这种领会或表现只要是成功的，其意义就一定是确定的。这种确定性就在于领会与对象的固定或必然的形式对应关系，以致对象的真理被领会的形式所包含或揭示。艺术的再现性表现就在于艺术的思想和对象意义达到了同一或统一。艺术把对象的存在内容内在地包含在它的思想中并通过它的形式内在地将其呈现出来，而我们也才能从艺术的形式中"看"到对象存在的内容。再现性艺术基本是以内在表现方式来表现对象自身。真实的内在表现必然具有意义确定性，我们对之可以形成确定的理解。隐喻性表现则与此有很大不同。它的形式与对象形式并不存在实质对应或同构关系。这种艺术通常甚至对对象形式一无所知。但它仍然包含了对于对象存在的某种领会和呈现。其中最典型的例子是音乐对情感的表现。音乐家可能知道如何以特定音乐形式激发听众某种情感并成功做到了这一点，所以可以说他的音乐表现了这种情感，但他并不真正知道这情感的内在形式，后者并没有成为音乐家的意图或实际的表现对象，也与音乐的形式没有实质的对应关系。这种情况就像高明的厨师知道如何煎牛排以使之具有某种独特味道，但他对这种味道的"形式"却全无所知，更无意表现这种"形式"。隐喻性表现用的总是一种不适宜的媒介（比如用音乐表现色彩），有时也因为要表现的是一种无法形容的对象（比如一种神秘之物），所以它不能使自身形式与对象形式达到同一，不能将对象意义包含在自身形式之内，它的形式无法真实描绘对象，而只能以一种曲折隐晦的方式进行表现，故始终没有达到（和让受众产生）具有意义确定性的对象领会。它甚至不能以确定方式让我们知道它要表现的是什么。例如即使一种成功表现了欢乐的音乐也不能确定地让我们知道它表现的题材是欢乐，除非加上标题说明；音乐对情景、事件的描绘更是不能让我们产生确定的领会。因为缺乏意义确定性，一种隐喻的领会永远无法将对象真理纳入精神的概念整体之内，使对象真理以及这种领会自身成为领会者生命的必然真理。

这种隐喻性表现的根据，是纯粹优美的内在矛盾，且主要是其形式矛盾（或其存在论矛盾的形式方面，即对象表现要求与形式绝对和谐的完全性的矛盾）。隐喻性表现不仅限于优美，也存在于崇高和深沉等格调。只有当美是以一种具有完全的绝对和谐的形式对于对象进行隐喻表现，它才是我们所谓纯粹优美的隐喻风格。只有隐喻风格才有这种形式矛盾，且它主要是在后者推动下形成的。一方面，其对象表现要求促使纯粹优美逐渐重新进入实际的对象表现。另一方面，实际的对象表现必然追求更大的真实性，使它希求自身形式与对象的自然形式的同一，而这通常使形式的绝对和谐受损，从而破坏形式绝对和谐的完全性。另外，隐喻风格也有其实质矛盾，后者则与在其他格调中的情况无别；这在于实际的对象表现对表现方式与对象真理之同一性的追求通常亦导致对永远原初性的破坏。

在这里，被恢复的对象表现就威胁到纯粹优美自身的存在。因此，纯粹优美必须对矛盾双方进行调整，以恢复其平衡和统一。在这里，纯粹优美的存在论矛盾转化为被恢复的对象表现与理性思维的主观自由（表现为纯粹优美对永远的原初性与形式绝对和谐的完全性的要求）的矛盾。后者是纯粹优美的派生矛盾。它逐渐成为推动纯粹优美发展得更活跃力量，尽管纯粹优美的基本矛盾始终存在且也对这种发展起着推动作用。其中，纯粹优美对于对象表现的一个重要调整就是将表现限制在隐喻性的和局部的领域。在这里，纯粹优美仍然维持对于对象表现的否定，只是这种表现不再是彻底的。

一种隐喻性表现的特点在于它的形式与对象形式并不存在实质对应或同构关系，因而很难做到且通常不要求使其自身形式与对象的自然形式达到同一。就像音乐对于情感的隐喻性表现，只要求音乐形式能够激发这种情感，而并不要求音乐的形式与情感的形式达到同一。尽管一种隐喻性表现的形式并不与对象的自然形式存在一致性，但是艺术家却能够构造出这种形式，使之表现对象真理，而同时对这形式何以能够表现这对象真理一无所知。这就是艺术家的天才（更准确地说是表达的天才）。而这"何以能够"则应当是一个永远的秘密。

隐喻风格正因为找到了这种隐喻性表现，就得以使纯粹优美的形式矛盾和实质矛盾都得到某种解决。

首先，纯粹优美的形式矛盾推动隐喻性表现方式的确立及隐喻风格的形成。这形式矛盾在这里表现为纯粹优美被恢复的对象表现与形式的绝对和谐的冲突。但是这种表现必然要求达到与对象真理的同一，从而使形式的绝对和谐受损。这使纯粹优美不得不对这对象表现进行调整，它试图找到一种表现方式，后者可以否定这种同一。这就是隐喻性的表现方式。这种表现方式的特点在于不包含自身内容和形式与对象的同一。在这种情况下，纯粹优美的形式构造就只是目的论地而非事实地被对象存在规定。比如当音乐的目的是表现某种情感，它必须构造这样一种形式，这种形式使它能够实现这个目的。当这种形式构造活动只服务于这目的，而完全不被对象的自然形式规定，那么它在实际的形式构造活动中仍可能是自由的、只依据思想自身之愿望或理想的。隐喻性表现就是如此。在纯粹优美的隐喻风格，这种形式构造就是绝对理性的自由创造活动。在这里绝对理性就能够自由地根据自己的要求为自己创造（而这在受制于对象的自然形式的内在表现中是不可能的），这样它构造的形式必然具有完全的绝对和谐。因此，形式矛盾促使纯粹优美（至少暂时）放弃再现性的、内在的对象表现，而优先采取一种隐喻性表现。另外，凡被目的规定的形式，都必然具有一种充分和谐，隐喻性表现的形式亦是如此。充分和谐是生命特有的和谐。生命的组织只有具备一种充分和谐的形式，才能执行其效用、实现其目的。但是目的对于形式的规定其实是外在的，且不像事实规定那样具有强制性。它没有给予形式构造活动一种确定的、必须遵照的法则或图式，故这种构造活动仍然必须完全凭借自身的原初想象创造出形式。隐喻性表现就是如此。虽然它被一种外在目的规定，但它的形式构造仍是完全以自身为根据、享有充分自由。因此之故，隐喻风格更容易构成一种绝对和谐形式，且使这种绝对和谐与生命的充分和谐水乳交融，构成一种理想的和谐。在上述意义上，隐喻性表现的确立及隐喻风格的形成，都是纯粹优美的形式矛盾所推动的。

其次，纯粹优美的实质矛盾也在隐喻风格的形成中起到推动作用。纯粹优美既要表现对象，又要保持永远的原初性，这对于那种一直主导人类领会的内在表现方式是很难做到的。因为后者必然要求且更容易达到一种意义确定性和确切性，从而导致其永远的原初性被破坏。因此纯粹优美必须否定这种表现，而寻求其他表现方式，并最终确立了一种隐喻性表现方式。后者的特点在于它的形式与对象形式既无实质对应，也无法达到内在或外在的统一。比如音乐对于情感、景观等的表现。所以隐喻性表现无法获得意义的确定性和确切性，而它正是因此保持了永远的原初性，从而使纯粹优美的上述两个矛盾方面达到统一。总之，隐喻风格因为对意义确定性的否定，因而使美的对象表现与其永远的原初性达到完全统一。因此它使纯粹优美的实质矛盾得到了很好的解决。这意味着这个矛盾在隐喻风格已不再有重要影响。隐喻风格的主要矛盾是形式矛盾。

第二点，隐喻风格还必须将其对象表现限制在局部的，才不致破坏形式绝对和谐的完全性而使纯粹优美受到损害。

尽管在隐喻性表现中，对象没有事实地规定表现形式的具体结构，而只规定了形式的目的，因而这种表现具有形式构造的内在自由。但这种自由不是绝对的，仍然被目的制约。理性思维的构造活动只要仍服务于某种外在目的（在这里是对象表现），就不是绝对自由的，故形式的绝对和谐就会受损，以致其完全性遭到破坏。因此通常情况下，隐喻性表现也会导致形式绝对和谐的完全性被破坏，这也是纯粹优美的内在矛盾决定的。

在这种情况下，纯粹优美为保持这种形式绝对和谐的完全性，就必须将其对象表现限制在局部。如果纯粹优美是以自身整体形式表现对象，这种形式以及绝对理性本身就被某种外在的存在规定，那么形式绝对和谐的完全性被破坏以及绝对理性自身的瓦解，就是不可避免的。只有当纯粹优美严格坚持自身形式在整体上唯独服务于绝对理性自己的目的，而把对象表现限制在这形式的局部区域，并以此整体来容纳和克服这种完全性在局部受到的损坏，它才能在整体上保持形式绝对和谐的完全性以及绝对理性的继续存在。隐喻风格必须将对象表现限制在局部，否则必然导致古典风格自身的瓦解。比如在 Mozart 音乐中，情感表现就始终被限定在局部，作品的整体形式仍然只服从音乐自身的理性思维逻辑。

总之，隐喻风格的优美，其整体形式仍然完全来自绝对理性的自由创造，而其对象表现被限制在局部，所以这种美才得以在表现对象存在的同时，不致破坏形式绝对和谐的完全性，这样就使这矛盾双方达到了一种平衡。这种风格的确立本身是这一矛盾推动的结果。

综上所述，隐喻风格就是在纯粹优美的形式矛盾和实质矛盾推动下形成的。它是纯粹优美在其内在矛盾发展的新阶段对矛盾加以解决的尝试中产生的。

（二）隐喻风格的典范是古典派音乐的情绪表现

隐喻风格的典范就是古典主义音乐对于情绪的表现。因为艺术的隐喻性表现的典范在于音乐对情绪的表现，而纯粹优美的隐喻风格则致力于以理性思维要求的绝对和谐形式来进行这种表现。由于隐喻性表现通常更容易形成一种无限的意义域，更容易保持永远的原初性，因而通常是艺术最偏爱的表现方式。艺术在一切体裁，针对一切对象，都曾作过且仍在作这种隐喻性表现的尝试。但是最适合隐喻性表现的艺术体裁是音乐，而最适合隐喻性表现的现实对象是情绪。这是由这种艺术体裁和表现对象的独特性决定的。一种最完善的隐喻风格的确立通常有待于这二者的结合。这也可以说是二者相互寻找的结果。说之如下：

一方面，隐喻风格的确立有待于找到适合这种隐喻性表现的艺术体裁，而最适合这种表现的艺术体裁是音乐。

一种适合隐喻性表现的艺术体裁应当具有以下特点，即它的形式与对象形式无实质对应，无法形成确定的描述关系，因而它对于对象形式的表现是不确定的，更是不确切的。也就是说这种艺术的媒介对于表现对象具有本质的不适合性，导致其表现不具有确定意义。在这样的媒介中，听觉媒介是最典型的。视觉表象可以自然地跟对象形成一种确定的描述关系，语词和符号也可以做到这一点，但听觉表象则不能。一种自然的声音（即非语言性的声音）固然也能构成某种形式，但后者通常无法与对象形式形成实质的对应和指涉关系，无法将后者的意义纳入自身之内，无法完成对后者的再现、模仿或描绘。所以通常声音对于所有现实对象的表现都是隐喻式的。

由于这种媒介特点，当音乐致力于自为的对象表现时，隐喻就成为最自然、最本原的方式。音乐最早的对象表现基本是隐喻性的，而非再现或描绘，尽管视音乐为一种再现性艺术的想法流行至今。古希腊人认为不同的调式和音阶是对不同类型性格的描绘。中世纪素歌的节奏和曲调也被认为再现了祈祷者的声音和心灵。到了巴洛克时期，人们普遍认为音乐的正当作用是描绘人类情感或者模仿自然。只是到了19世纪，由于纯粹器乐的兴起，以及激进的形式主义美学的影响，关于音乐的再现论观点才开始受到质疑，而否定音乐再现功能的理论逐渐成为现代音乐哲学的主流。但是现代音乐哲学在这里，并不是赋予音乐一种不同于传统的新的本质，而是给予音乐本质一种更符合事实的说明。尽管千百年来，人们都在尝试用音乐描绘情感和其他现实事物且会相信自己成功做到了这一点，人们相信自己很确定地用音乐讲出了一个感人的故事，刻画出了一个美女动人的样貌神态，描绘出了雪花飘落、鸟儿振翅、朝阳升起的情景，但这种信念其实是一种错觉。因为在这里，音乐形式并未真正包含对象的形式结构，这个故事、人物和情景的内容根本就没有被包含在音乐形式之内，即音乐并没有真正实现对这些内容的描绘。比如若非借助文字或其他说明，我们实际上就无从得知在这里音乐要表现的内容到底是什么。因此从一开始，音乐的基本对象表现就不是内在的、再现性的，而是隐喻式的，只是这一点到现代音乐哲学才被清晰地认识到。

音乐的这种隐喻性表现无法获得确定的意义。一种表现具有意义确定性，在于其形式达到与对象形式的同构，故它包含了对于对象的清晰且稳定的领会，且这种领会（在确定的语境）具有一种单一的意义可能性。音乐则否定了这样的表现。由于音乐的隐喻性表现缺乏与现实对象的对应和指涉关系，其包含的思想就无法通过这种关系使自己着落于一种单独的意义可能性，即使这思想本身是清晰明确的。由于音乐形式无法内在地包含现实事物的内容，当我们用音乐表现情感、故事情节、场景或描述事物外貌，那么即使这种表现包含的领会是明确的，也不会是稳定的，无法形成关于对象的清晰稳定的图像。相应地，这领会也无法落实到一种单独的意义，而是呈现为一个在无限意义可能性中流动的思想整体。这样的思想也是动荡不宁的。思想依其本性努力寻求对对象的某种唯一正当的领会。但是它在这里始终无法确信自己已经获得了这种领会。所以它总要不断作新的试探。它总是游移漂浮的，无法使自己附着于某种确定的意义之上。这样的对象表现无法给人以一种确定的直观和领会。总之它缺乏意义的确定性。而我们对于它的领会也无法确信自己，也是在不断作新的试探。这领会面对的是一团由无限种可能性构成的云雾。其中每一种都无法被抓牢在手里并呈现其稳定的形貌。因而我们对于这种表现的领会也无法成为确定的，也不可避免地处在漂移流动中。

音乐的隐喻性表现更是无法达到一种意义的确切性。一种表现方式的意义确切性就在于其包含的领会可以被连接到存在的概念整体之上，从而获得必然的意义。语词直接指涉概念，而概念总是已经从属于现实的思想整体。视觉图像指涉具体的事物，而这事物的存在同样已先行从属于存在的概念整体。所以我们对于语词和视觉图像的领会都很容易被连接到精神已有的概念整体之上，从而被确切地领会。声音图像则无法必然地指涉、描绘在它之外的任何现实事物，导致它的对象表现永远是不确切的。这种不确切性，意味着我们无法把以这种方式表现的思想衔接到精神已有的概念系统中使之获得必然性。这就使音乐的隐喻性表现具有一种永远的原初性。另外音乐的隐喻性表现由于没有构成与现实的确切指涉关系，因此比造型艺术和语言艺术都更容易构成形式的绝对和谐。

音乐的这种表现特点使其他艺术都羡慕不已。正是因为缺乏意义确定性，使它比所有其他艺术都更容易保持永远的原初性和形式的绝对和谐，而它同时又满足了美的对象表现要求。所以音乐的隐喻性表现使纯粹优美的形式矛盾和实质矛盾得到了暂时解决。因此，纯粹优美之所以最终发现这种表现体裁，也是其内在矛盾推动的结果。

尽管在一种隐喻性表现中，作品的形式与对象真理的形式不存在任何实质对应关系且艺术家甚至通常对后一种形式是无意识的（尤其是在情感表现中），但是他却能够创造出一种“恰当”的作品形式，使我们对于它的领会能够形成关于对象的某种恰当的印象。这就归因于艺术家的天才。没有哪位音乐家知道悲伤这种情感表象的形式结构，但他却常常似乎有一种特殊的本能，知道哪种音乐形式能够激发我们产生悲伤之情。

另一方面，隐喻风格的确立还有待于艺术找到适合的对象领域，而最适合隐喻性表现的通常对象是情感。

尽管不同艺术，由于媒介与对象的矛盾，都有各自不能再现性表现的对象领域，但有的对象却无论以何种媒介都不能再现性表现。这样的对象，就不仅是没有适合的媒介，而且是没有适合的思想来表现之。这样的对象就是最适合隐喻性表现的。这种对象，就是不可能被思想确定地领会的存在。这包括两类：

首先，有一种只适合隐喻性表现的对象，就是本身不具有意义确定性的思想。

艺术要表现的真实对象是思想。一种有意义的现实对象的根据或本质是思想，或者说思想是一切现实对象的意义。大多数情况下，艺术对于现实对象的表现，都是通过对感性形式的描绘来表现这形式包含的思想，而一种更具反思性的艺术则直接以思想本身为表现对象（比如优美格调的艺术对理性思维的表现，崇高格调的艺术对超越思维的表现）。

一种只适合隐喻性表现的思想，必是很特别的。这在于它本身缺乏一种确定、清晰的轮廓，或确切稳定的意义，而是一种由无数流动变灭的形式构成的梦幻般的整体，一团包含无数意义的云雾。也就是说这个思想不是某种具体确定的我思，而是无数的我思所构成的变幻不测的连续整体。实在的艺术对情感和超绝本体的表现不能够揭示对象的内容，而对于这种游移的思想的表现尽管揭示了其内容，也同样不能获得意义的确定性。

浪漫主义诗人的漂泊不定的幻想就属于这种思想。这种思想还包括我们对于情感的具体领会。艺术每一次对于情感的表现，其实也都同时表现了某种情感领会；而后者才能构成艺术的原初真理，才是艺术之美的本质所在。这种情感领会包含具体的与抽象的两种。庄静美的优雅风格对于情感的表现就是抽象的。这种抽象的领会只在于表现主体与情感的某种伦理态度（比如通过绘画、音乐来表现对于愤怒情绪的克制），而无意于让主体直接感受到这种情感，它表现的情感是一种抽象的类（一般的愤怒）。反之，具体的情感领会则在于将主体与某种具体情感连接，也就是激发主体的相应情感，让其真实体验到这种情感，而这种情感一定是具体的。然而由于具体情感的易逝性及与领会和表现媒介都没有实质对应关系，被这种具体情感领会捕捉的情感总是不确定的，这种具体领会也无法获得确定性，而总是处在游移变幻之中，包含无限可能性。当抒情艺术家致力于具体的情感表现之时，他往往把情感本身当做引爆一个具有无限可能性的思想领域的导火索。总之，通常情况下对于这种不具备意义确定性的思想的表现应当归属于具体的情感表现，且应归属于抒情艺术。

对于这样一种游移变幻的思想，恰恰只有一种隐喻性表现方式才是最忠实的。在这里，正是由于表现方式与被表现思想未能形成一种确定的描述关系，就使得这种表现方式包含了无数的可能理解，而它的领会就是一个由无数我思构成的流动变灭的整体。在这里，一种真实的表现必然能够使这个思想整体与被表现思想之游移变幻的整体达到同一，从而构成对后者的真实表现。只有一种隐喻性表现才能将这种特殊的、处在永远的漂泊游移中的存在抓住。反之，若以一种再现性的、内在的方式表现这样一种思想，倒像是抽刀断水，一定会遗失了这种思想的全体性真理。它最多只是表现了全体的某一方面，不能呈现思想的流动整体。只有隐喻性表现才可能真实、准确地把握一种具有无限理解可能性的思想。但这种表现是不确定的。在这里，即使它构成的形式包含清晰明确的思想，但每一种思想都无法确立自己与对象内容的确定对应关系。因而这种表现和思想如果要领会这真理，就必然不断否定自己，所以它就处在永远的流变之中，无法获得稳定性，而正是它在这种流变中形成的整体最真实地表现了对象意义的梦幻般的整体。

这种表现方式的确立离不开艺术家的天才。艺术家只有靠着天才，才能够真实把握住这种处在永远的漂移中的存在，并且创造出一种独特的表现方式使之得到真实表现，尽管这种表现的形式及思想包含的每一种内容都不构成对于对象真理的内在表现。他的天才就在于凭借艺术家独特的无意识直觉创造出这种表现方式，后者包含的思想与这种真理具有同一关系。于是我们就可以通过领会作品而获得这一真理。

当然，一种不具备意义确定性的思想更不会具有意义的确切性。它的不确定性意味着我们无法将其衔接到精神已有的概念系统中，无法对其形成一种保持持续的同一性的领会，所以对于它的领会永远不可能成为必然的。而正是这一点使它具有了一种永远的原初性。纯粹优美也是在实质矛盾冲突中，最终发现了这种只适合隐喻性表现的独特思想的领域，从而既真实表现了对象真理，又保持了永远的原初性，因而在矛盾双方之间构成了一种稳定的平衡关系。

其次，还有一类最适合隐喻性表现的对象，范围极广泛，就是那种思想无法把握其内在形式，故对其难以达到确定领会的对象。

这种对象都有以下特点：第一点，它没有将其内在形式对知觉呈现，甚至可能不具有这种形式。比如我们能意识到某一特定情感，但从未知觉这情感的内部形式。我们可以知觉到情感的强度、时间等变化呈现的形式，但这其实是不同的情感表象之间的关系，而不是某一特定情感的形式。此外，一种超越现实、理性的神秘的本体，其内在形式通常也不可能被一种实在的思想觉察。对于此类对象，思想就无法与之达到形式同构，即无法达到对于对象的内在领会或表现。第二点，这种对象的存在不属于思想的领域。只有当对象的形式包含了思想或其本质就是思想，这形式才容易被思想知觉，并被其内在地领会或表现。一种本质上不属于思想之领域的对象，其内在形式就很难或不能对思想呈现，故一般情况下这种对象不可能被思想内在地表现。它要么是没有任何形式的混沌，要么其形式为非思想性的，即不能包含思想或其本质不是思想的。这样的对象存在要么是"低"于思想或理性的（情绪），要么是"高"于它们的（超绝本体自身）。对于这样的对象，我们的领会就无法形成一种确定的意义，而艺术通常只能给予隐喻性表现。

这样的对象有两种：一是人类具体的情绪、激情，二是绝对超现实、超理性的本体自身（相应地，艺术的隐喻性表现也包括实在的隐喻和本真的隐喻两种，分别属于实在的艺术和本真的艺术）。情绪和超绝本体都具有以下特点：其一，二者都不具有可以对感觉呈现的形式，人类任何感性表象都无法与之构成实质的对应和指涉关系，因而它们的内容原则上不可以通过任何感性表象描述。其二，它们的存在内容都否定了或者说完全外在于思想、理性，故难于被任何思想内在地领会，其对于一种实在的思想是不可思议、不可理喻的。在这种情况下，艺术难以使自己构造的图像与对象达到内容上的一致性，无法以自身形式内在地揭示对象内容，而通常只能用一种曲折隐晦的方式进行表现。因此艺术对于情绪和超绝本体的最适合的表现方式是隐喻式的。其中情绪属于现实存在，没有内在形式；超绝本体则绝对超越现实存在的领域，有自身内在形式，而这形式不具现实性。我们这里所谓的隐喻风格特指对情绪的表现，且是通过理性思维方式进行的。这是因为实际的情况是迄今为止人类艺术的隐喻性表现基本是针对情绪领域的，且即便有针对其他对象（如超绝本体）的，其表现方式也必与针对情绪的隐喻风格相同。所以我们就艺术的隐喻性表现，就只讨论其对情绪的表现。总之，隐喻性表现的最适合表现对象是人类具体的情绪、激情，以及超绝本体自身，而我们这里所谓隐喻风格主要指艺术以理性思维方式对情绪的表现。

从严格意义上说，艺术家不可能对于情感进行内在表现，他甚至没有清晰认识到情感自身的形式。因此说艺术把情感包含在他的自身形式里面，这是错误的。当我们看到一幅画成功描绘一张充满恐惧的脸。我们会说这幅画表现了恐惧或者说描绘了恐惧，但是这样的表述其实是漫不经心的，而且是不准确的。在更准确意义上，我们只能说这幅画描绘了充满恐惧的脸，而不能说它描绘了恐惧。因为作品刻画的人物脸部线条与人们在经历某种恐惧时所具有的表情特征一致，这使我们认识到作品表明人物正在经历某种恐惧。但是这种认识并不是因为作品的形式与恐惧自身具有内在一致。任何一张恐惧的脸所具有的特征都没有将恐惧自身的形式呈现出来。绘画也只能描绘这样一张脸，而不能够描绘恐惧本身。音乐也是这样。当然并不是说这样的作品就不能够在我们心中唤起一种恐惧。事实上通过移情作用，通过作品对我们情绪能力的隐秘刺激方式，艺术家完全有可能在我们心中激发相应的情绪，而不必通过对情绪形式的描绘。

艺术对情绪的表现就是激发。激发情感与内在地表现情感不一样的地方，就在于后者必以对于情感自身形式的领会为前提且包含之，而前者则不必。艺术家无意让观众认识这种形式，他自己对之亦不甚了了，但他却掌握了能打开观众情绪之锁的秘密，知道以什么方式能激发什么样的情绪。通常，当艺术家通过作品在观众心中激发了某种他期望的情绪，我们就说作品表现了这种情绪，而这种表现只能是隐喻性的。

抒情艺术的价值，或它的美，不在于它所表现的情绪，而在于它表现了对于情绪的领会。人类情绪，无论是爱还是恨、喜还是忧，本身都不具有审美价值。艺术的真正价值在于创造或表现了精神的原初真理，而后者在情绪表现领域就属于对情绪的领会。艺术的情绪表现必然也包含对情绪领会的表现。无论绘画、音乐表现的是理性对于情绪的自由，还是理性被情绪淹没，都是我们领会情绪的方式。在自然状态，人们对于情绪无所领会，常常是无中介地被情绪牵引而行动。对于情绪的领会只属于精神的领域，这种领会就是精神根据自身生命的整体关联对于情绪的自主规定。比如在道德实践中，人们以理智规定情感，这就包含了一种情绪领会。人类的不同情绪领会其实就是自主地与情绪打交道的不同方式。精神的情绪领会包括抽象的和具体的，前者是用理性规定某种抽象的、一般的情绪，而后者则是将主体与某种具体的情绪实际连接起来，即情绪的激发。而一种抒情艺术必然表现了对于情绪的某种具体领会，必然要激发某种情感。艺术的美与被表现的普通情感无关，而只属于对情绪的领会，且在于情绪领会的原初真理性。一种抒情艺术的美也不在于其抒发的情绪，而在于其中得到表现的具体情感领会的原初真理性。

通常，当一件艺术品扣动人们情感之弦，使其情绪得到抒发、宣泄，人们就会把这种情绪的感动当做美感，而称作品是美的。其实这种评价是很含糊的。首先，抒情艺术试图在人们心中激发的、或它旨在表现的情感不是真实美感，更不是美本身。其次，能够成功地激发情感只是抒情作品之为美的必要条件而非充分条件。低俗作品也能激发情感，甚至可能在这方面更有力量，但并不美。抒情艺术的美只在于其表现情感的形式及这形式包含的领会。为了激发情感，艺术必须构成一种充分和谐的形式，而这种形式必定包含了一种具体的情绪领会。抒情艺术的美只在于这种领会和形式。这形式之美与所表现的情感完全无关。它首先在于形式的充分和谐，其次在于形式的原初性。形式的这种充分和谐乃是被其包含的情绪领会的真理性决定，而其原初性也是这种领会之原初性的表现。故抒情形式的美奠基于在其中得到表现的具体情绪领会的原初真理性。因此，抒情艺术之美，既不在于情感本身，也不在于其激发情感的能力，而在于其表现情感的形式，最终在于这形式包含的具体情绪领会的原初真理性（显然，这种美通常不是优美，且必与优美在形式上相互矛盾）。抒情艺术无论是表现情绪本身，还是表现对情绪的领会，这种表现都是隐喻性的。

抒情艺术要表现的情绪有如下性质：首先，它只是一般情感，而不是真实美感。一般情感或是由感官刺激直接导致的，或者来自某种效用领会。真实美感则是在审美经验中纯粹由精神的原初真理（原初想象的真理）带来的，而它一般不是艺术表现的对象。其次，艺术表现的情感必须是人类可以普遍具有的真实情感。诸如爱与恨、悲与喜、恐惧与迷恋等，都属于普遍的情感。即使艺术家只是在抒发个人情感，这种情感也必须是人类普遍具有的，而不是属于他的个别脾性甚至病态心理。因为只有一种普遍的一般情感才更可能引起共鸣。抒情艺术就旨在构造某种艺术形式以表现这种情感，从而引起受众的共鸣，激发他们产生这种情感。

总之，情绪是艺术的隐喻性表现最适合的对象领域。而纯粹优美之所以发现这个领域，也离不开其内在矛盾的推动。正是其内在的形式矛盾和实质矛盾，推动纯粹优美寻找一种既满足其对象表现要求，又能使其保持形式的绝对和谐以及永远的原初性要求的对象领域，而情绪正是这样的领域。

以上讨论的总的结论是，正是其内在矛盾推动纯粹优美确立一种隐喻性的对象表现方式，而这种隐喻性表现最适合的艺术体裁是音乐，最适合的对象领域是情感。纯粹优美的隐喻风格，正是为了在新形势下解决其内在的形式矛盾和实质矛盾，找到了音乐这种艺术体裁和情感这种对象领域。也可以说，这种矛盾推动这种艺术体裁和对象相互寻找，最后发现对方才是自己最适合的伴侣。

音乐对情感的表现，可作为艺术的隐喻性表现的典范。

首先，应当承认音乐的情感表现能力。音乐中的纯粹形式主义往往否定这种能力，但是应当承认这一理论与作曲家、演奏家和听众对音乐的实际感受相去甚远，后者使我们不得不承认音乐的确是可以表现情绪本身的，只是这种表现是隐喻性的。从古希腊以来人们就在试图用音乐表现情感。文艺复兴以来的音乐学者还非常详尽地探讨了如何用不同乐曲表现嫉妒、恼怒、憎恨、恐惧、爱情、悲伤、屈辱、谦虚、骄傲等情感，仿佛医生开药方一般。现代音乐学研究也表明音乐能够表现情感是不容否认的[1]。比如明亮的大调调性，迅速跳跃的拍子，较强的音响力度以及雀跃、飞奔的主题等，这些都清楚地表现了一种快乐的情感；而缓慢、拖沓的速度，虚弱、压抑的力度，阴暗的小调调性以及踯躅迟滞、萎靡不振的主题，也明显地表现了一种忧伤的情感。大和弦、小和弦和减和弦（比如 C 大调的大三和弦 C-E-G、小三和弦 C-降 E-G 和减三和弦 C-降 E-降 G），通常让人感到欢乐、忧伤和痛苦。减三和弦（如 C-降 E-降 G）表现出明显的阴暗、痛苦、焦虑的情绪，小三和弦则表现出一种悲伤、压抑之情，只有大三和弦（如 C-E-G）听起来则是让人愉悦的、稳定、安静的。一种让人感到快乐的旋律线，就像欢乐的说话声一样，具有高、响、快、迅速活动、跳跃等特征，就像我们从 Mozart 的

---

[1]　基维：《音乐哲学导论：一家之言》，刘洪译，上海师范大学出版社 2012 年版，第 34 页。

一些快板乐章所听到的。一种让人感到痛苦的旋律线，也如痛苦的说话声一样。音乐仿佛在尖叫、哭泣、呻吟，在不协和音程中瑟瑟发抖，在无规律的乐音切换中绝望地喊叫①，就像我们从肖斯塔科维奇、波坎尼等处在前苏联极权重压下的作曲家作品中所听到的。

其次，音乐的情绪表现还有其独特优势，因为音乐具有其他媒介不具备的可以直接在我们心灵中唤起某种激烈情绪的能力。一切艺术都有激发我们情感的能力，但是音乐在影响情感方面的能力则更直接、更迅速，而且也可能更强烈。视觉和语言图像激发情感通常是间接的，必须通过领会的中介。对于一种视觉对象，我们通常是在知道了它"是什么"之时才会产生强烈情绪反应。诗歌、小说和绘画对于情绪的激发通常也必须以我们对于作品的领会为前提。然而声音则往往让我们在知道这个"是什么"之前就产生了强烈的情绪。在冬天听到北风的呼啸就能感到寒冷彻骨，在黑暗中听到一种不谐和颤音就会感到恐惧，这些情绪的产生甚至在我们辨别出具体的声源之前。所以声音能够前领会地直接刺激我们自然品质中的情绪能力。这意味着音乐的情感激发具有前领会的直接性。所以音乐特别擅长激起一般情感，而音乐家们也充分意识到这一点。少量几节和弦就可以立即把我们投入到一种情绪中。通过激发听众的相应情绪，音乐使这种情绪得到具体表现。

最后，音乐对情感的表现是隐喻性的。音乐对于情绪的表现包括对于情绪本身以及某种具体情绪领会的表现，而这两种表现都是隐喻式的。（1）音乐对情感本身的表现通常是隐喻性的。音乐对于情感本身的表现通常是隐喻式的，这在于作曲家尽管能够创作出可以激发某种情绪的音乐，却从来未曾认识这种情绪本身的形式并对其以音乐的形式作出再现或描绘。古人就已观察到音乐的情感表现方式的神秘性。12世纪初，Guido of Arezzo 就形容音乐之美进入人心灵的过程是"不可思议的"，来自某种神秘力量。中世纪的音乐教科书《音乐手册》就表达了对音乐影响人心灵方式的困惑："音乐究竟以何种方式与我们的灵魂有着如此重大的一致与同一，我们难以言喻。"正如学者指出："音乐通过听觉，以一种看起来还不能解释的途径，直接影

---

① 基维：《音乐哲学导论：一家之言》，刘洪译，上海师范大学出版社2012年版，第37—38页。

响幻想力和情感，这种感动的力量也在这个时刻超过诗的感动力。"①音乐形式到底如何刺激我们的感受性并使之产生情绪的，可能是永远无法说明的秘密。当代音乐理论家 Kivy 将这种感受性比作"黑箱"。我们看到音乐的材料被输进去，而相应的情绪感受被输出来，但没有人能说清这里面到底发生了什么转化。音乐只能激发情感而不能描绘情感，不能表现情绪本身的形式，故音乐对于情感本身的表现只能是隐喻式的，所以也是不确切的，而它唤起的情感也是不确定的。这最终是因为音乐形式与情感形式没有确定和实质的对应关系，故前者无法描述后者。总结起来，音乐对情感本身的表现有以下特点：其一，这种表现不是再现性表现，是激发而非描绘，不具有意义和效果的确定性。尽管音乐家知道哪种音乐形式通常会激发哪种情感，但这种效果不具有确定性。一首悲伤的曲子写得再好也不是一定能让我们感到悲伤。其二，抒情性音乐旨在激发或表现的是一般情感，而不是美感。其三，与常识所认为的不同，一种音乐成功地激发情感的能力也与音乐的美毫无关系。正如 Hanslick 所指出，音乐不仅不能内在地表现情感，情感的表现也不能提供音乐的美学原则。②尽管音乐形式的美会带来审美快感，但后者不是一般情感。如果听众聆听一首音乐时其内心受到的激动远远超过了真实美感，反倒会在很大程度上遮盖音乐的美。这就是晚期浪漫派音乐受到诟病的原因之一。其四，当作曲家试图以音乐激发情感，通常意味着赋予音乐形式一种外在目的，从而损害形式的纯粹优美。（2）音乐对于情感领会的表现也是隐喻性的。这种领会包括抽象的和具体的。前者表现为对情感的态度或规定。后者在于构成一种关系形式而把主体和某种具体情感实际地连接起来以激发主体产生此种情感。但是音乐不仅不能够内在地表现情绪本身，也不能够内在表现人们对于情绪的领会，它对于情绪领会的表现也是隐喻式的。因为音乐表现思想同样是不适合的，它无法建立自身形式与所表现思想的实质对应和指称关系，所以它无法以自身形式实现对思想的描述、揭示。相反，语词具有与思想的指称关系，故语言适合描绘思想。因此语言对情绪领会的表现是内在的，只是这种领会是抽象的（只是把情绪作为一种抽象、一般的类进行

---

① 参考爱德华·汉斯立克：《论音乐的美》，杨业治译，人民音乐出版社 1980 年版，第 44 页。

② 参考爱德华·汉斯立克：《论音乐的美》，杨业治译，人民音乐出版社 1980 年版，第 30 页。

规定，并未实际地将要表现的情绪激发）；而音乐对情绪领会的表现则只能是隐喻式的，尽管这种领会通常是具体的（因为音乐的这种领会通常是抒情性的）。前一种表现可以达到意义的确定性，后一种表现则不可能。总之抒情性音乐对情绪领会的表现也缺乏意义的确定性。

可见，音乐对情感的表现，乃是最适合隐喻性表现的体裁与对象的结合，故可作为艺术的隐喻性表现的典范。

另外，艺术只有以理性思维要求的绝对和谐形式对于情感进行隐喻性表现，才构成纯粹优美的隐喻风格。音乐由于其媒介特性，最适合构成绝对和谐的形式，也最适合作为理性思维的自由舞台。因此，音乐最适于隐喻风格的情感表现。而一种以绝对理性方式表现情感的音乐，就是这种隐喻风格的典范。古典音乐的情感表现（如 Mozart、Beethoven 和 Mendelssohn 的一些带有抒情性的音乐），就是这样的典范。

（三）古典音乐的隐喻风格在其内在矛盾推动下的发展

艺术对于对象的隐喻性表现实际上也赋予了艺术一种除了单纯形式和谐之外的目的，这会限制艺术的形式构造的自由，在通常情况下会导致纯粹优美要求的形式绝对和谐的完全性被破坏，而这种结果也是由纯粹优美在形式上的内在矛盾导致的。在这里，这个内在矛盾转化为艺术的抒情性要求与其对一种具有完全的绝对和谐的形式的要求之间的矛盾。这就是隐喻风格的独特形式矛盾。隐喻风格由于其隐喻性表现而保持了永远的原初性，所以它的主要矛盾就是这个形式矛盾。在音乐中，这个形式矛盾就表现为抒情主题的自身统一性，与纯音乐的思想发展（体现理性思维之自由）的逻辑统一性直接冲突。这个冲突在形式上也应归结于充分和谐与绝对和谐的张力。因此，音乐如果要求达到抒情主题的自身统一性，就必然破坏纯音乐逻辑的统一性。反之亦然。

这种矛盾使隐喻风格为了保持形式绝对和谐的完全性，就必须将这种隐喻性表现限制在局部。隐喻风格的音乐就是这样。比如在 Mozart 音乐中，情感表现就始终被限定在局部，作品的整体形式仍然只服从音乐自身的理性思维的逻辑。的确，Mozart 有些作品明显旨在表现人类的情感。比如"唐璜"中被杀司令官的石像应约在唐璜的晚餐中出现的一幕，音乐就表现出了强烈的恐怖情绪。作曲家在母亲去世时写下的钢琴奏鸣曲，也表现了一种强烈的悲愤之情。但是 Mozart 说："一个人处在剧烈的心有愤怒之中就会冲破所有规则、分寸和本来的目标，他不能自制（音乐也就不能自制）。但是激情无论强烈与否，表现方式切不可招人反感。音乐即使表现最恐怖的情景也不要让耳朵受罪，而应令听者愉悦；换言之，不要不成其为音乐。"[1] 这表明在 Mozart 音乐中，形式的优美（其本质是绝对和谐）是第一位的，这种音乐必然追求形式绝对和谐的完全性，为此它必须把情感表现限制在局部，以使整体形式合乎这一理想。而这正是纯粹优美的古典风格与感怀风格的区别所在。在 Mozart 器乐中，整体形式从来不是被情感表现决定，而是仍然像在 Haydn 作品中那样，只根据作曲家的绝对理性的理想，因而充分保持了绝对和谐的完全性。与此相关，古典音乐一如古典雕塑，其对情绪的表现，重点不是抒发情绪或激发受众情绪，而是表现理性思维对情绪的领会，以此体现了理性精神的自由。这种领会才是音乐美的所在。领会包括理解和表达两方面。就 Mozart 而言，他的器乐的情绪主题，都充分表现了理性精神对情绪的理解，要么以理性思维对情绪进行规定，要么表现的是被理性思维规定的情绪。他的音乐表现了理性思维的尊严和权柄。这种理性思维的自由，也体现在音乐的单纯表达方面。比如歌剧 "Zauberflote" 中 Papageno 和 Papagena 的二重唱，表现的是下层人民的爱情。这种情感本身是极普通的，无所谓美，但 Mozart 的音乐表现却使其变得如此优美且高贵。这主要在于音乐的表达形式体现了理性思维的自由。Beethoven 交响曲对于其包含的愤怒、悲伤、欢乐和爱情的表现，也是以同样将情绪主题的发展纳入古典奏鸣曲的形式，也就是将隐喻性表现纳入整体的绝对和谐之中。在这里，音乐在整体层面追求的是乐思自身逻辑发展的统一，这本质上是理性思维的完全自由；而抒情主题只限于局部，没有获得自身统一的发展。

　　Mendelssohn 则在音乐的抒情性方面比 Mozart、Beethoven 都有进步。针对隐喻风格特有的形式矛盾，Mozart、Beethoven 的抒情性音乐基本上是以形式绝对和谐的完全性理想来统治抒情性，抒情性或隐喻性表现的自身统一性要求被抹杀，抒情主题被完全控制在局部以使之不致干扰整体的形式和

---

[1]　转引自 W. 希尔德斯海姆：《莫扎特论》，徐匡复等译，华东师范大学出版社 2011 年版，第 31 页（引文根据原文有所调整）。

谐理想。但是在 Mendelssohn 那里，抒情性或隐喻主题的表现开始要求自身的统一性，使艺术整体的形式和谐理想受到威胁。这也是隐喻风格必然的发展倾向。在艺术对更真实的对象表现的追求的促动下，抒情性表现不会永远满足于局部。相反，它会意识到古典风格强加给它的形式统一性对于它是完全外在的，而且构成了对它的自身发展的限制。这些将会促使抒情性表现要求一种自身统一性，而这将与艺术整体的形式和谐理想发生冲突。在这里，隐喻风格的形式矛盾就转化为抒情性或隐喻性表现的自身统一性要求与其对一种具有完全的绝对和谐的整体形式的追求之间的矛盾（这其实就是浪漫风格的内在矛盾）。这个矛盾构成了早期浪漫主义的二重性格（既着重情绪的抒发，又执着纯粹理性的形式），也构成 Mendelssohn 的隐喻风格的根本特点。

Schumann 曾经评价 Mendelssohn 是"十九世纪的 Mozart，是一位清晰地看到时代的矛盾并对其加以调解的最杰出音乐家"。一方面，Mendelssohn 的音乐追求抒情性或隐喻性表现的自身统一性。他意识到并发展了 Beethoven 和 Weber 的浪漫主义倾向。他的"无词歌"、一些交响曲（如第三、第四交响曲）和序曲都着重于对情绪和场景的隐喻性表现，且使这种表现具有了自身统一性，即以之构成作品的整体形式。比如他的"无词歌"和"苏格兰交响曲"的第一乐章，其整体形式即服从情感和叙事情节发展的逻辑。"苏格兰"交响曲以暗淡的色调表现北方灰蒙蒙的天空，让人感受到凛冽的寒风，"意大利"交响曲则有南国明媚的色彩，充满热情与活力。"芬格尔山洞"像一幅音乐风景画，描绘出苏格兰赫布里群岛的风光。这些音乐刻画都是隐喻式的，且表现出情绪和情节主题的完整发展。另一方面，他的音乐也追求一种具有完全的绝对和谐的整体形式。他严格坚持古典奏鸣曲的形式，因而与持更激进浪漫派立场的同时代人 Berlioz，Liszt 和 Wagner 颇有冲突。Berlioz 讥讽说 Mendelssohn 的保守性可能是因为"对于死人的音乐学习得过于认真了"。但是 Mendelssohn 对于古典形式的坚持也并非仅出于个人嗜好，而是因为他清楚地意识到隐喻风格的内在矛盾，认识到隐喻主题的自身发展可能导致对纯粹音乐主题的发展逻辑（这充分表现在古典奏鸣曲式的主题发展）的损害，从而使乐曲形式变得松散、紊乱。

Mendelssohn 旨在通过一种独特的高难度操作把这两种主题发展统一起

466

来，从而使音乐的隐喻性表现要求与其对一种具有完全的绝对和谐的形式的追求之间恢复了平衡，从而使隐喻风格得以维持。这种操作无非在乎两个方面：一方面，是努力使隐喻主题与纯音乐主题的逻辑发展同步。这要求对隐喻主题的发展，以及本来不适合隐喻主题的奏鸣曲式的逻辑，进行一种双向调整，使之达到某种统一。隐喻主题的发展，如音乐的情绪表现，可能会损害古典的奏鸣曲形式的发展。比如后者通常将高潮置于从发展部到再现部的过渡环节以保持整体结构的对称和稳定。但是对于情绪主题的发展来说，乐章最后的再现部不仅显得多余，甚至阻碍情绪发展的正常轨迹（其他隐喻主题也会遇到类似问题）。这种发展要求在乐曲最后达到高潮。Mendelssohn则是通过改变乐章各部分的结构平衡。发展部到再现部的转变可能不是那么显著。再现部的旋律也有所改变而不是对呈示部的简单复制。这就使高潮在乐章结尾的出现合乎纯粹音乐的逻辑。另外情绪主题的发展也因应这种音乐逻辑作出了调整。这使得在他的交响曲和序曲中两种主题发展很好地重叠或融合在一起。另一方面，他还通过两种主题发展的交织，使被纯交响逻辑的进程隔断的隐喻主题发展穿越古典曲式的形式成分得以持续。比如在"苏格兰"交响曲中，在第一乐章，隐喻主题与奏鸣曲的曲式展开同步且重叠，且这一主题以变化的形式在其余乐章出现，而且 4 个乐章的演奏是不间断的，这就使这一主题的发展穿越古典曲式的形式成分获得自身统一性，使整部作品更像一首交响诗。正如乐评家 Vitercik 所评价的，Mendelssohn 这种努力"将'外在形式'的动态轨迹吸收到主题的逻辑展开中"，而这其实就是将音乐被隐喻性表现赋予的外在目的规定的形式，与合乎音乐内在本性的、作为绝对理性的绝对自由之产物的完全的绝对和谐形式很好地统一起来，从而使隐喻风格的内在矛盾双方在一个新的层面达到平衡。大多数音乐家对他的评价是矛盾的，一方面人们（大概只除 Wagner 之外）高度赞美他的天才，另一方面对他的音乐形式的保守性感到不满。他开启浪漫主义之先声，却以严格的古典形式将浪漫因素包裹在其中。

不过，Mendelssohn 的这种高度技巧化的统一，并没有真正消除音乐的隐喻风格带来的根本矛盾，即音乐的隐喻性表现的自身统一性要求与其对一种具有完全的绝对和谐的整体形式的追求之间的矛盾。艺术本有的更真实表现对象的要求促使这个时代的音乐发生了不可逆改的转向。音乐家们逐渐把表现情绪、事件和场景当成音乐的首要目的。但是这种表现与交响思维存在着本质冲突，其在整体形式层面的进行必然导致古典交响曲的理想和谐被破坏。这个矛盾决定 Mendelssohn 的努力注定是失败的。在他的交响曲中，隐喻主题与交响思维的发展的冲突仍然存在，且两方面的发展相互掣肘。交响思维的自由展开受到抒情的歌唱性旋律束缚（情绪的自身发展会限制交响思维的自由，且这种旋律太长不适于作交响处理），情绪主题的发展又被交响思维牵制。他所达到的走钢丝般的高超平衡技巧，也无法被后人继承。后来的音乐家们，要么把他的艺术发展为虚情假意的感怀的学院派形式主义，而这种音乐是没有生命力的；要么放弃他的努力方向，让对象表现主题的进行主导音乐的发展，从而完全突破古典的形式，这就是 Berlioz、Chopin、Liszt 和 Wagner 等后期浪漫主义音乐家的路线，而这才代表了音乐真正的发展方向。

无论是否符合人们的喜好，隐喻风格自身的内在矛盾都会推动其向含蓄风格和浪漫风格转化。隐喻风格的形式矛盾是被恢复的对象表现与形式绝对和谐的完全性的矛盾。隐喻风格基本是将对象表现限制在隐喻性的、局部的表现领域，从而使矛盾双方达到暂时的平衡。但是实际的对象表现一旦出现，就会要求更真实地表现对象。它会追求具有意义确定性的、整体的表现。这最终将促使纯粹优美进入再现性的、整体的对象表现领域，正如古典音乐的实际发展所表明的。这最终将导致隐喻风格的矛盾平衡被打破，及隐喻风格的自身瓦解。在这里，是隐喻风格自身形式矛盾的发展推动其对象表现的内在化和自身统一，最终导致隐喻风格向含蓄风格和浪漫风格的转化。

四、含蓄风格

在 Haydn 的自足风格，纯粹音乐由于摆脱了现实指涉，结果是自己成为无对象的，因而它要重新获得它的对象。对象领会是一切思想的、也是美的本然要求。后者在纯粹优美风格是不断发展且愈益强势的，赋予美对于更真实的对象表现的追求。这种发展不仅促使纯粹优美从自足风格的无对象表现过渡到实际的对象表现，而且促使其从隐喻性表现过渡到再现性表现。它由此导致纯粹优美的矛盾转化，以此推动这种风格的发展。

在纯粹优美的内在矛盾中，理性思维的主观自由是规定性的、主要的方面，但对象表现要求是更积极、主动的方面，后者的发展构成这个矛盾发展的动力，推动形式矛盾和实质矛盾的转变。其中推动自足风格向隐喻风格转化的，主要是形式矛盾的发展，而后者亦将推动隐喻风格向含蓄风格的转化。纯粹优美的内在矛盾还包括基本矛盾和派生矛盾两个层面。后者在形式矛盾中就是：一是对实际对象表现的否定与这种表现要求的矛盾；二是被恢复的对象表现与形式的绝对和谐的矛盾。这也就是基本的和派生的形式矛盾。其中，主要是这个基本的形式矛盾推动纯粹优美从自足风格向隐喻风格转化。而推动隐喻风格向含蓄风格转化的，则主要是派生的形式矛盾，即被恢复的对象表现与形式的绝对和谐的矛盾。

在这个纯粹优美的派生矛盾中，更积极、主动的方面也是对象表现方面，最终是后者的发展促使隐喻风格转型。一旦对象表现（首先是在隐喻风格）成为实际的，它就会追求表现或领会的更大真实性。后者包括量的方面和质的方面。这种真实性在量的方面就是表现的意义确定性，在质的方面在于这种表现包含了对对象真理的充分、深刻和本质的理解。推动隐喻风格向含蓄风格转化的，最终是其中对象表现对于量的更大真实性即更大的意义确定性的追求；而推动含蓄风格的内在发展的，则最终是对象表现对于质的更大真实性即对对象真理的更充分、深刻和本质理解的追求。

隐喻风格本质上是在其内在矛盾发展的推动下，向含蓄风格转化。而导致这种矛盾发展的，是隐喻风格的对象表现对于更大的意义确定性的要求。这个要求是美的真理要求的表现。它既植根于思想的本性，亦植根于美的本性。首先，思想的本性使纯粹优美不会满足于这种隐喻性表现，且这种隐喻性表现也不是思想领会对象的自然方式。思想本然地要求成为真理，且它的本原存在方式是对象领会，它旨在通过这种领会使自己为真。因此这个对象领会总是希望自己能够内在地包含对象真理，也就是使自己的形式达到与这真理形式的某种同一。它渴望获得对象的确定意义。这就使得艺术的所有隐喻性表现方式，包括隐喻风格和感怀风格等，都不会给精神带来一种终极的满足。因此，这种渴望将推动隐喻风格逐渐过渡到一种再现性表现（只有这种表现才可能具有意义确定性）。其次，美的本性也使纯粹优美要求对象表现的意义确定性，使其不会满足于这种隐喻性表现，而是必然否定之，进入再现性的、内在的表现。美的本原存在论目的，或其本原的存在意义，是诱导对于对象原初真理的占有，以达到精神的成长。隐喻性表现由于不包含对对象真理的确定领会，就使我们无法通过对于这种表现的领会来实现对于对象真理的占有。但是如果美不能达到对于对象真理的具有意义确定性的表现，那么在存在论上它的表现和它本身都是失败的。因此，美的本性及其存在论目的，都促使纯粹优美逐渐脱离对于对象的隐喻性表现而转向一种再现性表现。

这种对象表现的发展必然导致对纯粹优美的内在矛盾的重构，从而推动纯粹优美的继续发展。首先，再现性表现给纯粹优美的形式矛盾带来了新的威胁。再现性表现在于使表现方式与表现对象达到形式统一。一种基本的、而且是充分的再现性表现就是内在表现。① 所谓内在表现，指的是思想通过以自身形式再现、模仿对象形式从而使对象真理得以被领会和表达；在这里表现方式与表现对象达到形式的内在统一或同一。显然，隐喻性表现无法达到这种同一。而且与造型艺术和语言艺术相比，音乐由于其媒介的独特性，在对于现实对象的内在表现上遇到更大的困难。这种内在表现加剧了纯粹优美的形式矛盾。因为它不仅（同隐喻性表现一样）赋予纯粹优美一种外在目的，而且赋予其一种外在根据，使对象的自然形式成为艺术的形式根据，因而更致命地威胁到绝对理性的主观自由及其形式绝对和谐的完全性。由于这一矛盾，纯粹优美同样不得不将内在表现限制在局部以求在整体层面维持形式绝对和谐的完全性，以重构矛盾双方的平衡关系。我们称这样被规定的内在表现为含蓄的，而由此形成的审美风格为含蓄风格。在此意义上，含蓄风格也是在纯粹优美的形式矛盾推动下形成的。在它这里，这个矛盾就表现为被恢复的内在对象表现与形式绝对和谐的完全性的矛盾。其次，再现性表现复苏了纯粹优美的实质矛盾。隐喻风格通过否定对象表现的意义确定性而保持了永远的原初性，因而美的实质矛盾在这里得到了较完美的解决。但再现性表现的恢复使美重新具有了意义确定性，尤其是内在表现将使美与对象真理达到内容和形式上的同一。这将威胁到纯粹优美的永远原初性。因此再现性表现使纯粹优美重新陷入其实质矛盾。由于这一矛盾，纯粹优美也不得不

---

① 再现性表现也有外在的。在这里，表现方式与表现对象没有达到形式同一，故这种再现性表现是不充分的。

将内在表现限制在局部，以求在整体层面保持永远的原初性，由此建立实质矛盾的统一。这种矛盾解决方式也是含蓄风格得以形成的根据。在此意义上，含蓄风格也是在纯粹优美的实质矛盾推动下形成的。在它这里，这个矛盾表现为被恢复的内在对象表现与永远原初性的矛盾。

总之，含蓄风格是在纯粹优美的形式矛盾和实质矛盾推动下形成的。它使这两种矛盾达到新的统一，而其措施本质上都在于将对象表现限制在局部，而将整体层面仍完全留给理性思维的主观自由，遂由此重建了纯粹优美的真理性和主观自由的矛盾统一。

含蓄风格包含纯粹优美的形式矛盾和实质矛盾，且在其矛盾下继续发展。我们还可因其表现对象的不同，将含蓄风格区分为婉约风格和雄壮风格。前者表现的是现实的对象，后者则旨在表现一种超现实、超理性的对象，也就是超绝的本体。含蓄风格的发展表现在婉约风格向雄壮风格的转化。这种转化主要是由含蓄风格的实质矛盾推动的。

（一）婉约风格

纯粹优美的婉约风格，旨在以一种具有完全的绝对和谐的形式进行对于现实对象的内在表现。婉约风格是在纯粹优美的内在矛盾发展的推动下形成的。其中作为矛盾的更积极方面推动矛盾自身发展的，是纯粹优美的真理要求，后者规定美的对象表现对于意义确定性的追求，促使纯粹优美否定隐喻风格，向再现性的、内在的表现转化，从而导致与纯粹优美要求的形式绝对和谐的完全性和永远原初性的冲突。于是纯粹优美只能将这种对象表现限制在局部，将其整体存在仍交付给理性思维的主观自由，从而建立起二者新的矛盾统一。婉约风格就是由此形成。

婉约风格也包含其内在的形式矛盾和实质矛盾，这二者都是纯粹优美的存在论矛盾的变型。

婉约风格的形式矛盾就是被恢复的内在对象表现与形式绝对和谐的完全性的矛盾。婉约风格一方面致力于对现实对象的内在表现，另一方面旨在构成一种具有完全的绝对和谐的形式，而这两个方面的必然冲突就构成婉约风格的内在形式矛盾。对于现实对象的内在表现包含一种内在领会。这种领会要求自身形式与对象形式达到某种同一，而这通常会导致对象的自然形式对纯粹优美所要求的形式绝对和谐的完全性的损害。因为现实对象的自然形式通常不具有绝对的和谐，当纯粹优美要内在地表现这种形式，就不能不使自己的形式理想受到冲击。在这种情况下，婉约风格为避免纯粹优美在整体形式层面上的瓦解，就只能将对象表现限制在局部，而其在整体形式层面仍是理性思维之完全的主观自由的王国。结果是这种对象表现没有获得形式上的自身统一性，唯理性思维的主观自由具有这种统一性。

婉约风格在音乐中处于次要地位，在诗歌、造型艺术中可能更常见。抽象的造型艺术就常常是把整体形式的完全抽象与局部的对象再现统一起来。比如中世纪装饰艺术的整体形式否定了对象表现，完全只为达到纯粹的优美，但局部往往仍可辨识出某种对象描绘。那时期的教堂的门窗的装饰、豪华的《圣经》装饰图案以及世俗的装饰艺术，整体形式常常都是完全抽象的，不同颜色和形状的线条扭动着相互交织缠绕，构成错综复杂的结构，具有对称、均衡、稳定与和谐的整体形式，符合纯粹优美的理想。但是如果仔细辨认，往往可以从局部看出一些动植物和人类的形象，而这种形象也是高度抽象化的。20世纪的抽象造型艺术也与此类似。比如 Mondrian 和 Kandinsky 的抽象画，也常常包含了在整体形式层面的完全抽象和完全的绝对和谐，以及局部的简洁对象描绘的统一。因此这类艺术都包含了整体层面的形式绝对和谐与局部的不同程度对象表现的统一。

婉约风格在音乐中未曾获得重要地位是因为音乐的特性不适合对于现实对象的内在表现。尽管古往今来都有不少音乐家致力于以音乐描绘现实事物，但这其实是基于对音乐本质的误解，且通常情况下这种描绘其实没有达到音乐家所追求或以为已达到的内在表现，而仍然停留于隐喻性表现。音乐的婉约风格同样致力于整体层面的形式绝对和谐与局部对象表现的统一。无论是像 Vivaldi 那样用音乐描述景物和情节，或是像 Mendelssohn 用音乐描绘风土人情，还是像 Debussy 用音乐表现色彩，这种表现最终都是隐喻式的，并不能真实再现对象的结构。真正谈得上内在表现的音乐，通常只限于对自然声音的模仿，比如 Beethoven 第六交响曲中对鸟鸣、雷电的声音模仿。Bach 的音画法通过用声音结构模仿事物过程，有时也做到了一种内在表现。音画法的目标是以声音进行图像化描绘。比如在 b 小调弥撒中，他让两个歌手演唱相同的旋律，但又让二者有细微差别，而且一个声音跟随另一个声音，且以严格的卡农方式模仿，以象征信徒之跟随上帝。他在为"十诫"

作的经文曲中，用双主题的竞逐结构再现虔诚的信徒谨遵基督教诲的形象，用 10 次重复的结构隐喻十诫。但是大多数情况下音画法达到的实际效果仍然是隐喻式的。比如在 b 小调弥撒中，他还用下沉的动机表现道成肉身，用上升的动机表现基督升天；在"圣灵感孕"一节，象征圣灵的动机始终在开始的固定音高附近漂浮，似乎是圣灵在找寻一个它能够进入的肉身；在"上帝成为人"中，这个动机下沉到一个不安的结束句上，以表现上帝降生到苦难的人间，最后这个下降的动机在低音部重现。Bach 试图以这种方式描绘道成肉身的教义。但是实际上这并不能真正让听众仅仅从音乐中就获得对道成肉身的领会，所以音乐在这里对教义的表现其实是隐喻式的。当音乐努力表现故事情节、描绘场景和事物外形时，它是在从事一种不适合的工作。即使它对这些事物的内在表现，其实也不过是在以蹩脚的方式来做文学和绘画的工作。比如一个天才作曲家用音乐讲的故事，还不如一个拙劣的街头说书人讲的清晰、生动和具体。正如 Hanslick 所说，当音乐家试图这么做时，他就站在了错误的立场上[①]，他使音乐离开自己本性擅长的，而成为其他艺术的蹩脚代庖者。音乐对于现实对象的内在表现，无论成功与否，都对纯音乐主题的发展造成冲击。因此音乐的婉约风格，同样必须将这种表现限制在局部，以保持整体形式的绝对和谐不受损害，从而使其形式矛盾的双方达到统一。

　　婉约风格的形式矛盾是处在发展中的，这种发展推动婉约风格向其他审美风格的转化。婉约风格建立的矛盾统一，并未达到真正的稳定性，它必将被对象表现的进一步发展打破。在这里，对象表现的内容被限制在局部，对象主题的自然发展被绝对理性的整体形式隔断而失去连续性、且被其束缚而无法充分展开自身的逻辑，使对象表现的内容无法获得自身统一性。但是婉约风格的对象表现是处在发展中的。它对于更真实表现的要求必然转化成对整体形式层面的对象表现要求，从而促使这表现从局部进入整体层面，于是对象表现的内容获得自身统一性。这一发展最终将导致绝对理性的自身统一被破坏，形式绝对和谐的完全性被摧毁。于是婉约风格的矛盾统一归于解体，而婉约风格亦随之瓦解，取代它的是写实风格和晚期浪漫风格。因此婉

---

① 　参考爱德华·汉斯立克：《论音乐的美》，杨业治译，人民音乐出版社 1980 年版，第 57 页。

约风格自身形式矛盾的发展，最终导致婉约风格向晚期浪漫风格和写实风格的过渡。

婉约风格的实质矛盾是被恢复的内在对象表现与永远原初性的矛盾。隐喻风格对于纯粹优美的实质矛盾给予了一个合理解决。但是当纯粹优美重新转向对现实对象的内在表现时，必然再度遭遇这个实质矛盾，即对象表现与永远原初性的矛盾。这是因为通常现实存在的本质基础是概念，如若美重新把一种现实的存在作为内在表现的对象，那必然导致其最终被概念化而丧失原初性。一种审美的内在领会就是主体通过与对象的实际连接而从对象汲取生命养料的活动，且它就是这种连接的方式和从中汲取的内容。它旨在达到对对象真理的占有。一种现实对象的真理总是有限的，且通常就是概念。因此对它的内在领会只具有有限的意义可能性，且最终会被概念化，所以不可能具有一种永远的原初性。所以在婉约风格中，被恢复的内在对象表现必然陷入与永远原初性的矛盾。对于这个矛盾，婉约风格的处理依然是将对象表现限制在局部，而在作品形式的整体层面则否定了对象表现，仍保持理性思维之完全的主观自由，因而使纯粹优美保持了永远的原初性。中世纪和现代的抽象绘画，往往都是将再现性表现限制在局部，而其整体形式则否定了对象表现，没有确定意义，故保持了永远的原初性。Beethoven、Mendelssohn等人的描述性音乐，对再现性表现的处理方式乃与此一致。于是婉约风格就通过将局部的对象表现与整体层面的永远原初性统一起来，重构了纯粹优美的实质矛盾。

婉约风格构建的实质矛盾的统一也不具有真正的稳定性，而也是处在发展中的，并推动婉约风格向其他审美风格转化。其中对象表现是矛盾的更积极主动方面。因为对象表现或领会依其本性必然要求更大的真实性，这推动对象表现在形式和内容两个维度上发展：一是在形式上从局部表现向整体表现发展；二是在内容上深化、拓展对象真理的领域。这种发展都将导致实质矛盾的重构，从而推动婉约风格的转型。

首先，在婉约风格中，再现性表现从局部领域向整体领域的发展，通常会打破实质矛盾已有的统一。婉约风格将对象表现控制在局部，但对象表现的发展必然使它打破这种控制，上升到整体层面，以获得自身统一性。然而对于现实对象的内在表现一旦获得自身统一性，就必然破坏美在整体上的永远原初性。这是对于纯粹优美的实质矛盾的消极解决。这种解决导致纯粹优美的最终解体。音乐中的婉约风格向晚期浪漫风格的转型，就体现了这种矛盾发展。

其次，再现性表现对于对象真理领域的深化、拓展，也给实质矛盾的解决指出了一个新方向。一方面，一种自由美不会放弃对永远原初性的要求，所以不会满足于对实质矛盾的消极解决。另一方面，对现实对象的内在表现必然导致对永远的原初性之破坏。因为现实存在的本质基础是概念，如若美重新把一种现实的存在作为内在表现的对象，那必然导致其最终被概念化而丧失原初性。面对这一矛盾，自由美为了保持自身，就不能停留在对任何现实事物的内在表现，而是必须寻找新的对象领域、深化对对象存在的领会。正如西方古典音乐的发展表明的，这种对象表现的发展最终推动纯粹优美走向对一种超现实对象（即生命和自由之本体）的内在表现（后者的本质是一种具体的本真领会或觉悟）。婉约风格的内在表现如果要保持永远的原初性，就必须拓展、深化所表现的对象真理的领域。它必须进入一个超越现实性的全新境域，即超绝真理的境域。这是一个绝对超现实的境域，也是真正的绝对和无限。美的内在表现只有以这样一个境域为对象，才能既使对象表现达到意义确定性，又保持美的永远原初性，从而使纯粹优美乃至自由美一般的实质矛盾得到一种积极解决，且这种解决具有最高的稳定性（比较隐喻风格）。因此，正是纯粹优美的实质矛盾推动美转向对超绝真理的表现，从而使纯粹优美向本真的美转化。这也意味着婉约风格的瓦解。

在西方音乐发展中，影响更大的是后一种发展。西方音乐在以后的发展中，其内在表现逐渐脱离婉约风格的现实性，而转向对某种神圣绝对者的表现。这个绝对者就是一个绝对超现实的或超绝的本体。

一种美若是内在地表现超绝真理的（这种表现也必定是具体且自觉的），我们就称它为本真的美。但是纯粹优美向本真的美过渡，将给其形式矛盾的统一带来挑战。通常情况下，对于对象真理的内在表现都会损害纯粹优美要求的形式绝对和谐的完全性。这在本真的美更是如此，因为超绝真理彻底否定形式的绝对和谐，故对它的内在表现直接与后者冲突。因此这种过渡很可能破坏纯粹优美的形式矛盾的平衡并由此最终导致纯粹优美的瓦解。于是为了保持整体形式的纯粹优美，含蓄风格就必须将对超绝本体的内在表现限制在局部。它在此基础上，就将这种对象表现与形式绝对和谐的完全性统一起来。这种统一也是纯粹优美和本真的美的统一，同时亦是两种矛盾的统一。这种矛盾解决导致了一种新的审美风格的形成。我们称之为雄壮风格。它在形式上与婉约风格完全一致，其区别仅在于表现对象的不同。雄壮风格因其表现的对象就是本体自身，是精神生命的绝对自否定运动，是自由的艰苦卓绝的抗争，所以这种风格比之局限于现实领域的婉约风格，凝聚了伟大意志、深刻的痛苦和真正的崇高，因而才成其为"雄壮"。雄壮风格的美就是在整体的纯粹优美中得到表现的本真的美。它是在含蓄风格的两种内在矛盾共同推动下形成的。

总之，纯粹优美的含蓄风格既包含形式矛盾，也包含实质矛盾。它就是在这两个矛盾推动下继续发展，并在两个方向上导致对婉约风格的否定。首先其形式矛盾推动这种风格将对象的内在表现提升至整体形式层面，最终导致婉约风格在形式上瓦解，过渡到浪漫风格和写实风格。其次在这里，对更大真实性的要求还促使实际的对象表现不断深化、拓展其对象真理的领域。在含蓄风格的实质矛盾中，这种趋势促使纯粹优美转变到对一种超现实、超理性的神秘本体的表现。这种实质矛盾的发展，与含蓄风格的形式矛盾的作用结合，共同推动婉约风格向雄壮风格过渡。

（二）雄壮风格

含蓄风格内在的实质矛盾和形式矛盾共同推动其从婉约风格向雄壮风格转型。而在这两种矛盾中的积极和能动的方面都是含蓄风格对于更真实对象表现的要求。这种对更真实对象表现的要求不仅是形式上的（只涉及表现方式与表现对象之关系，包括隐喻式的与再现式的、局部的与整体的），而且是实质上的（涉及表现方式与表现对象之各自的内容，包括对象之现实性或超绝性，领会之概念性或原初性）。在其中，主要是后者推动含蓄风格的矛盾发展。它促使含蓄风格拓展、深化对象真理的领域，使其从现实存在进入超现实的神秘本体的领域，从而导致含蓄风格的实质矛盾的重构，使纯粹优美向本真的美过渡。另外，含蓄风格仍然坚持纯粹优美的整体形式理想，故将这种对象表现限制在局部，因此仍得以保持其形式矛盾的统一。含蓄风格由此实现了纯粹优美和本真的美的统一，从而过渡到纯粹优美的雄壮风格。因此含蓄风格的两种内在矛盾推动其从婉约风格向雄壮风格转型。

　　其中实质矛盾是推动这种转型的主要力量，它推动含蓄风格向一种本真的美转化。含蓄风格的实质矛盾就是被恢复的内在对象表现与永远的原初性要求的矛盾。后者在这种内在表现是针对现实存在时，无法得到稳定解决，所以这个矛盾始终处在发展中。一方面，这种对象表现是发展的，它会不断深化、拓展其对象真理的领域。另一方面，永远的原初性要求也规定这种发展，将其引向满足它自己的方向。这两方面共同促使含蓄风格将其对象表现从现实存在转移到超现实的神秘本体的领域，从而为实质矛盾的双方建立一种稳定的统一。审美领会若是自觉针对这个本体的，就是一种具体和自觉的本真领会，它之为美就是一种本真的美。只有这种本真的美，才给予含蓄风格的实质矛盾一种积极稳定的解决。在此意义上，正是这个实质矛盾推动纯粹优美向本真的美过渡。

　　只有在本真的美，自由美的两个矛盾方面，即对象表现要求与永远的原初性要求，才建立起一种稳定的统一。一种具体的本真领会，不仅使对象表现对于真实性的要求在质（通过向超绝真理领域的拓展）和量（通过意义确定性之获得）上都得到最大满足，而且由于它建立了自身与超绝真理的本真连接，故得以承接这真理的绝对性和无限创造性，遂从两方面确保自身的永远原初性。一方面，由于超绝真理本身是无限和绝对，因此对于它的内在和确切的具体领会也不能穷竭其内容，所以这种领会也具有永远的原初性。因为一种具体领会要求与对象的实际连接，而它作为有限的现实与作为无限和绝对的超绝真理的实际连接，就如同将一枚小铁钉固定于一颗行星表面或是用一支针管去抽太平洋的海水，故每一次连接所获取的对象内容都是不同的，也就是说这种连接具有无限可能性。本真的美，作为一种具体的超绝领会，将自己与这个无限和绝对实际连接起来，而它由于这对象的特点，故即使它在形式方面成为内在、确切和必然的，它从这种连接中获得的内容亦必具有无限可能性。这使它的美具有了永远的原初性。另一方面，这种具体的本真领会还通过与超绝真理的实际连接而承接了本体的无限创造性。超绝真理的绝对性和无限性在现实层面就展开为自由的原初创造之不可穷尽。具体的本真领会通过与超绝真理连接，就使自身对后者的无限创造敞开并将其接纳。它自己就成为本体的无限创造活动的所在。故即使它对对象（在这里即超绝真理自身）的内在、确切和必然的领会，其内容也仍具无限可能性。这也使它的美具有了永远的原初性。这种具体的本真领会其实是自己委身于本体自由自身的无限创造，而这种创造是为了呈现本体自由自身的真理。这里本体自由就是通过这种创造表现它自身的真理，表现它的超绝性、绝对性和无限性，并把这种真理特征作为具体的自我呈现的追求，所以这种呈现必然具有无限的意义可能性。具体的本真领会就是本体自由（通过个人进行的）对于自身的自觉直观，而这种直观是处在无限创造中的，就是一个生生不息的自我创生运动。总之，本真的美既忠实表现了对象真理，又保持了自身永远的原初性。只有在这里，自由美的对象表现要求与永远的原初性两方面才形成了一种稳定的统一关系，其实质矛盾才得到最终积极的解决。总之在最根本意义上，正是这个实质矛盾推动纯粹优美最终转向超绝真理的具体内在表现领域并过渡到本真的美。

另外，这种对象表现向超绝真理领域之深化，还通过真实美感及某种对神秘本体的模糊意识得到保障。真实美感就是主体对在原初领会中与自身生命达到本真连接的本体自身的情绪感知。在这里，主体是以情绪而非通常意识确认本体的在场。这种本真连接和情绪共同构成一种对于本体的独特的"看"或直观。所以真实美感就对领会构成一种实际存在的暗示，引导领会去认识情绪已经"看"到的。除了这种美感，我们也能通过意识的余光"看"到这本体的在此，我们通常都保有对这本体的模糊意识。这种意识尽管模糊，但亦能对一种自觉的本真领会的形成起到暗示作用。总之这种感知和意识尽管是隐晦的，却能确认和确保领会的对象就是超绝本体，且始终默默地将美引向对本体的内在表现。这种引导与美的实质矛盾的推动相结合，促使纯粹优美逐渐转向对超绝真理的具体内在表现。不过处在本真直观中的这种"看"本身具有沉溺性，以致人在真正"认出"这绝对本体之前就已坠入它的激流之中，故这本体对于我们始终是匿名的。另外这种本真连接是易断裂的，这个本体也总是易滑落的，我们从来就没有将它抓牢过，故它总是在倏忽之间就消逝在情绪和意识的虚无中。但是天才艺术家必定比我们更经常和强烈地直观到那作为超理智、超现实原理的自由之本体，感知到这本体的绝对性、无限性和创造力，且他只有在这种直观之中才能获得无穷创造性。他心弦更经常和强烈地被这本体触动，也努力使思想听命于后者之意志、成为其体现。但是在通常情况下，艺术家尽管"看"到了这绝对本体，却并未真

实地"认出"它。所以在天才的创作中，这本体通常仍然是匿名的。Haydn
的自足风格就是如此。在这里，纯粹优美突破现实、有限的东西，试图表显
无限，但这种表显是自在的，没有把无限作为一个对象向意识清晰地呈现出
来。对于 Haydn 而言，这个本体只是在情绪中呈现，在乐思中隐秘地在场，
却始终没有被"认出"，所以他只是满足于本体通过乐思呈现的优美形式，
而对本体一无所知。然而当这种对于本体的情绪感知最终发展为对本体之在
场的清晰意识，艺术就产生了将本体内在地表现出来的渴望。Mozart 的神
秘风格就是如此。但是在这里，艺术家只是意识到绝对者的在场，还没有真
正把握其存在内容，因此他的领会还没有达到结论。因为这个无限其实对于
他是消极的，它只是对现实有限性的否定，是一个抽象的虚空，其真实面目
还完全没有呈现出来。在这里，美渴望抓住这个绝对，却始终抓不住。故这
种意识是神秘的。总之，迄今为止，美未能将那种超现实的真理内在地表现
或揭示出来。然而在 Haydn 的自足风格中被情绪感知，在 Mozart 的神秘风
格中被神秘地意识的神圣存在，却在 Beethoven 的雄壮风格音乐中，突然将
自己的内容充分暴露在反思意识的光照之下。那以前只是被隐秘地感知或模
糊意识到的，现在终于被清楚地"认出"。于是一种本真的美终于从纯粹优
美发展出来。

　　含蓄风格的形式矛盾在雄壮风格的形成中所起的作用也是不可或缺的。
实质矛盾在推动含蓄风格向本真的美的过渡中起到了关键作用，而雄壮风格
的形成还有待于本真的美与理性思维的形式理想的统一。本真的美旨在内在
表现超绝真理。但是通常情况下这种表现会打破纯粹优美要求的绝对和谐形
式，所以向本真的美的转化往往最终导致纯粹优美的自身瓦解。于是含蓄风
格为了保持整体形式的纯粹优美，就必须将对超绝本体的内在表现限制在局
部，所谓雄壮风格就是由此形成。这种雄壮风格的美就是在整体的纯粹优美
中得到表现的本真的美，是纯粹优美和本真的美的统一。故它是含蓄风格的
两种内在矛盾共同作用的结果。

　　这种纯粹优美的雄壮风格，在音乐中得到最佳表现，而尤以 Beethoven
的交响曲为其典范。这从根本上说，是因为音乐这种艺术体裁的独特性，使
它对于雄壮风格包含的实质矛盾和形式矛盾都能作出妥善处理。这在于：
（1）声音作为表现媒介与现实对象的距离，不仅使它为理性思维的形式构造

打开了一片完全自由的国土，而且使音乐思想可以更直接、更纯粹地表现超绝本体。音乐思想，因为这种媒介特性，就否定了与概念的粘连关系，故是一种独特的非语言性的思想。正如 Hanslick 所说："音乐永远不可能'上升为语言'——从音乐的观点看，其实应该说是'下降'——因为音乐显然该是一种提高了的语言。"① 这种特点，使音乐思想既能保持理性思维完全的主观自由，又适合表现超绝本体，从而将纯粹优美和本真的美统一起来，而纯粹优美的雄壮风格正建基于此。（2）音乐本身具有时间和运动特性，它构成的是一种动态图像，这使它更适合表现运动、生命和自由，所以更适合表现这个本体，因为这本体就是自由的究竟本质。这些特点使音乐既能进入本真的美之境域，使美的实质矛盾得到一种积极稳定的解决，又最适合构成纯粹优美要求的绝对和谐形式，从而使含蓄风格的形式矛盾亦能得到积极解决。因此纯粹优美的雄壮风格之最佳体裁是音乐。进一步论之如下：

第一，音乐艺术的独特性，决定音乐可以最直接、最纯粹地表现超绝真理。音乐尽管在表现现实事物方面存在先天的不足，但是在表现超绝真理方面，却有独到的优势。声音作为表现媒介与现实对象的距离，使音乐的思想和表达得以否定与现实的粘连关系，从而完全摆脱了概念、理性的限制。

这首先使音乐可以更直接地领会和表现超现实的本体。在这里，音乐的内在表现在针对现实对象时的劣势，却转化成为针对超绝对象的优势。这个超绝对象就是本体自由，是自否定与自维持运动的统一，因而有其自身形式。但是视觉图像、语词、符号都由于与现实事物及其概念的粘连而无法直接呈现这个形式。这使得造型艺术、文学等一方面只能通过对这些具有现实指涉的表象的营造来描绘本体自身的形式，另一方面其领会必须穿越这种表象、扬弃其指涉的现实与概念，才能把握这个形式。所以这种表现是间接的。但是音乐因为否定了上述粘连关系，故可以不经过概念的中介，而以其形式将本体的超越了现实、概念的自身形式内在地呈现出来。

其次，音乐思想由于否定了这种粘连关系，就使得它对于超绝真理的表现和我们对它的领会都摆脱了现实和概念的干扰，因而更直接、更纯粹。视觉和语言图像一方面可以借助于与现实的描述和指称关系使其意义具有确定

---

① 爱德华·汉斯立克：《论音乐的美》，杨业治译，人民音乐出版社 1980 年版，第 66 页。

性，另一方面必须悬置这种关系才能使超越这种关系的本体自身呈现出来。这就很难避免这种关系带来的干扰和混淆。比如我们对于作为本真艺术的绘画、雕塑和文学的领会，就不可避免地会被这种关系带来的现实联想所阻挠、扭曲、混淆和模糊化。这类艺术对超绝本体的表现通常也是诉诸感性表象的、直观的，但是其包含的本真直观往往被混同于对现实对象的直观（本体的自身形式被混同于现实事物的形式）。然而音乐，却由于摆脱了与现实对象的描述与指涉关系，故排除了与现实和理智的粘连，于是得以否定由此而来的对于其自身实质内容的扭曲、混淆和模糊化，从而更直接、真实和纯粹地领会和表现超绝的本体。①

　　总之，音乐比之绘画和雕塑更适合表现运动和生命，比之语言更适合表现超现实、超理性的东西。音乐的形式可以最自由、最适当、最纯粹和直接地呈现本体自由自身的运动。用 Gustav Schilling 的话说，"没有任何审美的材料比声音更适于表现不可言说者。"叔本华也认为音乐最少表现现象的世界，故最类似于意志，所以是最重要的艺术形式，其他艺术只揭示了表象背后的理念，而音乐却揭示了理念背后作为世界的绝对本体的意志自身，其他艺术都只再现理念，唯独音乐再现意志。所以它也包括一种本真的美。这种本真的美不仅在于纯粹意志的自身图像，而且本质上在于通过图像表达的本真领会。图像指引这种领会，使之具有与纯粹意志相同的形式。

　　第二，音乐因为否定了与现实的粘连关系，就使其形式构造具有了绝对自由，使之能够完全跟随绝对理性的理想和行动，因此音乐最适合构成具有完全的绝对和谐的形式，最适合表现纯粹优美。因而音乐可以用这种绝对和谐形式规定其本真领会，将后者纳入理性思维的主观自由之统一性中。

　　总之，音乐艺术由于以上两个方面的独特性，故最有可能使纯粹优美的含蓄风格得以重新构成其实质矛盾和形式矛盾的统一，从而将纯粹优美和本真的美统一起来，形成一种雄壮风格的美。故音乐最适合作为雄壮风格的艺

---

①　只有包含直观的对象表现才是具体的。在这里，造型艺术对于本体的表现尽管可能是具体的，但是会不可避免地被混同于对现实对象的直观，故这种表现很难具有纯粹性；而语言对于这本体的表现则往往无法构成直观（比如哲学的描述并不能使超绝本体对直观呈现），故它即使是纯粹的，也只能是抽象的。然而音乐对于超绝真理的表现，则可以是既具体又纯粹的。

术体裁。

Beethoven 的交响曲是这种雄壮风格的最佳范例，就在于其体现本真的美和纯粹优美的最完美统一。Beethoven 的音乐达到了对于那种超现实的神圣真理的内在表现。它使那自足风格只通过情绪感知到、神秘风格只隐晦地意识到且一直渴望呈现的真理，现在突然以清晰的面目出现在我们面前，也就是使以往的艺术对超绝本体的本真领会从自在的变成自为的，即成为真正的精神觉悟。

与 Haydn、Mozart 不同，Beethoven 试图自觉地以音乐形式表现对于那种神圣、绝对原理的领会。Beethoven 曾对他的情人 Bettine Brantano 宣称："音乐是直达那包围着我们却无法被抓住的更高存在的唯一途径。"①Beethoven 的这个"更高存在"就是上帝，而作为一个酷爱阅读和求知的人。Beethoven 对于它的领会，肯定包含了他在阅读中形成的对基督教神秘主义甚至印度宗教对于"绝对的无"的沉思的理解。实际上这种结合了西方和东方的神秘主义一直是 19 世纪以来西方文学和音乐的浪漫主义的重要底色，在 Wagner、Bruckner 和 Mahler 的音乐中表现得更为明显。对于上帝的领会，Beethoven 自己在笔记中写道："上帝是无形的，因此也超越所有的概念。因为他不可见，因此也不能有任何形式，但是从他的作品中我们可以推知他无往不存，无所不能，无所不知，无所不在。"② 可见 Beethoven 的上帝就是一个绝对超现实、超理性的神圣本体，而他也致力于通过艺术表现这个上帝本身以及作曲家对于上帝的领会。"万事万物都从上帝那里清澈地、纯净地流出来。虽然我经常在激情的黑暗引领下走向邪恶，然而我却经过苦行与试炼重新回到那清澈的泉源——那里有上帝——和他的艺术。"③"就艺术而言，我觉得我比他人离上帝更进了一步。我可以无所畏惧地接近上帝，并且总是能辨别理解上帝，而我对自己的音乐之路也毫不畏惧。"④"与神的距离比其他人更近，并在人间传播神光，再也没有比这更高尚的追求了。"⑤

---

① 转引自罗曼·罗兰：《歌德与贝多芬》，梁宗岱译，人民音乐出版社 2003 年版，第 105 页。

② 贝多芬：《贝多芬自述》，张宇译，江西教育出版社 2012 年版，第 126 页。

③ 贝多芬：《贝多芬自述》，张宇译，江西教育出版社 2012 年版，第 126 页。

④ 贝多芬：《贝多芬自述》，张宇译，江西教育出版社 2012 年版，第 41 页。

⑤ 贝多芬：《贝多芬自述》，张宇译，江西教育出版社 2012 年版，第 125 页。

而音乐就是他接近神、领会神并把神光传播出去的途径。因此 Beethoven 的音乐包含了对超绝本体的本真的反思或觉悟，所以它从纯粹艺术进入了本真艺术之域。这个反思和表现最终是本体自由自己对自己的反思和表现。在本真的艺术中，其实是超绝本体自己呈现自己、自己表达自己，而它也由此真正实现和成为它自己。

　　Beethoven 通过他的音乐，成功地实现了对超绝本体的内在表现。音乐思想由于不具备与现实对象的存在论粘连，摆脱了现实联想，因而摆脱了造型艺术和语言艺术对超绝本体的表现具有的间接性、含混性，而能够直接、纯粹地将本体或自由的存在呈现出来。一种旨在内在表现本体自身的音乐，就是本真的音乐。它的思想，作为对本体的内在领会，其形式必须与本体自身的形式达到同一。本体就是自由的自否定运动，故必有自身形式。对于一种本真的音乐，其思想不仅领会了这种形式，还通过构成那种不具现实指涉的音响形式，将包含在它自身存在中的这种自由自身的运动形式直接呈现出来。Beethoven 的许多音乐，尤其是几首最优秀的交响曲，就应当被归属于这种本真的音乐的范畴。这种音乐的思想，作为一种自觉的本真领会，使自己具有了与本体自由自身运动形式在结构上相同的形式，并通过音响结构将这种形式表现出来。Beethoven 交响曲以具体直观呈现了自由、生命的自否定运动，且主要是自由的自我扬弃、自身否定运动。在这里，音乐的思想，作为这种自身否定运动的现实展开，就是精神的超越思维，故它的美就是崇高。Beethoven 音乐中的本真之美属于崇高美。他的第三、五、九交响曲，就是将这个自由的自身否定运动的形式，通过乐音的运动直观地呈现出来。不过在 Beethoven 的音乐中，通常（除了一些晚期作品）对超绝本体的本真觉悟仍然被理性思维的主观自由规定，它必须在后者的统一性中展开，故仍必须服从后者的整体形式理想。也就是说在这里，崇高仍然从属于纯粹优美。所谓雄壮风格就是包含崇高因素的纯粹优美。

　　自由作为本体，其自身运动（自由就是这运动）包括自身建构、自我否定、自身维持和自我出离等向度（即自由的势用或意志）。它们都有其自身形式，并构成了一种不具有现实性（语义性、历史性、现实的叙事性）的情节，后者可称为一种"情节原型"（plot archetype）。比如 Beethoven 音乐表现的精神（即现实自由）通过自身扬弃的运动取得最终胜利的进程。这种运动就是本体自身的存在和行动。因此这个情节原型指的是由本体自由自身的运动构成的一种超现实的情节。无疑，它可以通过现实情节来表现。文学就试图这么做。比如 Dante 的《神曲》、Goethe 的《浮士德》和 Rolland 的《约翰·克利斯朵夫》的现实情节各不相同，却包含一个共同的情节原型，即精神通过痛苦的自我反抗、自我牺牲和自身扬弃最终实现自由。这个情节原型是一种超越现实情节的先天、普遍情节，即自由的自身否定运动。在这里，作品就使自由之为本体的自身运动得到直观的呈现。在这里，具有语义性的现实情节包含了一种超现实的情节且为其体现。但是文学对这种超现实情节的表现是透过现实情节的，所以是间接的，而且语词本身的现实黏着性往往使得现实情节遮蔽了埋伏在它底下的情节原型。但是这种情节原型在 Beethoven 的交响曲中得到了直接、纯粹的表现。音乐作品包含一种特有的无指涉情节，一种纯粹的音乐故事。① 比如音乐从不包含不协和音程的大和弦过渡到包含不协和音程的小和弦或减和弦，又从小和弦或减和弦过渡到大和弦并终止于此，实际上就是从一种稳定、静止的状态运动到不稳定的、紧张的状态，继而又从不稳定的、紧张的状态运动到稳定、静止的状态。这就构成了一种纯粹音乐的情节，足以生动再现生命的否定、斗争和调解过程。而这样一种没有语义性和指涉性的情节，最适合表现超理性本体的运动，即所谓超现实的情节原型。Beethoven 的交响曲当然也有其音乐情节。《第五交响曲》就充分表现了这一主题。它开始于充满紧张、不稳定的 c 小调，经过充满汹涌激情的、暴风骤雨般的冲突或斗争，到辉煌的结束部，圆号终于吹出了凯旋式的 C 大调，乐曲在胜利的喜悦中结束。这个音乐故事非常生动有力，而它也清楚地展现了一个埋伏在其底层的超现实情节原型。音乐的情节本来就是超概念的，无关乎客观现实，不具有现实指涉性。所以 Beethoven 的交响曲不需要像在文学中那样要透过语义性情节表现自由之为本体自身的运动，而是直接使之呈现在乐音的运动形式中。Beethoven 的音乐直观地呈现了自由的自我扬弃、自身否定运动。Beethoven 交响曲中充满了反抗、斗争的描绘，而更深刻的理解应使我们认识到：首先，这种反抗、斗争主要不是针对外在环境的，像流行的对第五交响曲所谓"命运动机"的

---

① 基维：《音乐哲学导论：一家之言》，刘洪译，上海师范大学出版社 2012 年版，第 72 页。

幼稚解释一样，而应当是人类精神针对自己的反抗和斗争，是精神的自我扬弃、自身否定和自我升华的运动。其次，这一运动在最终本质层面超越了概念或现实叙事，是人类自由之超理性、超现实的先天普遍向度，即本体自由自身的行动。因此在其最深刻意义上，Beethoven 交响曲呈现了本体自由的自身否定运动，这种呈现比文学的更直接、更生动、更具体。Beethoven 的音乐呈现了一种自由的自我否定图像，同时这也是对于这种自我否定的本真领会的图像。在本质上是这种领会构成这种音乐的本真之美。

通常 Beethoven 交响曲第一乐章就是一个巨大而紧张的斗争场面。如第三交响曲的第一乐章，就以其宏伟壮观的规模、激烈紧张的氛围和雄壮威严的气势呈现了精神内在的矛盾冲突。这一乐章用奏鸣曲式写成。呈示部在带英雄色彩的第一主题出现两次后，即出现了乐曲标志性的斗争音型。后者迅速增强，似乎冲决了河坝。于是英雄主题像生命的洪流以不可遏制的力量冲出来，从原来分别由大提琴和木管单独奏出的平静从容的音调迅速扩展成为乐队全体合奏，并与斗争音型结合，形成一股破坏一切、创造一切的激流，奔涌向前。可以说在这里，这一主题是以乐音形式最真实、生动和直观地刻画了自由意志之本体自身的姿态和容貌。随即出现极柔美的三拍子的第二主题，在发展中与斗争音型交织，形成一个胜利的高潮。于是英雄主题再次出现，乐曲过渡到发展部。生命意志或本体自由的运动总是要否定环境和自身内在的阻力，自由只有冲破现实性的罗网，才能爆发其无穷的创造力。这种"冲破"和"爆发"，都透露出一种粗暴狂野的非理性力量，后者成为 Beethoven 区别于其他古典大师的根本特征。正如学者评价道："从未有人将自己如此暴虐、危险的天性强置于意志的指引之下，把它的能量转变成纯粹的创造力。"[①] 这是因为自由本身是超理性的本体，它要实现自身真理就必须借助这种非理性力量。自由的这种自否定是艰巨的，而且要在一个复杂宏阔的舞台上进行，因而它的展开是复杂而恢宏的。为了使发展部充分表现这种主题展开，Beethoven 把发展部大大扩充，把古典交响曲中发展部与呈示部通常的 1∶3 的比例变成了 5∶3。这个发展部充分呈现了生命的自否定运动

---

① 保罗·亨利·朗：《西方文明中的音乐》，顾连理等译，广西师范大学出版社 2014 年版，第 752 页。

在不同层面的展开，处处是无情毁灭与无限创造的炽烈统一。自由燃起的巨大激情转化成冲破一切障碍的存在之勇气、承担无限痛苦的毅力和火山熔岩般向前推进的力量。自由凭借这种力量、勇气和毅力，不断摧毁存在的陈旧形态、创造出生命的崭新样式，又否定因自由进一步发展而沦为障碍的生命样式、创造出更加新颖的样式。自由就在这种无限的破立循环中使自己得到无限的丰富和升华。而这个扩展了的发展部，充分展现了自由的这个通过无限的自身否定、自我扬弃以实现自身的过程。Romain Rolland 对此有一段出色的评论："这是一段庞大的壁画。在这里，英雄的战场扩展到宇宙的边界。而在这神话般的战斗中，被砍碎的巨人像洪水前的大蜥蜴那样又重新长出臂膀。意志的主题投入烈火中冶炼，在铁砧上捶打。它裂成碎片，伸张着、扩展着……不可胜数的主题，在这漫无边际的原野上会成一只大军，无限广阔的扩展开来。洪水的激流汹涌澎湃，一波未平，一波复起。在这浪花中到处涌现出悲歌之岛，犹如丛丛树尖一般。不管这伟大的铁匠如何努力熔接那对立的动机，意志还是未能获得完全的胜利。被打倒的战士想要爬起，但他再也没有气力，生命的韵律已经中断，似乎已近陨灭。我们再也听不到什么（琴弦在静寂中低沉地颤动），只有静脉的跳动。突然命运的呼喊，微弱地突出那晃动的紫色雾幔。英雄在号角声中从死亡的深渊站起，整个乐队一起欢迎他，因为这是生命的复活，再现部开始了，胜利将由他来完成。"尽管这种解释的现实叙事感太强，且个别地方有过度诠释之嫌疑，但它充分阐明了在 Beethoven 音乐中呈现的自由或意志的自身运动的艰巨性、复杂性、曲折性和多层次性。在乐曲的再现部呈现的是胜利的凯旋和欢庆场面。这是自由得胜的结局，先前那种充满尖锐冲突的紧张不安的呼喊转化为欢呼雀跃的音响。整个乐章充满矛盾冲突，积极乐观、坚毅果敢、勇往直前的动机与困惑迟滞、忧思郁结、惨烈残酷的形象交织在一起，这种激烈冲突只是到最后才有所缓和。

Beethoven 交响曲不仅以具体直观呈现了自由的自身否定运动，而且在一些作品，如第九交响曲（不管他是否自觉），还呈现了自由或生命的自我组织、自身建构运动。第九交响曲不仅像第三、五交响曲一样，表现了自由的运动包含的毁灭与创造、生与死的统一，而且呈现了自由像胚胎组织一样的发育成长过程。它的开篇微弱、含糊、简单，逐渐清晰化并形成复杂的轮廓。每个主题都是这样形成，并在随后的发展中扩张其领域，并不断吸收新内容而丰富自己。不同的主题持续聚集，并通过层层的重构，最终形成乐曲空前巍峨雄伟的整体旋律。这一发展，可以说是对生命体自我组织和成型过程的最生动再现。在第一乐章，我们看到刚开始有许多碎片似的断续音调在弦乐器中传递着，但不一会突然飞聚一起，构成第一主题。随后这个主题又通过不断变形并把乐曲进行中产生的新动机组织到自己里面且在所有声部扩展，使自己变得越来越复杂、丰富和强大。每一乐章的发展都从不同侧面呈现出自由在矛盾斗争中的自身发展、自我组织的运动。自由自身是推动这一进程的神圣力量。它不断开创新的生命真理，并将其组织到作为它自身之展开的现实生命之中，推动后者不断丰富、不断升华。到乐曲的最末乐章，先前各乐章的素材又聚集起来，构成了新的旋律，并且不断有新的素材加入其中，最终那个成熟的标志性合唱旋律得以形成，并在器乐中完整演奏出来。这个旋律像一个生命的胚胎，在整部乐曲的进行中逐渐发展成熟。直到男中音像一声神圣的宣告突然从天国降临，于是那先前在黑暗中孕育成熟的自由的胎儿，终于像壮丽辉煌的旭日一般从精神的大海洋中诞生出来。总之第九交响曲不仅直观地呈现了自由的自我否定意志，而且呈现了自由的自我建构意志，呈现了自由在否定与建构、破与立的互动交织中无限推进的自身展开运动。

Beethoven 音乐充满内在矛盾，不仅因为作曲家有意表现生命的矛盾斗争（自由自我否定就是一个矛盾运动），更根本的是这种音乐的风格就包含了矛盾，即雄壮风格的矛盾。雄壮风格的矛盾也包括形式矛盾和实质矛盾两个方面。它们是含蓄风格的两种内在矛盾的独特表现。它们决定了雄壮风格的特质，也使其面临困境。

首先，雄壮风格的形式矛盾就是对本体的内在表现与理性思维要求的形式绝对和谐的矛盾，这归结于自由本体的自身形式与纯粹优美要求的具有完全的绝对和谐的形式的矛盾。

Beethoven 的音乐，包含了对自由的自身否定意志的内在表现。在这里，音乐的思想与本体达到形式同一，旨在将这种自身否定意志的内容和形式都包含在它自己里面，使自己成为这意志的展开。它作为这种自身否定意志的展开就是超越思维。后者有其纯粹现实的形式，这种形式必有充分和谐。超越思维的这种形式，构成音乐的现实情节或戏剧情节。这种情节可以无限丰富多彩，但它们都包含了一个共同的"情节原型"；后者构成这个现实形式的先天普遍之维，这就是自由的自身否定运动的先天超绝形式。这两种情节，或两个形式，都可以在一种本真的艺术，如 Beethoven 的音乐中，得到直观的呈现（通过感性直观进入先验或超绝的直观）。精神的超越思维的原初真理就是崇高，而它若是旨在揭示超绝本体自身的，就是本真的崇高。在 Beethoven 音乐中，这个超越思维作为主题乐思在音乐的发展中展开。它及其表现的对象都有其自身形式，且后者都通过乐音的运动得到体现。这种形式都与理性思维要求的绝对和谐形式格格不入。然而纯粹优美的雄壮风格旨在以自由的理性思维表现超绝本体及本真的超越思维，它要求与对象的形式统一，以及理性思维与超越思维的统一。这必然使它陷入不可克服的矛盾。

针对这一矛盾，雄壮风格的主要解决方案仍与婉约风格相似，就是将内在的对象表现或这种本真的超越思维限制在局部，而在整体形式仍然保持绝对和谐的完全性，从而使两方面达到统一。这不仅是两种不同形式的统一，也是超越思维与理性思维的统一。就 Beethoven 第三交响曲第一乐章而言，激越、威严的第一主题必与宁静、甜美的第二主题配合；充满破坏力和攻击性的斗争动机总是被随后的温柔抒情的爱情动机纠正；愤怒、悲怆的情绪也必与发自内心的喜悦和柔情蜜意交相呼应以获得情绪的平衡；乐曲经发展部的激烈冲突获得再现部的最终和解，也符合古典奏鸣曲式对称的闭合结构。这些使乐曲既真实描绘了自由自身的发展运动，又在整体层面完美保持了古典奏鸣曲的对称、均衡、稳定的理想形式。在这里，纯粹优美对于超绝本体自身的内在表现与一种具有完全的绝对和谐的形式达到统一。这就是雄壮风格的根本特征。人们称 Beethoven 的音乐"是力量与（形式）完美的化身"①，这可视为对这种雄壮风格的很好概括。

然而雄壮风格只是使这种内在形式矛盾双方达到了一种妥协和平衡，而不是让矛盾得到根本解决，而它也由于这一矛盾陷入无法摆脱的困境。Beethoven 交响曲的矛盾统一就带来了无法克服的困难。在这里，矛盾的结

---

① 保罗·亨利·朗：《西方文明中的音乐》，顾连理等译，广西师范大学出版社 2014 年版，第 752 页。

合使双方都受对方束缚。音乐一方面旨在营造那种具有完全的绝对和谐的古典形式，另一方面旨在更真实表现超绝真理，二者的结合必然使双方都受到伤害。可以说贝多芬音乐的矛盾主要就是优美和崇高的矛盾，且这种矛盾是无法从根本上解决的。

在 Beethoven 交响曲中，一方面对自由自身之运动的内在表现被古典形式所束缚。比如第三交响曲第一乐章，为了构成形式的纯粹优美，象征人类自由的第一主题必与甜美的第二主题结合；斗争动机也必与抒情动机结合；自由自身的戏剧发展被纳入与之并不适应的古典奏鸣曲式的闭合、对称结构。这些都使自由主题的自然发展被古典形式所羁绊、阻隔，不能达到自身统一。尽管 Beethoven 为解决这一矛盾做了许多新的尝试（尤其第九交响曲），比如在呈示部和再现部容纳主题发展及同一主题跨越乐章的发展等，以使自由主题的发展获得自身统一性，但仍未从根本上解决这一问题。对于这个主题发展，古典形式终究是个累赘。至于人类为自由抗争的生涯中的绝望、失落、颓废、怯懦、沉沦和苟且等，尽管是对自由自身、对英雄性格的更真实描绘所必需呈现的，但是必然进一步损害纯粹优美的形式理想，故也是雄壮风格要放弃的。结果 Beethoven 最伟大的交响曲，呈现的基本上仍是一个永远胜利的幻相。这对于处在无边黑夜中的人们，就像是一个遥不可及的神话，给他们带来的安慰常常还比不上 Mahler 绝望的痛苦宣泄和 Shostakovich 那种凝聚无穷愁苦焦虑的阴暗鬱结的音调。

另一方面，古典形式的纯音乐性主题发展反过来也被超越思维的自身进程束缚。这种主题发展被后者的自身展开逻辑所羁绊，它追求的完全的绝对和谐受到后者冲击。这种情况到 Beethoven 晚期作品中更加严重。在第九交响曲中，象征自由的运动且体现超越思维的主题开始以其强大力量甩开古典形式的逻辑而独立发展。比如前三个乐章的素材在最末乐章汇集，以及最末乐章人声的出现，都是出于对象主题发展的逻辑必然。在前面三个乐章中孕育、奔涌的强大力量在最末乐章终于汇聚到一起并持续积累，终于以人声为突破口喷发出来。所以这种发展和人声的出现都是必然的，但是却明显打破了古典形式的对称、平衡结构。

雄壮风格的形式矛盾其实是无法调和的。其中，对象主题发展的自身统一性与古典曲式的逻辑统一性的矛盾，超越思维的独立开展与理性思维的主观自由的矛盾，崇高与优美的矛盾，都无法从根本上解决。因此，Beethoven音乐中让人激赏的"力量与美的结合"，就像给一匹桀骜不驯的烈马套上缰绳，难免使二者因本性的冲突而相互撕扯、互相损害；这种冲突导向的最终结局，要么是这匹烈马最后扯断了缰绳，回归狂野的生活；要么是它被这缰绳的强力摧残，最终变成了一匹病马。因此要从根本上解决雄壮风格的形式矛盾，只有两条路径：要么音乐为了塑造古典风格追求的那种完全的绝对和谐形式而再次放弃对象表现，倒退到自足风格；要么为了超绝真理的更真实表现而破坏古典形式，这是像Wagner和Richard Strauss等后期浪漫主义音乐家选择的路径。后者代表西方音乐发展的主流。在这里，其实是这个形式矛盾的发展最终在两个相反方向导致雄壮风格的瓦解。

其次，雄壮风格也包含内在的实质矛盾，即对对象真理的更确定表现要求与永远原初性的矛盾。对于对象的内在表现就是具有意义确定性的表现，而美的意义确定性通常构成对永远原初性的否定，因为通常的意义确定性就是意义确切性，而后者必将永远的原初性消除。雄壮风格必然包含这两方面的张力。然而音乐的雄壮风格，利用其对象和媒介的特点，使这两方面构成一个矛盾统一体。

意义的确切性与明确性、确定性都有区别。意义的明确性指形式包含的思想是清晰明确的，能让我们形成清晰的领会。这是隐喻性表现也能够达到的。意义的确定性则指表现形式与对象形式具有实质对应关系，故前者构成对后者的再现或描述，这只有内在表现才能达到。意义的确切性则是指这种表现或领会能够被衔接到精神的概念整体，从而获得必然性。这只有造型艺术和语言艺术能够达到，音乐艺术则否。雄壮风格的对象表现只具有基本的意义确定性，而放弃了意义确切性，故得以保持永远的原初性。雄壮风格因此既满足了对象表现对意义确定性的要求，又保持了永远的原初性，从而将其实质矛盾的两个方面很好地统一起来。

在Beethoven的音乐中，雄壮风格一方面因为音乐艺术的特点而止步于基本的意义确定性，以此保持了永远的原初性。音乐的本性使其无法达到对于对象的确切表现。音乐的内在表现可以达到意义的明确性和确定性，却不具有意义的确切性。音乐可以构成清晰明确的图画，甚至以此确定地描述对象的存在。但是尽管如此，音乐自己仍不能告诉我们它描述的"是什么"，即它不具有意义确切性。"交响曲以谜似的语言表现谜样的对象。交响曲本身并不一定要看上去真实，也不受任何具体情节和角色的限制，它仅存在于自身的纯粹诗意的世界。由此而言，歌剧是散文式的，器乐则是一种更高级、优越的艺术形式。"①Beethoven 的交响曲也是如此。在其中，雄壮风格实现了对超绝本体的内在表现，达到了本真领会的意义确定性。但是尽管这种音乐清晰、明确且确定地将自由的自身运动呈现在直观中且使我们对之有确定的理解，它自己却不能告诉这对象"是什么"。如果不加以文字或其他的说明，而是单凭音乐自身，那么我们根本无法确定音乐所呈现的就是自由的自身运动，即无法形成对于后者的确切领会。在雄壮风格中，思想其实放弃了对于对象的确切领会。像这样一种不具备意义确切性的思想，就永远不会被概念化，因而就保持了永远的原初性。如 Beethoven 的音乐，即使明晰地呈现了自由的运动，却不能将其意义固定下来，使我们得以（排他性地）确定这就是自由的运动，而是它总有其他意义可能，我们总能有其他的理解。总之雄壮风格对于美的内在表现的实质矛盾的解决，就是使对象表现的真理要求止步于基本的意义确定性，放弃对于对象的确切表现，从而保持了永远的原初性，而这是一种符合音乐本性的解决方式。

另一方面，雄壮风格的表现对象的特点也使这个实质矛盾的统一得以可能。雄壮风格旨在表现超绝本体自身。它要求的意义确定性就是一种具体的本真领会的确定性。后者在于领会构成了一种与本体的自身运动一致的形式，从而实现对这运动的描绘。这种领会与现实领会的不同，在于它建立了与本体的本真连接，由此承接了这本体之存在的绝对性和创造的无限性，这使它既能忠实表现对象真理，又能保持其永远的原初性。于是雄壮风格就使其实质矛盾的双方达到统一。

这在于，这种具体的本真领会，一方面由于与超绝真理的本真连接，得以承接这真理的绝对性和无限性。正如同样作为对超绝本体之具体领会的宗教本真觉悟（禅定和通神体验），尽管具有意义确定性甚至必然性，其内容却仍是处在无限的生成和不竭的创造中。一种本真的艺术，比如雄壮风格的

---

① 列奥·特莱特勒：《反思音乐与音乐史》，华东师范大学出版社 2018 年版，第 68 页（引文根据原文有所调整）。

音乐，也包含了同样的领会。比如上述分析表明 Beethoven 第三交响曲第一乐章包含了一种超越思维，后者作为具体的本真领会是确定的。它将自由的自身否定运动形式（乐思的情节原型）确定地表现出来。但是作为后者的体现，它却有无限种可能的现实情节。故这种领会既具有意义确定性，又具有无限意义可能性，因而使上述实质矛盾的双方内在统一起来。只有一种具体的本真领会才能达到这种内在统一。这是因为一种具体领会是对对象真理的直接占有，是思想通过将主体的生命此在和这真理直接连接，使它自己及主体将这真理当做自身的内容。而一种具体的本真领会，由于其对象是具体的绝对和无限，因而即使具有意义确定性，其每一次领会或占有仍不可能穷尽对象的内容，故其我思不会固着于单一内容，而是具有无限可能的内容。于是这种领会就把意义确定性与永远的原初性内在统一起来。雄壮风格就包含了这种具体的本真领会，因而构成其实质矛盾的统一。另一方面，这种具体的本真领会，也由于与超绝真理的本真连接，得以承接这真理的无限创造性。这个超绝真理就是本体自由的真理，包括其超绝性、绝对性和无限性。这本体就是绝对和无限且旨在将其绝对性和无限性在现实性中展开，这决定它潜藏了无限的创造力。这种本真连接则使本体自由在精神的现实生命中恢复其真理，于是这自由就把这生命当做自己任意驰骋的空间，从而把潜藏的无限创造力在其中发挥出来。于是精神得以承接本体的无限创造性，敞开接纳无限丰富的原初想象之洪流。一种具体的本真领会（在这里它必具有意义确定性）就以这种方式拔开了在平庸的生命中被深深掩埋的神圣源泉的泉眼，遂得领受原初真理的无限流注。它以此就将永远的原初性与对象表现的意义确定性统一起来。纯粹优美的雄壮风格也是以此种途径，构成其实质矛盾的统一。与宗教的本真觉悟一致，对 Beethoven 交响曲包含的本真领会也可能触发精神创造性瞬间爆发，我们对于这种音乐的体验有时也能验证这一点。

不过雄壮风格确立的这种实质矛盾的统一，同样不具有最终的稳定性。一方面，雄壮风格否定了对象表现的意义确切性，但是不能否定思想对意义确切性的追求，后者植根于纯粹优美对于更真实的对象表现的要求。这一要求，只有当对象表现具有了意义确切性，才得到完全满足。正是它推动西方音乐进入内在的对象表现，也必推动这种表现追求更大的意义确定性，即确切性。实际上，在 Beethoven 晚期及其他晚期浪漫派作曲家的作品中，都可以看出音乐被压抑的对意义确切性的追求复活了，并强烈地影响着音乐创作。另一方面，对于现实对象具有意义确切性的表现必然导致永远的原初性之丧失。针对这两方面的矛盾，雄壮风格的音乐乃是借助表现媒介和对象的特性给予解决，音乐的本性使其无法达到意义确切性，而超绝真理的存在特性也保证了对其具体领会的永远原初性。但是这种矛盾解决无法获得最终的稳定性，因为对象表现的发展必然导致对意义确切性的要求，但是领会的意义确切性乃是一切艺术的死敌，尤其违背了音乐的本性。因此，这种意义确切性要求与音乐本性的激烈冲突，就使雄壮风格的音乐面临一个不可克服的困境，这也是 Beethoven 交响曲面临的困境。在这里，雄壮风格其实只有两条根本出路：一是为保持音乐的本性而彻底放弃对意义确切性的追求，这意味着回到自足风格；二是为获得意义确切性使音乐向文学甚至哲学靠拢，从而违反了音乐的本性，并破坏其特有的美，这是 Berlioz、Liszt 和 Wagner 等晚期浪漫派的出路。后面这种出路构成了西方音乐发展的主流。

　　总之，纯粹优美的雄壮风格包含了内在的形式矛盾和实质矛盾。它在这两个矛盾的推动下继续发展并向其他风格转化。这两个矛盾也是纯粹优美的存在论矛盾的变型。最终是这个存在论矛盾的演变推动纯粹优美的发展，而雄壮风格也是这种矛盾发展的一个环节。

第三节　浪漫风格与纯粹优美的瓦解

　　一种艺术若特别摄人心魄，绝不是由于纯粹优美，因为这种艺术打破了人们思想、情绪的平衡，而这通常是由于：它使对象主题突破形式绝对和谐的约束而获得自身统一性从而更强有力；它具有失衡的结构，包含了一种方向性（后者表现了对象的运动），故更容易倾覆我们的心灵、将其引入对象的运动中。

　　当然，也并不是所有对象都能使艺术表现达到这样的效果。一件艺术作品产生了最让人惊心动魄的效果，在于它粗暴地否定了观众的理智和主体意志，使他们进入一种晕眩状态并委身于一种全然陌生的存在，在恍惚中无力地跟随它而行动。艺术要做到这一点，那么首先它要表现的对象必须具有以下特点：其一，这对象本身构成对理智的否定，这比如一种非理智的情绪、思想和超现实本体自身；其二，这对象还能够激发一种巨大的精神激情。其次，这种艺术还必须包含对于这样的对象的真实领会。这样一种领会或思想，我们就称之为浪漫的，而它规定的艺术就是浪漫风格。浪漫风格的艺术就是以忠实表现这种对象为最高目的。成功的浪漫艺术作品，一定是最真实有力地表现了这种非理智对象。这使对象自身的存在从形式束缚中跳出来，直接抓住我们，并以被激情鼓舞的巨大力量，把我们的理智粉碎，将我们卷入它的激流之中。浪漫思想的特质，在于否定理智，听命于情绪与激情；放弃自身主体性而委身于一种神秘的超越者；抛弃安全可靠的此在，跃入一种吉凶未卜的未知境域。浪漫思想是一种非理智的超越思维。它的美是崇高美。艺术的浪漫风格指的是在其中的浪漫主题，即浪漫思想或浪漫情感，获得了自身统一性。而我们这时讨论的浪漫风格，则仅限于优美的浪漫风格。后者在于浪漫主题与绝对和谐形式的统一，也就是崇高与优美的统一。

文艺复兴之后的浪漫风格，旨在将一种浪漫的对象表现与绝对和谐的形式统一起来，本质上是要将一种浪漫思想与理性思维的主观自由统一起来，将崇高与优美统一起来。浪漫风格之别于纯粹优美的古典风格，根本在于对象表现在整体形式层面进行，这在音乐中表现为对象主题的发展取得独立于纯音乐发展的自身统一性。结果导致形式绝对和谐的完全性被破坏，使纯粹优美面临瓦解。

西方近代艺术中浪漫风格形成的原因，除了精神对于理智和现实的厌倦，最根本是在于纯粹优美的形式矛盾。浪漫风格是纯粹优美的形式矛盾发展导致的结果。纯粹优美的一般形式矛盾是对象表现要求与形式绝对和谐的完全性的矛盾。当纯粹优美在其对象表现要求推动下在某种程度上恢复实际的对象表现，这个形式矛盾就转化为被恢复的对象表现与形式绝对和谐的完全性的矛盾。这是纯粹优美派生的形式矛盾。在这里，纯粹优美就是通过将这种对象表现限制在隐喻和局部领域，以保持矛盾双方的统一。

浪漫风格的形成，与对象表现的进一步发展有关。对象表现要求更大真实性和统一性，但在纯粹优美中它被理性思维的形式理想束缚，因此它的这个内在要求必然推动它挣脱这种外在束缚，而以自身整体形式完成对对象真理的表现。这一发展的结果是对象表现主题获得了自身统一性。这必定使对象表现陷入与形式的绝对和谐的根本冲突。正是这种冲突使古典形式被损坏，而浪漫风格依之形成。实际上在古典风格中，Mozart 对神秘绝对者的体验，以及 Beethoven 对超绝本体的表现，都已经具有浪漫性。Beethoven 交响曲对自由本体之自否定运动的表现已经是典型的浪漫主题。但是通常情况下这种浪漫主题被限制在局部领域，而整体形式仍然被理性思维的完全自由所规定，从而使作品在整体上仍然维持着纯粹优美的形式。但是这个浪漫主题本身在形式和内容上都与理性思维格格不入，而它作为实际的对象表象，在纯粹优美中是矛盾的更积极方面，且处在不断地发展壮大中。在西方艺术中，它经过这样的长期发展，最终从绝对理性对它的辖制中独立出来，取得了自身的统一性。浪漫风格即由此形成。所以它是在纯粹优美的形式矛盾发展推动下产生的。

然而浪漫风格不仅未能根本解决这个形式矛盾，反而使它变得更加尖锐。这个形式矛盾在这里实际上转变为一个新的矛盾，即对象主题对自身独立的要求与理性思维对自身统一性的要求的矛盾。一方面，在这里，对象主题的自身独立发展构成了美的新的灵魂，它要根据自身的逻辑进行，但这就必然损害理性思维的形式理想，破坏理性思维自身的逻辑发展。另一方面，浪漫风格又要求保持形式的优美，且早期浪漫风格还致力于维持古典风格的纯粹优美，因而它又要求理性思维自身的内在统一性，但这必然导致对对象主题的自身独立之否定。这两个方面的矛盾是无法根本调和的，而浪漫风格试图将二者结合在一起，这就导致二者处于尖锐的冲突中，以致浪漫风格就成为二者搏斗的战场。这种冲突就是浪漫风格的形式矛盾。这个矛盾使浪漫风格一开始就陷于明显的内在分裂。实际上，一个独立展开的浪漫主题与理性思维的主观自由（或崇高与优美）构成了浪漫主义的二重性格。Schumann 曾经用佛洛雷斯坦和尤塞比乌斯两个虚构的人物来形容这两种性格。

这种矛盾推动浪漫风格的继续发展。早期浪漫风格仍然维持着一种形式的优美。它旨在表现人类一般情感，我们称为感怀风格。感怀风格将情感表现提升到整体形式层面，并致力于将其与理性思维追求的绝对和谐形式统一起来。感怀风格也是在上述矛盾推动下形成。其中，一方面是对象表现的进一步发展使情绪表现主题获得独立的自身展开，另一方面是理性思维仍要求自身发展的统一性。两方面都在争夺对整体形式的控制，因而总是处在斗争中。感怀风格致力于在同时承认双方权利基础上，将二者统一起来，而这是以双方的妥协为条件的。首先，它的对象表现方面的克制在于：第一，其表现方式是隐喻性的，其形式构造活动相对于对象的自然形式仍然有完全的自由，故仍能构成形式的绝对和谐。第二，它表现的情感其实是朴素的，而不是真正浪漫的或颠覆了理智之约束的。第三，早期浪漫风格也表现了理性思维对情绪的自由决定，而情绪从来未曾冒犯理性思维的尊严，因此它表现了一种与希腊古典和文艺复兴艺术一致的理性性格。这些都为对象表现与理性思维的形式理想的统一创造了条件。其次与此呼应，理性思维也必须对其主观自由加以限制以保障对象表现的独立性和完整性，它必须承认在这个对象表现中，有它的形式理想不能涉足的领域或层面。正是这种相互妥协，使早期浪漫风格得以重构矛盾双方的统一，这两方面的对立统一构成早期浪漫风格的形式矛盾。早期浪漫风格的形式特征就在于把一种在整体层面进行的对象表现与理性思维要求的绝对和谐形式统一起来。由于这种统一，早期浪漫风格的美也是一种庄静美，其中感怀风格的美是一种优雅之美。

早期浪漫风格的这个矛盾统一本来就十分不稳定，而其对象表现方面的发展进一步加剧了这种不稳定。早期浪漫风格同时承认其形式矛盾双方的独立性和完整性。它对于对象主题的自身独立要求与理性思维对自身统一性的要求都予以同等的承认，且努力保持二者的均衡关系。这使两方面始终处在尖锐冲突中。其中，对象表现方面的发展最终将导致矛盾双方的均衡被打破。早期浪漫风格的对象表现，在其真理要求推动下，逐渐将其题材从合乎理智的朴素情感和现实对象拓展到非理性的浪漫情感和神秘的、超现实的对象，且从隐喻性表现过渡到再现性表现。这种发展最终将导致形式绝对和谐的自身统一性被破坏，于是纯粹优美解体，整体形式层面的优美丧失。优美最终沦落到从属地位、被限制在局部领域，而一种浪漫的对象表现，即崇高，成为整体形式的唯一规定者，成为审美风格的规定者。于是早期浪漫风格就在其形式矛盾推动下，完成向后期浪漫风格的转化。

后期浪漫风格，首先，是使对象领域从朴素的情感过渡到一种冲破自然和理智而向往着神秘、绝对和无限之物的真正浪漫情绪，从合乎理智的、现实的事物深化到超乎理智的、否定了现实性的神秘或神圣本体（所以后期浪漫风格才是真实的浪漫风格），这种对象都与理性思维及其构成的绝对和谐形式存在不可调和的冲突。其次，这种要求也推动后期浪漫风格的表现方式从对于对象的隐喻性表现过渡到再现性表现，于是其形式构造活动就失去了其在感怀风格中享有的自由，而不能不以对象的自然形式为内在根据，这导致优美要求的形式绝对和谐被破坏。再次，后期浪漫风格包含的整体思想已不是自由的理性思维，而是超越思维；它要塑造或表现的也不再是一种理性性格，而是超越性格。这些方面都导致对形式绝对和谐的损害。在整体上，后期浪漫风格的美，就是以超越思维的原初真理为其本质。这是崇高美，而不是优美。最后，也是对形式优美而言后果最严重的，是浪漫的对象表现主题在争夺对整体形式控制权的斗争中取得了全面胜利，将理性思维的主观自由完全从整体形式层面彻底逐出，这使崇高取代优美，成为整体的风格，而优美降格为从属或局部的存在。浪漫风格从早期向后期的转化，就是从优美与崇高两种格调的均衡统一，向基本上是崇高格调转化。浪漫风格的形式矛盾在这种转化中起到根本作用。后期浪漫风格打破了这种矛盾均衡，使浪漫主题或崇高获得支配地位，而将形式绝对和谐或优美置于从属或局部位置，它由此亦构成了一个矛盾统一。但是这个矛盾仍然处在发展中，并由此推动后期浪漫风格的继续转化。其中的基本趋势，是后期浪漫风格逐渐意识到形式优美对于浪漫主题的展开是外在的、构成对后者的掣肘，故最终为了后者的进一步发展而将形式优美彻底抛弃，而这也将导致浪漫风格的解体。这也就是崇高和优美之统一的解体。这是对浪漫风格的形式矛盾的一个最终的消极解决。浪漫风格就是在其形式矛盾推动下不断发展并最终走向消亡。

此外，后期浪漫风格因为恢复了内在的对象表现，导致美的实质矛盾得到恢复并推动浪漫风格的发展。现实世界的基础是一个具有先天必然性的概念系统（即逻各斯的整体）。通常的现实对象都处在这系统中，且其本质就是一种必然真理或概念。对于这种对象的真实表现就要求使自己的领会与对象概念达到同一，这最终将导致它自己被概念化而丧失原初性。后期浪漫风格的实质矛盾就是这种内在表现与永远原初性的矛盾。这种实质矛盾促使浪漫风格深化、拓展其表现对象领域，从叙事到抒情、从现实对象领域到神秘的、超现实的绝对本体领域。这是因为情绪与超绝本体都是处在理性、逻各斯之外。只有对这类对象的领会或表现才能避免被概念化而丧失原初性。只有这种表现才能使美的实质矛盾的两方面达到统一。后期浪漫风格的主要贡献就在于以自身整体形式达到一种对超现实的绝对的内在表现。

促使浪漫风格的内在矛盾发展的积极、主动因素，最终都是对象表现的发展。对象表现总是要求更大的真实性。美的本质是思想，而思想的本性是要领会或表现对象，所以美就本然地具有对象表现的要求。任何对象表现都以真理为目的，而对于真理的认识总是在不断深化和拓展中，所以当美的对象表现转化为实际的，它必然还会不断追求更真实的对象表现，于是美的对象表现要求就转化为对于更真实的对象表现的追求。对于浪漫风格而言，正是这种追求推动实际的对象表现从局部到整体、从隐喻到再现、从现实领域到超绝领域的过渡，导致对象表现与优美的绝对和谐形式以及永远原初性的冲突被激化，从而打破业已确立的美的内在矛盾平衡，促使美的矛盾重构，由此推动浪漫风格的发展。

就西方音乐而言，推动其发展的主要矛盾是形式矛盾。早期浪漫风格音乐一方面仍然致力于维持具有绝对和谐的整体形式，另一方面要容许对象主题发展的自身统一性。它努力将二者结合起来。它的形式矛盾就在于这两个方面的对立统一。在早期浪漫风格音乐，这个矛盾就表现为古典形式与对象表现在整体形式层面的冲突。它试图对于两个矛盾方面给予同样尊重，在二者之间建立一种均衡关系。但是它建立的矛盾统一其实使双方都受到伤害。一方面，这种结合其实是把对象主题的发展置于一种不合适的形式框架中而使其受到桎梏。这表现在古典形式越来越成为情绪抒发和场景描述的束缚。另一方面，这种结合也使形式的绝对和谐受到损害，它不仅使绝对和谐的完全性被破坏，导致纯粹优美的瓦解，而且使这种绝对和谐的内容和发展逐渐被对象主题掏空。这表现在古典形式越来越成为一种容纳对象内容的空壳而丧失了自身主题的独立发展（如 Schumann、Chopin）。这种音乐的美其实是优雅之美（属于庄静美）。因此这种矛盾必将推动浪漫风格进一步发展。其中基本的趋势在于，对象表现方面，作为一种浪漫主题，力量越来越壮大，逐渐将形式的绝对和谐从整体层面排挤出去。到了后期浪漫风格，就放弃了具有绝对和谐的整体形式，即在整体层面完全抛开古典形式而只服从对象主题（其本质是一种超越思维而非理性思维）的自然发展，导致在整体上优美的彻底瓦解（如 Wagner 和 Richard Strauss）。尽管后期浪漫风格的音乐也很美，但这种美已不是优美，而其实是一种崇高美。

西方音乐的浪漫风格有两种主要类型，即感怀风格和雄浑风格，分别属于浪漫风格的前期和后期。感怀风格主要把一种朴素的情绪作为表现对象，且只在整体形式层面作隐喻性表现，而将再现性表现仍限制于局部，因而仍能使优美的形式矛盾的两个方面达到某种统一。雄浑风格则扩展和深化了表现对象的领域，且使内在表现在整体形式层面进行，因而不可避免地使对象的自然形式破坏纯粹优美要求的整体形式的绝对和谐，最终导致优美的完全丧失。二者的形成和发展最终都是被其内在矛盾且主要是形式矛盾推动的。论之如下：

一、感怀风格

感怀风格的特点，在于它试图以自身整体形式表现某种情绪，同时又试图使这种形式保持一种绝对和谐。它与古典风格的抒情表现的不同就在于使抒情主题上升到整体形式层面而具有了自身统一性。感怀风格的特点在于使抒情表现与理性思维的主观自由在整体层面达到一种均衡的统一。它本身是纯粹优美的形式矛盾发展导致的结果。一方面，纯粹优美的对象表现的自身发展最终导致表现逐渐挣脱理性思维加在它身上的锁链，使自己从局部进入整体形式层面，由此获得自身的统一，而这意味着形式绝对和谐的完全性或纯粹优美的丧失。另一方面，艺术仍然保持对形式的绝对和谐或优美的要求，且要将形式绝对和谐保持在整体层面。这两个方面的统一，就构成早期浪漫风格。早期浪漫风格的形式矛盾就是由这两个方面的冲突和结合构成。早期浪漫风格意味纯粹优美已转化为庄静美。在艺术中，早期浪漫风格主要就是感怀风格。

早期浪漫风格之所以主要是感怀风格，这也是优美的矛盾逻辑决定的。第一，浪漫风格一方面使对象表现上升到整体形式层面，另一方面力图在整体层面保持具有绝对和谐的形式，这就使得它只能停留于对象的隐喻性表现。因为如果美的对象表现获得形式上的自身统一，那么美就必须在整体形式上服从生命的充分和谐，从而可能损害纯粹优美所要求的绝对和谐的完全性。在这里，如果美是内在地表现对象的，即把对象形式作为自己的根据，那么这种绝对和谐的破坏就更难避免。但是如果美只是对对象作隐喻性表现，情况就会有很大不同。隐喻性表现也需要构成一种充分和谐的形式，通常不合乎绝对和谐。但是它只规定了审美领会之形式的目的而非其内在根据。审美领会构成的充分和谐形式仍完全是由这种领会自主地编织而成的，而未受对象形式的制约。在这种情况下，领会就可以把这种充分和谐形式与一种绝对和谐形式编织在一块，形成一种理想的和谐。因此早期浪漫风格会倾向于这种隐喻性表现。第二，抒情就是这种隐喻性表现的最正当领域。一方面，情绪只适合隐喻性表现。情绪一直是审美表现的一个最重要领域。但是情绪同神秘之物一样，我们不仅对于其内在形式无从得知，而且其对任何表现媒介都不适合，这使我们对于它的内在表现成为不可能的。情绪的自身存在不仅完全没有呈现出内在的形式，且总是个别、偶然和易逝的，不能与他物确立内在具体的指涉关系，因而不可能被确定地描绘。另一方面，隐喻性表现也最适合情绪这样的对象（实际上其最主要的表现对象就是情绪）。隐喻性表现最大的不足是不具有意义确定性。艺术对其他对象的表现都会有对于意义确定性的要求，旨在揭示对象的形式。但是对于情绪的表现却没有这样的要求，它无意揭示情绪的形式，而只在乎激起与之一样的情绪。这种表现方式就是隐喻性的。所以只有对情绪的领会能从隐喻性表现得到完全满足。在这里，隐喻性表现找到了它最安心、最正当的领域。总之，早期浪漫风格的形式矛盾促使其选择隐喻性表现，而这种隐喻性表现必然落脚于抒情领域，故早期浪漫风格主要就是感怀风格。在感怀风格中，这个形式矛盾就表现为抒情主题与形式绝对和谐在整体层面的对立统一。感怀风格的美，作为整体的对象表现与形式绝对和谐的统一，就是一种庄静美。

另外，最适合表现情绪的艺术是音乐。这首先是因为乐音是最适合隐喻性表现的媒介，而情绪是最适合隐喻性表现的题材，故用音乐表现情绪是如鱼得水。艺术之所以用隐喻来表现对象，原因在于艺术无法确立自己与对象内容的任何指涉关系，而这又是因为艺术的表现方式在形式和内容上都与对象自身不存在一致性，要么因为这种表现方式是"跨界"的（比如用音乐表现色彩或者故事情节），要么因为对象的自身存在与表现媒介是不适合的（二者不存在内在的形式关联）。音乐这种表现方式永远是"跨界"的，而情绪作为对象对于任何表现媒介都是不适合的。其次，与造型艺术和文学不同，音乐对于情绪的表现是直接、具体的。无论对于诗歌还是绘画，都只有当我们理解了其所表现的对象，才能产生由这一对象导致的情绪，但是音乐却是前理解地直接刺激我们的情绪机能。无论是文字表现的哀愁，还是绘画表现的悲伤，都是抽象的，音乐中的情绪却是具体可触的。

因此，感怀风格在音乐中得到最佳体现，其典型就是前期浪漫主义的音乐。从 Weber、Schubert，到 Schumann、Chopin，都是音乐的感怀风格的代表。感怀风格由于采取隐喻性表现，故保持了永远的原初性，所以它的主要矛盾是形式矛盾。

感怀风格的形式矛盾在音乐中表现为抒情主题的自身统一性与古典形式的纯音乐发展的矛盾，这种矛盾尤其在感怀风格的器乐作品中。正如 Brahms 所说："浪漫主义的大师们以抒情精神继续写奏鸣曲曲式的曲子，这是和奏鸣曲的内在的戏剧性相违背的，Schumann 本人就表现出了这种矛盾。"这种矛盾在 Weber、Schubert 和 Chopin 等人的音乐中同样存在。

一方面，感怀风格的音乐使情绪主题脱离传统形式的束缚而自由发展，音乐服从情绪自身的发展逻辑。在其中，一种精心构造的主题就已经将情绪清楚表现出来。这个主题本身就形成了完整的旋律，比古典曲式的旋律更有歌唱性，也更舒展流畅。主题造成一种情绪，然后这种情绪在整个曲子的时限内保持和发展。乐曲还可以通过对数个小的主题片段的结合，或对整体和部分的幻想曲式加工，而得到丰富、扩展。在这里，音乐的整体形式就是为着激起或抒发情绪这个目的而构成，为此它必须具有充分的和谐，且这种形式被情绪发展的逻辑规定。于是情绪主题获得自身统一性，成为推动乐思发展的根本动力。

另一方面，感怀风格的音乐，尤其是器乐，仍然坚持在整体层面保留古典的形式。古典形式很难把情绪主题作为自身发展的基础，而更适合处理极短小的、不具歌唱性、不包含明确情绪的主题或动机。这与庄静美的优雅风格只能表现单纯动作，道理是一样的。换句话说，感怀风格很难根据理性思维的自由对情绪主题进行加工，适合作这种加工的是不包含明确情绪的简短动机。感怀风格只有在这种动机基础上按照纯粹的交响逻辑进行发展，使乐思的展开成为理性思维的主观自由的体现，才能在整体层面保留古典形式的统一性。

这两个方面必然处在激烈的矛盾斗争中。感怀风格的音乐坚持在整体层面保留古典的形式，就会束缚情绪主题的独立发展，与情绪主题的自身统一性产生尖锐冲突。古典形式所加的外在束缚，也可能使情绪表现不够自然、真实。反过来，在感怀风格中，情绪主题的独立发展也对古典形式的统一造成严重威胁。情绪主题不适合作古典奏鸣曲式的发展，因为它相比这种曲式的要求显得太长，不适合作交响处理，且通常在较短的篇幅内就完成了这种情绪表现，而没有留下进一步发展的余地。[①] 交响乐若跟从情绪主题的独立发展，必定大大削弱古典形式的统一性。

感怀风格的音乐旨在将这两方面统一起来，结果使双方都受到了损害。首先，严格的古典形式构成对情绪主题的独立发展的限制，我们对比 Mahler、Shostakovich 音乐的极端情感宣泄，就可看到古典形式的紧身衣是如何限制了音乐在整体层面的情感表现的力度和范围。其次，情绪主题的独立发展也削弱了古典形式的自身统一。音乐要保持情绪主题的自身统一性也使得它无法容纳古典奏鸣曲式的主题对比、冲突和发展。相应地，奏鸣曲的发展部被大大削弱，失去其戏剧性作用。乐思的产生和变化乃是根据情绪的发展，而不是来自交响曲主题发展的严密逻辑。

这种包含尖锐冲突的统一决定了感怀风格的形式特点。感怀风格的音乐尽管仍坚持古典的形式，但是这种形式只是容纳情绪表现的框架，而不再具有自身发展的力量。因此在感怀风格，乐曲的内容和结构不再是从古典奏鸣曲式的动机发展和主题冲突中合乎逻辑地产生和构成，所以乐思的产生常常显得偶然、缺乏逻辑根据，线条也似乎是任意勾画出来的且经常存在断裂，全局的观念薄弱，和声也显得散漫，歌唱性的主题不能发展，而且为数太多显得有些混乱。所以感怀风格的奏鸣曲和交响曲，最明显的缺点是失去了纯音乐发展的内在统一性、结构上的连贯性及和声及旋律的逻辑性，以致整体形式难免显得繁冗、松散。以下我们试图以 Schubert 和 Chopin 的音乐为例说明之。

Schubert 的音乐就表现出了感怀风格的矛盾。这种矛盾尤其表现在他的

---

① 这种风格最擅长的是一些短小乐曲，如 Schubert 的音乐瞬间、Schumann 的钢琴小品和 Chopin 的即兴曲。甚至这种风格的钢琴奏鸣曲也只不过是连在一起的 3 首和 4 首曲子。其大型曲式总显得结构松散。

大型器乐作品（交响曲和钢琴奏鸣曲）中。Schubert 的大型器乐作品试图把古典形式与歌唱性的抒情旋律结合起来，但这种结合包含了内在矛盾。在感怀风格的音乐家中，Schubert 最好地坚持了古典形式的统一性，他的大型器乐作品仍然服从奏鸣曲式的主题发展逻辑。但是这种发展不可避免地被情感表现的主题削弱。比如他的"伟大"交响曲，作品尽管努力保持着 Mozart 和 Beethoven 的古典奏鸣曲形式，但是音乐的整体形式更多地是抒情性和歌唱性的，音乐发展也更多来自旋律的发展而不是和声的戏剧发展。作品追求的歌唱气质，以及抒情主题的自身统一，剥夺或限制了奏鸣曲式的主题发展，从而损害了作品形式的内在统一。主部与副部没有鲜明的对比，没有形成戏剧冲突。作品的歌唱性旋律不易发展。尽管作曲家用了很有效的转调和装饰性的变化反复，音乐仍有静态感。作品形式未能通过强有力的纯音乐主题发展逻辑建立充分的内在统一，使整体结构显得松散，从而损害了形式的绝对和谐。

Schubert 的一些抒情性钢琴曲、即兴曲和音乐瞬间却表现出他的音乐风格的最大优点，每一篇都像是一位音乐诗人的精致的抒情表白。这是因为感怀风格不适合大型形式的器乐，而最适合小品。原因在于小品可放弃古典形式的发展，放弃对整体形式的绝对和谐的追求，仍使自身具有紧凑的形式。但是大型器乐作品，如若不是按照纯音乐的主题发展逻辑组织起来，不具有内在统一的形式绝对和谐，其整体结构就必然显得松散；而在歌曲或歌剧中，这种音乐形式的松散还可以通过文字意义的统一或戏剧情节的统一得到弥补。

Schubert 最伟大的艺术成就，无疑是他的歌曲。一般情况下，只有当艺术表现的情感是具体而确定的，它的感染力才是最强。不过通常说来，音乐对于情绪的表现是直接、具体、有力的，却是暧昧的、缺乏确定性；语言对于情绪的表现是确切的，但通常是抽象、间接的。Schubert 则以天才的技巧，将音乐与歌词在情绪表现上的各自特点完美地结合起来，使其相互支持、相互弥补，从而达到最奇妙的抒情效果；他的歌曲的无穷魅力，正归因于此。以往的声乐作品，只是音乐为歌词服务，在内容上要么是音乐与歌词分离^①，要么只是单纯地以音乐表现歌词内容。后来 Wagner 派的音乐却基本是歌词为音乐服务，他的歌词所起的作用其实类似于标题，只是点出音乐的内容。但是 Schubert 的歌曲，却使音乐与歌词相互表现、相互支持，使二者的各自特点达到最佳配合。其中器乐伴奏非常有力地把我们引入声乐的情绪之中，而声乐部分则更确切地点明了器乐的主题。这种结合使音乐与诗歌克服各自的局限，从而达到了最佳的抒情效果。

在 Schubert 的歌曲中，一方面音乐使歌词表现的情绪具体化。语言对于情绪的表现通常是间接、抽象的，音乐的情绪表现则是直接、具体的，这归因于声音对情绪的直接激发作用。Schubert 则总是通过有效的（即具有充分和谐的）音乐形式，将歌词表现的抽象情绪转化为音乐的强大感染力，从而在听众身上激发与之一致的情绪，以此使歌词的情绪具体化。比如歌曲"魔王"一开始，钢琴奏出的几个简短音符就在我们身上强烈地激发出歌词只是抽象地表现的紧张恐怖情绪，"致音乐"的音乐也彻底使我们沉浸在一种歌词无法描绘的高贵的浪漫情愫之中。他的歌曲的情绪营造基本上是通过音乐织体的巨大力量，所以即使用蹩脚的诗他也不妨写出极优秀的歌曲；当他使用伟大诗人的诗作，则总会准确地把握住诗的情绪并将其在音乐中表现出来，而其中音乐的内容大大超越了诗所提供的（Goethe 之所以对 Schubert 为他的诗谱写的音乐不太认可，原因之一就是这种音乐包含的情感大大超越了诗本身）。另一方面，在 Schubert 的歌曲中，歌词也为音乐服务，赋予音乐的内容以更大的确定性或确切性，也因此更加强化了音乐的感染力。他的器乐伴奏酝酿的情绪，正是在声乐中开出了绚丽的花朵。声乐就像是宣告，将器乐中发展的内容公布出来，也使其意义更具确定性，在其中歌词起到了类似标题的点睛作用。比如"魔王"中，钢琴营造的紧张和恐怖的情绪，通过歌词得到确切化，因而更加感人。总之，Schubert 以一种真正天才的手法维持、保证了诗人与音乐家的理想平衡，使二者彼此发明、相互弥补，因此

---

① 在巴洛克时期的声乐作品中，音乐表现的情绪常常与歌词不一致。Gluck 在其歌剧"Orpheus 与 Euridike"中，就把"我失去了她，我失去了她，我失去了我的 Euridike"谱成了欢快的曲调。如果我们把 Bach 和 Handel 的作品中的音乐用到其他文本上去，通常并未失去在表现上的合适性，尽管不同文本的意义有相当明显的差别。比如 Handel 就曾用意大利的世俗的室内二重唱音乐，为清唱剧《弥赛亚》谱曲。

他的歌曲在抒情性方面大大超越了单纯的诗和音乐所能达到的效果，这方面最突出的例子是他的声乐套曲"美丽的磨坊女"和"冬之旅"。但是也正是在歌曲中，Schubert 对古典形式的偏离最严重。严格说来，这些歌曲主要是通过其出色的情感表现而不是通过形式的优美打动了我们。

　　Schubert 的音乐包含了情感表现和形式的绝对和谐两个方面在整体形式层面的统一。它的美是庄静美而不是纯粹优美。但这个统一是充满斗争的对立统一。这种对立统一构成感怀风格共同的形式矛盾，Schubert 音乐的内在矛盾最终植根于此。这也是早期浪漫派音乐家所面临的共同矛盾。如果说面对这一矛盾，Schubert 还在艰难地探索把情绪主题的自身统一性和古典奏鸣曲式的发展逻辑统一起来，那么他后面的浪漫派音乐家基本上都是为了更自由的情绪表现而放弃了古典奏鸣曲式的发展逻辑。到了 Chopin 和 Berlioz 那里，尽管古典奏鸣曲形式还被保留，但不再构成乐思发展的逻辑，而只是一个套在乐思上的框框。

　　Chopin 就是采取这种策略的一个代表人物。Chopin 被认为是"最纯真的浪漫主义器乐抒情诗人"[①]。他也试图把丰富、细致的情感表现同古典的形式统一起来。一方面，Chopin 的作品具有空前广阔的感情幅度，从纯净安详的心态到烈焰般灼人的热情，从恬淡的愁绪到出离的愤怒，从少女最柔弱的哀伤到猛士最慷慨的战斗气概，都通过他的抒情而获得生命，仿佛成为在旋律中舞动的精灵，令人销魂又常神秘莫测。他的独特音乐形式很好地配合了这种情绪表现的需要。他的音乐的随想式的任意的结构，自由且迷人的旋律和丰富多彩的和声，构成了一种迥异于古典旨趣的独特梦幻般的形式。这种形式更容易抓住变化的情绪，表现也更加自然、流畅和准确。另一方面，Chopin 试图把这种情感表现同古典的形式统一起来。两首成熟的钢琴奏鸣曲（第 2 号、第 3 号）把卓越的钢琴演奏技巧结合到奏鸣曲的形式原则之中，其中第 3 号做得最成功。他的叙事曲、谐谑曲、练习曲、夜曲以及 polonaise、mazurka 和 waltze 舞曲，尽管包含了丰富的情绪主题材料和结构的细节性，但是都建基于一种扩展了的奏鸣曲三段式结构，"其中间部越是

---

① 　保罗·亨利·朗：《西方文明中的音乐》，顾连理等译，广西师范大学出版社 2014 年版，第 832 页。

扩展，越是从其初始的乐思，远离其调性、情绪和主题，那么他最终的返回就更重要，更具有戏剧性。"（Temperly）不过在 Chopin 音乐中，古典形式仅是一个为了适应听众的审美趣味而制作的框架，用以容纳其丰富的音乐思想，但是它丧失了自身发展力量。在他的作品中乐思的发展不是来自纯音乐的主题发展，而是来自情绪的发展，音乐形式的统一性也主要来自情绪的统一性，而非纯音乐的内在统一。

对古典形式的削弱导致的弊端，在 Chopin 的大型作品（包括钢琴奏鸣曲和协奏曲）中表现得更突出。这些作品往往内容繁冗，而结构单薄、虚弱。细节的雕琢精致、复杂，几近完美。整体形式尽管是保守的奏鸣曲式，但未能通过自身主题发展将乐思统一起来，因而缺乏强有力的结构，只是一个容纳丰富乐思和出色的钢琴演奏技巧的空壳。在这里，作品的审美价值被整体形式的薄弱损害了。可能 Chopin 自己也意识到这个问题，以致后来他基本放弃了写作钢琴奏鸣曲的努力。但是这种弊端，在 Chopin 的抒情小品中却被有效回避了。感怀风格最适合的体裁是抒情小品。Chopin 的钢琴小品也是其作品中最完美、艺术价值最高的。这些作品都试图把传统的形式和自由的音乐想象结合起来，感情真挚感人，结构紧凑凝练，每首曲子都像完美雕刻的宝石一样晶莹璀璨。尽管在这里，感怀风格的矛盾仍然存在，传统形式仍被作为容纳乐思的外在框框，但是作品较短小的篇幅使其得以避开了大型曲式缺乏纯音乐发展的内在统一性时必然导致的内容的繁冗和结构的单薄、松散和杂乱。

Chopin 音乐的最大、最根本的影响，在于彻底改变了音乐的美。由于在 Chopin 的音乐中，古典形式仅仅是个空壳，音乐形式的统一性主要来自情绪表现的统一，而不是纯音乐的内在统一。这里真正打动人的不是古典形式的空壳，而是卓越的情绪表现。所以这种音乐已经偏离纯粹优美，而是进入依存美的范畴。它的美主要是一种庄静美。因为它仍然旨在把对象表现与形式的绝对和谐统一起来。Chopin 的音乐，仍是庄静美的古典风格。古典风格的形式特征在于充分和谐与绝对和谐的统一。对于一种抒情艺术，情绪表现之有效，前提是其必须有充分和谐的形式。Chopin 音乐当然具有这种充分和谐的形式。同时他又在整体层面坚持古典形式，试图维持形式的绝对和谐。所以他的作品把情绪表现与形式的绝对和谐统一起来了，具有古典风格的形式特征。只是这种古典风格属于庄静美而不是纯粹优美。

总之，纯粹优美内在的形式矛盾推动其向感怀风格转化。在西方音乐史上，这就在于美的更真实对象表现要求促使情绪表现脱离古典形式的束缚获得自身统一性，后者必然与形式的绝对和谐在整体层面并存且相互冲突，而就是在这两方面的统一中，优美的感怀风格得以形成。在感怀风格，纯粹优美的形式矛盾转化为同时存在于整体形式层面的情感表现与理性思维要求的形式绝对和谐的矛盾，这就是感怀风格的独特形式矛盾。在音乐中，这个矛盾就表现为抒情主题的独立发展与古典形式的自身统一性的矛盾。

感怀风格其实已经从纯粹优美过渡到一种依存美或庄静美。它的形式矛盾其实是两种形式和谐，或两种美的矛盾。这种矛盾还会推动感怀风格继续发展。在其中，情绪表现是矛盾的更积极、主动的方面。抒情艺术总是会追求更自由、更真实的情绪表现。这促使感怀风格的音乐进一步放弃形式的绝对和谐，不断削弱古典的形式。如果说在 Mendelssohn 和 Schubert 的器乐中，古典奏鸣曲形式仍还服从自身主题发展的逻辑，那么到了 Chopin 和 Berlioz 那里，它就完全成了一个用来做乐思框框的空壳，乐曲完全只根据情绪主题和叙事情节的发展而展开。因此，为了获得更真实自然的情绪表现，Chopin 乃是比 Schubert 进一步离开了古典的形式。他与 Wagner 和 Richard Strauss，其实只隔着一层薄纸。

一种抒情艺术到底何以为美？这是一个很复杂的问题。这里首先应当澄清的一个问题是，抒情艺术的美不在于它所表现的一般情感（相对于真实美感而言），而在于那使情感得到表现的形式，在于形式包含的情感领会的原初真理性。一般情感根本谈不上美。一般情感，无论悲与喜，爱与恨，愤怒与恐惧，都无所谓美。[①] 我们常有一个误解，就是当抒情艺术深深触动我们的某根情弦，使我们的某种情感得到前所未有的抒发、宣泄，我们就说这种艺术表现的情感是美的。但是艺术尽管能表现情感，这种情感也只是一般情感，而不是美感，也无关乎艺术的美。真实的美感不同于一般情感，它只来

---

① 当然，抒情艺术的价值不仅在于美，而可能更重要的是激发、传达一般情感，在于引起情感共鸣、带来更丰富的情感体验，由此培养高尚的情操。抒情作品的艺术价值包括情感激发的能力和审美价值两个方面。

自精神的原初真理。上述误解可以说是导致 20 世纪艺术的审美趣味低俗化
的一个重要原因，它使艺术把追求对观众的强烈情感刺激作为首要目标。然
而真正伟大的艺术并不以激发一般情感为目的，而是在于以原初真理自身吸
引人，Beethoven 就曾嘲笑那些听他的音乐落泪的人。相反，极权艺术没有
一种是通过原初真理，而都是通过激发或煽动一般情感，以遮蔽观众的良知
（包括真实美感及道德判断力），使观众甘于奴役并参与犯罪。

　　一首悲伤的乐曲之所以听起来很美，完全不在于它表现的悲伤情感，而
是在于它的形式。这种形式不是情绪自身的形式，而完全是艺术家的理性创
造。当艺术家通过他创造的形式将我们心中的悲伤或其他情感很好地表现出
来，这时我们就觉得艺术品是美的，也就是说其形式是美的。但是在这里，
艺术家的理性创造并非摹写情绪自身内在的形式，而完全是理性的自出机
杼，需要天才的想象、精准的尺度和熟练的技巧 ①。

　　那么这形式美在哪里？首先在于这形式之原初的充分和谐。艺术的情绪
表现之为美首先在于其形式的充分和谐。这形式以表现情绪为目的，而当它
将情绪充分表现出来，就表明它是合乎目的的或充分和谐的，故才可能是美
的。艺术家只有通过一种充分和谐的形式，才能将心中的悲伤或其他情感很
好地表现出来，这时我们就觉得这形式是美的。当然，这形式之为美，还在
于它具有原初性，陈腐老套的形式不会使人产生美感。感怀风格使情绪表现
上升到整体形式层面。它的整体形式就必定具有这种原初的充分和谐。这种
情绪表现是隐喻式的。在这里情绪尽管没有成为表现的形式根据，却构成表
现的目的。任何组织之能够实现某种目的，必以其具有形式的充分和谐为前
提。故为了实现情绪表现的目的，表现的形式就必须具有充分和谐。其次，
在感怀风格中，这种形式的美还在于充分和谐与绝对和谐的统一。感怀风格
旨在将情绪表现与形式的绝对和谐统一起来。它的美其实属于庄静美，且属
于优雅风格。

———————

① 　一个被极度愤怒支配的诗人写出来的诗，肯定不能将他的愤怒充分表达出来，因为一种
猛烈的情绪，恰恰使他无法创造出使这种情绪得到很好表达所需要的充分和谐的严谨形
式——这种形式创造，靠的不是情绪而是理性。这要求一个优秀的抒情艺术家必须具有
一种双重感知：既要沉浸在现实中去直接感知，同时也要超脱现实之上来平静地凝视这
种感知。唯其如此，他才能把他的感知、情绪充分表达出来。

　　进一步说，这种形式的美在于它包含的领会，这在感怀风格就是对情感的领会。这种形式不是情绪自身的形式，而是本质上植根于或表显了情绪领会的形式。艺术的情感表现不仅呈现了情感的感性资料内容，而且自在地表显或体现了一种对于情感的领会。只有后者才可能具有原初真理性，才是真正的美。这种情感领会就是精神对情感的规定。它之所以为美，首先在于它的真理性，即它体现了精神的自由，其次在于它的原初性。我们从 Chopin 音乐感受到一种优雅的情感。这种优雅，同 Praxiteles 的爱神之优雅一样，在于理性思维的自由对于情感的规定，在于情感领会的原初真理性。

　　这种情感领会包括理解和表达两个环节，它的原初真理或美也只属于这两个环节。艺术可以表显精神对于情感的规定，后者就是一种情感理解。比如 Beethoven 第三交响曲第二乐章表现的悲痛让人觉得很崇高、伟大，就在于这种悲痛被理性思维和超越思维所规定，体现了精神的自由。在希腊艺术中，从 Praxiteles 的 Aphrodite 像，到 Scopas 的 Niobe，以及 Agesandros 等人的 Laocoon 群雕，则表显了理性思维对情感的规定，而感怀风格乃与此一致。精神对情感的规定就是一种情感理解（理解某物就是获得与某物打交道的统一形式）。它本身就是精神的自由，所以是真理，而当它具有原初性，它就是美。情感理解之美，构成抒情艺术之美最根本的方面。此外，情感领会还包括表达环节（包括对情感本身和情感理解的表达），而这种表达也可以有其独立的原初真理性或美。抒情的表达在于塑造一种充分和谐的形式，把某种情感或情感理解传达出去。单纯表达的美，既不是表现某种新的情感，也没有增加新的情感理解，它只在于表达自身的原初真理性。我们欣赏音乐最受感动的情况之一，就是音乐首次（必须是首次）使一种在我们心中长久蕴积而我们自己无法找到合适表达的情感得到了充分表达（在这里，我们自己之所以不能将情感有效表现出来，是因为情感与任何表达媒介在内在形式上都没有确定的对应关系。而艺术家却在不存在这种形式对应关系的情况下，仍然能找到将情感有效表现的艺术形式。这就是艺术家的天才，在这里是表达的天才）。这种音乐的原初真理性或美就只在于这种表达（或表达的充分和谐形式），因为在这里，情感和情感理解往往都不具有原初性。许多情况下，抒情艺术表现的情感是普通的，也不包含原初的情感理解，却照样非常美且感人，这只能归结于单纯表达环节的原初真理性。因此严格说来

论优美格调的发展

抒情艺术之美根本上在于其情感理解和表达之美。这种美就在于情感理解和表达包含的原初精神自由，在于这种自由作为具体的思想对情感的规定。

艺术的本质，它的审美格调，在于它包含的思想。对于抒情艺术来说，这首先在于它包含的情感领会。它的美主要在于这种情感领会的原初真理性。这样一种美，乃与纯粹优美有实质的不同，这在于情感领会作为真理必然具有充分和谐的形式，它的美也首先是这种充分和谐的美，而与优美之为绝对和谐的美，乃有实质的不同。其次感怀风格的美其实是一种庄静美，且它旨在将情感领会与绝对和谐的形式统一起来，所以也是一种优雅之美。无论形式的充分和谐还是绝对和谐，只有当其包含原初真理，才是美。感怀风格的美是充分和谐的美与绝对和谐的美的统一。在感怀风格，无论是情感理解还是情感表达，都必具有充分和谐的形式，且被一种绝对和谐形式规定，是二者的统一。但是这种统一在庄静美中都是外在的（只有纯粹优美的古典风格才达到这二者的内在统一）。与希腊艺术的优雅风格不同，感怀风格由于把对象表现限制在隐喻性表现的领域，没有意义确切性，所以能够更大程度地保持理性思维的主观自由，故它不仅在构成形式的充分和谐时享有足够的自由，以致它更容易将充分和谐与绝对和谐统一起来，构成一种理想的和谐，而且它也由于否定了意义确切性，乃得以保持美的永远原初性。

尽管感怀风格一直被等同于浪漫风格，但它其实有朴素的和真实浪漫的两种类型。这二者在形式上没有区别，其区别在于所表现的情绪是朴素的还是浪漫的。其中真实的浪漫风格在于所表现的情绪的浪漫性。人类情绪包括朴素的与浪漫的两种。朴素的情绪被自然和理智所规定，包括植根于本能的苦乐感受、自然的亲情和道德情感。而一种浪漫的情绪则否定了自然和理智的根源性和约束，试图拥抱某种超越、无限和神秘的事物，它是没有现实根基的、非理智的而且总是过度的。在西方，希腊艺术表现的情绪是朴素的。浪漫情绪不符合希腊传统的理性性格，它最终只能是来自基督教。因此希腊艺术的感怀风格是朴素的，而基督教艺术的感怀风格则是真实浪漫的。在西方音乐中，大概 Schubert、Chopin 的情绪是朴素的，他们的风格是一种朴素的感怀风格，而不是真实的浪漫风格；而 Schumann、Berlioz 的情绪是浪漫的，他们的感怀风格属于真实的浪漫风格。后面这种就是浪漫的感怀风格。在这里，艺术仍旨在以理性思维方式（这种方式本身不具备浪漫性）表现真正的浪漫情绪（比如 Schumann），它就不得不把这种情绪与形式的绝对和谐统一起来，以后者规定前者，从而使情绪变得优雅。这种浪漫是一种优雅的浪漫，仍属于优美的范畴。感怀风格必须在整体上坚持这种理性思维的表现方式，故它即使是真实浪漫的（比如 Schumann），也仍是整体优雅的。

不过，真实的浪漫风格，由于对象表现的发展，首先在形式方面，不会满足于感怀风格的形式优雅，它还会要求以一种更符合对象本性的方式表现浪漫情绪，即要求表现方式也具有浪漫性。一种具有浪漫性的思想，即否定了理智和主体当下此在的思想，必然是超越思维。真实的浪漫风格更合适的表现方式是超越思维而不是理性思维。它在其发展中必然逐渐抛弃后者而走向前者。这种发展最终将导致浪漫风格把优美所要求的形式绝对和谐视为对更真实对象表现的障碍而加以放弃。于是浪漫风格就在整体上放弃原先的优雅，而完全代之以崇高，它由此获得自身统一性。单纯的浪漫风格属于崇高而不是优美。崇高之美就是超越思维的美。其次在对象方面，真实的浪漫风格也会由于对象表现的发展而不再满足于感怀风格之只表现浪漫的情绪，而是拓展到一种具有存在论的浪漫性的对象，即否定了理智和此在主体性的神秘存在，后者根本上就是超绝本体自身。通过上述发展，真实的浪漫风格就彻底否定了感怀风格中对象表现与形式优美的统一，最终使对象表现获得彻底的自由，于是浪漫风格获得自身统一性。当浪漫风格进一步转向对超绝本体自身的内在表现，它就成为雄浑风格。

感怀风格是从纯粹优美发展出来，这种发展最终应归因于纯粹优美内在的形式矛盾的推动。这个形式矛盾，在感怀风格就转化为情感表现与理性思维要求的形式绝对和谐的矛盾。感怀风格勉强维持了这种矛盾的平衡，但是美的更真实对象表现要求必然从两方面导致这种平衡被进一步打破：一方面，这种要求促使抒情的、隐喻性表现朝更加流畅、自然、真诚，更加率性尽情、酣畅淋漓的方向发展，这会促使感怀风格彻底抛弃古典形式的约束。这种转化在感怀风格内部其实就已经在悄悄进行了。另一方面，这种要求也促使对象表现的模式从隐喻转向再现，且对象领域也从情感或其他现实存在转向超绝本体之境。这最终将导致这种感怀风格被后期浪漫派的雄浑风格取代。当浪漫风格对于那超绝的绝对者有了确定的认识并旨在将其内在地表现出来，它就脱离感怀风格进入雄浑风格。

二、雄浑风格与优美的消解

Leo Treitler 生动地把音乐与诗的关系比作一对恋人的爱情故事："起初亲密无间、如影随形；逐渐转化为一种支配关系，各谋独立，间有临时的分居；昨日是诗歌想摆脱音乐，今天又是音乐想试图摆脱诗歌……一旦某方达到某种程度的独立之后，却旋即又开始思慕另一方。"[①] 其实音乐和其他体裁的艺术也常存在这种矛盾关系。一方面，所有艺术都有向音乐靠拢的渴望，而音乐也渴望向这些艺术靠拢；另一方面，通常这两方面的结合都会导致激烈的内在冲突，故它们永远处在分分合合之中。

一方面，音乐和文学相互需要、相互渴慕，且由此相互向对方靠拢，而这最终植根于美的存在论矛盾，即自由美的对象表现要求与原初想象的主观自由的矛盾。另一方面，文学需要音乐，且以音乐为理想。文学和造型艺术之不同于音乐，在于具有对象表现的意义确切性，但正因此也大大地限制了原初想象的主观自由。因此，就像 19 世纪著名的艺术史家 Walter Pater 所说的，所有的艺术都渴望达到音乐的境地。所有艺术都渴望且越来越迈向音乐享有的那种原初想象的主观自由，而忽视对象表现。诗歌正愈益致力于单纯想象力的自由，而不再关注对世界的诉说。小说越来越投入于自身的语言和形式，而不是关注人物的心理。绘画则愈益单纯地着迷在画布上的着色和构图，而不是关心真实地描绘事物。文学不仅在自身表现方式上向音乐靠拢，而且走向与音乐的结合（歌曲与歌剧）。这首先是因为音乐在抒情方面的独特优势。它对情感的激发或表现比所有其他艺术都更直接。当人的灵魂被情绪深深感动，文字往往显得苍白无力，只有音乐才能将情绪充分表现出来。古希腊悲剧就是戏剧与音乐的结合，剧本与旋律被同时创造出来，当情绪表现达到极度亢奋时，戏剧就会转向音乐。其次因为音乐与现实对象不存在必然的指涉关系，这不仅使音乐得以可能自由地构成绝对和谐的形式，也使音乐否定了意义确切性而得以保持美的永远原初性，所以音乐最大程度保证了审美领会的主观自由。音乐所以让其他艺术神往的，就是它在这两

---

① 列奥·特莱特勒：《反思音乐与音乐史》，华东师范大学出版社 2018 年版，第 68 页。

个方面的独特优势。如果说古代作家追求的是音乐的抒情效果，现代作家所渴望的则是音乐思想特有的超越词语、理智的永远原初性。像 Mallarmé、Wordsworth 等现代诗人，也把音乐作为诗歌的理想。如 Mallarmé 在《牧神的午后》中说"我实际上是要想实现诗人自己谱写的音乐性伴奏"。另外，音乐也渴望语言的意义确切性。音乐由于其自身特性而最大程度地保证了原初想象的主观自由，也由于同样原因而失去了意义确切性。但是美因其真理性而必然要求意义确切性。音乐也要求获得意义确切性。后者却是语言的最大优势。因此对于更真实的对象表现的追求使所有艺术都渴望语言，都渴望把自己的思想用词语清晰确切地"说"出来。音乐也渴望与语言结合，并且渴望成为语言。音乐追求与文学的结合，也是自古已然。古希腊音乐家萨卡达斯为皮提亚赛会所作的"皮提亚 Nomos"就旨在以音乐表现文学的情节。音乐描绘了 Appollo 与巨蛇的战斗。全曲包括五个部分，每部分都有标题，分别是：其一，准备，Appollo 观察地面，选择合适的比赛场地；其二，挑战，Appollo 呼唤毒蛇，发出挑战信号；其三，战斗，Appollo 与毒蛇搏斗；其四，祭酒歌，歌颂太阳神的胜利；其五，凯旋舞曲，是庆祝胜利的舞蹈。而 19 世纪以来的浪漫派音乐的一个重要特征就是其越来越加深的文学化。这种音乐和文学的互动最终植根于美的内在矛盾。这种矛盾使得文学的思想抓住了语言的意义确切性而不得不牺牲音乐的情绪感染力、绝对和谐的形式和永远的原初性，而又被美的本性驱使而对这些特征充满渴望，同时也使音乐在保持住这些美的特征时不得不牺牲语言具有的意义确切性，而又（出于美的更真实对象表现要求而）对后者充满渴望。总之，美自身的存在论矛盾促使音乐与文学或其他艺术相互渴慕并在渴慕中走向结合。

　　同样是美的这一内在矛盾，决定音乐和文学向对方的转向和最终结合通常会有违各自的本性，且损害各自之美的独特性。首先，当音乐为获得意义确切性而走向文学，无论是音乐为文学服务（歌剧或歌曲），还是音乐表现文学化的主题（如浪漫派的器乐），通常的结果都是既破坏了音乐形式的纯粹优美，又不能获得意义确切性。追求确切的对象表现，本来就违背了音乐的本性。用音乐描绘事物形象、场景和叙事情节，总是不能形成一种确切的意义，也不能充分满足我们领会事物的愿望，显然在这里音乐是在承担一种它不能胜任的工作。同样由于不具有意义确切性，音乐对于超绝真理的内在表现难免沦为模糊不清的哲学、飘忽偶然的宗教。其次，文学的本性决定它的最重要使命是真实、充分地表现对象存在，而文学转向音乐（无论是文学追求音乐化表现，如诗歌，还是文学与音乐结合，如歌曲和歌剧）将导致两个结果：其一，文学对对象真理的表现被音乐追求的理想和谐形式束缚；其二，文学将其本有的意义确切性模糊化，使作品的思想变得暧昧颠顸。这些都限制了文学表现的自由，减损了文学内容的广度和深度，而且违背了文学的本性和我们对于文学的审美预期，从而损害了文学特有的美。因此，当音乐和文学最终结合在一起，它们也会因为二者的冲突，最终因为美的内在矛盾，而走向再次分离。

美的内在矛盾推动美的不断转型。其中，美对于更真实对象表现的要求通常是促使这种矛盾重构的更积极、主动方面。它推动美的对象表现从隐喻转向再现、从部分转向整体、从现实转向超现实领域，而这种转向必然促使美重新调整其对象表现与原初想象的主观自由的关系，从而导致美的形式矛盾和实质矛盾的重构。这种要求推动纯粹优美的隐喻性表现从部分转向整体。优美乃以这种整体的对象表现为基础，并重建其与形式的绝对和谐的统一，使优美的形式矛盾达到了新的平衡。于是优美就从纯粹优美转化为庄静美。西方艺术的早期浪漫风格就属于这种庄静美。这种浪漫风格也在其内在矛盾推动下继续发展。其中，美的对象表现在其对于更大真实性的追求推动下，可能朝以下方向发展：

其一，为了更自然、真诚、忠实乃至更极端的情绪表现或者其他隐喻性表现，而不得不损害形式的绝对和谐（比如 Mahler、Schostakovich 等）。尤其是当感怀风格开始表现真正的浪漫情绪，它为了达到更真实、自然的表现，就必然否定整体形式的绝对和谐。这将导致感怀风格的矛盾统一的瓦解。因为浪漫情绪之不同于朴素的情绪，就在于它有其超越自然、理智的神秘根源，也否定了自然和理智的限度，故对它的更真实、自然的表现，就必然将整体的绝对和谐形式当做一种外在束缚而彻底破坏。

其二，把对象的内在表现拓展到整体形式层面（比如 Liszt、Wagner），这也必然导致对形式绝对和谐的更致命破坏。感怀风格回避了对对象的内在表现。但是对于更大真实性的追求将推动对象表现进入内在表现领域。一种内在的对象表现，意味着把对象的自然形式作为表现的形式根据，这将大大削弱对象表现的主观自由，并导致对整体形式的绝对和谐的彻底破坏。

其三，美的更真实对象表现要求也将推动对象领会不断拓展对象存在的领域，并最终向超绝真理领域深化，这也将导致对整体形式的绝对和谐的彻底破坏。一方面，美的更真实对象表现要求也会促进对象领会的深化，从而直接推动其进入超绝本体的领域。一种浪漫的情感和浪漫的思想，最终都会把心灵引向一个在存在论上否定了此在之理智和主体性的神秘真理，后者具有存在论的浪漫性。只有超绝本体才真正具有存在论的浪漫性。因此浪漫风格将由于自身对象领会的深化，而转入超绝本体的领域。另一方面，美的实质矛盾也推动了这种转向。当对象表现在整体层面转向内在表现，就必然导致美的实质矛盾觉醒。这种内在表现要求具有意义确定性，但是后者与永远的原初性通常相互矛盾。因为通常的内在表现针对的是现实对象，后者的本质通常就是概念，所以这种内在表现若是具有意义确定性，就必然最终导致自身概念化而丧失永远的原初性。只有当对象是作为现实性之否定的超绝本体，对于它的具体内在表现才可能在意义确定性和永远的原初性之间建立一种稳定的统一，从而使美的实质矛盾得到一种积极、稳定的解决。在这种意义上，这个实质矛盾推动对象表现向超绝本体的转向。由于这本体对理智和理性的否定，这种转向会导致对整体的形式优美的更彻底破坏。

这种对象表现方面的发展必然导致浪漫风格的内在矛盾的重构。

首先就形式矛盾方面。对象表现的上述发展导致整体形式层面的绝对和谐被彻底破坏。于是浪漫风格必须在这种与古典风格迥异的矛盾关系中，对对象表现与理性思维的主观自由进行相向的调整、改造，以重构其形式矛盾的统一。浪漫风格晚期把表现对象的真理作为美的首要目的，这就使对象表现及其规定的充分和谐形式成为矛盾的主要方面。理性思维的主观自由及其规定的绝对和谐形式都不再是矛盾的主要方面。浪漫风格晚期的美也是一种理想化的美或典型美，它也旨在以感性客观的形象集中、纯粹和充分地表现对象真理。同时它仍然努力挽救形式的优美。它仍尽量以理性思维的方式进行表现，并致力于将对象自身的充分和谐形式与理性思维要求的绝对和谐形式统一起来，构成一种理想的和谐。但是在这种统一中，对象表现完全占据整体形式，而理性思维的主观自由及形式绝对和谐都下降到局部领域，丧失了自身统一性。

晚期浪漫风格就是在上述矛盾发展中形成。它一方面把对于浪漫情绪和超绝真理的表现作为首要目的。这种对象是否定理智的。这种表现则旨在通过领会这对象以实现这否定。它本质上是一种浪漫思想。这种思想被强大的激情赋予巨大精神力量，如狂风骤雨摧毁一切琐屑的现实，而使一种无比伟大崇高之物在眼前现身。因此当它在整体层面的展开，我们称为雄浑的。另一方面，晚期浪漫风格仍然试图构成这种对象表现与形式的绝对和谐的统一。由此形成一种美的新风格，我们称为雄浑风格（Liszt、Wagner 和 Richard Strauss）。雄浑风格的美仍属于庄静美，但是在其中对象表现成为矛盾的主要方面。理性思维的主观自由方面则退居次要且退出整体层面，降格到局部领域。也就是说，在晚期浪漫风格，崇高美成为主要的方面，优美只有局部意义。因此雄浑风格就是浪漫风格内在形式矛盾发展导致的结果。

德意志民族性格就是极浪漫的。它比之希腊和拉丁民族，较多的是对某种神秘绝对的思考、浪漫的情绪、激情和非理智的肆意想象，较缺乏形式优美的感觉。这一点在艺术中表现得非常明显。正如最能表现德意志民族性格的绘画不是 Duerer，而是像《勒特根的圣母悼子像》（约 1300—1325 年）、《伊森海姆祭坛画》（约 1510—1515）这类擅长表现神圣与恐怖的作品，以及 Bosch 和 Martin Schongauer 等的充满怪诞想象的图画。同样，最能表现德意志民族性格的音乐不是 Haydn 和 Mozart 的，而是 Wagner 的。正如 Thomas Mann 在他那篇著名文章《Richard Wagner 的苦难和伟大》一文中写道：“Wagner 的艺术是德意志最本质、最激动人心的自我描述和自我批判。他让人思考。而热心研究 Wagner 艺术，同时就是热心研究德意志本性本身。这种艺术就是用批判、美化的方式去颂扬德意志本性。”[①]Wagner 和 Richard Strauss 旨在用音乐表现形而上学的思考、浪漫的激情。就德奥音乐在 Wagner 以后的发展而言，基本的趋势是浪漫的对象表现主题逐渐排斥形式的绝对和谐，直至将后者完全从作品驱逐出去。因此这种对象表现与形式的绝对和谐的矛盾仍将推动雄浑风格的继续发展以致消亡。其中对象表现的进一步发展使形式优美成为障碍，故它最终将局部领域的形式优美亦予以摧毁，从而导致雄浑风格的形式矛盾统一体瓦解，于是雄浑风格

---

① 转引自汉斯·马耶尔：《瓦格纳》，人民音乐出版社 2005 年版，第 286 页。

便自我消亡。

其次就实质矛盾方面。对象表现方面的发展同样导致浪漫风格的实质矛盾的重构。浪漫风格的实质矛盾仍然是对象表现与美的永远原初性要求的矛盾。对象表现要求意义确定性，而后者通常是对永远原初性的否定。这种要求推动浪漫风格扬弃感怀风格的隐喻性表现，进入内在的对象表现领域。但是就一种对于现实对象的内在表现而言，意义确定性就是确切性，而后者必然是对永远原初性的否定。面对这种矛盾，浪漫风格可以做的抉择是：其一，放弃对于现实对象的内在表现，将对象表现深化到超绝真理的领域；其二，只要求基本的意义确定性而放弃意义的确切性。晚期浪漫风格为了保持永远的原初性，就必须放弃这种意义确切性。它的思想是明确的、确定的，但非确切的。这一点无论对于表现的对象还是表现的方式，都提出了特殊要求。其中音乐是最适合的表现方式，它的本性就排斥确切的表现；而那种超越理性的、神秘的原理，即超绝本体则是最适合的表现对象，这种对象由于否定了日常理智的领会，通常无法予以确切的表现。这种实质矛盾的发展最终亦导致浪漫风格从感怀风格过渡到雄浑风格。雄浑风格的美，本质上是对超绝真理之具体自觉的领会。在这里，领会本身及其对象的独特性，决定这种领会既具有意义确定性，而后者又不会上升为意义确切性，故领会得以保持了永远的原初性。因而在这里，上述实质矛盾的双方达到了一种稳定的统一。

这个矛盾还将进一步推动雄浑风格的发展。其中主要的趋势是对象表现产生了对意义确切性的要求，它在此要求推动下便逐渐放弃永远的原初性，导致艺术越来越向哲学、宗教靠拢（Wagner 和 Richard Strauss）。这种发展最终会导致雄浑风格的自我消亡，甚至艺术本身的消亡。

总之，最终是其自身的内在矛盾，推动浪漫风格从感怀风格向雄浑风格转化。雄浑风格就是晚期浪漫派的主要风格。这种矛盾在雄浑风格中仍然存在，且有其独特表现。

雄浑风格的形式矛盾就是在整体层面对于超绝真理的内在表现与形式的绝对和谐的矛盾，这也是雄浑风格的主要矛盾。一方面，当思想要内在地表现某种对象的时候，它的形式就必然被对象的形式所规定。本体自由作为生命的绝对自否定运动，必有其自身形式。雄浑风格的美旨在内在地表现本体自由自身的运动，因而它必然在自己里面构成与这运动一致的形式。然而另一方面，这种对象形式必然与理性思维追求的绝对和谐冲突。于是，美对于前者的表现必然导致与后者的矛盾。在雄浑风格的形式矛盾中，对象表现是主导方面，而使对形式的绝对和谐的要求则是次要、从属的方面。前者规定了雄浑风格的整体形式，而后者则完全被从整体形式层面逐出、被限制在局部，且是为前者服务。而这正好颠覆了含蓄风格的策略。含蓄风格把形式的绝对和谐作为矛盾的主导方面，使其整体形式被这种和谐的完全性规定，而将对象表现限制在局部（如 Beethoven 交响曲总会在包含剧烈冲突和痛苦的主题与一个平静、温柔、优美的主题之间达到一种平衡，最终营造出音乐的对称、均衡和稳定的整体结构）。因此这是两种不同的形式美。含蓄风格是纯粹优美。雄浑风格则是庄静美。其有别于庄静美之壮美风格者，仅在于后者的对象是现实的，而前者的对象是超绝的。

雄浑风格的实质矛盾，仍然是对象表现与美的永远原初性要求的矛盾。雄浑风格通过将对象存在深化到超绝真理的领域，使之达到某种平衡。通常情况下，一种对于超绝真理的表现总是超乎理智限度的，因而难以达到意义确切性，也无法转化为必然的，它就由此保持了永远的原初性。因此雄浑风格既做到对于对象真理的表现，又保持了永远的原初性，故将矛盾双方统一起来。

不过，无论是形式矛盾还是实质矛盾，在雄浑风格中都没有得到最终解决，它们最终都将被对象表现方面的发展打破。首先，雄浑风格仍然试图挽留理性思维的表现方式，但更真实的对象表现要求将促使雄浑风格彻底放弃这种理性思维的表现方式，以及对形式的绝对和谐的追求。这种发展最终将打破雄浑风格的形式矛盾的平衡，导致优美的最终瓦解，于是美向单纯的写实风格、崇高风格和深沉风格过渡。其次，对象表现方面的发展也将促使雄浑风格恢复对于意义确切性的要求。这种要求乃是内在的对象表现之本性，它在雄浑风格中被压抑，但最终必将复苏，从而导致美的永远原初性被破坏，实质矛盾原先的平衡被打破。这一发展使雄浑风格的艺术越来越向哲学和宗教靠拢。这两个矛盾最终都将推动雄浑风格的瓦解，也将导致优美本身的彻底消解。

音乐是雄浑风格的最佳载体。在所有艺术形式中，唯音乐可以达到对超绝真理的直接、具体的内在表现。一方面，与戏剧、小说一样，音乐的形式具有时间特性，比造型艺术更适合表现生命，而自由、意志就是生命。另一方面，与文学不同，音乐对于这自由的表现是直接、具体的。音乐因为不具有与现实对象的确切指涉关系，所以它"是诸艺术中最不合乎逻辑的"，所以音乐可以直接"表达意志，表达一切寻找地上的'上帝王国'的哲学家们所渴望的'物自体'"[1]。文学只有通过现实的情节表现一种超现实的"情节原型"（如《浮士德》《约翰·克利斯朵夫》通过主人公的斗争经历表现自由的自否定运动），这种表现是间接的、抽象的。音乐的形式由于摆脱了与现实、理性的粘连关系，因而可以直接、具体地呈现超某种现实、超理性的"情节原型"，这就是一种超绝本体的自身运动。这本体就是生命、自由的本质。Beethoven 的音乐就真实具体地表现了这个本体，而雄浑风格的音乐也做到了这一点。区别在于前者将对象的内在表现限制在局部，而后者则将这种表现扩展到整体层面。音乐的雄浑风格，最充分地体现在 Wagner 的音乐（此外还有 Richard Strauss 的某些作品）。因此 Wagner 的音乐就是雄浑风格的典范。

晚期浪漫风格的矛盾集中表现为音乐与文学的矛盾。音乐的本性使它否定具有意义确切性的对象表现，而更擅长构成具有绝对和谐的形式；文学的本性则正好相反。晚期浪漫风格越来越走向与文学的结合，就导致在其中这二者的矛盾尖锐化。这矛盾其实在古典风格后期就已经显露出来。Beethoven 其人和其作品都表现出音乐家和诗人的双重性格。[2] 作曲家的诗人的一面，主要在于其抒情的兴趣及其致力于对于对象真理的内在表现，这些在古典风格都被限制在局部领域，在晚期浪漫风格则上升到整体形式层面，而这被认为是音乐向文学的进一步转向。但是这种转向的继续进行，将导致艺术想象逐渐丧失其主观自由，最终导致浪漫风格的彻底解体。

晚期浪漫风格，当其旨在表现一种现实对象（比如叙事情节或观念）之时，就不属于雄浑风格。比如 Berlioz 的标题音乐和 Liszt 的交响诗，都旨在

---

[1]　保罗·亨利·朗：《西方文明中的音乐》，顾连理等译，广西师范大学出版社 2014 年版，第 888 页。

[2]　用 Beethoven 自己的话说："一位音乐家亦是一位诗人，他能感受到自己通过另一个视角窥见了一个更为美妙的世界。在那里，伟大的灵魂操弄着他的命运，交付其正确而艰巨的任务。"（《贝多芬自述》，张宇译，江西教育出版社 2012 年版，第 53 页）

表现某种文学的叙事或意境。Berlioz 的"幻想"交响曲就是以音乐的形式描述了一个诗人在精神失常中杀死自己迷恋的爱人的爱情故事，每一个情节或场景的音乐描绘都加上了文字标题。Liszt 是继 Berlioz 之后最重要的标题音乐作曲家，首创单乐章标题交响音乐题材：交响诗。其中"Faust"交响曲的三个乐章都以剧中人物为标题。第一乐章"Faust"，采用奏鸣曲式，描绘了 Faust 惶惑焦虑、躁动不安的形象。第二乐章"Gretchen"，也是奏鸣曲式，描写少女的纯洁温柔。第三乐章"Mephistopheles"描绘了魔鬼的形象，充满否定一切的冷嘲热讽。这种音乐带来的审美革新主要在于以对象真理的自身形式而不是以理性思维的理想作为美的整体形式的主要根据，美主要在于形式的充分和谐而非绝对和谐。这表现在古典曲式由主题冲突和发展构成的统一开始被情绪和观念的统一替代。音乐不用将乐思塞进传统形式的固定框框里面，但照样创造出完整的、合乎逻辑的、有组织的形式。这种形式更接近诗歌、小说的发展，而与古典曲式的展开逻辑格格不入。这可以说是晚期浪漫风格在交响乐领域遭到失败的根本原因。

Wagner 和 Richard Strauss 等人的音乐则使晚期浪漫风格的对象表现转移到一种超越现实和理性的神秘领域。这种音乐才是雄浑风格的典范。

天才艺术家在创作中，会受一种无名的渴望驱使。他爱着那充满他的心灵、流注到他的笔尖的神秘存在，却未曾一睹芳容。他在幻想中赋予它最美丽可爱的少女形象（缪斯）。但他也可能知道这个形象是不够的。他可能明白他所感知到的那个存在乃是绝对、是强大雄浑的生命意志。每一个艺术天才都被一种对于绝对的渴望支配。但只有像 Beethoven、Goethe 这样的伟大心灵才独具灵犀，将那充塞于思想之脉管的神圣生命照亮。人们在内心深处潜藏了一种对绝对的渴望，而艺术只有在它真正呈现出这个绝对之时，才会具有最摄人心魄的力量。这个绝对就是本体自由自身，是生命意志的无限激流。在 Beethoven 那里，它被绝对理性的形式约束，其对我们的冲击仍合乎尺度，没有冲毁精神的堤坝。但是在 Wagner 和 Richard Strauss 这里，生命意志的洪流冲破了这种约束，将我们席卷而去。一种将超绝真理呈现出来的艺术，体现了精神的本真领会，故谓之本真的艺术。本真的艺术把握到了任何实在的艺术未曾领略的超绝本体的形式，因此它对于这本体可以作内在的表现。我们所谓雄壮风格和雄浑风格都是这本体的具体呈现，都包含一种本真的美。只是在前者，本体还试图在绝对理性织成的庄严、精致的服饰中呈现自己；而在后者，它却把这种服饰当成一种束缚和遮蔽加以抛弃，对着人类感官之镜勇敢地裸露自己圣洁的形体。雄浑风格的整体形式就是本体的自身形式的呈现，以后一种形式为实质根据。

雄浑风格的美基本上是一种本真的美，而它又保持理性思维的形式兴趣，所以也包含庄静美的层面。雄浑风格呈现的也是生命意志或自由的自我否定的图像，后者也表达了精神的超越思维，而这种超越思维的美属于崇高。因此雄浑风格包含的本真之美乃是一种崇高美。这种本真的美是生命意志的直接呈现，因而具有这意志的自身形式，而这形式作为生命的真理，必具有生命特有的充分和谐。超越思维之为美，前提是它具有形式的充分和谐。后者是崇高美的必要条件。另外，雄浑风格仍然努力挽留形式的绝对和谐，它也要尽量保留形式的优美。雄浑风格也旨在把对象自身的形式与理性思维要求的绝对和谐形式统一起来，故它的美亦属于庄静美。故雄浑风格的美乃是本真的美和庄静美的统一。雄浑风格就其作为本真的美与优美的统一，乃与雄壮风格一致。与后者不同的是，在它这里，对超绝真理的表现成为形式矛盾的主要方面。

Wagner 的音乐就最充分体现了这种雄浑风格的美。他的音乐就包含了本真的美和庄静美的统一。

一方面，Wagner 的音乐包含了对于超绝本体或纯粹生命意志的直接、具体表现，具有一种本真的美。用他的原话说："心灵的器官是乐音，心灵的艺术，意志的语言是音乐"，音乐作为"世界的理念，似乎有能力在最直接的启示中去了解事物的本质"。Wagner 是叔本华的唯意志哲学的艺术诠释者。在叔本华看来，音乐就是纯粹意志的直接呈现，"如果能成功地在概念上对音乐做一种完全正确的、完善的和十分详尽的说明，也就是能够详细地复述音乐所表现的东西的话，那么这马上就成为在概念上对世界的一种充分的复述和说明，也就成为这样一种在内容上与此完全一致的东西，即真正的哲学。"①Wagner 致力于以音乐形式描绘超理性的意志本体的运动以及其展

---

① 转引自何乾山：《西方哲学家、文学家、音乐家论音乐》，人民音乐出版社 1983 年版，第122 页。

开为现实世界的机制。他的音乐直观地呈现了生命意志通过不断的自我否定达到最终的超越的过程。这也是一种普遍的、存在论的欲望不断蕴积并在最终满足的狂喜中达到涅槃或最后超脱的过程。他常常把意志本体等同于欲望，甚至将其与肉体欲望混淆。如果说 Beethoven 交响曲讲的是自由的故事，Wagner 的作品讲的就是意志和欲望的故事。在 Beethoven 最伟大的交响曲中，我们看到的是自由的矛盾运动，是自由否定重重困难，最后达到自我实现的进程。在 Wagner 的作品中，我们看到的则是一种未得满足的欲望，不断地积累，在最后的高潮中爆发，然后是一片静寂和虚无。这是欲望满足之后的死亡，即所谓"Liebestod"（爱之死）。这种死亡就是东方宗教的涅槃，是最终的解脱，也是对于世界幻相的终极超越，而存在之真理正由此显现。Wagner 的音乐同样表现了自由的自我否定、自我超越的运动，但是与 Beethoven 不同，他只看到了这种自由的消极方面。他的音乐也直接、具体地呈现了一种本真的超越思维，是一种本真的美，同时也是崇高美。

这种本真的美，与古典风格的一个主要区别，在于它是以超绝真理自身的形式为它自己的整体形式根据，以自身形式呈现意志自身的运动。Wagner 想用音乐形式再现生命意志，用音乐的魔力使纯意志的世界复活起来，在其中意志挣脱现实和理性的牢笼而表现为非理性的欲望和行动[①]，其音乐的形式根本上不是被纯音乐的自身逻辑规定，而是被作为表现主题的意志和欲望自身运动的形式规定，且旨在描绘后者。为使音乐更适应这个新任务，Wagner 在音乐的体裁、技法和思想方面都作了革命性的创新。

首先，他对于歌剧的传统形式进行了重大改造。事实上，歌剧和声乐艺术内在地包含了音乐与诗歌难以调和的矛盾。从古希腊到 Gluck 的声乐艺术，基本都是使音乐单纯服务于戏剧文本，音乐是作为戏剧的奴仆，只为修饰或表现戏剧内容而存在。柏拉图就认为应该是节奏和乐调符合歌词，不应该是歌词迁就节奏和乐调。Gluck 在歌剧创作中也是试图使音乐隶属于诗的麾下。在他的创作中，戏剧至高无上，音乐只是陪衬。反之，Mozart 和 19世纪意大利歌剧大师们则都试图使戏剧成为服务于音乐的配角。如 Mozart

---

① 保罗·亨利·朗：《西方文明中的音乐》，顾连理等译，广西师范大学出版社 2014 年版，第 860 页。

表示"在歌剧中，诗歌必须不折不扣地充当音乐顺从的女儿。"[1] 在他的歌剧中，音乐处于至高无上的地位，戏剧只是为音乐提供机会，音乐彻底吸收、重塑了戏剧。只有到了 Schubert 的歌曲，音乐和诗之间才建立了一种相互表现的关系，一方面是音乐表现诗的情绪和气氛，另一方面是诗也表现音乐的意向，但这种尝试在歌剧艺术中应当是不可行的。因此 Gluck 和 Mozart 代表了歌剧发展的两种方向，这二者发展到极端都会打破戏剧与音乐的平衡，从而威胁歌剧艺术的存在。而 19 世纪歌剧的威胁主要来自后一种方向。对此，Wagner 重申戏剧才是歌剧的真正目的，音乐应该服从戏剧，其存在乃为表现戏剧的内容[2]。但与 Gluck 要求音乐服从戏剧台词不同，Wagner 强调"音乐要诠释的应该是戏剧本身，而不是戏剧的诗歌。"[3] 这种区别根本是因为 Wagner 理解的戏剧已不是传统的由现实和历史叙事构成的戏剧，而是一种更深刻的、哲学的戏剧，并且戏剧情节根本上是在音乐甚至主要是器乐中展开，它其实是一种音乐的情节。他的乐剧的戏剧情节其实包含了两个层面：一个是现实的情节，即戏剧的具体叙事层面，比如"指环"中的阴谋、爱情等；还有一个就是潜伏在这个现实的情节之下通过其表显的哲学情节，即绝对意志的运动，它通过人物的行动呈现自身，而人物则成为象征绝对意志的展开环节的符号。因此这个绝对意志的运动就构成一个作为现实情节之本质基础的"情节原型"（plot archtype）。Wagner 的音乐旨在表现的戏剧，本质上就是这个绝对意志的运动。这个戏剧的发展主要不是在文本中，而是通过音乐的发展完成。"罗恩格林"以后的 Wagner 乐剧的思想核心和真正的戏剧性包含在音乐中。文本完全是为音乐服务，文本本身的思想往往意义贫乏，其作用仅相当于标题，只是提示音乐的思想。舞台上所呈现的情节、场景也只是对音乐思想的一种象征化的说明而已。戏剧的情节主要是一种音乐的情节，本质上就是绝对意志运动的体现。这个情节主要在器乐中酝酿发展。器乐才是 Wagner 音乐的精华所在，他的最深刻、最美的思想都是在此

---

[1]　保罗·亨利·朗：《西方文明中的音乐》，顾连理等译，广西师范大学出版社 2014 年版，第 678 页。

[2]　转引自保罗·亨利·朗：《西方文明中的音乐》，顾连理等译，广西师范大学出版社 2014 年版，第 903 页。

[3]　保罗·朗多尔米：《西方音乐史》，人民音乐出版社 2014 年版，第 251 页。

发展成熟。声乐部分则被大大削弱，人声几乎被器乐的浪潮淹没，其旋律接近吟诵调式，传统声乐艺术的美几近丧失。这些改革使 Wagner 的乐剧远离了传统歌剧形态，它更应当被当做是包含哲学思考的交响诗，是以音乐形式呈现的哲学戏剧。Wagner 宣称他的乐剧不是继承 Gluck 和 Mozart，而是继承 Beethoven 的第九交响曲，良有以也。

在表现超现实的对象方面，Wagner 的歌剧改革克服了传统戏剧和音乐的局限，而将各自优点结合起来，创造了一种最适合这种表现的艺术体裁，即所谓乐剧。因为传统戏剧对于超绝本体的表现是间接、抽象的，尽管可能具有意义确切性；音乐对于超绝本体的表现却可以是直接、具体，但缺乏意义确切性。因此 Wagner 的乐剧将这种表现及戏剧的发展主要放在音乐中，它是通过音乐直接具体地呈现超绝本体的运动，而文本的作用主要在于标明音乐的表现的"是什么"，Wagner 旨在通过文本和主导动机的发展赋予音乐的思想以意义确切性。Wagner 的乐剧试图以此把对于超绝本体的直接、具体表现与意义确切性统一起来。

如果考虑到以下事实，则 Wagner 的歌剧改革亦可视为歌剧艺术发展的自然结果。一个重要事实就是通常情况下歌剧的美和歌剧思想的原初真理基本上都是来自音乐而不是戏剧文本。无论是 Bach、Handel、Haydn 的清唱剧，还是 Verdi、Puccini 的抒情歌剧，其文本内容都没有多少原初真理或文学的美，真正有审美价值的部分全在于音乐。因此歌剧的重心逐渐向音乐偏移是很自然的。另外，音乐具有从隐喻性表现转化到再现性表现、从不具确切性到具有确切性的自然倾向，这也促使音乐篡夺文本的表现功能。Wagner 乐剧体裁的形成也离不开这两方面事实的影响。

其次，Wagner 的音乐思想是哲学的，其音乐思想的展开，既非由纯音乐的主题发展、也非由现实的人物性格和情节展开构成，而是被纯粹意志的运动规定，音乐形式是对后者的描述。

"罗恩格林"以后的 Wagner 乐剧，旨在呈现纯粹意志、欲望的活动，其情节本质上是一种形而上学情节。首先，Wagner 有意识地运用音乐主导动机的手法来表现戏剧的情节、思想。这就是用一个短小的音乐动机代表特定的人物、情绪、事件、物体、场景和气氛等，并用交响手法对动机加以发展，即对其进行重复和变形、扩大和缩小、分裂和重组，不同的动机在发展中相互关联和组合，构成复杂的音乐织体。音乐通过主导动机的发展和组合构成一个充分和谐形式的整体。这是一个生命统一体，因为意志就是生命，它的活动具有其自然的统一性。音乐的形式植根于意志活动的逻辑，而不是纯音乐的自身展开逻辑，故前者构成的充分和谐代替后者构成的绝对和谐规定了音乐的整体形式。也就是说在这里，是文学的情节、思想的统一性代替了纯音乐自身的统一性。所以这种音乐是交响诗式的。其次，Wagner 的主导动机和戏剧的剧情都有内外两层意义，其表层意义是人物及舞台情节，其深层意义则是哲学的诸观念以及观念的运动。Wagner 的角色都是一种形而上学思想的化身，不够人性化。那些伟大的女性角色其实都是意志或欲望的体现，只有通过不断在狂热中否定自身而达到最高的牺牲，才能得到满足。她们尽管感人至深，但没有女性特征，缺乏女性魅力。Wagner 的戏剧也不再是人物戏剧，而是借助神话素材阐释的哲学。在其最精彩的部分（如《特里斯坦》第二幕的爱情二重唱）甚至常常没有了戏剧动作和歌唱，情节发展完全交给器乐。这种戏剧情节本质上是一种形而上学的情节，由生命意志的展开运动决定。所以在古典声乐艺术中，情感臣服于理性，而在早期浪漫主义歌剧中往往是理性臣服于情感，但是在 Wagner 的乐剧中，则是情感和理性都臣服于形而上学。其音乐的整体形式呈现了这种形而上学思想的展开且被后者规定。

再次，Wagner 音乐表现的哲学是一种唯意志哲学，最终是纯粹意志推动且自我实现为形而上学思想的展开，后者支配了乐思的发展，故根本上纯粹意志将自己呈现在乐音的运动之中。"特里斯坦与伊索德"就呈现了意志像烈焰般燃烧着男、女主角并最终将其推向死亡与解脱的过程。其中，歌词只是抽象地、提示性地点出这个过程，而音乐则把这个过程具体地呈现在我们的直观面前。爱与死的动机在不断发展中相互交织，相互缠绕，又以不规则不对称的节奏融为一体，最后归于一片空寂。这一切都是意志的表现。在这里，意志表现为精神的自我否定运动，即超越思维，而后者又呈现为乐音的运动。

最后，这种超越思维构成 Wagner 乐思的灵魂，它才是他的音乐美的本质方面，因而 Wagner 音乐具有一种完全不同于古典风格和感怀风格的美。这种超越思维作为生命的真理（即自由的根据）必然具有充分和谐的形式；

同时它的形式又内在表现了意志的自身形式，与后者具有同一性，故它也必具有意志（作为生命）的充分和谐形式。这两种形式是同一的。一般的超越思维皆是以自身形式自在地表现本体自由的自我否定运动。只有当超越思维是本真的，才是自为、自觉地表现此否定运动，故它的超越是绝对的，即超越现实存在而进入了本体自由的超绝真理领域。于是它就自觉地在自身存在中让超绝真理将自己呈现出来。在 Wagner 音乐中，这种超越思维是本真的，这表现在它是朝向死亡和虚无的超越，也就是对现实存在本身的否定。而它又将自己表现为音乐，故这种音乐的整体形式呈现了生命意志的运动且被后者规定。这一运动在 Wagner 的音乐中得到了最真实、具体的呈现。音乐通过延迟的调性回归以及阻碍终止和节奏的紧接来造成旋律的无间断发展，从而不断积累着内在张力，并在最后的高潮中爆发而归于一片寂静，直观地呈现了意志的自我否定通过不断自身积累最终形成了具有无法承受之重的生命现实并将其摧毁以归于虚无的运动过程。于是，音乐成为本真的超越思维的感性直观表达，并因而成为意志自身真理的显像。本体自由或意志本身并不是美（不具有原初性），只有旨在表现它的思想和图像才是美。Wagner 音乐表现的美根本上是一种超越思维的美，属于崇高美，而不是优美（理性思维之美），而这二者在形式上的差异在于充分和谐与绝对和谐之不同。

Wagner 以主导动机的发展来表现这种超越思维。这种手法其实是标题音乐的发展。这就是对于任何一种存在、思想都以一个特定的音乐动机表现，以此在音乐与对象之间建立了一种确切的指涉关系。每当一个动机出现，听众就能联系到它的确切指涉。这本质上是使乐音符号化，向语词靠拢。在此基础上，Wagner 就能够通过主导动机的发展，将他的哲学思想阐释出来。这其实就是使音乐承担语言的功能，在某种程度上是使音乐成为了语言。音乐成为一个具有确切性的意义系统。这种音乐语义系统，最早可以追溯到 Bach 的音画法。这种音乐是用哲学的思想代替纯粹音乐的动机，用生命意志自身展开的逻辑代替音乐的主题发展。

总之，Wagner 的改革，使音乐以前所未有的程度向文学和哲学靠拢，音乐成为哲学思想的阐释，成为超绝本体的自身运动的直观呈现。这使乐思等同于文学、哲学的思想，使后者的展开，而不是传统的交响逻辑，规定乐思的整体发展。这最终使超绝本体的自身运动规定音乐的整体形式。所以音乐在整体形式层面完全放弃了此前音乐追求的绝对和谐。Wagner 音乐为此遭到 Hanslick 这样的保守派的严厉批评。尽管如此，我们还是不得不承认它仍具有自身完整的形式统一性。无论是其动机发展还是转调与和声都从来不是不合逻辑和牵强的，故它有其自身独特的形式和谐（这是美的前提）。后者是一种不同于优美所要求的绝对和谐的充分和谐。这是思想（在这里就是超越思维）的真理性所要求的和谐，更多地是诗人、哲学家而非音乐家理想中的和谐。音乐的这种文学化导致在整体层面对古典形式绝对和谐的彻底破坏。

另一方面，Wagner 的音乐也并未放弃对形式优美的追求，这是出于音乐的本能。Wagner 仍然尽量按照传统的交响思维安排和声与调性关系，音乐的横向结构仍然能保持均衡、对称和稳定的形式，即具有形式的绝对和谐。另外，即使在纵向的发展上，Wagner 的音乐也仍然在局部形成具有严格意义上的形式优美的乐思。但是音乐的本性追求的这种形式绝对和谐与 Wagner 音乐的整体对象表现存在本质的冲突。

Wagner 的雄浑风格音乐，致力于把这两方面统一起来，把对于超绝本体的具体内在表现与理性思维的主观自由统一起来，把一种本真的美或崇高美与优美统一起来。这在单纯形式层面，就是把形式的充分和谐与绝对和谐统一起来。在其中，形式的绝对和谐不能保持其完全性。也就是说，Wagner 音乐的优美不是纯粹优美，而是庄静美。这个统一是一种矛盾统一。当然，雄壮风格、感怀风格也都旨在构成对象表现与理性思维的主观自由的统一，区别在于在雄壮风格，理性思维的主观自由与形式的绝对和谐是矛盾的主要方面，对象表现方面是次要的、局域性的；在感怀风格，对象表现与形式的绝对和谐基本被置于同等地位，二者并驾齐驱，在争夺对整体形式的控制；在雄浑风格，对象表现方面成为矛盾的主要方面，理性思维的主观自由与形式的绝对和谐方面成为次要的、局域性的。雄壮风格和感怀风格都试图在整体层面以理性思维表显一种理性性格，故仍保持着整体形式的优美；而雄浑风格首先表现的不是理性性格而是超越性格，且它在整体层面不是以理性思维而是以超越思维来进行表现的，所以它主要是崇高美。在整体形式层面，它具有的是被对象形式规定的充分和谐，因而不得不放弃绝对和谐，也就是说它不具有整体形式的优美。尽管它仍包含优美，但是优美不是构成雄浑风格的主要或根本的因素。

总之，Wagner 的雄浑风格音乐之重大成就在于：其一，以其独特方式实现了崇高与优美、形式的充分和谐与绝对和谐的统一。其二，对象表现（作为浪漫主题）在整体形式取得绝对支配地位，因而具有了空前的自由，可以最真实、自然地表现超绝本体。其三，这种对象表现就是一种本真的超越思维，亦即真实的崇高，故崇高美在雄浑风格获得自身统一性。其四，Wagner 音乐把对于超绝本体的直接、具体表现与意义确切性统一起来。主导动机的发展使音乐的思想既直接具体地呈现超绝本体的运动，又具有了意义确切性。

Wagner 的音乐根本改变了 19 世纪以后的音乐发展的方向，但是它也在根本上偏离了音乐的本质，破坏了音乐特有的美。

首先，尽管 Wagner 的雄浑风格试图将崇高与优美、形式的充分和谐与绝对和谐统一起来，但是这种统一注定不会在整体形式层面取得成功，它最终是以对形式绝对和谐的严重损害为代价。音乐的独特本性使它最适合构造无所表现的绝对和谐形式，而最不适合确切的对象表现。雄浑风格它从两方面破坏了音乐的美：第一点，它是以对象自身或对象领会的充分和谐取代音乐特有的绝对和谐。Wagner 音乐与 Haydn 音乐的区别就是纯粹艺术和本真艺术的差别。纯粹艺术只以艺术形式（的美）为目的，而本真艺术则是揭示以本体自由自身（的真理）为最终目的，其形式由此被规定，这注定其根本形式只能是充分和谐而非绝对和谐。Wagner 的音乐用哲学的思想代替纯粹音乐的动机，用生命意志自身展开的逻辑代替音乐的主题发展，用不断展开的漩涡般的转调取代传统的调性关系，用无终旋律彻底瓦解了古典奏鸣曲的闭合结构，从而彻底打破了古典风格和感怀风格的对称、均衡和稳定形式。于是音乐的本性追求的形式的绝对和谐和优美被严重破坏。任何一首以再现性内容为主的音乐，比如标题音乐或戏剧配乐，都不可能具有绝对音乐的完整、封闭的曲式结构，不能以绝对音乐作品的方式来充分地欣赏。但是对音乐的形式优美破坏最严重的，乃是 Wagner 的主导动机的发展。后者使音乐最彻底地以文学、哲学的思想发展代替音乐自身的发展以规定艺术的整体形式，导致在整体层面的形式绝对和谐被完全摧毁。第二点，Wagner 音乐沿袭了文学和哲学对意义确切性的追求，赋予音乐不可能的任务，束缚了音乐的思想，并导致对音乐的扭曲。美的更真实对象表现要求，推动其追求一种确切的内在表现，而这是超出音乐之本性的。因为音乐无法在其媒介形式与对象形式之间构成一种固定的、排他性的描述关系（即指称），而只有当我们通过这种指称关系把对象领会与现有的概念系统衔接起来，才能赋予这种领会以确切意义。如果我们要确定音乐表现的到底是哪一种对象，就必须加上文字或者插图的解释并联系到我们自身的精神语境，这样才能把音乐的意义同我们已有的概念整体关联起来，但是这种关联是人为、外在的，而不是乐曲自身本有的。所以音乐对象表现不具有意义确切性。这其实是音乐的本性和独特优势。因此 Wagner 试图通过主导动机的发展达到对本真的超越思维的确切表现导致对音乐本质的破坏。它使音乐被迫接受一种超出其本性的任务，就导致音乐思想的正常展开被羁绊、其形式亦被高度扭曲，从而伤害音乐应有的美。Hanslick 就此批评道："有些理论强要音乐接受语言的发展规律和构造规律。如同早些时候部分地由 Rousseau 以及 Rameau，近代则由 Wagner 的信徒们所尝试的那样。他们这样做时刺伤了音乐真正的心脏。"①Wagner 的雄浑风格完全丧失了整体形式的优美。

其次，不论音乐如何努力，也无论其多么扭曲自己的形式，当它旨在获得一种具体领会的意义确切性，其最终获得的都只是这种确切性的幻影。

Wagner 旨在以主导动机的发展实现对超绝本体之具有意义确切性的具体表现，但这一努力并不能达到他期望的成功。

一方面，音乐包含的具有意义确切性的本真领会是抽象的。它未能建立我们的生命此在与超绝真理的具体、直接的连接并由此使这真理在具体直观中呈现。Wagner 的主导动机对于对象的表现是抽象的。主导动机其实是使固定音型符号化，变成某种语词。符号和语词对对象的表现具有意义确切性，然而是抽象的，不能带来此在与对象真理的直接实际连接并通过这连接使这真理在具体直观中呈现。我们通过对符号、语词的领会也可以达到某种直观，但后者与哲学思辨达到的直观一样，是一种抽象直观。Wagner 的主导动机发展对于超绝真理和本真领会的表现具有了意义确切性，但后者是抽象的，与在本真的哲学中的情况一样。主导动机使乐音语词化，通过这种音

---

① 爱德华·汉斯立克：《论音乐的美》，杨业治译，人民音乐出版社 1980 年版，第 67 页。

乐语词进行的对象表现，跟哲学思辨一样的抽象，但这种语词又不具有正常语词的公共性，故不具有独立的意义确切性，而是仍需借助文本的支持。

另一方面，这种音乐也包含一种具体的本真领会，但后者仍不具意义确切性。符号的对象表现是确切的，然而是抽象的，不能使对象直接在直观中呈现。音乐的对象表现则是具体的，然而是不确切的。Wagner 的音乐仍然如此。他的音乐也像 Beethoven 的音乐一样，建立起我们的生命此在与超绝真理的具体、直接的连接，并通过这种连接使超绝本体的运动对于具体直观直接呈现出来，所以也包含一种具体的本真领会；他的音乐也同样完全是靠音乐本身的独立发展来达到这一领会，因而这一领会也并不比在 Beethoven 的音乐中更具有意义确切性。首先，音乐的本性使它对超绝本体的表现比任何符号、语词都更直接、具体，因此在 Wagner 的音乐中，具体的本真领会不需要借助乐音的符号化达到的指涉关系。其次，符号的表现总是抽象的，故乐音的符号化也无助于达到具体的本真领会。另外在雄浑风格中，这种具体的本真领会通过音乐本身就构成了一种充分和谐的形式，已经达到一种内部完整，根本不再需要借助外在关联（符号指涉关系）。事实上在 Wagner 音乐中，尽管主导动机被赋予某种符号意义，但乐曲发展靠的根本上仍是音乐本身的进展。其中主导动机甩开了符号指涉，而是作为单纯的音乐要素起作用。总之，Wagner 音乐包含了一种具体的本真领会，但后者并没有因为他的主导动机对乐音的符号化或语词化而具有了意义确切性。音乐乃至所有艺术都不能使一种具体的本真领会获得意义确切性。

音乐与文学有其截然不同的本性，这使它们总是相互渴慕，都想转化为对方或与对方结合，也使它们在这种结合中相互伤害进而重新分离。它们的不同本性决定它们对美的实质矛盾的不同处理。在其中，音乐固然保持了永远的原初性，却难以扼杀对意义确切性的追求，这使音乐渴望成为文学；反之，语言性的思想最容易获得对于对象的确切领会，也因而最容易失去原初性而导致美的丧失，这又使文学渴望成为音乐。但是当二者结合起来，文学发展必然伤害音乐美的原则，而音乐形式又限制了文学思想的确切性和深刻性。例如 Wagner 的乐剧，注定是既破坏了古典音乐形式的美，又不能达到它想企及的莎士比亚、叔本华思想的确切性和深刻性。在这种意义上，Wagner 的音乐革新基本上没有达到他期望的目标，因而是失败的。

Wagner 的雄浑风格仍然没有获得最终的稳定性。因为它仍然包含有待解决的矛盾。这使本真的美不会停留于雄浑风格，而是仍然继续发展。首先是形式矛盾。在这里，浪漫主题仍然追求自然和自由的发展，这将导致对形式优美的残余影响之彻底肃清，于是浪漫风格洗尽铅华，最终转化为单纯的崇高格调。然而更主要的是实质矛盾。

在本真的美中，这个实质矛盾就转化成（其实是回归其本质基础）本真领会之永远的具体性与意义确切性的矛盾。一方面，原初真理只有能过它导致的具体本真领会（生命与超绝真理的本真连接）才能产生美感，故自由美的永远原初性要求应当回溯到对于具体本真领会之永远在此的要求。自由美要求永远的原初性，就是要求对象领会永远能够给人以美感。这个美感最终来自具体本真领会。故这个要求，就是要求对象领会永远能带来这种具体本真领会。因此，在本真的美之领域，这个永远原初性要求就回归于对于具体本真领会之永远在此的要求。另一方面，本真美包含的自为本真领会，要求具有确切性且渴望转化为必然真理。这种对意义确切性的要求部分表现在艺术向哲学、宗教靠拢的趋势。这两个方面是相互矛盾的。通常的情况是，对象领会若是具有意义确切性，就会丧失永远的原初性，它就不能永远以此带来具体的本真领会。故本真领会的意义确切性通常构成对这领会之永远的具体性的否定。反过来，当本真领会成为具体的，也通常意味着丧失意义确切性。因为人类通常的具体本真领会迄今没有发展出确切的指涉工具和巩固的概念系统，所以它就是永远飘浮的，其存在就构成对意义确切性的否定。在艺术中，精神的本真领会是具体而不确切的，因为艺术的感性媒介无法形成与纯粹思想对象的确切指涉关系；它在文学、哲学中是确切而抽象的（语词或符号具有与对象的确切指涉关系，但不能将对象带入直接具体的直观）。只有在一种本真的宗教，精神的本真领会才可能是具体而确切的。因此这个矛盾将推动本真的美朝以下方向发展：

第一，在本真的艺术中，本真领会否定意义确切性，从而保持了艺术真理的永远原初性及具体本真领会之永远存在（这二者构成永远的本真自由之两方面）。本真的艺术旨在表现超绝真理，又达到了生命与超绝真理的实际连接，故其本真领会是自为且具体的。首先，这种领会不同于通常审美领会，在于它包含的具体本真领会是自为的。通常审美领会只是一种自在的本真自由。它也包含一种具体本真领会（生命的本真连接），但后者只是自在地达到，故非自为的。本真艺术也仍然要通过原初领会达到这种具体本真领会，但后者就是这个原初领会，且被作为一种自觉的目标。也就是说，在这里，具体本真领会则是主体自觉通过原初领会建立起来的。故在本真艺术中，本真领会是具体且自为的。其次，本真艺术的领会亦不同于本真的哲学，后者包含的本真领会是自为的，却是抽象的。最后本真艺术也不同于本真宗教，在于它的具体本真领会仍会通过原初领会达到，且不具有确切性和必然性，而本真宗教则可以不通过原初领会而直接构成具体本真领会，且使之具有确切性和必然性。本真艺术因为否定具体本真领会的意义确切性以确保其具体性的永远存在，故其对于本真美的内在矛盾的解决是消极的。这种对自由美的实质矛盾的解决方式，只获得了一种形式上的稳定性，而不能获得一种实质的稳定性。因为领会的意义确定性处在发展中，任何一种自为的领会都不会满足于本真艺术那种基本的意义确定性，而是要求具有意义确切性且渴望成为必然的。艺术的自为本真领会也本然具有对意义确切性和自身必然性的要求且将朝此方向发展，这将推动本真领会最终扬弃艺术，而向哲学和宗教发展。

第二，在本真哲学中，自为的本真领会获得了一种意义确切性，却完全放弃了永远的具体性。所谓本真哲学就是一种旨在领会超绝真理的哲学。哲学的本真领会是抽象的、纯粹思辨性的。它只是把超绝真理视为一个抽象的普遍物，故能够用语言概念对之进行指称，从而达到对于这真理的确切领会。但是这种本真领会不具有具体性，它只是对超绝真理的抽象思辨，没有建立与这真理的本真连接且将之直接在直观中呈现；它也完全放弃了永远的原初性。也就是说这种领会放弃了具体的本真自由（严格地说是放弃了这种自由的永远性）。当然，哲学也可能通过原初真理达到某种具体本真领会，但后者是自在的，没有分享哲学的自为本真领会之意义确切性和必然性，所以它也不是永远在此的。总之，哲学和艺术对于本真美的内在矛盾的解决都是消极的，都不能使本真自由的具体性和必然性统一起来。从其本原的存在论意义上说，人对于对象真理的自为领会，是为了直接且永远地占有这真理，暨使之在他自己的生命中具体地发挥作用，故无论作为审美领会还是实践领会，自为领会都不会满足于其抽象性，而要求成为具体的。自为的本真领会亦是如此，其本原的存在论目的是实现对超绝真理的直接永远占有。它作为必然真理只是善。精神生命之全部的善在超绝存在论上就构成一个使神圣真理从顶端注入而流布到生命之每一末梢的必然的有机层级系统，其中每一种善都是这种注入和流布的环节，最终都是为导致生命对神圣真理的实际接纳和占有，也就是说每一种善都以必然的具体本真领会为超绝论的最终目的，故后者就是至善（同时是至美），而一种自为的本真领会作为善的目的就在于使自身获得必然的具体性。因此哲学的抽象本真领会，作为善，乃是以必然的具体本真领会为其存在理想。善必然走向美。另外，一种真实的自为领会也要求具有意义确切性，且渴望转化为一种必然真理。一种自为的具体本真领会也以转化为必然真理（即成为至美）为其本原的存在论目的，故亦要求获得意义确切性。总之，本真领会之具有意义确切性的抽象方面，和不具有意义确切性的具体方面，都必定在其本原的存在论目的的规定下，相互渴望并走向对方，最终结合在一起。只有通过它们的统一，本真领会才获得完整。只有本真的宗教才实现了这种统一。这种统一就是美与善的最终统一，是美、善各自发展到极致（成为至美和至善），从而在端点上融合在一起。因此，对于永远的具体性的要求终将推动本真领会最终扬弃哲学而向宗教发展。

第三，在本真的宗教中，本真领会才实现了永远的具体性与意义确切性的真正统一；也可以说本真宗教实现了本真哲学和本真艺术的辩证统一。本真宗教不仅旨在达到一种自为、具体的本真领会，而且要使这种领会成为必然的。本真艺术包含一种自为的本真领会，后者是永远具体的，但不是必然的。这在于本真艺术永远可能让我们产生一种具体的本真领会，但并非必然地做到这一点（例如我们对 Beethoven 音乐的聆听经验）。哲学的本真领会可以是必然的，但是它是抽象的，当然也不具有必然的具体性。我们在学理层面对于超绝真理的揭示不能把我们带入与这真理的实际连接，并使之对我们的直观呈现。故艺术与哲学都未能达到本真领会之必然性与永远的具体性的统一。根本原因在于，二者都没能建立自身形式与超绝真理之具体且确切的指涉关系。只有本真的宗教，通过一种千百年缓慢形成的系统灵修形式，才构成了这样一种指涉关系，且形成了具体觉悟的概念系统，因而才能使具体本真领会获得意义确切性并由以最终转化为必然真理，所以它最终实现本真领会之必然性与永远的具体性的统一。一种作为必然性的永远存在就是永恒存在。一种具有必然性的具体本真领会就是永恒的美。这样一种旨在领会超绝真理且具有永恒性的美就是至美。同时，一种具有必然性的自为的具体本真领会就是至善。至善和至美必然同一。只有在本真的宗教中，精神的本真自由才真正将其必然性与具体性统一起来，从而实现了美与善、真理性与原初性的最终统一。因此只有到了本真的宗教，美的实质矛盾才得到最终的稳定解决。

总之，无论是本真的美的实质矛盾，还是自由美的一般实质矛盾，以及最根本的，即美自身的真理性和原初性的矛盾，都只有在本真的宗教中，才得到最终稳定的解决。因此本真美在其内在矛盾推动下，最终将从艺术、哲学走向宗教。只有本真宗教才把必然性与具体本真自由，把善与美最终统一起来，故它才是本真美的归宿。人类艺术乃以本真宗教为其最终归宿。美与艺术，最终都在其内在矛盾推动下，把精神引向上帝，使生命成就至善。

本真领会就是对超绝真理的领会。它使自由之本体以自身真理（包括它的超绝性、绝对性和无限性）在现实生命此在中显现。换句话说，它使本体在现实生命此在中恢复了自身真理性，亦即使此在获得本真的自由。本真的艺术、哲学和宗教都包含一种本真自由。本真自由因为导致它的本真领会是具体或抽象的，而区分为具体或抽象的两种。本真艺术与宗教包含的本真自由是具体的。具体的本真自由是超绝真理的实际展开，在其中本体被否定遮蔽、阻隔其真理、限制其任意行动的任何存在，故恢复其无限的创造性；它就是此在与这神圣本体的实际本真连接（具体本真领会）及从中涌现的精神原初真理。这种具体本真领会和原初真理，都是导致美感产生的先验环节，都会带给我们美感，故它们都是美（其中具体本真领会属于广义的美）。所以具体的本真自由就是美。任何的美或审美领会都属于具体的本真自由范畴。但是只有在本真的艺术和宗教中，具体本真自由才是自为的，而在实在的美中它只是自在的。本真的哲学包含的本真自由则是抽象的，尽管是自为的。它只体现为对超绝真理的理论思辨，而不意味着这真理与生命此在的实际连接及在这生命此在中的自我展开。另外，同为自为的具体本真自由，只有在本真宗教中才是必然的，而在本真艺术中则只是偶然的。只有本真宗教才把必然性与具体本真自由，把善与美最终统一起来。

对于 Wagner 的以上分析，对于同样属于雄浑风格的 Richard Strauss 和

Mahler 也基本成立。不过直到 Wagner 和 Richard Strauss，音乐表现的性格都是理想化的，仍然具有 Beethoven 式的英雄气概，伟大、勇敢、一往直前、坚不可摧；而 Mahler 表现的性格则是现实主义的，充满绝望、颓废、失落、沉沦、无奈的嘲讽。在马勒交响曲中，感情的容量和表现幅度都大大超过前人，从极度的欣喜若狂到极端的阴暗沉郁、从温柔甜美到恐怖怪诞、从沁人心脾的喜悦到地狱般的痛苦、从对大自然的淳朴热爱到虚无主义的辛辣反讽、从炽烈的虔诚到彻底的幻灭。这种性格刻画，无疑更忠实地表现了人类精神生命的实情，但也导致对形式优美的进一步偏离。其音乐以高超的技巧把歌曲风格的旋律和主题的发展、变形手法结合，和声有丰富缜密的对位线条，但复杂的调性关系和经常的转调打开了通向调性瓦解的大门，预示了 20 世纪音乐风格变化发展的方向。

后期浪漫风格仍然包含内在的矛盾，在音乐中这主要是形式矛盾。后期浪漫风格的形式矛盾仍然是音乐的对象表现与形式绝对和谐的矛盾。它也表现为音乐与文学的矛盾。这个形式矛盾推动浪漫风格的继续发展，直至其最终解体。其中主要的发展趋势是对象表现方面越来越强化，导致其为了更自然、真实和自由的表现而逐渐把形式优美作为一种外在限制加以扬弃。最终音乐把对象表现作为自己的唯一目的，而完全无意于形式的优美。19 世纪末兴起的印象主义和表现主义音乐就是这样。它们追求的是极端的情感表现、强烈的感官刺激和场景、气氛的精细描绘，而基本抛弃了形式的优美。这是 20 世纪艺术的一个主要趋势。这可以说是对浪漫风格的形式矛盾的一个最消极的彻底解决。结果是 20 世纪艺术贡献的真正感人的优美作品很少，却创造了比过去所有时代加起来都多得多的骇人听闻的丑恶之物。

与之相关，20 世纪艺术还有一个重要趋势就是理想主义的彻底破灭。这是艺术的对象表现日益浅薄和粗俗化导致的结果。艺术只抓住偶然琐屑的表面真实，诸如病态的幻觉、飘忽的思绪、偶然的色彩变幻、感官的刺激及其他完全私人性的体验，而不是表现对象的普遍和本质存在，故这种表现没有抓住对象的真理。另外，它也无意表现一种卓越、高尚的性格，而是把更多精力用来表现精神病、吸毒者、罪犯、妓女、同性恋等的生涯。所以这种艺术丧失了理想，也丧失了真理性，而真理就是精神自由的根据。因此这种艺术不能给人类精神的自由带来丝毫启迪。总之，20 世纪的现代派艺术，通常是既丧失了对象领会的真理性，又不具有优美的形式；既抛弃了浪漫风格的崇高，也摧毁了古典风格的优美。美的形式矛盾的结局是矛盾双方的毁灭，以致美不复存在，艺术沦为一片垃圾场。20 世纪的整体艺术品味的严重退化是一个触目惊心的事实[①]。印象主义和表现主义音乐也是这种大趋势的成果。

印象主义和表现主义音乐都是从后期浪漫风格发展出来，是音乐进一步文学化的产物。二者都力求从大小调调性体系中解放出来，且基本放弃了古典风格和浪漫风格的主题发展逻辑，但它们还有很大差异。其中印象主义音乐旨在捕捉瞬间的情绪和色彩感受，试图在情绪的统一性中寻求形式，所以排除主题的发展和旋律、节奏性质的差别，因此它的器乐变成了扩大的幻想曲，近似自由体诗，发展的线索是零散的，且轮廓模糊不清。尽管它没有放弃某一中心调性，但是调性骨架非常模糊。但这种音乐，仍然具有某种形式统一，有其独特的美。印象派音乐的美根本上在于它表现的色彩和情绪的丰富性，这是一种出离思维的美，即宏富之美，而不是单纯的优美。这个美不在于形式的绝对和谐，尽管它必须有一种将感性表象统一起来的充分和谐形式，但是这种形式并不是醒目地呈现的。

表现主义音乐（Schoenberg、Webern）则完全放弃了传统的调性原则，也打破了音乐任何内在的情绪、情节和思想的统一，因此在这里，音乐自身的形式统一性、音乐的美完全丧失。这种音乐不仅因为最彻底的文学化而摧毁了形式的和谐，而且在当时的文学艺术中的颓废思想影响下偏离了内容的真理性，因而最终彻底摧毁了音乐的美。尽管这种音乐对于人物性格的刻画似乎是忠实的，但这种人物性格通常只是个别性、私人性的，甚至多是病态的，

---

① 人们往往以为 19 世纪末的艺术中的颓废、堕落倾向反映了当时的时代精神，但它其实只是反映了一种退化的审美趣味。以为一种文化的精神性格在短短半个世纪内就从积极的理性主义退化到颓废的非理性主义，这是根本无视精神性格的稳定性，而且也不符合当时的哲学、科学和现实政治表现的情况。比如，如果 20 世纪初真是艺术评论家所谓的非理性时代，那怎么解释理论科学在那个时代的伟大成就？事实证明将艺术风格的变化总是当做时代文化精神变迁的表现，是过于轻率而且肤浅的。艺术风格的变化总是频繁的，而一种文化的精神性格则具有相当强大的稳定性。艺术风格的变化更多应归因于审美趣味的改变等原因。同样，社会思潮、哲学理论的变化，经常也只涉及文化精神的表层。只有宗教思想的变革，才是必然地表现了一种文化精神性格的改变。

不具有普遍意义，在这种意义上表现主义音乐在内容上缺乏真理性，而一种艺术包含的领会缺乏真理性，就会损害这种艺术的美。比如表现主义音乐着重表达了一种强烈的孤独情绪。这种孤独，尽管有人试图将其拔高到哲学层面，但它其实是心理学的而不是存在论的。存在论的孤独是沉浸以至消融于虚无。在音乐中，它是通过 Wagner、Mahler（以及尤其是佛教音乐）创造的静寂，而不是通过表现主义的喧嚣、杂乱的声响，得到表现的。表现主义的孤独情绪也是完全个人化的，甚至病态的情绪。因此这种音乐在内容上缺乏真理性。它对于病态性格的描写，最多只是满足了我们的猎奇或带来惊悚刺激，而没有使我们认识新的精神真理。另外表现主义音乐力求忠实记录内心情绪的自发过程，这使它不仅摧毁了音乐的形式统一，甚至也破坏了戏剧的形式统一。这种音乐破坏了调性原则，旋律大幅度跳跃和碎片化，节奏参差不齐，内容凌乱，故无论是情绪、情节还是音乐形式本身都缺乏统一的整体轮廓，所以这种音乐没有形式的美。比如 Schoenberg 单一角色的音乐戏剧"期待"，写一个女人夜间在黑暗的树林中寻找自己的情人，当她在恐惧、疲倦中坐下时，发现脚旁有一具尸体，这正是她的情人。作品表达了极度的孤独、恐惧、绝望、阴郁、嫉妒和狂热等情绪，这些情绪都是表现主义艺术所热衷表现的，但都是私人性的，甚至病态的，故这种情感领会缺乏真理意义。音乐不仅无调性，甚至无主题，音乐本身没有统一的整体轮廓，我们除了通过歌词的支撑，就无法领会作品的形式整体性，因而作品也谈不上形式美。

　　整个 20 世纪艺术的堕落就在于艺术家不再像往昔的大师那样，通过艺术包含的真理和美来感动人，给人以自由的启迪，而只是试图通过强烈的感官刺激和情绪冲击，来给人一种更强烈、持久的感官印象。这其实是真正伟大的艺术家不屑为之的，是艺术品味和艺术道德退化到极点的结果。在绘画艺术中，从 20 世纪早期的表现主义、野兽派到后期的 Francis Bacon 等，都旨在用极浓烈的色彩、病态畸形丑恶的对象题材、充满血腥恐怖气息的画面来刺激观念的感官，而达达主义则是通过对传统的艺术、文化和伦理的故意践踏来刺激观众的情绪。这些作品其实思想极端贫乏，极少能给观众以精神的收获。我们一直试图表明的是，艺术的真正归宿不是 20 世纪所谓现代艺术，而是宗教。

小　结

　　优美的本质是理性思维的原初真理。其中，庄静美是具有对于对象的整体表现的，而纯粹优美则是彻底否定了这种整体表现的。但是优美由于其包含的内在矛盾而总是处在不稳定状态，总是处在发展中。因此这种矛盾推动纯粹优美和庄静美互相向对方转化，也推动二者向一种本真的美过渡。庄静美与纯粹优美的本质都是理性思维的原初真理，故可能具有一些共同的形式特征，且都可能表显一种共同的理性性格，因而能够表现出某些共同的风格（故纯粹优美的自足风格、隐喻风格、含蓄风格也能具有庄严、优雅和壮美的特征）。

　　优美作为自由美同样包含存在论的矛盾。优美的存在论矛盾就是其真理性与主观自由的矛盾。它也表现为实质矛盾和形式矛盾。其中形式矛盾是主要的。自由美的基本形式矛盾是其真理性与表现方式（在媒介和领会方面）的主观自由的矛盾；优美的基本形式矛盾乃是这一矛盾的变型。一方面，美的对象表现要求是其真理性的基本表现（美基本上是通过真实的对象表现而为真）。另一方面，只有在优美中，表现方式才同时具有在媒介和领会两方面的主观自由，而领会方面的主观自由为本质性的，这个自由的一个基本表现在于，作为优美的表现方式，自由的理性思维具有完全属于它自己的、超出对象表现的形式理想（对于形式绝对和谐的要求）。这两个方面的张力构成优美的基本形式矛盾，即优美的对象表现要求与理性思维的形式理想的矛盾。此外，优美也包含了其基本实质矛盾，即其对象表现要求与永远原初性的矛盾。优美格调就是在这两种矛盾作用下持续演变。

　　这种内在矛盾打破了优美的稳定性，且它自身是处在发展中的，因而它推动优美格调的不断发展。一方面，如果优美的对象表现要求成为矛盾的主要方面，那么它就必然推动优美格调进入实际的对象表现领域，且日益追求表现的更大真实性。这将迫使优美格调逐渐限制理性思维的主观自由，这种优美就是庄静美。庄静美是优美格调中的依存美。另一方面，当理性思维的主观自由成为了矛盾的主要方面，那么它就必然推动优美格调为了其形式的绝对和谐与内容的永远原初性而逐渐否定实际的对象表现。当优美在整体层面彻底否定了对象表现，它就成为纯粹美或纯粹优美。因此，优美的两种风格，即庄静美与纯粹优美，都是在优美格调的内在矛盾推动下形成的。

作为优美的一种风格，纯粹优美也是在优美的内在矛盾推动下形成的。这个矛盾的基本表现形式是优美的对象表现要求与理性思维的主观自由的矛盾。当理性思维的主观自由成为矛盾的主要的、规定性的方面，它必然推动优美格调逐渐否定实际的对象表现。当优美在整体层面彻底否定了对象表现，从而也取得了形式的完全绝对和谐与内容的永远原初性，它就得到净化而为纯粹优美。

然而优美的内在矛盾，在纯粹优美风格并没有消失，也就是说它并没有获得一种最终稳定的解决，而是转化为矛盾的特殊形态。首先，是矛盾双方关系的改变。纯粹优美在整体上彻底否定了实际的对象表现，从而维持了形式的完全绝对和谐与内容的永远原初性，因而其主观自由得到完全实现，是矛盾的规定性方面。但是美的真理性规定了美本然的对象表现要求。纯粹优美亦必有此要求，后者便构成矛盾的另一个方面。纯粹优美对实际对象表现之否定，客观上使对象表现要求成为推动矛盾发展得更积极、主动的方面。其次，是矛盾的分化。一方面，纯粹优美对实际对象表现的否定必定与其对象表现要求相矛盾。这个矛盾就是优美的存在论矛盾的变型。它是纯粹优美的基本矛盾，是其不同风格共同具有的。另一方面，纯粹优美对对象表现的否定往往是不彻底的，在其自身真理性推动下，它会逐渐恢复其实际对象表现，这种逐渐恢复的对象表现构成与理性思维的主观自由的新矛盾。后者只属于纯粹优美的隐喻风格和含蓄风格，我们称为纯粹优美的派生矛盾。最后，纯粹优美亦包括形式矛盾和实质矛盾。二者都把纯粹优美的基本矛盾作为一个共同的层面包括在内；其区别仅在于派生矛盾层面。就后者而论，纯粹优美的形式矛盾是逐渐恢复的对象表现与形式绝对和谐的完全性的矛盾，其实质矛盾则是这种对象表现与这种美的永远原初性的矛盾。在这两个矛盾中，对对象表现的要求都是推动矛盾发展得更积极、主动的方面。其中形式矛盾是主要矛盾，是推动纯粹优美发展的主要力量。

纯粹优美的内在矛盾推动其继续发展，推动其从古风风格向古典风格的转化，也推动古典风格的内在发展及其向浪漫风格的过渡及纯粹优美的最终解体。

首先，形式矛盾是推动纯粹优美发展的主要矛盾。这个矛盾使纯粹优美为了保持一种完全的绝对和谐而不得不彻底放弃整体的对象表现。纯粹优美的古风风格，当其获得自身统一性时，必然以这种放弃为条件。这导致在古风风格，美的真理要求被否定，这个真理要求表现为：一是在内容上对于对象表现的要求；二是对于形式的充分和谐的要求。对这两方面的否定导致古风风格失去真理和生命，成为一种抽象的绝对和谐。古风风格的优美是抽象的。古风风格实际上是对优美的真理性与主观自由的存在论矛盾给予了一个彻底消极的解决。但是纯粹优美的真理要求成为美的内在矛盾的更积极、主动的方面。它推动纯粹优美的古风风格向古典风格的转化。它在纯粹优美否定实际对象表现的情形下，仍然可能通过美的绝对自发创造得到满足，但无论如何它都必须包含对形式充分和谐的要求；它在上述情形下，将促使纯粹优美通过表现自身真理或通过完全的主观想象从而创造出一种充分和谐的形式，因为它由于上述否定而无法从对象真理获得这种形式。于是，纯粹优美就在其真理性和理性思维的完全自由之间，在前者要求的形式充分和谐与后者要求的形式绝对和谐之间建立了一种统一关系，于是从古风风格转化为古典风格。古典风格的特点就在于这种统一。最纯粹的古典风格是自足风格，后者否定了任何对象表现，因而得以构成一种具有完全的绝对和谐的形式，且这种形式表显了理性思维自身的真理，故也具有充分和谐特征。但是纯粹优美的形式矛盾也推动古典风格的继续发展。其中对象表现要求是这个矛盾中最积极的因素。它促使纯粹优美从无所表现发展到有所表现，从隐喻性表现到再现性表现，从局部表现到整体表现，从对现实对象的表现到对超绝对象的表现，因而不断打破形式矛盾的已有平衡。同时纯粹优美必须在每一个对象表现层次上，重构符合完全的绝对和谐的形式，从而恢复其形式矛盾的平衡。古典风格就是在这种矛盾之不断的破立运动中发展。这种矛盾也使纯粹优美不得不限制自身对于对象表现的要求，要么将其完全压制下去（神秘风格），要么将其控制在隐喻和局部表现领域（隐喻和含蓄风格）。不过这种形式矛盾在古典风格中也没有得到一种最终稳定的解决。实际的对象表现一旦将纯粹优美抓住，就会在其中逐渐发展壮大，从而破坏它寄生在其中的组织，最终将这个寄主彻底瓦解掉。在古典风格中，对象表现要求的方面仍在不断发展，促使艺术进入更真实、自然和自由的对象表现，导致形式矛盾的不断重构，从而推动优美最终放弃对形式绝对和谐的完全性的追求，使对象表现的自身统一性取代理性思维的逻辑，从而最终导致古典风格向浪漫风格过渡，纯粹优美彻底解体。

其次，纯粹优美的实质矛盾也推动纯粹优美的发展。这一矛盾促使纯粹优美为了保持永远的原初性而彻底否定对象表现，于是形成古风风格和自足风格。它也使纯粹优美为了同样目的，在这种要求重新苏醒，渴望抓住对象时，又不屑于一种现实对象，而是要抓住那被情绪感知而未被明确领会的神秘绝对，于是形成神秘风格。同样的目的也使纯粹优美在恢复实际的对象表现之时也要将其限制在隐喻性表现领域，由此形成隐喻风格。但是一方面，纯粹优美的更真实对象表现要求必然推动美进入对于对象的内在表现，后者使美的实质矛盾转化为其意义确定性与永远原初性的矛盾；另一方面，这一要求还推动对象表现进入对超现实的本体的领会之域，使美由于这种领会承接了本体的无限存在和无穷创造性而具有了永远的原初性，这就使内在表现导致的新的实质矛盾得到解决。于是实在的美过渡到本真的美。纯粹优美的雄壮风格即由此形成，它是纯粹优美与本真的美的统一。然而在这种雄壮风格，美的实质矛盾也没有得到一种最终稳定的解决。因为雄壮风格为了保持永远的原初性，首先是将对象表现限制在局部领域，而其整体层面仍完全被永远的原初性统治；其次是放弃了对象表现的确切性，止步于基本的意义确定性。但是美一旦恢复内在的对象表现，后者就会自然地向一种整体的、具有意义确切性的对象表现发展，遂逐渐蚕食美的永远原初性之领地。这种发展最终将打破在雄壮风格中达到的矛盾平衡。其结果也是古典风格转向晚期浪漫主义风格，音乐转向文学、哲学和宗教，最终导致纯粹优美的瓦解。

总之，思想的本性赋予纯粹优美以（更真实的）对象表现要求，这种要求促使纯粹优美的对象表现从无到有、从隐喻到再现、从局部到整体、从现实领域到超绝领域的转化，因而推动纯粹优美的形式矛盾和实质矛盾的不断破解和重构，从而推动纯粹优美的发展，且最终导致纯粹优美的自身瓦解。在这种意义上，最终是其内在矛盾推动纯粹优美的发展。

纯粹优美的典范是西方古典风格的音乐。音乐艺术的独特性使其成为纯粹优美的最适合体裁。对于一幅画，我们有权问它到底画的是什么。但对于音乐，如果问它到底表现了什么，就是不恰当的。尽管我们可能通过音乐家所配备的文字、场景等内容，可以确切知道音乐家的思想，但后者对于音乐本身而言，仍不是其唯一可能的意义。原因是音乐由于其媒介特性，故不存在与现实对象的确定和确切的指涉关系。这使音乐本身的思想及我们对它的领会都摆脱了现实存在和理智的规定，从而最能保持理性思维的主观自由。因此音乐享有构造形式绝对和谐的绝对自由，且天然具有永远的原初性，因而它能达到最高程度的美。简单地说，音乐的媒介特性使其最适合作为否定了实际对象表现的纯粹优美的体裁。另外，只有古典风格才使纯粹优美成为真实和具体的，而只有音乐才最适合这一风格。所以，正如希腊古典的雕塑是造型艺术的顶峰，维也纳古典时期的音乐也是音乐艺术的顶峰。古典风格之形成、演变和衰亡充分体现了纯粹优美内在矛盾的推动。我们以古典风格为核心，探讨了西方音乐在这种矛盾推动下的发展过程。

在西方音乐发展的不同阶段，纯粹优美的形式矛盾和实质矛盾所起的作用是有所不同的，而且是不断变化的。其中，推动自足和隐喻风格向含蓄风格过渡的主要是形式矛盾，而推动婉约风格向雄壮风格过渡的则主要是实质矛盾。推动古典风格向浪漫风格过渡的主要是形式矛盾，而推动感怀风格向雄浑风格过渡的则主要是优美的基本实质矛盾。

西方音乐的发展，基本可以以 Haydn 的自足风格为分水岭，概括为两个基本阶段：在前一阶段，音乐逐渐否定对象表现，最终导致自足风格对对象表现的彻底放弃。在后一阶段，音乐又逐渐对被否定的对象表现进行恢复，且使被恢复的对象表现逐渐发展，故音乐逐渐从自足风格向隐喻风格、从隐喻风格向含蓄风格过渡，最终音乐恢复了整体、内在的对象表现，于是从古典风格过渡到浪漫风格。这个发展呈现出一个典型的否定之否定过程。

其中，音乐的古典风格对对象表现的否定，客观上使得纯粹优美的对象表现要求成为推动矛盾发展得更积极、主动的方面。古典风格形成后西方音乐的发展，就在于音乐的对象表现要求的发展不断对理性思维的主观自由构成挑战，导致纯粹优美的矛盾重构，从而推动音乐风格的转型。

我们讨论了在其对象表现要求推动下，音乐逐渐从彻底否定对象表现转变到开始在某种程度上恢复实际的对象表现，并且总是追求对象表现的更大真实性，使对象表现从隐喻性表现转变到再现性表现，从局部表现转变到整体表现。在 Beethoven 以后，音乐具有了越来越复杂、广泛和艰深的表现功能，且越来越追求意义的确定性或确切性，所以音乐越来越承担了文学和哲学的工作。这些都表明音乐在追求语言的表现力。事实上，由于语言表现的意义确切性及无可比拟的广度、深度，所以自从语言形成，所有非语言的思维都具有了一种转化为语言思维的渴望，而这最终是因为思想的真理要求规定其对意义确切性的不可扼杀的追求。在 20 世纪艺术中，绘画和雕塑都日益强烈地表现出一种转化为语言的渴望，而这种渴望对于完全不具有意义确切性的音乐艺术来说，更是由来已久。自从人类记忆的开始，音乐就渴望转化为语言，或与语言结合。古希腊音乐和巴洛克音乐就曾尝试以音乐表现戏剧和宗教沉思的内容。Beethoven 以来的音乐，就越来越多地承担起诗歌、小说和哲学的工作。面对这种发展，古典风格努力将对象表现限制在局部，仍以其整体层面为理性思维之完全自由的领域，因而仍然维持了纯粹优美的矛盾统一。Beethoven 音乐的雄壮风格就是由此形成。其中一种具有明显浪漫性的对象表现在整体层面仍被理性思维的自由牢牢控制，文学和哲学的主题展开仍然严格服从古典形式的逻辑；另外，音乐否定对于意义确切性的追求，而只要求基本的意义确定性，从而得以保持永远的原初性。但是古典风格的这种矛盾解决仍不具有最终的稳定性。因为这种对象表现主题必定追求形式的自身统一性和内容的意义确切性。在西方音乐发展中，正是这种追求最终导致古典风格向浪漫风格的过渡。

浪漫风格中音乐与文学的进一步结合，则不惜伤害音乐的本质。一方面，对意义确切性的追求使浪漫风格音乐越来越脱离自身本性而转向文学。Berlioz、Liszt 等人的标题音乐就试图通过与文字的结合赋予音乐意义确切性。Wagner 则通过主导动机手法使音乐具有文学叙事的功能。这种主导动机，本质上在于使乐音符号化，因而承担了语词功能，故具有了意义确切性（但这种意义确切性，同在其他符号一样，也是抽象的）。这些发展都旨在把音乐和语言结合，从而使音乐具有意义确切性。另一方面，在浪漫风格音乐中，这种文学化和哲学化的对象表现主题终于挣脱理性思维的主观自由之规定（包括古典形式的约束）而获得独立和自身统一性，且逐渐成为矛盾的主要方面，最终将理性思维的主观自由从整体层面排挤出去。这表现在浪漫风格音乐中，这种文学化和哲学化的主题开始获得独立，从而完全根据自身逻辑而展开，这导致浪漫风格音乐对古典形式的日渐疏离以至最终抛弃。总之，浪漫风格的基本矛盾产生于音乐的文学化和哲学化导致的对象表现与理性思维的主观自由、与优美的形式理想和永远原初性的张力。在这里，优美的内在矛盾就集中表现为音乐与文学、哲学的矛盾。感怀风格试图维持文学与音乐、对象表现与理性思维的主观自由的某种力量均衡。但是在晚期浪漫风格，对象表现主题成为矛盾的主要方面，形式优美的丧失自身统一性、被挤压到局部领域，文学彻底压倒了音乐。

音乐的这种深度文学化，不仅违背了音乐的本性、破坏了音乐特有的美，而且达不到预期的目的，往往使音乐沦为文学、哲学的蹩脚替代品。音乐媒介与对象缺乏固定、必然的指涉关系，这规定了音乐的本性，使它的领会无法达到对于对象的确切表现，而最能保证（理性思维的）形式构造的完全自由及内容的永远原初性。音乐的文学化违背了音乐的本性，迫使其承担根本不能胜任的工作，导致音乐形式的扭曲，而音乐也未能达到它期待的表现效果，因此这种发展根本上是失败的。在这方面，Wagner 的主导动机手法比以往的所有音乐陷入的误区都更深。他的主导动机的发展不仅在根本上破坏了音乐的正常逻辑，而且不可能达到他期望的意义确切性和哲理深度。他的主导动机音型对于对象的指涉是抽象的，其发展对对象的再现也是抽象的，而未能达到对对象的具体确切的表现。西方音乐此后的主流是延续后期浪漫风格并将其推扩至极，最终彻底抛弃形式优美，比如表现主义音乐。

这种音乐发展也代表了 19 世纪以来西方艺术的基本潮流。这时期的绘画和雕塑也越来越多地承担起了文学和哲学的功能，从而也越来越偏离造型艺术的本性。20 世纪众多的艺术家，都在致力于以绘画、雕塑揭示人的心理、阐发某种哲学和宗教玄思。但事实上他们的所谓艺术根本没有也不可能带来任何真正原初的对象理解，反倒导致造型艺术的形式美被彻底破坏，结果是产生了无数艺术垃圾。

如果说艺术针对优美格调的形式矛盾，为了更真实的对象表现而最终放弃形式优美，尚可能获得一种从这矛盾自身看来是稳定的解决，因为这种解决并不一定导致对艺术本质的毁坏（毕竟艺术不限于优美格调，而还可以是崇高、深沉等格调）。但是针对自由美的实质矛盾，艺术则不可能通过这种消极解决获得最终的稳定性。它必须将美的对象表现与永远的原初性统一起来，才有可能维持其自身存在。然而对象表现本然具有对意义确定性的要求，而在实在之美的领域，对象表现的意义确定与永远的原初性存在根本冲突，造成这种美的内在不稳定。只有本真的美，才将永远的原初性与对象表现的意义确定性统一起来，从而使这一矛盾得到稳定的解决。因此自由美的实质矛盾推动实在的艺术向本真艺术的最终转化。

但是在本真艺术中，这种实质矛盾的统一只具有形式上的稳定性，而从内容上看，对象表现的意义确定性仍然是处在发展中的。完全的意义确定性就是确切性。但是对于正常的对象领会，意义确切性与永远的原初性及（由此导致的）具体本真领会的永远可能性直接冲突。对于自为的本真领会（具体的觉悟）也是如此。通常情况下，这种领会只要具有意义确切性，就不可能具有永远的具体性。因此在本真的美中，自由美的实质矛盾就转化成本真领会的永远具体性（即具体本真领会之永远可能）与意义确切性的矛盾。

对于本真的美包含的内在矛盾，本真艺术的解决其实是消极的，就是否定领会的意义确切性，以保持具体本真领会之永远可能。比如 Beethoven、Wagner 的音乐达到了对于超绝真理的直接、具体的表现，但不具有意义确切性。故这种具体本真领会无法获得必然性。但是一切对象领会都本然地要求具有意义确切性。本真领会也是如此。这种要求最终将推动本真领会获得意义确切性。这种要求推动音乐和造型艺术进入文学和哲学的领域。正是因为艺术表现对于意义确切性的本然追求，所以艺术向文学、哲学和宗教的转化是必然的。不过文学和哲学的本真领会尽管可能是确切的，却通常是抽象的。在这里主体并没有把自己的生命同所觉悟的超绝真理直接实际地连接起来并将后者接纳到自己生命之中并将其对直接直观呈现。这种抽象的本真领会也不具有永远的原初性。所以文学和哲学的本真领会尽管可能是确切的，却不是具体的。可见在音乐和文学、哲学中，本真美的矛盾都未能得到最终的积极解决。这一矛盾的最终稳定的解决，就在于本真领会在音乐中的具体性同其在文学和哲学的确切性和必然性的统一。在这里，对象领会自觉且必然地把思想和超绝真理直接、实际地连接起来，而这种本真连接又赋予领会以无限的意义可能性，因而这种领会既是确切、必然的，又具有永远的原初性。只有在这里，美的实质矛盾才得到了最终稳定的解决。这个最终解决就是本真的宗教。这种宗教通过一种千百年缓慢形成的系统灵修形式，使一种具体本真领会成为必然的、概念的，比如佛教的禅定系统。它使信徒以一种必然的方式建立与超绝真理的本真连接，使具体的本真领会成为他生命的必然真理。

总之，只有进入一种本真宗教的领域，美的实质矛盾才能获得一种最终稳定的解决。艺术对意义确切性和永恒的美的渴望只有在宗教才得到同时满足。哲学也不能成为艺术的最终归宿，因为丧失了美。本真宗教其实是本真的艺术和哲学的统一，因而是人类精神的最终归宿。

艺术的真正归宿不是 20 世纪所谓现代艺术，而是宗教。

结　论

　　真诚的信仰者能在一草一木、一花一叶上看到上帝。其实正是这种体验让世界充满生机。如果人们在这些美丽的草木、花叶上都看不到神的荣耀，那世界岂不是太荒凉了。如果不是有一种神圣的生命在里面，再鲜艳芬芳的花朵也不成其为美。在我们看来这个神圣生命就是自由本身。当这自由之真理在某种存在中发出光辉，这种存在就让人心驰神往；这种神圣光辉就是美感，这样的存在就是美。一切存在，如果没有自由在里面，就是荒凉、枯燥甚至丑恶的。

　　所谓神圣的生命就是自由之超绝本体，是人的生命的源头和基础。但是在我们的寻常生活中，这个本体的超绝、绝对和无限的存在——即它的真理——被遮蔽、阻断和囚禁，不能得到展开。因而这个本体在寻常生活中就丧失了真理性（我们总是会遗忘上帝，以便更专注地投入到现实之中，而且这种遗忘也是上帝的安排）。这将导致我们生命源泉的干渴和精神成长之停滞，导致生命的贫乏、平庸和陈腐。如果在我们现实生命中，自由的超绝真理得到恢复，也就是说生命恢复了与这个神圣源头的本真连接（这是一种具体的本真领会），那么我们一定会通过一种愉悦的情绪以感知到这种连接及这超绝真理的临在。这种情绪就是美感的实质，且就是爱。美感通常是爱上帝的唯一正当途径。作为美感的最直接原因，这种具体本真领会（超绝真理的临在）也可被视为一种广义的美。在通常审美经验中，具体本真领会总是自在的，从未对意识显现，且是由一种真实原初领会即原初真理导致的。所以这个原初真理也是美感的原因，故它亦是美。通常审美经验中，美感都是来自原初真理，我们把原初真理称为真实的美。但原初真理乃必通过它导致的具体本真领会才能产生美感，故后者是真实的美得以可能的先验基础，姑且称之为"元美"，以别于原初真理之谓真实美。另外，同样作为美感的必然原因，只有原初真理通过感性表象向意识显现，且原初真理必然导致具体本真领会（二者互为因果），因此它才是通常审美经验的更关键环节。所以我们把精神的原初真理作为真实的或狭义的美，它导致的快感才是真实美感（当具体本真领会不经原初领会而形成，它直接带来的快感，我们称为"元福"，以别于真实美感）。此外具体本真领会也是原初真理的原因，它使自由的超绝本体在现实生命中恢复其自身真理、实现其本真存在，于是生命得以恢复其本真自由。这个本真自由就是超绝真理的展开或体现，就是精神的原初真理。因此精神的原初真理在两方面（是超绝真理之体现，且导致具体本真领会）使神现身。

这个原初真理是思想，是精神的真实原初想象，它才是本质的或纯净的美；而一种感性客观对象之为美，只在于它是精神的原初真理之体现或表达。美就是精神省思之真理性和原初性的统一。真理的本质是自由。美的本质就是精神的原初自由。

美是精神的原初真理，但是原初真理的存在本身是自相矛盾的，故美包含了自身内在的矛盾。美的最根本存在论矛盾是其真理性与原初性的矛盾。美必然是真，但是，其一，思想通常是作为真实的对象领会以成为真，它本然地要求真实领会某种对象，且这种对象领会必然要求具有意义确定性；其二，任何思想的真理以其本性，都要求成为必然的。这两方面要求都会导致美的原初性丧失。因此美的真理性之完全满足通常意味着对原初性的否定，而这意味着美的自身瓦解。这就是美的最根本的存在论矛盾。一种本原的美（规定精神的自发学习的美，即构成性的美），必然因为这种内在矛盾而走向自身瓦解。美的本原存在论目的，就是为了毁灭自己而转化为精神的必然真理，即善。人类审美经验经常陷入迷恋—无感—厌倦的情绪转变，这是本原的美无法逃脱的命运。然而艺术却试图使美从这种目的和命运逃逸出来。艺术追求的是永远的美甚至永恒之美。这种美必须能够否定其向必然性的转化，否定由其真理性规定的客观目的和命运。这就是它所具有的针对其真理性的主观自由。正是这种主观自由使美从其本原的存在论目的、从其自我毁灭的命运挣脱出来。这种美就是自由美（不仅是就其主观自由而言，而且是区别于构成性的美而言）。

　　自由美也包含自身的存在论矛盾，即它的真理性与主观自由的矛盾。只有自由美具有这样的主观自由。这个主观自由指的是自由美从其真理性溢出、脱离真理性规定的存在，故它必与这真理性存在张力。自由美的主观自由包括：其一，永远的原初性，这其实是对美的本原存在论目的的否定。其二，表现方式（包含表现媒介与领会方式）与表现对象的矛盾，只有艺术才有这样的自由，可以使用一种不适宜的表现媒介和领会方式来表现对象，这也构成对美的真理性的否定。总之，这种主观自由就是对美的真理性的否定（阻碍、压抑、限制甚至取消）。反过来说，美的真理性也构成对这种主观自由的否定。所谓美的真理性包括三方面意义：美必须是真（这是真理性的核心意义）；美作为真必有之特性；美之所以为真的条件。它使美要求更真实的对象表现，并促使对象表现要求意义确定性，而这些都会导致对自由美的主观自由的否定。这就是自由美的存在论矛盾，也是其最基本最普遍的矛盾。自由美就是这个矛盾的统一体。自由美的全部矛盾都是这个存在论矛盾的表现或变型。

　　自由美的主观自由包括两个方面，这两个方面与美的真理性的矛盾，就构成上述存在论矛盾的两个基本方面：其一，自由美的真理性与其永远原初性的矛盾；其二，自由美的真理性与其表现方式的主观自由的矛盾。这分别就是自由美的两个基本矛盾：实质矛盾和形式矛盾。首先，美的真理性决定美本然地要求更真实的对象领会，决定对象领会对意义确定性的要求，美作为真理也要求转化为必然性。这两种要求的完全满足通常都会导致美的原初性丧失。因此自由美的真理性构成对永远的原初性的否定。反过来，自由美具有永远的原初性，就必须在某种意义上否定美的真理性的上述要求，故这种永远的原初性构成对其真理性的否定。这种真理性与永远原初性的张力，就构成自由美最基本的实质矛盾。其次，美的真理性决定美本然地要求更真实、更自然、更自由的对象领会，这使美只能采取与对象具有确定或确切指涉关系的媒介以及与对象真理同一的领会，而这将导致对表现方式的主观自由的限制甚至取消。反过来，自由美要求具有表现方式的主观自由，而这要求它超越或否定对象存在对于媒介和领会的规定，以保证原初想象的更大空间。只有艺术可以使用一种不适宜的表现媒介和领会方式来表现对象。它还可以完全自由地对对象存在进行抽象、改造、变形，甚至完全脱离对象而放任主观想象力的活动。这种表现方式的主观自由构成对美的真理性的否定。因此自由美的真理性与其表现方式的主观自由也是相互矛盾的。这种矛盾就是自由美的形式矛盾。这两种内在矛盾，是推动艺术和自由美发展的最终力量。

精神的原初真理，就是真实的原初想象，或原初真实的思想。精神的真实思想就是现实自由。它根据在其中得以完全自为展开的自由意志（即生命之先天的自身建构、自我否定、自身维持和自身出离冲动），可以区分为四种类型，即理性思维、超越思维、反思思维和出离思维。这就是精神的四种思想范型。因此美作为这四种思想范型之原初真理，也可区分为四种实质类型，即优美、崇高、深沉和宏富，我们称为美的格调或审美格调。每一种格调都因其内在矛盾而处在发展中且在不同发展阶段表现为不同形态，后者即美的风格。我们只讨论了优美格调，但这里所揭示的美和艺术的矛盾发展逻辑，亦可基本适用于其他审美格调。

我们这里讨论的优美，是优美之属于自由美或艺术美者。优美是理性思维的原初真理。它同样包含其真理性与主观自由的存在论矛盾。优美的真理性表现为理性思维对于真实的对象表现与形式充分和谐的要求，这些都构成对理性思维的主观自由的否定。优美的主观自由就是理性思维的主观自由，这包括：其一，理性思维对于永远原初性的要求；其二，理性思维对于对象表现的自由，这种理性思维可以根据自身意愿对对象存在进行抽象、改造，甚至彻底否定实际的对象表现。这两方面表现了理性思维的主观自由对其真理性的否定。这两种主观自由与理性思维的真理性的矛盾，分别就是优美的实质矛盾和形式矛盾。美的真理性以对真实对象表现的要求为其基本表现，因此优美的真实对象表现要求与这两种主观自由的矛盾就是其基本的实质矛盾和形式矛盾。

这种内在矛盾推动优美的不断发展。首先，矛盾双方的冲突不断打破优美的稳定性，迫使优美始终在寻求一种最终稳定的解决，于是推动优美的发展。其次，矛盾自身也是处在发展中的。在其发展的每一阶段，优美都必须对矛盾双方进行调整，并在此基础上构成二者的平衡统一关系，但是矛盾双方的持续发展将导致这种平衡不断被破坏，于是优美必须在新的条件下重构矛盾平衡。所以这种矛盾演变推动优美的发展。在这里，如果优美的对象表现要求成了矛盾的主要方面（或规定性的方面），那么它就必然推动优美格调进入实际的对象表现领域，且使之日益追求表现的更大真实性。这将迫使优美格调逐渐限制理性思维的主观自由。这种矛盾发展最终推动优美进入整体的对象表现（美以其整体形式表现对象存在）领域。这种优美就是庄静美。反之，当理性思维的主观自由成为矛盾的主要方面，那么它就必然推动优美格调为了其形式的绝对和谐与内容的永远原初性而逐渐否定实际的对象表现，这也将导致其内在矛盾的不断重构。当优美在整体层面彻底否定了对象表现，它就成为纯粹美或纯粹优美。因此，优美的两种基本风格，即庄静美与纯粹优美，都是在优美格调的内在矛盾推动下形成的。

其中，更重要的是形式矛盾。优美的基本形式矛盾就是对象表现要求与表现方式的主观自由的矛盾。只有自由美才具有在媒介和领会方面的主观自由，因而也才有这二者与对象表现要求的冲突。其中，只有优美才可能包含领会本身与对象真理的本质冲突，因为这种领会旨在使自身作为自由的理性思维与某种通常概念（包括与属于不同范型的概念）统一起来，而这二者通常存在本质冲突。所以只有优美的形式矛盾是本质性的，而这个矛盾在其他审美格调中都只是关系性的，即仅仅是表现媒介与对象存在的不适合。优美的实质矛盾则不独特，它就是美的一般实质矛盾。优美的基本实质矛盾就是美的对象表现要求与永远原初性的矛盾。

优美的基本形式矛盾推动优美格调的发展。优美的主观自由表现为理性思维对于绝对和谐形式的要求，而被表现的对象形式则通常不具有这种和谐，但必有一种充分和谐。这两种和谐的矛盾是优美的基本形式矛盾的形式根据，也是其单纯形式的表现。理性思维作为自为独立的理性活动，旨在构成一种和谐的形式规定自己，所以这种形式必然符合理性自身的理想。理性思维以一种包含丰富多样的内容、具有完全的内部自洽性以及对称、均衡和稳定特征的形式，在充分尊重生命的个别性和差异性的基础上将它们统一起来（这些特征之所以是理性自身的理想，是因为理性只是单纯的形式建构活动，其与反省、否定等活动的区别在于没有后者的方向性，而只有理性的自为独立的活动即理性思维才能达到这一理想）。这样一种形式我们称为绝对和谐的形式。一种绝对和谐的形式在整体上没有任何方向性和非均衡性，故无关于任何可能的目的。绝对和谐的完全性在于其对称、均衡和稳定特征是完整的、完全符合理性自身之理想的。这是理性思维的追求，但它实际被获得或构成，只有当理性思维成为绝对自为独立的，即纯粹的。形式的充分和谐则是生命的机能、组织特有的、为完成某种效用或达到某种目的而必须具备的形式特征。它包括内部的完全自洽，内容的必要性和充分性，所有要素之相互支持和普遍充分的关联等方面。这种充分和谐同样需通过理性活动构成，但不是为这理性活动自己，而是着眼于形式应有的效用和目的。所以一种充分和谐的形式总是指向某一方向，或围绕某一中心而构成的，因此不会具有完全的对称、均衡和稳定特征，故与绝对和谐的完全性相冲突。这就是形式的充分和谐与绝对和谐的张力。它决定优美的形式矛盾，即理性思维与对象真理的矛盾。后者表现为优美的对象表现与形式的绝对和谐的矛盾。

这个形式矛盾推动优美朝两个方向发展：一是为了追求形式绝对和谐的完全性而不得不逐渐放弃对象表现，最终成为（在整体形式层面）完全无所表现的，即成为纯粹优美，其中最彻底的甚至放弃对于对象表现的要求（自足风格）；二是与此相反，为了追求（更真实的）对象表现而不得不放弃形式绝对和谐的完全性，这就是庄静美的发展方向，而这种方向的最后结局是完全放弃形式绝对和谐的写实风格、崇高风格等。优美就是在这种自足风格和写实风格、崇高风格等构成的两个端点之间摇摆。在这两个方向上，优美都无法达到一种最终的稳定性。纯粹优美试图通过否定对象表现以获得形式绝对和谐的完全性，从而给予这种形式矛盾一个最终解决，但这种解决也不能获得最终的稳定性。因为思想的本性是要领会或表现某种对象，这也是美的本性，所以纯粹优美的这种矛盾解决导致一个新的矛盾，即美出于其本性的对象表现要求，与其实际的无所表现的矛盾。这种矛盾给纯粹优美带来了一种新的不稳定性，推动其继续不断发展。自足风格试图通过压制这种要求以求得最终的稳定解决，但必然陷入与思想本性的更加严重冲突，于是纯粹优美的形式矛盾转化为优美对于对象表现要求的取消与思想本性的矛盾。这种矛盾表现为自足风格的美给人的空虚感。这将导致纯粹优美恢复其对象表现要求，导致这种对象表现要求与形式绝对和谐的完全性的矛盾。其实这才是纯粹优美的基本形式矛盾，而自足风格等的形式矛盾都是其变形。这种矛盾使纯粹优美不得不在实际的对象表现回归时，尽量将其限制在隐喻和局部领域。但是对象表现一旦成为实际的，就会不断追求更大的真实性。这种更真实的对象表现要求推动纯粹优美逐渐从隐喻转为再现、从局部进入整体，这最终将导致形式绝对和谐的完全性被破坏，纯粹优美也因此瓦解，取而代之的是庄静美。这一发展，从西方音乐的演变可以得到验证。纯粹优美不可能获得最终的自身稳定性，因为它违背了人类思想的本性（思想总要求表现或领会什么）。庄静美则试图在两个方向上使优美的形式矛盾得到最终解决，一是回到纯粹优美，即为获得形式绝对和谐的完全性而否定对象表现；二是为追求更真实的对象表现而不得不逐渐放弃形式的绝对和谐，最终导致形式优美被彻底破坏的写实风格和浪漫风格等。前者仍不能获得最终稳定性，后者则导致优美的彻底瓦解。这是庄静美的两个发展方向。二者都通过西方雕塑和绘画艺术的发展得到验证。西方造型艺术有两个相反的发展向度：一是不断抽象化，就是艺术为了构成一种更具完全性的绝对和谐而逐渐否定对象表现，其结果就是中世纪的装饰图案、现代的一切抽象绘画和雕塑，这是迈向纯粹优美的向度。二是不断具体化，就是艺术不断追求更真实的对象表现，为此逐渐牺牲形式的绝对和谐，以致最终将后者彻底破坏，其结果是希腊化时期的写实风格和 20 世纪的表现主义、超现实主义等。这一向度最终导向对矛盾的彻底消极解决，即彻底抛弃对形式绝对和谐的要求，只有这才是对矛盾的具有最终稳定性的解决，而这意味着优美的自身消亡。总之，优美的形式矛盾打破了优美的内在稳定性，而总在寻求最终的解决，由此推动优美的风格、形态不断转化。它不仅推动庄静美向写实主义和纯粹优美这两个相反方向发展，使纯粹优美最终从庄静美脱胎而出，也推动纯粹优美向两个方向发展，即继续向前发展到自足风格或向后返回到庄静美。但是优美在其任何阶段都未能给予这个矛盾一种具有最终稳定性的解决，从而获得自身稳定性。因此这种形式矛盾最终推动优美走向自我毁灭。

　　优美格调的发展也离不开其实质矛盾的推动。这个矛盾植根于美的最根本存在论矛盾。后者就是原初性和真理性的张力，这是美不能获得一种最终稳定性之最根本的原因。它通常导致原初性及美自身的丧失。这其实是对此矛盾的消极解决，也是符合美的本原存在论目的的解决。然而另一方面，一种真正的艺术以及自由美，都要求具有一种永远的美，所以必须拥有一种永远的原初性，所以它必然否定上述消极的矛盾解决。在自由美中，这个矛盾就是永远的。它转化成自由美的对象表现要求与其永远原初性的矛盾。美的对象表现要求也是处在发展中的，这种发展使美进入实际的对象表现，并使后者逐渐成长壮大为整体的、具有意义确定性的表现。这将导致对永远的原初性的否定。反过来，自由美的永远原初性也要求否定通常的对象表现。这就是对这种表现进行抽象化，即自由美从对于现实对象的整体的、具有意义确定性的表现逐渐抽身而出，甚至最终成为完全无所表现的。这两个方面的矛盾，就是自由美的基本实质矛盾。这也是优美作为自由美的基本实质矛盾。这个矛盾也打破了美的稳定性，于是美就在矛盾双方之间来回运动，探索二者各种可能的稳定关系，以寻求矛盾的最终解决。但是在实在之美的领域，这个矛盾永远无法得到一种具有真正稳定性的解决，因而它使自由美处在永远的发展演变中。就优美而言，这个实质矛盾会推动其朝向三个向度发展：一是否定对象表现（这个否定有不同的程度，从放弃任何对象表现，到只取消对于对象的整体的、再现式的表现而容许一种隐喻式的、局部的表现）以确保永远的原初性，这是纯粹优美的向度；二是优美试图把整体的对象表现（优美对于真实的对象表现的要求不仅推动其对象表现拓展到整体层面，而且推动整体表现从隐喻转化为再现）与永远的原初性统一起来（为此它必须否定对象表现对意义确切性的要求），这是庄静美的向度；三是优美完全跟从其对于真实的对象表现的追求，在后者推动下追求表现的意义确切性而逐渐放弃永远的原初性，这是写实风格等的向度。

我们表明了自由美在这三个向度上都无法使矛盾达到一种稳定和积极的解决。首先，纯粹优美对对象表现的否定违背了思想的本性，因而注定不可能获得最终的稳定性。思想本然的对象表现要求只能被压制，不能被扼杀。它必将苏醒并推动纯粹优美逐渐恢复实际的对象表现，但也不得不将之限制在局部的、隐喻性表现的领域。但是这种对象表现必然要求从局部拓展到整体，从而导致纯粹优美的瓦解。其次，庄静美也不可能获得最终的稳定性。庄静美作为依存美具有了整体的对象表现，而这种对象表现必然在其对更大真实性的追求推动下逐渐向具有意义确定性的表现转化，而通常情况下这种转化将导致永远的原初性之丧失，以至庄静美的自身瓦解。最后，这个矛盾使写实风格同样不可能获得最终的稳定性。因为写实风格对永远原初性的彻底否定违背了自由美和艺术的本性。故只要艺术要维持自身真实的存在，就不会把写实风格作为稳定的归宿，而是必然要否定它而继续探索新的可能性。可见任何一种（旨在表现现实对象的）实在之美（以及纯粹美），都无法使这种实质矛盾获得稳定的解决，因而它由于这种内在矛盾而丧失了自身稳定性。

另外，美的真理性还会促使表现不断深化、拓展对象存在的领域。而宗教、哲学和文学都会促进这种对象领域的深化、拓展。在东方和西方，都有一种具有神秘或浪漫特征的宗教、哲学和文学，揭示了一个超越理智和现实的存在领域（这种存在只能是自由的超绝本体，对于它的真实领会就是本真领会）。在它们的启发及自身的（被美的真理性规定的）自我深化要求作用下，艺术和艺术美的对象表现乃逐渐深化其对象领域，从理智的、现实的领域进入超绝真理的领域，于是从实在的美逐渐过渡到本真的美。只有本真的美或本真艺术才使自由美的实质矛盾得到一种稳定解决。一方面，本真的美达到了对超绝真理的自觉、具体且内在的表现，其本质是一种具有意义确定性的具体本真领会（即具体的觉悟），因而它在形式上使美的真理性及对象表现要求得到完全的满足（而在内容上，这个意义确定性本身也是在发展的）。另一方面，这种本真的美，由于其对象及领会的独特性，而得以保持永远的原初性。首先，其对象具有存在论的独特性，是超绝、绝对和无限的原理，故不存在与之有确切指涉关系的表现媒介以及能穷尽其内容的具体领会，针对它的具体领会能够保持永远的原初性。其次，作为这种美的本质，具体本真领会即使具有意义确定性，但在人类的寻常经验中始终没有构成巩固的概念系统，故它无法藉此使自己获得意义确切性且使自己必然化。因而它永远是原初想象，故得以保持永远的原初性。因此只有本真的美，才做到使美的对象表现要求与永远的原初性都得到了充分满足，并在此条件下使二者达到统一。这种矛盾统一才具有真正的稳定性。只有本真的美才使自由美的实质矛盾得到稳定解决，而它也以此获得了自身稳定性。因此自由美的实质矛盾推动实在的美最终向本真的美过渡。

总之，优美作为自由美的基本矛盾推动其在纯粹优美和庄静美的相互转化。若优美的主观自由成为矛盾的主要方面，它的发展将促使优美不断对其对象表现进行抽象化，从整体的、再现性的表现过渡到局部的、隐喻性表现乃至无所表现，由此导致的矛盾重构必然推动优美从庄静美逐渐过渡到纯粹优美。反之，当优美的对象表现要求成为矛盾的主要方面，其发展将促使优美从无所表现到有所表现，从隐喻性的、局部和外在的表现过渡到再现性的、整体和内在的表现，由此导致的矛盾重构又将推动优美从纯粹优美向庄静美过渡。其中，在实在之美的领域，自由美的实质矛盾不能获得稳定的解决。形式矛盾则可以通过美彻底放弃对形式优美的要求、只以对现实对象的真实表现为目的，而获得一种稳定解决（因为自由美不必是优美），尽管这种解决是消极的；这就是彻底的写实风格。但是这种稳定性被自由美的实质矛盾否定（因写实风格抛弃了自由美要求的永远原初性；自由美不必具有绝对和谐形式，但必具有永远原初性），而后者只有在本真美的领域才能获得稳定的解决。因此自由美的形式矛盾推动优美最终向写实风格转型，而实质矛盾则推动优美向本真的美过渡。结论是，自由美的内在矛盾推动庄静美和纯粹优美的相互转化，并最终使优美从其从属的实在之美向本真的美过渡。

西方艺术的演变充分体现了优美格调的这种矛盾发展。

其中，庄静美的典范是古希腊古典的造型艺术，后者的形成、发展体现了庄静美的矛盾运动逻辑。庄静美是有实际对象表现的优美。它旨在以理性思维方式领会和表现一种对象真理。庄静美的基本矛盾就是其对象表现与理性思维的主观自由的矛盾。这个矛盾表现为两个方面：一是形式矛盾，主要是对象表现与理性思维自身的形式理想的矛盾。庄静美的形式矛盾包括：（1）表现媒介与对象的矛盾；（2）审美领会本身与对象真理的矛盾。后者是本质性的，它就是作为表现方式的理性思维与对象真理的矛盾。庄静美以理性思维方式表现对象真理，就必然要将前者要求的绝对和谐形式与后者的自然形式统一起来。但是这两种形式存在本质冲突（这归因于绝对和谐与充分和谐的冲突），因此这种统一必然导致庄静美的形式矛盾。为实现对象表现与理性思维自身的形式理想的统一，庄静美必须对矛盾双方都进行调整。它必须对对象表现进行抽象，也必须使理性思维的形式理想作出妥协，在此基础上建立二者的平衡。然而对象表现与理性思维的主观自由的发展导致这种平衡的不断破坏和重构，从而构成这个形式矛盾的发展。这种矛盾发展最终推动庄静美的发展。形式矛盾是庄静美的主要矛盾。二是实质矛盾，即对象表现与庄静美的永远原初性的矛盾。一方面，这种对象表现必然追求更大的真实性，包括意义确定性，但是通常情况下对象表现的意义确定性就意味着对永远原初性的否定。另一方面，作为自由美，庄静美又要求具有永远的原初性。在这里，庄静美也必须在对矛盾双方的相向调整（对对象表现进行抽象化，并将永远的原初性限制在局部领域）基础上建立二者的统一，且这种矛盾统一也因为双方的不断演变而总是处在发展中的。由于庄静美的永远原初性基本上属于理性思维在形式构造中的主观自由，故这个实质矛盾与形式矛盾基本是一体二面。这两种内在矛盾不断打破庄静美的平衡和稳定，推动其持续发展。在这两个矛盾中，对象表现都是矛盾的更积极、主动的方面。它的发展表现为艺术不断自然化的趋势。在希腊艺术中，它同时主导了这两个矛盾的发展，且在二者中最终都导致对对立面的彻底征服甚至消灭。这使希腊艺术最终走向了自然主义。

　　根据其对庄静美的基本矛盾的不同解决，希腊艺术形成了以下风格，也就是说庄静美的不同发展阶段。

　　一是古风风格。巴洛克音乐和希腊古风雕塑表现出一种共同风格，我们称为古风风格。这种风格的一般形式特征在于：具有一种抽象的绝对和谐形式，这种形式不具有生命形式的充分和谐，而是呈现出一种属于无机结构的均衡、对称和稳定特征；这种特征归因于理性思维为保持其主观自由而否定其真理性。希腊艺术的古风风格就是庄静美的古风风格。其特点在于：理性思维的主观自由脱离了自然的真理，故它构成的形式漂浮在自然之上，未能汲取自然形式的充分和谐，只具有一种数学化的抽象绝对和谐。另外理性思维本身也还不够成熟，故其构成的形式缺乏内在统一和丰富性。古风时期的希腊造型艺术，最显著的形式特征是其几何化的表现方式，它表现的人体基本是一些几何图形的组合。另外，与此相关，古风艺术的线条、轮廓呈平面几何型，严谨但呆板僵硬，具有一种生硬的对称和均衡，其整体形式缺乏内在统一，而是由一些几何图形拼装而成。这种古风形式，充分体现了理性的主观自由，但与对象的自然形式相去甚远，且（因否定了理性思维的真理性而）缺乏生机和灵气。这种风格的形成，在逻辑上应归因于古风艺术对于庄静美的基本矛盾的消极解决，即否定更真实的对象表现、否定美的真理性（在事实上这种否定可能亦与技术的不够成熟有关），以实现理性思维的形式理想。于是理性思维丧失了真理性，它及其绝对和谐形式都成为抽象的，而优美也因此成为抽象的。但是在希腊艺术中，庄静美的真理性及其对象表现是矛盾的更积极、更有力的方面，其发展表现为希腊艺术的不断加深的自然化趋势。这种自然化导致庄静美的矛盾重构，从而推动希腊艺术的发展。它促使希腊艺术建立理性思维的形式理想与对象真理的统一，及形式的绝对和谐与充分和谐的统一。这种矛盾发展最终导致希腊艺术的古风风格向古典风格的转型。

二是古典风格。无论希腊的造型艺术还是中世纪以后的西方音乐，其鼎盛时期都属于古典风格。这种风格的特征包括：其一，美的真理性与理性思维的主观自由，形式的绝对和谐与充分和谐的统一（形式的理想和谐）；其二，优美的领会方式与被表显对象的一致：一种完全的古典风格还在于这种优美是以理性思维（在庄静美是自觉地，在纯粹优美是自在地）表显一种理性性格。在庄静美中，古典风格的特征就在于真实的对象表现与理性思维的形式理想的统一，及奠基于此的理想和谐（但对象真理与理性思维的形式统一在这里是外在的，即没有实现二者形式的同一）。这种特征主要归因于庄静美对于其内在矛盾的积极解决，归因于庄静美在艺术不断发展的自然化趋势下对自身矛盾统一的不断重构。就希腊造型艺术而言，一方面，比之古风风格，古典风格更加自然化，它克服了古风形式的抽象性，其形式充分地表现对象的真理，而且古典风格总的发展趋势是自然化的逐渐拓展、深化，比如从最初只表现静止、无情绪的形体逐渐进入对动作、情绪和戏剧冲突的表现。这种自然化每推进一步都会给理性思维要求的形式绝对和谐带来新挑战，从而导致形式矛盾的重构。另一方面，古典风格始终坚持对形式绝对和谐的要求，努力捍卫形式的平衡、对称和稳定。古典风格的这两方面要求无疑是相互冲突的。它要建立这二者的统一，就必须对双方进行调整、改造：首先是逐渐放弃形式绝对和谐的完全性和整体性而满足于一种不完全的（存在破缺的）、局部的绝对和谐；其次是对对象的不同某种程度的抽象化，且将其限制在外在、隐喻性的表现领域。古典风格就是在此基础上将矛盾双方统一起来（但这种统一是外在的，因为庄静美的对象表现是外在的，理性思维作为表现方式没有与对象真理实现同一——其形式没有将对象真理包含在内——二者只是被外在地结合在一起）。但是由于矛盾双方的发展（其中更积极、主动的发展，是艺术的自然化趋势），这种矛盾统一也不断被破坏和重建，从而推动古典风格的自身演变。希腊艺术的古典风格，由于庄静美对于艺术自然化趋势的不同应对，形成了庄严和优雅两种基本风格。

其中，庄严风格的形成，一方面在于庄静美使对象表现达到了前所未有的真实性，并在此条件下使对象表现与理性思维的形式理想达到统一。其形式充分、集中和纯粹地表现了对象真理（典型化），且使对象形式与理性思维要求的绝对和谐形式达到了统一，故形成了一种理想和谐。这种表现包含了一种双重理想化（即通常的典型化，以及庄静美特有的根据形式绝对和谐要求对对象进行的完善或修饰）。另一方面，为了达到这种矛盾统一，庄静美在这里否定了对动作和情绪的表象，将对象表现限制在对静止的形体的表现上。庄严风格即由此形成。庄严风格包括形式的庄严（具有一种静止的理想和谐）、姿态的庄严（形体的完全静止、端庄、稳定）和表情的庄严（一种没有任何情绪表现的严肃或淡漠）。希腊艺术的庄严风格，就是以一种静止、肃穆的艺术形式表现希腊民族的理性性格（理性思维的尊严和权势，以及被其所规定的形体和性情特征）。庄严风格有一种静止的和谐与肃穆的高贵。它直接表现的只是处于静止的形体和肃穆的表情，但是它也通过这二者将规定它们的性情及理性思维本身表现出来，因此这种艺术能让我们感受到一种精神的高贵。希腊艺术的庄严风格达到了庄静美的顶峰，因为庄静美的表现对象（理性性格）、表现方式（自由的理性思维）和适宜体裁（造型艺术）都最适合以一种静止、肃穆的艺术形式进行表现。但是庄严风格的矛盾统一也缺乏最终的稳定性。其中，对象表现还会进一步自然化，导致庄严风格的矛盾重构，从而推动庄严风格中雄伟向典雅的转化，且推动庄严风格向优雅风格的过渡。

优雅风格的形成，是因为继续推进的自然化使希腊古典艺术把动作、情绪和激情都纳入表现范围，从而使得庄严风格的矛盾平衡被打破，那种静止的理想和谐与肃穆的高贵被破坏。在这种情况下，庄静美努力在动作、情绪和激情领域重塑理性思维的自由，以及（被这自由规定的）一种理想和谐与精神的宁静。于是庄静美就在自然化的新地基上重建了形式矛盾的统一。优雅风格即由此形成。但是在它里面，矛盾的两方面仍处在斗争和发展中，推动这种风格的继续发展。生动和温柔风格只表现温和的动作和情绪，因而更容易在动作和情绪中维持理性思维的自由，并以这种自由规定它们，以持守形式的绝对和谐与精神的宁静，保持动作和情绪的优雅。但是自然化的继续推进，促使希腊古典艺术进入对于激烈的动作和情绪、急剧的社会和精神冲突的表现，然而古典风格仍努力在这种动荡、冲突中维持理性思维的自由，在以前那种庄严、温和的理想和谐被打破后重构在动荡、冲突中的形式和谐，从而构成新的形式矛盾统一。庄静美的壮美风格即由此形成。比如像 Niobe 和 Laocoon 群雕这样的作品，就表现了精神在强大暴力面前的痛苦抗争。在这里，理性思维面对强烈冲击着它的动荡环境仍努力维持着自身的自由，并构成一种包含巨大内在张力的新的理想和谐。壮美风格的作品尽管充满动荡、斗争和悲恸，却牢牢维持着形式的和谐与精神的安静，不仅丝毫无损其优雅和高贵，反而使这种优雅和高贵显得更坚强和真实。

总之，古典风格的发展本质上被庄静美内在的形式矛盾推动。一方面，是对象表现的发展导致艺术的不断自然化，使古典风格已确立的矛盾统一和理想和谐形式不断被破坏。另一方面，理性思维总会在被破坏的废墟上重建一种新的理想和谐形式，重构与对象表现的矛盾统一，以接纳艺术的进一步自然化。古典风格就是在这种矛盾推动下发展，并向希腊化时期的写实风格和巴洛克风格转化。

三是写实风格和巴洛克风格。这两种风格是希腊化时期最突出的艺术风格，其形成亦归因于庄静美的形式矛盾在希腊艺术的持续自然化趋势下的发展。在这里，一方面，希腊艺术的自然化达到最终阶段。艺术更关心的，是对对象的自然存在的忠实刻画，以及作品的感官和情绪效应，而不是表现对象的本质真理、塑造形式的理想和谐。另一方面，希腊民族的精神性格也发生了蜕变，自由的理性精神随着城邦自由之丧失而渐趋陵夷，因而希腊艺术逐渐抛弃了原先规定着它的自由的理性思维，和作为表现对象的理性性格。这种发展导致古典风格的矛盾统一被打破，对象表现成为矛盾的绝对主导方面，理性思维的主观自由日渐式微。希腊化艺术的写实风格和巴洛克风格即由此形成。不过希腊化艺术也是处在发展中的。早期的写实风格和巴洛克风格仍然具有某种理想主义残余。比如写实风格热衷的对沉思形象的刻画，巴洛克对于一种高尚情操的表现，也都塑造了一种理想性格，但这种性格不一定是理性性格，也不具有古典风格的性格健全性。另外，希腊化艺术早期面对自然化的进一步冲击仍然保持了某种形式优美的余烬，只是不得不将其限制在细节和局部。但是希腊化艺术在以后的发展中最终走向彻底的自然化，导致理想主义的彻底丧失，形式的优美也被抛弃。于是艺术要么沦于琐碎的写实主义和夸张的动作和激情表现；要么完全放弃表现自然真理的责任，但又因抛弃了理性思维的自由想象，故其思想蜕变为完全不具真理性、也不具有合理性的妄想和狂想，构造了一系列怪诞形象。这种发展最终导致庄静美的矛盾统一被打破，矛盾最终解体，而庄静美自身也随之消解。这种矛盾解决就其自身而言具有稳定性，但这种稳定性被自由美的实质矛盾否定。

　　希腊艺术的这种发展，属于逻辑的必然，且在文艺复兴艺术的发展中被重演。正如希腊古典风格的雕塑被巴洛克风格和写实风格的雕塑所代替，最终导致形式优美的彻底消亡。同样，Raphael 代表的文艺复兴时期古典风格绘画，也是先被像 Rubens 和 Bernini 的强调情感、动态表现的巴洛克风格，以及像弗兰德斯画家那种完全的写实风格代替，此后对象表现的继续发展使绘画的状物、叙事和抒情要求成为绝对性的，而且绘画越来越承担诗歌、小说和哲学的工作，最终导致 20 世纪所谓现代艺术主流对形式优美的彻底抛弃。这种发展与希腊时期的艺术发展，表现了相同的逻辑。

　　20 世纪主流的绘画和雕塑，彻底违背了造型艺术的本质。它完全继续了希腊化艺术后期的歧途而且彻底走入了绝境。它追求的是极端的情感表现、强烈的感官刺激以及文学和哲学化的意境表现，而完全放弃了古典艺术的理想主义，且基本抛弃了形式的优美，这两方面导致 20 世纪艺术审美趣味的惊人退化。结果就是产生了像 30 年代所谓"退化艺术"（entartete Kunst）那样毫无艺术价值的垃圾（反倒是纳粹的镇压成就了它们），而它们倒最有资格作为 20 世纪艺术的代表。没有哪个时代像 20 世纪艺术那样创造了如此众多的令人惊骇的丑恶之物，而真正能感动人的高尚情感、能以原初真理滋养精神的自由羽翼使其飞升的作品，却少之又少。

　　20 世纪艺术一个重要趋势就是理想主义的彻底破灭。艺术的领会日益浅薄和粗俗化。艺术不是表现对象的普遍真理，而是对那种完全私人性、偶然甚至病态的体验更感兴趣。它也无意表现一种卓越的自由和高尚的性格，而是热衷于表现精神病、吸毒者等的生涯。甚至许多人为吸引眼球、制造强烈感官刺激，而专门表现残缺畸形的形体、被肢解的残肢断臂、暴力犯罪的场景、精神病患者的幻觉、明显属于心理疾病的情绪。所以这种艺术丧失了理想，也丧失了真理性，故不能给人类精神的自由带来丝毫启迪。

比如 20 世纪抒情艺术就见证了这种理想主义的破灭，它彻底摧毁了精神的高尚和美。一种伟大的抒情艺术应当是理想化的。它应包含以下条件：其一，艺术表现的情绪本身是高尚的，属于一种卓越的精神自由。其二，艺术还包含了一种高尚的情绪领会，后者是原初的真理。其三，艺术构成了一种原初的充分和谐形式，能够激发观众情绪，故这种形式也具有原初真理性。其中前两点都是理想化的抒情艺术的要求。20 世纪主流的抒情艺术，既非着眼于表现一种理想化的、高尚的情感，也无意表现对于情感的一种高尚领会，而是着迷于对病态心理的刻画。这使它丧失了艺术的真理性与真正的美。这里我们姑且撇开类似"退化艺术"的那些甚嚣尘上的艺术垃圾，而只讨论 20 世纪抒情艺术中还有些价值的，比如 Munch 和 MaxErnster 的作品。但这种作品的价值其实也极有限。Munch 的"呐喊"和 MaxErnster 的森林景象都表现出强烈的恐怖、压抑和孤独情绪。但是这种艺术既不像浪漫风格通过真正的浪漫情绪实现对现实的超越以及对一种神秘绝对者的感知，也不像古典风格或其他格调的艺术那样，以精神的自由对情绪进行规定。因此首先它不包括任何有精神价值的情绪领会，其次它表现的情绪本身没有什么精神价值。这种情绪不具有任何精神的高尚性，它也不是正常人的情感。比如正常人对森林景象的感受完全不同于 MaxErnster 的噩梦般的描绘，显然后者反映了一种心理的病态，而 Munch 的创作本来就与他自己的心理疾病分不开。也就是说，这种情绪本身不具有任何真理性；这种艺术也不包含任何高尚的情绪领会。总之，这种艺术没有表现一种精神的自由，不具有内容的美。其唯一可能的审美价值只在于单纯表达层面，在于表达形式的原初充分和谐。

20 世纪造型艺术另一个主要趋势就是放弃形式优美以至任何的美。其中一个主要原因是造型艺术越来越偏离自身本性，而向音乐、诗歌、小说和哲学靠拢。造型艺术的本性使它最适合表现静止的形体，而不适合抒情、叙事、剖析心灵和阐明哲理。但是 20 世纪绘画和雕塑，越来越承担起抒情、叙事、心理揭示和哲理玄思的任务（比如其中两个最杰出的：Gauguin 的绘画旨在表现一种哲学和宗教的玄想、Dali 则旨在以绘画揭示人的潜意识心理），其结果是：一方面，这一非分的负担使造型艺术的形式发生扭曲，其自身形式理想被否定，最终使形式优美荡然无存。在主流的 20 世纪现代艺术，几乎已找不到优美的形式。另一方面，造型艺术的媒介特点，使它既不可能达到音乐、诗歌的抒情感染力，也不可能达到文学、哲学思想的深度、原初性和意义确切性；这就使造型艺术偏离自身本质而成为蹩脚的诗歌、小说和哲学。例如 Gauguin 表现的哲学玄想、Dali 阐发的潜意识心理，既不具有真正的哲学、心理学的意义确切性，也不具有哲学、心理学层面的原初真理性（比如 Dali 阐发的只是 Freud 的心理学，而非他自己的原初理解）。这种艺术不具有理解的原初真理性，最多只有表达的原初真理性，而它的美亦仅限于此。但是原初真理只有作为理解，才是真正能启迪、滋养我们的精神的，因而是美的核心内容。因此，一种将自己文学化和哲学化的造型艺术，即使其中做得最好的，也不包括多少真正的美。在此意义上，20 世纪所谓现代艺术基本是失败的，能够媲美希腊和文艺复兴的伟大作品的几乎没有。

艺术的本质在于开创新的自由，开创更卓越、更丰富的生命和思想。但是当代艺术总的说来，不仅没有开创更卓越、更丰富的生命，反倒明显看出生命和思想越来越低下、贫乏。

总而言之，庄静美不能在根本上消弭理性思维与对象真理的距离，所以无法在根本上消除其形式矛盾，且这矛盾自身也始终处在发展之中，这使庄静美永远无法获得一种最终的稳定性。因此这个矛盾推动庄静美的持续发展，以求获得一种最终稳定解决。然而这种稳定解决，只有当庄静美自我瓦解，向其他审美风格转化，才能获得。因此，从逻辑上说，这个矛盾会推动庄静美最终向两个端点运动：一是为了获得一种最真实的对象表现，最终完全放弃理性思维的自由与形式绝对和谐，比如极致的写实风格；二是为了理性思维的自由与形式绝对和谐的完全性而彻底否定对象表现，即纯粹优美。但这两种解决都是消极的（破坏了矛盾的统一），都导致庄静美的自身瓦解。这里希腊艺术选择的是前一种运动方向，古典风格的音乐和 20 世纪的一些抽象派造型艺术则选择了后一种运动方向。

自由美的实质矛盾也会推动庄静美的发展。它在庄静美中表现为实际的对象表现与永远的原初性的矛盾。为了达到这种矛盾的统一，庄静美必须对矛盾双方进行调整，这包括：其一，将对象表现限制在外在的、隐喻性的表现领域。这种对象表现的外在性在于理性思维并未与对象达到形式同一，故其理性思维的自身形式并未被对象概念规定，所以仍得以保持其永远的原初性。另外，造型艺术对于精神的思想、情操的表现都是隐喻性的，故具有永远的原初性。其二，将永远的原初性限制在局部领域。这种永远的原初性或者属于作为表现方式的理性思维而不属于对象真理，或者属于隐喻性表现层面，或者只属于整体的某些环节或侧面。在这种双向调整基础上，庄静美在矛盾双方之间建立一种平衡关系，从而将二者统一起来。但是矛盾双方都是处在发展中的，因而不断打破这种矛盾统一。在所谓实在之美的领域，这种统一永远不可能达到一种最终的稳定性。因为对象表现要求具有意义确定性，而对于现实对象的本质基础是概念，对于这种对象具有意义确定性的表现必定与永远的原初性产生不可调和的冲突。因此，这个矛盾将庄静美推向两个极端：其一，为保持永远的原初性而否定对象表现，从而转化为纯粹优美。其二，为了对象表现而抛弃永远的原初性，使艺术沦为宣传工具。这两种矛盾解决都是消极的，都意味着庄静美的瓦解，却都因否定了一个矛盾方面而不能获得最终的稳定性。于是这个矛盾就推动庄静美在两个端点之间来回摆动，在哪一点上都不能稳定下来。于是，自由美对于最终稳定性的需要，以及其本性中的真理追求，促使其不断深化、拓展对象真理的领域，使其对象表现从现实存在最终过渡到超绝本体之域，于是它自己就从一种实在的美过渡到本真的美。只有作为本真的美，自由美才使其实质矛盾得到一种真正稳定的解决。因为本真的美本质上是精神之自觉的具体本真领会。这种领会由于其对象和自身存在的独特性，故其对象表现既具有意义确定性，又保持了永远的原初性。首先本体的超绝性使得通常具体领会迄今未能形成针对此对象的确切指涉关系，故这种领会即使具有了基本的意义确定性，也无法具有意义确切性；其次，本体的绝对性和无限性，使得具体本真领会永远不可能穷尽对象的存在，即使其具有了意义确切性（这只有在本真的宗教才可能）。这两点使本真的美即达到了具有意义确定性的对象表现，又保持了永远的原初性。另外，精神的具体本真领会通常也从未构成一个概念整体，故它的我思即使具有意义确定性，也无法通过这个整体将自己概念化，故能保持永远的原初性。因而本真的美使自由美的两个矛盾方面都得到了最终、完全的满足。所以唯本真的美才使这个实质矛盾获得最终、稳定的解决。在此意义上说，正是这个实质矛盾推动庄静美向本真的美转化，而这也意味着庄静美的消解。

　　但是希腊艺术对于这一矛盾，并没有找到积极稳定的解决。希腊艺术最终未能进入本真的美。面对这个矛盾，它采取的基本策略是消极的，即追求越来越逼真的对象表现而逐渐放弃永远的原初性，其结果是产生了希腊化晚期和罗马的彻底写实的肖像雕塑和场景雕塑。其中主要的原因，一是造型艺术的局限（其与现实的粘连关系；其领会被理智规定），二是希腊民族精神性格以及庄静美的本性的限制。中世纪的建筑艺术则克服了这两方面的局限，因而形成了一种本真的美（在这里是崇高美）。从早期基督教艺术向中世纪艺术的转型，基本就是从优美向崇高，从实在的美向本真的美的转型，这种转型离不开美的实质矛盾的推动。

　　总之，庄静美的内在矛盾打破了庄静美的稳定，推动其在纯粹优美和彻底的自然主义之间来回摆动，并向本真的美转化，而这种本真的美才是美的最终归宿（尽管希腊艺术未能走向这一归宿，也未能走向纯粹优美）。

　　纯粹优美也是通过对自由美的基本矛盾的消极解决而形成。它为了保持理性思维的完全自由而彻底否定了整体的对象表现。纯粹优美的典范是西方古典风格的音乐，后者的形成、发展体现了纯粹优美的矛盾运动逻辑。西方音乐史就表现了优美在其内在矛盾推动下，从庄静美到纯粹优美，又从纯粹优美到庄静美的转化，并最终过渡到一种本真的美的过程。

　　作为优美的一种风格，纯粹优美也是在优美的内在矛盾推动下形成的。优美的存在论矛盾是美的真理性与理性思维的主观自由的矛盾。它的最基本表现形式是优美的对象表现要求与这种主观自由的矛盾。当理性思维的主观自由成为矛盾的主要的、规定性的方面，它必然推动优美格调逐渐否定实际的对象表现。当优美在整体层面彻底否定了对象表现，从而也取得了形式的完全绝对和谐与内容的永远原初性，它就得到净化而成为纯粹优美。

　　然而优美的内在矛盾，在纯粹优美风格并没有消失，也就是说它并没有获得一种最终稳定的解决，而是转化为矛盾的特殊形态。首先，是矛盾双方关系的改变。纯粹优美在整体上彻底否定了实际的对象表现，从而维持了形式的完全绝对和谐与内容的永远原初性，因而其主观自由得到完全实现，是矛盾的规定性方面。但是美的真理性规定了美本然的对象表现要求。纯粹优美亦必有此要求，以之为其矛盾的另一个方面。纯粹优美对实际对象表现之否定，客观上使对象表现要求成为推动矛盾发展得更积极、主动的方面。其次，是矛盾的分化。一方面，纯粹优美的对象表现要求与其对实际对象表现的否定的矛盾，就是优美的存在论矛盾的变型。它是纯粹优美的基本矛盾，是纯粹优美的不同风格共同具有的。另一方面，纯粹优美对实际对象表现的否定往往是不彻底的。在其内在的对象表现要求推动下，它会逐渐恢复其实际对象表现，这种逐渐恢复的对象表现重新陷入与理性思维的主观自由的矛盾。这种矛盾只属于纯粹优美的隐喻风格和含蓄风格，我们称为纯粹优美的派生矛盾。最后，纯粹优美亦包括形式矛盾和实质矛盾。二者都把纯粹优美的基本矛盾作为一个共同的层面包括在内，其区别在于纯粹优美的派生矛盾层面。就后者而论，纯粹优美的形式矛盾是逐渐恢复的对象表现与形式绝对和谐的完全性的矛盾，其实质矛盾则是这种对象表现与这种美的永远原初性的矛盾。在这两个矛盾中，对对象表现的要求都是推动矛盾发展得更积极、主动的方面。其中形式矛盾是主要矛盾，是推动纯粹优美发展的主要力量。

西方古典风格音乐的形成、发展和衰亡充分体现了上述的矛盾推动。

第一，西方音乐的古典风格是从古风风格发展出来，而古风风格本身的形成和发展也离不开优美格调的内在矛盾尤其是其形式矛盾推动。这个形式矛盾表现为优美格调的对象表现要求与形式的绝对和谐要求的矛盾。音乐的本性使音乐在对象表现上常常受阻，而更适于理性思维的主观自由、更适合构造具有绝对和谐的形式。因此在西方音乐中，对形式绝对和谐的要求逐渐成为矛盾的主要方面。巴洛克的古风音乐之形成，首先在于音乐对对象表现进行逐渐的抽象，以构成更完全的绝对和谐形式。这最终导致音乐彻底否定对象表现，使纯粹优美成为音乐的规定性方面。于是古风风格得以成熟，也就是获得了自身统一性。其次，音乐对对象表现的彻底否定导致对优美本身的抽象化，它使纯粹优美无法通过对象领会以获得真理。纯粹优美因而丧失了自身的真理性。它否定了形式的真理要求，也否定了形式的充分和谐（这是生命特有的和谐）。它的绝对和谐形式既不包含生命的真理，也不包含充分的和谐，因而是抽象的。这种古风的优美就是一种抽象的纯粹优美。古风音乐的成熟代表是巴洛克的器乐（尤其是 Bach 的作品）。古风音乐与古风雕塑一样，其形式都显得僵硬死板、缺乏生机。原因就在于这种艺术通过上述否定，使形式丧失了内在的真理，失去了生命和灵魂。总之古风音乐的形成离不开优美的形式矛盾的推动。

　　第二，古典风格的形成也离不开优美的内在矛盾推动。其中主要是纯粹优美的形式矛盾推动古风音乐向古典风格的转化。古典风格的特征在于优美的真理性与理性思维的主观自由、形式的充分和谐与绝对和谐的统一，其次也在于它是以理性思维表显一种理性性格。这种特征也是在纯粹优美的形式矛盾发展中形成的。古风音乐对对象表现的彻底否定意味着对纯粹优美的真理性的否定，也意味着对美的对象表现要求与形式的充分和谐要求的否定，它使纯粹优美成为抽象的、其形式丧失了内在的真理。但是这种对美的真理性的否定，只是对美的真理要求的悬置，而不能将其消灭（因这属于思想之本性）。在纯粹优美中，被压制的真理要求必然复苏，奠基于此的对象表现要求与形式的充分和谐要求也必复兴，且成为矛盾的更积极、主动方面。这首先将促使纯粹优美重新取得自身存在的真理及形式的充分和谐；同时纯粹优美也致力于将这种真理与理性思维的主观自由，及前者的充分和谐形式与后者要求的绝对和谐形式统一起来。纯粹优美的古典风格即由此形成。因此可以说，最终是纯粹优美的形式矛盾推动西方音乐的古风风格向古典风格的转化。

　　这种转化其实就是纯粹优美的重新具体化。纯粹优美克服了自身内容和形式在古风风格中的抽象性，使之重新具有了真理和生命。从巴洛克音乐到维也纳古典乐派的过渡，就是一种无生命的绝对和谐被赋予生命性。古典乐派通过将绝对和谐与生命的和谐结合，使音乐形式成为对思想自身的描述。纯粹优美因为对对象表现的否定，故不是通过占有对象真理，而只能通过对理性思维自身存在的表现以获得真理和生命。在这里，绝对理性通过乐音形式领会它自身的生命，这种形式必然既具有绝对和谐，又具有充分和谐。这就是为什么相比 Corelli、Buxtehude、Bach 和 Telemann 等，Haydn 和 Mozart 的音乐更加富有生机，因为这种音乐形式实际地将生命或真理包含在自身之内了。单纯从形式方面，古典风格与古风风格音乐的区别就在于对形式的充分和谐与绝对和谐的矛盾的不同解决。优美格调的形式矛盾就归因于这一矛盾。成熟的古风风格对这一矛盾的解决是彻底消极的。它只有一种无生命的绝对和谐。在巴洛克音乐和希腊古风时期的绘画、雕塑中，我们看到了一种属于无机宇宙的数学、几何学、天体物理和晶体结构的对称、均衡与稳定，这都属于形式绝对和谐的特征。但是这种绝对和谐与生命或真理特有的充分和谐是相互冲突的。理性思维旨在构成这种绝对和谐的形式并由之获得满足，但后者若是抽象的，就不是作为生命真理的理性思维自身的形式，这就使理性思维自身及其形式丧失了真理性和生命性。思想就是生命，故其自身形式必然具有生命特有的充分和谐。生命的形式通常不可能具有绝对和谐。但是如果这种生命就是绝对理性自身，且它构成的形式就是它的自身真理的形式（是其由以规定或指引自身行动的），那么这形式就必然一方面具有完全的绝对和谐，另一方面又必具有生命的充分和谐。故在这里，绝对理性构成的形式必然是充分和谐和绝对和谐的统一。古典风格就致力于将这两种和谐统一起来，构成一种理想和谐。就纯粹优美而言，这是使其形式通过这种统一成为对绝对理性自身真理的体现。只有通过这种统一，形式的绝对和谐才是具体的。总之，古典风格的形成就在于对纯粹优美的形式矛盾，包括两种形式和谐之矛盾的积极解决。

第三，西方音乐的古典风格的继续发展，也离不开优美的内在矛盾推动。

在自足风格中，理性思维的主观自由成为矛盾的主要方面。理性思维获得完全的自由，构成具有完全的绝对和谐的形式。但是为此，自为的对象表现被彻底否定。然而美的真理性规定自足风格即使否定了实际的对象表现，也不能消灭思想对于表现的要求。这种对象表现要求与纯粹优美对表现的否定的矛盾就是纯粹优美的基本矛盾，是美的真理性与主观自由的矛盾之变型。这个基本矛盾也是自足风格的全部内在矛盾。它乃是通过对纯粹优美的形式矛盾之消极解决而形成。Haydn 和 Mozart 的室内乐可视为自足风格的最佳典范。这种音乐一方面是通过彻底否定实质的对象表现，保证了理性思维的绝对自由与形式绝对和谐的完全性。但是另一方面，与古风音乐不同的是，它使乐思的发展成为对理性思维自身真理的表现（古典奏鸣曲式的主题发展就表现了自由的理性思维的自身逻辑展开），也因此具有了充分和谐的形式；同时自足风格也因此表显了一种理性性格。所以自足风格的音乐尽管彻底否定了对象表现，仍然使优美的真理性与理性思维的主观自由，以及形式的充分和谐与绝对和谐，达到一种内在统一。但是因为其对对象表现的否定，自足风格对于纯粹优美的形式矛盾的解决仍然是消极的。这种解决也不可能获得最终的稳定性。在纯粹优美中，对象表现要求始终是更积极主动的方面，它不会满足于自足风格的无所表现状态。它的发展必然导致对纯粹优美的基本矛盾的破坏和重构，推动纯粹优美逐渐恢复实际的对象表现。所以纯粹优美的基本矛盾将推动自足风格向隐喻风格和含蓄风格转化。

　　美产生于个体的生命与神圣本体的本真连接，而美感则见证这本体在生命此在中的在场。但这本体在此却通常是匿名的，它只是被情绪感知，或偶尔在意识的余光中模糊显现，却没有清晰地对意识呈现。所以一切真正的艺术和美都具有某种神秘性。通常艺术家与这个神圣本体打交道的方式是天真的，即尽管以情绪感知到对象的在场，却对其在场完全没有清晰的意识、对其存在没有自觉的领会。在此意义上，Haydn 的自足风格就是天真的。另一种情况是，艺术家对于这个本体有了自觉的领会并致力于通过艺术形式将其清晰呈现出来，那么这个本体就不再是完全的神秘。这种与神圣本体打交道的方式就是完全成熟的，Beethoven 和 Wagner 的音乐即属于此。这种音乐就进入了本真的美之领域。在这种天真的艺术和成熟的艺术之间还有一个过渡环节，就是我们所谓神秘风格的艺术。神秘风格之得名，在于其试图表现的对象是完全神秘的，即隐秘且神圣的。神秘风格明确意识到那神圣绝对者的在场，却看不清祂的面目，未能获得对于祂的确定的自觉领会。它努力要将祂呈现出来，这意味着它渴望过渡到一种本真的美。但是这种努力终究都是失败的。Mozart 的协奏曲可以作为这种神秘风格的典范。这种音乐因其有最高层级的美，故能最强有力地将我们带入与神圣本体的直接连接中，使祂在我们的生命此在中直接在场。聆听 Mozart 的一些最美的乐章，我们常常感到被一种神圣的存在包围、充满并因而体验到一种最纯洁的幸福。这就是通过情绪感知到那神圣的在场。这种音乐还包含了一种对于这神圣者的无法确定地把握、不能对象化呈现的神秘直觉。我们能感到音乐似乎意识到某种神秘之物。这是对本体之在场的明确意识，不同于作为情绪感知的美感。这种直观给我们带来一种超越原初真理和真实美感、胜过一切尘世快乐的终极幸福（至福）。另外，我们也能感到音乐的渴望和悲伤。它渴望抓住那隐藏在它的思想中的不可知的神圣本体，并将其清晰表现出来，同时也意识到所有这种努力都是徒劳的，故这种渴望永远不能得到满足。Mozart 所有最美的音乐，都包含了一种永远无法满足的渴望和由此产生的深深的悲伤。他的音乐特有的悲喜交集的情绪，正好表明了生命此在的这样一种特殊状态：

它因对本体之在场的情绪感知和明确意识而倍感幸福，又因无法抓住那作为其幸福之源的神圣者而徒感伤悲。神秘风格的这种表现渴望，植根于纯粹优美的对象表现要求。纯粹优美在这种要求推动下努力表现那超绝本体，但它总未获得成功，故仍未确立实际的对象表现。在此意义上，可以说是纯粹优美的内在矛盾推动自足风格向神秘风格的转化。

无论自足风格还是神秘风格，都彻底否定了实际的对象表现，故其对于纯粹优美的内在矛盾的解决是消极的，而这种解决不能带来最终的稳定。所以这两种风格都会被矛盾的进一步发展否定。以自足风格的音乐为例。Haydn 最好的作品，结构非常完美，但这种音乐只专注于自身的形式而无意表现任何对象。这样的音乐很美，能给我们带来无瑕的欢乐，但也常常使我们感到一种空虚和不满足。因为思想的本性是期望表现或领会对象的，而这种期望在这里落空了。这种自足的美违背了思想的本性。美的对象表现要求只能被悬置、被压抑，但不可被磨灭。它必然苏醒，促使美重新进入实际的对象表现，导致纯粹优美的矛盾重构，从而推动纯粹优美从自足风格和神秘风格向隐喻风格和含蓄风格过渡。纯粹优美的隐喻风格和含蓄风格都在某种程度上使实际的对象表现得到恢复，于是纯粹优美的存在论矛盾转化成为被恢复的对象表现与纯粹优美的主观自由（表现为对形式绝对和谐的完全性和永远原初性的要求）的矛盾。这就是纯粹优美的派生矛盾。因此隐喻风格和含蓄风格包含了纯粹优美的内在矛盾的两个层次，即基本矛盾和派生矛盾，而后者是更积极、且起主导作用的矛盾。在纯粹优美中，实际的对象表现一旦被恢复，就成为矛盾的更积极、主动的方面。它总是要求更真实、自然和自由的对象表现，所以它不仅在表现方式方面，推动古典风格从隐喻过渡到再现、从部分过渡到整体；而且在表现对象方面，推动其不断拓展、深化对象真理的领域。对象表现的这种发展，将促使纯粹优美向本真的美过渡。一方面，更真实表现对象存在的要求促使纯粹优美更深入领会对象真理，并追求一种更确定的对象表现，这促使它的表现方式从隐喻风格的隐喻性表现过渡到含蓄风格的再现性表现。另一方面，对于对象的内在表现通常会破坏美的永远原初性，这使被自足风格消极解决美的实质矛盾得以死灰复燃。这个矛盾推动纯粹优美对于对象存在进行拓展、深化，以寻得一个既可予以确定表现，又能确保美的永远原初性的存在境域。这就是本体自由的自身真理的境域。于是纯粹优美就进入了本真的美的领域。另外，由于其对形式绝对和谐的完全性的要求，纯粹优美不得不将对象表现限制在局部，而使自身整体形式仍合乎古典风格。Beethoven 的交响曲就是这样。它们一方面在我们面前直观地再现了自由自身的神圣存在，另一方面又严格遵循古典的整体形式。在这里，纯粹优美旨在表现一种崇高的对象，也包含了某种崇高因素，但是其整体形式不是崇高美，而是纯粹优美。我们称纯粹优美的这种风格为雄壮风格。因此这种雄壮风格的形成，离不开纯粹优美派生的形式矛盾和实质矛盾的推动。雄壮风格是纯粹优美和崇高美的统一。总之，隐喻风格和含蓄风格都是在纯粹优美的内在矛盾发展推动下形成。

　　这两种风格的发展也离不开这种矛盾的推动。纯粹优美的内在矛盾发展导致其派生矛盾（被恢复的对象表现与纯粹优美的主观自由的矛盾）产生。后者尽管与纯粹优美的基本矛盾并存，但它逐渐成为推动纯粹优美发展的主要矛盾。因此纯粹优美必须对矛盾双方进行调整，以构成其统一关系。一方面，对于对象表现，它首先是试图将其限制在隐喻性表现的领域。隐喻性表现通常只属于艺术，其特点在于艺术形式与对象形式不存在确定的对应或指涉关系，故这种表现不具有意义确定性，所以必定具有永远的原初性。隐喻性表现的典范是音乐对于情感的表现。这种表现模式的特点使隐喻风格得以在实际的对象表现与永远的原初性之间建立一种统一关系，因而能够对于自由美的实质矛盾给予一种积极解决。隐喻性表现由于对意义确定性的否定使美的永远原初性得以维持；此外它并不把对象形式作为自身形式的根据，因而使理性思维在形式构造中仍有较大自由，故更易于保持完全的形式绝对和谐。其次，纯粹优美还必须将表现限制在局部领域，以维持整体形式之完全的绝对和谐。另外，纯粹优美也必须对理性思维的主观自由进行调整，至少在局部领域不得不放弃这种自由（及其要求的形式绝对和谐）之完全性。纯粹优美就在上述调整基础上，将矛盾的两个方面统一起来，从而对两种派生矛盾都给予了积极的解决，于是形成了一种新的审美风格，即隐喻风格。隐喻风格的典范是 Mozart、Beethoven 和 Mendelssohn 等的抒情音乐。但是隐喻风格仍然不得不否定整体的、再现性的对象表现，所以在其中对象表现没有获得形式的自身统一性和内容的意义确定性。被恢复的对象表现必然向一种整体的、再现性的表现过渡，这最终将导致隐喻风格的矛盾统一被破坏。在西方音乐中，隐喻风格表现出两个发展方向：一是抒情主题逐渐从具有绝对和谐特征的古典形式独立，获得自身统一性，于是音乐向感怀风格过渡；二是隐喻性表现向再现性表现过渡，最终使隐喻风格向含蓄风格发展。

隐喻风格建立的矛盾统一缺乏最终的稳定。被恢复的对象表现也不会完全满足于不具有意义确定性的隐喻性表现。在这里，纯粹优美的真理要求必然转化为实际对象表现对意义确定性的要求。后者就是对象表现之本然要求，只有通过再现性表现（通常也是内在表现）才可能得到完全满足。对于对象的内在表现，在于使自身形式与对象形式达到同一，从而将对象真理包含在自身之内。因此其自身的对象表现要求将推动纯粹优美进入内在的对象表现领域。但是这种发展给纯粹优美的主观自由方面带来了新的挑战。在这里，被恢复的内在对象表现不仅威胁到理性思维要求的形式绝对和谐，而且（因为其意义确定性）威胁到纯粹优美的永远原初性。同时，纯粹优美仍须维持理性思维之完全自由，包括形式之完全的绝对和谐。这就使纯粹优美陷入更严重的冲突中。在这里，纯粹优美也必须对矛盾的这两个方面作出调整。它必须将这种对象表现限制在局部，而将美的整体层面仍留给理性思维的主观自由。在此基础上，它就重新将这两个矛盾方面统一起来。纯粹优美的含蓄风格就是由此形成。

含蓄风格的根本矛盾就是被恢复的内在对象表现与理性思维的完全自由的矛盾。它表现为形式矛盾和实质矛盾两方面，分别就是这种内在对象表现与形式绝对和谐的完全性，及与永远的原初性的矛盾。含蓄风格包括婉约风格和雄壮风格，其区别在于前者以现实东西为表现对象，后者以超绝真理为表现对象。在西方音乐中，婉约风格未曾占据主流，它包括 Beethoven 和 Mendelssohn 等人带有描述性的音乐；而雄壮风格的典范就是 Beethoven 的交响乐。在西方音乐发展中，婉约风格最终让位于雄壮风格。这离不开含蓄风格内在的形式矛盾和实质矛盾的推动。其中实质矛盾是更积极的、主要的推动者。它的产生，是因为被恢复的内在表现（因具有意义确定性）打破了隐喻性表现的实质矛盾统一（这种统一建立在对意义确定性的否定基础上），使对象表现与永远的原初性之冲突更加尖锐化；于是含蓄风格要重建其实质矛盾的统一，就必须对这种内在表现进行调整：其一，它必须深化、拓展对象的存在，寻找一个使表现既能获得意义确定性又能保持永远原初性的对象领域，后者只能是超绝真理的领域。这就促使含蓄风格逐渐走向对超绝真理之自觉具体的内在表现（即具体的本真领会或觉悟），因而向一种本真的美转化。其二，它必须将内在表现限制在基本的意义确定性程度，且限制在局部领域，以使它在整体层面仍得以保持永远的原初性。经过这种调整，含蓄风格得以使被恢复的对象表现要求与美的永远原初性达成了一种积极的统一，而雄壮风格也由此形成。因此含蓄风格的实质矛盾推动其向雄壮风格的转化。其次，雄壮风格的形成也离不开含蓄风格的形式矛盾发展。当实际对象表现发展为对超绝真理的内在表现或具体本真领会，就必然给形式的绝对和谐造成巨大冲击。这是因为优美与本真的美（本真的美只能是崇高、深沉或宏富）之根本冲突。在这里，含蓄风格也必须将这种表现、将本真的美控制在局部，将其作为一个形式环节纳入整体形式的纯粹优美，于是对象表现的自身统一性被否定。含蓄风格由此使这种内在表现与具有完全绝对和谐的形式，使本真的美与纯粹优美达到统一。雄壮风格就是通过这种统一而形成。总之雄壮风格的形成离不开含蓄风格内在的形式矛盾和实质矛盾发展的推动。当然西方古典音乐从含蓄风格向雄壮风格的发展，也归因于音乐的独特本性。

雄壮风格的典范是 Beethoven 的交响乐。这种音乐风格的特征在于两方面：一方面，它旨在表现一种超越现实和理性的自由（或意志）的真理，具有一种本真的美。只有这种本真的美才使美的实质矛盾得到最终积极解决。这在于它使美的意义确定性和永远的原初性达到形式上稳定的统一。而在一种实在的领会中，这两方面根本不可能达到稳定的统一。这种统一只有在本真的领会中才可能达到。故美的实质矛盾最终推动音乐向本真的美转化。Beethoven 的音乐就将精神和生命之先天普遍的自身否定意志具体内在地表现出来，因而它包含了一种具体自觉的本真领会，以及一种本真的美。另一方面，Beethoven 的交响乐致力于将这种本真领会和本真的美纳入理性思维之完全自由的整体之中，亦即纳入一种完全的绝对和谐形式（古典奏鸣曲的形式就是其体现）中，因而使这种本真领会失去独立和自身统一性。雄壮风格的本质特征就在于将本真的美纳入纯粹优美之中，让后者规定前者。

雄壮风格音乐之所以使具有意义确定性的对象表现与永远的原初性达到

统一，首先是因为对象领会及对象自身的独特性。对象自身作为超绝真理具有存在论的独特性。它的超绝性、绝对性和无限性，使对它的领会要么不能获得意义确切性而只能停留于基本的意义确定性，要么获得了意义确切性也不能穷尽对象的存在。另外它通过与超绝真理的本真连接，承接了这真理之存在的绝对性和创造的无限性。这些使对象领会既能忠实表现对象真理，又能保持其永远的原初性，从而构成了美的实质矛盾的（首先是形式上）稳定统一。只有进入了具体的本真领会层面，美才可能在经过漫长的求索后，使其实质矛盾的两个方面建立起一种最终的稳定关系。其次，雄壮风格音乐之所以能够建立这种稳定的矛盾统一，还在于表现媒介的特殊性。声音媒介的一个最独特之处在于与现实对象没有确定指涉关系，故它表达的领会能够否定现实性的束缚，这一方面使音乐思想更适合表现超绝真理，另一方面也使音乐的对象表现永远无法达到意义确切性（即在特定语境下只容许某种唯一可能的领会，即对象的"是什么"），其本真领会只能止步于基本的意义确定性。这种确定性在于，这种领会构成了一种与本体自由自身运动一致的形式，使前者通过后者得到描绘或再现。但这种领会始终没有上升到意义确切性，因而也就不可能使自己概念化而丧失原初性。这使雄壮风格音乐得以建立其实质矛盾的稳定统一。Beethoven 的交响曲就是如此。在这里，乐音运动的形式内在地再现了绝对生命意志自身运动的形式。音乐将自由作为超绝本体具体、内在地揭示出来，达到了本真领会的意义确定性。但是尽管这种音乐清晰、明确且确定地将自由的自身运动呈现在直观中且使我们对之有确定的理解，它自己却不能告诉这对象"是什么"，除非被加上文字或其他的说明。因此其领会的意义确定性尚不充分，即未成为意义确切性。在雄壮风格中，思想其实放弃了对于对象的确切领会。Beethoven 的音乐就是这样。它即使明晰地呈现了自由的运动，却不能将其意义固定下来，使我们得以（排他性地）确定其意义。相反，它总有其他意义可能，而我们总能有其他的理解。总之，雄壮风格对于美的实质矛盾的解决，就是使对象表现的真理要求止步于基本的意义确定性，放弃对于对象的确切表现，从而保持了永远的原初性，而这是一种符合音乐本性的解决方式。

雄壮风格的矛盾统一也缺乏最终的稳定性。含蓄风格的实质矛盾和形式矛盾仍然存在且在继续发展，因而推动音乐的继续演变。这两个矛盾中最积极的方面都是被恢复的内在表现。后者本然地追求更真实、自然和自由的对象表现。因此它会要求：一是充分的意义确定性，即确切性。二是拓展、深化对象存在的领域。三是内容的独立和形式的自身统一性。这种对象表现的发展打破了雄壮风格的稳定性。它必将导致雄壮风格的矛盾重构，从而推动其继续发展。这主要在于以下两方面：一方面，雄壮风格尽管放弃对于对象的确切表现，但不能扼杀美对于这种表现的要求，后者植根于内在表现的本性，最终植根于美的真理性。正是这种真理性推动音乐从隐喻性表现进入再现性表现，它也必推动这内在表现追求更大的意义确定性，即确切性。实际上，在 Beethoven 晚期及其他晚期浪漫派的作品中，都可以看出音乐被压抑的对意义确切性的追求复活了，并强烈地影响着音乐创作。但是音乐的本性又使它无法达到这种确切表现。这两方面存在激烈的冲突。这就是雄壮风格的音乐面临的新矛盾，也是 Beethoven 交响曲面临的困境。另一方面，Beethoven 的交响乐将对象表现限制在局部，由此建立形式矛盾的统一，但这其实是用一种整体的绝对和谐形式规定对象表现，因而使前者束缚、扭曲和阻碍了后者的发展，这使对象表现失去了内容的独立和形式的自身统一性。这也是 Beethoven 音乐面临的困境。因此对象表现在这两方面的发展，使得雄壮风格建立的形式矛盾与实质矛盾的统一都不能获得最终的稳定性，而必将导致雄壮风格的基本矛盾重构，从而规定了 Beethoven 之后西方音乐发展的主流趋势。后者包括两个方面：一是音乐为了更自由和自然地表现对象而逐渐放弃古典形式的束缚，使对象表现主题从局部上升到整体。对象表现主题获得自身统一性，日益偏离形式的绝对和谐。二是音乐为获得意义确切性使音乐向文学甚至哲学靠拢，从而违反了音乐的本性，并破坏其特有的纯粹优美。这两点都属于浪漫风格的特征。浪漫风格的音乐都是文学化的。无论是 Berlioz、Liszt 等人的标题音乐还是 Wagner 的乐剧，都旨在把音乐和语言结合，使音乐具有意义确切性。同时浪漫风格亦都使一种浪漫的对象表现主题逐渐从古典形式独立而获得自身的形式统一。因此，是古典风格的内在矛盾发展，推动古典风格向浪漫风格的转型。

浪漫风格的特点在于将一种浪漫主义的对象表现与理性思维要求的绝对和谐形式统一起来。浪漫主义就是这样一种思想和情绪，它试图逃出被理智和概念规定的日常世界，渴望抓住某种无限、绝对且超越理性和现实的事物、进入一种理性尚未涉足或无法涉足的新奇怪诞和神秘的领域；因此它不能诉诸理智，而只能委身于一种神秘的情绪和激情的引导。与此相关，它也表现出一种彻底的非主体化和无私性，它使此在舍弃安全、坚固的理智世界而跃入一个仅凭情绪感知到的、充满危险的神秘存在的深渊。一种浪漫的情绪或观念总是没有现实根据的、非理智的而且总是过度的。真正的浪漫主义最终来自基督教。耶稣是最早的浪漫主义者。尽管人们把所有感怀风格的艺术都视为浪漫主义的，而且我们在更宽泛意义上也将其归宿于此，但真实的浪漫风格必然包含向无限、绝对和超现实领域的开放性。真实的浪漫主义的本质是一种本真的超越思维，即朝向超绝真理的超越。只有这种超绝真理才具有一种本体论的浪漫性。这种浪漫情绪和超绝真理，就构成艺术和思想的浪漫题材。而一种浪漫主义的艺术就旨在表现这种浪漫题材。它对后者的领会就构成一种浪漫主题。我们所谓审美和艺术的浪漫风格，就旨在把这种浪漫主题与理性思维要求的绝对和谐形式统一起来。

浪漫风格首先在于表现题材的浪漫性。浪漫主义艺术就试图表现一个超越理智的领域，比如一种非同寻常的情绪、激情（感怀的浪漫主义），怪诞的人物和场景，而这些最终都有意或无意地与一种完全超现实的存在原理联系起来。其中感怀的浪漫风格旨在表现情绪和激情。感怀的浪漫主义是一种情绪和激情的超越论（故与朴素的感怀主义和理智的超越论都不同），就是要通过情绪的引导和激情的力量实现对现实世界的超越。它憎恶一切理智的约定俗成的、世俗的、有限的事物，而热爱那些超越的、神秘的、无限的东西，且这种憎恶和热爱总是狂热、失度的。这种情绪本质上与一种优美或优雅的形式相冲突。一种真正的浪漫情绪，必是感知且热爱着一种超理智本体并把心灵引向之。其次，浪漫风格还在于表现方式的浪漫性，而表现方式的真正浪漫性，也在于它是领会一种超理智的神秘绝对者的（这是它不同于怪诞之处），故其本质必然是一种（神秘的）超越思维。如果美仍是以理性思维的方式表现浪漫的对象，那它就仍是优美。只有当它是以超越思维的方式表现浪漫的对象，它才是完全的浪漫。完全的浪漫属于崇高而非优美，但浪漫风格仍必须将它和某种形式的优美统一起来。

浪漫风格包括感怀风格和雄浑风格两种。这二者的根本区别，首先在于前者是抒情性的，其对象表现是隐喻性的；后者则从抒情过渡到对神秘本体的表现，且这种表现是再现性的。其次，在西方音乐史上，感怀风格由于形成较早，与古典风格联系更紧密，所以仍试图在整体层面达到浪漫主题与形式的绝对和谐的统一，故大多数作品不具有完全的浪漫性（浪漫主题仍被整体形式的绝对和谐限制）；雄浑风格则将这种绝对和谐从整体形式层面逐出，因而它才做到表现方式与表现题材的完全统一，故是完全浪漫的。另外，其实感怀风格有朴素的和浪漫的两种类型。Schubert、Chopin 是朴素的感怀风格，而 Schumann 则是真实的浪漫风格。这主要在于与前二者不同，Schumann 表现的情感才具有真正的浪漫性。但是 Schumann 的浪漫风格仍是不完全的。他的大型作品仍力图维持形式优美在整体层面的统治权，其实是以理性思维表达一种浪漫的题材（浪漫情感）。在这里，浪漫主题仍被理性思维的形式理想束缚。如果艺术仍是以理性思维的方式表现浪漫的对象，那它就仍不超出优美。因此这种感怀风格是一种优美的浪漫风格。完全的浪漫风格也要求整体表现方式的完全浪漫性。只有当它在整体层面完全是以超越思维的方式表现浪漫的对象，它才是完全的浪漫。完全的浪漫属于单纯的崇高而非优美。当浪漫的感怀风格是以超越思维的方式表现浪漫情绪，它就是崇高的。其中优美的浪漫风格包含题材和表现方式在整体形式层面的根本冲突，后者将导致这种风格的解体及向完全的浪漫过渡。完全的浪漫风格仍可能包含浪漫主题与优美的统一，只是优美被限制在局部，丧失了自身统一性。它其实是崇高美与庄静美的统一。当浪漫风格不再仅是表现情绪，而是要直接具体地呈现那超越现实的无限和绝对，它就从感怀风格过渡到雄浑风格。晚期浪漫主义音乐主要是这种完全的浪漫风格。其中 Wagner、Mahler 兼容了雄浑风格以及崇高的感怀；Richard Strauss 则不包含感怀表现，是单纯的雄浑风格。总之感怀风格包括朴素的和浪漫的；浪漫的感怀风格包括优美的和崇高的；崇高的浪漫风格包括感怀的和雄浑的（但前者不是感怀风格的主流，却通常伴随雄浑风格，故我们在感怀风格中对其未予以分析）。浪漫风格包含了古典风格的美向本真的美、优美向崇高的过渡。

浪漫风格的内在矛盾推动其继续发展，及其最终的解体。浪漫风格音乐的内在矛盾集中表现为音乐与文学的矛盾。音乐的文学化倾向植根于美的更真实对象表现要求。后者推动音乐寻求文学的意义确切性，促使音乐逐渐过渡到对于对象的整体、内在的表现。于是对象表现获得了自身统一性。这将导致浪漫风格的形式矛盾和实质矛盾的重构。音乐的文学化，最初表现在追求一种抒情的统一性，Schubert、Schumann 和 Chopin 的许多钢琴曲都具有明显的文学情愫；Schumann 给他的钢琴曲加了提示性的题目，而他和 Schubert 的歌曲则是音乐和诗相互表现的典范。他们的作品都致力于使情绪主题的自身统一性与形式的绝对和谐在整体层面统一起来（并使二者在整体层面达到某种均衡），这就是感怀风格的特点。故感怀风格在整体上仍属于优美的范畴，但它因此放弃了这种绝对和谐的完全性，故丧失了纯粹优美，而是一种庄静美。然而在浪漫风格，音乐的文学化必然会进一步推进。一方面，音乐不再满足于感怀风格的隐喻性表现，也不再满足于含蓄风格的基本意义确定性，它还要求像文学、哲学那样的意义确切性。首先，这将在根本上破坏音乐形式的绝对和谐，从而损害音乐的优美，最终使优美被其他审美格调代替。其次，美的实质矛盾以及浪漫文学的影响促使音乐拓展、深化其对象领域，这推动晚期浪漫风格的对象表现进入一种超现实本体的领域。在这里，主要的审美格调已经是崇高而不是优美。这两方面的作用导致美的雄浑风格的形成。这种风格的代表是 Wagner 和 Richard Strauss 等。在这种音乐中，对一种神秘对象的浪漫思考完全占据整体形式，将优美驱赶到局部领域。文学化主题的发展打破了感怀风格中对象表现与形式绝对和谐，或文学与音乐均衡，成为整体形式层面的唯一主宰者。在这里，最终也是浪漫风格的内在矛盾推动感怀风格向雄浑风格蜕变。在音乐的文学化中，对音乐造成最大伤害的其实不是通常的音乐与文字结合的体裁，不是标题音乐，也不是歌曲和歌剧的形式，而是音乐放弃自身独特的音乐思维而以文学思维代替之，以文学的情节发展取代纯粹音乐的主题发展，而这正是雄浑风格音乐在整体层面所做的。雄浑风格通过这种文学化的表现其实是给音乐施加了违背其本性的重担，故以前所未有的程度扭曲了音乐的本质，破坏了音乐特有的美，但也没有达到它追求的意义确切性（对于 Wagner 和 Richard Strauss 的音乐，我们若不借助文本仍无法达到具有意义确切性的领会）。

总之，浪漫风格在其内在矛盾推动下继续发展。一方面，浪漫风格的形式矛盾促使其不断在持续推进的对象表现与形式的绝对和谐之间塑造平衡，逐渐从优美的感怀风格过渡到浪漫的感怀风格，并从后者过渡到以崇高美为主的雄浑风格。另外，这种对象表现及美的实质矛盾也会推动浪漫风格进入对超绝真理的内在表现领域，使浪漫风格最终进入一种本真的美的境界，也就是从情绪的崇高（浪漫的感怀风格）过渡到本真的崇高（雄浑风格）。当然雄浑风格还有一个条件，就是这种本真的美完全支配了艺术的整体内容。

　　然而，浪漫风格的矛盾统一亦缺乏最终的稳定性。这种风格也必在其内在矛盾的发展推动下继续演变，并最终走向自我解体。浪漫风格的本质基础就在于浪漫主题与形式优美的矛盾统一。但是对象表现的继续发展必将打破这种矛盾统一，导致矛盾的重构甚至瓦解。在西方浪漫主义的历史中，这种发展使艺术的浪漫主题越来越意识到它的更自由、真实和自然的发展被对于优美形式的要求束缚。因此这种发展必然促使浪漫风格为了更好的对象表现而逐渐离弃形式优美。感怀风格使对象表现主题从形式的绝对和谐要求独立出来，雄浑风格继而将这种要求限制在局部；但对象表现的进一步发展导致这种要求日渐被视为一个赘瘤，以致最终被彻底割除。故这种矛盾发展的最终结果，是艺术为了更真实的对象表现而彻底放弃形式的优美，从而导致浪漫风格的瓦解。其结果之一，是本真的美解除了形式优美对它的最后一丝羁绊，获得了绝对的自身独立和内容的单纯性。

　　任何的美都必以本真领会为前提，且就是这种领会及其导致的超绝真理的现实展开，故都属于精神的本真自由。但是在通常审美领会中，这种本真领会和本真自由都是自在的，不是有意识地、自为地获得的。通常的美是一种自在的本真自由。只有本真的美才是以领会超绝真理为自觉目的的，所以才是有意识地达到这种本真领会，因而才具有一种自为的本真自由。

　　一切自由美都以本真的美为其最终归宿，都会在其实质矛盾推动下向本真的美过渡。无论是在庄静美还是纯粹优美，都会在其实质矛盾推动下最终走向本真的美。优美的实质矛盾就是自由美的一般实质矛盾，就是美的对象表现要求与永远的原初性要求的张力。这在于对象表现总是追求意义确定性，而一种对于现实对象的具有意义确定性的对象表现，通常都会由于自身与对象真理的本质同一而导致自身的概念化，从而丧失永远的原初性。这一矛盾在一种实在的对象表现中无法得到稳定的解决，因而迫使实在之美为获得自身稳定性而不断寻求这种解决，由此推动实在之美不断发展。对于这个实质矛盾的稳定解决首先必须是积极的，必须使这个矛盾的两方面达到统一。因此像写实风格和自足风格，尽管是两个相反的极端，但因都是对矛盾的彻底消极解决，故不能达到稳定性，都必将被矛盾的进一步发展否定。庄静美的古典风格试图将对象表现限制在外在表现，纯粹优美的隐喻风格则试图将对象表现限制在隐喻性表现，以使对象表现与永远的原初性达到统一。但是这都包括对对象表现的某种限制或否定，而美的真理性规定这种对象表现必然要求获得与对象真理的同一性以及意义确定性，也就是要求成为内在的、再现性的表现。这种要求必将促使优美打破这种矛盾统一。也就是说，这种积极的矛盾解决也不具有真正的稳定性。只有本真的美，由于对象自身及领会的独特性，才能够不仅使对象表现达到意义确定性，故能够使对象表现要求获得完全的满足，而且保持了永远的原初性，因而能够使实质矛盾的两个方面在形式上都得到了充分满足。所以只有它能够建立二者在形式上的稳定统一，以使美的实质矛盾得到一种形式上的最终稳定解决。因此美的实质矛盾必然推动自由美最终向本真的美转化。

自由美就是在其内在矛盾推动下，从实在的领会进入本真的领会，从实在的美过渡到本真的美。这种本真的美最早见于本真的艺术，但它在这里获得的稳定性只是形式上的。它达到的意义确定性与永远的原初性的统一只具有形式上的最终稳定性。因为这个意义确定性本身也处在发展中。艺术只能达到基本的意义确定性，而未能获得完全的意义确定性（即确切性），而对象领会因其真理要求，必然追求这种意义确切性。但是这种意义确切性与永远的原初性存在更严重的矛盾，这也是美的实质矛盾的表现。通常情况下，意义确切性就是对永远的原初性的否定，而一种具有意义确切性的对象领会必然丧失永远的原初性。因此对于一种实在的领会来说，这个矛盾意味着一种具有意义确切性的对象领会必然导致自由美和艺术本身的瓦解。

对于一种自觉的本真领会来说，这个矛盾也使之面临严峻考验。一种自为的具体本真领会根本改变了美或审美领会的局面。因为它能够不再通过原初领会，而是直接通过个体生命此在与超绝真理的直接实际连接即生命的本真连接获得审美快感。通常情况下，对象使主体产生美感，在于主体通过对对象的原初领会而建立起自己与超绝真理的本真连接，并因这连接而产生快感，而通过真实的原初领会带来的快感就是真实美感，而这种本真连接就是一种自在的具体本真领会。可见真实美感直接来自具体的本真领会。尽管具体的本真领会通常是通过原初领会实现，但一种自为的具体本真领会从理论上说就可以不经这种原初领会而直接形成（比如雄壮风格的音乐包含的具体本真领会），当然它也能不以自身的原初性为条件而带来与美感实质上相同的快感（元福，为真实美感的基础）。这种至福自然不是（只能由原初真理带来的）真实美感，但仍属于更广泛的审美快感范畴。而能够带来这种快感的具体本真领会，也应当被认为是广义的美；它是一切美的基础，可称之为元美。所以一种本真的美（比如雄壮风格和雄浑风格之美）必然包含了两个存在层面：（1）一种真实的原初领会，即真实的美，它导致这种具体本真领会；（2）具体的本真领会本身，即元美，可以不具原初性。自由美只能要求（1）具有永远的原初性，而不能这样要求（2），但是（2）必须永远存在。本真的美带来的审美快感也是多层次的（真实美感与元福）。

　　在本真的美中，自由美的实质矛盾回归其本质基础。自由美的实质矛盾植根于对象领会与它导致的具体本真领会的永远在此性的矛盾。因为自由美要求自己是一种永远的美，即永远能带来真实美感，这也就是要求这种具体本真领会之永远在此，后者以对象领会之永远的原初性为条件。但是通常情况下，对象领会要求具有意义确切性，而这必然导致对它自身的永远原初性及具体本真领会的永远在此性的否定。自由美的实质矛盾即由此形成。

　　在本真的美中，这个实质矛盾就转化成（这其实是回归本质）本真领会之永远的具体性与意义确切性的矛盾。一方面，在本真的美中，美的真理性转化成本真领会对于意义确切性的要求。另一方面，自由美的永远原初性要求，植根于对具体本真领会之永远在此的要求。自由美要求永远的原初性，就是要求自己是一种永远的美，一切艺术皆如此要求。这也就是要求对象领会永远能够给人以美感。这个美感最终来自具体的本真领会（生命的本真连接）。故这个要求，就是要求对象领会永远可能带来这种具体本真领会。因此，自由美的永远原初性要求，在本真的美之领域，就转化成，或回归于，对于具体本真领会之永远在此的要求。这两个方面是相互矛盾的。通常的情况是，对象领会若是具有意义确切性，就会丧失永远的原初性，它就不能永远以此带来具体的本真领会。在本真的美中，这意味着本真领会的意义确切性通常构成对这领会之永远的具体性的否定。反过来，对于通常的具体本真领会而言，由于：（1）人类迄今没有发展出针对它的确切指涉工具；（2）它亦迄今没有构成一个巩固的概念系统，所以它就是永远飘浮的，所以它的永远存在就构成对意义确切性的否定。本真领会要求成为具体的，但这通常意味着丧失意义确切性。这就是本真的美之实质矛盾。

本真美的实质矛盾就是本真领会对于意义确切性的要求及这领会对于自身永远具体性的要求的矛盾。这也归结于本真自由的必然性与具体性的矛盾。因此美的实质矛盾，在本真的美中，并未得到最终稳定的解决（它的解决只有形式的稳定性），而是转化为一种新的矛盾。这个矛盾推动本真的美朝以下方向发展：

第一，本真的艺术。在这里，本真领会否定意义确切性，以保持自身具体性之永远存在。本真的艺术旨在表现超绝真理。它包含的本真领会是自觉且具体的。首先，这种领会因为其自觉性，故不同于通常审美领会。通常审美领会包含的本真领会是具体但不自觉的，它只是自在地达到具体的本真领会。本真艺术包含的本真领会则是具体而自觉的。尽管本真艺术仍然会与通常审美领会一样，通过原初领会达到这种具体本真领会，但后者就是这个原初领会，且被作为一种自觉的目标。也就是说，这种具体本真领会之实现，既是主体的自觉努力，也通过了原初领会。其次，本真艺术的领会亦不同于本真的哲学。哲学包含的本真领会是自觉的，却是抽象的，而艺术的领会则是具体的。最后，本真艺术的领会也不同于本真的宗教，在于它仍会通过原初领会达到具体的本真领会（尽管它其实是这两种领会的同一），且后者不具有确切性和必然性，而本真的宗教则可以不通过原初领会而直接构成具体的本真领会，且后者具有确切性和必然性。本真艺术因为否定自为的具体本真领会的意义确切性，故其对于本真美的内在矛盾的解决是消极的，不能满足一种自为的自由对于必然性的本然渴望。本真艺术的存在论独特性在于它包含的本真自由是自为、具体的，然而是偶然的。它没能构成本真自由的必然性与具体性的统一。

本真的艺术旨在以感性形象表现超绝真理，这种表现是不确切的，尽管它的领会是具体的、内在的。由于超绝真理的存在论特殊性，人类尚未发展出一种与对象具有确切指涉关系的表现媒介及相应的对象领会，能够将超绝真理具体、直观地呈现，也就是无法使具体的本真领会具有意义确切性。比如 Beethoven 和 Wagner 的音乐。它包含了对超绝真理的具体本真领会，但这种领会从未达到意义确切性。本真艺术能够以其形式指引我们的思想，使我们获得对于超绝真理自身的某种具体领会，也可能使我们对于对象获得某种直觉，但是这都不是必然如此的。这种本真领会不具有意义确切性，这意味着它永远不能获得必然性，不能将自己概念化，所以具有永远的原初性，而后者保证了具体本真领会的永远存在。总之，在本真的艺术中，本真领会否定意义确切性，以保持其永远的原初性，及自身具体性之永远存在。比如 Beethoven 音乐包含的本真领会就是永远具体的。

艺术对本真之美的实质矛盾的这种解决是消极的，它只获得了一种形式上的稳定性，而不能获得一种实质的稳定性。本真的美对于美的一般实质矛盾的解决只具有形式的稳定性。它只是在形式上建立了对象表现的意义确定性与永远的原初性之统一，但这二者仍是有各自内容且处在发展中的。其中对象表现的意义确定性就包含了基本的意义确定性与意义确切性（完全的意义确定性），且前者必然向后者发展。本真艺术只要求基本的意义确定性而否定了美的意义确切性。这违背了对象领会的本性。所有对象领会，包括本真领会，依其本性都要求具有意义确切性。但是艺术的本性则使它必须否定这种意义确切性以挽救永远的美。因为这种矛盾的存在，所以对意义确切性的要求必然推动本真的美扬弃艺术，以进入对超绝真理的确切领会。本真的哲学就以它自己的方式达到了这种领会。

第二，本真的哲学。在这里，自为的本真领会获得了一种意义确切性，却完全放弃了永远的原初性及这领会之永远的具体性。哲学的本真领会是抽象的。它用的是抽象的语言概念。它只是把超绝真理视为一个抽象的普遍物，因此领会就能够用语言概念对之进行指称，并对之达到确切的表现。这种本真领会不具有具体性（没有建立主体与超绝真理的直接、实际连接），也完全放弃了永远的原初性。这种领会是抽象而确切的，它最终总会将自己概念化而失去原初性。它也没有达到对超绝真理的具体直观呈现（比如宗教的亲证），没有在自身与超绝真理之间建立一种自为的本真连接，没有实际占有它旨在揭示的本体在内容上的绝对性和无限性。当然哲学亦可能通过原初真理达到某种具体本真领会，但这种领会是自在的，没有分享哲学的自为本真领会获得的意义确切性和必然性，所以它是偶然的，而不是永远在此的。哲学并不能像本真的宗教和艺术那样，使超绝真理达到直观的呈现。总之，哲学的自为本真领会既没有永远的原初性，也不具备领会自身之永远的具体性。本真哲学的存在论独特性在于它包含的本真自由是自为、必然的，然而是抽象的。它也没能把本真自由的必然性与具体性统一起来。因此在这里，本真的美也没有找到针对其自身矛盾的积极解决方式。

文学和哲学的本真领会尽管可能是确切且真实的，但通常是间接、抽象的。一方面，其表现必须利用语词和概念，其思想必以概念为基础或材料而展开，故难免被概念限制，这不仅可能使本体的真理被蒙蔽，而且可能使思想丧失原初性。另一方面，文学和哲学的本真领会必以语词的抽象指涉为基础，故它其实是抽象的，并不包含具体的直观（即宗教所谓的亲证）。在这里主体并没有把自己的生命同所觉悟的超绝真理直接实际地连接起来并将后者接纳到自己生命之中——这就是文学家、哲学家的本真领会与宗教家和艺术家的区别——因而它也不能通过这种连接和接纳赢得意义的无限可能性。所以这种抽象的本真领会不具有永远的原初性。因此与音乐相反，文学和哲学的本真领会尽管可能是确切的，却不是具体的，无法保持永远的原初性。实际上，正是这种确切性最终导致永远的美之丧失。

从其本原的存在论意义上说，一方面，对每一种卓越真理的自为领会都是为了达到对这真理的永远的直接占有。本真领会亦是如此。每一种自为的本真领会，其本原的存在论目的都是实现对超绝真理之永远的直接占有，即成为一种永远的具体本真领会。所以哲学的抽象本真领会，亦以永远的具体本真领会为其本原的存在论目的。另一方面，一种真实的自为领会也要求具有意义确切性，其本原的存在论目的也在于转化为一种必然真理。本真领会亦是如此。故于一种自为的具体本真领会，其本原的存在论目的也在于转化为必然真理，且要求获得意义确切性。因此，其本原的存在论目的，规定本真领会之具有意义确切性的抽象方面，和不具有意义确切性的具体方面，必定相互渴望并走向对方，最终结合在一起。只有作为它们的统一，本真领会才是完整的。这种统一，只有本真的宗教才成为现实。

第三，本真的宗教。它可以说是本真哲学和本真艺术的辩证统一。因为本真的领会在本真艺术中是具体但不确切的，在本真哲学中是确切但抽象的，只有在本真的宗教中它才可以是既具体而又确切的。本真的宗教不仅旨在达到一种自为、具体的本真领会，即自觉实现主体与超绝真理的实际连接，而且要使这种领会成为必然的。一种本真艺术可能把我们带入一种具体的本真领会，但这不是必然的。比如在有些时候，Beethoven 音乐包含的对自由之超绝真理的表现，的确是将我们带入了这种本真连接，并使这真理直接对我们呈现，让我们产生一种具体的本真领会，但有时又不能。但是它永远有这种可能性。也就是说艺术的自为本真领会是永远具体的，但不是必然的。哲学的本真领会可以是必然的，但是它是抽象的，不是自为的具体本真领会，不具有永远的具体性。我们在学理层面对于超绝真理（比如佛教的空性真如或基督教的上帝本质）的领会、揭示，都不能把我们带入与这真理的实际连接，并使之对我们的直观呈现。这种领会也可能作为原初真理把我们带入一种具体本真领会，但它不能永远如此（故不同于本真艺术）。总之哲学不包含一种永远的或必然的具体本真领会。故无论艺术还是哲学，都未能达到本真领会之必然性与永远的具体性的统一。本真宗教的本质特点就在于使具体本真领会成为必然的。本真宗教不会满足于抽象的本真领会，而是旨在直接、实际地占有超绝真理并将其对具体直观呈现，比如佛教徒对空真性如的亲证以及基督教神秘主义者对上帝临在的体验。也就是说本真宗教旨在实现一种具体的本真领会（或本真自由），与本真艺术一致。但与本真艺术不同的是，本真宗教旨在使这种具体本真领会即本真自由成为必然的、概念的。比如佛教的禅学就旨在使信徒通过系统的修正，从而必然地获得一种具体本真领会，而这对于艺术而言是不可能的。只有本真的宗教中，精神的本真自由才真正将其必然性与具体性统一起来，从而实现了美与善的内在统一，而这只能是在至美和至善中的统一。

这种具体本真领会的必然性之确立的条件，首先在于本真宗教通过千百年的探索，建立了自身形式与超绝真理之具体且确切的指涉关系。由于其存在论独特性，超绝真理的具体存在对于通常的领会方式总是易滑落的、飘忽不定的、无法被确切把捉的，故通常领会无法建立与这真理的具体且确切的指涉关系。因此本真艺术无法把这真理抓牢，而本真哲学则根本没有将它抓住。本真宗教则不仅将它抓住，而且把它抓牢了，即实现了对这真理的具体且确切的领会。这在于：（1）本真宗教所包含的领会不仅是一种主观和抽象的领会（艺术和哲学），而是表现为一种具有客观必然性的实践，其客观性表现在对人的自然品质尤其是良知能力的系统改造上面。人类意识的直观能力（属于良知品质）本来被在现实世界中的生存需要规定，故正常直观（即感性直观）只对现实对象有确切指涉关系，而一种对超绝本体的具体确切的直观，则不符合直观的本性。尽管人类可能对这本体有某种情绪感知，或以意识之暧昧飘摇的余光偶尔瞥见。但是本真宗教则通过其系统的修炼，缓慢地改变人的良知结构，逐渐把那晦暗的余光变成朗朗丽日。也就是说，它发展出一种专门针对超绝本体的特殊直观形式。这种直观本身构成具体本真领会或表现的最适宜媒介，克服了其他媒介（由于与对象的存在论鸿沟）的不适宜性。这种本真领会也不需借助其他媒介。因为一种具体、确切的领会就是对直观对象真理的占有。宗教的本真领会就是通过这种直观确切地占有了超绝真理，故它已经成为一种具体、确切的领会，而无须借助其他媒介。这种超绝直观乃是一种确切的具体直观（艺术的超绝直观是具体的但不确切，哲学的超绝直观则是确切但抽象的）。这种直观对超绝真理的指涉，具有与视觉的直观对现实对象的指涉同样的确切性。但是本真宗教的直观本身与任何表现媒介都没有确定指涉关系，故只能进行隐喻性表现。因此无论是以图像、语言还是声音对这种宗教经验的表达，都是隐喻性而非揭示性的，都属于艺术范畴。这种直观不可能被确切表现。就像禅宗祖师形容其觉证的直观或亲证为"如人饮水，冷暖自知"，"哑巴吃黄连，有苦说不得"。（2）本真宗教的修正系统就是具体本真领会的客观现实存在，它不仅进一步确保上述具体直观必然指向超绝真理，而且建立了自身形式与超绝真理的确切指涉关系。一种对于对象的确切指涉，以及具有确切意义的领会，都以一个能与对象真理衔接的概念系统的存在为先验条件，而这种指涉和领会就在于找到对象存在在这概念系统中的固定位置。只有本真宗教才发展出能与超绝真理衔接的概念系统，即精神的具体觉悟的概念整体。故只有在本真宗教中，具体的本真领会才可能获得意义确切性。

其次，与此相关，只有在本真宗教中，具体本真领会才能克服偶然性，成为必然的真理，构成精神的概念系统。在通常情况下，精神的具体本真领会即或出现，也是飘忽、偶然的，无法构成一个必然真理的有机整体。本真宗教则构成了这样一个整体。它通过将具体的本真领会转化为精神修炼的客观形式并将其巩固，从而使这种领会获得了必然性，即成为概念。这种领会的必然化，就是以领会的意义确切性为前提的。领会不可能作为一种孤立的思想获得必然性，而是只有嵌入精神的概念整体中才可能获得。一种具体的本真领会也只有在本真宗教包含的概念统一体中才能获得必然性。

　　本真宗教使具体的本真领会获得确切性、必然性，这当然意味着使之成为永远的。于是它就将本真领会的确切性与永远的具体性内在必然地统一起来。只有它建立的矛盾统一，才对本真美的实质矛盾的两个方面（本真领会对于意义确切性的要求及对于自身永远的具体性的要求）都给予了最充分的满足。因此只有本真宗教才对本真美的实质矛盾，以至对于一般意义上美的实质矛盾，都给予了具有最终稳定性（不仅是形式的稳定性，而且是实质的稳定性）的解决。

　　本真宗教使具体的本真领会成为必然的。这首先意味着，这种领会的永远在此性在这里转化为永恒性，即这种领会本身成为一种必然法则。本真宗教以一种必然方式使信徒形成具体的本真领会。在这里，这种领会就是概念，它像道德概念一样，作为永恒法则规定信徒的思想和行为。当具体的本真领会具有了意义确切性且由此成为必然的，它的永远在此性就转化成永恒性。总之，本真领会在这里具有了永恒的具体性。其次，这种确切、必然的领会又能保持其永远的原初性。原因在于两点：其一，一种具体自为的本真领会由于承接了超绝本体的真理并使之在人的生命此在中展开，故必然导致原初想象之无穷涌现，而这种原初想象就是这种本真领会自身。一种必然的具体本真领会就能合乎必然地导致原初想象之涌现，故能由此保持其永远的原初性。其二，具体的领会是对对象真理的实际接纳或占有，但超绝真理的超绝性、绝对性和无限性，使它永远不会被具体领会所穷尽，这也使具体本真领会具有永远的原初性。这两点意味着，宗教的具体本真领会只有形式是必然的，内容可以永远是原初的。这种领会恰恰是通过必然的形式使原初性成为必然的，即永远或永恒的。一种永远的具体本真领会，和一种具有永远原初性的真理，作为自由美要求的两个方面，都属于永远的美（在这里是至美，属于广义的美）。本真宗教的必然具体觉悟，就在以上两个方面使永远的美成为必然的。它是以一种必然方式获得永远的美，因而后者就是一种永恒的美。

　　只有本真宗教才把必然性与美内在地统一起来。对于人类通常经验来说，必然性与美存在不可调和的矛盾。通常情况下一种真实领会若成为必然的，就丧失了原初性，也就不再是美。本真宗教的具体觉悟，则不仅使领会的形式成为必然的，且正因此使领会在内容上具有了一种永恒的原初性，故成为永恒的美。因此它使必然性与美达到一种内在统一，且这种统一具有一种最终的稳定性，是对美的自身存在论矛盾的最终解决。本真宗教也因此而实现了美与善的最终统一。通常情况下，善是对美的否定。但是本真宗教使具体本真领会成为必然真理，也就是善，且是终极的善或至善（它以必然方式将上帝引入人的生命，使生命成圣），同时这种领会又是一种永恒的美，且使美达乎终极，即成为至美。这种美与善的终极统一，就是生命的究竟成就，或生命的成圣。

本真宗教使信徒以一种必然的方式建立与超绝真理的本真连接、并由此进入永远的原初性、永恒的美的奇异国度。于是它就前所未有地把领会的必然性与永远的原初性统一起来。它既完全满足了思想对必然性和意义确切性的追求，也完全满足了美对永远原初性的追求。只有到了本真的宗教，自由美的实质矛盾才得到最终的稳定解决。

本真宗教不仅使自由美的实质矛盾都得到最终稳定的解决，而且它使作为这个矛盾之最终根据的、美的自身本质包含的矛盾，即美的真理性与原初性的矛盾，得到积极稳定的解决。通常情况下，美的真理性与原初性的矛盾是无法调和的：因为这个真理性使美向必然性转化，而这种转化必然导致对原初性的否定。正是其自身矛盾决定美的本原存在论使命是否定自身而向善转化，故它决定了美本原的超绝存在论时间。但是本真宗教的具体觉悟既具有形式的必然性，又具有内容的永远原初性。因此唯有本真宗教将必然性与原初性内在统一起来，从而对美的真理性与原初性的矛盾给予了积极稳定的解决，也因而否定了美本原的超绝存在论时间，使美获得永恒。

这种必然性与原初性的统一，就是美与善的最终统一。一种必然的具体本真领会首先是善，因为它乃是自由的必然基础，且这种自由是自为的本真自由或超绝自由，即终极自由，故这种领会乃是至善。其次，这种领会也是美，因为它包含内容上的永远原初性、永远能够带来审美快感，且它使美成为必然和永恒的，故这种领会乃是至美。这种美、善的最终统一或同一，乃是人类自由之最高目的和最终归宿。这种目的规定美与善最终相互走向对方并与之融合。由于本真领会和美都是精神的本真自由，因此本真宗教就使本真自由的必然性和具体性达到内在统一。

在这种目的规定下，一方面，美必将走向与善的最终统一。美的本原存在论目的就是转化为善，这是美之本然的渴望，但这种转化将导致美的自我毁灭，因而被自由美否定以自救于最终之毁灭，而这乃是自由美通过对自身意义确切性和必然存在的否定实现的。然而这两种结局都不能完全满足美的本然渴望。美既不能满足于自由美之永远无法成为自由的必然基础，也不能满足于构成性的美那种昙花一现的存在。它的终极理想是既保持其永恒存在，又成为必然真理。这种理想，只有当美成为必然的具体本真领会，即至善，才能够实现。故美的最终归宿是至善。另一方面，在这种目的规定下，善也必将走向与美的最终统一。就其超绝存在论目的而论，人类全部的善，最终是为了使精神能够构成一个必然的结构，使自由本体的自身真理可由此进入精神之生命此在并在其中施展其原始的存在开创运动（即实现为原初想象）。在此意义上，所有的善最终都指向必然的具体本真领会及其导致的无限原初想象，即至美。因此善的最终归宿是至美。善只有走向且进入至美，并由此实现与美的最终统一，才找到自身的真正归宿。至善与至美的终极统一，就是精神的圆满成就，是生命的成圣。

所谓生命的成圣，就在于获得一种具体、必然的本真自由。生命的本真自由，指的是超绝本体在现实生命此在中恢复了自身的真理，而在我们寻常理智的生活中，这种真理总是被遮蔽和阻隔。这种自由只有通过本真领会获得。本真领会就是对超绝真理的领会。它使自由之本体以自身真理（包括它的超绝性、绝对性和无限性）在现实生命此在中显现。换句话说，它使本体在现实生命此在中恢复了自身真理性，故使此在获得本真的自由。本真的艺术、哲学和宗教都包含一种本真自由。本真自由因为导致它的本真领会是具体或抽象的，而区分为具体或抽象的两种。本真艺术与宗教包含的本真自由是具体的。具体的本真自由是超绝真理的实际展开，在其中本体被否定遮蔽、阻隔其真理、限制其任意行动的任何存在，故恢复其无限的创造性；它就是此在与这神圣本体的实际本真连接（具体本真领会）及从中涌现的精神原初真理。这种具体本真领会和原初真理，都是导致美感产生的先验环节，都会带给我们美感，故它们都是美（其中具体本真领会属于广义的美）。所以具体的本真自由就是美。任何的美或审美领会都属于具体的本真自由范畴。但是只有在本真的艺术和宗教中，具体本真自由才是自为的，而在实在的美中它只是自在的。本真的哲学包含的本真自由则是抽象的，尽管是自为的。它只体现为对超绝真理的理论思辨，而不意味着这真理与生命此在的实际连接及在这生命此在中的自我展开。另外，同为自为的具体本真自由，只有在本真宗教中才是必然的，而在本真艺术中则只是偶然的。在存在论—目的论意义上，一切思想或现实自由的自为特性，都是被其成为必然真理的要求规定，故一切自为的现实自由都要求成为必然性。自为的具体本真自由也同一切现实自由一样，要求成为必然性、成为善。只有本真宗教才把必然性与具体本真自由，把善与美最终统一起来，故它才是本真美的归宿。

　　总之，无论是本真的美的实质矛盾，还是自由美的一般实质矛盾，以及最根本的，美自身的真理性和原初性的矛盾，都只有在本真的宗教中，才得到最终稳定的解决（如果说在本真艺术中，美的实质矛盾的统一仅仅具有形式上的稳定性，那么只有在本真宗教中，它才具有了实质的稳定性，这种统一才是最终稳定的）。在此意义上，最后是美的实质矛盾推动实在的艺术最终走向本真的艺术，且推动本真的艺术最终走向本真的宗教（对意义确切性的追求推动对超绝真理的具体领会从艺术走向宗教）。因此人类艺术乃以本真宗教为其最终归宿。美与艺术，最终都在其内在矛盾推动下，把精神引向上帝，使生命成就至善。

后　记

　　本来不打算，当然也没有勇气，写一本美学专著的。我在写作《比较哲学》一书时，原先只打算把关于美和审美领会的问题一笔带过，但是这个问题越思考越觉其复杂无比。现在呈现在读者面前的这本拙著，还只是呈现了对此问题思考的一个很小的环节。

　　本书写作最困难的岁月是在我老家湖北公安县的乡下度过的。作为一个长期在外漂流的游子，只有当我回到了楚民族的故土，我才能听到树木在歌唱、小溪在低语，微风、细雨和小草也在向我宣讲一种神秘的智慧，时而让我醍醐灌顶。原来只有故乡的溪流草木才是会说话的。我们能听得懂彼此的言语，因为我们有同一种生命。那是一种高贵、伟大而神秘的生命。每当我孤独徜徉在故乡的山林泽野，我总能够感受到一个神秘的生灵游荡其间。它通过故乡的一草一木向我言说。这个伟大高贵的生命就是楚民族的精神，就是楚人的神！它既滋养了我们民族的先哲和勇士，也滋养着这一方水土，而且这些先烈和这块土地也是相互滋养的。在这里，每一块石头都曾被哲人的智慧浸润，每一朵花儿都被烈士的鲜血浇灌。我听见荒野中每一块石头都在痛苦呐喊，每一株鲜花都在哀哭祈祷——只有人民仍然在酣睡！

　　我在本书的写作过程中，在生活上得到了我八旬老母的细心照料。想到这一点，真让我既感恩又愧疚！女高音歌唱家王晓钰老师审阅了本书关于乐理的部分。我的学生马越博士、尹淳硕士校对了全书。在此一并表示感谢！另外，还应当感谢南开大学哲学院美学和西方哲学专业的同事和同学：与诸位的交流让我受益匪浅。也请允许我对老朋友洪琼编审对我工作的长期支持以及为本书付出的辛劳表示感谢。

　　本研究得到了"南开大学校长专项基金"资助，请允许我在此对校领导的支持表示感谢！

　　此外，为读者考虑，我还想在这里呼吁广大的西学研究者，在涉及外国人名时，尽量以西文出之，以避免不同学科的译者由于学科背景的隔膜导致的同一人名五花八门的异译给读者带来的严重困扰。本书因为针对的读者主要是哲学专业人士，故对西方哲学家的人名仍然袭用通行的音译，而其他领域的西方人名则基本出以西文。

　　一种原创性的哲学著作不仅写作难度要远大于一般的哲学史著述，而且给读者的阅读也带来了更大困难。尽管我不敢自诩这部作品有多大的原创性，但不得不承认其较高的阅读难度。这让我颇感惶恐不安。在这里，我恳求读者牢牢抓住美的自身存在的矛盾这一基础，并且立足于这一矛盾的发展演化来理解美的自身演变，这样才能清晰把握本书的结构。

吴学国

辛丑年冬于南开园